Wilfried Gruhn, Peter Röbke (Hrsg.)

MUSIK LERNEN

Bedingungen–Handlungsfelder–Positionen

HELBLING

Innsbruck • Esslingen • Bern-Belp

4. Musiklernen in der Lebensspanne

5. Verborgenes Lernen

6. Forschung

7. Anhang

Vorwort

Ein Buch, das dem musikalischen Lernen gewidmet ist, muss ein weites Feld bearbeiten. Denn Lernen findet nicht nur und vermutlich nicht einmal überwiegend in Schulen beim Unterricht statt, wie man spontan annehmen könnte, sondern ereignet sich alltäglich in Situationen, die zunächst vielleicht gar nicht mit Lernen in Verbindung gebracht werden. Zunehmend werden in außerschulischen Kontexten durch Kommunen, Vereine, Theater, Konzertveranstalter, Museen und viele freie Gruppen und Zusammenschlüsse auf lokaler Ebene neuartige Lernumgebungen organisiert. Es wird daher zu klären sein, was alles unter dem Begriff *Lernen* verstanden werden kann und soll und welche Formen des Lernens an welchen Orten in Erscheinung treten. Schließlich gibt es heute kaum ein Opernhaus oder Orchestermanagement, das nicht ein anspruchsvolles *Education*-Programm anbietet, kaum eine Schule oder Bildungseinrichtung, die nicht Projekte durchführt, die Begegnung mit Musik und Musikern anregen und musikalische Erfahrungen vermitteln wollen. Ist alles, was dort geschieht, unter einen gemeinsamen Begriff des Lernens zu fassen? Und was beinhaltet dann ein so weiter und vager Lernbegriff?

Die einzelnen Kapitel dieses Buches versuchen, aus dem je spezifischen Blickwinkel der verschiedenen Autorinnen und Autoren Antworten zu geben, die den zugrundeliegenden Lernbegriff je nach ihrem Selbstverständnis und Arbeitsumfeld reflektieren. Dabei kommen zwei Denkschulen zur Geltung, eine eher geisteswissenschaftliche, die sich an Pädagogik, Philosophie, Psychologie und Soziologie orientiert und dabei eine andere Perspektive öffnet als die eher naturwissenschaftliche Haltung, die von den Grundlagen empirischer Forschung ausgeht. Und dabei unterscheiden sich zwangsläufig die Zugänge der einzelnen Autoren, die auf diese Weise den Leser als impliziten Gesprächspartner in die Reflexion des Lernbegriffs miteinbeziehen und so zur Auseinandersetzung mit dem eigenen Verständnis anregen wollen.

Daraus folgt die Notwendigkeit, sich auch über den Gegenstand, auf den sich Musiklernen bezieht, Klarheit zu verschaffen, was keinesfalls so trivial ist, wie es auf den ersten Blick erscheinen mag. Denn auch vom Verständnis des Gegenstands hängt es ab, wie und was gelernt werden kann. Es wird also zu klären sein, was den Lerngegenstand „Musik“ denn eigentlich ausmacht: die musikalischen Phänomene (Parameter) des Klangs, ihr systemischer Zusammenhang in einer Theorie der Musik, der praktische Umgang mit komponierter wie improvisierter oder imaginierter Musik, die Fähigkeit zur musikalischen Gestaltung von einzelnen Elementen bis zu den Werken der Kunst, der geistige Gehalt hinter den Werken, das Wissen um Funktion und Bedeutung der vielfältigen Erscheinungsformen der Musik in verschiedenen Kulturen und zu verschiedenen Zeiten etc. Was in Bezug auf diese große Spannweite des Gegenstandsbereichs dann gelernt werden soll und kann, hängt von dem wissenschaftstheoretischen Kontext, dem zugrundeliegenden Lernbegriff und der pädagogischen Intention ab und ist daher nicht ohne Weiteres schlüssig zu beantworten. Vielmehr bedarf es einer intensiven Auseinandersetzung mit den aktuell diskutierten bildungstheoretischen, didaktischen und curricularen Anforderungen, den soziokulturellen Bedingungen, den vielfältigen Facetten des Musik- wie des Lernbegriffs sowie den diversen Arbeitsfeldern, in denen Musiklernen stattfindet.

Dieses Buch, das den Vorgang des Lernens in seinen verschiedenen Spielarten ins Zentrum stellt, schließt alle Formen musikalischen Lernens ein: den schulmusikalischen Musikunterricht wie den individuellen oder in Gruppen organisierten Instrumentalunterricht, das Lernen im schulischen wie außerschulischen Bereich von früher Jugend bis ins hohe Alter. Dabei kann es nur mehrdimensional vorgehen und versuchen, die komplexe Struktur des Musiklernens von ganz verschiedenen Seiten her zu beleuchten: von den Erkenntnissen der Forschung, den je besonderen Anforderungen der verschiedenen Praxisfelder in den jeweiligen Bildungseinrichtungen, von den Möglichkeiten unterschiedlicher geisteswissenschaftlicher und empirischer Zugänge zur Musik und zum Musiklernen, von den anthropologischen und psychologischen Lernvoraussetzungen sowie den sozialen wie kulturellen Kontextbedingungen. Daraus ergibt sich, dass nicht die Lerngegenstände (z. B. Musiktheorie, Musikgeschichte, Hörerziehung etc.) oder einzelne Methoden oder Techniken (z. B. Verwendung elektronischer Medien und Computer-Apps, Solmisationsverfahren etc.) die Gliederung dieses Bandes bestimmen, sondern der Schwerpunkt auf den eigentlichen Lernvorgang und seine Bedingungen gelegt wird und dabei die übergreifenden Prinzipien erörtert werden, die in den unterschiedlichen auditiven, motorischen, körperlichen oder kognitiven Lernformen in Erscheinung treten.

Daher haben wir auch darauf verzichtet, ein eigenes Kapitel der heute unter dem Stichwort „Digitalisierung" geführten Debatte um mediengestütztes Lernen *(E-Learning)* zu widmen, das im Wesentlichen der Wissensvermittlung dient und dessen Ergebnisse im Lichte der Hattie-Studie (Hattie, 2009) durchaus kontrovers diskutiert werden (vgl. Kerres, 2016). Ebenso wird eine Auseinandersetzung mit formalen Lerntypen, die eine weitere Ebene unterhalb des eigentlichen Lernvorgangs beinhalten, nur indirekt im Zusammenhang allgemeiner Lernformen geführt. Lediglich der neu in der Diskussion erscheinende Bereich der *blended learning environments*, bei denen Präsentationsformen von praktisch musikalischen Unterrichtsangeboten im Internet mit Aktionsformen persönlicher Unterweisung in Workshops verbunden *(blended)* werden, wie sie zunehmend in Ländern mit weiten räumlichen Distanzen (z. B. Australien, Finnland) zum Einsatz kommen (Crawford, 2017), wäre lernpsychologisch von Interesse. Diese Entwicklung, die jedoch spezifischen geographischen Bedingungen geschuldet ist, hat aber erst begonnen, sodass für den deutschsprachigen Raum noch keine Erfahrungswerte vorliegen.

Im Folgenden möchten wir den Charakter und die Anlage dieses Buches sowie die ihm eingeschriebenen Umgangs- oder Benutzungsmöglichkeiten verdeutlichen.

Lernen im Musikunterricht, gleich ob an Schule oder Musikschule, könnte auf komplexe Vorgänge des Werk-, Selbst- und Weltverstehens oder auch auf Kulturerschließung gerichtet sein, könnte auf den Erwerb eines Wissens über Musik ebenso zielen, wie auf die Aneignung von instrumentalen Spielbewegungen, also den Erwerb eines motorischen Handlungsrepertoires. Das Kompositum „Musiklernen" aber meint etwas anderes. Der

Wortbestandteil „Musik“ ist hier weitgehend unbelastet von Anklängen an das „musikalische Kunstwerk“, sondern ist prozedural gedacht, als musikalische Handlung des Hörens oder des Musizierens (Singens), als musikalisches Erkennen und musikalisches Ausführen. Somit wird gefragt, wie sich dieses Hören als ein „Denken in Musik“ und das Musizieren als eine Verknüpfung von musikalischem Denken und Instrumentalspiel/Gesang oder besser: als regelkreisartiges Zusammenwirken derselben vollziehen. Weiter ist zu untersuchen, wie diese Handlungen erlernt werden können und wie sich dabei das Verhältnis von Geist und Körper darstellt, d.h. inwieweit die im Lernen angestrebten Kognitionen – psychologisch gesprochen – oder Repräsentationen – neurowissenschaftlich gesprochen – immer auch als körperlich bedingte oder gar als durchweg körperlich eingebundene und ausgedehnte zu verstehen sind.

In der Fokussierung auf diese beiden Felder eines musikbezogenen oder auch „genuin musikalischen“ Lernens stellt sich heraus, dass institutionelle oder disziplinäre Abgrenzungen irrelevant sind: Wie selbstverständlich reihen sich die Beiträge von Autorinnen und Autoren aneinander, die von Haus aus eher in einer regelschulbezogenen Musikpädagogik oder in der Instrumental- und Gesangspädagogik verortet sind.

Dieses intensive Fragen bestimmt den Gestus und Duktus der ersten beiden Teile dieses Buches. Man darf weder im Teil *Positionen* noch in *Körper – Leib – Geste* nur die umstandslose und widerspruchsfreie Darstellung von gesicherten Wissensbeständen erwarten, als hätten sich die Beteiligten vorab darauf verständigt, den wissenschaftlichen *State of the Art* zum Thema in handliche „Stücke“ zu teilen, die dann für den Leser oder die Leserin in überblickshafter Weise aufbereitet würden.

Die Grundfigur der ersten beiden Teile ist vielmehr Diskurs. In Beiträgen, die die subjektive Handschrift der jeweiligen Verfasserin, des jeweiligen Verfassers erkennen lassen, wird um die Sache gerungen, wird auch Neuland betreten und werden Desiderate der Forschung offenbar. Und nicht nur, dass die Autorinnen und Autoren für sich und mit sich wissenschaftliche Suchbewegungen vollziehen: Die Beiträge nehmen auch in durchaus kontroverser Weise Bezug aufeinander. Dabei war es den Herausgebern wichtig, Dissens oder Diskrepanzen nicht zu verschleiern, sondern – im Gegenteil – als Anlass zu weiterem Diskurs deutlich hervortreten zu lassen.

Um diesen faktischen oder impliziten Diskurs anzudeuten, ohne die Einsichten vorweg nehmen zu wollen, die sich für jeden Leser, jede Leserin bei der vergleichenden Lektüre der ersten acht Beiträge dieses Buches ergeben könnten: Ein wesentlicher Bezugspunkt der Debatte ist die Darstellung dessen, was in Bezug auf die Arbeiten Edwin Gordons „Audiation“ genannt wird („audiation is to music what thought is to speech“). Es geht um eine Klärung dessen, was Audiation als ein „beziehendes Denken“ in Musik und mithin als „zentrales Merkmal genuin musikalischen Lernens“ eigentlich ist. Wilfried Gruhn widmet sich dieser Aufgabe und schärft das Konzept Audiation, indem er dessen Verhältnis zur inneren Hörvorstellung, zur Imitation, zur Begabung, zur Kreativität und zur Aktivierung formal repräsentierter Strukturen erhellt.

Es ist naheliegend, dass das Erlernen von Audiation unabdingbar der körperlichen Vollzüge im Lernen bedarf, der Herstellung und Etablierung von *auditory motor links*: Wie sollten die Gewichtsverhältnisse eines Metrums, die Gravitation eines Grundtons oder die Strebetendenz eines dominantischen Akkords sonst erlernt werden können? Gleichwohl *könnte* es scheinen, als sei ein körperbezogenes Musiklernen zwar die notwendige *Bedingung* des Erlernens von Audiation, diese aber wie die ihr entsprechenden „formalen Repräsentationen" (Bamberger) dann gleichsam vom Körperlichen gereinigt, also rein mentale Phänomene, „internalistisch" verstandene Kognitionen. Damit setzen sich sowohl Wolfgang Rüdiger, Ivo Berg wie Wolfgang Lessing in ihren Beiträgen kognitionstheoretisch bzw. auch vor dem Hintergrund einer „Philosophie der Verkörperung" auseinander. Allerdings hat Gruhn schon in seinem einleitenden Beitrag. *Dimensionen eines musikbezogenen Lernbegriffs,* der nicht nur das gesamte Buch eröffnet und alle in ihm auftauchenden Themen und Motive anklingen lässt, sondern auch schon auf das Eigene und Nicht-Abgeleitete des Musiklernens zielt, die grundlegende *Zirkularität* von geistigen und körperlichen Handlungen, d. h. die „interaktive Beziehungsstruktur von Körper und Geist" in einem *embodied learning* angesprochen. Was dann aber ein Repräsentationskonzept, das auf einer Ebene angesiedelt wäre, die „allgemeiner ist als die Ebene einfacher Codierung von Sinneseindrücken, aber konkreter als die allgemeinen Begriffe" (Fingerhut et al., 2013, 101) letztlich für die Operationalisierung in neurowissenschaftlicher Forschung bedeuten würde, ist eine offene und spannende Frage.

Eckhard Altenmüllers Beitrag spiegelt den neurowissenschaftlichen Stand in Bezug auf Musiklernen. Die beiden Hauptteile seines Beitrags widmen sich der „Hirnphysiologie der auditiven Lernens und der Gehörbildung" (Konzepten, die sich durchaus von Gruhns Audiationsverständnis unterscheiden) und der „Hirnphysiologie musikalisch-sensomotorischen Lernens" (vulgo: des Übens). Dabei erlaubt die Betrachtung der musikbezogenen Neuroplastizität u. a. den Schluss: „Üben formt das Gehirn". Auf anschauliche Weise werden dem Leser, der Leserin Design und Setting verschiedener experimenteller Untersuchungen nahegebracht.

Durchaus aber auch im Bewusstsein der Grenzen neurowissenschaftlicher Forschung formuliert Altenmüller dezent Vorschläge für Gehörbildung und vor allem für das Üben. Dabei liegt seinem naturwissenschaftlichen Ansatz ein bestimmtes Verständnis des „Übens" zugrunde: Von „zielgerichtetem Üben" ist ebenso die Rede wie vom „groben und noch fehlerhaften Entwurf des Bewegungsprogramms" zu dessen Beginn, kurz: Hier klingt ein verbreiteter Begriff von Üben an, der das „Ist" der konkreten Ausführung dem „Soll" der klanglich-motorischen Zielvorstellung gegenüberstellt und Üben als einen Vorgang der intelligenten, geduldigen und effizienten Annäherung dieses „Ist" an jenes „Soll" ansieht.

Dieses Verständnis von „Üben" wird nun von Wolfgang Lessing in seinem Beitrag *Üben als Handeln* grundlegend in Frage gestellt. Seinen Argumentationsgang eröffnet eine Auseinandersetzung mit dem Werkzeugcharakter eines Instruments, das „Teil eines Verweisungszusammenhangs ist, in dem es immer auch noch andere Werkzeuge gibt, die gegenseitig auf sich einwirken". Im Umgang mit diesem Werkzeug, einem „gebrauchenden Hantieren", liegt aber immer auch ein Reflexionspotenzial, handwerkliches Arbeiten ist also keine „zupackend-gebrauchende Tätigkeit", sondern beinhaltet „Phasen der Prüfung und der Anpassung an den jeweiligen Kontext". In Bezug auf das musikalische Üben bedeutet nun der unter Bezug auf Richard Sennett (vgl. Sennett, 2008) ins Spiel gebrachte Handwerksbegriff, das dieses nicht Vorbereitung auf den musikalischen „Ernstfall" auf dem Podium, sondern selbst immer schon in seinen Explorations- und Navigationsvorgängen, in seiner ständigen Interaktion mit dem Material „Ernstfall" ist, der sich später auf dem Podium bewährt: Ständig und blitzartig werden ursprüngliche Handlungsentwürfe fallengelassen und durch neue Aspekte und Referenzwerte ersetzt, weder bedeutet Üben also Einschleifen durch Wiederholung noch besteht es in einem „Ist-Soll-Vergleich".

In der Logik von Lessings Darstellung liegt es dann, das sogenannte „differenzielle Lernen" als (neues) Paradigma des Abtastens musikalischer wie instrumentaler Topographien, d.h. auch des Erforschens, Abgleichens und Ausscheidens *unterschiedlicher* Bewegungsformen anzusehen, während es in der Darstellung Altenmüllers nur eine weitere Form eines bewährten variantenreichen Lernens ist.

An dieser Stelle wird deutlich, dass um der Sache und ihrer Komplexität willen in diesem Buch bewusst natur- und geisteswissenschaftliche Zugänge miteinander ins Gespräch gebracht wurden, sich in ihm also empirisch-experimentelle Weisen des Erkenntnisgewinns ebenso finden wie die Resultate hermeneutischen oder phänomenologischens Nachdenkens. *Musiklernen* ist mitnichten ein Buch, in dem das Thema der Psychologie überlassen wird (aus dem Bedürfnis nach Messbarkeit und Evidenz heraus), genauso wenig wie eine Schrift, die eine geisteswissenschaftliche Pädagogik über die experimentellen Zugänge erheben will (aus der Kritik an der Messbarkeit heraus).

So kann auch Martina Benz ihre Prägung durch eine bestimmte erkenntnistheoretische Grundhaltung, durch die konstruktivistische Sicht auf Erkenntnis und Welterzeugung nicht verleugnen: Sie entnimmt dieser Sicht auf die Selbstorganisation von Organismen das Motiv der (Ver)störung (Pertubation) und macht die „Störung" zum Angelpunkt ihres Nachdenkens über die Motivierung von Lernprozessen. Im Umfeld zahlreicher Beiträge über das Was und Wie des Musiklernens wird nun also auch das Warum angesprochen. Dabei widmet sich Benz vier Zugängen: der Selbstbestimmungstheorie nach Deci und Ryan (Deci & Ryan, 1993; hier liegt die „Störung" in einem Zuwenig an Autonomie), der Theorie der kognitiven Dissonanz (die Störung besteht im Missklang zwischen Erwartetem und konkret Eintretendem), der konstruktivistischen Auffassung von Pertubation sowie der Identifikation einer Lernproblematik (weil ein vorhandenes Handlungsrepertoire als unzulänglich empfunden wird). Mit dem Motiv „Verstörung" würden sich überdies auch noch tiefen- oder „höhen"-psychologische Theorien der Motivation einfangen lassen, triebtheoretische Zugänge ebenso wie existenzanalytische bzw. vernunftorientierte.

Gleichwohl ist damit das Thema der Motivation noch nicht vollständig erschöpft, denn die Frage steht im Raum, was genau es denn an der *Musik* sei, das Menschen zu ihr drängen, sich ihr hingeben, sich ihr umfassend und nachhaltig widmen lässt. In seinem Beitrag *Körperlichkeit als Grunddimension des Musiklernens* informiert Wolfgang Rüdiger in entwicklungspsychologischer Chronologie über „Musik im Mutterleib", „Musik der Säuglingsschreie", „Lernen mit allen Sinnen" (frühkindliche Coenästhesie), „Die Musik der Eltern-Kind-Dialoge" sowie das Konzept der *communicative musicality* (Malloch & Trevarthen, 2009). Daraus folgert Rüdiger einen „korporalen Zirkel des Musiklernens", dessen didaktisch-methodische Konsequenzen er verdeutlicht. Zugleich aber entwirft er faktisch eine Art Anthropologie der Musik als Musikalischer Körper, mit dem der menschliche Leibkörper als musikalischer korrespondiert und verweist damit auf ein Motivationspotenzial sui generis, auf Bedürfnisse nach musikalischem Handeln, die nur durch dieses selbst zu befriedigen sind.

Ivo Berg setzt fort, indem er das Thema Körperlichkeit auf die Geste fokussiert, auf Bewegungen des Körpers, die zugleich funktional, sinnstiftend und kommunikativ sind. Vor dem Horizont eines durchweg intendierten, aber nicht in Rezepte zu gießenden *gestischen Lehrens und Lernens* in der Musik wird das Gestische in der Musik und dem Musizieren einer präzisen Analyse unterzogen, wobei wie schon bei Gruhn oder Lessing die Auffassung des Embodiments ins Spiel kommt, also die prinzipielle Abhängigkeit des Geistigen von der konkreten Körperlichkeit der denkenden Subjekte, die Ausdehnung des Denkens über den Geist hinaus, dessen Eingebettetsein in eine Objektwelt, die von sich aus schon bestimmte Handlungsweisen nahelegt und dessen hervorbringende und nicht nur verstehende Funktion. Berg analysiert Gesten des Musizierens (klangauslösende wie -begleitende, kommunikative Gesten im Ensemble und beim Spiel vor Publikum, Gesten des Hörens und Verstehens) sowie Musik als Geste (musikalische Energetik und deren Körperlichkeit, Musiziergesten als Teil musikalischer Kommunikation und das gestische Verstehen von Musik in ästhetischer Perspektive) und schafft damit auch neue konzeptionelle Grundlagen für den „korporalen Zirkel des Musiklernens".

So kann es also angeraten sein, sich in den beiden ersten Teilen des Buches lustvoll der guten akademischen Auseinandersetzung und Bezugnahme hinzugeben und somit in und zwischen den Texten zu navigieren (was aber nicht ausschließt, dass der Leser, die Leserin zugleich beim jeweiligen Thema umfassend über Konzepte, Literatur und Forschungsansätze informiert wird).

Bei den nun folgenden Teilen des Buches ist ein eher auswählender Umgang gut möglich: Hier kann ein dezidiertes Erkenntnisinteresse z. B. an spezifischen Fragen des Lernens im Alter, zum Forschungsstand in Bezug auf frühkindliches Lernen und in Bezug auf Themen und Methoden musikalischer Lernforschung dazu führen, dass gezielt auf einzelne Beiträge zugegriffen wird. Allerdings wird man wiederum feststellen, dass diese Beiträge nicht nur handbuchartig Wissensstände zusammenfassen, sondern gleichzeitig neue Fragen aufwerfen und blinde Flecken der Disziplin ansteuern: Auch in diesen Beiträgen ist die Individualität der Verfasser und Verfasserinnen kennzeichnend.

Lernen spielt sich nicht nur im Kopf bzw. Körper oder allenfalls im Ertasten des Instruments oder beim Navigieren in der Musik ab, sondern es steht immer auch in einem sozialen, institutionellen und gesellschaftlichen Kontext, vollzieht sich auf der Mikro- wie Makroebene in der Interaktion mit anderen Menschen. Dabei ist das Soziale nicht nur fördernde oder hemmende *Bedingung* des Lernens, d. h. nährendes oder behinderndes Umfeld, sondern auch Lerninhalt: Eine *Community of Practice* (Wenger, 1998) etwa motiviert einerseits das individuelle „learning as belonging", erzeugt also in einem Menschen den drängenden Wunsch dazugehören zu wollen, ist aber andererseits auch als Ganze selbst einer Lerndynamik unterworfen.

Die Beträge dieses Teils sind quasi bogenförmig angelegt: Unter Bezug auf Albert Banduras Auffassung des Nachahmungslernens steht die Vorbildwirkung des erfolgreichen Verhaltens einer Bezugsperson im Mittelpunkt. Dann richtet sich der Blick auf Jean Laves und Etienne Wengers Theorie der *Communities of Practice* (2011) und somit auf die Sogwirkung einer Gemeinschaft, die Praktiken, Wissen und Identität teilt, auf jene, die anfangs als Novizen am Rande stehen, nichts desto weniger aber schon voll legitimiertes und durchaus partizipierendes Mitglied dieser *community* sind und zunehmend in deren Mitte drängen wollen. Schließlich wird Lernen mit Bezug auf Pierre Bourdieu in den Kontext gesellschaftlicher Realitäten gerückt, in denen ökonomisches, soziales und kulturelles Kapital unterschiedlich verteilt ist, Auseinandersetzungen um die Legitimität kultureller Werte stattfinden und somit auch über die „feinen Unterschiede", d.h. über Ab- und Ausgrenzungsmechanismen ebenso zu reden ist wie über die disponierende Macht des individuell tief verinnerlichten Klassen- oder Gruppenhabitus der an Lehren und Lernen beteiligten Akteure (diese drei Ansätze finden sich im Beitrag *Musiklernen als sozialer Prozess. Drei theoretische Perspektiven).*

Und dann geht – im Beitrag *Musiklernen in Institutionen* – der Weg von der gesellschaftlichen Ebene wieder zurück in die Interaktionen in der konkreten Unterrichtssituation, wobei Wolfgang Lessing zunächst bei der Ebene der Institutionen bzw. „Schulkulturen" Halt macht, um zu zeigen, wie diese als „unsichtbarer Rahmen" bis ins Detail hinein Unterrichtshandeln (eines Konservatoriumsprofessors) und Lern- bzw. „Passungsverhalten" (von Schülerinnen und Schülern der Spezialschulen für Musik in der ehemaligen DDR) beeinflussen. Christine Stöger holt anschließend in die Interaktionen der konkreten Situation – vielleicht durchaus überraschend – auch Körper, Räume und Dinge hinein, sind doch etwa Orff-Instrumente oder Computer-Apps nicht nur einfach „Unterrichtsmedien" oder „Lernbehelfe", sondern Materialisierungen sozialer Praxis und von daher ebenso „Mitspielende", tatsächliche Akteure in Lehr-Lern-Settings wie spezifisch eingerichtete Schulräume oder die Körper der Beteiligten, in die sich bestimmte Disziplinierungen „eingeschrieben" haben.

In einem Buch über *Musiklernen* erwartet die Leserschaft wohl wie selbstverständlich auch Informationen über Bedingungen des Lernens in verschiedenen Altersstufen. Und die Beiträge von Anne Steinbach und Theo Hartogh befriedigen dieses Bedürfnis in Bezug auf das frühkindliche wie auf das Lernen im 3. und 4. Lebensalter: Bewusst haben wir uns nicht für eine durchgehende entwicklungspsychologische Darstellung entschieden, sondern dafür, das Licht auf jene Altersstufen zu richten, in denen der durchschnittliche Leser, die Leserin Lernbedingungen vorfindet, die sich von den eigenen unterscheiden. Gleichwohl muss gesagt sein, dass die umfangreichen Darstellungen der Forschungsergebnisse zu den jeweiligen Entwicklungsvoraussetzungen von Lernprozessen zwar zum Nachdenken über jene didaktisch-methodischen Aspekte, die für die Altersstufe relevant sind, anregen, damit sind aber nicht methodische „Kurzschlüsse" und linear abgeleitete Handlungsanweisungen gemeint. Wesentlich erscheint nämlich in beiden Beiträgen – neben der Fülle der Informationen zu den für die Altersstufe relevanten neuro- und kognitionswissenschaftlichen Einsichten bzw. zu den jeweiligen Lern- und Praxiswegen, -stilen und -feldern – eine Grundhaltung der Autorinnen und Autoren in Bezug auf die

Autonomie und Selbststeuerung der Lernenden. Es ist bei Steinbach ein „Schon", bei Hartogh ein „Immer noch": Weder ist das kleine Kind ein fremd zu bestimmendes unbeschriebenes Blatt, noch ist der alternde oder alte Mensch primär durch Verlust und Defizit bestimmt; an den beiden Enden des Altersspektrums sind jeweils selbstbestimmte und „eigensinnige" Lern- und Bildungsprozesse möglich und anzustreben.

Zwischen diesen Polen des Nachdenkens über das musikalische Lernen sehr junger und (sehr) alter Menschen steht Monika Smetanas fallstudienorientierter Beitrag *Einflüsse der Adoleszenz auf musikalische Lernbiografien,* bei dem es weniger um eine spezifische Weise des jugendlichen Musiklernens geht, sondern vielmehr darum, dass die Bewältigung der prinzipiellen und gewichtigen Entwicklungsaufgaben der Adoleszenz (wie psycho-sexuelle Entwicklung, moralische Handlungsfähigkeit, Rollenfindung in der Erwachsenenwelt) in einer solchen Weise dominant sein kann, dass auch das Musiklernen entweder an Fahrt gewinnt oder Schaden nimmt. Die Bedeutung dieses Beitrags in einem Buch über *Musiklernen* liegt nun darin, dass sowohl die Besonderheit des non-verbalen und in der frühen psychischen Entwicklung des Menschen wurzelnden Mediums Musik wie auch die Eigenarten der Lehrer-Schüler-Beziehungen im Instrumentalunterricht gerade in der Adoleszenz zur Herausforderung und zum Potenzial für musikpädagogisches Handeln werden.

Der Beitrag von Peter Alheit und Rineke Smilde schließlich richtet sich auf die ganze Lebensspanne, dies aber nicht im entwicklungspsychologischen Sinne, sondern mit dem Fokus auf eine Weise des Lernens, die man mit Jack Mezirow (2009) auch transformatives Lernen nennen könnte. Damit geht es um ein Lernen, bei dem ein Individuum nicht nur neue Erfahrungen durch „Assimilation" in seine bereits vorhandenen kognitiven Schemata integriert (oder diese bei entsprechender Notwendigkeit durch „Akkommodation" verändert), sondern um ein Lernen, bei dem das Leben selbst zum Thema des Lernens wird. Besonders in „critical incidents" wird offenbar, dass der Lerninhalt nun die eigene Biografie ist, der Gegenstand des Lernens ist die „Biografizität". Naheliegend ist es, dass diese Form des transformativen biografischen Lernens in seiner „Temporalität", „Kontextualität" und „Reflexivität" in Bezug auf jene Menschen angesprochen wird, bei denen die Musik so sehr zum Lebensmittelpunkt wurde, dass sie sie zu ihrem Beruf machten: Es geht also in der theoretischen Rahmung wie in mehreren Fallstudien vor allem um professionelle Musiker und Musikerinnen und um den Platz biografischen Lernens an Musikhochschulen.

In diesem Buch werden dann auch noch drei Felder zunehmend relevanter werdender musikalischer bzw. musikpädagogischer Praxis identifiziert, in denen das Lernen aus je unterschiedlichen Gründen nur ein Nebenthema, ja vielleicht sogar ein Tabuthema, jedenfalls in gewisser Weise „verborgen" ist.

Wenn in einem bestimmten anthropologischen Verständnis elementarer Musik oder elementaren Musizierens diese als „die Musik der Persönlichkeit, *wie sie ist*" (Wilhelm Keller, in: Widmer, 2011, 76; Hervorhebung im Original) angesehen wird, dann entsteht in der Elementaren Musikpädagogik von vornherein eine Spannung zwischen einem elementaren Musizieren als *voraussetzungsloser und sich selbst genügender musikalischer Praxis* (in einer Aufstufung vom Sensibilisieren und Erforschung der Klänge bis hin zu Improvisation und Gestaltung) einerseits und einem Musizieren als *einer* Aktionsform unter anderen wie etwa einem musikbezogenen Denken und Symbolisieren andererseits: „Lernen" als progressiver und zielgerichteter Prozess, für das aktives musikalisches Handeln ein *methodischer* Weg sein kann, ist mit einem musikalischen Tun *um seiner selbst willen* auszubalancieren. Anne Steinbach steckt in Bezug auf methodische Prinzipien, Aktionsweisen und Inhaltsbereiche das Feld der nicht-altersspezifischen Elementaren Musikpädagogik (EMP) ab, bezieht aber dann auch die altersgebundene allgemeine Elementarpädagogik mit ein, was nicht nur die EMP inspirieren könnte, Arbeitsformen wie Portfolio-Arbeit oder Lernwerkstätten in ihr methodisches Repertoire aufzunehmen, sondern mit dem Hinweis auf die Alltagseinbindung der Musik (in der Kita) dem Nachdenken über Formen beiläufigen, inzidentellen Lernens Schub verleiht.

In Aktivitäten der Musikvermittlung (Konzertpädagogik) ist es dagegen die *Ereignishaftigkeit* einer durch entsprechende Interventionen veränderten Konzertsituation, das Bemühen, das performative Potenzial einer Aufführung noch weiter aufzuladen und zu einem besonderen rezeptiven Moment für *„new audiences"* zu machen, das ein Nachdenken über lineare, kontinuierliche, dauerhafte Lernprozesse in den Hintergrund treten lässt. Gleichwohl zeigt Hendrikje Mautner-Obst, welche Rolle in den verschiedenen Formaten der Vermittlung wie Probenbesuchen, Schulprojekten, Szenischer Interpretation oder neuen Konzertformaten non-formales wie implizites Lernen spielen kann.

Community Music schließlich hat durchaus einen politisch motivierten Affekt gegen Lernen, gegen formale Unterweisung und gegen „Schule" in ihrer Selektions- und Zuweisungsfunktion, geht es ihr doch – in gesellschaftsverändernder Absicht – um den ungehinderten und selbstbestimmten musikalischen Selbstausdruck, die Möglichkeit zur Identitätsbildung und die Entwicklung einer „community culture" (Higgins, 2012) gerade für jene, die das Bildungssystem ebenso ausgrenzt wie der traditionelle Kunstbetrieb. Gleichwohl lassen sich – mit dem Hintergrund der Theorie des *Situated Learning* bzw. der *Communities of Practice* und durchaus vereinbar mit einer Auffassung von Lehren als *„Guiding"* oder *„Facilitating"* – Lernprozesse diagnostizieren: Alexandra Kertz-Welzel untersucht darüber hinaus die Nähe zu Praktiken der Musiktherapie oder der Musikpädagogik in der Sozialen Arbeit und warnt vor falschen Abgrenzungen, die durch eine naive oder klischeebehaftete Vorstellung von Schule und Unterricht entstehen könnten. Dabei müsste aber die Gefahr einer „lerntheoretischen Kolonisierung" oder „Pädagogisierung" gesehen werden, was freilich auch für das Elementare Musizieren und die Musikvermittlung gilt.

Musiklernen wird von einem umfangreichen und solitären Kapitel über Musikalische Lernforschung abgeschlossen, das zum einen als eine Metastudie verstanden werden kann, die dem interessierten Leser in umfassender Weise einen Überblick über den Stand der noch „jungen" Lernforschung im Bereich der Musikpädagogik vermittelt und ihn mit ganz unterschiedlichen Studien bekannt macht. Zugleich fungiert Maria Spychigers Beitrag als einen Art Manual oder Handreichung für jene, die selbst Forschungsaktivitäten ins Auge fassen: Diesem Leserkreis wird das Desiderat einer auf Lern*ergebnisse* gerichteten Forschung nahegebracht, diese Nutzer werden über mögliche Fragestellungen sowie methodische Möglichkeiten und Fallstricke ebenso informiert wie über Forschungsplattformen oder Publikationsorgane. Jedenfalls wird die gesellschaftliche Eingebundenheit musikpädagogischer Lernforschung betont und vor deren möglicher Selbstreferenzialität gewarnt: „Bei allem Bedarf nach Forschung darf das forschende Vorgehen nicht ‚empirizistisch' werden" (Spychiger).

Das Buch *Musiklernen* thematisiert so die Spannungen, die dem Begriff des Lernens innewohnen, und nimmt sie zum Ausgang der Reflexion über musikalisches Handeln, das zum Lernen führt. Die in den einzelnen Kapiteln erarbeiteten Problemaufrisse wollen auf der Grundlage wissenschaftlicher Forschung grundsätzliche Einstellungen zu Formen musikalischen Lernens in den jeweiligen Arbeitsbereichen aufzeigen und zum Gegenstand weiteren Diskurses machen. Dabei reflektieren sie den gegenwärtigen Wissensstand zum musikalischen Lernen in seinen divergenten Ausprägungen in den jeweiligen Arbeitsfeldern. Praktiker können so angeregt werden, den Prozess des Lernens und Vermittelns immer wieder kritisch zu hinterfragen und neu zu justieren; Studierende, Wissenschaftler und Wissenschaftlerinnen der Musikpädagogik erhalten ein wissenschaftliches Kompendium mit Beiträgen einzelner Disziplinen und Handlungsfelder.

Peter Röbke
Wilfried Gruhn

Literatur

Crawford, R. (2017): Rethinking teaching and learning pedagogy for education in the twenty-first century: blended learning in music education. *Music Education Research,* 19 (2), 195–213.

Deci, E. L.& Ryan, R.M. (1993): Die Selbstbestimmungstheorie der Motivation und ihre Bedeutung für die Pädagogik. *Zeitschrift für Pädagogik* 39. Nr. 2, 223–238.

Fingerhut, J., Hufendiek, R. & Wild, M. (2013): *Philosophie der Verkörperung. Grundlagentexte zu einer aktuellen Debatte.* Berlin: Suhrkamp.

Hattie, J. (2009): *Visible learning.* London, New York: Routledge.

Higgins, L. (2012): *Community music: in theory and in practice.* Oxford: Oxford University Press.

Kerres, M. (2016): *Mediendidaktik: Konzeption und Entwicklung mediengestützter Lernangebote.* Berlin: De Gruyter.

Lave, J. & Wenger, E. (2011): *Situated learning: legitimate peripheral participation.* 18. Auflage (1. Aufl. 1991). Cambridge (u. a.): Cambridge University Press.

Malloch, S. & Trevarthen, C. (Eds.) (2009): *Communicative musicality. Exploring the basis of human companionship.* New York: Oxford University Press.

Mezirow, J. (2009): An Overview on Transformative Learning. In: K. Illeries (Ed.): *Contemporary Learning Theories. Learning theorists in their own words* (pp. 90–105). London: Routledge.

Sennett, R. (2008): *Handwerk,* aus dem Amerikanischen von Michael Bischoff, 3. Auflage Berlin: Berlin Verlag.

Wenger, E. (1998): *Communities of practice. Learning, meaning and identity.* Cambridge u. a.: Cambridge University Press.

Widmer, M. (2011): *Die Pädagogik des Orff-Instituts. Entwicklung und Bedeutung einer einzigartigen kunstpädagogischen Ausbildung.* Mainz: Schott

Positionen

1

Wilfried Gruhn

Dimensionen eines musikbezogenen Lernbegriffs

Annäherung an einen gar nicht so selbstverständlichen Sachverhalt

Dass es sich beim Lernen um die natürlichste und selbstverständlichste Sache der Welt handelt, bedarf keiner weiteren Erläuterung, wenn man bedenkt, dass der Mensch auf Lernen angelegt ist. Was immer er tut, hinterlässt Spuren in der Struktur seiner Erfahrungen. Dass sich aber dennoch Schwierigkeiten auftun, wenn man Lernen aus dem natürlichen Lebenskontext herauslöst und in Institutionen formalisiert, hat damit zu tun, dass es sich beim Lernen um eine Tätigkeit handelt, die im Lernsubjekt selbst verankert ist und sich nicht von außen manipulieren lässt. Sie muss immer aus eigenem Antrieb und eigener Anstrengung heraus geschehen, damit die Erscheinungen, mit denen man lernend umgeht, eine Bedeutung erlangen. Lernen im Sinne der Bedeutungsgenerierung wird dabei von neuronalen Vorgängen gesteuert, die weitgehend unbewusst ablaufen und sich nicht ohne weiteres willentlich beeinflussen lassen (vgl. Roth, 2006). Dass sinnvolles Lernen gelingt, entzieht sich somit zu einem gewissen Teil der lehrenden Verfügbarkeit. Pädagogen können die Bedingungen für Lernprozesse bereitstellen, aber auf die Vorgänge im Inneren eines Individuums selbst nicht unmittelbar einwirken.

Solche Vorgänge, die die Wahrnehmung und Verarbeitung rein musikalischer Sachverhalte betreffen, werden hier als genuin musikalisches Lernen bezeichnet. Dabei geht es nicht um Bildungswissen und motorische Fertigkeiten, sondern um eine praktische musikalische Kompetenz, die der Sprachkompetenz vergleichbar ist, d. h. der Fähigkeit, sich mittels sprachlicher Strukturen zu artikulieren, sie zu verstehen und mit ihrer Hilfe zu kommunizieren. Dazu bedarf es des Erwerbs spezifischer grammatischer und syntaktischer Regeln, die im Sprachbewusstsein strukturell verankert sind und das aktuelle Sprachhandeln leiten. Ich nenne diese Verankerung „mentale Repräsentation", die es entsprechend auch im Bereich der Musik auf- und auszubauen gilt. Dem Erwerb musikspezifischer mentaler Repräsentationen dient genuin musikalisches Lernen. Dies betrifft aber nur einen sehr engen Kern musikalischen Lernens, nämlich den, der auf die musikalischen Phänomene (Strukturen) selber bezogen ist, aber längst nicht alle Aspekte des Lernens einschließt, sondern vielmehr eine Voraussetzung für alle weiteren Lernweisen darstellt.

Der Versuch, sich über Musiklernen zu verständigen, schließt die Notwendigkeit ein, sich auch seines Gegenstands – der Musik – zu versichern. Dies ist keinesfalls so trivial, wie es zunächst erscheinen mag, ist aber notwendig, weil davon abhängt, wie und was gelernt werden kann. Geht es bei der Musik, die dem Begriff Musiklernen zugrunde liegt, um Kunst, also um ein ästhetisches Phänomen als Resultat kompositorischer Gestaltungsprozesse oder um Klang und alles, was zu seiner Erscheinung und Formung beiträgt? Verdankt sich Musik eher einem geistigen Schaffensprozess oder bietet sie vor allem eine sensorische Erfahrungsmöglichkeit akustischer Phänomene? Dementsprechend kann das Lernen von Musik auf körperliche Vorgänge, auf einen theoretischen Wissensstoff wie auch auf die auf Verstehen gerichtete Wahrnehmung abstrakter Klangphänomene gerichtet sein, die das nicht-dingliche Substrat der Musik ausmachen. Dass bei der Ausführung wie bei der Wahrnehmung von Musik Agogik und Gestik eine wesentliche Rolle spielen, dürfte unstrittig sein. Strittig ist allenfalls, inwieweit die Leiblichkeit der Musikproduktion deren essentielle Grundlage bildet oder nur Akzidenz eines rein geistigen Gehalts ist. Dies zu entscheiden erfordert eine musikhistorische Einordnung in den jeweiligen kulturellen geistesgeschichtlichen Kontext. In jedem Fall stellt das Erlernen von Musik einen äußerst vielfältigen Vorgang dar, bei dem sowohl kognitive wie auch sensorische, geistige und leibliche Prozesse im Spiel sind.

In einem ersten Zugriff auf die Bestimmung des Lernbegriffs wäre zu bedenken, was im alltäglichen Sprachgebrauch als „Lernen“ gilt. Im Nachdenken darüber geht es einem wie Augustinus mit dem Zeitbegriff: Man hat durchaus eine allgemeine Vorstellung von dem jeweiligen Phänomen, kommt aber in Bedrängnis, wenn man den Begriff definitorisch bestimmen soll. „Quid est ergo tempus? Si nemo ex me quaerat, scio; si quaerenti explicare velim, nescio” (Übers.: „Was ist also die Zeit? Wenn mich niemand fragt, weiß ich es; aber wenn ich es dem Fragenden erklären möchte, weiß ich es nicht.“ Augustinus: Confessiones XI, 14). So reden wir ungezwungen vom Erlernen eines Gedichts, eines Instruments oder einer Fremdsprache, obwohl dies ganz unterschiedliche Fähigkeiten betrifft: Beim Gedicht geht es um das Memorieren eines Texts, beim Instrumentalspiel um die Entwicklung instrumentaltechnischer Fertigkeiten und bei einer Fremdsprache um Kommunikation und Verstehen. Die Liste der Verwendungsformen des Begriffs „Lernen“ wäre beliebig zu verlängern: Man lernt Laufen und Skifahren, Tischmanieren und Vokabeln, Geduld und Gehorsam, Zwerchfellatmung und Notenlesen etc.; dabei geht es jedoch um ganz verschiedene Dinge. Allerdings, was all diese Tätigkeiten verbindet, ist, dass sie auf der Änderung von psychischen, sensorischen oder kognitiven Zuständen beruhen oder diese hervorrufen. Genauer gesagt, geht es um den Erwerb neuer Handlungsmöglichkeiten bzw. um die Entwicklung neuer Einstellungen und Verhaltensweisen, die durch Belehrung angeregt und durch eigene Erfahrung erworben werden und möglichst dauerhaft erhalten bleiben sollen. Sie resultieren in Können und Wissen, erfordern Intelligenz, Gedächtnis und Übung und verlangen den Einsatz von Körper und Geist, von Emotion und Kognition, Imitation und Explikation, pädagogischer Führung und eigener praktischer Erprobung. Dies kann gezielt und absichtsvoll (intentional) oder beiläufig (akzidentell) als Ergebnis einer anderen primären Tätigkeit geschehen.

Lernen in einem ganz allgemeinen Sinn bedeutet also die Erschließung und Aneignung von Wirklichkeit in einem dynamischen Prozess der Interaktion eines Individuums mit der Welt (vgl. Aebli, 1980; Piaget & Inhelder, 1972; Syfuß, 2010). Dies setzt lange vor dem Spracherwerb ein und ist die Grundlage der „sensomotorischen Intelligenz“ (Piaget). Es verdeutlicht zugleich, dass Lernen nicht an Sprache gebunden, sondern sensomotorisch verankert ist (vgl. Bannan, 2004; 2012). Dabei bleibt musikalisches Lernen immer auf eine konkrete musikalische Wirklichkeit bezogen, die überaus heterogen sein kann und ganz unterschiedlich erlebt wird. Die lernende Auseinandersetzung mit dieser

Wirklichkeit kann sich auf die produktive Aneignung oder das rezeptive Verstehen musikalischer Vorgänge beziehen, also auditiv motorische oder perzeptiv kognitive Prozesse betreffen. Geht es im ersten Fall um körperliche Erfahrungen, Musik her- und darzustellen, richtet sich das Lernen im zweiten Fall auf die mentale Organisation der wahrgenommenen sensorischen Reize und ihre Strukturierung in Zeit und Raum (vgl. Bamberger, 2013).

Im alltäglichen Gebrauch geht der Begriff „Lernen" Pädagogen sowie Eltern oder Politikern leicht und unbeschwert von theoretischer Reflexion über die Lippen, als handele es sich um eine selbstverständliche Normalität in Schule und Unterricht. Aber Lernen findet nicht nur in der Schule und in pädagogisch organisierten Kontexten statt. Dennoch handelt es sich beim Lernen ganz zweifellos um einen genuin pädagogischen Vorgang, der ebenso Vermittlung wie Aneignung einschließt. Terminologisch kann man sich ihm daher gleichsam „von außen" als einem Vorgang der Vermittlung von Wissen und Können als auch „von innen" im Sinne des persönlichen Erwerbs neuer Fähigkeiten oder Kompetenzen nähern. Beide Vorgänge erfordern die Beteiligung des Lernenden, unterscheiden sich aber im Grad der eigenen Aktivität.

Lernen resultiert aus komplementären Tätigkeiten wie Belehren und Erfahren oder Demonstration und Exploration. Spricht man vom Lehrer bzw. von Lehren, denkt man an die Interaktion von zwei im Lernprozess verbundenen Personen – von Lehrenden und Lernenden. Aber das meiste, über das wir lebenslang verfügen, das Sprechen, das abstrakte Denken, das Spielen und das Sich-Bewegen (den aufrechten Gang, das Laufen, Klettern, Springen, Balancieren etc.), haben wir ohne formellen Unterricht gelernt. Beim Erwerb der Muttersprache zeigt die Mutter oder der Vater nicht, wie und was die Kinder sprechen sollen, was sie mit Lippen und Zunge tun müssen, um Zisch- oder Reibelaute zu erzeugen, sondern hat mit dem Kind gesprochen. Dieses hat das Sprechen gehört und ist dann graduell – erst vokalisierend und lallend, dann zunehmend Wörter bildend – in einen „Dialog", d.h. interaktiv in eine Sprechhandlung mit den Eltern eingetreten. Vielleicht können wir ja nur deshalb unsere Muttersprache so mühelos sprechen, weil sich keine fachwissenschaftliche Theorie vor das muttersprachliche Lernen mit all seinen Bedürfnissen und Strebungen, Absichten und Vorstellungen gestellt hat. Muttersprachliches Lernen, das ganz anders verläuft als schulischer Fremdsprachenunterricht, entsteht primär aus einem Kommunikations- und Handlungsbedürfnis. Dies bedeutet, dass wirkliches und wirksames Lernen sich in kommunikativen, d.h. sozialen Erfahrungskonstellationen des eigenen Lebens ereignet. Wir lernen die Muttersprache, weil dies die erste natürliche Sprachumgebung ist und wir beim Hören die Laute und Zeichen erwerben, die zum Sprechen der Sprache führen (vgl. Leimbrink, 2010). Dies vollzieht sich zunächst in einer dyadischen Konstellation (Mutter/Vater – Kind). Der dynamische Intonationsverlauf der Vokalisen und Schreie kleiner Babys ist dabei ebenso dem prosodischen Verlauf der Muttersprache angepasst (vgl. Mampe, Friederici et al., 2009) wie die Schaukelbewegungen, welche die Kinderreime und Vokalisationen der Eltern begleiten und bereits die Grundmuster der muttersprachlichen Syntax vermitteln (vgl. Condon, 1975; Condon & Sander, 1974; Jusczyk & Krumhansl, 1993). Für die meisten elementaren Lernvorgänge bieten daher konkrete Lebens- und Erfahrungskontexte („Lernumgebungen") mit ihren Angeboten und immanenten Aufforderungen die wirksamsten Lernanreize. Lernen bezeichnet also ein sehr vielschichtiges und komplexes Phänomen, das in unterschiedlichen Lernumgebungen und unter vielfältigsten Lernbedingungen stattfindet. Dabei ist grundsätzlich davon auszugehen, dass Lernen menschlichem Leben inhärent ist. Entwicklung ohne Lernen ist kaum vorstellbar; gelernt wird immer und unter allen Umständen. Beteiligt sind dabei immer Körper und Geist. Das Gehirn als das Organ, dem Geist und Denken, Verstehen und Erkennen zugeordnet werden, ist unablässig mit der Anpassung an äußere Bedingungen beschäftigt. Seine hohe Plastizität ermöglicht bis ins hohe Alter derartige Anpassungsprozesse, die auch als Lernen beschrieben werden können. Das Gehirn will Effekte erzielen, die für das eigene Fortbestehen als positiv bewertet werden; inhaltlich ist es dabei zunächst völlig offen und neutral, sofern nur der erwünschte Effekt erzielt wird (vgl. Birbaumer, 2015). Somit vollzieht sich Musiklernen in einem weiten Feld von konkreten Handlungen und Situationen, die mit verwandten Phänomenen wie Begabung, Motivation, Erfahrung, biografischem Kontext oder sozio-kulturellen Gegebenheiten in Verbindung stehen.

Grundsätzlich muss man dabei zwischen Formen alltäglichen Lernens in den jeweiligen Lebenskontexten und dem formalisierten schulischen Lernen unterscheiden. Eine solche Unterscheidung berücksichtigt aber nicht nur die äußeren Umstände, unter denen sich Lernprozesse ereignen oder anbahnen lassen, sondern sie verweist zugleich auf den phänomenalen Unterschied, ob Lernen aus sich selbst heraus entsteht, weil eine Situation sinnvollerweise eine Handlungs- oder Einstellungsänderung nahelegt, oder ob Lernen von außen durch einen Lehrer oder Mentor angeregt und begleitet wird. Letzteres ist intentional auf ein bestimmtes Ziel ausgerichtet, während sich Alltagslernen beiläufig (inzidentell) ereignet und gleichsam planlos verläuft. So kann man Lernprozesse im institutionellen Rahmen als förmlichen Unterricht (*instruction*) kennzeichnen, der von einem Lehrer ausgeht, bei dem die Inhalte verbal erklärt (explizites Lernen) und systematisch eingeübt werden. Dem *formellen* Unterricht steht die *informelle* Anleitung (*guidance*) gegenüber, die zwar auch einen Leiter als Anreger (*facilitator*) kennt, deren Struktur aber prozedural und interaktiv ist und die eher dem Prinzip des Lernens am Modell folgt. In beiden Fällen findet musikalisches Lernen statt, das aber unterschiedlichen psychologischen Mechanismen folgt und unterschiedliche Aktions- oder Handlungsformen begünstigt.

Eine Beschreibung des Lernens, das nur auf Verhalten gerichtet ist, gründet auf dem klassisch behavioristischen Denkmodell, das Lernen als beobachtbaren Vorgang im Rahmen verschiedener Handlungsoptionen versteht. Der Erfolg wird dann am geänderten Verhalten eines Subjekts äußerlich erkennbar. Dies lässt jedoch die internen Veränderungen in den mentalen Strukturen außer Acht, die als solche gar nicht in Erscheinung treten, aber die beobachtbaren Verhaltensänderungen erst möglich machen. Es gibt also eine Sicht von außen, d. h. auf das Äußere der Lernergebnisse in Form beobachtbarer Verhaltensänderungen sowie auf die Kontexte der Lernorte und Lernbedingungen, und eine Sicht von innen oder besser: auf das Innere, auf den Lernprozess selber und seine psychischen und physischen Bedingungen. Hierzu hat Jean Piaget zu Beginn des 20. Jahrhunderts wertvolle Beobachtungen geliefert (vgl. Piaget, 1947; 1996).

In neuerer Zeit hat die Hirnforschung die neuronalen Korrelate derartiger Veränderungen nachgewiesen (vgl. Gruhn, 2014a; Gruhn & Rauscher, 2008; Spitzer, 2002a). Auf der molekularen Ebene neurobiologischer Prozesse beruht Lernen auf biochemischen Signalen bei der Informationsübertragung im Nervensystem, die Änderungen in den synaptischen Verbindungen bewirken. Die Vielfalt dendritischer Verzweigungen schließt eine große Zahl von Möglichkeiten ein, synaptisch übertragene Signale zu modifizieren, d. h. die Übertragungskanäle zu öffnen, zu hemmen oder ganz abzuschalten. Auf diese Weise können einzelne Nervenzellen zu größeren Netzwerken (*cell assemblies*) zusammengeschlossen werden, die als Einheiten mentaler Repräsentationen synchron feuern. Die fundamentale Bedeutung der zellulären Kommunikation synchron feuernder Nervenzellen in einem zusammengeschlossenen Netzwerk hatte der amerikanische Psychologe Donald Hebb schon 1949 erkannt (vgl. Hebb, 1949, 62), was dann als Hebb'sche Lernregel (*what fires together, wires together*) bezeichnet worden ist. Die neuronalen Prozesse, in denen sich Lernen vollzieht und deren Änderungen die zelluläre Grundlage für Lernen bilden, tragen entscheidend zur kognitiven Entwicklung des Menschen bei. Lernen kann somit physiologisch auf chemische Prozesse bei der synaptischen Signalübertragung zurückgeführt werden (Abb. 1).

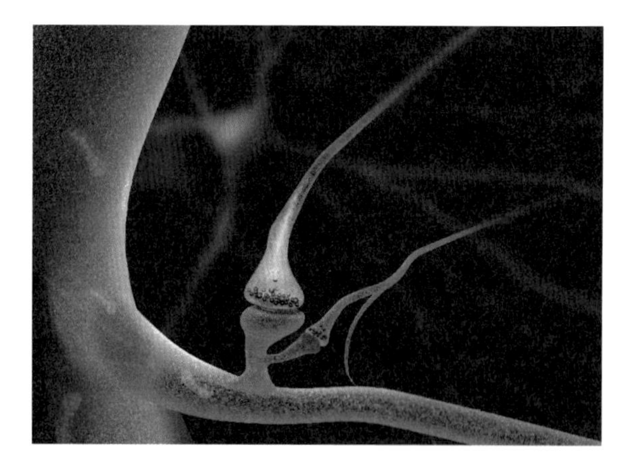

Abb. 1
Der synaptische Spalt mit präsynaptischen Vestikeln (Bläschen) als Träger der elektro-chemischen Signale. Je nachdem, ob der Übertragungskanal geöffnet oder gehemmt wird, ändert sich die Kommunikation zwischen den Nervenzellen (Thomas Braun, Heidelberg, Gehirn und Geist 4/2010, 60).

Neurowissenschaftliche Forschungsergebnisse zeigen, dass dies strukturelle und funktionale Veränderungen der Hirnstrukturen zur Folge hat, die dann als neuronale Korrelate des Lernens anzusehen sind. Hierbei geht es unter anderem um physiologische Veränderungen der weißen und grauen Substanz, um Änderungen der Vernetzung der an der Musikverarbeitung beteiligten Areale, um die Funktionalität des Kurzzeit- und Arbeitsgedächtnisses sowie um die sensomotorische Codierung zeitlicher (rhythmischer) Abläufe.

Damit sind neurobiologische Grundlagen von Lernprozessen beschrieben, aus denen sich weitere Folgerungen für die Bildung mentaler Repräsentationen in der kognitiven Entwicklung ergeben. Demnach führt Lernen immer zum Aufbau neuer bzw. zur Differenzierung und Erweiterung bereits vorhandener mentaler Repräsentationen als biologischer Grundlage für einen Prozess, der genuin musikalisches Lernen ermöglicht.

Der Vorwurf, dass die Rückführung menschlichen Lernens auf chemische Prozesse der neuronalen Signalübertragung eine Reduktion geistiger Prozesse darstelle, greift aber zu kurz. Denn nicht die Komplexität des Lernvorgangs wird hier reduziert, sondern der Blick auf die biologischen Bedingungen für gelingendes Lernen soll zu einem erweiterten Verständnis der internen Bedingungen des komplexen Lernvorgangs führen. So – aber nicht dadurch allein – kann es gelingen, jene Prozesse anzuregen, die zu nachhaltigem Lernen befähigen. Ein derartiges Wissen könnte dann Strategien und Methoden begünstigen, die zur Ausbildung und Differenzierung mentaler Repräsentationen führen. Erst wenn man diese Grundlagen versteht, kann man pädagogisches Handeln entsprechend ausrichten, indem man Situationen und Aktionen organisiert, die den Aufbau mentaler Repräsentationen ermöglichen und verstärken. Dann werden sich die didaktische Entscheidungen nicht mehr primär auf die Auswahl der Inhaltsaspekte und den Einsatz methodischer Anschauungsmittel (z.B. die Quintenzirkel-Uhr) richten, sondern sie kreisen um die Frage, mit welchen körperlich-praktischen Aktivitäten die Erfahrungen angeregt werden, die am ehesten zur Bildung mentaler Repräsentationen genuin musikalischer Erfahrungen führen.

Damit sind zwei komplementär aufeinander bezogene Pole menschlichen Lernens angesprochen: die kognitive Seite mentaler Prozesse und die körperlich-motorische Seite des konkreten Handelns und Erlebens. Beide Bereiche sind entweder in ein intentionales Geschehen im Rahmen formaler Prozesse (Schule, Unterricht) oder implizit in prozedurale Vorgänge des alltäglichen Lebens eingebunden. Das implizite, nicht deklarative Lernen teilt dabei viele Eigenschaften mit dem Spiel als intensivem, regelgeleiteten Tun, das durchaus auf ein Ziel gerichtet ist, aber zweckfrei bleibt. Daher spricht man davon, ein Instrument spielen zu lernen, und beachtet das Zusammen*spiel* der Musiker. Es bestehen offenbar unter der Oberfläche formaler Lernprozesse Verbindungslinien, die das Lernen im oder als Spiel verstehen. Es besteht somit ein mehrdimensionales Beziehungsgeflecht zwischen den mentalen (kognitiven) und den motorischen (körperbezogenen) Anteilen musikalischen Lernens. Die interaktive Beziehungsstruktur von Körper und Geist in den verschiedenen am Lernen beteiligten Merkmalsdimensionen ist in Abb. 2 schematisch dargestellt.

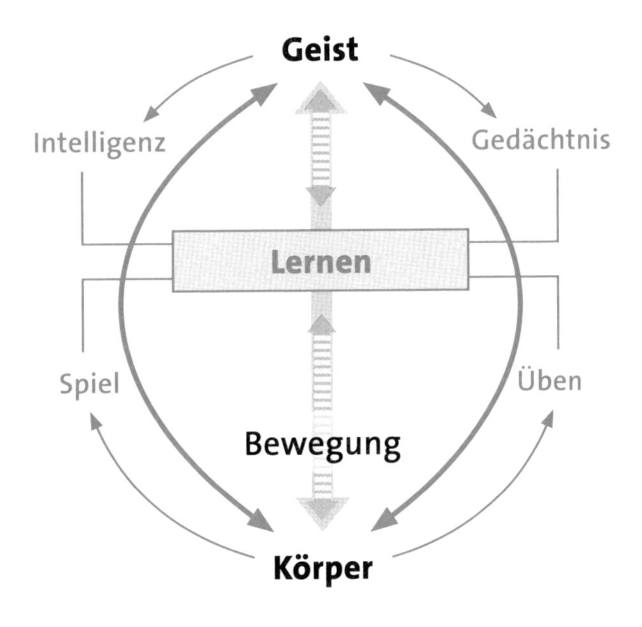

Abb. 2
Die Interaktion von Körper und Geist im Zusammenhang verschiedener Merkmalsdimensionen des Lernens.

Dimensionen des Musiklernens

Beim musikalischen Lernen durchmischen sich kognitive, körperlich-motorische und emotionale Anteile. Alle auf diese Weise verarbeiteten Informationen wirken zusammen und ergänzen sich. Man kann sie in der Beschreibung zwar systematisch trennen, im wirklichen Leben sind sie aber untrennbar miteinander verwoben, d. h. es gibt z. B. keine motorische Erfahrung ohne emotionale Beteiligung. Allerdings kann eine Dimension den Lernvorgang dominieren, kann die emotionale Wirkung die kognitive Kontrolle zurückdrängen oder ein intensives technisches Training das emotionale Engagement überlagern. Man könnte daher von einer asymmetrischen Beteiligung der verschiedenen komplementär interagierenden Dimensionen sprechen. Im Folgenden sollen daher einzelne Aspekte näher beleuchtet werden, die, ohne selbst schon den Kern musikalischen Lernens zu betreffen, doch damit in einem engen Wirkungszusammenhang stehen.

Lernen und allgemeine Intelligenz, oder: Was ist musikalische Intelligenz?

Lernerfolge werden nach allgemeiner Auffassung mit Intelligenz verbunden. Höhere Lernleistungen werden demnach als Ausdruck höherer Intelligenz angesehen oder umgekehrt: Mangelnde Intelligenz kann der Grund für schlechtere Lernerfolge sein. Natürlich spielen auch Fleiß, Ausdauer, Stetigkeit und Anstrengung eine wichtige Rolle, aber ein Schüler, der nicht lernen kann, gilt unversehens als minder begabt. Damit stellt sich die Frage nach dem Zusammenhang von Begabung (*aptitude*) und Intelligenz (*intelligence*).

In der musikalischen Test-Theorie werden beide Begriffe oft synonym verwendet, wenn man von Musikalitätstests spricht und damit gleichermaßen Talent (Seashore, 1919), Begabung (Gordon, 1965), Intelligenz (Wing, 1939) oder Fähigkeiten (Bentley, 1966) meint. Setzt man musikalische Begabung mit musikalischer Intelligenz gleich, so geht man in der Regel von genetisch angelegten menschlichen Fähigkeiten aus, die von allgemeinen Intelligenz- oder Musikalitätstests gemessen werden. Die Frage, inwieweit Anlage und Umwelt an der Intelligenzentwicklung beteiligt sind, ist in diesem Zusammenhang unerheblich. Je größer das messbare Potenzial ist, desto besser sind die zu erwartenden Ergebnisse. Unterscheiden muss man allerdings zwischen der angelegten Begabung (*aptitude*) und der erbrachten Leistung (*achievement*). Hier besteht aber kein zwingender Kausalzusammenhang, d. h. ein hohes Potenzial führt nicht notwendig zu höherer Leistung, wenn etwa Fleiß, Motivation und Leistungswille fehlen.

Intelligenz kann man als ein Maß dessen ansehen, was die Unterschiede in den mentalen Fähigkeiten von Individuen erklärt (vgl. Deary, 2000; 2001). Dabei stehen zwei Theorien zur Debatte. Zum einen kann man Intelligenz als eine allgemeine, umfassende menschliche Eigenschaft auffassen, der alle weiteren Teilfertigkeiten untergeordnet sind. Sie bildet dann so etwas wie einen statistisch errechenbaren General-Faktor (*g-factor*), der für einen Großteil der Varianz der in Testbatterien gemessenen menschlichen Intelligenz verantwortlich ist (Deary, 2000, 8; Stern & Neubauer, 2013). Diese allgemeine Intelligenz hängt wesentlich von der zerebralen Verarbeitungsgeschwindigkeit (*mental speed*), die auf eine frühzeitig einsetzende verstärkte Bemarkung (Myelinisierung) der Nervenbahnen zurückzuführen ist, sowie von der Struktur des Arbeitsgedächtnisses ab und bewirkt so eine Verbesserung der Wahrnehmungsfähigkeiten und des Sprachverständnisses (Abb. 3). Die mentale Verarbeitungsgeschwindigkeit ist aber nicht isoliert trainierbar, sondern genetisch determiniert. Sie bildet einen zentralen Faktor der allgemeinen Intelligenz und liefert einen recht guten Indikator für Lernerfolge. In einer Studie konnte nachgewiesen werden, dass *mental speed* auch früher einsetzende und stärker ausgeprägte musikalische Entwicklungen erklärt (vgl. Gruhn, Galley et al., 2003).

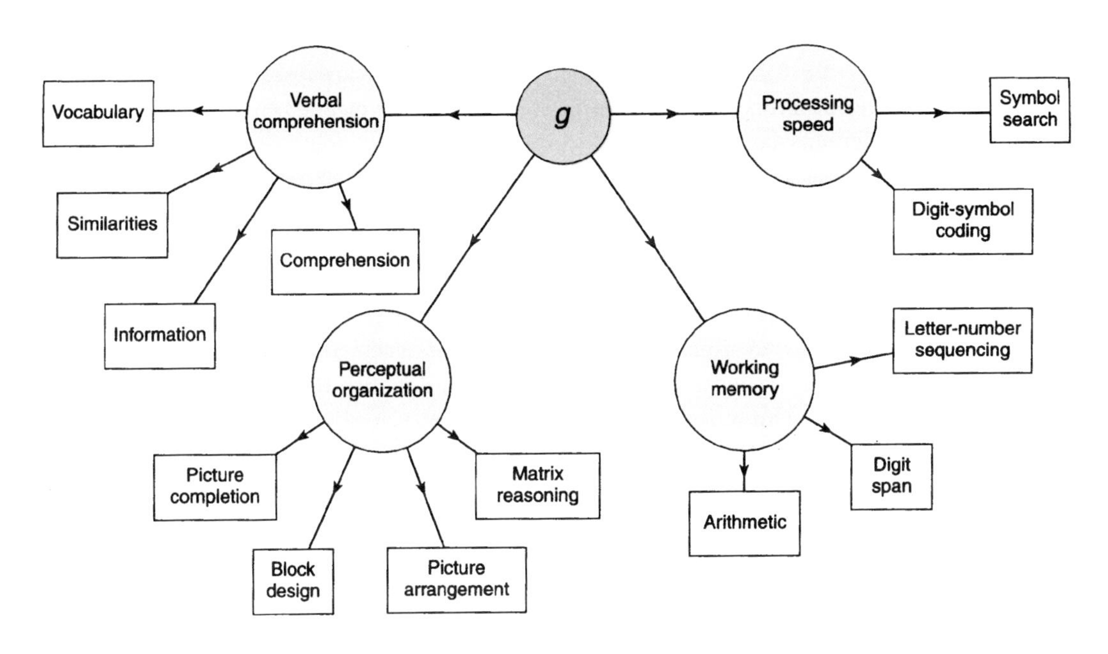

Abb. 3
Hierarchie der kognitiven Fähigkeiten in Abhängigkeit vom g-factor (Deary, 2001, 3).

Im Unterschied dazu kann man sich Intelligenz aber auch als einen Strauß einzelner unabhängiger Fähigkeiten (z. B. sprachliche, sportliche, mathematische etc.) vorstellen, die nicht hierarchisch geordnet sind, sondern gleichwertig nebeneinander stehen. Howard Gardner hat hier von „multiplen Intelligenzen" gesprochen (vgl. Gardner, 1991) und dabei musikalische Intelligenz als eine eigenständige Intelligenzform von mathematischen, körperlichen, sprachlichen, räumlichen und personalen Intelligenzen abgegrenzt, die alle durch bestimmte Hirnareale, Kernoperationen, Ausfälle nach Hirnläsionen und eigene Symbolsysteme ausgewiesen sind.

Diese neue Sicht Gardners weist dem Intelligenz-Konzept nicht mehr nur kognitive Dimensionen zu; Intelligenz steht damit nicht neben oder gegen Musikalität, sondern bildet als musikalische Intelligenz eine eigenständige Form mentaler Fähigkeiten. Obwohl Intelligenz als kognitives Konstrukt nicht Teil des Lernens ist, beeinflusst sie doch die Entwicklung im Bereich musikalischen Lernens.

Lernen und Gedächtnis

Im Alltagsverständnis von Lernen als dem Verfügbar-Halten von Wissen und Können wird die Lernfähigkeit oft mit der Gedächtnisleistung gleichgesetzt. Aber Lernen greift weit über ein solch eingeschränktes Verständnis von Lernen als Verfahren zur Wissensspeicherung hinaus. Dennoch: Lernen ohne ein gut funktionierendes Arbeitsgedächtnis und ohne den Einbezug von Gedächtnisinhalten ist kaum vorstellbar. Die Gedächtnisforschung (vgl. Markowitsch, 2005) hat gezeigt, dass das Gedächtnis modular, d.h. je nach Gedächtnisinhalt in verschiedenen Bereichen organisiert und die Leistungsfähigkeit der einzelnen Module genetisch determiniert ist und daher individuell stark variiert (vgl. Roth, 2006, 55). Ein markantes Beispiel dafür liefert das absolute Gehör (absolutes Tonhöhengedächtnis). Das Gedächtnis stellt somit eine eigene Leistungsform im Rahmen des Lernens dar.

Wann immer man Musik auf einem Instrument ausführt, wenn man eine Aufführung plant oder leitet, auch wenn man Musik hört und versteht, spielt das Arbeitsgedächtnis eine wichtige Rolle. Es wird beim internen musikalischen Denken und Vorstellen (*audiation*) aktiviert, das sich aber nicht im Abruf erinnerter Hörerfahrungen erschöpft. Ein Motiv oder eine Melodie, die man wiedererkennt, gleicht man mit den im Gedächtnis gespeicherten Inhalten ab. Formales Nachvollziehen einer kompositorischen Struktur ist nur möglich, wenn der Hörer das eben Gehörte in Beziehung zum gerade Vergangenen setzen kann und so erkennt, ob sich etwas wiederholt, eine Gestalt verändert oder kontrastiert wird. Beziehendes Denken ist eine Grundlage musikalischer Audiation und damit Voraussetzung für musikalisches Lernen (siehe Kapitel *Audiation – Grundlage und Bedingung musikalischen Lernens*).

Aber musikalisches Lernen geht nicht in der Aktivierung des Gedächtnisses auf. Dieses bildet einen wichtigen Bestandteil, ist zu einem gewissen Teil Voraussetzung für erfolgreiches Lernen, markiert aber nicht dessen vorrangiges Ziel. Ein auswendig vorgetragenes Musikstück kann dabei durchaus Nachweis musikalischen Lernens sein, wenn es Ergebnis der musikalischen Aneignung ist und nicht nur die memorierte Fingerbewegung. An der Ausprägung musikalischer Ausdrucks- und Denkfähigkeit hat auch das Gedächtnis einen entsprechenden Anteil, es macht aber nicht den Kern musikalischen Lernens aus.

Musikmachen und Musiklernen als Spiel

Dass kindliches Spiel eine herausragende Bedeutung für die kognitive und soziale Entwicklung hat, ist bei Pädagogen und Psychologen unumstritten und durch die Forschung belegt worden (vgl. Ilari, 2016; Trevarthen, Gratier et al., 2014). Musikalisches Spiel beginnt schon mit dem selbstständigen, lustbetonten Umgang mit musikalischem Material, das keiner pädagogischen Intention oder Kontrolle durch Erzieher unterliegt (vgl. Ilari, 2016, 30). Aber auch das Erlernen eines Instruments wird als Instrumental*spiel* bezeichnet, auch wenn dies mit Arbeit und anstrengendem Üben verbunden ist. Offensichtlich berühren oder verschränken sich Momente des Spiels mit dem Erlernen musikalischer Inhalte. Zu klären wäre also, ob Lernen auch Spiel sein oder spielerisch erfolgen kann.

Musikmachen als „inneres Spiel“ mit Tönen und Rhythmen (vgl. Green, B. & Gallwey, 1986) öffnet dabei einen erweiterten Bedeutungshorizont im Themenfeld musikalischen Lernens. Programmatisch nennen auch die Autoren des Musik-Curriculums für die musikalische Erziehung nach Gordon dieses *Music Play* (vgl. Reynolds, Valerio et al., 1998), denn alles Lehren im frühkindlichen Bereich geschieht non-verbal und informell. Die frühkindliche Lernwelt (vgl. Gruhn, 2007) ist in der Sphäre des Spiels angesiedelt und vollzieht sich in Formen, die viel mit Merkmalen des Spiels gemeinsam haben.

Spiel lässt sich sprachlich gegen *Arbeit* abgrenzen. Während Arbeit im Wesentlichen durch ökonomische Faktoren des Unterhaltserwerbs und der Lebenssicherung bestimmt wird, bleibt Spiel weitgehend zweckfrei. Beide Tätigkeiten können dabei erfüllend sein, mit großer Intensität betrieben werden und zu erwünschten Erfolgen führen. Im besten Fall können sowohl Arbeit als auch Spiel den Zustand des „Flow“ (Csikszentmihalyi, 1985), also einen autotelischen Zustand des selbstvergessenen Aufgehens im Tun erreichen, aber es besteht ein wesentlicher Unterschied zwischen beiden Aktivitätsformen: Während Arbeit im soziologischen Sinn primär von außen fremdbestimmt wird, ist Spiel der Sache nach selbstbestimmt und folgt dem eigenen Antrieb.

Die intrinsische Motivation teilt Musiklernen mit dem Spiel und sie führt schließlich zum Spiel: Man erlernt ein Instrument, um endlich in einem Orchester, einer Band, einer Musikgruppe mitspielen zu können. Der mühevolle Weg des Übens und Arbeitens an der Sache Musik und dem Gegenstand Instrument nimmt dann Züge des Spiels an, wenn es schließlich um das autotelische Prinzip des Musikmachens aus Freude an der Musik geht. Spielelemente können so zu ganz wichtigen Elementen im Lernprozess werden, sie können diesen erweitern und neu dimensionieren.

Spiel hat auch mit der Erprobung der eigenen Möglichkeiten zu tun. Dies kann im differenziellen Lernen (vgl. Widmaier, 2007) zum methodischen Prinzip werden und dazu führen, dass der Erwerb neuer Fertigkeiten spielerisch, d.h. nach den Regeln und Prinzipien der Spieltheorie erfolgt und zur Entwicklung von Bewegungsfertigkeiten beiträgt. Spiel böte dann eine von vielen verschiedenen Möglichkeiten des Lernens.

In der Alltagspraxis ereignet sich musikalisches Lernen oft im oder beim Spiel. Wenn Kinder ein Schlaginstrument oder einen Gegenstand, den man als Schlagzeug benutzen kann, sehen, werden sie alle möglichen Rhythmen und Klänge erkunden und im beiläufigen Umgang manche Schlagtechnik erwerben. Dies geschieht mit minimaler Beachtung der Motorik des eigenen Spiels und geringer Bewusstheit der einzelnen Aktionen. Dennoch erwirbt man auf diese Weise gewisse Fertigkeiten ohne formale Belehrung. Lernen geht so über in oder entsteht aus ungezwungenem, nicht-angeleitetem Spiel.

Lernen und Üben

„Es ist noch kein Meister vom Himmel gefallen“, sagt ein altes Sprichwort und verweist damit auf die große Bedeutung, die einer langen Erfahrung und stetiger Übung zukommt, um eine gewisse Meisterschaft zu erlangen. Dies gilt insbesondere für die Ausbildung instrumentaler und vokaler Meisterschaft. Ein Instrument technisch sicher und musikalisch überzeugend spielen zu können, erfordert ein hohes Maß an raum-zeitlicher Bewegungsorganisation, feinmotorischer Präzision und körperlicher Koordination von Arm-, Hand- und Fingerbewegungen (vgl. Jabusch & Altenmueller, 2014). Dies ist nicht bloß im Spiel-Modus zu erwerben, sondern erfordert langfristige, kontinuierliche Übung, die dem täglichen Training im Sport durchaus vergleichbar ist.

Alle rhythmischen Bewegungsmuster werden in den motorischen Kontrollzentren (Motor Kortex, Cerebellum, Basalganglien) erzeugt und durch sensorische Rückkoppelung den jeweiligen Anforderungen angepasst. Die grundlegenden Bewegungsmuster beim Instrumentalspiel – z. B. die Fingerbewegung bei der Ausführung von Skalen – können nicht jedes Mal bewusst kontrolliert, sondern müssen automatisiert werden, so wie man die Bedienung der Pedale und der Steuerung beim Autofahren nicht jeweils neu überlegen muss. Dies sind Abläufe, die als Bewegungsprogramme gespeichert sind und dann automatisch ablaufen. Dies kann nur geschehen, wenn die neuronalen Verbindungen durch intensives langfristiges Üben fest eingeschliffen und konsolidiert wurden. Die Expertiseforschung (vgl. Ericsson, Krampe et al., 1993) konnte zeigen, dass dies für alle Bereiche (Sport, Tanz, Musik, Bergsteigen, Schach etc.) zutrifft, in denen Menschen ein hohes Maß an Können erreichen. Gemeinsam ist allen Experten, dass sie früh ein Mindestmaß (10.000 Stunden Regel) an intensiver Beschäftigung mit dem Instrument aufweisen (Abb. 4).

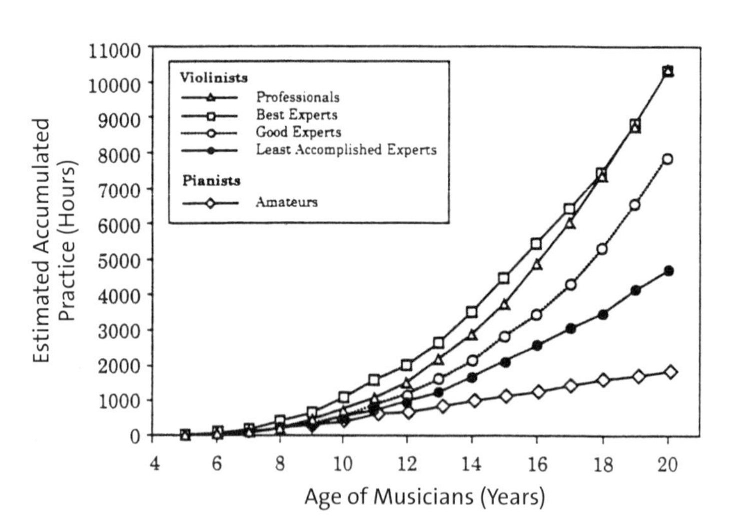

Abb. 4
Akkumulierte Übezeit über die ersten 20 Lebensjahre für Experten (Gewinner in internationalen Musikwettbewerben), professionelle Musiker, gute Musiker und Amateure nach dem Expertise-Modell von Ericsson, Krampe, Tesch-Römer, 1993.

Dass die reine Übezeit aber nicht schon den Lernerfolg garantiert, leuchtet ein; doch ohne diesen Zeitaufwand geht es eben auch nicht. Die Frage, ob Üben perfekt mache (vgl. Jörgensen & Lehmann, 1997), ist somit sehr differenziert zu beantworten (vgl. Lehmann & Gruber, 2014). Kontrollierte Übung (*deliberate practice*) ist unverzichtbar, um bestimmte Bewegungsabläufe neuronal zu automatisieren, damit dadurch mentale Kapazitäten frei werden, um die Aufmerksamkeit auf musikalisch-künstlerische Aspekte des Musizierens lenken zu können. Voraussetzung für eine stetig kontrollierte Übung ist ein starker emotionaler Antrieb sowie eine „intrinsische Faszination“ bezüglich der musikalischen Tätigkeiten (Sloboda & Howe, 1991).

Üben, wiewohl essentieller Bestandteil des Lernens, erschöpft sich also nicht nur im Erwerb und in der Festigung der Technik, sondern ist immer ein gesamtkörperlicher Vorgang, der auch den subjektiven Sinn und die musikalische Bedeutung des Geübten sowie Emotion und Expression mit einschließt. Dazu sind die Methoden und Möglichkeiten vielfältig (vgl. Mahlert, 2006). Praktiken des variativen Umgangs mit einzelnen Aspekten, dem Was und dem Wie des Übens legen es nahe, auch richtiges Üben zu lernen und dadurch das Lernen zu üben.

Lernen mit dem Körper (embodiment)

Der Körper mit seinen Bewegungen bildet eine zentrale Grundlage für die Interaktion mit der Umwelt, für Erkenntnis und Lernen. Der Neurowissenschaftler Daniel Wolpert kommt daher zu dem Schluss, dass Bewegung der eigentliche Grund dafür ist, dass sich das Gehirn überhaupt entwickelt hat (vgl. Wolpert, 2011), denn alle biologischen Entwicklungsfortschritte einschließlich des Denkens, Erkennens und Erfindens beruhen auf Bewegung, auf realen oder erinnerten, auf konkreten körperlichen Handlungsvollzügen oder nur imaginierten. Auch die Artikulation von Gedanken, die Entwicklung und Durchführung von Plänen muss hierzu gezählt werden. Daher stellt Bewegung auch die wichtigste Kategorie des Lernens dar. Dass gerade auch musikalisches Lernen eng mit körperlichen Erfahrungen und aktiven Körperbewegungen verbunden ist, ist offenkundig und beruht auf neurobiologischen Vorgängen, die experimentell überprüfbar und empirisch nachweisbar sind. Daraus ergeben sich dann wichtige pädagogische Konsequenzen für körperbezogenes und bewegungsorientiertes Lernen (vgl. Wolpert, Diedrichsen et al., 2011).

Musikalisches Lernen steht im Spannungsfeld von Kunst und Pädagogik. Beide wirken im Konzept des *embodiment* zusammen. Richard Wagner hat im *Kunstwerk der Zukunft* ganz im Geiste Hegels und Schopenhauers eine Ästhetik der Leiblichkeit für die *Kunst* entworfen. „Wahr und lebendig ist [...] nur, was sinnlich ist und den Bedingungen der Sinnlichkeit gehorcht" (Wagner, 1849/1983, 12).

Für das Kunstwerk bedeutet dies, dass es erst im Moment der leiblichen sinnlichen Erscheinung seiner inneren Bestimmung gerecht wird, nämlich „die Befreiung des Gedankens in der Sinnlichkeit" zu erfüllen (ebd., 13). Kunst erhebt also den Geist in sinnlich konkreter Form zum eigentlichen Gegenstand der Wahrnehmung. Aufgabe der *Pädagogik* wäre es dann, durch die körperliche Erfahrung der klanglichen Erscheinungen von Musik die Erfahrung des Gedankens, d. h. ihrer strukturellen Bedingungen erst zu ermöglichen. Dies hat sich dann in der Konzeption des *embodiment* und des *embodied learning* niedergeschlagen (vgl. Gruhn, 2017; Koch, 2013). Ganz anders hat Marcel Proust in seinem monumentalen Roman *Auf der Suche nach der verlorenen Zeit* seinen Helden Swann Musik erleben lassen, nämlich als einen jener unklaren Eindrücke, „die vielleicht die einzigen rein musikalischen sind, da sie an keine Dimension gebunden, da sie ursprünglich sind und nicht auf andere Eindrücke rückführbar [...] *sine materia.*" (Proust, 1954, 278).

Der Auffassung von Kunst als Erscheinung eines rein Geistigen steht die Anschauung gegenüber, Musik als Inbegriff sinnlicher Konkretisierung im Vollzug körperlicher Aktionen (Gesten) zu suchen. Als Musiker haben wir es immer mit dem Körper und der sinnlich erfahrbaren Körperlichkeit der Musik zu tun, als Pädagogen jedoch mit den kognitiven Strukturen des Lernens. Beides muss im Lernsubjekt zusammengeführt werden. Während die Hermeneutik dabei aber klar zwischen Erkenntnissubjekt und Erkenntnisobjekt, zwischen dem Werk und seiner Interpretation unterscheidet, tritt unter dem Siegel einer Ästhetik des Performativen die Sinnlichkeit der eigenen Erfahrung in eine neue Dimension ein: Das Dargestellte wird nicht mehr zum Zeichen für etwas, sondern steht für sich. Das Als-Ob der künstlerischen Darstellung, die auf etwas anderes verweist, was als das Eigentliche gelten kann, wird in der körperlichen Bedeutungserfahrung des Subjekts aufgehoben. Damit werden Zeichen (Werk) und Bezeichnetes (Bedeutung) eins. Der Rezipient wird zum Erzeuger der erfahrbaren Wirklichkeit. Das gilt wahrnehmungspsychologisch in hohem Maße auch für den Umgang und die Wirkung der Musik.

In der menschlichen Wahrnehmung wird die Leiblichkeit damit wieder auf ihren Ursprung zurückgeführt, indem Leiblichkeit und Sinnlichkeit dazu dienen, das Denken, den Gedanken erst zu ermöglichen, bevor er dann in der Leiblichkeit des Kunstwerks wieder befreit wird und sinnlich in Erscheinung tritt. Lernen braucht also Leiblichkeit, um die kognitiven Prozesse der Wahrnehmung und des Lernens überhaupt erst in Gang zu setzen.

So ist es pädagogisches Allgemeingut geworden, dass nicht der Kopf allein (Intelligenz, Gedächtnis) und nicht nur die Finger (Motorik) am Lernen beteiligt sind, sondern dass es immer der ganze Körper ist, der lernt (vgl. Rüdiger, 2007). Körper meint dabei nicht den Gegenpol zum Geist, sondern bezieht sich auf die physiologischen Dimensionen im Lernprozess, die ebenso wie Wahrnehmen und Verstehen mental gesteuert werden. Wenn heute als ganz neuer Forschungszweig die musikalische Gestik in Erscheinung tritt (vgl. Godoy & Leman, 2010; Gruhn, 2014b) und gestisches Lernen den körperlichen Vollzug musikalischer Ideen, Strukturen und Affekte bedeutet, zeigt dies die eminente Bedeutung, die dem körperlich Gestischen der Musik zugemessen und zugleich erkannt wird, dass musikalisches Lernen daran partizipiert.

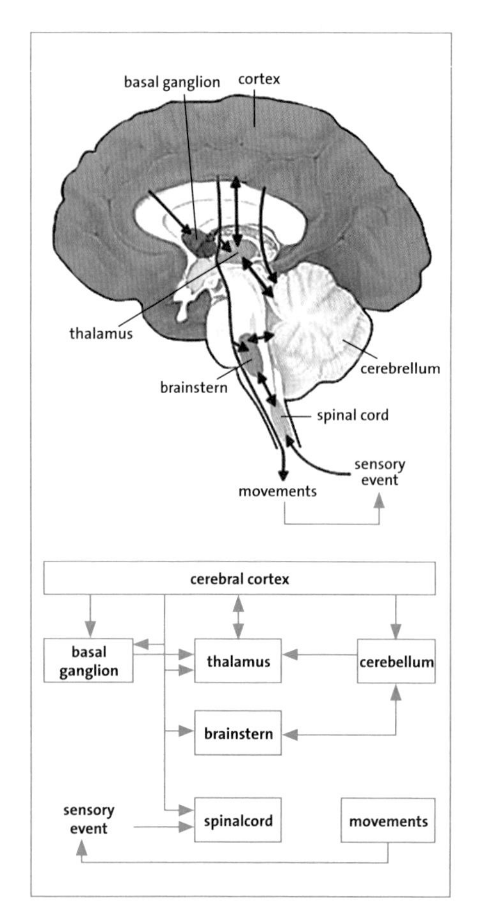

Abb. 5
Hirnschnitt und schematische Reizleitung der sensorischen Impulse und physischen Bewegungen vom Rückenmark über den Hirnstamm, das Kleinhirn (Cerebellum), die Basalganglien mit dem Limbischen System bis zur bewussten Handlungssteuerung im zerebralen Kortex (www.thebrain.mcgill.ca).

Wirft man einen Blick auf die evolutionäre Genese der kognitiven Funktionen, wird sogleich deutlich, wie in der Entwicklung des Kleinkindes alle Informationen, die den Kortex erreichen, ausschließlich über die afferenten (zum Gehirn führenden) und efferenten (zum Muskel führenden) Nervenbahnen laufen, die die Hirnfunktionen mit dem Körper verbinden und die vom Rückenmark über das Stammhirn (*brain stem*) zu den tieferliegenden Strukturen des Limbischen Systems in den präfrontalen Kortex führen (Abb. 5).

So ist die Frage, wie Lehrer auf Veränderungen der synaptischen Struktur der Hirnrinde hinwirken können, relativ einfach zu beantworten: Indem sie den Körper als Medium des Lernens einbeziehen. Denn ein musiktheoretischer Sachverhalt (z. B. ein Auftakt) kann phänomenal nicht durch anschauliche Erklärungen und bildhafte Beschreibungen oder über mathematische Definitionen („Auftakt und Schlusstakt bilden einen vollständigen Takt") gelernt und verstanden werden, sondern primär durch körperliche Erregung (*sensory event*) über die Bewegung (z. B. den Sprung in einen Reifen), denn dabei muss das Kind die eigene Sprungbewegung so steuern, dass die Füße genau auf die gedachte Eins – den Schwerpunkt, die Betonung – im Reifen landen. Dies erfordert eine äußerst komplexe neuronale Bewegungsplanung, die denkend die Eins antizipiert, und eine präzise Bewegungssteuerung bei der Ausführung. Theoretische Sachverhalte kann man pädagogisch nicht adäquat erklären, aber man kann ein Kind anleiten, die entsprechende Bewegung auszuführen – und das gelingt den meisten Kindern nach einiger Zeit erstaunlich gut.

James Gibson hat in seiner *affordance*-Theorie darauf hingewiesen (vgl. Gibson, 1982), dass Handlungen nicht nur von außen angeregt werden müssen, sondern dass bereits die Gegenstände selber ein Angebot (*affordance*) zu Handlungen enthalten (z. B. ein Stuhl zum Sich-Hinsetzen; eine Trompete zum Hineinblasen etc.), die sowohl die Wahrnehmung leiten, indem sie immanente Handlungsmöglichkeiten anregen, als dann auch den Lernvorgang beeinflussen.

Lernen, so könnte man folgern, ist eine Funktion des Körpers, d. h. musikalische Erfahrungen erfolgen durch und beruhen auf körperlichen Handlungsvollzügen. Diese neurobiologische Tatsache ist auch der modernen Vokabel des *embodiment* eingeschrieben, wonach Lernen als Verkörperung oder „Einkörperung" musikalischer Phänomene anzusehen ist (vgl. Gruhn, 2010; Hiekel & Lessing, 2014). Dieser Grundgedanke ist dann wieder in der Philosophie der Leiblichkeit (vgl. Merleau-Ponty, 1945/1966; Wolf, 1993) wie auch in der Theorie des Performativen (vgl. Fischer-Lichte, 2004) aufgegriffen und ausgearbeitet worden. Die neue Betonung der Leiblichkeit im Wahrnehmungs- und Erkenntnisprozess richtet sich dabei gegen das Vorherrschen einer rein empirischen Rationalität. Zugleich bedeutet sie für den Lernprozess eine neue Entdeckung der Körperlichkeit. Psychologisch betrachtet geht Lernen von der Einheit von somatischen Erfahrungen und sinnlichem Erleben aus (das italienische Wort *sentire* bezeichnet noch beides, das sensorische Empfinden wie das Hören; im Alemannischen wird das Verb „schmecken" gleichzeitig für Schmecken und Riechen verwendet). Der Übertrag von leiblicher (sensorischer) Erfahrung in mentale Repräsentation führt schließlich zu begrifflichem Erkennen und Verstehen. Das bestätigt sich auch lernbiologisch, seit man weiß, dass sensorische Reize nur über Rückenmark und Stammhirn den Neo-Kortex erreichen und dort als Kognition repräsentiert werden. So leitet sich das Denken aus dem Tun her, oder wie Hans Aebli es in seinem Buchtitel ausdrückte: *Denken: das Ordnen des Tuns* (Aebli, 1980). Neuronal gesehen koinzidieren also biologische und psychologische Entwicklungsstränge in den mentalen Repräsentationen. Lerntheoretisch gewendet bedeutet dies, die Leiblichkeit als Ursprung von Welterfahrung und Kognition zu verstehen (siehe Abb. 6).

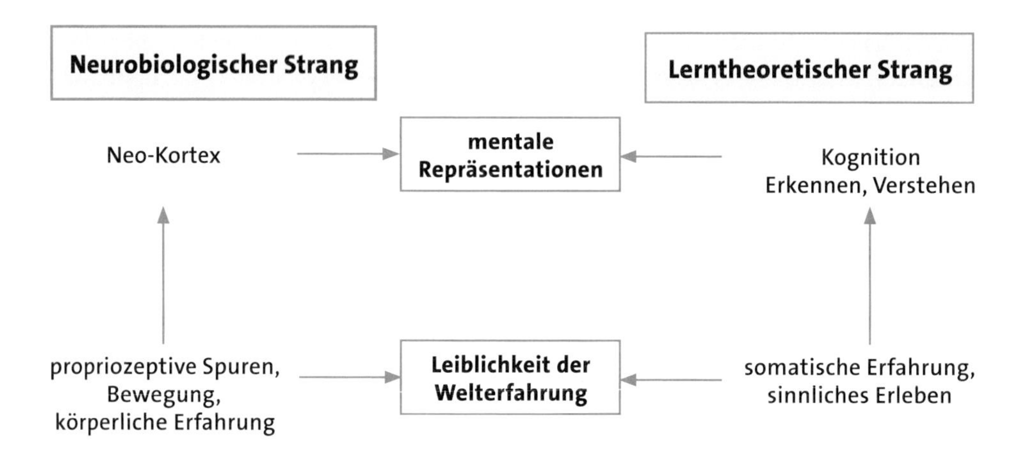

Abb. 6
Lerntheoretischer und neurobiologischer Strang der Verarbeitung somatischer Reize.

Lerntheoretische Zugänge

Die formalen Theorien des 19. Jahrhunderts (Pestalozzi, Herbart) waren durch einen systematischen Aufbau des Lehrens und Lernens gekennzeichnet, den man als „Instruktionalismus" bezeichnen kann. Danach geschieht Lernen durch Belehrung in systematisch geordneter Stufenfolge (Formalstufen). Die Einhaltung bestimmter Lernschritte sollte dabei den Lernerfolg garantieren. Lernen wurde somit nicht als individueller, psychologischer Vorgang angesehen, sondern als eine allgemeine, regelhafte Abfolge von Schritten, die sich an der Logik der Lerninhalte orientierte.

Mit der Entwicklung der experimentellen Psychologie am Ende des 19. Jahrhunderts trat eine Hinwendung zur empirischen Erforschung jener psychologischen Mechanismen ein, die dem Lernen zugrunde liegen. Es waren zunächst die bahnbrechenden Untersuchungen des russischen Verhaltensbiologen Iwan Petrowitsch Pawlow, der seit 1890 einen Lehrstuhl an der Petersburger Militärmedizinischen Akademie innehatte und dort die bedingten psychischen Reflexe als Grundlage des Lernens experimentell erforschte. Damit war ein erster Schritt in Richtung auf Empirie begründeten Theorien des Lernens getan. Aber mit diesem Verständnis wurde der Lernvorgang eher mechanistisch als Konditionierung verstanden, die ausschließlich in Tierversuchen nachgewiesen wurde. Bei der „klassischen Konditionierung“ wurde eine beliebige Tätigkeit mit einem bedingten Reiz verbunden, der schließlich mit der Tätigkeit selber assoziiert wurde und diese dann als Reaktion auslöste.

Die amerikanischen Behavioristen (Thorndike, Skinner, Guthrie) haben diese Verhaltenskonditionierung dann im 20. Jahrhundert weitergeführt und experimentell erweitert („operante oder instrumentelle Konditionierung“), blieben aber dem Grundverständnis verpflichtet, dass Lernen auf Reiz-Reaktionsketten (*stimulus-response*-Ketten) beruhe, die zu einem vorhersagbaren Verhalten führen, dessen interne Bedingungen jedoch einer exakten Beobachtung unzugänglich seien. Dem lag die Vorstellung zugrunde, dass der Organismus des Menschen nach mechanischen Regeln funktioniere, seine inneren Motive und Regungen sich aber objektivem Zugriff entzögen und allenfalls durch Introspektion erfahrbar gemacht werden könnten. Psychische und kognitive Prozesse blieben also in einer *black box* verborgen, deren Wirkungsmechanismen nur aus den Reaktionen (R) auf bestimmte Reize (S) erschlossen werden können.

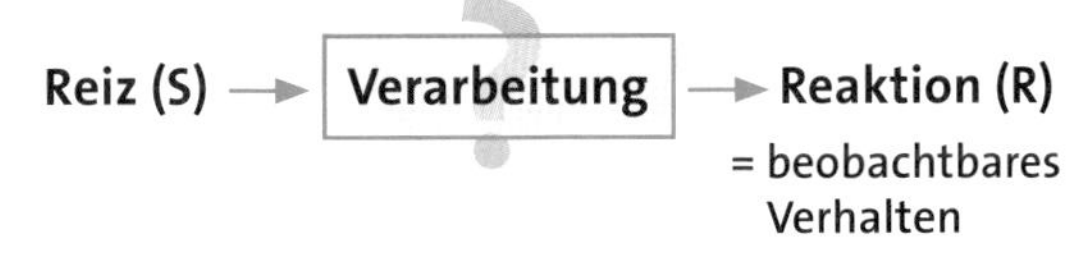

Abb. 7
Lernen als Reiz-Reaktionskette

Eine „kognitive Wende“ wurde erst zu Beginn des 20. Jahrhunderts durch Jean Piaget eingeleitet, der aufgrund von Beobachtungen des Lösungsverhaltens von Kindern bei kognitiven Aufgaben Hypothesen über deren kognitive Strategien machte (vgl. Piaget, 1996; Piaget & Inhelder, 1972). Damit legte er den Grund zu einer biologischen Lerntheorie, die eine festgelegte Abfolge von kognitiven Entwicklungsschritten unterstellte. Sein Schüler Hans Aebli untermauerte und ergänzte diese Beobachtungen auf der Grundlage der Handlungstheorie und betonte eine enge Interaktion von Umweltangeboten mit der Entwicklung von Handlungsschemata (vgl. Aebli, 1980). Neue Erfahrungen konnten demnach in bereits bestehende Handlungsschemata durch „Assimilation“ integriert werden oder mussten sich den neuen Bedingungen durch „Akkommodation“ anpassen. So rückten die mentalen Vorgänge der Assimilation und Akkommodation in den Fokus lernpsychologischer Theorien.

Ein eher kulturpsychologischer Ansatz liegt der Theoriebildung von Lev Wygotski zugrunde, der viel stärker in den USA als in Europa rezipiert worden ist und die amerikanische Pädagogik beeinflusst hat. Seine Untersuchungen setzten entwicklungsgeschichtlich beim Ursprung des Denkens und Sprechens an. So wie Piaget von der Einheit von Denken und Handeln ausging, sah Wygotski das Sprechen in einem ontogenetischen Zusammenhang mit dem Sprechen. Denken ereignet sich demnach im inneren Sprechen (Piaget, 1996: „egozentrisches Sprechen“); es „vollzieht sich im Wort“ (Wygotski, 1934/2002, S. 401). Damit weist er bereits auf eine Erkenntnis Edwin Gordons voraus, der die innere Vorstellung, das genuin musikalische Denken, als *audiation* bezeichnet (Gordon, 1980). Denken ist aber nicht unbedingt mit innerem Sprechen gleichzusetzen. Vielmehr begleitet zunächst das Sprechen die manuellen Tätigkeiten kleiner Kinder, die anfangs immer sagen, was sie gerade tun, sie denken gewissermaßen mit dem

Mund, bevor abstrakte Denkoperationen auch losgelöst vom aktuellen Sprechen möglich werden.

Behavioristische und kognitivistische Modelle haben die Theoriebildung zum Lernen über eine lange Zeit geprägt und reichen bis in die Zeit der Curriculum-Reform. Die amerikanische Unterrichtstheorie von Jerome Bruner nahm verstärkt die eigenen Lernakte der Schüler in den Blick, die auf eine „enaktive" (körperliche), „ikonische" (abbildende) und „symbolische" Wissensrepräsentation mittels stellvertretender, abstrakter Zeichensysteme zielte (Bruner, 1963; 1974).

Damit war der Weg für kognitionspsychologische Ansätze frei, die Lernen nun auf der Grundlage mentaler Strukturen der Wissensrepräsentation verstanden. In Bezug auf Musik bedeutete dies den Einzug musikpsychologischer Forschungsstrategien auf Basis der Rezeption und Kognition musikalischer Phänomene. Jeanne Bamberger untersuchte die musikalische Repräsentationsbildung bei musikalisch untrainierten Kindern und entwarf eine Typologie figuraler und formaler musikalischer Repräsentationen. Lernen markiert dabei den Übergang von figuraler zu formaler Repräsentation (vgl. Bamberger, 1991; 2013). Edwin Gordon formulierte eine eigenständige *Music Learning Theory* (Gordon, 1993; 1997), die auf seinem Konzept der *audiation* beruht. Audiation kann dabei als mentale musikalische Repräsentation verstanden werden, die beim Hören und Denken (Vorstellen) von Musik aktiviert wird (siehe Kapitel *Audiation – Grundlage und Bedingung musikalischen Lernens*).

Mit dem Vordringen empirischer Untersuchungen der Hirnforschung am Ende des 20. Jahrhunderts (vgl. Gruhn, 2014a; Gruhn & Rauscher, 2008; Koelsch, 2012; Patel, 2008; Spitzer, 2002b) gelangten neurobiologische Aspekte des Lernens in die pädagogische Forschung. Basierend auf der Erkenntnis, dass alle Wahrnehmung auf der Aktivierung neuronaler Strukturen beruht und der Mensch damit seine Wirklichkeit immer erst selber konstruiert, hielten erkenntnistheoretische Ideen des Konstruktivismus auch in die lerntheoretische Pädagogik Einzug (vgl. Foerster, 1994; Scharf, 2007; Schmidt, 1994; Winkler, 2002), die der Eigentätigkeit des Bewusstseins bei der Vorstellungsbildung und Erkenntnisgewinnung eine größere Bedeutung beimaß. Was wir hören und erkennen, beruht auf Aktivierungsprozessen der eigenen Erfahrung, die erst die jeweilige Bedeutung generieren. Verstehen als bedeutungsgebende Tätigkeit kann neurobiologisch fundiert werden und hat dann einen eminenten Einfluss auf das Verständnis von Lernen. Denn wir hören nicht, was wir wahrnehmen, sondern wir erkennen, was wir bereits wissen, was mit den erworbenen Repräsentationen übereinstimmt oder in Übereinstimmung gebracht (assimiliert) werden kann oder was diese verändert, erweitert, modifiziert und differenziert. Musikalisches Lernen wäre demnach der Vorgang der Aktivierung der eigenen musikalischen Vorerfahrungen mit dem Ziel der Aneignung oder Einkörperung (*embodiment*) neuer strukturähnlicher Erfahrungen. Ein solches Verständnis von musikalischen Lernprozessen hat die musikbezogene Lerntheorie in den vergangenen Jahrzehnten von Grund auf verändert. Erweiterte kognitive Theorien (siehe die Beiträge in den Teilen *Musiklernen in der Lebensspanne* und *Körper – Leib – Geste*) gehen dabei von der These aus, dass sich das Erkenntnisbewusstsein im Austausch mit den externen Beziehungen des eigenen Körpers zu der Umwelt konstituiert (vgl. Rowlands, 2010). Die mentalen Prozesse stehen demnach in engem Zusammenhang mit körperlichen Erfahrungen und Handlungen, die auf die Wahrnehmung der Umwelt einwirken und von dieser auch wieder beeinflusst werden.

So wichtig solche Denkanstöße sind, welche die interne mentale Repräsentation durch einen erweiterten externen Kognitionsbegriff zu ersetzen suchen, so bleibt doch zu bedenken, dass Einsichten in den elementaren Lernvorgang genuin musikalischer Sachverhalte zunächst durch die Beobachtung allgemeiner mentaler Strukturen zu gewinnen sind, die dann auch in komplexeren psychologischen, physiologischen, sozialen und kulturellen Zusammenhängen gedacht werden müssen. Doch erst das Ansetzen an überprüfbaren mentalen Strukturen kann sicherstellen, mit einem kontrollierten Forschungsdesign zu empirisch gesicherten Aussagen zu kommen. Darüber entscheiden unterschiedliche lerntheoretische Zugänge.

Lernformen, Typen und Klassifikationen

Menschliches Lernen lässt sich in sehr unterschiedlichen Kontexten und in ganz verschiedenen Situationen beobachten. Dabei kann man grob zwei grundsätzliche Formen unterscheiden: musikalisches Lernen im Alltag und musikalisches Lernen in schulischen Institutionen. Dort agieren Lehrer im Rahmen von Lehrplänen und Curricula, handeln also in einem formal definierten Umfeld, das durch erklärende Demonstration und Anweisungen gekennzeichnet ist. Sprache und Schrift sind neben Modellen und Anschauungshilfen wichtige Medien der Vermittlung.

Ganz anders wird gelernt, wenn ein Schüler in einer Band mitwirkt und dort beim Zusammenspiel mit anderen sein Instrument allmählich immer besser zu handhaben lernt (vgl. Green, L., 2001) oder wenn ein Jugendlicher nach dem Modell von *El Sistema* (vgl. Kaufmann & Piendl, 2011) bzw. in der Praxis der Musikvereine beim Ensemblespiel mit und von anderen in das Instrumentalspiel eingeführt wird. Hier vollzieht sich der Lernvorgang nicht-linear, gewissermaßen beiläufig im Tun, bei dem andere Mitspieler führen und helfen, ohne formellen Lehrer, ohne Noten und Musiktheorie und ohne curriculare Reglementierung.

Diese Form des Lernens in konkreten Alltagssituationen wird heute unter dem Begriff des „impliziten Lernens“ verhandelt. Dies geschieht oft beiläufig („inzidentell“) ohne besondere Absicht (nicht-intentional, z. B. beim Mitspielen in einer Band), aber meist durch eigenes, aktives Handeln, so wie ein Kind Fahrradfahren lernt. Fragt man es, was es tue, um die Balance zu halten, kann es das nicht sagen, weil die körperlichen Prozesse unbewusst ablaufen. Aber am Ende hat authentisches Lernen stattgefunden: Es kann Rad fahren. Gar nicht so viel anders verhält es sich mit dem Instrumentalspiel, wenn man es „prozedural“, also durch Handeln statt auf Grund von Erklärungen („deklarativ“) erwirbt. Fertigkeiten werden in der Regel implizit, Fakten und Wissensdaten dagegen explizit gelernt.

Die Strategien impliziten Lernens weisen einige besondere Merkmale auf. Äußerlich übernimmt ein Mitspieler oder Mentor die Funktion des Lehrers, vielleicht ein Coach, der begleitet und anregt. Tricks und Techniken schaut man sich von anderen Mitspielern ab. Dies geschieht aber nicht absichtsvoll, sondern es geschieht einfach im Laufe und als Folge der gemeinsamen Tätigkeit. Methodisch vollzieht sich Lernen dabei durch das Antizipieren eines erwünschten Ziels (z.B. den Ball ins Tor zu bekommen; den Lagenwechsel sauber auszuführen etc.). Dabei be(ob)achtet man nicht das momentan aktuelle Handlungselement („Was macht mein Fuß?" „Wie bewegt sich meine Hand?"), sondern hat – ganz wörtlich – das Ziel im Auge (das Tor; den Zielton in der dritten Lage). Die Aufmerksamkeit richtet sich dabei – wie beim Tennis (vgl. Gallwey, 2003) – auf das antizipierte Resultat anstatt auf die momentane Aktion, mit der man das Resultat erreichen möchte. Beim impliziten Lernen geht es also nicht so sehr um einzelne Trainingselemente, sondern um komplexe Handlungskonfigurationen, die auf den erwünschten Effekt ausgerichtet sind.

Die Lernformen alltäglichen und schulischen Lernens sind in der Praxis nicht immer strikt zu trennen, sondern bewegen sich auf einem Kontinuum, das viele Übergänge und Überschneidungen zulässt. Ihre Pole wären wie folgt darzustellen:

Alltagslernen, entschultes Lernen ◄──►	**schulisches Lernen**
freies („wildes") Lernen	organisiertes, zielorientiertes Lernen
implizite Formen des Lernens	explizite Formen des Lernens
episodisch, spontan	stetig, regelmäßig, aufbauend
meist inzidentell	überwiegend intentional
bevorzugt prozedural	bevorzugt deklarativ
ohne Lehrer und Curriculum	mit Lehrer und Curriculum
in altersheterogenen Gruppen	in altershomogenen Gruppen
eigenaktiv, produktiv	oft reproduktiv, rezeptiv
Ziel:	**Ziel:**
Förderung individueller Unterschiede	gleicher Wissensstand in einer Gruppe

Als allgemeines Unterscheidungsmerkmal zwischen institutionell organisiertem regelmäßigen Unterricht und spontanem außerschulischen Lernen könnte man versucht sein, die intendierte Nachhaltigkeit anzuführen, aber auch inzidentelles Alltagslernen kann sich durchaus als nachhaltig erweisen. Wichtiger erscheint daher der Gesichtspunkt, dass institutionell formalisiertes Lernen linear, d.h. zielgerichtet und durch Stetigkeit und Regelmäßigkeit des Einübens gekennzeichnet ist, während Lernprozesse im außerschulischen Erlebnisangebot verhaltensoffen, voraussetzungslos und theoriefrei ablaufen und daher eher episodisch bleiben und nicht unbedingt Stetigkeit voraussetzen.

Diese Unterscheidung lässt sich auch auf Lernende mit einem professionellen Anspruch an den Erwerb musikalischer Fähigkeiten gegenüber unerfahrenen musikalischen

Laien übertragen. Denn die Ansprüche erwachsener Laien an den Umgang mit Musik sind andere als bei Kindern und Jugendlichen, die im Musikunterricht spezifischen Lernanforderungen und -erwartungen gegenüberstehen. Lernen, wie es in professionellen Kontexten stattfindet, ist überwiegend zielorientiert auf bestimmte Lerngegenstände gerichtet. Das unterscheidet es von dem erwachsener Laien, die auf eine nicht spezialisierte Art mit Musik umgehen und dabei auch durchaus etwas lernen und zuweilen auch bewusst etwas lernen wollen. So beginnen sich vereinzelt an Ausbildungsinstituten (Berlin, Würzburg) seminarartige Gesprächsforen zu bilden, die Musikvermittlung an erwachsene Laien zum Ziel haben, bei der nicht fachspezifische Fragestellungen der Teilnehmer an die Musik zum Ausgangspunkt eines offenen Lernwegs genommen werden (vgl. Richter, 2014). Im Reden über Musik findet dann eine Verständigung darüber statt, was und wie etwas gehört und erlebt wird. Solch grundlegende Verständigung ist immer dann notwendig, wenn keine gemeinsamen Basiserfahrungen oder theoretisches Wissen vorausgesetzt werden können.

Dies hat Jeanne Bamberger veranlasst, neue Wege und Möglichkeiten der lernenden Auseinandersetzung mit Musik bei naturwissenschaftlich hochspezialisierten Studierenden des *Massachusetts Institute of Technology* (MIT) zu erkunden (vgl. Bamberger, 2013), weil diese musikalischen Laien zwar über das kognitive Rüstzeug der differenzierten Wahrnehmung und Reflexion verfügen, aber Fragen an die Musik stellen, die einem Fachmusiker zunächst einmal so gar nicht einfallen, weil sie außerhalb einer musiktheoretischen Grammatik erfolgen. Lernen ereignet sich dabei im Rahmen der Reflexion über die vielfältigen Wahrnehmungsmöglichkeiten, wie die aufgenommenen sensorischen Reize strukturell organisiert werden können. Das Bewusstmachen solcher Prozesse im Gespräch oder unter Zuhilfenahme spezieller Computerprogramme (vgl. Bamberger, 2000) führt dann zu einer veränderten Wahrnehmung immanent musikalischer Phänomene („developing a musical ear“, Bamberger, 2013, 175), was im Ergebnis als Lernvorgang verstanden werden kann, der aber auf einer völlig anderen Ebene vor einem wahrnehmungspsychologischen und gestalttheoretischen Hintergrund abläuft als traditionelles Musiklernen. Mit dem gleichen Anspruch und Ansatz hat Bamberger ebenso mit Kindern ohne jegliche musikalische Vorerfahrung gearbeitet und das Lernen als kognitiven Prozess erforscht (vgl. Bamberger, 1991).

Eine Typologie der Lernformen richtet also die Aufmerksamkeit auf die unterschiedlichen Handlungsformen bzw. Funktionsweisen im Umgang mit Musik. So spricht man vom forschenden oder entdeckenden Lernen, vom dialogischen oder episodischen Lernen und stellt das Lernen am Modell einem methodisch-explorativen Verfahren gegenüber, da in differenziellen Übsequenzen alle praktikablen Varianten eines motorischen Bewegungsablaufs erprobt werden, um die Bewegungsform zu finden, die dem eigenen Körper am angemessensten ist (z. B. Ausführung der Rückhand beim Tennis; Modulation der Bewegung des Arms beim Bogenwechsel etc.). Auf ein aus der Medizin stammendes Paradigma geht das Prinzip des effizienzbasierten Lernens zurück, also eines Lernens, das sich am erkennbaren Erfolg bzw. der Leistung bemisst. Die musikalisch vielfältigen Umgangsweisen mit digitalen Technologien und der Einsatz elektronischer Kommunikationsmedien haben das *E-Learning* hervorgebracht. Schließlich hat der große Einfluss neurowissenschaftlicher Publikationen Didaktiker angeregt, über Neurodidaktik und *brain-based learning* nachzudenken. All diese Formen fokussieren und thematisieren jeweils bestimmte Aspekte des Lernens: Methoden (dialogisches Lernen), Funktionen (effizienzbasiertes Lernen), Gegenstandsbereiche (E-Learning) oder Handlungsformen (differenzielles Lernen, forschendes Lernen).

Robert Gagné hat eine Klassifikation der Lernformen vorgeschlagen, die sich an der Inhaltsstruktur der Lerngegenstände sowie an lerntheoretischen Grundlagen orientiert und in der Didaktik sehr einflussreich war: Signallernen – Reiz-Reaktions-Lernen – Kettenbildung – Diskriminationslernen – Begriffslernen – Regellernen – Problemlösen (vgl. Gagné, 1965/1980). Hilbert Meyer thematisiert Handlungssituationen als Lernmöglichkeiten in verschiedenen Sozialformen (vgl. Meyer, 1987). Alle derartigen Klassifizierungsversuche entspringen dem systematischen Ordnungsbestreben der Erziehungswissenschaften, tragen aber nur wenig zur Erkenntnis der Vorgänge des Lernens selber bei, weil sie nur auf die äußeren Organisationsformen gerichtet sind.

Discrimination versus Inference Learning

Zwei grundlegende Prinzipien des Lernens, die für das genuin musikalische Lernen eminent bedeutsam sind, sollen hier etwas ausführlicher dargestellt werden. Es geht dabei um die zwei prinzipielle Lernformen: das Unterscheidungslernen (*discrimination learning*) und das Eigenlernen (*inference learning*), die wie zwei Hauptäste aus dem gemeinsamen Lernstamm herauswachsen.

Das erste, was der Säugling beim Eintritt in die Erfahrungswelt seiner Umgebung „lernt", betrifft die Unterscheidung von „gleich" und „verschieden", bald auch „nicht ganz gleich, aber ähnlich". Denn man kann nur wahrnehmen, was etwas ist, indem man erkennt, was es nicht ist. Auf das Erkennen von „gleich" und „verschieden" sind alle Wahrnehmungen gerichtet. Was „dunkel" ist, kann man nur erfahren, wenn man erlebt hat, was „hell" ist. Und diese Erfahrung ist vollkommen subjektiv und kontextabhängig. Wer aus einem dunklen Raum in die Dämmerung tritt, empfindet sie als hell, aber aus einem gleißenden Neonlicht heraustretend erscheint dieselbe Dämmerung als dunkel. Die Unterscheidung beruht dabei immer auf einem beziehenden Denken: Man vergleicht die aktuelle Wahrnehmung mit bereits gemachten Vorerfahrungen (hell = heller als x). Wahrnehmung beruht somit auf einer aktiven (vergleichenden, antizipierenden) Denkleistung. Dies ist schon in Piagets Psychologie der Intelligenz (1947) angelegt.

Um die denkende Wahrnehmung anzuregen, bedarf es einer stimulierenden Umwelt. Damit man Farben sehen kann, muss es diese zu sehen geben; um Töne hören und unterscheiden zu lernen, müssen diskrete Töne oder Klänge zu hören sein. Der Vorgang des diskriminierenden Erkennens bedarf also einer anregenden Instanz (Umwelt, Lehrer), die die für die Entwicklung notwendigen Reize anbietet. Auf diese Weise bildet das Gehirn die mentalen Repräsentationen aus, die dann in der erkennenden Wahrnehmung aktiviert werden. Entscheidend ist aber, dass die Wahrnehmung sich auf ein phänomenales Objekt (einen Ton, eine Farbe) richtet, das wahrgenommen wird.

Auf der Grundlage vorhandener Repräsentationen oder bereits erworbenen Wissens kommt dann der andere Ast der Lerntypologie, das selbstangeleitete inferentielle Lernen ins Spiel. Dabei richtet sich das wahrnehmende Denken nicht nur auf das Objekt, sondern zugleich auf die innere Repräsentation. Im Vorgang des *pattern matching* erkennt man, was in das Bewusstsein integriert (assimiliert) werden kann und was nicht. Dadurch erkennt man etwas als etwas, man „versteht" das wahrgenommene Phänomen als etwas Bestimmtes (den Schlusston einer Melodie, die Rotfärbung eines reifen Apfels). Diese Lernerfahrung bedarf keines von außen einwirkenden Lehrers, hier zieht der Lernende seine Erkenntnis aus dem eigenen, bereits vorhandenen Wissen (daher *inference* = abgeleitetes Wissen). Um dieses Wissen zu konsolidieren, bedarf es dann der fortgesetzten Anwendung und Wiederholung, jedoch nicht in mechanischer Repetition des immer Gleichen, sondern durch Variation, Verwandlung, Improvisation und Exploration. Von Lernstufe zu Lernstufe bedarf es somit einer Interaktion zwischen Unterscheidungs- und Eigenlernen (*discrimination* und *inference learning*). Musikalisch vollzieht sich letzteres als Generalisierung durch Experimentieren, Improvisieren und Komponieren.

1. Stufe:
discrimination learning → inference learning
(Generalisierung: Improvisation, Exploration)

↓

2. Stufe:
discrimination learning → inference learning

↓

3. Stufe:
discrimination learning → inference learning

↓

etc.

Auf diese Weise werden die einzelnen musikalischen Inhalte gefestigt und somit erst individuell verfügbar. Dies bedeutet für den instrumentalen Übevorgang, dass nicht dasselbe Stück immer nur fehlerfrei wiederholt werden muss, sondern eine Konsolidierung der an einem Musikstück vermittelten musikalischen Erfahrungen (z. B. Lagenwechsel, Daumenaufsatz, Dreiklangsumkehrungen, tonale Modi) erst dadurch eintritt, dass selbstständig mit bereits bekannten Elementen variierend und improvisierend umgegangen wird. So können einzelne Erfahrungen, Wissenselemente und motorische Fertigkeiten generalisiert und dadurch übertragbar werden.

Grundlagen vokalen Lernens: Singen und Sprechen

Die ersten musikalischen Äußerungen des Säuglings sind vokale Laute, die dem artikulierten Sprechen vorausgehen. Spontane, noch unartikulierte Lautbildungen üben den kontrollierten Artikulationsvorgang ein, den Sprechen wie Singen erfordern und der im Gesang zu einer musikalischen Tonbildung mit distinkten Tonhöhen führt. Singen und Sprechen nutzen zu einem großen Teil die gleichen neuronalen Ressourcen und verbinden das Hören mit dem Vokalisieren. Darauf beruht das Prinzip des vokalen Lernens. Dies bezeichnet im Unterschied zum auditiven Lernen (Erkennen eines akustischen Signals) einen Vorgang, bei dem motorische Lautproduktion und Hörkontrolle regelkreisartig zusammenwirken. Während Tiere durchaus verbale Signale verstehen, diese aber nicht reproduzieren können (ein Hund versteht den Befehl „Sitz!“, kann aber nicht mit „Ja“ antworten), ist es ganz wenigen Arten von Säugetieren (z.B. Menschen, Meeressäugern, Singvögeln und Fledermäusen) vorbehalten, durch vokale Nachahmung auch fremde, nicht artspezifische Laute zu bilden. Dies macht eine direkte neuronale Verschaltung möglich, die die motorische Kontrolle des Vokalapparats durch die auditorische Wahrnehmung in Gang setzt (*auditory motor loop*) (Abb. 8).

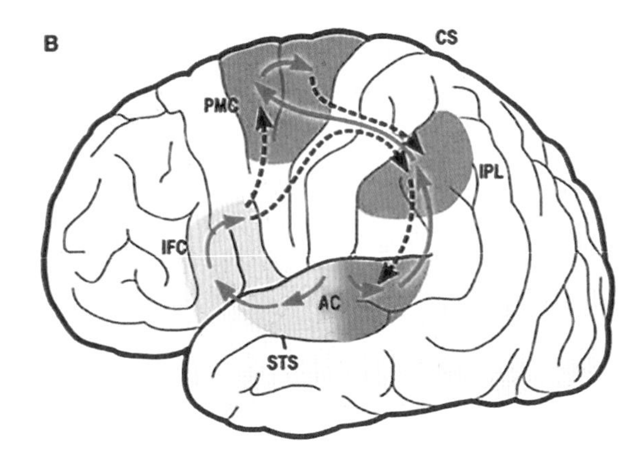

Abb. 8
Die motorisch-auditorische Schleife zur Kontrolle der vokalen Produktion (Singen und Sprechen), den ein Regelkreis zwischen dem auditorischen Kortex (AC) und dem prämotorischen Kortex (PMC) ermöglicht (Rauschecker & Scott, 2009).

Hinsichtlich der frühkindlichen Sprachentwicklung gilt, dass die neuronalen Bahnen innerhalb der sprachverarbeitenden Areale in ihrer Grundstruktur von Anfang an angelegt sind. Für die artikulatorischen Aktivitäten des Sprechens ist die oben liegende (dorsale) Faserverbindung zuständig, während die semantische Verknüpfung mit Bedeutungen im unteren (ventralen) Pfad erfolgt. Aber die strukturellen und funktionalen Verbindungen zwischen diesen Pfaden und den beiden Hemisphären entwickeln sich erst mit der weiteren Ausreifung des Gehirns (vgl. Friederici, Brauer et al., 2011). Erst die neuronale Verbindung ermöglicht die Entwicklung des unabhängigen Denkens und Sprechens, weswegen kleine Kinder zunächst ihr Tun immer mit Sprechen begleiten, bevor das Denken vom gleichzeitigen Artikulieren abgekoppelt werden kann. Lerntheoretisch ist dieser Prozess von erheblicher Bedeutung (siehe die Ausführungen über Solmisation in Kapitel *Audiation – Grundlage und Bedingung musikalischen Lernens*).

Die stimmliche Artikulation des Singens nutzt weitgehend dieselben neuronalen Pfade wie das Sprechen (vgl. Gruhn, 2008; Patel, 2008). Die frühesten lautliche Äußerungen sind noch proto-musikalischer bzw. proto-sprachlicher Art. Säuglinge bevorzugen zunächst ganz eindeutig die melodiöse Ansprache (*infant directed speech*) und kommunizieren mit den Eltern in einem quasi-musikalischen Wechselspiel. Daher ist es für das

Erlernen sowohl der Sprache als auch des Singens ganz unerlässlich, dass Kinder Laute der Sprache und Töne der Lieder in vielen klanglichen Varianten hören und erproben, damit sie die entsprechenden mentalen Repräsentationen bilden können, die dann aktiviert werden, wenn sie versuchen, die sprachlichen Laute und musikalischen Töne nachzuahmen. Denn bei der Imitation vergleicht das Kind die vorgestellten oder gehörten Klänge mit den intendierten, die man hervorbringen möchte. Sie müssen erkennen, ob sie gleich oder verschieden sind (discrimination learning), und danach ihre vokale Produktion so lange verändern, bis der gewünschte Ton oder Laut auch tatsächlich erscheint. Es ist also letztlich das Ohr, das dem Kehlkopf „sagt", was zu tun ist, damit der produzierte Laut mit dem gehörten zur Deckung gebracht werden kann. Dies hatte schon Heinrich Jacoby erkannt, als er die Unsinnigkeit mancher Instrumentalpädagogik geißelte, die darauf ziele, dass das Ohr nichts anderes zu tun habe, als „hinterher durch die Finger zu erfahren, was auf dem Papier steht" (Jacoby, 1922, 17), statt dass das Ohr (nicht die Augen!) den Fingern sagt, was und wie zu spielen sei!

Singen und Sprechen liegen nahe beieinander und entwickeln sich parallel. Erst mit der Ausprägung symbolischen Denkens differenzieren sich die semantische Funktion der Sprache und die tonale und rhythmische Grundlage des Gesangs aus. Frühe Formen des Singens, bei denen einzelne Tonhöhen klar erkennbar angesteuert werden, gehen dem artikulierten Sprechen aber in der Regel voraus. Daher nimmt vokales Lernen, bei dem es um fundamentale Erfahrungen der elementaren Parameter von Musik geht (Tonhöhen, Dauern, Lautstärken, Klangfarben etc.), im frühen musikalischen Lernen einen hohen Stellenwert ein und bildet die Grundlage allen weiteren musikalischen Lernens. Für dieses gilt, dass kein Ton gespielt werden kann, der nicht zuvor gedacht (audiiert) und gesungen worden ist. Vokales Lernen ist die Prämisse für musikalisches Lernen, bei dem Hören das Tun, bzw. eine genaue Klangvorstellung die Klangerzeugung leitet (vgl. Gruhn, 2009).

Ausblick

Musikalisches Lernen vollzieht sich über die elementaren Vorgänge des Erwerbs von Wissen und Können hinaus in einem Bereich, der es mit künstlerischen Formen und ästhetischen Erfahrungen zu tun hat, die sich nicht hinreichend mit kognitiven, neurobiologischen, lerntheoretischen oder wahrnehmungspsychologischen Strukturen beschreiben lassen. Wenn man musikalisches Lernen in einem erweiterten Sinn als einen grundlegenden Aneignungsvorgang versteht, muss man die individuellen Bedingungen und Voraussetzungen für die Auseinandersetzung mit der musikalischen Wirklichkeit miteinbeziehen. Damit weitet sich das Feld musikalischen Lernens enorm in die Bereiche instrumentalen und vokalen Musizierens, des Übens, des Gestischen wie des kreativen Hervorbringens von Musik aus. *Künstlerisches* Tun zielt dabei auf die Darstellung und Interpretation im performativen wie hermeneutischen Sinn, also auf die Beschäftigung mit einem objekthaften Gegenüber zur Einholung des Fremden ins Eigene, während *Lernen* eher umgekehrt die internen psychischen, sensorischen und motorischen Voraussetzungen zur Ausbildung der eigenen Erkenntnisfähigkeit betrifft.

Musizieren im Rahmen von Lernprozessen kann erst auf der Grundlage genuinen Musiklernens, also des Erlernens von immanent musikalischer Kompetenz (Erkenntnisfähigkeit) und Performanz (Darstellungsfähigkeit) anstelle verbalen Wissens über Musik erfolgen. Kunst als ästhetische Erfahrung kann man nicht lehren oder lernen, sondern man muss sie am eigenen Leib erfahren, was dann bei Rilke im Anblick eines antiken Torso von Apoll zu der existenziellen Erkenntnis führt: „Du musst dein Leben ändern" (Rilke 1908, 85). Doch solch existentielle Erfahrung von Kunst kann von dem elementaren Lernbegriff, so wie er hier eingeführt wurde, nicht abgedeckt werden. Das Künstlerische im Prozess des Musiklernens stellt einen überschießenden Mehrwert dar, der den Boden elementaren Lernens voraussetzt, diesen aber übersteigt und mit diesem nicht in eins zu setzen ist. Denn Kunst resultiert aus der Funktion und der Wirkung, die die phänomenalen musikalischen „Qualia" in einem bestimmten kulturellen Zusammenhang übernehmen, bzw. die ihnen im Rahmen kulturbedingter Normen und Werthaltungen zugebilligt werden. Doch ohne die Ausbildung von elementaren Erfahrungs- und Wahrnehmungsfähigkeiten bleiben die Aspekte künstlerischer Aneignung einem expliziten Lernzugriff unzugänglich. Künstlerische Erfahrung und genuin musikalisches Lernen bleiben daher aufeinander angewiesen, sind aber im theoretischen Zugriff konzeptionell zu trennen.

Literatur

Augustinus (2000): *Confessiones/Bekenntnisse* 11. Buch, 14. Kap., lateinisch – deutsch. Hamburg: Meiner. https:// la.wikisource.org/wiki/Confessiones.

Aebli, H. (1980): *Denken: das Ordnen des Tuns (2 Bde.).* Stuttgart: Klett-Cotta.

Bamberger, J. (1991): *The mind behind the musical ear.* Cambridge MA: Harvard University Press.

Bamberger, J. (2000): *Developing musical intuitions. A project-basaed introduction to making and understanding music.* New York, Oxford: Oxford University Press.

Bamberger, J. (2013): *Discovering the musical mind. A view of creativity as learning.* Oxford, New York: Oxford University Press.

Bannan, N. (2004): A role for action research projects in developing new appoaches to aural and musicianship education. In J.W. Davidson (Ed.), *The music practitioner: exploring practices and research in the development of the expert music performer, teacher, and listener* (pp. 295–308). Aldershot: Ashgate.

Bannan, N. (2012): Harmony and its role in human evolution. In N. Bannan (Ed.), *Music, language, and human evolution* (pp. 288–339). Oxford: Oxford University Press.

Bentley, A. (1966): *Measures of Musical Abilities.* London: George Harrap & Co.Ltd.

Birbaumer, N. (2015): *Dein Gehirn weiß mehr, als du denkst. Neueste Erkenntnisse aus der Gehirnforschung.* Berlin: Ullstein.

Bruner, J.S. (1963): *The process of education.* New York: Knopf.

Bruner, J.S. (1974): *Entwurf einer Unterrichtstheorie.* Berlin: Berlin Verlag.

Condon, W.S. (1975): Speech makes babies move. In R. Lewin (Ed.), *Child alive* (pp. 75–85). New York: Anchor Books.

Condon, W.S. & Sander, L. (1974): Neonate movement is synchronized with adult speech: Interactional participation and language acquisition. *Science, 183*(4120), (pp. 99–101).

Csikszentmihalyi, M. (1985): *Das Flow-Erlebnis. Jenseits von Angst und Langweile: im Tun aufgehen.* Stuttgart: Klett-Cotta.

Deary, I.J. (2000): *Looking down on human intelligence. From psychometrics to the brain* (Vol. 34). Oxford: Oxford University Press.

Deary, I.J. (2001): *Intelligence. A very short introduction.* Oxford: Oxford University Press.

Ericsson, K.A., Krampe, R.T. & Tesch-Römer, C. (1993): The role of deliberate practice in the acquisition of expert performance. *Psychological Review, 100*(3), 363–406.

Fischer-Lichte, E. (2004): *Ästhetik des Performativen.* Frankfurt: Suhrkamp.

Foerster, H.v. (1994): Über das Konstruieren von Wirklichkeiten. In S.J. Schmidt (Hg.), *Wissen und Gewissen* (25–49). Frankfurt: Suhrkamp.

Friederici, A., Brauer, J. & Lohmann, G. (2011): Maturation of the language network: From inter- to intrahemispheric connectivities. *PLoS ONE, 6*(6), e20726.

Gagné, R.M. (1965/1980): *Die Bedingungen des menschlichen Lernens.* (5. Auflage). Hannover: Schroedel.

Gallwey, W.T. (2003): *The inner game of tennis: Die Kunst der entspannten Konzentration.* New York: Random House Paperback.

Gardner, H. (1991): *Abschied vom IQ. Die Rahmen theorie der vielfachen Intelligenzen (Frames of mind).* Stuttgart: Klett-Cotta.

Gibson, J.J. (1982): *Wahrnehmung und Umwelt.* München: Urban & Schwarzenberg.

Godoy, R.I. & Leman, M. (Eds.) (2010): *Musical gestures. Sound, movement, and meaning.* New York, London: Routledge.

Gordon, E.E. (1965): *Music Aptitude Profile.* Boston: Houghton Mifflin Comp.

Gordon, E.E. (1980): *Learning sequences in music. A contemporary music learning theory.* Chicago: GIA Publ. Inc.

Gordon, E.E. (1993): *Learning sequences in music. A music learning theory.* (1980). Chicago: GIA Publications Inc.

Gordon, E.E. (1997): *A Music Learning Theory for Newborn and Young Children (1990).* Chicago: GIA Publ. Inc.

Green, B. & Gallwey, W.T. (1986): *The inner game of music.* New York et al.: Doubleday.

Green, L. (2001): *How popular musicians learn: a way ahead for music education.* Aldershot, England; Burlington, VT: Ashgate.

Gruhn, W. (2007): *Lernwelt Musik für Kinder von der Geburt bis zum Schuleintritt.* Freiburg: Gordon-Institut für frühkindliches Musiklernen.

Gruhn, W. (2008): Who can speak can sing. *Proceedings of the 22nd Intern. ISME Research Seminar* (pp. 229–236). Porto: Escola Superior de Educação Politécnico do Porto.

Gruhn, W. (2009).: The audio-vocal system in song and speech development. In R. Haas & V. Brandes (Eds.), *Music that works* (pp. 109–117). Wien, New York: Springer.

Gruhn, W. (2010): Body, voice and breath: the corporeal means of music learning. *The Orff Echo, Spring issue,* 34–38.

Gruhn, W. (2014a): *Der Musikverstand. Neurobiologische Grundlagen des musikalischen Denkens, Hörens und Lernens (4. Auflage).* Hildesheim: Olms.

Gruhn, W. (2014b): *Musikalische Gestik. Vom musikalischen Ausdruck zur Bewegungsforschung.* Hildesheim: Olms.

Gruhn, W. (2017): Was der Körper nicht lernt, lernt der Kopf nimmermehr ... Lerntheoretische Überlegungen zur Bedeutung der Leiblichkeit des Lernens. In L. Oberhaus & C. Stange (Hg.), *Musik und Körper. Interdisziplinäre Dialoge zum körperlichen Erleben und Verstehen von Musik.* (105–119). Bielefeld: transcipt.

Gruhn, W., Galley, N. & Kluth, C. (2003): Do mental speed and musical abilities interact? In G. Avanzini, C. Faienza, D. Minciacchi, L. Lopez, & M. Majno (Eds.), *The Neurosciences and Music* (Vol. 999, pp. 485–496). New York: Annals of the New York Academy of Sciences.

Gruhn, W. & Rauscher, F.H. (Eds.) (2008): *Neurosciences in music pedagogy.* New York: Nova Science Publ.

Hebb, D. (1949). *The organization of behavior* (ed. 2002): Mahwah, N.J., Erlbaum.

Hiekel, J.P. & Lessing, W. (Hg.) (2014): *Verkörperungen der Musik.* Bielefeld: transcript.

Ilari, B. (2016). Music in the early years: pathways into the social world. *Research Studies in Music Education,* 38(1), 23–39.

Jabusch, H.C. & Altenmueller, E. (2014): Psychologische und neurobiologische Aspekte beim Musizieren – Konsequenzen fürs Üben. In J.P. Hiekel & W. Lessing (Hg.), *Verkörperung der Musik* (61–83). Bielefeld: transcript Verlag.

Jacoby, H. (1922): Grundlagen einer schöpferischen Musikerziehung (Die Tat, März 1922). In S. Ludwig (Hg.), *Jenseits von „Musikalisch" und „Unmusikalisch". Die Befreiung der schöpferischen Kräfte dargestellt am Beispiel der Musik* (S. 10–27). Hamburg: Christians Verlag 1984.

Jörgensen, H. & Lehmann, A.C. (Eds.) (1997): *Does practice make perfect? Current theory and research on instrumental music practice.* Oslo: Norges musikkhøgskole.

Jusczyk, P.W. & Krumhansl, C.L. (1993): Pitch and rhythmic patterns affecting infants' sensitivity to musical phrase structure. *Journal of Experimental Psychology: Human Perception and Performance,* 19, 627–640.

Kaufmann, M. & Piendl, S. (2011): *Das Wunder von Caracas. Wie José Antonio Abreu und El Sistema die Welt begeistern.* München: Irisiana.

Koch, S. C. (2013): *Embodiment. Der Einfluss von Eigenbewegung auf Affekt, Einstellung und Kognition.* Berlin: Logos.

Koelsch, S. (2012): *Brain and music.* Chichester: Wiley-Blackwell.

Lehmann, A. C. & Gruber, H. (2014): Zielgerichtete Übung und Begabung. *Der musikalische Mensch. Evolution, Biologie und Pädagogik musikalischer Begabung* (S. 87–107). Hildesheim: Olms.

Leimbrink, K. (2010): *Kommunikation von Anfang an. Die Entwicklung von Sprache in den ersten Lebensmonaten.* Tübingen: Stauffenburg.

Mahlert, U. (Hg.) (2006): *Handbuch Üben. Grundlagen, Konzepte, Methoden.* Wiesbaden: Breitkopf & Härtel.

Mampe, B., Friederici, A. D., Christophe, A. & Wermke, K. (2009): Newborns' cry melody is shaped by their native language. *Current Biology, Nov. 4.*

Markowitsch, H. J. (2005). *Dem Gedächtnis auf der Spur.* (2. Auflage). Darmstadt: Primus.

Merleau-Ponty, M. (1945/1966): *Phänomenologie der Wahrnehmung. Übers. und mit einem Nachw. versehen von R. Boehm.* Berlin: de Gruyter.

Meyer, H. (1987): *Unterrichts-Methoden. 2 Bde.* Frankfurt a.M.: Scriptor.

Patel, A. D. (2008): *Music, language, and the brain.* New York: Oxford University Press.

Piaget, J. (1947): *La psychologie de l'intelligence.* Paris: Armand Colin.

Piaget, J. (1996): *Das Erwachen der Intelligenz beim Kinde.* Stuttgart: Klett-Cotta.

Piaget, J. & Inhelder, B. (1972): *Die Psychologie des Kindes.* Olten, Freiburg: Walter-Verlag.

Proust, M. (1954): *Auf der Suche nach der verlorenen Zeit.* Frankfurt a.M.: Suhrkamp.

Rauschecker, J. P. & Scott, S. K. (2009): Maps and streams in the auditory cortex: nonhuman primates illuminate human speech processing. *Nature Neuroscience,* 12(6), 718–724.

Reynolds, A. M., Valerio, W. H., Bolton, B. M., Taggart, C. C. & Gordon, E.E. (1998): *Music Play. The early childhood music curriculum.* Chicago: GIA Publ. Inc.

Richter, C. (2014): *Genießen, Erleben, Erkennen. Verstehen. Grundfragen und Grundlagen der Musikvermittlung an erwachsene Laien.* Hamburg: Junker Verlag.

Roth, G. (2006): Warum sind Lehren und Lernen so schwierig? In U. Herrmann (Hg.), *Neurodidaktik. Grundlagen und Vorschläge für gehirngerechtes Lehren und Lernen* (S. 49–59). Weinheim, Basel: Beltz.

Rowlands, M. (2010): *The new science of the mind. From extended mind to embodied phenomenology.* Cambridge, MA; London: The MIT Press.

Rüdiger, W. (2007): *Der musikalische Körper.* Mainz: Schott.

Scharf, H. (2007): *Konstruktivistisches Denken für musikpädagogisches Handeln. Musikpädagogische Perspektiven vor dem Hintergrund der Postmoderne- und Konstruktivismusdiskussion.* Aachen: Shaker.

Schmidt, S. J. (Hg.) (1994): *Der Diskurs des radikalen Konstruktivismus.* Frankfurt: Suhrkamp.

Seashore, C. E. (1919): *Seashore Measures of Musical Talent.* New York: Psychological Corp.

Sloboda, J. A. & Howe, M. (1991): Biographical precursors of musical excellence. *Psychology Of Music,* 19, 3–21.

Spitzer, M. (2002a): *Lernen. Gehirnforschung und die Schule des Lebens.* Heidelberg: Spektrum Akademischer Verlag.

Spitzer, M. (2002b): *Musik im Kopf. Hören, Musizieren, Verstehen und Erleben im neuronalen Netzwerk.* Stuttgart: Schattauer.

Stern, E. & Neubauer, A. (2013): *Intelligenz. Große Unterschiede und ihre Folgen.* München: Deutsche Verlags-Anstalt.

Syfuß, E. (2010): *Relation und Resonanz. Die Bedeutung des musikalischen Lernens für die Entwicklung der kindlichen Wirklichkeit unter Berücksichtigung konstruktivistischer und neurobiologischer Perspektiven.* Hildesheim: Olms.

Trevarthen, C., Gratier, M. & Osborne, N. (2014): The human nature of culture and education. *Wiley Interedisciplinary Reciews: Cognitive Science, 5,* (pp. 173–192).

Wagner, R. (1849/1983): Das Kunstwerk der Zukunft. *Richard Wagner. Dichtungen und Schriften. Jubiläumsausgabe in zehn Bänden, Bd. 6.,* 9–157, Frankfurt: Insel.

Widmaier, M. (2007): Differenzielles Lernen. Sachgemäßes Üben im Randbereich des Lösungsraums. *Üben & Musizieren* (3), 48–51.

Wing, H. D. (1939): *Wing Standardised Tests of Musical Intelligence.* Slough, Buckinghamshire: National Foundation for Educational Research (England and Wales).

Winkler, C. (2002): *Die Kunst der Stunde. Aktionsräume für Musik* (Vol. 48). Augsburg: Wißner.

Wolf, P.-W. (1993): *Die Ästhetik der Leiblichkeit: W. B. Yeats, die Moderne und das Andere der Vernunft.* Trier: Wiss.Verlag.

Wolpert, D. M. (2011): The real reason for brains. *TED Talk:* TEDglobal.

Wolpert, D. M., Diedrichsen, J. & Flanagan, J. R. (2011): Principles of sensorimotor learning. *Nature Reviews Neuroscience,* 12, 739–751.

Wygotski, L. (1934/2002): *Denken und Sprechen.* Weinheim: Beltz.

Eckart Altenmüller

Hirnphysiologie musikalischen Lernens

Einleitung

Musik hören, Musik verarbeiten und Musizieren gehören zu den anspruchsvollsten Leistungen des menschlichen Zentralnervensystems. Gehörsinn, Sensomotorik, Sehen, Emotionszentren und Gedächtnis werden beansprucht. Allein für die Verarbeitung der beim Hören entstehenden Eindrücke benötigen wir ungefähr 100 Milliarden Nervenzellen. Durch Gehörbildung und durch Üben werden im Kindesalter Wahrnehmungsroutinen und feinmotorische Steuerprogramme erstellt, die im richtigen Moment abgerufen werden können. Musikalisches Lernen führt dabei zu charakteristischen Anpassungsvorgängen des Nervensystems, die als *Neuroplastizität* bezeichnet werden. Hirnvernetzung und Hirnstrukturen, die an der Musikwahrnehmung und am Musizieren beteiligt sind, verändern sich, was mit effektiverer auditiver Mustererkennung, verbesserter Feinmotorik und höheren überwiegend sprachbezogenen kognitiven Fertigkeiten einhergeht. Wie jeder ästhetische Unterricht fördert Musikerziehung aber auch emotionale, interpersonelle und kreative Kompetenzen, die für die Gestaltung unserer Gesellschaft von großer Bedeutung sind (Übersicht bei Rittelmeyer, 2010).

Für die hirnphysiologischen Mechanismen beim kindlichen Lernen sind folgende Vorgänge von Bedeutung:

- Die auditive Wahrnehmung schärft sich im Kindesalter. Dies geschieht durch verbesserte Musterextraktion im Verlauf der Hörbahn vom Innenohr zur Hirnrinde. Dadurch werden nicht nur Musikverarbeitung, sondern auch Sprachverarbeitung erleichtert.
- Das auditive Gedächtnis wird geprägt und musikalische Gedächtnisinhalte werden eingespeichert. Musik entfaltet sich in der Zeit und die ästhetische Befriedigung beim Hören von Musik liegt stark in dem Erkennen zuvor gehörter Strukturen. Neuroanatomisch geht der Gedächtnisaufbau mit Vergrößerungen im Bereich der Hörregionen des temporalen Kortex (Schläfenlappen) einher.
- Die sensomotorische Reifung schreitet voran. Schnelligkeit von Bewegungen sowie koordinative Fertigkeiten werden erworben und perfektioniert. Dazu tragen neuronale Wachstumsprozesse bei, die mit beschleunigter Nervenleitgeschwindigkeit einhergehen. Darüber hinaus werden die Bewegungsabläufe durch zunehmende Hemmung unnötiger Mitbewegungen optimiert.
- Die Fähigkeit, akustische Reize und Körpermotorik zu integrieren und sich in Gruppen bei wechselnden Tempi zu synchronisieren entsteht. Voraussetzungen dafür sind eine vorrausschauende Bewegungsplanung mit zuverlässigen Vorhersagen des Gruppenverhaltens. Dies ist eine Funktion des frontalen Kortex (Stirnhirn), der im Grundschulalter besonders rasch heranreift.

- Die emotionalen Zentren im Bereich der limbischen Hirnregionen tief im Inneren des Schläfenlappens, der Stirnhirnregion und des Mittelhirns werden zunehmend ausdifferenziert. Die Wahrnehmung der eigenen Gefühlswelt nimmt zu. Kinder erkennen Musikstücke als fröhlich oder traurig und setzen sie gezielt ein, um ihre Stimmung zu beeinflussen.

Die neuronalen Grundlagen dieser Vorgänge sind Gegenstand intensiver Forschung und bislang noch nicht gänzlich verstanden. Unbestritten ist, dass Musikhören und Musizieren nahezu alle Hirnareale beansprucht und diese miteinander vernetzt. Auditive, sensomotorische und visuelle Regionen tragen in Wechselwirkung mit den emotionalen Zentren zu dieser Leistung bei. Der frontale Kortex ist an der Steuerung der Aufmerksamkeit, an der Planung, Initiierung und Kontrolle der Bewegungsabläufe, an der Auswertung des Bewegungserfolges und an der Bewertung des Verhaltens beteiligt. Darüber hinaus kommen den unteren, über den Augenhöhlen gelegenen Anteilen des frontalen Kortex wichtige Sozialfunktionen zu. Dieser erst spät im jungen Erwachsenenalter ausreifende Teil des Gehirns ermöglicht uns soziale Kohäsion, zum Beispiel das Einhalten von Regeln beim Ensemblespiel. In einem übergeordneten Sinn programmiert dieser Teil des Großhirns die Auswirkungen individuellen Tuns für das Individuum selbst und für die Gesellschaft. Ein Leben in der Gemeinschaft ohne eine intakte Funktion dieser Hirnregion ist nicht denkbar.

Voraussetzung für die geordnete und fehlerarme Bewältigung derartig vielschichtiger Informationsverarbeitungsprozesse ist ein Lernvorgang. Dieser Lernvorgang ist oft systematisch und zielgerichtet und wird im Kontext des Musizierens dann als Üben bezeichnet. Durch Üben werden die sensomotorischen, auditiven und visuellen Fertigkeiten erworben, die für das aktive Musizieren notwendig sind. Gleichzeitig werden Gedächtnissysteme angelegt, strukturell analytische Kenntnisse zur Erfassung eines Musikstücks erlernt und emotional ausdrucksvolles Spiel geübt. Dies benötigt Zeit, denn viele der oben genannten Leistungen können nur durch häufige Wiederholungen in das Handlungsgedächtnis überführt und automatisiert werden. Hirnphysiologisch ist dieser Vorgang dadurch gekennzeichnet, dass neuronale Netzwerke der tief im Innern des Gehirns gelegenen Basalganglien nach und nach Funktionen der Großhirnregionen übernehmen und dort so Kapazitäten für die Aufnahme neuer Informationen schaffen (vgl. Altenmüller, 2015a; Altenmüller & Jabusch, 2016). Der Prozess des Übens wird meist unbewusst reflektiert und im günstigen Fall durch neugierige Erkundung neuer Übungsstile und durch Schärfung der Selbstwahrnehmung optimiert (Überblick bei McPherson, 2005). Nicht nur der Erwerb, sondern auch der Erhalt musikalischer Fertigkeiten beruht auf ständigem Üben. Musikhören und Musizieren sind damit Beispiele für lebenslanges Lernen.

Die Reifung neuronaler Strukturen und Mechanismen der Neuroplastizität im Kindes- und Jugendalter

Ein wesentlicher Fortschritt in unserem Verständnis des Lernens entstand in den letzten Jahrzehnten durch die Erkenntnis, dass sich das reifende Zentralnervensystem im Kindesalter während des Lernens ständig um- und neu organisiert. Diese Anpassung des Nervensystems an häufige und meist auch anspruchsvolle Informationsverarbeitungsprozesse während des Lernens und Übens wird *Neuroplastizität* genannt. Allerdings kann nicht in allen Altersstufen alles gleich gut gelernt werden, sondern es gibt *kritische Perioden* (auch als *sensible Phasen* bezeichnet), in denen die Kommunikation zwischen Nervenzellen das Schicksal dieser Nervenzellen festlegt (vgl. dazu auch Kapitel *Musikbezogenes Lernen in der frühen Kindheit*). Das bekannteste Beispiel für eine kritische Periode ist die Zeitperiode, in der das dreidimensionale Tiefensehen entsteht. Dies kann ein Kind nur entwickeln, wenn es mit beiden Augen einen Gegenstand fokussieren kann. Ist ein Auge fehlsichtig oder schielt das Kind, dann entstehen in der Sehrinde des Gehirns nicht die richtigen Vernetzungen durch einen geordneten Informationseingang aus beiden Augen und das Kind erwirbt das Tiefensehen nicht. Ab dem Alter von etwa 5 Jahren ist das Zeitfenster der kritischen Periode für das Tiefensehen geschlossen, und es kann nie mehr erworben werden.

Es ist unbestritten, dass Musikhören, Musizieren, Singen und Tanzen bei Kindern und Jugendlichen die Entwicklung des Gehirns fördern. Diese Aktivitäten gelten als besonders starker Anreiz für Neuroplastizität. Dies liegt daran, dass bei musikalischen Aktivitäten und bei beharrlichem Üben komplexe Reize aus mehreren Sinneskanälen – Hören, Fühlen, Sehen – integriert werden müssen und unter starker, meist positiver emotionaler Bewertung in Bewegungssteuerprogramme und dann in Bewegungen umgesetzt werden müssen. Die Besonderheit dabei ist, dass diese Aktivitäten zeitlich und räumlich vorstrukturiert sind. Ein Kind, das zum Rhythmus einer Trommel auf einem Xylofon spielt und sich zu synchronisieren lernt, leistet eine derartig anspruchsvolle Integration. Durch die Trommel sind die zeitlichen Bewegungskoordinaten vorgegeben und durch die Anordnung der Xylofonhölzer die räumlichen. Es sei hier am Rande angemerkt, dass nur Menschen die Fähigkeit zur Synchronisierung zu wechselnden Tempi besitzen. Andere Säugetiere, und selbst unsere nächsten Verwandten, die Schimpansen, sind dazu nicht in der Lage.

Neurophysiologisch schließen die Mechanismen der Plastizität rasche Veränderungen der Signalübertragung an den Nervenendknöpfchen (Synapsen) im Sekundenbereich ein, äußern sich aber auch im Wachstum von Synapsen und Nervenzellfortsätzen (Dendriten), das Stunden bis Tage dauert. Auch eine verstärkte Bemarkung der Nervenzellfortsätze mit der Folge einer Beschleunigung der neuronalen Signalübertragung findet als Anpassung des Nervensystems statt. Dies benötigt allerdings Wochen bis Monate. Das verringerte (physiologische) Absterben von Nervenzellen, die in die wichtigen Schaltkreise eingebunden sind, ist ein weiterer langfristiger plastischer Anpassungsvorgang des Nervensystems. Begleitet werden diese Veränderungen von einer vermehrten Bildung von Blutkapillaren, die aktivierte Nervenzellen mit Sauerstoff versorgen. Darüber hinaus bilden sich Stützgewebe, um die Infrastruktur des Nervensystems zu verbessern und um die Bereitstellung von Nährstoffen und den Abtransport von Stoffwechselabbauprodukten zu sichern. Man liegt also nicht ganz falsch, wenn man die Anpassungen des Nervensystems an musikalisches Lernen mit den Anpassungsvorgängen der Muskulatur an körperliches Training vergleicht.

Die neuroplastischen Veränderungen sind besonders deutlich, wenn die zielgerichteten Aktivitäten, in unserem Fall musikalisches Lernen und Üben, über längere Zeit erfolgen. Motivierende Lerninhalte, die einen hohen Grad an Aufmerksamkeit erzielen und mit positiven Emotionen belegt sind, schaffen die neurohormonalen Voraussetzungen für Neuroplastizität. Die Ausschüttung folgender Neurohormone fördern Verknüpfung und Entstehung von Synapsen und neuronales Wachstum: das „Motivations- und Belohnungshormon" *Dopamin*, das „Zufriedenheitshormon" *Endocannobinoid*[1], das „Wachheitshormon" *Noradrenalin*, das Neurohormon *Serotonin*, das selektive Aufmerksamkeit steuert und dazu beiträgt, die Stimmung zu stabilisieren, und schließlich das „Glückshormon" *Endorphin*. Auf die Pädagogik übertragen lassen sich daraus die Grundregeln eines neuroplastisch wirksamen pädagogischen Arbeitens ableiten, die in der Zwischenzeit auch empirisch belegt sind (vgl. McPherson, 2005; Spector et al., 2014):

- Erzeugung eines motivierenden Lernklimas (Dopamin)
- Emotional positive Belegung des Lerninhalts (Endocannabinoid)
- Ausreichend viele Wiederholungen, aber Variationen des Lerninhalts um die Aufmerksamkeit zu fesseln (Noradrenalin)
- Förderung fokussierter Aufmerksamkeit durch angemessene Reizdichte (Serotonin)
- Unterstützung der musikalischen Erlebnisfähigkeit und Glücksfähigkeit (Endorphine)

Welche Hirnregionen sind am musikalischen Lernen beteiligt?

Es wurde schon mehrfach erwähnt, dass musikalisches Lernen zahlreiche Regionen des Gehirns beansprucht. In Abb. 1 (S. 47) ist dies am Beispiel des Musizierens verdeutlicht: Der *frontale Kortex* (Stirnhirn) ist maßgeblich an Planung und Kontrolle der Spielbewegungen beteiligt. Die für das Spielen notwendigen sensomotorischen Steuerprogramme werden im *supplementär motorischen Areal* (SMA) und im *prämotorischen Areal* (PMA) erstellt. Unter sensomotorischen Steuerprogrammen versteht man dabei die neuronalen Aktivierungsmuster, die komplexe Bewegungsfolgen, zum Beispiel Fingersätze beim Tonleiterspiel oder rhythmische Patterns repräsentieren. Diese Programme werden an die *motorische Hirnrinde* (M1) weitergegeben. Dort werden dann die neuronalen Impulse erzeugt, die über das Rückenmark und die Nervenbahnen zu den Muskelgruppen, z. B. zu den Fingermuskeln gelangen. Das Körpereigengefühl, auch als *Propriozeption* bezeichnet, wird im *somatosensorischen Kortex* (S1) verarbeitet. Es ermöglicht die Wahrnehmung aus Muskeln, Sehnen, und Gelenken und vermittelt zum Beispiel das Gefühl für die Fingerstellung auf einer Taste. Im *parietalen Kortex* werden die räumlichen Bewegungskoordinaten auf Tastatur und Griffbrett berechnet. Im *Okzipitalkortex* geschieht die visuelle Verarbeitung des Notenbildes. Die auditive Wahrnehmung und das bewusste Hören von Musik erfolgen im *temporalen Kortex*. Die tief im Inneren des Gehirns liegenden *Basalganglien* sind wichtig für die Automatisierung von Bewegungen und Wahrnehmungen. Man geht heute davon aus, dass automatisierte motorische Muster in den Basalganglien gespeichert werden, damit die Großhirnrinde wieder Verarbeitungskapazitäten frei hat. Das unter dem *Okzipitalkortex* liegende Kleinhirn ist insbesondere am Anfang des Lernvorgangs wichtig, da es den korrekten Zeitablauf koordinierter Bewegungen programmiert. Alle drei Hirnstrukturen, Kortex, Basalganglien und Kleinhirn, sind durch Rückkopplungsschleifen zum Teil mehrfach miteinander verbunden.

Zusammenfassend ist festzuhalten, dass musikalisches Lernen – wie Lernen überhaupt – mit Änderungen von Hirnfunktion und Hirnstruktur einhergeht. Dies betrifft alle Dimensionen der Musik: Hören, Fühlen, Bewegen, Sehen, Planen und Antizipieren, emotionales Bewerten und Kommunizieren. Lernen geht dabei mit der Anlage von Gedächtnisinhalten einher, die Kurz- und Langzeitgedächtnis, Handlungsgedächtnis und Faktengedächtnis gleichermaßen einschließen.

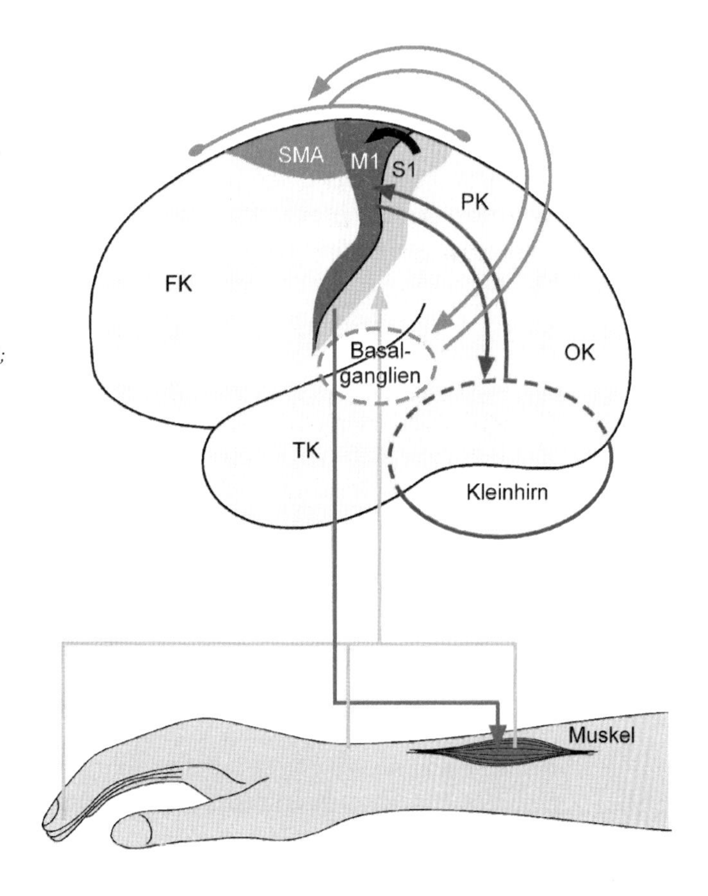

Abb. 1
Schematische Darstellung der am sensomotorischen Lernen und Üben beteiligten Strukturen in vereinfachter Form. Das Gehirn ist in der linken Seitenansicht wiedergegeben, die Stirn weist nach links. Die Pfeile symbolisieren Nervenbahnen und Verbindungen.
M1: primäre motorische Rinde;
SMA: Supplementär-motorisches Areal;
S1: somatosensorische Rinde;
FK: Frontalkortex;
TK: Temporalkortex;
PK: Parietalkortex;
OK: Okzipitalkortex.
Weitere Erläuterungen im Text.
Aus: Jabusch & Altenmüller 2014, 72. Abdruck mit freundlicher Genehmigung vom transcript Verlag.

Hirnphysiologie des auditiven Lernens und der Gehörbildung

Hören ist immer auch Bildung des Gehörs (vgl. Altenmüller, 2015b). Dies zeigt sich schon im Sprachgebrauch: „Einhören" in eine veränderte Akustik im vollbesetzten Konzertsaal, „Gehörbildung" an den Musikhochschulen, das „scharfe Ohr" am Morgen und das „müde Ohr" am Abend, diese Begriffe dokumentieren die Veränderbarkeit der Musikwahrnehmung durch Anpassung und Übung. Die Neuroplastizität der Musikwahrnehmung lässt sich nach wenigen Stunden Training auch mit objektiven Methoden nachweisen. Christo Pantev und Mitarbeiter zeigten, dass durch Herausfiltern eines bestimmten Frequenzbandes beim Musikhören schon nach drei Stunden eine Verringerung der neuronalen Antwort des primären und sekundären auditorischen Kortex selektiv in diesem Frequenzbereich entstand. In diesem Experiment hörten die Probanden über drei Stunden ihre Lieblingsmusik, die aber manipuliert war, denn die Frequenzen zwischen 750 und 1250 Hz waren stark abgedämpft. Obwohl am Anfang diese Musik eigenartig klang, gewöhnten sich die hörgesunden Versuchspersonen sehr schnell daran. Unmittelbar im Anschluss an die Musik wurden dann Geräusche vorgespielt, die genau die herausgefilterten Frequenzen zwischen 750 und 1250 Hz enthielten, und die Gehirnreaktionen in Form von ereigniskorrelierten Magnetfelder mit dem Magnetoenzephalogramm (MEG) abgeleitet. Die Geräusche, die den Frequenzbereich zwischen 750 und 1250 Hz abdeckten, erzeugten gegenüber Kontrollgeräuschen, die Frequenzen zwischen 350 und 650 Hz enthielten, um 10 % kleinere Signale. Dieser Effekt war glücklicherweise nur vorübergehend und klang nach einem Tag ab (vgl. Pantev et al. 1999).

Umgekehrt konnten Pantev und Kollegen (vgl. Pantev et al., 2001) auch positive Trainingseffekte nachweisen. Sie präsentierten Versuchspersonen einzelne Geigen- und Trompetentöne und beobachteten die magnetischen Feldreaktionen der primären Hörrinde. Die entstehenden magnetischen Feldstärken sind bei Nichtmusikern vergleichbar und hängen nicht von der klanglichen Charakteristik des Reizes ab. Geigen- und Trompetentöne beispielsweise führen zur gleichen Reaktion wie ein sinusförmiger Stimulus. Bei trainierten Musikern hingegen sind die Antworten auf Instrumentaltöne um etwa 25 % gegenüber denen auf Sinustöne erhöht: Sie sind für genau die Klangfarbe besonders ausgeprägt, die dem erlernten Instrument des jeweiligen Musikers entspricht.

Aber auch das Erfassen komplexer musikalischer Strukturen wird durch Übung verbessert. Auch aus diesem Grund wird an den Musikhochschulen ein Fach mit der Bezeichnung „Gehörbildung" angeboten. Die Veränderungen der neuronalen Netzwerke durch Gehörbildung und Musikunterricht waren Gegenstand mehrerer Längsschnittstudien in unserem Institut. In einer ersten Studie wurden in enger Zusammenarbeit mit Wilfried Gruhn Schüler über sechs Wochen trainiert, musikalische Phrasen als „geschlossen" oder „offen" zu beurteilen (vgl. Altenmüller et al., 1997). Dabei handelt es sich um Melodien, die formal entweder eine periodische Struktur aufweisen oder nicht. Musiktheoretisch kann man „offene" oder „geschlossene" Melodien durch bestimmte harmonische und melodische Regeln und durch Symmetriegesetze beschreiben. Vor Beginn des Unterrichtes wurde die Hirnaktivität während des Bearbeitens dieser Höraufgabe mit Hilfe des EEGs gemessen. Danach wurden die Schüler zum Training in drei Gruppen aufgeteilt. Die *Gruppe A* erhielt verbal betonten Unterricht, in dem Faktenwissen *über* Musik vermittelt wurde. Die Schüler lernten die theoretischen Regeln kennen, die offene von geschlossenen Melodien unterscheiden. Sie wurden in Harmonielehre unterrichtet und erfuhren etwas zum Aufbau von Vordersatz und Nachsatz. Es wurde viel verbal erklärt und das Wissen dann auch überprüft. Die zweite *Gruppe B* erhielt eine überwiegend musikalisch-praktische Unterweisung mit weitgehender Vermeidung verbaler Interaktion. Dieser Unterricht sollte bei den Schülern durch improvisatorisches Musizieren und Bewegung eine klangliche mentale Repräsentation für geschlossene oder offene Melodien erzeugen. Sie erwarben also eher ein musikalisches „Ohr", eine Hörfertigkeit, oder anders ausgedrückt „Wissen von Musik". Eine dritte *Schülergruppe C* erhielt keinen Unterricht, sondern ihnen wurden Musikvideos gezeigt. Diese Gruppe wurde als Kontrolle in dem Experiment mitgeführt. Nach den sechs Wochen hatten beide Trainingsgruppen gleich gut gelernt, die musikalischen Phrasen zu beurteilen. Die Hirnaktivierungsmuster unterschieden sich jedoch deutlich. Abb. 2 zeigt die Aktivierungsmuster der drei Gruppen vor (oben) und nach (unten) dem Unterricht. Während vor dem Unterricht die Aktivierungsmuster in den drei Gruppen recht ähnlich sind, kommt es nach der Gehörbildung doch zu deutlichen Unterschieden. Etwas vereinfacht gesagt, erzeugt der verbal betonte Unterricht der Gruppe A eher eine Mehraktivierung der linken Stirnhirn- und Schläfenregion, während der musikbetonte Unterricht der Gruppe B eher die rechte Stirnhirnregion und beide Scheitelregionen ansprach. Offensichtlich wurde nach dem Unterricht automatisch die gelernte Strategie zum Lösen der Aufgaben herangezogen. Die Schüler der Gruppe A vergegenwärtigten sich die gesprochenen Erklärungen als „inneres Mitsprechen", natürlich ohne laut zu sprechen. Dies führte dann zu einer Aktivierung der Sprachregionen in der linken Stirnhirn- und Schläfenregion. Die Gruppe B hatte die Aufgabe nicht verbal, eher ganzheitlich und durch Tanz und Bewegen gelernt. Die ganzheitliche Auffassung der Melodien führte zur Aktivierung der rechten Stirnhirnregion. Die Scheitelregionen sind wichtige Zentren, in denen räumliche Verarbeitung stattfindet. Hier werden Tanz und ganz allgemein Bewegungen im Raum codiert. Daher ist auch diese Aktivierung plausibel, zumal man ja auch Melodien als räumliche Gebilde, sei es als Notenbild oder im auf und ab der Töne und Konturen verstehen kann. Die Kontrollgruppe C zeigte nur eine leichte Zunahme der Hirnaktivierung über dem Stirnhirn und eine Abnahme über den anderen Hirnregionen ohne gravierende Änderung des Hirnaktivierungsmusters. Dieses Ergebnis bedeutet nicht, dass durch das Betrachten der Videos eine „Verdummung" mit geringerer Hirnaktivierung eingetreten ist, vielmehr ist dies ein typischer Effekt der Wiederholung der Messung, die beim zweiten Mal als weniger „spannend" empfunden wird.

Der Versuch liefert auch eine weitere Erklärung, warum bei Berufsmusikern das Hören von Musik häufig mit einer überwiegenden Aktivierung der linken Hirnhälfte verbunden ist. Berufsmusiker neigen nicht nur dazu, Musik eher analytisch, lokal, auf Details bedacht zu hören, sondern sie verfügen auch über ein reiches Faktenwissen. Dies ermöglicht ihnen – meist unbewusst –, beim Musikhören in einen inneren Monolog zu verfallen, der dann die linke Stirnhirn- und Schläfenregion aktiviert.

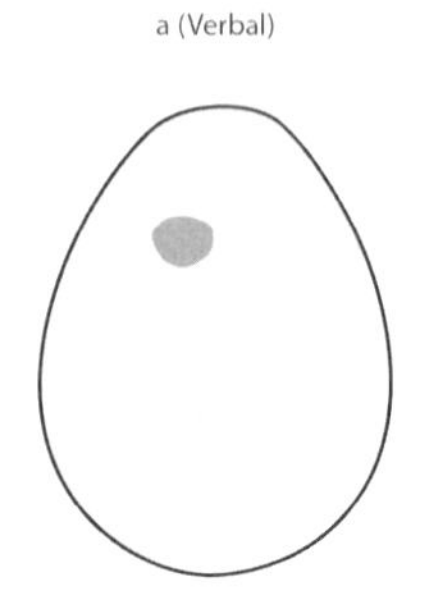

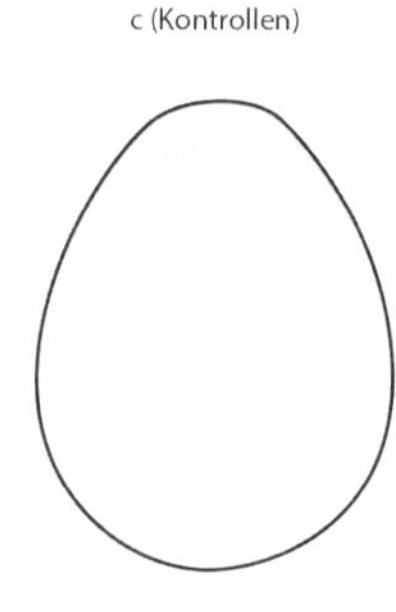

Abb. 2
Erlernen der Beurteilung musikalischer Phrasen. Eine leichte Zunahme der Hirnaktivierung nach dem Training ist hellgrau, eine starke ist dunkelgrau markiert. Eine leichte Abnahme ist weiß markiert. Die Kopfdiagramme sind als Ansichten von oben auf das Gehirn zu verstehen. Die Stirnregion ist dabei nach oben, die Hinterhauptsregion nach unten gerichtet. Die linke Hirnhälfte ist jeweils links, die rechte rechts gezeigt.

Musikerziehung und Gehörbildung beeinflussen damit die Hirnaktivierung beim Lösen der gestellten musikalischen Aufgabe. Die Art und Weise des Lernens bestimmt die Ausprägung und die räumliche Verteilung des an der Hörleistung beteiligten neuronalen Netzwerkes mit. In diesem Versuch wird auch deutlich, dass mit unterschiedlichen Nervenzellverschaltungen gleich gute Leistungen erbracht werden können, wobei anzumerken ist, dass die musikalisch lernenden Schüler die Lerninhalte besser im Langzeitgedächtnis – abgefragt nach einem Jahr – behielten. Eigentlich ist dieses Ergebnis nicht sehr erstaunlich, denn unterschiedliches Wahrnehmen und Denken gründet sich immer auch auf unterschiedliche neuronale Korrelate. Vermutlich ist aber eine Kombination beider Methoden die beste Möglichkeit, um einen lang anhaltenden Lernerfolg zu sichern.

Wie schnell derartige Anpassungen des Zentralnervensystems vor sich gehen, konnten wir in einem weiteren Experiment zeigen, das ganz ähnlich wie das Vorige aufgebaut war. Gundhild Liebert untersuchte in unserem EEG-Labor, wieder in Zusammenarbeit mit Wilfried Gruhn, an einer Gruppe von Musikstudenten die Auswirkungen eines etwa halbstündigen Hörtrainings auf die Hörleistung und deren hirnphysiologische Korrelate (vgl. Altenmüller et al., 2000). Insgesamt 32 rechtshändige junge Musikerinnen und Musiker sollten 140 gemischt dargebotene Dur-, Moll-, verminderte oder übermäßige Akkorde hören und identifizieren. Während der jeweils zwei Sekunden dauernden Präsentation dieser Akkorde und einer anschließenden zwei Sekunden dauernden Phase des innerlichen Nach-Hörens (Audiation) wurden mit dem EEG die Hirnaktivierungsmuster registriert. Nach der ersten Messung erhielt eine Gruppe der Versuchspersonen über eine Lernkassette standardisierte Hörtrainings unter Einbeziehung des eigenen Singens, wobei das Lernziel eine verbesserte Unterscheidungsfähigkeit für verminderte oder übermäßige Akkorde war. Eine Kontrollgruppe las eine Kurzgeschichte. Nach der Lernphase wurden dieselben Akkorde in veränderter Reihenfolge präsentiert und wieder die Aktivierungsmuster mit EEG gemessen.

Vor dem Training war das Hören der Akkorde von einer ausgedehnten beidseitigen Aktivierung der Stirn- und Schläfenregionen begleitet, ohne dass eine Hirnhälfte dominierte. In der zweiten Messung wies die Kontrollgruppe eine generelle Abnahme der Aktivierung nach dem Lesen der Kurzgeschichte auf, die auf einen Gewöhnungseffekt zurückzuführen ist. Natürlich hatte sich diese Gruppe auch nicht im Lösen der Aufgabe verbessert. In der Trainingsgruppe dagegen kam es nach dem Unterricht zu einer deutlichen Verbesserung der Erkennensleistung in den Zielparametern. Dies ging mit einer Zunahme der Aktivität vor allem während der Phase des inneren Hörens – also nach Erklingen des Akkordes einher. Diese Mehraktivierung betraf schwerpunktmäßig die zentral gelegenen sensomotorischen Areale der Handrepräsentation. Dies wurde darauf zurückgeführt, dass einige der Teilnehmer sich nach dem Training die Akkorde mental als Griffe am Klavier vorgestellt hatten, und dass nahezu alle Probanden zu Hause ihr harmonisches Gehör am Klavier schulten. Offenbar wurden durch den halbstündigen Gehörbildungsunterricht die sensomotorischen Repräsentationen der Griffbilder in den Handregionen aktualisiert und dann in der Phase des inneren, abstrakten Hörens gewissermaßen als Hilfsmittel aktiviert. Dieses Beispiel zeigt beeindruckend, wie sich bei Musikern im Gehirn die Repräsentationen für Hören und Bewegen gegenseitig vernetzen. Die wesentliche Schlussfolgerung aus beiden Gehörbildungsexperimenten ist, dass die zerebrale Organisation der Musikwahrnehmung die individuelle Hörbiografie – d. h. die Art und Weise, wie Hören gelernt wird – widerspiegelt. Langjähriges Training dieser Fertigkeiten kann bei Berufsmusikern dann auch zu einer Veränderung der Großhirnstruktur führen.

Neurophysiologische Anpassungen bei Spezialleistungen des Gehörs

Gehörbildung und die Anpassung an akustische Bedingungen können bereits nach sehr kurzer Zeit eine Veränderung der auditiven neuronalen Netzwerke bewirken. Besonders nachhaltige Auswirkungen auf das Gehirn hat aber die jahrelange intensive Beschäftigung mit den Klängen und mit einem Musikinstrument. Berufsmusiker sind die idealen Versuchspersonen, um solche Effekte der Neuroplastizität zu erforschen, denn sie sind in dieser Berufsgruppe besonders deutlich. Dies liegt daran, dass Musiker seit ihrer frühen Jugend zielstrebig und emotional engagiert ihre speziellen Fertigkeiten vervollkommnen wollen. Einen sehr eindrucksvollen Beleg für die Anpassungen der Hörregionen von Musikern an die Spezialanforderungen erbrachten Peter Schneider und seine Kollegen aus Heidelberg (vgl. Schneider et al., 2002). Sie zeigten nämlich, dass die Ausdehnung der primären Hörrinde in der Heschl'schen Querwindung der oberen Schläfenwindung bei Berufsmusikern mehr als doppelt so groß ist wie bei Nichtmusikern. Dabei erschöpfen sich die Anzeichen für eine Spezialisierung der Hörregionen nicht in anatomischen Unterschieden. Zusätzlich konnten Schneider und Kollegen nämlich mit dem Magnetoenzephalogramm die Reaktionspotenziale der primären auditiven Regionen auf einfache akustische Reize wie z. B. auf Sinustöne messen. Dabei traten bei Musikern doppelt so hohe Aktivierungsamplituden wie bei Nichtmusikern auf, was wiederum einer Aktivierung von etwa doppelt so vielen auditiven Neuronen entspricht. Die absolute Größe der primären Hörrinde korrelierte sehr gut mit Hörfertigkeiten. So war die Größe der Heschl'schen Querwindung hochgradig positiv korreliert mit dem Abschneiden in dem *Advanced Measures of Audiation Test* (AMMA) von Edwin Gordon (1991). Dieser Test prüft vor allem die Fähigkeit, melodisches Material im Arbeitsgedächtnis zu behalten und mental zu bearbeiten, zum Beispiel die Variation einer gehörten Melodie zu erkennen – eine Fertigkeit, die zum Genuss von Musik unabdingbar ist. Bemerkenswert an dieser Studie ist, dass hier der erste Nachweis des Zusammenhangs zwischen vergrößerter Hirnstruktur, erhöhter neuronaler Aktivität und verbesserter auditiv-musikalischer Leistung erbracht wurde.

Ein weiteres Beispiel für die hochgradig übungsabhängige Spezialisierung des Hörsystems bei bestimmten Gruppen von Berufsmusikern bietet das Richtungshören. Dirigenten in einem großen Symphonieorchester müssen Schallquellen sehr präzise orten können, um den Klang des Orchesters zu formen. Eine typische Aufgabe für den Dirigenten ist zum Beispiel die Entscheidung, ob die seitlich links sitzenden ersten Geigen und die neben ihnen sitzenden zweiten Geigen die richtige Lautstärkebalance aufweisen.

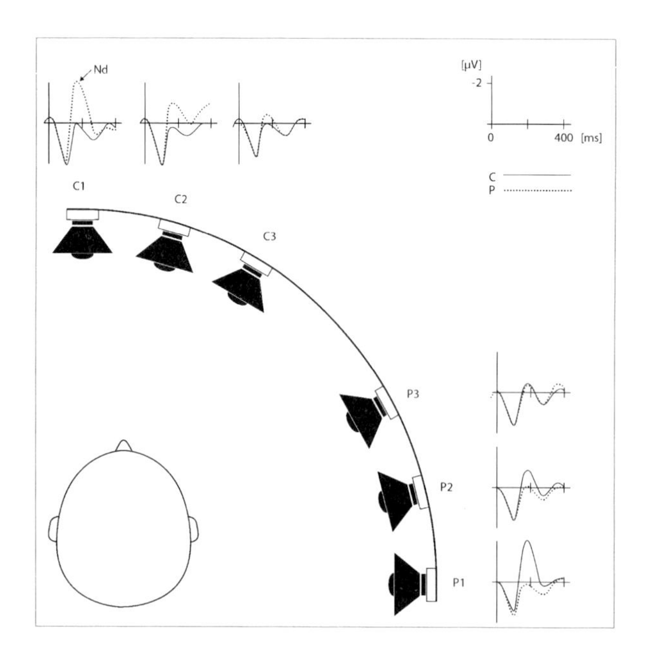

Abb. 3
Versuchsanordnung des Dirigentenversuchs und die Reaktionspotenziale der Dirigenten. Eine Gruppe von Dirigenten, eine Gruppe Pianisten und eine Gruppe Nichtmusiker hörten kurz Rauschstimuli in zufällig vermischter Reihenfolge aus den sechs Lautsprechern. Die Aufgabe war in der ersten Bedingung, einen Knopf nur dann zu drücken, wenn die akustischen Reize aus dem Lautsprecher C1 kamen. Die entstehenden Reaktionswellen sind gestrichelt dargestellt („C"). Die Lenkung der Aufmerksamkeit auf diesen Lautsprecher führte bei allen Versuchspersonen zu einer größeren Reaktionswelle, wie man leicht an der Kurve oben links erkennen kann. Die vermehrte Aktivierung bei Aufmerksamkeit wird als Nd-Welle oder „Negative Differenzwelle" bezeichnet. In der zweiten Bedingung „P" sollte die Aufmerksamkeit nur auf die peripheren Lautsprecher gerichtet werden. Diese Reaktionspotenziale sind durchgezogen dargestellt. Hier zeigten sich große Unterschiede, denn nur die Dirigenten, nicht aber die Pianisten und Nichtmusiker waren in der Lage, ihre Aufmerksamkeit gezielt auf den peripheren Lautsprecher P1 zu lenken. Die Hirnreaktionen zeigten daher nur bei den Dirigenten die durchgezogen Nd-Welle bei dem peripheren Lautsprecher P1 an. Dieses Experiment verdeutlicht, dass Dirigenten in der Peripherie des Hörfeldes ein anderen Musikern überlegenes räumliches Auflösungsvermögen haben.

Dazu muss das Richtungshören sehr verfeinert sein, denn nur durch die korrekte räumliche Zuordnung der Klangquelle wird er die entsprechenden Anweisungen durch seine Gesten geben können. Abb. 3 zeigt den Versuchsaufbau, mit dem wir diese Situation im Labor nachstellten. Aus drei seitlich nebeneinander und drei vor den Dirigenten aufgestellten Lautsprechern wurden nacheinander kurze Geräuschfetzen – rosa Rauschen – gespielt. Dabei war nicht vorhersagbar, aus welchem Lautsprecher jeweils die Geräusche erklangen. Aufgabe der Dirigenten war, einen Knopf zu drücken, wenn aus den seitlich aufgestellten Lautsprechern ein Geräusch erklang. Bei dieser Aufgabe zeigten die Dirigenten im Vergleich zu den Pianisten nicht nur eine bessere Leistung in der Ortslokalisation. Die Messung der ereigniskorrelierten Potenziale ergab auch eine viel stärkere Reaktion auditiver Neurone (vgl. Münte et al., 2001). Offenbar wird durch die jahrzehntelange Übung nicht nur der Hörkortex größer, sondern sogar innerhalb der Musikergruppen zeigen sich Anpassungen an die speziellen Aufgaben, eben zum Beispiel an die Notwendigkeit, auch im peripheren Hörfeld eine sehr gute räumliche Auflösung zu erreichen.

Einige Berufsmusiker besitzen eine besondere Hörfertigkeit, das *absolute Gehör.* Darunter versteht man die Fähigkeit, Tonhöhen ohne einen zuvor gehörten und benannten Vergleichston korrekt zu benennen. Diese kategoriale Zuordnung der Tonhöhe erfolgt sehr rasch, gelingt bei den typischen Absoluthörern auch bei Sinustönen und wird nur bei extrem hohen oder tiefen Tönen unsicher. Manche Absoluthörer neigen allenfalls dazu, die Oktavposition von Tönen zu verwechseln, was dann als Oktav- oder Chromafehler bezeichnet wird. Als Gegensatz zum absoluten Gehör wird das *relative Gehör* betrachtet, ohne das kein Musiker existieren kann. Unter einem relativen Gehör versteht man die Fähigkeit, die relativen Tonhöhenunterschiede zu benennen. Versuche, im Erwachsenenalter durch Training ein absolutes Gehör zu erwerben sind in der Regel vergeblich. Die dafür angebotenen teuren Kurse trainieren meist das relative Gehör, aber eine stabile Verankerung der Zuordnung von Tonhöhe und Notenname gelingt dadurch nicht.

Die neurobiologischen Grundlagen des absoluten Gehörs sind immer noch umstritten. Drei Theorien werden diskutiert. Die genetische Theorie geht davon aus, dass das absolute Gehör vererbt wird, die Prägungstheorie besagt, dass es durch frühe musikalische Prägung erworben wird und die Verlerntheorie betont Befunde, die dafür sprechen, dass viele Säuglinge über absolutes Gehör verfügen, diese Fähigkeit aber im Laufe der Kindheit verlieren.

Für die Vererbungstheorie sprechen Studien, die eine Übereinstimmung von absolutem Gehör bei Geschwistern zwischen 8 % – 15 % finden, auch wenn sie getrennt aufwachsen (vgl. Zatorre, 2003). Für die genetische Komponente spricht auch, dass absolutes Gehör in Japan, China, Korea und Vietnam weitaus häufiger auftritt, als bei kaukasischen Volksgruppen. Dabei ist es nur von untergeordneter Bedeutung, ob es sich bei den Landessprachen um tonale Sprachen handelt, bei denen Tonhöhen Wortbedeutungen codieren, wie dies im Mandarin der Fall ist. So sind Japanisch und Koreanisch keine tonalen

Sprachen, und auch bei englischsprachig aufgewachsenen Chinesen findet sich ein höherer Anteil von Absoluthörern (vgl. Deutsch, 2006). Ganz offensichtlich ist aber der ererbte Anteil nur eine Komponente, denn eine weitere wichtige Voraussetzung scheint frühes musikalisches Training zu sein. Die Prägungsperiode liegt zwischen dem Kleinkindalter und etwa 9 Jahren. Ab dem Alter von 12 Jahren kann das absolute Gehör meist nicht mehr erworben werden.

Großes Aufsehen erregte eine Untersuchung, die von Saffran und Griepentrog (2003) durchgeführt wurde. Sie berichteten über acht Monate alte Kinder, die in einem Test auf eine Tonhöhenverschiebung bekannter Dreitonmelodien so reagierten, als seien dies vollkommen neue Melodien. Dieses Ergebnis lässt sich im Sinne der „Verlernhypothese" interpretieren, denn nur Absoluthörer können wahrnehmen, dass die Tonhöhen verschoben waren.

Absoluthörer weisen auch neuroanatomische Besonderheiten auf. So besitzen sie eine verstärkte Asymmetrie des oberen Anteils des Schläfenlappens. Auf der linken Hirnhälfte ist der Bezirk hinter dem Heschl-Gyrus in der oberen Temporalhirnrinde relativ größer, bzw. auf der rechten Hirnhälfte kleiner (vgl. Schlaug et al., 1995). Die verstärkte Asymmetrie wird wie die oben aufgeführte Vergrößerung der Heschl-Region als Ausdruck einer Struktur-Anpassung des Nervensystems auf frühes Training gewertet. Passend dazu fand sich in neurophysiologischen Messungen im Bereich der linken oberen Temporalhirnwindung bei Absoluthörern im Vergleich zu Relativhörern eine Verlagerung der für die Analyse komplexer Töne und Geräusche zuständigen Neurone nach hinten (vgl. Hirata et al., 1999). In funktionellen Aktivierungsstudien mit der Positronemissionstomografie (PET)-Methode konnte gezeigt werden, dass Absoluthörer bei der Identifikation von Tonhöhen in der hinteren linken seitlichen Stirnhirnregion ein Aktivitätsmaximum aufweisen, welches bei Relativhörern fehlt. Wurden Relativhörer aber trainiert, bestimmte Klänge mit willkürlich ausgesuchten Ziffern zu assoziieren, dann zeigte sich bei ihnen genau das gleiche Aktivierungsmaximum. Dies spricht dafür, dass die gelernte Assoziation eines Klanges mit einem Namen in dieser Region erfolgt (vgl. Bermudez & Zatorre, 2005). Interessant ist, dass die Genauigkeit des absoluten Gehörs übungsabhängig ist. Dies fanden Anders Dohn und Kollegen (2014) heraus, als sie Absoluthörer baten, mit einem Drehknopf die Frequenz von Tönen genau einzustellen. Diejenige Instrumentalisten, die in den Wochen zuvor wenig geübt hatten, waren viel ungenauer im Einstellen der richtigen Frequenz (z. B. für a' 440 Hz) als Absoluthörer, die gerade viel am Instrument übten. Es ergibt sich damit folgendes Bild: Wahrscheinlich besitzen die meisten Menschen bei der Geburt genetisch bedingt ein unterschiedliches Potenzial zum Absoluthören, das sich in der Regel in der Kindheit verliert. Bei intensiver musikalischer Unterweisung stabilisiert sich das absolute Gehör im Gedächtnis, muss aber immer geübt werden. Dieser Vorgang der Stabilisierung und Übung ist von plastischen Anpassungen der Struktur und Funktion vor allem des linken Schläfenlappens begleitet und schließt neuronale Netzwerke der linken Stirnhirnregion mit ein.

Zusammenfassende Betrachtung der Hirnphysiologie des auditiv-musikalischen Lernens

Musik entfaltet sich in der Zeit, daher ist das Gedächtnis eine wichtige Vorrausetzung, um Musik wahrzunehmen und zu genießen. Schon ein einfaches Lied enthält in der Regel Wiederholungen. Sehr viele musikalische Gattungen leben vom Spiel mit dem musikalischen Gedächtnis, zum Beispiel in Variationen oder Improvisationen über Jazz-Standards, aber auch in Sonaten und Fugen. Das Langzeitgedächtnis für Musikstücke ist ja bekanntermaßen besonders stabil, was häufig mit der starken emotionalen Wirkung von Musik in Zusammenhang gebracht wird, denn emotionale Erlebnisse prägen sich besonders gut im Gedächtnis ein. Das Hören eines Musikstückes ist immer mit der Bildung von musikalischen Gedächtnisinhalten verbunden, und damit immer auch Gehörbildung. Die an der Verarbeitung von Musik und an der Gehörbildung beteiligten neuronalen Netzwerke sind sehr variabel, da sie durch Übungseffekte beeinflusst werden. Dabei ist die Art und Weise entscheidend, wie musikalisches Wissen erworben wird. So beruht überwiegend prozedurales musikalisches Handlungslernen durch Musizieren ohne verbale Intervention eher auf rechtsseitigen Aktivierungen der Stirnhirn- und Scheitelregion, während der Erwerb von explizitem Faktenwissen über Musik eher die linke Stirnhirn- und Schläfenregion aktiviert. Dies erklärt auch, warum professionelle Musiker im Vergleich zu Laien andere und eher linkshirnige Aktivierungen beim Musikhören aufweisen.

Wird seit der frühen Kindheit intensiv musiziert, dann führt dieses jahrelange Training zu plastischen Anpassungen der für das Hören zuständigen Hirnregionen. Berufsmusiker verfügen über ein größeres Hörareal in beiden oberen Schläfenlappen und Musiker mit absolutem Gehör zeigen eine relativ größere Ausdehnung der linken Hörregion im Vergleich zu Laien. Als Quintessenz des Abschnitts ist wichtig zu behalten, dass Musikhören ein aktiver, konstruierender Prozess ist, der auf Vorerfahrungen beruht und der durch Lernen verändert werden kann. Die am Musikhören beteiligten neuronalen Netzwerke sind individuell unterschiedlich und spiegeln vor allem die persönliche Hörbiografie wider.

Hirnphysiologie musikalisch-sensomotorischen Lernens

Musikalisch-sensomotorisches Lernen vollzieht sich während des Spielens und besonders während des zielgerichteten Übens. Ohne Üben könnten wir niemals zuverlässig die notwendigen, hoch komplizierten sensomotorischen Leistungen beim Musizieren erbringen. Dabei verbringen zukünftige professionelle Musiker in ihrer Jugend innerhalb von 10 Jahren bereits 10.000 Stunden mit dem Üben, dies z. T. schon vor der Aufnahmeprüfung an der Musikhochschule (vgl. Ericsson et al., 1993). Im Studium wird die tägliche Übezeit oft noch gesteigert. Gesangsstudierende gaben im Durchschnitt eine wöchentliche Übezeit von knapp 11 Stunden an, wobei die Angaben zwischen einer und 18 Stunden variierten und somit sehr heterogen waren (vgl. Jörgensen, 1997). Nach dem Studium bleibt es eine lebenslange Aufgabe, regelmäßig zu üben. Dabei steigt mit der zunehmenden Vervollkommnung auch die künstlerische Verantwortung, was wiederum zu vermehrtem Üben führt. Vielleicht ist dieser Zwang zur Disziplin, diese Notwendigkeit, beständig den „Mechanismus" zu pflegen, das herausstechende Merkmal, das Musizieren von anderen Künsten, etwa von der bildenden Kunst, der Schriftstellerei und dem Schauspiel unterscheidet.

Hirnphysiologisch ist Musizieren die koordinierte Aktivierung zahlreicher Muskelgruppen mit hoher zeitlicher und räumlicher Präzision und – bei fortgeschrittenen Spielern – häufig mit sehr hoher Geschwindigkeit. Dabei unterliegen die Bewegungen einer ständigen Kontrolle durch das Gehör, durch die Körpereigenwahrnehmung und zum Teil durch den Gesichtssinn. Die an die Muskulatur vermittelte Kraftdosierung muss bis in die kleinste Nuance genau berechnet werden. Ungeheure Mengen an eingehenden Informationen von Millionen Sinneszellen der Haut, der Gelenke, der Sehnen, der Muskelspindeln, der Augen und des Gehörs werden ständig ausgewertet und in die Planung der neuen Bewegungen miteinbezogen. Musizieren im Ensemble, Chor und Orchester setzt überdies voraus, dass die Bewegungen laufend neu an Vorgaben durch die Gruppe oder durch den Dirigenten angepasst werden. Die rasche Integration der eingehenden Informationen in den aktuellen Handlungsplan ermöglicht erst die befriedigende Realisierung eines zentralnervös als Klang- und Bewegungsvorstellung repräsentierten musikalischen Bewegungsablaufs. Das Ziel des Musikers ist nicht eine mathematisch überpräzise Wiedergabe, sondern ein durch Affekte modulierter „sprechender" Vortrag, der Gefühle durch emotionale Kommunikation vermitteln kann. Auch wenn die neuronalen Grundlagen dieses Vorganges bislang erst in Ansätzen verstanden sind, so ist es doch unbestritten, dass Musizieren nahezu alle Hirnareale beansprucht. Neben den sensomotorischen Hirnrindenregionen tragen die auditiven Areale der Hörrinde und die visuellen Regionen der Sehrinde sowie das Emotionen verarbeitende limbische System ganz im Inneren des Großhirns zu dieser Leistung bei. Die übergeordneten Zentren des Stirnhirnlappens sind an der Planung und Kontrolle der Bewegungsabläufe, an der Steuerung der Aufmerksamkeit und an der Auswertung des Bewegungserfolges stets beteiligt. Voraussetzung für die geordnete und fehlerarme Bewältigung derartig vielschichtiger Informationsverarbeitungsprozesse ist ein Lernvorgang, der eben als „Üben" bezeichnet wird.

Beim Üben werden motorische Steuerprogramme erstellt

Singen und instrumentales Musizieren stellen zwar eine bewusst vollzogene Tätigkeit dar, aber die Steuerung der Bewegungen bei schnellen Abläufen ist nicht mehr bewusst kontrollierbar. Für schnelle Bewegungsabfolgen werden daher bereits zuvor durch Üben erlernte motorische Steuerprogramme abgerufen. Diese Programme enthalten alle notwendigen Informationen, um Muskelgruppen zum richtigen Zeitpunkt, in der richtigen

Reihenfolge und in der richtigen Kraftdosierung zu aktivieren und benötigen keine aktuelle sensorische Rückmeldung mehr. Das Erarbeiten derartiger Steuerprogramme erfolgt unter ständiger Wechselwirkung mit den eingehenden Informationen aus den Sinnesorganen. Dabei werden die biomechanischen Eigenschaften der beteiligten Körperpartien, also Gelenkbeweglichkeiten, Masse der Gliedmaßen, Reibungskräfte der Sehnen, Kraftentwicklung der Muskulatur – bis hin zu den Muskeln des Kehlkopfes beim Gesang etc. – über die Körpereigenwahrnehmung automatisch in die zu berechnenden Bewegungskoordinaten miteinbezogen. Umgekehrt passen sich durch das Üben die Knochen, Muskeln, Sehnen und Gelenke an die zentralnervösen Bewegungsvorgaben an. Knochen werden stabiler und lagern Kalksalze ein, Muskeln bilden sich entsprechend den Anforderungen aus und gewinnen an Ausdauer, Kontraktionskraft oder Schnellkraft, Sehnen werden geschmeidiger und der Bewegungsumfang der Gelenke erweitert sich (vgl. Wagner, 2005).

Um die ungeheuren Mengen der anfallenden sensorischen Informationen beim Üben verarbeiten zu können und um in der Lage zu sein, die Bewegungen je nach Rückmeldung zu korrigieren, wird in der Regel zuerst in einem langsamen Tempo geübt. Dabei speichert das Zentralnervensystem *vor* Ausführung der Bewegung Informationen über die vorgesehene Muskelaktivität und die daraus resultierende Bewegung. Der Übende muss sich also merken, was er als Nächstes machen wird, welchen Ton er treffen will, wie er die Phrase gestalten wird und welche Klangfarbe er erzeugen will. Diese abgespeicherte neuronale Repräsentation der geplanten Bewegung und der erwarteten sensorischen Rückmeldung wird „Handlungskopie" oder „Efferenzkopie" genannt. Nur durch den Abgleich der nach der Bewegung erfolgenden Rückmeldung mit der gespeicherten Handlungskopie können fehlerhafte Steuerprogramme überhaupt erkannt und verbessert werden. Auf diese Weise wird das zunächst bewusste, aufmerksam gesteuerte und durch eintreffende Sinnesreize kontrollierte Bewegungsprogramm verfeinert und nach und nach möglichst korrekt in das Bewegungsgedächtnis überführt. Bei Berufsmusikern ist das Erstellen dieser Handlungskopie optimiert. So ließen wir in einem Experiment professionelle Pianisten schnelle Klavierpassagen spielen und leiteten gleichzeitig das Hirnstrombild ab. Die pianistischen Aufgaben waren so schwer, dass gelegentlich auch falsche Tasten angeschlagen wurden. Zu unserer Überraschung erzeugte das Gehirn der geübten Klavierspieler bereits 50 Millisekunden vor dem Anschlag einer falschen Note ein Fehlersignal. Die falsche Note wurde dann zwar noch angeschlagen, aber mit einer geringeren Lautstärke. Dieses Beispiel demonstriert eindrucksvoll, mit welcher hohen Geschwindigkeit und Genauigkeit die Handlungskopie erstellt wird. Das Gehirn „bemerkt", dass ein falscher Impuls an die Fingermuskeln ausgesendet wurde, noch bevor der Nervenimpuls in diesen Muskeln anlangt. Es kann dann nur noch notdürftig korrigieren und die Anschlagstärke hemmen (vgl. Herrojo-Ruiz et al., 2009).

Das Erlernen der Bewegungen beim Musizieren geschieht in mehreren Schritten: zunächst wird unter Kontrolle der beteiligten Sinne – Gehör, Somatosensorik, z. T. Gesichtssinn – ein grober und noch fehlerhafter Entwurf des Bewegungsprogramms erstellt. Die Bewegungen sind unkoordiniert und unökonomisch, denn die Anzahl der beteiligten

Muskeln, die Dauer der Muskelaktivität und die notwendige Muskelkraft sind noch nicht optimiert. Durch Einstudieren des Bewegungsablaufes gelingt es in der zweiten Phase des Lernens, Ökonomie und Koordination zu verbessern und die Bewegungsgeschwindigkeit zu erhöhen. Dieses Lernen muss nicht immer „bewusst" im Sinn eines sprachlich vermittelbaren Analysevorganges vor sich gehen. Es handelt sich hier überwiegend um prozedurales Lernen durch Tun. Auch während der Phase des Ökonomisierens und Optimierens werden die Bewegungen noch unter weitgehender Kontrolle der Sinnesorgane durchgeführt. Erst im dritten Schritt sind die Bewegungsfolgen als motorische Programme im Bewegungsgedächtnis verankert und können automatisiert ohne ständige Beachtung des sensorischen Feedbacks mit großer Geschwindigkeit durchgeführt werden. Abspeicherung und langfristiger Erhalt der Präzision dieser Programme sind aktive Prozesse und beruhen auf der regelmäßigen Aktivierung und gegebenenfalls Korrektur der komplexen neuronalen Netzwerke. Um auf hohem Niveau die feinmotorische Präzision zu erhalten, ist übrigens ein recht großer Übeaufwand erforderlich. Wir untersuchten die Genauigkeit des C-Dur-Tonleiterspiels mit einem in unserem Labor entwickelten Computerprogramm bei 19 Klavierstudenten und professionellen Pianisten im Abstand von durchschnittlich 27 Monaten. Nur die Pianisten, die mindestens 3,75 Stunden täglich am Klavier verbrachten, konnten das Tonleiterspiel in den zwei Jahren noch weiter verbessern. Dabei war es interessanterweise nicht wichtig, was geübt wurde – entscheidend war die am Klavier verbrachte Zeit (vgl. Jabusch et al., 2009). Neurophysiologisch beruht der oben geschilderte Vorgang des Einübens und des Erhalts präziser Bewegungen immer auf einer Hemmung unerwünschter muskulärer Aktivitäten. Üben mit Aufbau von Feinmotorik beruht daher immer auf der Hemmung der ursprünglich angelegten Grobmotorik.

Am Spielen und Üben beteiligte Hirnareale

Ein so komplizierter Vorgang wie das Singen und instrumentale Musizieren beruht auf dem präzisen Zusammenspiel von Aktivierung und Hemmung in zahlreichen Hirnregionen. Auch hier sind fast alle Bereiche des Gehirns dabei einbezogen. Die Einbeziehung der sensomotorischen, auditiven und visuellen Regionen der Großhirnrinde ist Voraussetzung für das Singen, Spielen und Notenlesen (siehe Abb. 1). Das Stirnhirn (Frontalkortex, FK) ist maßgeblich an Planung und Kontrolle der Musizierbewegungen beteiligt, und der Scheitellappen (Parietalkortex, PK) berechnet räumliche Koordinaten, z. B. auf Tastatur und Griffbrett. Nach heutigem Wissen sind am Erwerb neuer feinmotorischer Programme alle Hirnstrukturen beteiligt, die der Steuerung und Kontrolle von Bewegungen dienen. Dazu gehören neben der Großhirnrinde und ihren Arealen für das Hören (Temporalkortex, TK), Sehen (Okzipitalkortex, OK), Fühlen (somatosensibler Kortex, SK) vor allem die tief im Inneren des Gehirns liegenden Basalganglien und das unter dem Hinterhauptslappen (Okzipitalkortex) liegende Kleinhirn. Alle drei Hirnregionen sind durch Rückkopplungsschleifen miteinander verbunden. Motorisches Lernen findet daher nicht an einer bestimmten Stelle des Zentralnervensystems statt, sondern manifestiert sich immer in allen beteiligten Funktionssystemen.

Seit Entwicklung der funktionellen bildgebenden Verfahren konnten durch Darstellung der Hirnaktivität bei Gesunden Aufschlüsse über die hirnphysiologischen Grundlagen des Erwerbs feinmotorischer Fertigkeiten gewonnen werden. Gegenstand intensiver Forschung waren dabei die durch motorisches Lernen hervorgerufenen Veränderungen im Bereich der sensomotorischen Hirnrindenareale. Schon vor über 30 Jahren hatte Per Roland in einer bahnbrechenden Untersuchung an gesunden Versuchspersonen nachgewiesen, dass mit der zunehmenden Komplexität von zuvor gelernten Fingerbewegungen die Aktivierung in der supplementär motorischen Hirnrinde (SMA) anstieg (vgl. Roland et al., 1980). Die kurzfristigen und langfristigen Veränderungen der Hirnaktivierung beim Erlernen solcher schnellen Fingerbewegungssequenzen waren das Thema der wichtigen Untersuchungen von Karni und Kollegen (vgl. Karni et al., 1995). Mit der funktionellen Kernspintomografie konnten sie beim Erlernen von schnellen Fingerbewegungssequenzen Änderungen der neuronalen Aktivität im Bereich der primären motorischen Areale nachweisen. Dabei traten unterschiedliche Effekte auf, je nachdem, ob sie die Hirnaktivitäten vor und nach einer einmaligen Übesitzung von wenigen Minuten Dauer oder nach längerem Üben über mehrere Wochen verglichen. Wurde eine komplizierte Wechselbewegung der Finger mehrfach hintereinander ausgeführt, fand sich bereits während einer einzigen Übesitzung von nur 30 Minuten Dauer eine Ausdehnung der aktivierten Areale in der Handregion der primären motorischen Hirnrinde. Auch die supplementär motorische Hirnrinde (SMA), das Kleinhirn und die Basalganglien zeigten eine Vergrößerung der aktiven Bereiche.

Die Ausdehnung des aktivierten Bezirks blieb allerdings ohne weiteres Üben nur etwa eine Woche bestehen, danach war die aktivierte Handregion wieder auf den Ausgangswert geschrumpft. Wenn aber die Bewegungsfolge über mehrere Wochen täglich geübt und perfektioniert wurde, so zeigte sich eine langfristige stabile Vergrößerung der aktivierten neuronalen Netzwerke der primären motorischen Hirnrinde. Gleichzeitig mit der durch Übung verursachten langfristigen Vergrößerung der neuronalen Netzwerke im Bereich der primären motorischen Rinde verkleinerten sich die beteiligten Nervenzellpopulationen im Bereich des Kleinhirns und in der SMA.

Vieles spricht dafür, dass die kurzfristigen Effekte im primären motorischen Areal auf eine „Umstimmung" der neuronalen Netzwerke zurückzuführen sind. Die Steigerung der neuronalen Erregbarkeit im Bereich der primären motorischen Hirnrindenfelder und die Vergrößerung der an der Bewegung beteiligten neuronalen Ensembles konnten auch beim Erlernen von Musikinstrumenten mit der Methode der Reizung von Nervenzellen durch starke Magnetfelder (Transkranielle Magnetstimulation) eindeutig gezeigt werden (vgl. Pascual-Leone et al., 1995). Beide Vorgänge, die Steigerung der Erregbarkeit und die Ausweitung des Nervenzellpools, fördern die Verknüpfung der Synapsen und unterstützen somit den Lernprozess.

Die präzise zeitliche Abfolge dieser Aktivitätsänderungen und das Ausmaß der Beteiligung der verschiedenen motorischen Zentren hängen von der Erfahrung ab und unterscheiden sich zwischen Musikern und Laien. Während eines 35 Minuten dauernden motorischen Kurzzeittrainings von Fingerbewegungssequenzen mit der rechten Hand hatten rechtshändige Laien nur zwischen der siebten und der vierzehnten Minute eine Aktivitätszunahme im primären motorischen Kortex. Geübte rechtshändige Pianisten bewältigten die Aufgabe naturgemäß sehr viel besser und zeigten während der 35 Minuten durchgehend eine Zunahme der Aktivität im primären motorischen Kortex, aber eine viel geringere Aktivierung der SMA und des Kleinhirns im Vergleich zu den Laien. Diese Beobachtungen bestätigen die wichtige Rolle der SMA für die Programmierung komplexer Bewegungsfolgen, bevor diese automatisiert durchgeführt werden. Die Pianisten waren auf Grund ihrer Expertise in der Lage, die Bewegungen am Anfang der Trainingseinheit sehr rasch zu programmieren und konnten sich dann auf die präzise automatische Ausführung konzentrieren, die im primären motorischen Kortex gesteuert wird (vgl. Hundt-Georgiadis & v. Cramon, 1999). Ein weiteres interessantes Ergebnis dieses Experiments war, dass auch der motorische Kortex der untrainierten Hand an dem Lernvorgang mitbeteiligt war. So führten Laien und Pianisten nach dem Training der rechten Hand die gleiche Aufgabe mit der nicht trainierten linken Hand ebenfalls deutlich besser aus.

Dieser Übertrag von erlernten Bewegungsmustern auf andere Gliedmaßen wurde von Rijntjes und Kollegen systematisch erforscht (1999). Sie baten Versuchspersonen, ihre Unterschrift mit der rechten Hand oder mit der rechten Großzehe zu schreiben. Das Schreiben mit der Großzehe war von einer Aktivierung der vor der Handregion gelegenen prämotorischen Areale in der Großhirnrinde begleitet. Offenbar werden Bewegungsprogramme unabhängig von den ausführenden Muskelgruppen als abstrakte *Bewegungsideen* abgelegt, auf die unterschiedliche motorische Areale, im vorliegenden Fall die Hand- und die Fußregion, Zugriff haben. Das Konzept der Bewegungsidee erklärt auch, warum wir blitzschnell in der Lage sind, viel geübte Bewegungsmuster an andere Raumkoordinaten anzupassen. So gelingt dem geübten Flötisten beispielsweise in der Regel ohne Schwierigkeiten die Umstellung der Handmotorik von der großen Böhmflöte auf das kleine Piccolo oder dem geübten Geiger die Umstellung auf die Bratsche.

Alle oben erwähnten Studien untersuchten die Hirnaktivität bei motorischen Aufgaben, die bewusstes, explizites motorisches Lernen in einer kontrollierten Versuchsanordnung mit Feedback über den Bewegungserfolg zum Inhalt hatten. Lenkt man die Aufmerksamkeit der Versuchspersonen während motorischer Aufgaben ab (z. B. mit dem Betrachten eines Videos), lässt man sie also unbewusst – prozedural – motorisch lernen, dann korreliert der Lernzuwachs vorwiegend mit einer Aktivierung im Bereich der Basalganglien. Auch das Kleinhirn ist an motorischen Lernprozessen beteiligt, denn es spielt für die richtige Auswahl, die richtige Reihenfolge und für das richtige „Timing" von Bewegungen eine wesentliche Rolle. Hirnaktivierungsstudien weisen allerdings darauf hin, dass die Beteiligung des Kleinhirns am Lernvorgang wahrscheinlich nur ganz zu Beginn der Lernphase von Bedeutung ist (Übersicht bei Altenmüller & Furuya, 2015).

Zusammenfassend kann man sagen, dass es in der ersten Lernphase feinmotorischer Bewegungen zu einer Ausdehnung der beteiligten neuronalen Netzwerke kommt. Dies betrifft die „Programmierstationen" der supplementär motorischen Areale. Auch die Bewegungszentren der primär motorischen Rinde dehnen sich aus. Das Einüben ist zusätzlich an die starke Aktivierung des Kleinhirns und der Basalganglien gebunden. Diese erweiterten Netzwerke sind insgesamt auch leichter erregbar, wodurch die Vernetzung gefördert wird. Nach wenigen Tagen des Übens schrumpft die Aktivierungszone in den supplementär motorischen und den primär motorischen Arealen und auch das Kleinhirn muss das Timing nicht mehr so aufwändig kontrollieren. Jetzt bleiben der primär motorische Kortex und kleine Regionen in den Basalganglien aktiv. Die Bewegung ist automatisiert und muss nicht mehr weiter programmiert werden, der neuronale Aufwand ist reduziert, und das Gehirn kann sich neuen Programmieraufgaben zuwenden. Die Reduktion der Erregbarkeit und die Verkleinerung der aktivierten Felder geschehen durch aktive Hemmung und Eingrenzung der am Anfang erweiterten neuronalen Verbindungen. Dieser Vorgang verdeutlicht noch einmal das oben schon betonte Statement: Feinmotorik beruht auf der aktiven Hemmung von Grobmotorik.

Üben im Kopf: Hand, Ohr und Auge vernetzen sich

Eine Besonderheit der Bewegungen beim Singen und instrumentalen Musizieren ist die enge Verbindung zwischen Motorik und den anderen Sinnen, vor allem dem Gehör. Üben bedeutet auch immer die Vernetzung der verschiedenen mentalen Repräsentationen von Musik. Am Beispiel des Klavierspiels konnte Marc Bangert zeigen, dass beim Anfänger bereits während der ersten Klavierstunde eine neuronale Verbindung zwischen den Bewegungszentren und den Hörzentren entsteht, die nach drei Wochen stabil ist (vgl. Bangert & Altenmüller, 2003). Bei ausgebildeten Pianisten kommt es beim alleinigen Hören von Klaviermusik zu einer Aktivierung der motorischen Handregion der Großhirnrinde, ohne dass dabei Bewegungen sichtbar sind. Umgekehrt führen Fingerbewegungen auf einer stummen Tastatur zu einer Aktivierung der Hörrinde. Diese Befunde sind nicht nur bei Pianisten zu beobachten, sondern sind höchstwahrscheinlich auf alle Instrumente übertragbar. Voraussetzung ist allerdings, dass man bereits instrumentale Vorkenntnisse besitzt.

Die hirnphysiologischen Grundlagen dieses Lernens durch Beobachtung (observatives Üben) wurden bereits in den Neunzigerjahren aufgedeckt. In Tierexperimenten konnte ein sogenanntes „Spiegelneuron-Netzwerk" nachgewiesen werden: Wenn Affen ihren Artgenossen bei Bewegungen zusahen, entstanden auch bei den beobachtenden Tieren Aktivierungen der sensomotorischen Zentren, ohne dass sich diese Tiere bewegten (vgl. Rizzolatti et al., 1998). Auch beim Menschen findet man diese Spiegelneurone. Professionelle Pianisten, die in einem Video stumme pianistische Fingerbewegungen auf einer Klaviertastatur beobachteten, zeigten eine starke Aktivitätszunahme der motorischen Handregion des Frontallappens, der sekundären auditiven Regionen des Schläfenlappens und des Kleinhirns, ohne dass sie selbst die Finger bewegten (vgl. Haslinger et al., 2005). In die Praxis umgesetzt bedeutet dies, dass man als erfahrener Musiker aus dem sorgfältigen Beobachten anderer Musiker Nutzen ziehen kann.

Das Lernen durch Beobachten und durch Nachahmen spielt im Instrumental- und Gesangsunterricht eine große Rolle. Es ist zum Beispiel ein wichtiges Element der Suzuki-Methode. Wie beim Spracherwerb lernen Kinder hier das Spielen eines Instruments durch Imitation auf spielerische Weise. Zuhören, Abschauen, Vorspielen und Nachspielen sind die wesentlichen Elemente. Kinder können so bereits im Alter von drei Jahren mit dem Instrumentalspiel beginnen. Das Erlernen der Notenschrift ist zunächst nicht nötig und kann viel später erfolgen (vgl. Suzuki, 1995). In oralen Musikkulturen ist das Imitationslernen die wichtigste Form des Musikunterrichts. Überall dort, wo keine Musiknotation existiert oder diese zu kompliziert ist, tritt das Nachahmungslernen in den Vordergrund. Der Unterricht in traditioneller indischer Musik und die Tradition des Gamelan-Spiels auf Bali beruhen weitgehend auf dem Prinzip des Vorspielens und des Nachahmens. Auch in unserer Kultur wären Jazz, Rock und Pop ohne Imitationslernen durch Nachahmung und durch Abhören von Aufnahmen nicht denkbar.

Üben durch Hören und Üben durch Beobachten kann man als spezielle Formen des mentalen Übens auffassen. Mentales Üben im engen Sinn ist die intensive Vorstellung von Bewegungsabläufen ohne deren praktische Ausführung. Während einer solchen vorgestellten Bewegung sind im Wesentlichen dieselben Areale aktiv wie während einer tatsächlich ausgeführten Bewegung, nämlich der motorische Kortex, die SMA und das Kleinhirn (vgl. Kuhtz-Buschbeck et al., 2004). An professionellen Sängern konnte gezeigt werden, dass die mentale Simulation des Singens einer italienischen Arie zur Aktivierung zahlreicher kortikaler und subkortikaler Hirnareale führte, die auch beim realen Singen dieser Arie aktiviert wurden (vgl. Kleber et al., 2007). Dies gilt insbesondere für die Areale, die an der Verarbeitung komplexer Bewegungsabfolgen und der sensorischen Rückmeldung und Kontrolle beteiligt sind. Interessant ist, dass die Hirnaktivität mit dem Schwierigkeitsgrad der vorgestellten Bewegungen ansteigt und dass insbesondere auch durch mehrtägiges mentales Üben die beteiligten neuronalen Bezirke plastische Veränderungen aufweisen. Die Veränderungen der Netzwerke bei der Vorstellung von Fingerbewegungen sind zwar geringer ausgeprägt als beim realen Ausführen der Bewegung, führen aber gleichwohl zu einem deutlichen Übungseffekt, der durch verbesserte Leistungen, z. B. in Tapping-Tests, belegt werden kann. Mentales Üben ist also effektiv, setzt aber voraus, dass die Aufmerksamkeit intensiv auf die zu übenden Aufgaben fokussiert wird. Zahlreiche praktische Anleitungen zum mentalen Üben finden sich in den Büchern von Orloff-Tschekorski (1996), Klöppel (1996) und Langeheine (1997).

Üben formt das Gehirn

In den vorangegangen Abschnitten wurden die durch Üben bewirkten Veränderungen der neuronalen Netzwerke des Gehirns geschildert. Aber nicht nur die Funktion von Nervenzellverbänden verändert sich durch das Üben, auch die Struktur des Gehirns wird durch intensives und langfristiges Musizieren modifiziert. So ist bei Nichtmusikern die primäre motorische Handregion stark asymmetrisch ausgebildet. Der für die dominante rechte Hand zuständige linke Handmotorkortex ist sehr viel größer als der rechte. Bei professionellen Pianisten ist die Verteilung dagegen symmetrischer. Langjährige Übung der Feinmotorik beider Hände führt bei Pianisten also zu einer relativen Größenzunahme der sensomotorischen Handregionen der nicht dominanten linken Hand. Noch ausgeprägter ist dieser Effekt bei Geigern. Sie zeigen eine deutlich größere Handregion auf der rechten Hirnhälfte, die ja für die Steuerung der linken Hand zuständig ist. Dieser Befund ist interessant, weil deutlich wird, dass das Nervenzellwachstum besonders durch schnelle, zeitlich und räumlich präzise Fingerbewegungen angeregt wird. Die mindestens genauso komplizierten, Balance und feinen Kraftausgleich erfordernden Bewegungen der rechten Bogenhand scheinen das Größenwachstum der Nervenzellen nicht zu fördern (vgl. Bangert & Schlaug, 2006).

Aber nicht nur spezielle Bezirke der Großhirnrinde und des Kleinhirns sind bei Musikern vergrößert. Bei Instrumentalmusikern ist auch der Balken, die wichtigste Faserverbindung zwischen der rechten und der linken Hirnhälfte, im Vergleich zu Nichtmusikern kräftiger ausgeprägt. Die Vergrößerung betrifft nur den vorderen Teil des Balkens, der die motorischen und prämotorischen Rindenfelder beider Hemisphären verbindet. Man geht davon aus, dass die funktionelle Beanspruchung durch die präzise beidhändige Koordination mit dem notwendigen raschen Informationsaustausch zwischen beiden Hirnhälften zu einer Verstärkung der Bemarkung dieser Fasern führt, woraus eine schnellere Nervenleitfähigkeit resultiert. Es ist nicht auszuschließen, dass außerdem der Erhalt von normalerweise nach der Geburt untergehenden Nervenzellfasern zu dieser Vergrößerung des Balkens beiträgt. Die Unterschiede in der Hirnstruktur sind bei denjenigen Instrumentalisten besonders deutlich, die vor dem Alter von sieben Jahren mit dem Instrumentalspiel begannen.

Dabei muss nicht unbedingt auf dem Niveau von Wunderkindern geübt werden. So zeigen neuere Daten aus der Harvard-Universität, dass es durch Klavierspielen auch bei solchen Kindern zu Veränderungen des Gehirns kommt, die vor der Studie nicht durch außergewöhnliche musikalische Leistungen aufgefallen waren. Eine Gruppe von 15 Kindern mit einem Durchschnittsalter von sechs Jahren, die über 15 Monate wöchentlich 30 Minuten Klavierunterricht erhielten, wurde mit 16 gleichaltrigen Kindern verglichen, die in dieser Zeit einer „Wartegruppe" zugeordnet waren (vgl. Hyde et al., 2009). Nach den 15 Monaten Klavierunterricht zeigte sich bei den klavierspielenden Kindern im Vergleich zu den nichtspielenden Kindern der „Wartegruppe" eine Vergrößerung des für Handbewegungen zuständigen Bereichs auf der motorischen Hirnrinde und des Bereichs für das Hören in der oberen Schläfenwindung. Außerdem war im Balken speziell die Nervenfaserverbindung zwischen der rechten und der linken Handregion beider Hirnhälften verstärkt. Die klavierspielenden Kinder schnitten auch in Hörtests und in Feinmotoriktests besser ab als ihre Altersgenossen.

Je mehr die Kinder und Jugendlichen in der frühen Kindheit üben, desto ausgeprägter ist der Effekt. Dies spricht dafür, dass die Veränderungen tatsächlich durch das Üben hervorgerufen werden und nicht auf angeborenen Merkmalen beruhen. Untersuchungen zeigen, dass bei Musikern nicht nur die Größe von Kortexregionen zunimmt, sondern auch die Dichte der Nervenzellsubstanz, und dass diese Veränderungen auch noch entstehen, wenn erst im Erwachsenenalter begonnen wird zu üben (vgl. Gaser & Schlaug, 2003; Groussard et al., 2014). Auch das Stützgewebe des Gehirns reagiert auf stärkere Beanspruchung der neuronalen Netzwerke durch vermehrte Bildung von Blutkapillaren. Alle diese Anpassungsvorgänge können bis in das hohe Erwachsenenalter erfolgen. Es gilt als sicher, dass sich beim Menschen im Bereich sensorischer und motorischer Hirnrindenabschnitte keine Nervenzellen mehr nach der Geburt neu bilden können, wie dies in den Gedächtnisstrukturen des Hippokampus und in den Riechzentren des Stirnhirns nachgewiesen wurde. Zur größeren Dichte des Nervengewebes und zur Vergrößerung von Hirnrindenabschnitten bei Musikern trägt aber sicher auch ein vermindertes Absterben der angelegten Nervenzellen bei (vgl. Altenmüller & Furuya, 2015).

Wie soll man Üben?

Auch wenn wir unter Üben meist das aufmerksame und zielgerichtete Arbeiten – singend oder am Instrument – verstehen, spielen doch auch unbewusste Vorgänge eine große Rolle. Ein Beispiel dafür ist der Reminiszenzeffekt. Jedem Musiker ist bekannt, dass zuvor nicht gemeisterte schwierige Passagen nach einer Pause oder nach ausgiebigem Schlaf plötzlich gelingen. Schon seit mehreren Jahrzehnten ist bekannt, dass Schlafentzug nach dem Üben die motorische Gedächtnisbildung beeinträchtigt. Besonders wichtig für die Stabilisierung frisch geübter prozeduraler Fertigkeiten scheint dabei die Traumschlafphase zu sein. In letzter Zeit wurde die Hirnaktivierung nach dem Üben bei Probanden mit und ohne Schlafentzug verglichen (vgl. Tucker et al., 2016). Bei den „Schläfern" waren nicht nur die Gedächtnisstrukturen des Schläfenhirns, sondern auch die an der Aufgabe beteiligten sensomotorischen Zentren der Hirnrinde und das Kleinhirn viel stärker aktiviert als bei den Probanden, die nach dem Üben Schlafentzug hatten und in ihrer Leistung gegenüber der Schlafgruppe abfielen (vgl. Maquet, 2003).

Nicht nur die Schlafdauer, auch die Anzahl der zu übenden Aufgaben scheint die motorische Gedächtnisbildung zu beeinflussen. Lange Zeit war man davon ausgegangen, dass das zeitnahe Üben zweier unterschiedlicher Fertigkeiten zu störenden Wechselwirkungen und zu einer weniger stabilen sensomotorischen Repräsentation beider Aufgaben führt. Zwischenzeitlich mehren sich die Befunde, die einen positiven Effekt des vermischten Übens unterschiedlicher Aufgaben zeigen. So wird der Lernzuwachs für beide Aufgaben überproportional verstärkt und die nachhaltige Gedächtnisbildung gefördert (Übersicht bei Schmidt & Lee, 2011).

Ein ärgerliches und wahrscheinlich allen Musikern bekanntes Phänomen ist das Über-Üben. Nach intensivem Üben kommt es dabei nicht zu der erhofften Leistungssteigerung, sondern es tritt sogar eine Verschlechterung der Fertigkeiten ein. Dies wurde bereits 1975 überzeugend von dem Sportphysiologen Hettinger und seinem Team gezeigt (vgl. Hettinger et al., 1975, zitiert nach Hollmann & Hettinger, 2000). Sie ließen Sportstudenten über 14 Tage die Fingergeschicklichkeit an einem Steckbrett trainieren. Sie teilten die Studenten in acht Gruppen ein, die täglich unterschiedlich lange übten. Die am kürzesten Übenden füllten das Steckbrett nur zehnmal am Tag aus, die am längsten Übendem dreihundert Mal. Trägt man den Zugewinn an Geschicklichkeit nach 14 Tagen Training gegen die Zahl der geforderten Arbeitsbewegungen pro Übungseinheit auf, dann zeigt sich, dass die optimale Übedauer bei dieser feinmotorischen Aufgabe bei täglich 150 Arbeitsbewegungen pro Übungseinheit liegt. Wird länger trainiert, dann wird die feinmotorische Leistung nicht nur nicht besser, sie nimmt sogar wieder ab. In Anlehnung an die Sage der griechischen Odyssee wurde dieses Phänomen von mir *Penelope-Effekt* getauft. Wie Penelope nachts das am Tage gewebte Gewand wieder auflöste, um keinen der Freier heiraten zu müssen, so zerstört zu langes Üben die zuvor mühsam erarbeiteten Bewegungsprogramme.

Über die neurophysiologischen Hintergründe dieses Effektes kann derzeit nur spekuliert werden. Vermutlich führt Üben mit nachlassender Aufmerksamkeit zu einer Verschlechterung der zuvor optimierten neuronalen Repräsentation von Bewegungen. Darüber hinaus ist denkbar, dass durch die Ermüdung der Muskulatur und durch Einsatz von ungeübten und ungeeigneten Hilfsmuskeln die Koordination verschlechtert wird. Dieses suboptimale, langsamere motorische Programm wird dann im Bewegungsgedächtnis gespeichert.

Der Scheitelpunkt der Kurve liegt natürlich je nach Art der Aufgabe, nach Tagesform und je nach Übestrategie an unterschiedlichen Stellen. Individuelle sensomotorische Geschicklichkeit, Bewegungsintelligenz und Ausdauer, Motivation und Konzentrationsfähigkeit sind weitere Faktoren, die den Verlauf der Leistungskurve bestimmen. Es wird deutlich, dass es großer Erfahrung bedarf, bis man gelernt hat, seine optimale Lernkurve zu finden. Vielleicht ist demzufolge das wichtigste Merkmal effektiven Übens, im richtigen Moment damit aufzuhören.

An dieser Stelle soll auch auf das in der Instrumentalpädagogik noch wenig verbreitete Konzept des differenziellen Lernens eingegangen werden. Es stammt aus der Sportwissenschaft und hat dort in mehreren Sportarten zu bemerkenswerten Ergebnissen geführt (vgl. Schöllhorn et al., 2000). Ihm liegt die Beobachtung zugrunde, dass durch die reine Wiederholung einer Bewegungsaufgabe mit dem Ziel der Aneignung eines stabilen idealen Bewegungsprogrammes mit nur noch minimalen Variationen häufig nicht das gewünschte Ergebnis erzielt wird. Diese Erkenntnis führte zu der Überlegung, dass die Variante („Differenz") in den Trainingsvorgang integriert werden sollte, mit dem Ziel, dem Lernenden die Aneignung eines Lösungsraumes für die verschiedenen Varianten zu ermöglichen. Als Variationen werden auch Fehler in den Trainingsvorgang einbezogen, um den Raum der möglichen Lösungen zu erweitern. Das Ideal eines fixierten, optimalen Bewegungsablaufs wird beim differenziellen Lernen also zugunsten der bestmöglichen Reaktion auf variable Ausgangssituationen aufgegeben, wobei auch individuelle körperliche Gegebenheiten stärker berücksichtigt wurden. In einer Untersuchungsreihe mit Kugelstoßern trainierte eine Gruppe auf traditionelle Weise und eine zweite Gruppe nach den Grundsätzen des differenziellen Lernens. Nach vier Wochen zeigte sich bei beiden Gruppen eine Steigerung der Stoßweiten, wobei die Ergebnisse nach differenziellem Training signifikant besser waren als nach traditionellem Training. Nach einer anschließenden Trainingspause wurde bei erneuten Tests zwei und vier Wochen später ein Rückfall der Gruppe, die traditionell trainiert hatte, auf das Ausgangsniveau festgestellt, wohingegen die differenziell trainierte Gruppe eine weitere Leistungssteigerung aufwies (vgl. Beckmann et al., 2007). Ähnliche Befunde waren auch in anderen Sportarten zu verzeichnen. Die im Hinblick auf individuelle und situative Bewegungsvarianten offensichtlichen Analogien des Instrumentalspiels zum Hochleistungssport legten einen Transfer des differenziellen Lernens auf das Üben am Musikinstrument nahe. In einer Pilotstudie wurde untersucht, inwieweit im Flötenunterricht die Einbeziehung von Bewegungs-, Intonations- und Klangvarianten zu einer Verbesserung der Übeergebnisse beitragen kann, allerdings waren die Ergebnisse sehr heterogen und lassen noch keine endgültigen Schlüsse zu (vgl. Albrecht, 2011). Eine empirisch bewährte Sonderform des differenziellen Übens ist das variantenreiche Üben, wie es von sehr vielen Pädagogen empfohlen wird. Es ist speziell für den Klavierunterricht kürzlich von Martin Widmaier sehr detailliert und praxisnah vorgestellt worden (vgl. Widmaier, 2016). Einschränkend muss allerdings gesagt werden, dass bislang empririsch widersprüchliche Befunde vorliegen: So ergab eine systematische Studie von Bangert et al. (2014) keine eindeutigen Hinweise auf eine systematische Verbesserung durch variables Üben, während eine ganz neue Studie von Carter und Grahn (2016) hier positive Resultate demonstrierte. Es wäre wünschenswert, wenn hier weitere systematische Untersuchungen an Instrumentalisten erfolgen würden, wobei musikpädagogisches Erfahrungswissen schon seit Generationen den Vorteil des differenziellen Übens anerkennt (siehe auch Mantel, 1999).

Was nutzt die Neurowissenschaft Musikpädagogen?

Ich habe in diesem Beitrag einen Überblick über die Literatur gegeben, die nach meiner Meinung interessante Forschungserkenntnisse hinsichtlich der Neurophysiologie musikalischen Lernens enthalten. Dabei ist mir bewusst, dass dem Leser mitunter einige „neue Ergebnisse der Forschung" aus dem musikalischen Alltag schon bekannt sind. Denn Generationen von Musikpädagogen haben ein riesiges Erfahrungswissen angehäuft, was sich beim Üben und Unterrichten bewährt. Dieser Beitrag sollte daher einerseits fundiertem Erfahrungswissen durch neue Erkenntnisse eine wissenschaftliche Grundlage bereitstellen und andererseits auf der Basis wissenschaftlicher Studien nie bewiesene Dogmen in Frage stellen.

Man sollte aber immer auch bedenken, dass jenseits aller Theorien und Regeln das Ziel des Musizierens sich nicht darin erschöpft, möglichst viele Töne pro Zeiteinheit möglichst korrekt zu spielen oder zu singen. Musizieren ist immer auch emotionale

Kommunikation, die aus dem Augenblick schöpft und davon lebt, was der Musiker aus seinem Inneren mitzuteilen hat. Der emotionale Raum des Musikers entsteht aber nicht in der Übezelle, sondern setzt sich aus der Kraft und Vielfalt von inneren Bildern, aus der Feinheit der Wahrnehmung von Lebensphänomenen, aus guten und weniger guten Lebenserfahrungen zusammen. Die persönlichen Lebenserfahrungen schaffen den emotionalen Raum, der für ein zu Herzen sprechendes Musizieren Voraussetzung ist.

Danksagung

Zahlreiche Kolleginnen und Kollegen haben in Diskussionen und früheren Versionen sowie in anderen Beiträgen zu Handbüchern in deutscher und englischer Sprache zu diesem Artikel beigetragen. Ihnen sei an dieser Stelle ausdrücklich gedankt: Prof. Dr. Hans-Christian Jabusch, und Prof. Dr. Shinichi Furuya haben vor allem Anteil an den Ausführungen zum sensomotorischen Lernen und zur Hirnplastizität, Prof. Dr. Gary McPherson und Prof. Dr. Wilfried Gruhn am Beitrag zur Neurophysiologie der Gehörbildung und zur allgemeinen Neurophysiologie des Musizierens.

In einigen zitierten Handbuchartikeln und Buchbeiträgen erschienen in den letzten zwei Jahren zum Teil auf Englisch inhaltlich verwandte Beiträge. Ich danke den Herausgebern, Verlagen und Ko-Autoren für die große Unterstützung bei der Abfassung des vorliegenden Artikels und der Erlaubnis, das bereits veröffentlichte Material in abgewandelter Form wieder zu verwenden.

[1] Das Endocannabinoidsystem ist eine Bezeichnung von Nervenzellen, die körpereigene Cannabinoide (also Verwandte der Stoffe, die auch in Hanf und der Marihuana-Pflanzen vorkommen) ausschütten und die mit einem „Endocannabinoidrezeptor" ausgestattet sind. Diese Nervenzellen sind fast überall im Zentralnervensystem nachweisbar, kommen aber besonders häufig im Emotionssystem (limbischen System) und in den Stammganglien vor. Werden diese Endocannabinoid-Rezeptoren stimuliert, wird ein entspanntes Wohlgefühl erzeugt und es werden Schmerzen reduziert. Aus diesem Grund wird Cannabis auch bei chronischen Schmerzen eingesetzt.

Literatur

Albrecht, S. (2011): Differenzielles Lernen in der Musik – Lösungsorientiertes Üben für Flötisten. *Abstractband 10. Symposium der Deutschen Gesellschaft für Musikphysiologie und Musikermedizin* (S. 18). Dresden.

Altenmüller E. (2015a): Musikalisches Lernen aus hirnphysiologischer Sicht. In: M. Loritz & C. Schott (Hg.): *Musik – Didaktik für die Grundschule* (S. 9–21). Berlin: Cornelsen.

Altenmüller E. (2015b): Musikhören ist immer Gehörbildung: Zur Hirnphysiologie auditiven musikalischen Lernens. In: A. Welte (Hg.): *Kann man Hören lernen?* (S. 39–49). Institut für musikpädagogische Forschung Hannover.

Altenmüller, E. & Furuya, S. (2015): Planning and performance. In: S. Hallam, I. Cross & M. Thaut (Eds.): *The Oxford Handbook of Music Psychology*, Second Edition, Oxford: Oxford University Press, DOI 10.1093/oxfordhb/9780198722946.013.32.

Altenmüller, E. & Jabusch, H.C. (2016): Neurowissenschaftliche Grundlagen des Musizierens. In: Busch, B. (Hg.): *Grundwissen Instrumentalpädagogik* (S. 49–61). Wiesbaden: Breitkopf & Härtel.

Altenmüller. E., Gruhn, W., Parlitz, D. & Kahrs, J. (1997): Music learning produces changes in brain activation patterns: a longitudinal DC-EEG-Study. *International Journal of Arts Medicine* 5, 28–34.

Altenmüller, E., Bangert, M., Liebert, G. & Gruhn, W. (2000): Mozart in us: How the brain processes music. *Medical Problems of Performing Artists.* 15, 99–106.

Bangert, M. & Altenmüller, E. (2003): Mapping perception to action in piano practice: A longitudinal DC-EEG-study. *BMC Neuroscience* 4, 26–36.

Bangert, M. & Schlaug, G. (2006): Specialization of the specialized in features of external human brain morphology. *The European Journal of Neuroscience,* 24, 1832–1834.

Bangert, M., Wiedemann, A. & Jabusch, H.C. (2014): Effects of variability of practice in music: a pilot study on fast goal-directed movements in pianists. *Frontiers Human Neurosciences* 8, 598. doi: 10.3389/fnhum.2014.00598

Beckmann, H. & Schöllhorn, W.I. (2006): Differenzielles Lernen im Kugelstoßen. *Leistungssport,* 36, 44–50.

Bermudez, P. & Zatorre, R. (2005): Conditional associative memory for musical stimuli in nonmusicians: Implications for absolute pitch. *Journal of Neuroscience* 25, 7718–7723.

Carter, C.E. & Grahn, J.A. (2016): Optimizing music learning: Exploring how blocked and interleaved practice schedules affect advanced performance. *Frontiers in Psychology,* 2016, Aug 18;7:1251. doi: 10.3389/fpsyg.2016.01251.

Deutsch, D., Henthorn, T., Marvin, E. & Xu, H. (2006): Absolute pitch among American and Chinese conservatory students: prevalence differences, and evidence for a speech-related critical period (L). *Journal of the Acoustical Society of America* 119, 719–722.

Dohn, A., Garza-Villarreal, E. A., Ribe, L., Wallentin, M. & Vuust, P. (2014): Musical activity tunes up absolute pitch ability. *Music Perception* 31, 359–371.

Ericsson, K.A., Krampe, R.T. & Tesch-Römer, C. (1993): The role of deliberate practice in the acquisition of expert performance. *Psychological Reviews* 100, 363–406.

Gaser, C. & Schlaug, G. (2003): Brain structures differ between musicians and non-musicians. *The Journal of Neuroscience* 23, 9240–9245.

Gordon, E.E. (1991): Advanced Measures of Music Audiation (AMMA). Gia Publications, Chicago https://www.giamusic.com/products/P-3372.cfm (Stand: 18.8.2016).

Groussard, M., Viader, F., Landeau, B., Desgranges, B., Eustache, F. & Platel, H. (2014): The effects of musical practice on structural plasticity: the dynamics of grey matter changes. *Brain and Cognition.,* vol. 90, 174–180. doi: 10.1016/bandc.2014.06.013.

Haslinger, B., Erhard, P., Altenmüller, E., Schroeder, U., Boecker, H. & Ceballos-Baumann, A.O. (2005): Transmodal sensorimotor networks during action observation in professional pianists. *Journal of Cognitive Neuroscience* 17, 282–293.

Herrojo-Ruiz, M., Jabusch, H.C. & Altenmüller, E. (2009): Detecting wrong notes in advance: Neuronal correlates of error monitoring in pianists. *Cerebral Cortex* 19, 2625–2639.

Hettinger, T., Eissfeldt, G., Olbrich, K.H. & Seibert, W. (1975): Geschicklichkeit und deren Übbarkeit. *Zeitschrift für Arbeitswissenschaft* 29, 223–229.

Hirata, Y., Kuriki, S. & Pantev, C. (1999): Musicians with absolute pitch show distinct neural activities in the auditory cortex. *Neuroreport* 10, 999–1002.

Hollmann, W. & Hettinger, T. (2000): *Sportmedizin: Grundlagen für Arbeit, Training und Präventivmedizin.* Stuttgart: Schattauer.

Hundt-Georgiadis, M. & von Cramon, D.Y. (1999): Motor-learning-related changes in piano players and non-musicians revealed by functional magnetic-resonance signals. *Experimental Brain Research* 125, 417–425.

Hyde, K., Lerch, J., Norton, A., Forgeard, M., Winner, E., Evans, A.C. & Schlaug, G. (2009): Musical training shapes structural brain development. *The Journal of Neuroscience* 29, 3019–3025.

Jabusch, H.C. & Altenmüller, E. (2014): Psychologische und neurobiologische Aspekte beim Musizieren – Konsequenzen fürs Üben. In: Hiekel J.P. & Lessing, W. (Hg.): *Verkörperungen der Musik. Interdisziplinäre Betrachtungen* (S. 61–83). Bielefeld: transcript Verlag.

Jabusch, H.C., Alpers, H., Kopiez, R., Vauth, H. & Altenmüller, E. (2009): The influence of practice on the development of motor skills in pianists: A longitudinal study in a selected motor task. *Human Movement Science* 28, 74–84.

Jørgensen, H. (1997): Time for practising? Higher level music students' use of time for instrumental practising. In: Jorgensen, H. & Lehmann, A. C. (Hg.): *Does practice make perfect? Current theory and research on instrumental music practice* (S. 123–139). Oslo: Norges musikkhøgskole.

Karni, A., Meyer, G., Jezzard, P., Adams, M. M., Turner, R. & Ungerleider, L. G. (1995): Functional MRI evidence for adult motor cortex plasticity during motor skill learning, *Nature* 377, 155–158.

Kleber, B., Birbaumer, N., Veit, R., Trevorrow, T. & Lotze, M. (2007): Overt and imagined singing of an Italian aria. *Neuroimage* 36, 889–900.

Klöppel, R. (1996): *Mentales Training für Musiker: Leichter lernen – sicherer auftreten.* Kassel: Bosse.

Kuhtz-Buschbeck, J. P., Mahnkopf, C., Holzknecht, C., Siebner, H., Ulmer, S. & Jansen, O. (2003): Effector-independent representations of simple and complex imagined finger movements: a combined fMRI and TMS study. *The European Journal of Neuroscience* 18, 3375–3387.

Langeheine, L. (1997): *Üben mit Köpfchen. Mentales Training für Musiker,* 3. Auflage. Frankfurt a.M.: Zimmermann.

Mantel, G. (1999): *Cello Üben. Eine Methodik nicht nur für Streicher.* Mainz: Schott

Maquet, P., Schwartz, S., Passingham, R. & Frith, C. (2003): Sleep-related consolidation of a visuo-motor skill: brain mechanisms as assessed by functional magnetic resonance imaging. *Journal of Neurosience* 23, 1432–1440.

McPherson, G. (2005): From child to musician: skill development during the beginning stages of learning an instrument. *Psychology of Music* 33, 5–35.

Münte, T. F., Kohlmetz, C., Nager, W. & Altenmüller, E.(2001): Superior auditory spatial tuning in professional conductors. *Nature* 409, 580.

Orloff-Tschekorsky, T. (1996): *Mentales Training in der musikalischen Ausbildung.* Aarau: Musikedition Nepomuk.

Pantev, C., Wollbrink, A., Roberts, L. E., Engelien, A. & Lütkenhöner, B. (1999): Short term plasticity of the human auditory cortex. *Brain Research* 842, 192–199.

Pantev, C., Roberts, L. E., Schulz, M., Engelien, A. & Ross B. (2001): Timbre-specific enhancement of auditory cortical representations in musicians. *Neuroreport* 12, 169–174.

Pascual-Leone, A., Dang, N., Cohen, L. G., Brasil-Neto, J. P., Cammarota, A. & Hallett, M. (1995): Modulation of muscle responses evoked by transcranial magnetic stimulation during the acquisition of new fine motor skills. *Journal of Neurophysiology* 74, 1037–1045.

Rijntjes, M., Dettmers, C., Büchel, C., Kiebel, S., Frackowiak, R. S. & Weiller, C. (1999): A blueprint for movement: Functional and anatomical representations in the human motor system. *Journal of Neuroscience* 19, 8043–8048.

Rittelmeyer, R. (2010): *Warum und wozu ästhetische Bildung. Über Transferwirkungen künstlerischer Tätigkeiten. Ein Forschungsüberblick.* Oberhausen: Athena-Verlag.

Rizzolatti, G &, Arbib, M. A. (1998): Language within our grasp. *Trends in Neurosciences* 21, 188–194.

Roland, P. E., Larsen, B., Lasen, N. A. & Skinhojm E. (1980): Supplementary motor area and other cortical areas in the organization of voluntary movements in man. *Journal of Neurophysiology* 43, 118–136.

Saffran, J. R. & Griepentrog, G. J. (2001): Absolute pitch in infant auditory learning. Evidence for developmental reorganization. *Developmental Psychology* 37, 74–85.

Schlaug, G., Jäncke, L., Huang, Y., Steinmetz, H. (1995): In vivo evidence of structural brain asymmetry in musicians. *Science,* 267, 699–701.

Schmidt, R. A., Lee, T. D. (2011): *Motor control and learning. A behavioural emphasis* (5th edition), Urbana-Champaign: Human Kinetics.

Schneider, P., Scherg, M., Dosch, H. G. & Specht, H. J., Gutschalk, A. & Rupp, A. (2002): Morphology of Heschl's gyrus reflects enhanced activation in the auditory cortex of musicians. *Nature Neuroscience* 5, 688–694.

Schöllhorn, W. I., Beckmann & H., Davids, K. (2000): Exploiting system fluctuations. Differential training in physical prevention and rehabilitation programs for health and exercise. *Medicina (Kaunas)* 46, 365–373.

Spector, J. T., Yong, R., Altenmüller, E. & Jabusch, H. C. (2014): Biographic and behavioral factors are associated with music-related motor skills in children pianists. *Human Movement Science* 37, 157–166. doi: 10.1016/j.humov.2014.06.007

Suzuki, S. (1995): *Suzuki Piano School* vol. 1, Miami: Warner Brothers Publications.

Tucker, M. A., Nguyen, N. & Stickgold, R. (2016): Experience playing a musical instrument and overnight sleep enhance performance on a sequential typing task. *PLoS One:* 11(7): e0159608. doi: 10.1371/journal.pone.0159608. eCollection 2016.

Wagner, C. (2005): *Hand und Instrument: Musikphysiologische Grundlagen – praktische Konsequenzen,* Breitkopf und Härtel: Wiesbaden.

Widmaier, M. (2016): *Zur Systemdynamik des Übens. Differenzielles Lernen am Klavier.* Mainz: Schott.

Zatorre, R. J. (2003): Absolute pitch: a model for understanding the influence of genes and development on neural and cognitive function. *Nature Neuroscience Reviews.* 6, 692–695.

Wolfgang Lessing
Üben als Handeln

Das Instrument als Werkzeug

Eine Szene aus dem instrumentalen Gruppenunterricht, beobachtet in einer Dresdner Grundschule: vier Kinder im Alter von zehn Jahren haben die erste Gitarrenstunde ihres Lebens. Die Stimmung ist ausgelassen und fröhlich. Schnell haben alle ihre neuen Instrumente ausgepackt und steuern erwartungsvoll auf ihre Plätze im Sitzkreis zu. Dabei „spielen" sie unablässig auf ihren Instrumenten. Yussuf hat die Gitarre eng an seinen Bauch gepresst und macht ein starkes Hohlkreuz; dazu bewegt er rhythmisch den Hals des Instruments nach oben und unten. Zweifelsohne imitiert er die exaltierte Pose eines Rockgitarristen. Mit seiner rechten Hand schlägt er schnelle Arpeggien auf den leeren Saiten an, während er mit starken Grimassen, verzerrter Stimme und verdrehten Augen ein paar Töne auf Fantasiesilben singt. Das Lachen der anderen Kinder animiert ihn, seine Performance fortzusetzen und auszubauen. Nur mit Mühe gelingt es dem Lehrer – einem Studenten, der erstmalig eine Gruppe unterrichtet –, ihn zu unterbrechen und die Gruppe zur Ruhe zu bringen. Im weiteren Stundenverlauf kommt es immer wieder zu Momenten, in denen die Kinder die von Yussuf so eindrücklich vorgemachte Pose des Rockgitarristen ihrerseits zu imitieren versuchen, wobei der Lehrer dies stets zu unterbinden versucht. Und zwar nicht allein aus disziplinarischen Gründen, sondern – wie er im Nachgespräch äußert –, um die Kinder von vornherein vor einer „falschen", physiologisch völlig ungeeigneten Gitarrenhaltung zu bewahren. Inhaltlich erscheint die Stunde nahezu als Kontrastprogramm zu Yussufs fulminantem Auftritt. Den Kindern wird eine angemessene Sitzhaltung gezeigt, sie erlernen den Gebrauch der Fußbank und erfahren, wie sie selbst zu Hause kontrollieren können, ob sie ihre Gitarre „richtig" halten. Auch über den Anschlagswinkel der rechten Hand wird kurz gesprochen. Am Ende der Stunde erhalten sie die Aufgabe, ein gleichmäßiges Metrum auf der leeren D-Saite zu spielen und dazu ein Volkslied (Bunt sind schon die Wälder) zu singen, was nicht ganz einfach ist, weil niemand das Lied kennt und das Lernen von Text und Melodie mehr Zeit beansprucht, als der Student veranschlagt hatte.

In den folgenden Stunden wird auf der hier geschaffenen Grundlage aufgebaut. In einem angemessenen Lern- und Arbeitstempo lernen die Kinder die ersten Töne mit ihrer linken Hand zu greifen, wobei der Lehrer – wiederum aus Gründen einer „sauberen" Spieltechnik – vollständig in der Einstimmigkeit verbleibt. Dazu wird viel gesungen, mit Solmisationssilben gearbeitet und auf Noten ganz verzichtet. Aber obgleich der methodische Ansatz durchdacht erscheint, die Lehrersprache kindgerecht ist, der Student immer wieder das innere Hören der Kinder anzuregen versucht und am Ende einer jeden Stunde genaue Tipps zum häuslichen Üben gibt, ist nicht zu übersehen, dass sich in der Gruppe relativ schnell eine gewisse Lustlosigkeit breitmacht, was sich u. a. daran äußert, dass sich Yussuf und Moritz immer wieder aus dem gemeinsamen

Unterrichtsgeschehen ausblenden. Auch ist deutlich zu spüren, dass die Kinder mit den Hausaufgaben eher lax umgehen und häufig in den Unterricht kommen, ohne geübt zu haben.

Es soll hier und im Folgenden nicht primär um die Frage gehen, ob der von dem Studenten gewählte Ansatz sinnvoll oder stimmig ist. Auch die Frage der Schülermotivation wird nicht im Fokus stehen. Warum diese Szene, die ja doch auf den ersten Blick gar nichts mit dem Üben im eigentlichen Sinne zu tun zu haben scheint, am Anfang eines Beitrags zu eben diesem Thema steht, hat zunächst weder etwas mit didaktischen noch mit psychologischen Fragen zu tun. Ihre Bedeutung für unseren Gegenstand liegt vielmehr darin, dass man sich mit ihrer Hilfe eine ganz grundsätzliche Frage bewusst machen kann, die Frage nämlich, was es eigentlich heißt, ein Instrument zu üben. Um diese Frage auch nur ansatzweise erschöpfend zu beantworten, muss man sie mit einer doppelten Betonung lesen: Was heißt es, ein Instrument zu *üben*? Und, noch basaler: Was heißt es, ein *Instrument* zu üben? Beide Fragen führen zunächst direkt in ein philosophisches Terrain, das manchem Leser möglicherweise praxisfern und damit irrelevant erscheinen mag. Doch gerade angesichts der hier beschriebenen Szene wird vielleicht schnell deutlich, dass diese scheinbare Abgehobenheit auf etwas abzielt, das von essentieller Bedeutung für die Praxis des Übens ist.

Wenden wir uns zunächst der Frage zu, was es heißt, ein Instrument zu üben. Wilfried Gruhn hat in seinem Buch *Der Musikverstand* (2008) darauf aufmerksam gemacht, dass ein Instrument „im Wortsinn von *instrumentum* zunächst einmal nichts anderes ist, als ein ‚Werkzeug zur Darstellung der musikalischen Denk- und *Sprech*fähigkeit'" (Gruhn, 2008, 223, Hervorhebung im Original). In seiner Eigenschaft als dienendes Werkzeug hat ein Instrument die Funktion, die „eigenen stimmlichen Möglichkeiten, mit denen wir – wie bei der Sprache – unsere Vorstellungen ausdrücken, [zu erweitern]" (ebd., 90). Dieser Hinweis auf die eigentliche Bedeutung des lateinischen Wortes entspringt keiner philologischen Pedanterie, sondern versteht sich als kritisches Korrektiv zu einer Unterrichtspraxis, in der – nach Einschätzung Gruhns – allzu oft das Instrument als Selbstzweck (und eben nicht als Mittel) verstanden wird.

Es lohnt sich, etwas genauer über den von Gruhn ins Spiel gebrachten Begriff des Werkzeugs nachzudenken. Ein Werkzeug ist ein Mittel, mit dessen Hilfe ein Ziel realisiert wird. Es steht – wie Martin Heidegger es formulierte – im Modus des „Um-zu". Damit ist zugleich sein Verweisungscharakter bezeichnet: „In der Struktur ‚Um-zu' liegt eine *Verweisung* von etwas auf etwas" (Heidegger, 1986, 68, Hervorhebung im Original). Wer ein Werkzeug verwendet, hat es nicht mit einem einzelnen isolierten Gegenstand zu tun, sondern ist mit ihm in eine ganze Szenerie eingebunden. Ein Stift wird verwendet, um damit etwas zu schreiben. Die Schreibunterlage wird benötigt, *um* dem Stift eine angemessene Unterlage zu geben usw. Der Stift ist damit kein bloßes Objekt, sondern erscheint eingelassen in eine Welt von Gegenständen, aus denen heraus sich sein Sinn ergibt. Was wir wahrnehmen, ist zunächst nicht ein materielles Einzelding, sondern immer der Gebrauchszusammenhang, in dem dieses Ding steht. Dieser Gebrauchszusammenhang ist das Primäre; aus ihm erschließt sich der Gegenstand, den Heidegger terminologisch mit dem Begriff des „Zeugs" zu fassen versucht:

» Zeug ist seiner Zeughaftigkeit entsprechend immer *aus* der Zugehörigkeit zu anderem Zeug: Schreibzeug, Feder, Tinte, Papier, Unterlage, Tisch, Lampe, Möbel, Fenster, Türen, Zimmer. Diese ‚Dinge' zeigen sich nie zunächst für sich, um dann als Summe von Realem ein Zimmer ausfüllen. Das Nächstbegegnende, obzwar nicht thematisch erfaßte, ist das Zimmer, und dieses wiederum nicht als das ‚Zwischen den vier Wänden' in einem geometrischen räumlichen Sinne – sondern als Wohnzeug. Aus ihm heraus zeigt sich die ‚Einrichtung', in dieser das jeweilige ‚einzelne' Zeug. *Vor* diesem ist je schon eine Zeugganzheit entdeckt." (ebd., 69; Hervorhebungen im Original)

Versuchen wir, diesen Gedanken auf unsere einleitende Szene zu übertragen. Ganz offensichtlich fungiert die Gitarre für Yussuf zunächst einmal als ein „Zeug" im Heidegger'schen Sinne, das auf Anderes verweist. Sie ist kein bloßes Objekt, sondern stellt sich ihm als ein Gegenstand dar, der eine bestimmte Rolle in einem ganzen Ensemble bestimmter Gebrauchsweisen spielt. Sie muss auf eine spezifische (nämlich „coole") Art gehalten werden (eng an den Bauch gepresst, mit starkem Hohlkreuz), wird also von vornherein mit einem klar definierten Präsentationsmodus in Verbindung gebracht, der auf eine imaginäre Interaktion zwischen dem „coolen" Spieler und einem auf diese „Coolness" positiv reagierenden Hörer verweist. Die Gitarre ist also kein neutraler hölzerner Korpus, dem Töne entlockt werden, sondern unveräußerlicher Teil eines performativen Geschehens. Damit steht sie in einer ganz engen Verbindung zu einer bestimmten Mimik (verdrehte Augen), einer bestimmten Art, die Stimme zu gebrauchen (verzerrt) und zu einer bestimmten Art von Musik (schnelle Arpeggien auf den leeren Saiten), bei der man sich auf eine bestimmte Art bewegen muss (der Hals des Instruments wird rhythmisch hin und her bewegt). Das „Nächstbegegnende" (Heidegger) ist für Yussuf also nicht das Einzelding Gitarre, sondern der musikalische Zusammenhang, in dem dieses Ding für ihn steht. Dieser Zusammenhang wiederum ist nicht lediglich ein abstrakter Raum von Tönen, die in einer bestimmten Ordnung zueinander stehen und durch das Instrument „materialisiert" werden, sondern trägt selber einen Zeugcharakter, aus dem heraus sich die „Einrichtung" (Gitarre, Körperhaltung, Mimik, Stimmbehandlung, Arpeggien) ergibt. Das „Um-zu" des Verweisungszusammenhanges ist zirkulär: So wie wir über die Einrichtungsgegenstände den sie umfassenden Raum wahrnehmen, so bestimmt der Raum den Gebrauchscharakter jedes einzelnen Gegenstandes. Nach Heidegger ist es entscheidend, dass sich dieser Verweisungszusammenhang nicht erschließt, wenn man ihn lediglich von außen betrachtet. Ohne die in der heutigen Lernforschung üblichen Begriffe des „deklarativen" (begrifflichen) und des „prozeduralen" (handlungsbezogenen) Wissens zu verwenden, weist er darauf hin, dass der durch das „Um-zu" geprägte Zeugcharakter an ein implizites Handlungswissen geknüpft ist. Er verdeutlicht das an einem Werkzeug par excellence, nämlich einem Hammer:

» [Je] weniger das Hammerding nur begafft wird, je zugreifender es gebraucht wird, um so ursprünglicher wird das Verhältnis zu ihm, um so unverhüllter begegnet es als das, was es ist, als Zeug. Das Hämmern selbst entdeckt die spezifische ‚Handlichkeit' des Hammers." (ebd., 69)

Vor diesem Hintergrund wird vielleicht deutlich, warum Yussuf den anschließenden Gitarrenunterricht als wenig inspirierend erlebt und wieso er kaum dazu motiviert ist, zu Hause zu üben. Denn weder die „kindgerechte" Sprache des Lehrers noch der sorgfältige kleinschrittige Aufbau der Stunden noch selbst die auf die Aktivität des Schülers abzielenden musikalischen Handlungsangebote können darüber hinweghelfen, dass in diesem Unterricht der für Yussuf fraglos bestehende Verweisungszusammenhang des „Um-zu" ausgehebelt wird, ohne dass etwas Vergleichbares an dessen Stelle träte. Die „richtige" Gitarrenhaltung und der korrekte Gebrauch der Fußbank, ja selbst die auf aktives Musizieren abzielenden Impulse präsentieren sich Yussuf als abstrakte Bewegungs- bzw. Musizieranleitungen, denen jeder Bezug zu einem Gebrauchszusammenhang, wie er ihn versteht, fehlt. Die Gitarre mutiert für ihn vom Werkzeug zum Objekt.

Es geht hier, um es noch einmal zu wiederholen, zunächst noch nicht um die Frage, auf welche Weise es einem Unterricht gelingen kann, an derart vorab existierende Verweisungszusammenhänge anzuknüpfen, ohne die eigenen didaktischen Zielsetzungen aus den Augen zu verlieren. Und selbstverständlich soll auch Yussufs Performance hier keineswegs als Idealbeispiel eines übenden Umgangs mit dem Instrument herausgestellt werden. Die Darstellung seiner Herangehensweise an die Gitarre versucht lediglich deutlich zu machen, dass das Instrument, das wir üben, mehr ist – oder zumindest mehr sein sollte – als ein Gegenstand, den man mittels einer und sei es noch so präzisen und „richtigen" Bewegungsanweisung auf eine bestimmte Art und Weise „bedient". Es ist aber auch mehr als ein unidirektionaler Übermittler einer zuvor gebildeten inneren Tonvorstellung. Wenn wir Heidegger folgen, müssten wir streng genommen sagen, dass der Verweisungszusammenhang, aus dem heraus das Objekt Gitarre – hierin dem Stift und dem Hammer vergleichbar – zum „Zeug" wird, nicht bei der Gitarre stehen bleibt. Jedes Zeug verweist auf anderes Zeug. Mit seiner These, dass in der Struktur des „Um-zu" eine „Verweisung von etwas auf etwas" liegt, provoziert Heidegger die Schlussfolgerung, dass dort, wo ein Gegenstand zum *instrumentum* (= Werkzeug) wird, immer gleich auch noch andere Werkzeuge vorhanden sind, die gegenseitig aufeinander verweisen. Ein Werkzeug im Singular kann es eigentlich gar nicht geben. So wie der Hammer auf den Nagel verweist, der von ihm in die Wand geschlagen wird, so verweist der Nagel zurück auf den Hammer, denn mit seiner Verbreiterung am einen Ende ist dieser in seiner materialen Beschaffenheit auf jenen bezogen. Gäbe es die Verbreiterung nicht, wäre Hämmern ein durch und durch unerfreuliches Geschäft. Nagel und Hammer sind „Zeug", das auf das jeweils andere und auch noch auf weiteres „Zeug" verweist: etwa auf die Wand, deren Dichte und Festigkeit in etwa dem Material, aus dem Hammer und Nagel gemacht sind, entsprechen muss. Ebenso ist im Falle von Yussuf die Gitarre zunächst einmal ein (Werk)-„Zeug", das dazu dient, bestimmte Klänge (schnelle Arpeggien auf den leeren Saiten) zu erzeugen. Diese Klänge sind aber kein „Endzweck", sondern selber ein Werkzeug, das – und zwar keineswegs nur als Nebenprodukt – der Hervorbringung „cooler" Bewegungen dient. Und die coolen Bewegungen sind ihrerseits auf die durch sie hervorgebrachten Klänge bezogen und lassen sich allgemein als ein Werkzeug begreifen, das den performativen (= an einen imaginären Hörer gerichteten) Charakter von Yussufs Darbietung ermöglicht.

Die Idee vom Musizieren als einen komplexen Verweisungszusammenhang, bei dem jedes Teilglied die Verwandlung in ein Werkzeug erfährt und mit dessen Hilfe dann ein anderes Zeug bearbeitet wird, ist in der Musikpädagogik durchaus geläufig. In der Instrumentalpädagogik ist sie vielleicht am genauesten von Wolfgang Rüdiger in seiner Konzeption des „Musikalischen Körpers" thematisiert worden (vgl. Rüdiger, 2007). Ohne dass er explizit auf Heideggers „Zeug" Bezug nähme, begreift Rüdiger den Akt des Musizierens als ein simultanes Ineinandergreifen verschiedener vorgängig aufeinander bezogener Dimensionen, für die er den Oberbegriff des „Körpers" wählt. Der „Körper" des Instrumentalisten verweist auf den „Körper" des Instruments sowie auf den symbolischen „Körper", der in der notierten oder improvisierten Musik verkapselt ist. Und diese drei „Körper" verweisen schlussendlich auf andere Personen (Mitspieler, Publikum), deren „Körper" auf die performativen Verkörperungen reagieren (ebd., 7 ff.). Das, was Rüdiger als „Musikalischen Körper" bezeichnet, ergibt sich einerseits aus dem Zusammenspiel und Ineinandergreifen dieser vier Körperebenen, wie es andererseits jenen vorgängigen Raum bezeichnet, aus dem heraus diese einzelnen Körperebenen ihre Bedeutung erhalten. Mit anderen Worten: Rüdigers „Musikalischer Körper" ist im Grunde eine Analogie zu Heideggers „Wohnzeug", aus dem „heraus [sich] die Einrichtung des jeweilige[n] einzelne[n] Zeugs[s]" zeigt (Heidegger, 1986, 68 f.).

Ein Instrument zu üben, heißt demnach, um die bisherigen Überlegungen zusammenzufassen, es als ein Werkzeug zu verstehen. Damit begreift man es als Teil eines Verweisungszusammenhanges, in dem es immer auch noch andere Werkzeuge gibt, die gegenseitig auf sich einwirken. Es ist zugleich Teil eines Raumes, der einerseits durch den Gebrauch dieser Werkzeuge definiert wird, der andererseits aber auch eine übergeordnete Dimension – die des „Musikalischen Körpers" – bezeichnet, aus der heraus die Werkzeuge ihre Zweckbestimmung erfahren.

Damit sind wir bei der zweiten Betonungsmöglichkeit unserer Leitfrage: Ein Instrument zu *üben* würde nach dem bisher Gesagten zunächst bedeuten, sich in einen Raum hineinzubegeben, aus dem heraus jeder einzelne „Gegenstand" (Instrument, Körperhaltung, innere Vorstellung) zum Zeug wird und dadurch seinen Sinn erhält. Doch damit ist dieser zweite Aspekt noch in keiner Weise erschöpfend behandelt, und es steht zu befürchten, dass eine Heidegger-Lektüre an dieser Stelle nicht viel weiterhilft. Denn betrachtet man die von ihm genannten Tätigkeitsformen, aus denen heraus ein Zeug als Zeug erscheint, so wird man schnell merken, dass Heidegger hier in einer gewissen Einseitigkeit argumentiert, die gerade das unerfasst lässt, was doch den Kern eines jeden Übens bildet, nämlich den Aspekt einer schrittweisen Verbesserung im Gebrauch des Werkzeugs. Es war festzustellen, dass Heidegger eine scharfe Antithese zwischen einem „nur theoretisch hinsehenden Blick auf Dinge" und einem „gebrauchend hantierenden Umgang" mit ihnen konstruiert. Nur im letztgenannten Aspekt erschließt sich in seinen Augen der Zeug- bzw. der Werkzeugcharakter des Gegenstandes. Was genau ein Hammer ist, begreift man, so Heidegger, nicht, wenn man über seinen Gebrauch reflektiert, sondern nur, indem man ihn benutzt. Dieses Benutzen erscheint als eine quasi selbstvergessene Aktionsform sui generis, die sich gerade dann am genauesten realisiert, wenn alles Reflektieren über den Gegenstand ausgeblendet ist. Diese Sichtweise ist immer wieder an Heidegger kritisiert worden, am schärfsten vielleicht von Theodor W. Adorno, der – ohne Heidegger direkt beim Namen zu nennen, aber doch überdeutlich gegen ihn Stellung beziehend – am Musizierideal der Jugendmusikbewegung eine Fixierung auf das bloße Tun erkannte, bei der jede denkende Auseinandersetzung mit dem Gegenstand ausgeblendet wird. Seine Polemik gipfelt in dem viel zitierten Vorwurf, nach dem „der Begriff des Musikanten aber [...] insgeheim bereits den Vorrang des Musizierens über die Musik [meint]; dass einer fiedelt, soll wichtiger sein, als was er geigt" (Adorno, 1973, 75).

Das Reflexionspotenzial des gebrauchenden Hantierens

Adornos Kritik ist sehr grundsätzlich und gerade deshalb auch nicht unbedingt zielführend, denn sie ignoriert die eigentliche theoretische Leistung Heideggers, nämlich den ins Präreflexive verweisenden Charakter des Zeugs erkannt und herausgearbeitet zu haben. Die Problematik des Heidegger'schen Zeugbegriffs zeigt sich nicht, wenn man diesen Begriff – wie Adorno – generell in Frage stellt, sondern erst, wenn man sich auf die von Heidegger als „gebrauchendes Hantieren" bezeichnete Tätigkeitsform etwas genauer einlässt (Heidegger, 1986, 69). Bleiben wir zunächst der Einfachheit halber beim Beispiel des Hammers. Heidegger zufolge begreift man seinen Gebrauch dann am besten, wenn man sich ohne jede begleitende Reflexion auf die Tätigkeit des Hämmerns einlässt. Mehr noch: Wer beim Hämmern über das Hämmern nachdenkt, tritt aus dem Gebrauchszusammenhang – der „Zuhandenheit", wie Heidegger es nennt – hinaus und kann das Zeug nicht mehr als Zeug erfahren. Hierin scheint das gebrauchende Hantieren der Erfahrung von Zeit vergleichbar, von der Augustin sagte: „Was ist also die Zeit? Wenn mich niemand danach fragt, weiß ich es, wenn ich es aber einem, der mich fragt, erklären sollte, weiß ich es nicht" (Augustinus, 2000, 25). Aber ist mit der Betonung des Präreflexiven der Gebrauch des Hammers wirklich vollständig beschrieben? Wer mit dessen Hilfe einen Nagel in eine Wand einschlägt, hat zunächst eine bestimmte Erwartung, wie fest oder durchlässig diese Wand ist. Bereits der erste Schlag basiert auf einer „Hypothese", die sich bestätigt oder nach einer Korrektur verlangt. Diese Hypothese ist kein rein mentaler Akt, sondern sie findet ihren Niederschlag in der Art und Weise, in der die Finger den Stiel des Hammers umfassen, oder in der Schwungkraft, die für den Schlag investiert wird. Wird harter Beton antizipiert, so wird diese Kraft vermutlich stärker ausfallen als bei der Erwartung einer Leichtbauwand aus Gipskarton. In der Physiologie bezeichnet man diesen Akt der körperlichen Antizipation als „Prehension" (vgl. Sennett, 2008, 207 ff.). Dieser Vorgang zeigt aber, dass ein gebrauchendes Hantieren gar nicht nur eine präreflexive Tätigkeit ist – als solche wäre sie stumpfe Routine –, sondern mit einer spezifischen Form der Aufmerksamkeit einhergeht. Das Hämmern stellt sich nicht als ein in sich konsistenter und gleichförmiger Akt dar, sondern ist auch von den Phasen der Vorerwartung, des Prüfens und der Korrektur gekennzeichnet. Das Hämmern des professionellen Handwerkers ist nicht deshalb professionell, weil es auf diese Phasen nicht mehr angewiesen ist, sondern weil es mit besonderer Schnelligkeit und Genauigkeit auf die Beschaffenheit der jeweiligen Wand zu reagieren vermag. Auch hier wird es „Fehler" geben, und die Festigkeit der Wand wird möglicherweise beim ersten Hammerschlag falsch eingeschätzt. Doch schon mit dem zweiten Schlag wird auf die neue Situation reagiert. Mit anderen Worten: Selbst ein scheinbar präreflexives Hantieren weist Spuren eines Reflexions- und damit auch eines Lernprozesses auf, der sich nach Jean Piaget in die Phasen der Assimilation, der Akkommodation und der Äquilibration gliedern lässt. Während in der Assimilation die Situation durch die Vorerwartung und die Vorerfahrung des Handwerkers dominiert wird („Anpassung des Wirklichen an das Ich" [Piaget & Inhelder, 2004, 66]), kommt es im Anschluss daran zu einer Gegenbewegung, bei der sich nun das Ich an das Wirkliche anpasst. Diese Akkommodation mündet in einen neuen Zustand, bei dem es nun zu einer Wiederherstellung des Gleichgewichts zwischen *Ich* und *Wirklichkeit* kommt (Äquilibration).

Wenn es zutrifft, dass handwerkliches Arbeiten keine rein zupackend-gebrauchende Tätigkeit ist, sondern Phasen der Prüfung und der Anpassung an den jeweiligen Kontext kennt, dann ist die sowohl von Heidegger als auch von Adorno mit gegensätzlicher Bewertung aufgestellte Antithese zwischen einem gebrauchenden Hantieren und einem Reflektieren über dieses Hantieren nicht sinnvoll. Gerade der professionelle Handwerker „denkt", wenn er arbeitet. Und dieses Denken steht nicht außerhalb der Handlung und begleitet sie auch nicht, sondern ist untrennbar mit ihr verbunden. Der amerikanische Soziologe Richard Sennett bringt dieses Ineinandergreifen von Hantieren und Reflektieren zum Ausdruck, wenn er in seinem Buch *Handwerk (The Craftsman)* bündig feststellt: „Machen ist denken" (Sennett, 2008, 393).

Eine Antwort auf die Frage, was es heißt, ein Instrument zu üben, muss also vor jeder weiterführenden Präzisierung zunächst darauf hinweisen, dass es hier um eine Aktionsform geht, die auf der einen Seite an ein praktisches Tun im Modus des Um-zu gekoppelt ist. Gerade dieser Modus des Um-zu ist aber, soll das jeweilige Ziel erreicht werden, an die Notwendigkeit gekoppelt, das Hantieren auf dieses Ziel hin abzustimmen. Dadurch ist jedes Hantieren, wenn es denn mehr als geistlose Fließbandarbeit sein will, an einen impliziten Lernprozess gekoppelt, der einen Anfangszustand durch einen Prozess der Anpassung in einen besser passenden Zielzustand überführt. Und eben damit trägt jegliche Form des gebrauchenden Hantierens den Modus des Übens bereits in sich. Diese Antwort mag auf den ersten Blick möglicherweise trivial oder doch zumindest hochgradig abstrakt anmuten. Jedoch enthält sie einen gewissen Sprengstoff. Beim näheren Hinsehen wird man nämlich schnell merken, dass durch sie der in der Instrumentalpädagogik geläufige Gegensatz zwischen einem musikalischen Ernstfall auf der einen und einem diesen Ernstfall vorbereitenden Üben auf der anderen Seite zumindest teilweise aufgelöst wird. Wenn jedes Hantieren im oben bezeichneten Sinne an ein implizit in ihm angelegtes Üben gekoppelt ist, dann wäre auch die Präsentation auf dem Podium ein Üben, und zwar nicht nur in dem Sinne, dass der Spieler hier lernt, mit der Auftrittssituation umzugehen. Vielmehr verlangt gerade die Podiumssituation ein blitzschnelles Anpassen an die akustischen Bedingungen des Konzertsaals sowie an die vielfältigen unvorhersehbaren Einflüsse und Geschehnisse, denen jeder Auftritt ausgesetzt ist. Ein erfolgreiches Agieren auf dem Podium ist nicht dadurch charakterisiert, dass hier lediglich etwas weitgehend unverändert rekapituliert wird, was zuvor möglichst detailliert im

Übezimmer antizipiert wurde, sondern dadurch, dass ein Prozess vorliegt, der – hierin dem Improvisieren vergleichbar – sich in der Präsenz des Augenblicks ereignet und daher auf einen permanenten Abgleich von (wechselnden) Zielsetzungen und den jeweiligen situativen Bedingungen angewiesen ist. Umgekehrt ist das Üben, wie es hier verstanden wird, keine Arbeit, die auf einem Trockendock stattfindet und von dem sogenannten „Ernstfall" kategorisch getrennt ist. Dazu später mehr.

Die Dimension des Fehlers

Die bisherigen Feststellungen schließen an ein Thema an, das in den vergangenen Jahren in der musikbezogenen Lernforschung verstärkt in den Vordergrund getreten ist (vgl. Kruse-Weber, 2012). Wenn in ein gebrauchendes Hantieren im oben bezeichneten Sinne zwangsläufig Phasen immanenter Reflexion eingelassen sind, die zu, und sei es auch noch so kleinen, Anpassungsprozessen an die jeweilige Umwelt führen, dann enthält eine noch nicht perfekt ausgeführte Bewegung und mit ihr die gesamte Dimension des „Fehlers" eine andere Bedeutung, als man ihr in pädagogischen Kontexten lange Zeit zugebilligt hat. Der Fehler wird zum essentiellen Bestandteil des gebrauchenden Hantierens. Ein Experte ist nicht, wer generell keine Fehler macht, sondern derjenige, der in der Lage ist, blitzschnell und zielgenau auf Unvorhergesehenes zu reagieren. Das, was man „Fehler" nennt, ist bei ihm also nicht einfach inexistent, sondern gehört zur Assimilationsphase notgedrungen dazu. Die „Fehler" sind also keine störenden Momente des Arbeitsprozesses, die es besser nicht geben sollte, sondern stellen eine entscheidende Dimension dar, ohne die die Arbeit nicht erfolgreich ausgeführt werden könnte.

Wer erfolgreich hantiert, ist also keineswegs Herr seiner Handlung in dem Sinne, dass die ausgeführte Aktion dem mental vorgestellten Handlungsentwurf von Anfang an möglichst vollständig unterworfen wird. Vielmehr begibt er sich in eine Interaktion mit dem Material, die dazu führt, dass bestimmte Aspekte des ursprünglichen Handlungsentwurfes blitzschnell fallen gelassen und durch andere Aspekte ersetzt werden. Damit ist das Hantieren kein gänzlich im Präreflexiven angesiedelte Tätigkeit, sondern ein Akt, der eine spezifische Form von Aufmerksamkeit verlangt, selbst wenn sich der hantierende Handwerker dieser Aufmerksamkeit nicht im begrifflich-deklarativen Sinne bewusst ist.

In den vergangenen 25 Jahren hat sich mit der sogenannten Expertiseforschung ein Wissenschaftszweig etabliert, der die Bedingungen herauszuarbeiten versucht, durch die sich die herausragenden Leistungen eines „Experten" von denjenigen eines Anfängers („Novizen") unterscheiden (ein Forschungsüberblick findet sich bei Gruber & Lehmann, 2008). An die Stelle des Begabungsbegriffes, der zwar nicht kategorisch geleugnet, in seiner Bedeutung jedoch relativiert wird (vgl. Ericsson, 2007), sind Modelle getreten, die erklären sollen, inwieweit ein bewusstes Üben *(deliberate practice)* mittel- und langfristig zu einer Veränderung der kognitiven und sensorischen Wahrnehmungsfähigkeit führt und dadurch Fähigkeiten hervorruft, die einem Novizen nicht möglich sind. Ein wesentliches Ergebnis war dabei die Erkenntnis, dass sich diese Fähigkeiten kaum generalisieren lassen, sondern meist eng auf den Bereich (die „Domäne") bezogen bleiben, in denen sie sich herausgebildet haben. Bereits 1993 konnte Allard zeigen, dass die Fähigkeit eines Sportlers, einen sich schnell bewegenden Ball adäquat zu treffen, nicht so sehr in einer generell besseren Reaktionsgeschwindigkeit oder einer höheren Sehschärfe, sondern in einer effektiveren Ausnutzung der durch die Situation gegebenen Information liegt (vgl. Allard, 1993). Sechs Jahre zuvor hatten Abernethy und Russel demonstriert, dass Tennis-Experten bereits im Vorhinein Informationen aus den Bewegungen des Arms des Gegners aufnehmen können, während sich Novizen auf die Beobachtung des Schlägers beschränken (vgl. Abernethy & Russel, 1987). Bezogen auf die Musik hat sich herausgestellt, dass die Fähigkeit eines Experten, Frequenzen und Lautstärken zu unterscheiden, eng an die Domäne gebunden bleibt, in der diese Fähigkeit erlernt wurde, denn sie überträgt sich nicht auf gesprochene Laute (vgl. Münzer, Berti et al., 2002). Innerhalb des gesamten Musikbereichs lassen sich nochmals domänenbedingte Unterschiede feststellen: Während die Spieler von Melodieinstumenten eine höhere Diskriminationsfähigkeit für Tonhöhen entwickeln, besitzen Schlagzeuger eine bessere Unterscheidungsfähigkeit für Rhythmen (vgl. Rauscher & Hinton, 2003). Und Pianisten weisen eine höhere sensitive taktile Diskriminationsfähigkeit auf als andere Musiker (vgl. Ragert, Schmidt et al., 2004). Die scheinbare Fehlerfreiheit dieser Experten beruht also nicht so sehr darauf, dass sie über generell „bessere" Fähigkeiten verfügen, sondern vielmehr in der Tatsache, dass sie sich innerhalb ihrer Domäne besonders effektiv an die jeweiligen Situationsbedingungen angepasst haben. Sie sind, in der Terminologie Piagets, besonders schnell zu einer Akkommodation fähig. Jede Akkommodation beruht aber auf einer vorangegangenen Assimilation. Um sich schnell anpassen zu können, muss es zuvor eine Phase gegeben haben, auf die der Anpassungsvorgang dann reagiert. Das bedeutet, dass Experten nicht einfach keine Fehler machen, sondern in der Lage sind, Fehler sofort als solche zu erkennen und sich so anzupassen, dass sie umgangen werden können, wobei diese Anpassungsfähigkeit ihrerseits im Laufe der Zeit so habitualisiert wird, dass sie zum festen Bestandteil der physiologischen und neuronalen *„hardware"* wird: In einer Studie von Elbert, Pantev und Kollegen stellte sich heraus, dass bei Streichern die kortikalen Repräsentationen der Finger der linken Hand (Greifhand) ausgeprägter sind als die der Bogenhand (vgl. Elbert, Pantev et al., 1995). Ein derart sich im Körper manifestierender Adaptionsvorgang ist die Frucht eines jahrelangen aufmerksamkeitsbegleitenden Übens, bei dem die linke Hand des Musikers gelernt hat, dem Mikrobereich des richtigen Aufsatzpunktes so viel Beachtung zu schenken, dass feinste Korrekturen und Nachjustierungen in schnellster Zeit möglich sind. Die Inkorporierung dieser Fähigkeit zeigt aber indirekt, welch große Rolle die Dimension des „Fehlers" für den Lernprozess spielte. Gäbe es sie nicht, so hätte die Fähigkeit zur domänenspezifischen Anpassung keinen Ansatzpunkt. Pointiert formuliert: Um die Sensibilität für geringste Veränderungen des Aufsatzpunktes derart habitualisieren zu können, müssen lange genug „Fehler" gemacht, als solche erkannt und schnell korrigiert worden sein. Ausgehend von den Befunden der Expertiseforschung entwickelten Ericsson & Lehmann 1997 ein Modell mentaler Repräsentationen bei Musikern, das aus drei Komponenten besteht: An die Repräsentation eines erwünschten musikalischen Ergebnisses („wie soll es klingen?") schließt sich eine Repräsentation der eigenen derzeitigen Leistung („wie klinge ich gerade?") sowie die Repräsentation einer möglichen Implementation des angepeilten Handlungsplanes auf dem Instrument unter Einbeziehung einer motorischen und sensorischen Komponente an („Wie hört es/wie fühlt es sich an, wenn ich ...?") (vgl. Ericsson & Lehmann, 1997).

Wie ein derartiger Anpassungsprozess in der konkreten Übepraxis aussehen kann, ist von dem amerikanischen Soziologen Richard Sennett eindringlich dargestellt worden. In seinem bereits erwähnten Buch *Handwerk* schildert er die Übepraxis eines Jungen, der sich bemüht, am Cello mit seiner linken Hand die korrekten Tonhöhen zu realisieren. Bevor er den Übeprozess im Einzelnen darstellt, geht Sennett kurz auf die Suzuki-Methode ein, bei der mit Hilfe farbiger Streifen ein zusätzlicher visueller Bezugspunkt realisiert wird, der schneller zum gewünschten Ergebnis (saubere Intonation) führen soll. Sennett lehnt diese Praxis ab – und seine Darstellung zeigt deutlich, warum.

» [Der Junge] scheint eine Note ganz genau zu treffen, aber dann sagt ihm das Ohr, dass die nächste mit dieser Fingerstellung gespielte Note schief klingt. [...] Das Feedback des Ohrs schickt das Signal, dass es einer seitlichen Anpassung am Knöchelkamm bedarf [...]. Durch Versuch und Irrtum mag der Neuling auch ohne Markierungen lernen, wie er den Knöchelkamm zusammenziehen kann, doch eine Lösung ist auch dann nicht in Sicht. Er hält die Hand im rechten Winkel zum Griffbrett, und vielleicht sollte er nun versuchen, die Handfläche in Richtung der Wirbel leicht zu höhlen. Das hilft. Nun trifft er den richtigen Ton, weil die Neigung einen Ausgleich für die unterschiedliche Länge des Zeige- und des Mittelfingers schafft. [...] Doch diese neue Stellung verdirbt die Lösung, die er für das Problem der seitlichen Knöchelstellung gefunden hatte. Und so geht es weiter." (Sennett, 2008, 212)

Aus dem Nachspüren in die Gesetzmäßigkeit der Fingerpositionen erwachsen nach und nach Referenzwerte:

» Ein Üben, das auf Fehler an der Fingerspitze sogleich reagiert, steigert das Selbstvertrauen. Vermag der Musiker etwas mehr als einmal korrekt zu tun, hat er keine Angst mehr vor Fehlern. Und zugleich besitzt er damit einen Gegenstand, über den er nachdenken und den er durch Variation im Blick auf Gleichheit oder Unterschiede erkunden kann. Das Üben wird so zu einer Geschichte, statt zu bloßer Wiederholung. Die hart erarbeiteten Bewegungen prägen sich dem Körper immer tiefer ein, und der Spieler erwirbt Schritt für Schritt immer größere Fertigkeiten. Bei der Markierung durch die Streifen wird das Üben dagegen bald langweilig, weil hier ein und dasselbe ständig wiederholt wird. Da wundert es nicht, wenn die Handfertigkeit unter diesen Bedingungen eher abnimmt. [...] Wenn man einem jungen Musiker nur den korrekten Weg vorgibt, erwirbt er eine falsche Sicherheit." (ebd., 215 f.)

Vor diesem Hintergrund wird deutlich, wie problematisch ein Übeverständnis ist, das die Dimension des Fehlers kategorisch auszublenden versucht. Ein derartiges Verständnis ist in der pädagogischen Praxis keine Seltenheit; in einer auch heute noch viel verwendeten Klavierschule findet sich etwa folgender Hinweis: „Überlege dir immer, was ‚üben' eigentlich bedeutet. [...] Üben in der Musik heißt also, von Anfang an fehlerfrei zu spielen" (Molsen, 1989, 16).

Selbst wenn man zugesteht, dass der Autor vermutlich lediglich auf die zweifellos korrekte Feststellung abhebt, dass es wichtig ist, beim Üben keine hinderlichen Spielbewegungen und falschen Noten zu automatisieren, deren spätere Korrektur mühselig ist, muss doch darauf hingewiesen werden, dass in einer derartigen Formulierung das Kind mit dem Bade ausgeschüttet wird. Denn mit der Forderung, „von Anfang an fehlerfrei" zu spielen, wird eben das ausgeblendet, was nach Sennett doch eigentlich den Kern eines eigentlichen Übens bilden sollte. Ein von Anfang an fehlerfreies Üben führt nicht zu einer „Geschichte", die von einem Erkundungszug erzählt, sondern erscheint als ein wenig kreativer und kaum die Aktivität fördernder Vorgang, dessen zentraler Kern das Einschleifen „richtiger" Abläufe bildet.

Zur Problematik von Ist- und Soll-Zuständen

Sennetts Modell, das den Kern eines jeden handwerklichen Arbeitens paradigmatisch zu umreißen versucht, steht aber nicht allein in Opposition zu einer Gleichsetzung von Üben und einem der Einschleifung dienenden Wiederholen, sondern distanziert sich auch von einem Grundsatz, der bis heute als ehernes Fundament der allermeisten Ausführungen zum Thema Üben gelten kann: dem Grundsatz nämlich, wonach Üben im Wesentlichen ein „Ist-Soll-Vergleich" ist.

Die Idee, dass jeglichem Lernen ein Abgleich zwischen Ist- und Soll-Zustand zugrunde liegt, entstammt der Kybernetik und wurde um 1960 mit dem so genannten TOTE-Modell (Test-Operate-Test-Exit) auf die Lernforschung übertragen (vgl. Miller, Galanter et al., 1960). Das zentrale Merkmal dieses Modells ist die Unterteilung des Handlungsprogramms in Prüf- und Handlungsphasen, wobei die Prüfphasen durch Sollwerte gekennzeichnet sind, in denen der jeweils angestrebte Zustand seinen Niederschlag findet. In den Handlungsphasen wird dann versucht, diese Sollwerte in den Ist-Zustand zu überführen, wobei Ist- und Soll-Werte durch einen Rückkopplungskreis permanent aufeinander bezogen sind.

Betrachtet man sich nun Sennetts Beschreibung des Cello übenden Jungen, so wird man schnell feststellen, dass dessen Lernprozess durch dieses Modell nicht vollständig erfasst wird. Zwar gibt es hier durchaus einen Soll-Wert – ein intonationsreines Spiel –, der als Richtgröße dem noch unvollkommenen Ist-Zustand gegenübergestellt wird. Doch dieser Soll-Wert mündet, und das ist entscheidend, nicht in einen genauen Handlungsplan, welcher im konkreten Üben dann umgesetzt wird und als Vergleichsfolie dient. Ein Gegenstand, der „durch Variation im Blick auf Gleichheit oder Unterschiede" erkundet wird, ist dadurch geprägt, dass für ihn dieser Handlungsplan überhaupt erst entwickelt werden muss, wobei die unvollkommenen Versuche wesentlich zu dessen Konstitution dazugehören. Ohne sie, so Sennett, würde das Üben nicht zu einer „Geschichte", d.h. zu einem individuellen Aneignungsvorgang, der von ganz spezifischen Schwierigkeiten und Bewältigungsversuchen erzählt und auf diese Weise zu einer immer weiter gehenden Verfeinerung einlädt. Gerade die Tatsache, dass der Soll-Wert noch nicht vollständig, sondern nur als allgemeine Zielangabe vorhanden ist, ermöglicht also einen Übeprozess, der ihn mit einer nach oben hin offenen Präzision und Genauigkeit ausformuliert. Man sieht leicht, dass die Kategorie des Fehlers hier eine vollständig andere Bedeutung besitzt als beim TOTE-Modell. Dort fungiert sie vor allem als eine Informationsquelle, die darüber Auskunft gibt, ob und inwieweit ein Ist-Zustand dem Soll entspricht. Bei Sennett besitzt der Fehler jedoch einen Eigenwert, denn ohne sie würde sich der jeweilige Soll-Wert gar nicht herausbilden können. Daher ist der Begriff des Fehlers, sofern man unter ihm vorrangig etwas „Falsches", und d. h. zu Eliminierendes versteht, bei ihm vielleicht nicht unbedingt sinnvoll – und bezeichnenderweise verwendet er ihn in der zitierten Passage auch gar nicht, sondern spricht stattdessen von „Variation".

Sennetts Beschreibung ist anschlussfähig an einen interessanten Befund der Bewegungsforschung, den Marion Saxer vor einigen Jahren auf die Praxis des instrumentalen Übens übertragen hat (vgl. Saxer, 2006). In einer Studie der amerikanischen Bewegungsforscherin Gabriele Wulf zeigte sich, dass Probanden, denen eine komplexe Bewegungsform (ein slalomähnliches Schwingen am Ski-Simulator) direkt erklärt wurde, beim Ausführen dieser Bewegung schlechter abschnitten als diejenigen, denen die Aufgabe gegeben worden war, sich auf die Effekte der ausgeführten Bewegung – also nicht auf die Bewegung selbst – zu konzentrieren (vgl. Wulf & Prinz, 2000, 291). Während diese zweite Gruppe also einen sogenannten „externalen Aufmerksamkeitsfokus" einnehmen sollte, war der „internale" Fokus der ersten Gruppe ausschließlich auf die eigene Bewegung fokussiert. Insgesamt, so Saxer, „deuten die Ergebnisse der Untersuchungen Wulfs darauf hin, dass Bewegungsanweisungen, die die Aufmerksamkeit der Lernenden auf die eigenen Körperbewegungen lenken, beim Erwerb komplexer Bewegungen wenig wirksam sind und möglicherweise sogar schaden können" (Saxer, 2006, 234). Die Ergebnisse lassen die Schlussfolgerung zu, dass die Stabilität der Bewegung also nicht das Ergebnis eines direkten Ist-Soll-Abgleichs ist: Mit einer Anweisung, die sich auf den angestrebten Effekt und nicht auf die dafür notwendige Bewegung konzentriert, entsteht eine Lücke zwischen der allgemeinen Zielidee und deren konkreter Umsetzung, die dem Lernprozess förderlich zu sein scheint. Der Ausführende wird, so ließe sich mit Sennett das Ergebnis der Studie von Wulf deuten, mit seiner Konzentration auf einen externen Aufmerksamkeitsfokus zu einer selbsttätigen Ausgestaltung animiert, mithin zur eigenständigen Generierung eines Soll-Zustandes im Moment der Bewegungsausführung. Wer hingegen eine detaillierte Bewegungsanweisung erhält, hat es zwar scheinbar leichter, doch seine „Handfertigkeit (nimmt) unter diesen Bedingungen eher ab" (Sennett, 2008, 216).

Das differenzielle Lernen

So verstanden weist Sennetts Beschreibung ferner eine große Nähe zu einem in den letzten Jahren verstärkt diskutierten Ansatz auf: dem sogenannten differenziellen Lernen. Dieser Ansatz wurde Ende der Neunzigerjahre von dem Sportwissenschaftler Wolfgang Schöllhorn entwickelt und versteht sich als Alternative zu „klassischen" Trainingslehren, bei denen – ganz im Sinne des TOTE-Modells – ein möglichst genau ausformulierter und unveränderter Soll-Wert als Richtgröße dem jeweiligen Ist-Zustand gegenüber gestellt wird und das Training als ein Prozess erscheint, der diesem mit maximaler Präzision gefassten Soll-Wert Schritt für Schritt näher kommt (vgl. Schöllhorn, 2005). Ein derartiges Verständnis des Lernprozesses wird vom differenziellen Lernen dezidiert in Frage gestellt, wobei allerdings zu betonen ist, dass sich dieser Ansatz in seiner empirischen Geltung bislang ausschließlich auf das Bewegungslernen im Sport bezieht. Ob er als generelles Lernmodell taugt und auch die Besonderheiten des musikalisch-instrumentalen Lernens erfasst, ist empirisch bislang noch nicht gezeigt worden, wenngleich es instruktive Versuche gibt, die seine Geltung auch für die Instrumentalpädagogik in hohem Maße plausibel erscheinen lassen (vgl. Widmaier, 2007; 2012; 2016).

Das differenzielle Lernen bricht insofern mit einem zentralen Topos in der Erforschung des Bewegungslernens, als es davon ausgeht, dass es nicht die Wiederholung ist, die zur Stabilität der im Zentrum des Lernvorganges stehenden Bewegung führt. Wäre das der Fall, so müsste man in der Tat davon ausgehen, dass das möglichst unveränderte und fehlerfreie Rekapitulieren einer „richtigen" Bewegung einen Vorgang des „Einschleifens" auslöst, an dessen Ende dann die korrekt beherrschte Bewegung steht. Diese Vorstellung beruht aber, so Schöllhorn, auf drei problematischen Prämissen: Erstens ist es einem Menschen grundsätzlich nicht möglich, auch nur zweimal hintereinander exakt die gleiche Bewegung auszuführen. Die Wiederholung einer „identischen" Bewegung kann es also gar nicht geben. Zweitens – und das gilt umso mehr, je spezialisierter und komplexer die jeweils auszuführende Bewegung ist – kann kein Mensch die Bewegung eines anderen genau imitieren, da es beträchtliche interindividuelle Unterschiede bei der Bewegungsausführung gibt. Niemand bewegt sich so wie ein anderer Mensch. Treffen diese beiden Feststellungen zu, dann müssen es drittens gerade die Differenzen (und eben nicht die Wiederholungen) sein, aus deren unablässigem Vergleich sich allmählich eine Zone von als sinnvoll und günstig erscheinenden Bewegungen herauskristallisiert. An die Stelle einer „richtigen" Bewegungsanleitung, mithin eines definierten Soll-Zustandes tritt bei einem sich am differenziellen Lernen orientierenden Training also ein unablässiges Experimentieren mit unterschiedlichen Bewegungsmöglichkeiten, die nun logischerweise nicht mehr „Fehler", sondern – ganz im Sinne Sennetts – „Varianten" oder „Differenzen"[1] genannt werden. Schöllhorn konnte experimentell beispielsweise zeigen, dass Sportler, die das Kugelstoßen bei jedem Trainingsdurchgang in einer je anderen Position durchführten, im Endergebnis zu besseren Resultaten kamen als ihre Kollegen, denen von vornherein eine „richtige" Bewegung gezeigt worden war. Mehr noch: Bei einem ausschließlich auf Wiederholen beruhenden Training bleibt, so das Ergebnis von Schöllhorns Studien, das Gelernte nur für einen begrenzten Zeitraum im Gedächtnis, während sowohl die Verbesserungen als auch die Lernraten beim differenziellen Lernen auch dann noch zunehmen, wenn gar nicht mehr trainiert wird.

Wurden die Ergebnisse der differenziellen Lernmethode in der Sportwissenschaft zunächst sehr kritisch betrachtet, sind in den vergangenen Jahren immer mehr Studien entstanden, die zum einen die Wirksamkeit des differenziellen Lernens auch in Bezug auf Sportarten wie Golf (vgl. Wewetzer, 2008) und Fußball (vgl. Hegen & Schöllhorn, 2012; Nato & Hirose, 2014) belegen, die zum anderen aber auch neurobiologische Begründungen zu liefern suchen, die erklären, wieso es gerade der Vergleich von Differenzen ist, der den Lernerfolg auslöst (vgl. Beck, 2008).

Ein Transfer des differenziellen Lernens vom Sport auf die Praxis des instrumentalen Üben ist nicht einfach, da es hier zwar unzweifelhaft auch um die Ausführung komplexer Bewegungen geht, diese Bewegung allerdings nicht nur als präzise Ausführung einer Bewegungsvorstellung fungiert, sondern auf das Engste mit der Dimension des inneren Hörens sowie des Ausdrucks verbunden ist. Spielbewegungen sind immer auch „Gesten", denen eine unmittelbar „sprechende" Bedeutung zukommt (vgl. hierzu Kapitel *Gestisches Lernen*). Es wundert daher auch kaum, dass es in der Musikpsychologie bislang noch keine Studien gibt, die die Wirksamkeit des differenziellen Lernens in vergleichbarer Weise wie im Sport empirisch belegen könnten. Allerdings ist mit der Studie von Martin Widmaier *Zur Systemdynamik des Übens* (2016) neben vielem anderen auch der Versuch unternommen worden, aus der Perspektive des erfahrenen Didaktikers Übeszenarien zu entwickeln, in deren Mittelpunkt die Erfahrung von Differenz steht. Diese Szenarien werden vom Autor unter der Leitidee einer „Geografie des Übens" subsumiert. Die Metaphorik dieses Begriffs weist auf eine Sichtweise hin, die das Üben im Wesentlichen als einen „Erkundungszug" begreift, bei dem ein „Gelände" in seiner spezifischen Topografie „abgetastet" wird. Die Vokabel des Abtastens impliziert eine hohe Aufmerksamkeit, die aber nicht primär der „fehlerfreien" Ausführung eines vorgängigen Bewegungsentwurfes gilt, sondern sowohl auf die Bedingungen des Geländes als auch auf die eigenen Versuche, sich in diesem Gelände zu bewegen, gerichtet ist. Und diese Aufmerksamkeit vollzieht sich in der Echtzeit des Übens: Sie bildet keine Zäsur, bei der der Übeprozess unterbrochen und mittels reflektierender Überlegung eine mögliche Abweichung zwischen *Soll* und *Ist* festgestellt wird. Man kann diese Form der Aufmerksamkeit vielleicht eher, um eine andere Metapher zu verwenden, als ein „Navigieren" verstehen, das ja nicht die Unterbrechung einer Fahrt meint, sondern auf eine bestimmte Verhaltensweise während der Fahrt abzielt.

Wie ein derartiges Navigieren aussehen kann, veranschaulicht Widmaier anhand zahlreicher Beispiele. Exemplarisch seien hier seine Ausführungen zur Rotation von Oberarm und Unterarm beim Klavierspielen zitiert:

> » Wir experimentieren mit den Ellenbogen: Das eine Mal halten wir den senkrechten Unterarm vor uns, die Faust schaut nach oben, der Ellenbogen weist nach unten (‚Notbremse ziehen'). Das andere Mal halten wir den waagrechten Unterarm vor uns, die Faust schaut zur einen Seite, der Ellenbogen weist zur anderen (‚Schiebetür öffnen'). Beide Male belassen wir den Oberarm nun dort, wo er ist, bringen vorsichtig Unterarm und Hand nach vorn, ohne den Arm ganz zu strecken, und versuchen uns an kontrollierten Handwendebewegungen in beiden ‚Drehsinnen' (Richtungen). Im ersten Fall befindet sich das Elle-Speiche-System des klavierspielenden Arms in Randstellung: Lediglich das Supinieren (Auswärtsdrehen), nicht aber das Pronieren (Einwärtsdrehen) des Unterarms ist möglich. Im zweiten System befindet sich das Elle-Speiche-System des klavierspielenden Arms in Mittelstellung: Nun können Seitenschläge nicht nur in Supinationsrichtung (zum kleinen Finger hin), sondern auch in Pronationsstellung (zum Daumen hin) ausgeführt werden." (Widmaier, 2016, 167)

Hier tritt an die Stelle einer „richtigen" Bewegungsanleitung, also eines feststehenden Solls, das forschende Vergleichen zweier Bewegungsformen, aus dem sich dann eine als günstig empfundene Zone der Armrotation herauskristallisiert. Das Kennenlernen und Erfahren einer weniger günstigen Bewegungsform ist dabei kein überflüssiger Lernschritt, sondern hilft dabei, die Bewegungsmöglichkeiten der Arme differenziert zu erfahren. Das Abtasten einer Topografie impliziert auch das Erforschen von Bewegungsformen, die im weiteren Übeprozess ausgeschieden werden.

Zugleich versucht Widmaiers Studie zu demonstrieren, dass der Ansatz des differenziellen Lernens gar keine Neuerfindung ist, sondern in seinem Kern auf eine lange instrumentaldidaktische Tradition zurückblicken kann. In einer „historischen Spurensuche" werden viele Beispiele vorgestellt, deren didaktischer Ansatz darauf abzielt, den Lernenden systematisch mit Differenzerfahrungen vertraut zu machen. Derartige Erfahrungen stellen sich dann ein, wenn eine Spielbewegung oder aber auch eine bestimmte musikalische Fortschreitung nicht mehr als die einzig richtige und denkbare sondern vielmehr als eine Realisierungsmöglichkeit unter vielen anderen wahrgenommen wird. Als Beispiel sei die von Widmaier zitierte *Klavierübung* von August Halm genannt, an deren Anfang die sogenannte „Landkennung" (!) steht (Stufengänge über die weiße Tastatur, Suche nach einem zum Abschließen geeignetenTon) sowie die „‚Akkordwerdung' (Spielen eines tiefen *c*, Heraushören, Nachsingen und Nachspielen der prominentesten Obertöne.)" (Halm, 1918/19; Widmaier, 2016, 100) „Im Zusammenfügen, Zerlegen, Umkehren und Umspielen von C-, F- und G-Dur-Dreiklängen wird das harmonische Bewusstsein geschult" (Widmaier, ebd.). Bei seinem Erkundungszug durch die Klavierliteratur geht es Halm stets darum, „vorhandene Werke ‚als individuelle Exemplare einer allgemeinen Art [zu verstehen] (aus der auch andere Individuen erwachen können)'. Seine Varianten, seine Kürzungen und Erweiterungen, die ‚in manchen Fällen eingreifenden Änderungen' und die ‚vielen Anklänge', kurz, sein spekulativer Umgang mit den Werken basiert auf diesem doppelten Interesse am Besonderen und am Allgemeinen" (Widmaier, ebd.).

Eine Didaktik, der es – wie im Falle Halms – darum geht, eine bestimmte musikalische Fortschreitung vor dem Hintergrund anderer ebenso möglicher Varianten zu hören und zu spielen, ist mehr als eine bloße „Methode", mit der man besser zum Ziel kommt als mit einer anderen. Vielmehr wird die Musik selbst als ein Gegenstandsfeld begriffen, in dem die Grundprinzipien differenziellen Lernens wirksam sind (Widmaier, 2016, 155). Musik lässt sich nicht auf den „Terror von Meisterwerken" reduzieren (ebd., 154 f.), die von Didaktikern ehrfürchtig im Sinne eines „So und nicht anders" vermittelt werden, sondern verweist in jeder „besonderen" Formung auf ein Spektrum von ebenso denkbaren, aber nicht realisierten Möglichkeiten. Üben besteht demnach nicht in der bloßen Realisierung eines Besonderen (etwa einer ganz bestimmten Spielbewegung oder einer für buchstäblich genommenen Phrasierung), als vielmehr in einem Erkunden und Kennenlernen von Umgebungen und Alternativen, mit anderen Worten: im bewussten Herstellen von Unterschieden, die die Ränder jenes „Lösungsraumes" markieren, den das jeweils Besondere darstellt.

Mit dieser Verschränkung von Gegenstand (Musikwahrnehmung als Erfahrung von Unterschieden) und Lerntheorie (Lernen als Differenzerfahrung) ist Widmaiers Arbeit weit mehr als ein Transfer im üblichen Sinne, bei dem eine bestimmte – in diesem Falle der Sportwissenschaft entstammende – Trainingsmethode einfach auf einen neuen Gegenstand angewendet wird. Hinter dem differenziellen Lernen, das der Autor mit dem lerntheoretischen Oberbegriff der „Systemdynamik" in Verbindung bringt, offenbart sich ein Verständnis menschlicher Kognition, das sich grundsätzlich von dem geläufigen kognitionswissenschaftlichen Paradigma der „Informationsverarbeitung" unterscheidet und daher über den Anspruch einer bloßen Methode zum effektiven Bewegungslernen deutlich hinausgeht. Da Widmaier auf diesen kognitionstheoretischen Hintergrund nicht näher eingeht, seien im Folgenden einige Hinweise eingefügt.

Internalismus versus Externalismus

Insgesamt lässt sich in den Kognitionswissenschaften seit den Siebzigerjahren eine latente Auseinandersetzung zwischen einem „internalen" und einem „externalen" Verständnis von Kognition beobachten (vgl. hierzu Antoniadis, 2014). Während die Internalisten, die nach wie vor den Mainstream der Debatte bilden, davon ausgehen, dass mentale Vorgänge identisch mit Gehirnprozessen sind, und sich daher vorrangig auf die neuronalen Repräsentationen mentaler Vorstellungen konzentrieren, findet Kognition für die „Externalisten" nicht ausschließlich im Kopf statt, sondern ist gleichermaßen auf die Ebenen des Gehirns, des Körpers und der Umwelt bezogen. Mentale Prozesse sind an Handlungen gekoppelt (*enactive*), beziehen sich auf Situationen (*embedded*), sind auf eine spezifische Weise verkörpert (*embodied*) und reagieren auf die spezifischen Bedingungen der Umwelt (*extended*). Ausgehend von den genannten englischen Begriffen spricht Mark Rowlands, einer der Hauptvertreter des Externalismus, von einer *„4E Cognition"* (Rowlands, 2010, 3). Infolge dieses erweiterten Kognitionsverständnisses lehnen externalistische Vertreter die bei den Internalisten häufig zu beobachtende Tendenz ab, Kognition mit der Metapher des Computers zu beschreiben und demzufolge die Aufgabe der Kognitionswissenschaft vor allem darin zu sehen, die komplexen Programme innerhalb der *hardware* des Gehirns zu entschlüsseln. Der internalistischen Konzentration auf die Dimension der sogenannten „mentalen Repräsentationen" stellen die Externalisten die Vorstellung gegenüber, dass zu mentalen Vorgängen immer auch äußere informationstragende Strukturen dazugehören. Ausgehend von der bereits 1979 erschienenen ökologischen Kognitionstheorie von James J. Gibson werden derartige Strukturen als „Affordanzen" (Angebote) begriffen, die sich der Akteur zunutze macht. Kognition entsteht aus dem Zusammenspiel derartiger Außenreize und den diese Reize als Angebote auffassenden Reaktionen des Handelnden (vgl. Gibson, 1982, 137). Um die Bedeutung dieser Sichtweise für das Thema des Übens zu erfassen, sei an dieser Stelle noch einmal auf die zu Beginn angeschnittene Frage nach dem Verhältnis zwischen Instrument und Spieler zurückgekommen. Wenn ein Streicher eine weiche Tonverbindung durch einen geschmeidigen Bogenwechsel zu realisieren versucht, dann ist er zunächst mit einer „Umwelt" konfrontiert, die in diesem Falle aus Faktoren wie dem Gewicht des Bogens auf der Saite, der auf Druckveränderungen reagierenden Elastizität der Saite, der Bogengeschwindigkeit, aber auch der jeweils konkreten musikalischen Situation, in der dieser Bogenwechsel erfolgen soll, besteht. Diese Faktoren bilden ein „Gelände", das beim Üben auf seine spezifische Beschaffenheit hin „abgetastet" wird. Hierbei werden Handlungsoptionen erkundet. Der aufmerksam Übende entnimmt dem Gelände Möglichkeiten und Hinweise, die er sich für seine Absichten zu Nutze machen kann, wobei diese in hohem Maße auch durch die Beschaffenheit des Geländes geprägt werden. Hält das Gelände Informationen bereit, die als Affordanzen aufgefasst werden können, resultieren daraus bestimmte körperliche Reaktionen (weiches Handgelenk, Rotationsfähigkeit von Unterarm und Hand etc.), die in diesem Zuge ebenfalls als Konsequenz eines Abtastens (nämlich des „Körpergeländes") und als eine Verwandlung von bloßer Information in eine Affordanz zu verstehen sind. Beide Erkundungsvorgänge wären ohne eine im Gehirn zu lokalisierende spezifische Handlungsabsicht nicht denkbar und bedürfen zudem einer ebenfalls dort stattfindenden Überprüfung der Handlungsergebnisse. Dennoch wäre der Kognitionsvorgang in den Augen der Externalisten unvollständig beschrieben, würde man ihn lediglich auf die neuronalen Aktivitäten des Gehirns und den vom Gehirn gesteuerten Bewegungsabläufen reduzieren. Mit Rowlands müsste man vielmehr sagen, dass die Umwelt in Form der Instrumentenbeschaffenheit und der darauf reagierenden spezifischen Körperlichkeit am Zustandekommen der Kognition mitarbeitet und deren unveräußerlicher Teil ist. Diese Kognition ist *enactive*, da sie an das Handeln und Erkunden des Übenden gekoppelt ist, sie ist *embedded*, da sie mit einer konkreten Erfahrungssituation einhergeht, sie ist *embodied*, da sie sich in einer spezifischen Körperlichkeit äußert und sie ist *extended*, da sie auf die Angebote der Umwelt reagiert und eine Veränderung dieser Umwelt herbeiführt.

Vor dem Hintergrund dieses externalistischen Kognitionsmodells wird nun deutlich, wieso oben darauf bestanden wurde, dass das Instrument mehr ist als ein „unidirektionaler Übermittler einer zuvor gebildeten inneren Tonvorstellung". Eine derartige Sichtweise wird maßgeblich etwa von Edwin E. Gordon vertreten, der in seiner *Music Learning Theory* das Üben in erster Linie „als die Entwicklung des ‚Instrumentes im Kopf' verstanden wissen" will. „Die im Kopf ‚vorgehörten' Klänge werden dann auf das (reale) ‚Instrument in der Hand' übertragen" (Süberkrüb, 2006, 243). Folgerichtig zieht Gordon eine scharfe Trennlinie zwischen einem Üben, das der Entwicklung einer inneren Tonvorstellung im Sinne von Audiation gilt und einem „technischen" Üben am Instrument: „Learning occurs through audiation. It is psychological. Practising is a matter of technique. It is physical" (mündliche Äußerung, zitiert nach Süberkrüb, 2006, 243). Diese strikte Trennung und das Bestehen auf dem Primat der Audiation ist angesichts einer instrumentalpädagogischen Tradition, in der es lange Zeit vorrangig um die Vermittlung „korrekter" Bewegungsanleitungen und nur am Rande um die Schulung der Audiationsfähigkeit ging, mehr als nachvollziehbar. Doch es ist nicht zu übersehen, dass Gordon ganz und gar internalistisch argumentiert und die Erkundung des instrumentalen und körperlichen Geländes zu einer bloß „technischen" Angelegenheit erklärt, die keine andere Funktion hat, als die audiierte Tonvorstellung zu realisieren. Dass das Abtasten des Geländes jedoch in hohem Maße dazu beitragen kann, ein im Akt der Audiation erfolgendes Verstehen innerlich gehörter Klänge zu präzisieren, bleibt unthematisiert. Wer die Erfahrung gemacht hat, in welch hohem Maße die durch die Erkundung der Bogenhand gewonnene Fähigkeit, in einem barocken Menuett federnde Betonungen auf der Eins zu spielen, auf die innere Vorstellung dieser rhythmisch-metrischen Struktur zurückzuwirken vermag, wird im Sinne der Externalisten davon ausgehen, dass auch der im engeren Sinne musikalische Lernprozess in hohem Maße vom Navigieren im Gelände des Körpers und des Instruments abhängt. Was oben in Bezug auf Heidegger gesagt wurde, dass nämlich ein Zeug immer nur in Hinblick auf anderes Zeug existiert und im Singular nicht denkbar ist, wird vor dem Hintergrund des hier skizzierten externalistischen Kognitionsverständnisses möglicherweise noch verständlicher. Wenn es sich bei Kognition um ein „ökologisches", d. h. um ein aus der Interaktion mit einer „Umwelt" erwachsendes Phänomen handelt, dann wird Üben zu einem Prozess, bei dem das Instrument ebenso Werkzeug bei der Übermittlung einer inneren Tonvorstellung ist, wie umgekehrt diese Vorstellung ein Werkzeug darstellen kann, mit dessen Hilfe sich die „musikalischen" Eigenschaften des Instruments und die eigene körperliche Befindlichkeit erkunden lassen.

Dass Gordon diese wechselseitige Bewegung nicht reflektiert, mag u. a. auch mit den lerntheoretischen Grundlagen seiner Theorie zusammenhängen. Der amerikanische Musikpädagoge Don Ester hat darauf hingewiesen, dass die Music Learning Theory eine große Nähe zur Lerntheorie Robert Gagnés besitzt, die sich in den Sechzigerjahren um eine Verbindung von Behaviorismus und Kognitivismus bemühte (vgl. Ester, 2010, 13 ff.; Gagné, 1973). Ausgehend von der Idee eines Einschleifens von Patterns, die im Wesentlichen auf dem behavioristischen Reiz-Reaktions-Modell beruht, werden sowohl bei Gagné als auch bei Gordon Grundlagen geschaffen, auf denen dann – im Sinne des Kognitivismus – ein unterscheidendes und ein schlussfolgerndes Handeln möglich sind. Ein Feststellen von Differenzen kann es also nur geben, wenn zuvor bestimmte Konditionierungs- bzw. Einschleifprozesse stattgefunden haben. Das selbsttätige Erkunden und Navigieren steht hier mithin am *Ende* eines Lernprozesses. Erst hier ist der Lernende zu einer eigenständigen Aneignung in der Lage. Der Lehrer kann nur noch die Art und Weise des Lernens vermitteln, nicht aber die Inhalte. Erst in Bezug auf das schlussfolgernde Lernen („inference learning") postuliert Gordon: „Students teach themselves, *what* they learn" (Gordon, 2003, 121, Hervorhebung im Original). Dieses Modell steht in einem deutlichen Gegensatz zu handlungstheoretischen Lernmodellen, wie sie etwa von dem Schweizer Piaget-Schüler Hans Aebli entwickelt worden sind (Aebli, 1980; 1981). Aebli stellt die von Gagné konzipierten und von Gordon adaptierten Lernhierarchien gewissermaßen auf den Kopf (vgl. hierzu Hasselhorn & Gold, 2009, 230), indem er nämlich an den Beginn des Lernprozesses eine Problemstellung setzt, die im weiteren Verlauf durchgearbeitet werden muss. Erst hieran schließt sich das „Üben und Wiederholen" an (wobei der Begriff des Übens von Aebli ganz ausschließlich im Sinne von bloßer Rekapitulation verwendet wird und sich von dem hier entfalteten Übebegriff deutlich unterscheidet), das dann zur „Anwendung" führt. In eine ganz ähnliche Richtung zielt auch das Lernmodell von Jerome Bruner, das von einer Phase des Aufnehmens ausgeht, an die sich ein Prozess des Durcharbeitens anschließt und an dessen Ende dann ein Abrufen, Anwenden und Überprüfen steht (vgl. Bruner, 1960).

Maria Spychiger hat das Bruner'sche Lernmodell auch für ein Verständnis des instrumentalen Übens fruchtbar gemacht und darauf hingewiesen, dass in jeder dieser drei Phasen die Dimension des Fehlers eine unterschiedliche Rolle spielt. Insbesondere sieht sie einen Unterschied zwischen der 2. Phase des Durcharbeitens und der 3. Phase des Abrufens:

» Im Bereich 2 hat der Fehler Orientierungsfunktion, hier wird sichtbar, was jemand schon kann und was noch nicht, hier können falsche mit richtigen, elegante mit umständlichen, kreative mit langweiligen Lösungen verglichen werden. [...] Letztlich geht es mit den angestrebten Lernprozessen der Phase 2 darum, in der Phase 3 das Gelernte abrufbereit zu haben, und in der Evaluation zu bestehen, also keine Fehler zu machen. Wer hier (zu viele) Fehler macht, schafft die Selektion nicht.“ (Spychiger, 2012, 54 f.)

Spychigers Transfer der von Bruner entwickelten Lernstufen auf die Praxis des Übens entspricht zweifellos einer weit verbreiteten Praxis und besitzt daher sicherlich einen hohen Realitätsgehalt. Es ist unschwer zu sehen, dass das in diesem Beitrag in den Vordergrund gerückte Lernen durch Differenzerfahrung hier im Wesentlichen der zweiten Stufe vorbehalten bleibt. Es soll nicht bestritten werden, dass es gegen Ende von Übeprozessen, also etwa vor Konzerten, selbstverständlich Phasen gibt und geben muss, in denen es primär um das Abrufen und Konsolidieren einer zuvor erarbeiteten Version – und damit um das Vermeiden von Fehlern im Sinne Spychigers – geht. Allerdings stellt sich die Frage, ob diese Fehlervermeidung wirklich die dominante Kraft in dieser Phase ist oder zumindest sein soll. Wenn man die zentrale Aussage des differenziellen Lernmodells ernst nimmt, wonach die Stabilität einer Bewegung nicht von deren unveränderter Wiederholbarkeit abhängt – wie bereits gesagt, lassen sich Bewegungen nicht als identische wiederholen –, sondern auf die Fähigkeit angewiesen ist, sich blitzschnell auf die jeweils neuen Gegebenheiten einer Situation einzustellen, was nur durch eine auf Variation beruhende Anpassung möglich ist, dann wäre auch für die Phase, in der es um die Abrufbarkeit des Gelernten geht, ein hohes Maß an Variabilität zu fordern – eine Variabilität, für die auch im Konzert eine Notwendigkeit besteht. Das Podium wird damit, darauf wurde bereits hingewiesen, nicht als ein Ort begriffen der dem Üben entgegengesetzt ist, sondern bildet eine eigene Form des Übens, sofern man damit jenen Prozess der Differenzerkundung meint, in dem Musik – so Widmaier – „zu sich“ kommt.

Fokussierung, Selektion und Achtsamkeit

Die Gegenüberstellung zwischen einem internalen, auf dem Prinzip der Informationsverarbeitung beruhenden, und einem externalen Verständnis von Kognition, in dem das, was sich dem Bewusstsein als Information repräsentiert, in einem wechselseitigen Ineinandergreifen von Gehirn, Körper und Umwelt überhaupt erst generiert wird, macht es notwendig, den hier mehrfach genannten Begriff der Aufmerksamkeit zu differenzieren. Dort, wo eine mentale Repräsentation als Soll-Zustand erscheint, der mit einem Ist-Zustand verglichen wird, tritt Aufmerksamkeit als eine Fokussierung in Erscheinung, bei der bestimmte, von vornherein definierte Parameter (z. B. Intonation, rhythmische Präzision, spieltechnische Aspekte) in den Blick genommen und auf ihre gelungene oder fehlerhafte Realisierung hin befragt werden. Mit dieser Zielsetzung ist zugleich eine Verengung des Blickfeldes verbunden. Denn da eine derartig verstandene Aufmerksamkeit eine knappe Ressource ist, mit der nur ein bestimmtes Maß an Information verarbeitet werden kann, wird es notwendig, sich nur auf einige wenige Aspekte zu konzentrieren. Ein prominentes Beispiel für einen derartigen Begriff von Aufmerksamkeit bildet das erstmals 1987 formulierte Modell der „rotierenden Aufmerksamkeit" von Gerhard Mantel (Mantel, 1987, 171 ff.). In diesem Modell erscheint Üben im Wesentlichen als ein Prozess, bei dem die „Echtzeit" der Musiziersituation vorübergehend suspendiert ist und der Spieler eine überprüfend-abgleichende Haltung einnimmt. Er positioniert sich momentweise außerhalb der Musiziersituation und prüft – gewissermaßen aus der Perspektive eines Außenstehenden – die Qualität der zuvor genau definierten Soll-Ziele. Nach einigen Durchgängen wechselt er den Parameter. Hat er sich beispielsweise zunächst nur auf den Bereich der Intonation konzentriert, wendet er sich nun der Artikulation zu. Das geschieht so lange, bis er wieder beim Ausgangsparameter angelangt ist, der nun auf einer höheren Stufe den Beginn einer weiteren Aufmerksamkeitsrotation markiert. Der Übende nimmt in diesem Modell vorrangig die Rolle eines unbestechlichen Beobachters ein, der – ausgehend von einem klar definierten Soll-Zustand – sein Spiel nach möglichen Abweichungen durchmustert. Das hinter diesem Modell stehende Übeverständnis ist durch eine klare Dichotomie der Pole „Üben" und „Musizieren" gekennzeichnet. Da ein von Fokussierung und Selektion gekennzeichnetes Verständnis von Aufmerksamkeit die globale, bereichsübergreifende Befindlichkeit der Musiziersituation per definitionem ausschließt, gleicht das Üben im Modus der rotierenden Aufmerksamkeit der Arbeit auf einem Trockendock, bei dem das Schiff zwar in allen Einzelheiten überprüft wird, seine eigentliche Bestimmung jedoch – die Fahrt auf hoher See – für die Zeit der Arbeit ausgeblendet wird.

Das Aufmerksamkeitsverständnis bei einem am differenziellen Lernen orientierten Üben lässt sich hingegen nicht als eine Überprüfung vordefinierter Sollwerte verstehen, sondern bezieht sich ebenso auch auf den Prozess des Suchens und Erkundens. Die Aufmerksamkeit beim Abtasten eines Geländes gilt nicht nur den Resultaten, sondern auch dem Abtasten selbst. Für diese spezifische Form der Aufmerksamkeit kann man den in der aktuellen musikpädagogischen Diskussion zusehends an Bedeutung gewinnenden Begriff der „Achtsamkeit" fruchtbar machen (vgl. Doerne, 2015; Lessing, 2015; Leikert, 2015). Eine achtsame Aufmerksamkeit ist untrennbar mit der ausgeführten Handlung verbunden, sie gilt nicht lediglich den Zielen dieser Handlung.

Aristoteles verwendete für diesen Zustand den Begriff der „Phronesis" (vgl. hierzu: Lessing 2015, 15 f.). Er ist für ihn ein wesentliches Kriterium für das, was er „Praxis" nennt, für ein „Handeln" also, das nicht auf Ziele ausgerichtet ist, die außerhalb seiner selbst liegen. Um sittlich gut zu handeln, muss sich, so Aristoteles, der angestrebte Zustand in der Handlung selbst manifestieren. Im Gegensatz dazu fungiert der Begriff der „Poiesis" bei ihm als Inbegriff von Zweckrationalität: Der „poietische" Akt, in dem ein Produkt hergestellt wird, bezieht sich auf ein äußeres Ziel, dessen gelungene Realisierung nur mittelbar mit dem Tun verbunden ist. Ob eine Vase angemessen hergestellt wurde, entscheidet sich an der Qualität des Produkts und an nichts anderem sonst. Ob dieses Produkt das Ergebnis verzweifelter Anstrengung oder souveräner Gelassenheit ist, ob dahinter Konkurrenzdenken, Gewinnstreben oder Freude an der Arbeit stehen, braucht niemanden zu interessieren. Für das instrumentale Üben bedeutet das: Wenn Üben eine „Praxis" im Sinne Aristoteles' ist, dann muss in ihm nicht nur ein Produkt „hergestellt" werden. Vielmehr muss die Übehandlung selbst die Merkmale dieses Produkts aufweisen. Oder anders herum formuliert: Ein Üben, das von einem selektiven Aufmerksamkeitsbegriff dominiert wird, aber in ein Produkt münden soll, dem man von dieser Form von Aufmerksamkeit nichts mehr anmerkt, wäre ein Vorgang der „Poiesis". Angesichts der in diesem Beitrag referierten Forschungsergebnisse ist die Vermutung nicht abwegig, dass ein derartig „poietischer" Zugriff höchstwahrscheinlich zu einem weniger befriedigenden Produkt führen wird, als ein Üben, das im Modus der Achtsamkeit geschieht.

Dieser letzte Hinweis ist vor allem auch deshalb wichtig, weil zweifellos auch Gerhard Mantels Modell der „rotierenden Aufmerksamkeit" insgeheim mit einem achtsamen Üben rechnet. Für den Künstler und Lehrer Gerhard Mantel war es eine Selbstverständlichkeit, von seinen Studierenden ein Üben im Modus forschender Achtsamkeit zu erwarten. Pointiert lässt sich sagen, dass sein Rotationsmodell geradezu mit Musikern rechnet, die diesen Modus so habitualisiert haben, dass sie darüber hinaus auch noch Zeit und Raum für eine Kontrolle im Sinne einer zweckrationalen Aufmerksamkeitsfokussierung finden. Das Problem von Mantels Modell besteht weniger im Verlegen der Übe-Arbeit auf das Trockendock, als vielmehr in dem quasi selbstverständlichen Zutrauen, dass der Schüler während dieser Arbeit gleichzeitig den Ernstfall „auf hoher See" im Hinterkopf behalten und die Werftarbeit in jedem Moment zugunsten einer Ausfahrt beiseitelegen kann. Die Gefahr, dass es Schüler gibt, die durch die ständige Arbeit auf dem Dock zu „Landratten" mutieren, wird dabei allerdings nicht reflektiert.

Überdies sollte nicht außer Acht gelassen werden, dass sich ein wesentlicher Punkt des Mantel'schen Modells – der Gedanke der Rotation – durchaus mit einem am differenziellen Lernen orientierten Üben im Modus der Achtsamkeit verbinden lässt. Denn es spricht nichts dagegen, die ausschnitthafte Fokussierung auf einen Themenbereich mit der Erfahrung von Differenzen und der allmählichen Herauskristallisierung von variabel gedachten Soll-Zuständen zu verbinden. Das zeigt sich etwa an dem zitierten Beispiel aus der Arbeit von Widmaier, bei der es um die Rotationserfahrung beim Klavierspielen geht. Ein derartiges Üben kann problemlos in eine spiralförmige Rotationsfigur integriert werden, bei dem auf die Erfahrung der Armrotation etwa das Themenfeld „Koordination – Kondition" in den Fokus gerückt wird (vgl. Widmaier, 2016, 172). Der Gedanke der Differenz erhält hier sogar insofern noch eine weitere Dimension, als nicht nur innerhalb eines bestimmten thematischen Ausschnitts Unterschiede erzeugt werden, sondern auch die einzelnen thematischen Ausschnitte zueinander in Differenz stehen.

Üben als Arbeiten, Herstellen und Handeln

Die Philosophin Hannah Arendt – Schülerin Martin Heideggers und Lehrerin Richard Sennetts – hat in ihrem philosophischen Hauptwerk *Vita activa. Vom tätigen Menschen* drei unterschiedliche Tätigkeitsformen unterschieden: Arbeiten, Herstellen und Handeln (Arendt, 2013). Diese drei Formen sind hierarchisch gegliedert: Die Arbeit stellt die niedrigste, die Handlung hingegen die höchste Stufe menschlicher Tätigkeit dar. Ein Bauer, der sein Feld bestellt, „arbeitet", weil sein Tun dem unmittelbaren Lebenserhalt dient und dessen Resultate stets wieder aufgebraucht werden. Von dem angebauten Mais geht kein bleibender Wert aus; er ist dafür da, dass er verzehrt wird. Anders die Herstellung: Hier wird jetzt etwas geschaffen, das bleibt. Häuser, Romane, Computer, Opern, Stradivari-Geigen: sie alle gehen über den unmittelbaren Kreislauf von Arbeit und Verzehr hinaus und stellen, selbst wenn sie sich abnutzen sollten, etwas Bleibendes dar. Aber erst wenn Menschen in unmittelbarer Interaktion miteinander in Kontakt treten, entstehen Handlungen: „Das Handeln ist die einzige Tätigkeit der Vita activa, die sich ohne die Vermittlung von Materie, Material und Dingen direkt zwischen Menschen abspielt" (ebd., 17). Wie fügt sich nun das instrumentale Üben in diese Trias ein? Ist es Arbeit, Herstellung oder Handlung? Natürlich dient Üben immer auch dem Aufrechthalten eines bestimmen Niveaus. Der Musiker muss im Training bleiben. Insofern sein Tun dem Erhalt seines Könnens dient, „arbeitet" er. Gleichzeitig will er aber auch etwas Bleibendes schaffen, z. B. ein Stück so erlernen, dass er es immer wieder spielen kann. Insofern stellt er etwas her. Doch ist Üben auch eine Handlung? Das wäre der Fall, wenn es sich im Sinne von Arendt in die Rubrik der „Selbstzwecke" einordnen ließe, „in deren Wesen es nicht liegt, Zwecke zu verfolgen, sondern die den ihnen eigentümlichen Zweck [...] in sich tragen" (ebd., 262).

Blicken wir auf Yussuf zurück: Zweifellos lässt sich sein eingangs zitierter Auftritt im Unterricht in die Kategorie des Handelns einordnen. Denn obwohl für seine Performance Materie und Material (die Gitarre) notwendig war, so zielte sie doch nicht auf diese dinglichen Aspekte. Yussufs Tun war auf eine unmittelbare Interaktion mit seinen Mitmenschen hin ausgerichtet. Und erst im Rahmen dieser Bestimmung erhielt die Materie der Gitarre für ihn ihren ganz spezifischen Sinn. Ebenso offenkundig ist aber auch, dass der sich daran anschließende Unterricht diese Handlungsdimension ausblendete und auf eine Vermittlung von bloßen „Inhalten" abzielte. Was der Lehrer von Yussuf erwartete, war bestenfalls ein „Herstellen" (Aufbau einer Spieltechnik bzw. eine Verklammerung von innerer Vorstellung und instrumentaler Umsetzung) und in jedem Fall „Arbeit" (zur Aufrechterhaltung und Steigerung der Leistung muss täglich geübt werden). So wenig zu bestreiten ist, dass diese beiden Aspekte im Akt des Übens eine herausragende Rolle spielen und auch spielen müssen, so offenkundig ist doch, dass einem Üben, das nicht auf der Erfahrung des Handelns gründet, ein Kompass fehlt. Durch das Abkoppeln von einem zuvor bei ihm durchaus vorhandenen Handeln wurde das Üben für Yussuf augenscheinlich zu einer frustrierenden Erfahrung, woran auch das Lob für die Arbeit und das Herstellen nichts änderte. Was wäre hingegen passiert, wenn der Lehrer Yussufs Lust an performativer Inszenierung und Selbstdarstellung aufgegriffen und zur Grundlage der gemeinsamen Arbeit gemacht hätte? Wären davon ausgehend Ziele aufgetaucht, die die Vorgänge des Herstellens und der Arbeit für Yussuf lohnenswert hätten erscheinen lassen? Mehr noch: Hätte Yussuf sein häusliches Üben vielleicht von Anfang an auf einen „impliziten Hörer" beziehen können – auf ein imaginäres Gegenüber also, auf das hin er seine musikalischen „Botschaften" so hätte entwerfen können, dass er sich auch ohne real anwesende Zuhörer als Handelnder hätte erfahren können (vgl. hierzu Lessing, 2006, 319 ff.)? Und wären durch die Akzeptanz seines anfänglichen Handelns durch den Lehrer bei ihm vielleicht Transformationsprozesse möglich gewesen, die zu einer Veränderung und Differenzierung seines handelnden Übens geführt hätten?

[1] Widmaier legt Wert auf den Begriff der „Differenz“, da „Varianz“ für ihn von seiner ursprünglichen Bedeutung her eher auf die bloße Verschiedenheit (im Sinne von Streuung) zielt und nicht, wie die Differenz, auf eine bewusst hergestellte Unterschiedlichkeit hinweist (vgl. Widmaier, 2016, 26).

Literatur

Abernethy, B. & Russell, D.G. (1987): The relationship between expertise and visual search strategy in a raquet sport. In: *Human Movement Science* 6, pp. 283–319.

Aebli, H. (1980): *Denken: Das Ordnen des Tuns. Band I: Kognitive Aspekte der Handlungstheorie,* Stuttgart: Klett-Cotta.

Aebli, H. (1981): *Denken: Das Ordnen des Tuns. Band II: Denkprozesse,* Stuttgart: Klett-Cotta

Allard, F. (1993): Cognition, expertise, and motor performance. In: J.L. Starkes & F. Allard (Hg.): *Cognitive issues in motor expertise* (pp. 17–34), Amsterdam: North-Holland.

Adorno, Th.W. (1973): Kritik des Musikanten. In: *Dissonanzen. Musik in der verwalteten Welt* (Gesammelte Schriften: 14, S. 67–107). Frankfurt am Main: Suhrkamp.

Antoniadis, P. (2014): Körperliche Navigation. Verkörperte und erweiterte Kognition als Hintergrund der Interpretation komplexer Klaviermusik nach 1945. In: J.P. Hiekel; W. Lessing (Hg.): *Verkörperungen der Musik. Interdisziplinäre Betrachtungen* (S. 185–209), Bielefeld: transcript.

Arendt, H. (2013): *Vita activa oder vom tätigen Leben,* Piper: München.

Augustinus (2000): *Confessiones XI / Bekenntnisse, 11. Buch, 14. Kapitel,* lateinisch-deutsch. Hamburg: Meiner.

Beck, F. (2008): Sportmotorik und Gehirn – Differenzielles Lernen aus der Perspektive interner Informationsverarbeitungsvorgänge. *Sportwissenschaft* 38/4, S. 423–450.

Bruner, J. (1960): *Der Prozess der Erziehung.* Berlin, Düsseldorf: Schwann.

Doerne, A. (2015): Musik im Augenblick. Achtsamkeit und ihr Potenzial zur Förderung von Wahrnehmung und Präsenz im künstlerischen Handeln. *Üben & Musizieren* 5/15, S. 6–11.

Elbert, T., Pantev, C. et al. (1995): Increased cortical representation of the fingers of the left hand in string players. *Science* 270, pp. 305–307.

Ericsson, A.K., Roring, R.W. et al. (2007): Giftedness and evidence for reproducibly superior performance. *High Ability Studies* 18, pp. 3–56.

Ester, D. (2010): *Sound Connections: A comprehensive approach to teaching music literacy* (e-Book) http://design-koalats.com/educational_exclusives (Stand: 18.04.18).

Gagné, R.M. (1973): *Die Bedingungen des menschlichen Lernens,* Hannover: Schroedel (Titel der amerikanischen Originalausgabe: *The conditions of learning,* New York: Holt, Rindhart & Winston [1965]).

Gibson, J.J. (1982): *Wahrnehmung und Umwelt: Der ökologische Ansatz in der visuellen Wahrnehmung,* München: Urban & Schwarzenberg (Titel der amerikanischen Originalausgabe: An Ecological Approach to Visual Perception, Boston [1979]).

Gordon, E.E. (2003): *Learning Sequences in Music. Skill, Content, and Patterns.* 6. Auflage, Chicago: GIA Publications.

Gruber, H. & Lehmann, A.C. (2008): Entwicklung von Expertise und Hochleistung in Musik und Sport. In: F. Petermann & W. Schneider (Hg.): *Angewandte Entwicklungspsychologie* (S. 497–519), Göttingen, Bern, Toronto, Seattle: Hogrefe.

Gruhn, W. (2008): *Der Musikverstand. Neurobiologische Grundlagen des musikalischen Denkens, Hörens und Lernens.* 3. Auflage, Hildesheim: Olms.

Halm, A. (1918/19): *Klavierübung. Ein Lehrgang des Klavierspiels nach neuen Grundsätzen, zugleich erste Einführung in die Musik. Erster Band: Vom ersten Anfang bis zu Beethovens leichteren Variationen und Bachs kleinen Präludien und Inventionen,* Stuttgart: G. A Zumsteeg.

Hasselhorn, M. & Gold, A. (2009): *Pädagogische Psychologie. Erfolgreiches Lernen und Lehren.* 2. Auflage, Stuttgart: Kohlhammer.

Hegen, P. & Schöllhorn, W. (2012): Lernen an Unterschieden und nicht durch Wiederholung – Über ‚Umwege' schneller zur besseren Technik: Differenzielles Lernen im Fußball. *Fussballtraining* 03, S. 30–37.

Heidegger, M. (1986): *Sein und Zeit.* 16. Auflage, Tübingen: Max Niemeyer Verlag.

Hiekel, J.P & Lessing, W. (Hg.) (2014): *Verkörperungen der Musik. Interdisziplinäre Betrachtungen,* Bielefeld: transcript.

Kruse-Weber, S. (Hg.) (2012): *Exzellenz durch differenzierten Umgang mit Fehlern. Kreative Potenziale beim Musizieren und Unterrichten* (Üben & Musizieren. Texte zur Instrumentalpädagogik). Mainz: Schott.

Leikert, S. (2015): Musikpädagogik und Psychoanalyse. Achtsamkeit als Pforte für psychisches Wachstum in der musikpädagogischen Beziehung. *Üben & Musizieren* 5–15, S. 22–27.

Lehmann, A. C. & Ericsson, K. A. (1997): Research on expert performance and deliberate practice: Implications for the education of amateur musicians and music students. *Psychomusicology* 16, S. 40–58.

Lessing, W. (2006): Zuhören?!, in: Mahlert, U. (Hg.) (2006): *Handbuch Üben* (S. 312–335). Wiesbaden: Breitkopf & Härtel.

Lessing, W. (2015): „Hör dir doch mal zu!" Freie Improvisation über einen musikpädagogischen Standard. *Üben & Musizieren* 5, S. 12–16.

Mahlert, U. (Hg.) (2006): *Handbuch Üben,* Wiesbaden: Breitkopf & Härtel.

Mantel, G. (1987): *Cello Üben. Eine Methodik des Übens nicht nur für Streicher.* Mainz: Schott.

Miller, G. A., Galanter, E. & Pribram, K. A. (1960): *Plans and the structure of behavior;* New York: Holt, Rhinehart, & Winston.

Molsen, U. (1989): *Erleben – Verstehen – Lernen. Klavierschule für Erwachsene.* Wilhelmshaven: Heinrichshofen.

Münzer, S., Berti, S. & Pechmann, T. (2002): Encoding timbre, speech, and tones: Musicians vs. nonmusicians. *Psychologische Beiträge* 44, pp 187–202.

Naito, E. & Hirose, S. (2014); Efficient foot motor control by Neymar's brain. *Frontiers in Human Neuroscience* 8. http://dx.doi.org/10.3389/fnhum.2014.00594 (Stand: 17.08.2017).

Piaget, J. & Inhelder, B. (2004): *Die Psychologie des Kindes.* 9. Auflage, München: Deutscher Taschenbuch Verlag.

Ragert, P., Schmidt, A. et al. (2004): Superior tactile performance and learning in professional pianists: Evidence for metaplasticity in musicians. *European Journal of Neuroscience* 19, S. 473–478.

Rauscher, F. H. & Hinton, S. C. (2003): Type of music training selectivity influences perceptual processing. In: R. Kopiez, A. C. Lehmann, I. Wolther & C. Wolf (Eds.): *Proceedings of the 5th Triennial Conference of the European Society for the Cognitive Sciences of Music* (CD Rom), Hannover: University of Music and Drama.

Rowlands, M. (2010): *The new science of the mind: from extended mind to embodied phenomenology.* Cambridge MA: MIT Press.

Rüdiger, W. (2007): *Der musikalische Körper. Ein Übungs- und Vergnügungsbuch für Spieler, Hörer und Lehrer,* Mainz: Schott.

Saxer, M. (2006): Spiel- und Übe-Anweisungen für motorische Automatisierungsprozesse beim Instrumentalspiel. Ergebnisse der Motorikforschung in der musikpädagogischen Diskussion. In: U. Mahlert (Hg.): *Handbuch Üben* (S. 229–241). Wiesbaden: Breitkopf & Härtel.

Spychiger, M. (2012): Instrumentalpädagogischer Zugriff im Umgang mit Fehlern. Fehlerkultur in konstruktiv(istisch)en Lernprozessen. In: S. Kruse Weber (Hg.): *Exzellenz durch differenzierten Umgang mit Fehlern. Kreative Potenziale beim Musizieren und Unterrichten* (Üben & Musizieren. Texte zur Instrumentalpädagogik, S. 49–69), Mainz: Schott.

Sennett, R. (2008): *Handwerk, aus dem Amerikanischen von Michael Bischoff,* Berlin: Berlin Verlag.

Süberkrüb, A. (2006): „Üben" in der musikalischen Lerntheorie von Edwin E. Gordon. In: U. Mahlert (Hg.): *Handbuch Üben* (S. 242–264), Wiesbaden: Breitkopf & Härtel.

Schöllhorn, W. (2005): Differenzielles Lehren und Lernen von Bewegung. Durch veränderte Annahmen zu neuen Konsequenzen. In: H. Gabler, U. Göhner & F. Schiebt (Hg.): *Zur Vernetzung von Forschung und Lehre in Biomechanik, Sportmotorik und Trainingswissenschaft* (S. 125–135), Hamburg: Czwalina.

Wewetzer, K.-J. (2008): *Motorisches Lernen in der Sportart Golf – Eine empirische Studie mit Anfängern,* Kiel (Diss.): http://macau.uni-kiel.de/servlets/MCRFileNodeServlet/dissertation_derivate_00002571Motorisches_Lernen_in_der_Sportart_Golf.pdf (Stand: 17.08.2017).

Widmaier, M. (2007): Differenzielles Lernen. Sachgemäßes Üben im Randbereich des Lösungsraums. *Üben und Musizieren* 3/2007, S. 48–51.

Widmaier, M. (2012): Falsch!? Zur Rolle von ‚Fehlern' im Differenziellen Lernen. In: S. Kruse-Weber (Hg.): *Exzellenz durch differenzierten Umgang mit Fehlern. Kreative Potenziale beim Musizieren und Unterrichten* (Üben & Musizieren. Texte zur Instrumentalpädagogik, S. 93–106). Mainz: Schott.

Widmaier, M. (2016): *Zur Systemdynamik des Übens. Differenzielles Lernen am Klavier* (Üben & Musizieren. Texte zur Instrumentalpädagogik). Mainz: Schott.

Wulf, G. & Prinz, W. (2000): Bewegungslernen und Instruktionen. Zur Effektivität ausführungs- vs. affektbezogener Aufmerksamkeitsfokussierungen. *Sportwissenschaft* 30(3), 289–298.

Wilfried Gruhn

Audiation – Grundlage und Bedingung musikalischen Lernens

Die Tatsache, dass ein neuer Begriff in die Pädagogik eingeführt wird, muss noch nicht bedeuten, dass damit auch ein neuer Sachverhalt erkannt und bezeichnet wird. Doch mit Audiation tritt ein lernpsychologisches Konstrukt musikpädagogisch in Erscheinung, das ein zentrales Merkmal genuin musikalischen Lernens darstellt. Denn Audiation verweist auf einen mentalen Prozess, der Lernen von mechanischer Übung zur Erlangung technischen Könnens und von bloßer Gedächtnisleistung als Basis für Wissen unterscheidet. Die Veränderung kognitiver Strukturen, die jedem Lernvorgang zugrunde liegt und das Erkennen musikalischer Merkmale erst ermöglicht, ist für genuin musikalisches Lernen von grundlegender Bedeutung. Die Einführung des Begriffs der Audiation (vgl. Gordon, 1980) hat das Verständnis der dem musikalischen Lernen zugrundeliegenden Strukturen von Grund auf verändert (vgl. Azzara, 1991; Gruhn, 2014) und die Entwicklung einer musikbezogenen Lerntheorie ermöglicht.

Begriffsbestimmung

Der Begriff „Musiklernen" wird hier zunächst auf ganz grundlegende Vorgänge und Tätigkeiten bezogen, mit denen musikalische Phänomene immanent als diskrete Einheiten verarbeitet und gespeichert werden. Worin sich dieses zeigen kann, sei an einigen Beispielen verdeutlicht.

- Zu Zeiten, als die meiste medial vermittelte Musik noch aus dem Radio kam, konnte es geschehen, dass kleine Kinder gegen Ende eines Musikstücks zum Radio liefen und die Aus-Taste drückten. Woher wussten sie, dass das Stück zum Ende gekommen war?
- In einer Eltern-Kind-Gruppe kann ein kleiner Bub beim Vorsingen textloser Melodien, die immer um die verzögerte Auflösung des Grundtons kreisen, es nicht mehr aushalten und singt plötzlich klar und deutlich den Grundton als Ende der Melodie. Woher kennt er ihn?
- Die Musiklehrerin deklamiert in einer Musikstunde ein rhythmisches Motiv, dem ein Schüler spontan antwortet – im gleichen Metrum, in gleicher Länge und mit ähnlichen Rhythmen. Aber es war vorher nichts verabredet worden.
- Im Geigenunterricht soll eine Schülerin eine Moll-Melodie lernen, mit der eine neue Griffart eingeführt wird. Die Melodie wird zuerst gesungen und mit Montessori-Glocken nachgestellt. Dabei merkt die Schülerin sofort, dass eine Glocke der zur Verfügung stehenden Dur-Skala nicht passt. Woher weiß sie das?
- Wie können Musiker auf einem Naturhorn oder einem Streichinstrument und ebenso Sänger Töne treffen und Melodien sauber intonieren, ohne dazu Ventile, Klappen oder Tasten zu benutzen, die die Tonhöhe festlegen?

In derartigen und vielen weiteren vergleichbaren Fällen zeigt sich, dass eine innere Vorstellung (mentale Repräsentation) von dem jeweiligen musikalischen Sachverhalt vorhanden sein muss, um entsprechend handeln zu können. Dazu müssen die Sachverhalte noch gar nicht begrifflich gefasst sein. Vielmehr bilden sich durch wiederholtes Hören ähnlicher Melodien, Rhythmen, Skalen oder einzelner Musikstücke entsprechende Muster, die dann in der Wahrnehmung aktiviert werden können, um etwas als etwas zu erkennen. Mit der Beschreibung von inneren Vorstellungen und mentalen Repräsentationen betreten wir bereits den Bereich der Audiation, die durch und durch pädagogisch und nicht nur wahrnehmungspsychologisch ausgerichtet ist.

Die Bildung mentaler Repräsentationen, die durch Audiation aktiviert werden, ist möglich, weil das menschliche Gehirn ein Regel generierendes Organ und kein bloßer Speicherplatz ist. Umgang und Erfahrung erzeugen Muster und Regeln, die dann im eigenen Tun und Hören angewendet werden. In einem der obigen Beispiele ist das Phänomen „Grundton" im inneren Hörbewusstsein bereits vorhanden, sodass dessen Eintritt erwartet werden kann und sich danach ein strukturelles Wissen über das Ende einer Melodie oder eines Musikstücks entwickeln kann. Wenn ein solches Muster gebildet ist, können alle neuen Hörerfahrungen unmittelbar auf das gespeicherte Muster bezogen werden. Musikalisches Hören und Erkennen setzt also ein beziehendes Denken in Gang, wobei ein aktuell gegebener Klang mit gespeicherten Musterklängen verglichen wird. Dieser Vorgang wird auch als *pattern matching* beschrieben. Was immer ein Mensch erkennt oder wiedererkennt, geht auf ein Vergleichen mit vertrauten Mustern zurück. In einem aktiven, Bedeutung gebenden Vorgang erzeugt das Individuum also das, was es erkennt, und zwar als Bestätigung oder Abweichung von erworbenen erwartungsleitenden Mustern.

Audiation ist also immer ein auf Verstehen gerichteter Vorgang, der sich auf ein Denken von und in Musik stützt (vgl. Tappert-Süberkrüb, 2005). Solch musikalisches Denken vollzieht sich aber nicht notwendig begrifflich rational, sondern immanent musikalisch in den innerlich gehörten oder vorgestellten Klängen. Das führt dann dazu, dass man die musikalischen Strukturmerkmale auf einer rein musikalischen Ebene erfasst und entsprechend musikalisch repräsentiert, um dann musikalisch reagieren (Improvisieren im gleichen Metrum, Finden des „falschen" Tons in der Tonleiter etc.) zu können. Wenn wir diese Fähigkeit als Audiation bezeichnen, dann verweist dieser Terminus auf einen genuin musikalischen Denk- und Vorstellungsprozess, ist also nicht musiktheoretisch oder metakognitiv begründet (explizites Wissen über Musik). Audiation bezeichnet somit den autonomen klanglichen Modus musikalischen Denkens, der sich in der Aktivierung vorhandener musikalischer Repräsentationen vollzieht. Damit ist Audiation, die selber nicht isoliert beobachtbar und unmittelbar messbar ist, nicht Gegenstand einer „kompetenzbasierten" Bewertung von Gehörbildung (vgl. Wolf, 2016), sondern steht jenseits formaler Hörtypologien, insofern sie als lerntheoretisches Konstrukt ein kognitionspsychologisches Modell für bewusstes, strukturelles Hören liefert.

Lerntheoretische Grundlagen bei Edwin Gordon

Zum Begriff

Das lernpsychologische Konzept und der Begriff *audiation* wurden von Edwin Gordon im Zusammenhang seiner Begabungsforschung bei der Entwicklung einer Reihe unterschiedlicher Begabungstests Ende der Siebzigerjahre entwickelt (vgl. Gordon, 1979). Im Rahmen seiner lernpsychologischen Arbeiten wurde der Begriff dann immer weiter ausdifferenziert (Gordon, 1980–2012) und ist heute in der Musikpädagogik weltweit fest etabliert. Bei der Audiation geht es zunächst um ein lernpsychologisches Konstrukt, das dann zum zentralen Dreh- und Angelpunkt seiner musikalischen Lerntheorie wurde. Ohne eine Klärung dieses Begriffs bliebe Gordons Lerntheorie in sich unverständlich.

Audiation und auditory imagery

Ursprünglich geht Gordon von der inneren Hörvorstellung aus, die keiner physikalischen Vergegenwärtigung des Klangs bedarf. Damit bewegt er sich aber noch ganz im Rahmen dessen, was in der Wahrnehmungspsychologie als *auditory imagery* bezeichnet wird. Dabei geht es um die *Musik im Kopf* (Spitzer, 2002b), die man sich klanglich vorstellen kann, als wäre sie real. Solche Vorstellungen beruhen aber in der Regel auf der Erinnerung an bereits gehörte Musik und stellen damit nur einen Abruf *(recall)* bereits gespeicherter Hörerfahrungen dar. Audiation geht aber insofern darüber hinaus, als es sich hierbei nicht um Gedächtnisleistungen handelt,[1] sondern um den Prozess, einem gehörten Klang durch Rückbezug auf erworbene Muster seine musikalische Bedeutung zu geben. Es geht also um Kognition in Bezug auf musikalische Erscheinungen, die schon bekannt sind, die aber auch ganz neu eintreten können. Insofern übersteigt Audiation als bedeutungsgenerierendes Denken das innere Hören der *auditory imagery*, die auf bereits bekannte Wahrnehmungsinhalte bezogen ist, die willentlich oder unwillkürlich in der Vorstellung erscheinen.

Wenn wir über innere Vorstellungen sprechen, denken wir unwillkürlich zuerst an visuelle Vorstellungen. Jeder kann sich eine ihm bekannte Person, einen Apfel oder ein Auto vorstellen, ohne das jeweilige Objekt real vor sich zu sehen, vorausgesetzt, dass es grundsätzlich bekannt ist. Interessanterweise stellt man sich dabei nicht unbedingt einen bestimmten Apfel oder seinen Freund in einer bestimmten Kleidung oder Haltung vor, sondern entwickelt ein inneres Bild der strukturellen Merkmale der Person oder Sache. Ebenso kann man eine Melodie, ja ein ganzes Musikstück innerlich hören, ohne an eine konkrete Interpretation eines bestimmten Ensembles oder an ein bestimmtes Instrument zu denken. Dieses innere Bild enthält dabei aber alle strukturell wichtigen Merkmale des realen Sachverhalts, der erinnert und mental vorgestellt wird.

Damit wird klar, was Audiation vom inneren Hören als passivem Nachhall gehörter Musik unterscheidet. Denn obwohl Gordons früheste Bestimmungen des Begriffs („audiation takes place when one hears music through recall and creation, the sound not being physically present", Gordon 1980, 3, Fn. 2) sich noch nicht wesentlich von der *auditory imagery* unterscheidet, gibt der Hinweis auf *creation* schon einen ersten Fingerzeig auf die entscheidende Bedeutung, die er später dem erkennenden Hören *(intelligent listening)* zuerkennt. Audiation bildet also eine Voraussetzung zum musikalischen Verstehen, insofern es auf die Erkenntnis der musikimmanenten Bedeutung einzelner Erscheinungen gerichtet ist. „Audiation [...] derives musical meaning. [... and] provides the immediate readiness for intelligent listening to music" (Gordon, 1980, 2 f.).

Mit zunehmender Verfeinerung des Konzepts der Audiation tritt der kognitive Aspekt des Verstehens *(hear and comprehend)* immer stärker in den Vordergrund. Die Bedeutung des Denkens für das Verstehen führt ihn dann zu der Analogie von Musik und Sprache: „Audiation is to music what thought is to speech" (Gordon, 1980, 13). Ohne den Akt beziehenden Denkens im Rahmen grammatischer Strukturen kann nach Gordon nicht von musikalischem Lernen gesprochen werden. Audiation ist das immanent musikalische Denken, wodurch man den musikalischen Strukturen jenseits von ihren emotional erfahrbaren Klangqualitäten ihre musikimmanente Bedeutung gibt. Diese Prämisse ist fundamental für Gordons Lerntheorie. Daraus folgt, dass musikalisches Lernen zum Denken und Verstehen musikalischer Klänge befähigen soll. Dies geschieht durch eine aktive Projektion bereits erworbener Erfahrungen bzw. erlernter Muster auf neue Zusammenhänge.

Audiation und Imitation

Lernen als eigenständiger, bedeutungsgenerierender Denk-Akt unterscheidet es somit von bloßer Imitation. Letztere zielt auf die Reproduktion von Bekanntem, Lernen dagegen auf die Erkenntnis von etwas Neuem. Diese Idee kleidet Gordon in mannigfaltige Sprachbilder, die nicht immer leicht auf den musikalischen Sachverhalt zu übertragen sind, aber in der Analogie eine markante Abgrenzungen zeigen (Gordon, 1997):

- „Imitation is a product, whereas audiation is a process" (9).
- „Imitation is learning through someone else's ear. Audiation is learning through one's own ears" (9).
- „Imitation is like painting a canvas; it requires the adding of material. Audiation is like sculpture; it requires the taking away of material" (9).
- „Audiation is an active response [to the incoming sound] by anticipating in familiar music and predicting in unfamiliar music" (10).
- „The structure of audiation is deep and serves in *background conception*. The structure of imitation [...] is superficial and serves simply as *foreground perception*" (10, Hervorhebungen im Original).

Mit der Abgrenzung der Audiation gegenüber bloßer Imitation tritt ein wesentliches Merkmal der Audiation in Erscheinung. Während Imitation auf einer Gedächtnisleistung beruht, regt Audiation einen aktiven Denkvorgang des Vergleichens an. Denn Imitation beruht auf der Unterscheidungsfähigkeit von „gleich" oder „verschieden", die so zur Voraussetzung für Imitation wird. Im Prozess der Entwicklung der Audiationsfähigkeit spielt dann die Imitation, d. h. die genaue Reproduktion gehörter Klänge eine wichtige Rolle. Gordon bezeichnet daher mit *imitation* auch eine Stufe beim frühkindlichen Erwerb der Audiation (vgl. Gordon, 1990). Ohne die Fähigkeit, einen bestimmten Ton in der Vorstellung zu halten, wäre es unmöglich, ihn mit einem gehörten zu vergleichen und dann das eigene Singen dem Gehörten anzupassen. Intonationssauberes Singen ist ein Ausweis von angewandter Audiation. Das gilt dann später auch auf allen Ebenen musikalisch künstlerischer Betätigung. Improvisieren, Erfinden, Variieren etc. beruhen immer auf der Fähigkeit zur Audiation; ohne Audiation wäre letztlich kein kreativer Umgang mit musikalischem Material möglich.

Audiation und Begabung

Schwieriger ist es, das Verhältnis der Audiation zur musikalischen Begabung eindeutig zu bestimmen. Nach Gordon beinhaltet Begabung das Maß für das kognitive Potenzial zum Lernen; die Lerntheorie beschreibt dann, wie Lernende dieses Potenzial beim Lernen ausnutzen. Gordon betont, dass Audiation eine Grundlage für die sich entwickelnde Begabung darstelle (vgl. Gordon, 1990, 18). Das Potenzial zur Audiation ist angeboren, d. h. genetisch festgelegt. Diese Tatsache macht sie zu einem wichtigen Faktor im Rahmen der Ausprägung der Begabung *(aptitude)*. Je größer das genetisch determinierte Potenzial zur Audiation ist, desto besser kann sich die Begabung entfalten. In der jüngsten Ausgabe seiner Lerntheorie (2012) bekräftigt er dies noch einmal.

» Audiation is integral to both music aptitude and music achievement. However, it functions differently in each. Audiation potential cannot be taught. It is a matter of music aptitude which comes naturally. By providing children and students with appropriate knowledge and experience, they can be taught how to audiate; that is, how to use inborn audiation as determined by their music aptitude and to maximize acquired music achievement as determined by quality of the environments.“ (Gordon, 2012, 3)

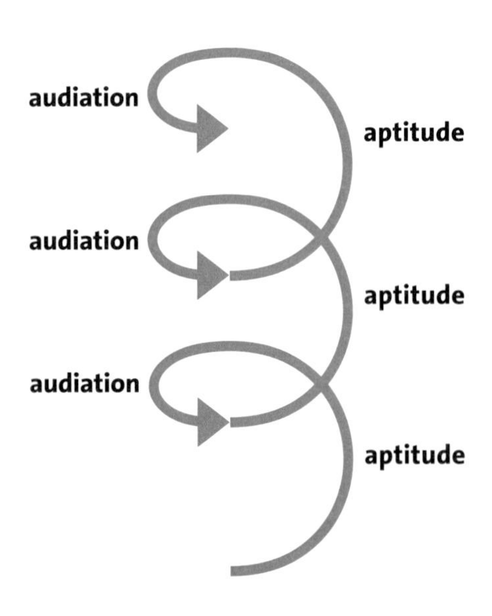

Abb. 1
Spiralförmiges Modell der Interaktion von Begabung und Audiation

Auf der anderen Seite hat Gordon in Kursen und Vorträgen immer wieder gemahnt: „Don't teach music, teach audiation!“ Entwicklungsfähig und damit lehr- und lernbar sind nur der Gebrauch und die Intensität bzw. die Qualität der Audiation *(how to audiate)*, während das Potenzial dazu jedoch angeboren ist und nicht erworben werden kann *(potential cannot be taught)*.

Die Frage, ob und inwieweit Audiation als Voraussetzung für oder als Folge von Begabung gelten soll, ist damit aber nicht endgültig beantwortet. Vielmehr liegt ein zirkuläres Wirkungsverhältnis von Begabungsentwicklung und Audiationspotenzial vor. Dies bedeutet, dass die kognitiven Bedingungen für die Audiation vorgezeichnet sind, die dann Einfluss auf die Begabungsentwicklung nehmen. Oder umgekehrt: die Begabungshöhe hängt mit der Audiationsfähigkeit unmittelbar zusammen. Man könnte sich dies als einen spiralförmigen Prozess der Interaktion von Begabung *(aptitude)* und Audiation vorstellen (siehe Abb. 1).

So wird verständlich, dass Gordon *audiation* immer in einen Zusammenhang mit Begabung stellt *(a matter of aptitude)*. Die Höhe (oder: Güte) der Audiationsfähigkeit gibt somit indirekt einen Hinweis auf die Begabungshöhe. Je besser die Audiation gelingt, desto größer muss die Begabung sein. Doch es gilt auch die umgekehrte Aussage: Je höher die Begabung, desto besser gelingt Audiation. Beide lernpsychologischen Konstrukte hängen also zusammen und bedingen sich gegenseitig.

Seine verschiedenen Begabungstests bezeichnet Gordon daher als *measures of audiation* (Gordon, 1979; 1982; 1989). Darin geht es um den Vergleich von kurzen Melodie- und Rhythmuspaaren, die als „gleich" oder „verschieden" erkannt werden sollen. Die Pause zwischen den beiden Teilen eines Paars sind dabei immer ein wenig kürzer, als es nötig wäre, um die erste Phrase innerlich singend zu wiederholen, d. h. also um bloße Imitation zu vermeiden. Wäre es möglich, die Items innerlich vollständig zu reproduzieren, handelte es sich nicht mehr um Audiation, sondern um Imitation aus dem Gedächtnis.

Audiation und Kreativität

Schon in der ersten Definition der Audiation erscheint der Begriff der Kreativität. Denn es geht nicht allein um die Reproduktion des Gehörten im Kopf, sondern um erkennendes Denken beim Hören von Musik wie ebenso beim Vorstellen von Musik, die man sich zu spielen anschickt oder spontan erfindet. In diesem Sinne ist die Verwendung der Bezeichnung Kreativität zu verstehen, die sich vom Kreativitätsbegriff in der Ästhetischen Erziehung deutlich unterscheidet. Wichtig erscheint er aber insofern, als damit das Moment des Neuen, Eigenen, noch nicht Erinnerbaren ins Blickfeld rückt, das für das musikalische Lernen so wichtig ist, weil es den kognitiven Prozess des Lernens unterstreicht und Lernen so von bloßer Wissensspeicherung und technischem Training abhebt.

Jedes eigenständige Musikmachen beim Literaturspiel und Improvisieren beruht auf der Fähigkeit zur Audiation. Daher ist ein genaues Verständnis des Verhältnisses von Begabung und Audiation ebenso wichtig wie deren Beziehung zu Improvisation und zum Erfinden von Musik. Audiation bezeichnet Gordon daher als Schlüssel zur musikalischen Kreativität (vgl. Gordon, 1994).

Audiation und Repräsentation

Eine musikalische Struktur, d. h. ein Rhythmus oder eine tonale (melodische) Wendung, muss als Ganzes „formal" repräsentiert sein, damit es zur Audiation kommen kann. Audiation bedeutet dann nichts anderes als die Aktivierung formal repräsentierter Strukturen. Unter formaler Repräsentation versteht Jeanne Bamberger in Anlehnung an Jean Piagets Begriff der formalen Operation und im Unterschied zur figuralen, d. h. abbildenden Repräsentation (vgl. Bamberger, 1991) die innere Vorstellung einer musikalischen Gestalt in abstrakter, ganzheitlicher Form, die keiner konkreten Reproduktion (realen Verklanglichung) oder Bindung an ein Instrument oder eine Klangfarbe bedarf. Man könnte daher auch sagen, dass Audiation auf der Fähigkeit zur formalen Repräsentation beruht. Lernen kann dabei kognitionspsychologisch und neurobiologisch als der Übergang von figuraler zu formaler Repräsentation beschrieben werden (vgl. Gruhn, 2014).

Audiation und Solmisation

Als methodische Hilfe zur Bildung mentaler Repräsentationen, die die Grundlage der Audiationsfähigkeit bilden, kann die in jüngster Zeit wieder verstärkt in den musikpädagogischen Blickpunkt gerückte Relative Solmisation dienen. Dieses Verfahren wird mit Guido von Arezzo in Verbindung gebracht, der mit Hilfe von Silben (*ut, re, mi ...*) die Intervalle einer Melodie abbildete (vgl. Losert, 2015, 55). Dieses System der sprachlichen Bezeichnung von Tonbeziehungen fußt auf dem inneren Zusammenhang von Erkennen, Benennen und Verstehen. Pädagogisch wurde die Relative Solmisation *(Tonic Solfa)* dann vornehmlich seit dem 19. Jahrhundert als eine Technik eingesetzt, mit deren Hilfe man phänomenal wahrgenommene Tonbeziehungen (insbesondere die Lage der Halbtonschritte) sprachlich benennen konnte. Dabei gilt, dass was gleich klingt, auch gleich heißt: *Do* bezeichnet den Grundton einer jeden Durtonleiter, *La* den einer jeden Molltonleiter etc. Lernpsychologisch bedeutet dies, dass sich im Akt des Benennens eine distinkte Wahrnehmung von etwas als etwas konkretisiert. So werden unspezifische Ereignisse ins Bewusstsein gehoben, die sonst im unreflektierten Tun und in der Imitation spontan vollzogen werden, und es können die tonalen und metrischen Bedingungen musikalischer Verläufe für das eigene Verstehen verfügbar gemacht werden: Ton- wie ebenso Rhythmussilben benennen das, was man gehört hat, und machen es explizit. Die Relative Solmisation resultiert also aus der Verbindung von Denken, Vorstellen und Benennen und weist dieser so ihren lerntheoretischen Ort zu. Denn dabei entstehen im mentalen Bewusstsein die Repräsentationen, die dann in der Wahrnehmung wie bei der musikalischen Ausführung aktiviert werden. Und genau diese Aktivierung von Vorstellungsinhalten macht auch das Wesen von Audiation aus (Abb. 2).

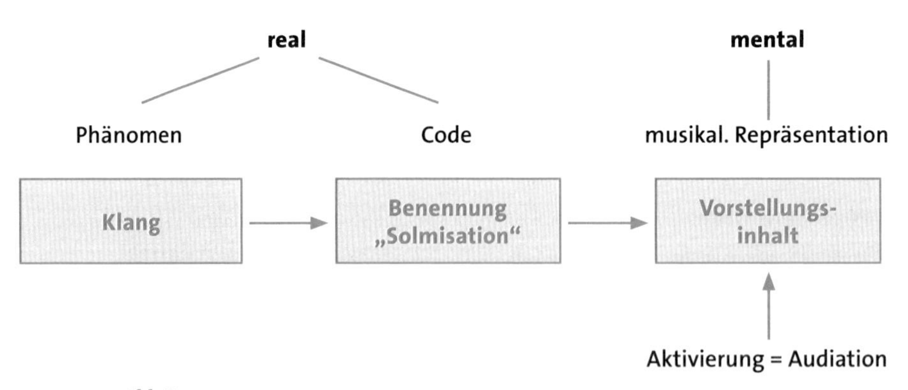

Abb. 2
Das Zusammenwirken von realen und mentalen Inhalten im Vorgang der Audiation.

Solmisation kann also dazu beitragen, musikalische Phänomene als repräsentierte Einheiten zu festigen, um sie im Vorgang der Audiation abrufen zu können. Damit wird Solmisation zu einer besonderen Lernhilfe auf dem Weg zur Audiation.

Kognitionspsychologische und neurobiologische Grundlagen der Audiation

Hören und audiieren

Audiation bedeutet, dass man beim realen Zuhören von Musik auch audiiert, also gleichzeitig innere Repräsentationen aufruft. Die neuronalen Korrelate der Audiation finden sich in den mentalen oder neuronalen Repräsentationen, die beim Hören, Vorstellen, Lesen, Musizieren und Erfinden von Musik aktiviert werden. Die modernen Neurowissenschaften haben die Areale und neuronalen Prozesse bei der Musikverarbeitung untersucht (Peretz & Zatorre, 2003) und insbesondere für die sprachanalogen Bereiche der Musik (Koelsch, 2012; Patel, 2008), für das Instrumentalspiel (Altenmüller, Wiesendanger et al., 2006) für die emotionalen Wirkungen (Altenmüller, Schmidt et al., 2013; Juslin & Sloboda, 2010) und für das Lernen (Gruhn, 2008; 2014; Spitzer, 2002a) dargestellt . Hier soll es nun um die Mechanismen gehen, die bei der inneren Vorstellung, also beim Denken von musikalischen Klängen und Verläufen aktiviert werden.

Wie oben bereits dargestellt wurde, unterscheidet sich Audiation von akustischen Erinnerungsbildern, die auf Bekanntem beruhen, dadurch, dass auch neue Strukturen auf gespeicherte Muster bezogen werden können und in einem Denk-Akt mit diesen verglichen werden. Die der auditorischen Klangvorstellung zugrundeliegenden Mechanismen sind kognitionspsychologisch (McAdams & Bigand, 1993; Reisberg, 1992) und neurobiologisch (Schnupp, Nelken et al., 2011; Zatorre & Halpern, 2005) umfassend dargestellt worden. Dabei zeigen die neuronalen Korrelate der *auditory imagery* Überlappungen in den jeweiligen Hirnarealen mit den Aktivierungen beim realen Hören, d. h. das Erinnern und Vorstellen von Musik spielt sich auch in den Arealen ab, die für das Hören zuständig sind, was nicht sonderlich überraschend ist.

In einer frühen EEG Studie wurde erstmals 1994 versucht,. die Hirnaktivitäten während des Audiationsvorgangs zu messen (Altenmueller & Gruhn, 1997). Dabei hörten die Probanden eine Fünftonfolge *(1. sequence)*, von der sie anschließend mental den Krebs bilden und sich vorstellen sollten. Bei der darauf folgenden Vergleichstonfolge *(2. sequence)* war dann durch Abgleich der vorgestellten mit der gehörten Sequenz zu entscheiden, ob der angebotene Krebs richtig oder falsch erklang (Abb. 3). Dabei zeigte sich, dass die hirnelektrischen Aktivierungsmuster während der stummen Audiationsphase zwischen den beiden Hörsequenzen sich sowohl deutlich von den Mustern beider Hörsequenzen unterscheiden, als auch eine deutlich stärkere Aktivierung gegenüber der Ruhephase vor der Messung erkennen lassen. Ebenso erwies es sich aber auch, dass die zweite Hörsequenz, bei der über „richtig" oder „falsch" zu entscheiden war, wozu die Audiation notwendig beiträgt, eine insgesamt stärkere hirnelektrische Antwort hervorruft. Während die fünf Gipfel der Aktivierungskurve den fünf akustischen Signalen entsprechen, fehlen diese in der Audiationsphase. Die in der zweiten Sequenz insgesamt stärkeren Signale resultieren also aus der Verbindung der gedanklichen Audiation (Hörvorstellung) mit der auditiv verarbeiteten Tonfolge. Audiation kann somit als eine Intensivierung des Höreindrucks verstanden werden, die mit einem Erkenntnisgewinn (Urteil über den Krebs) einhergeht.

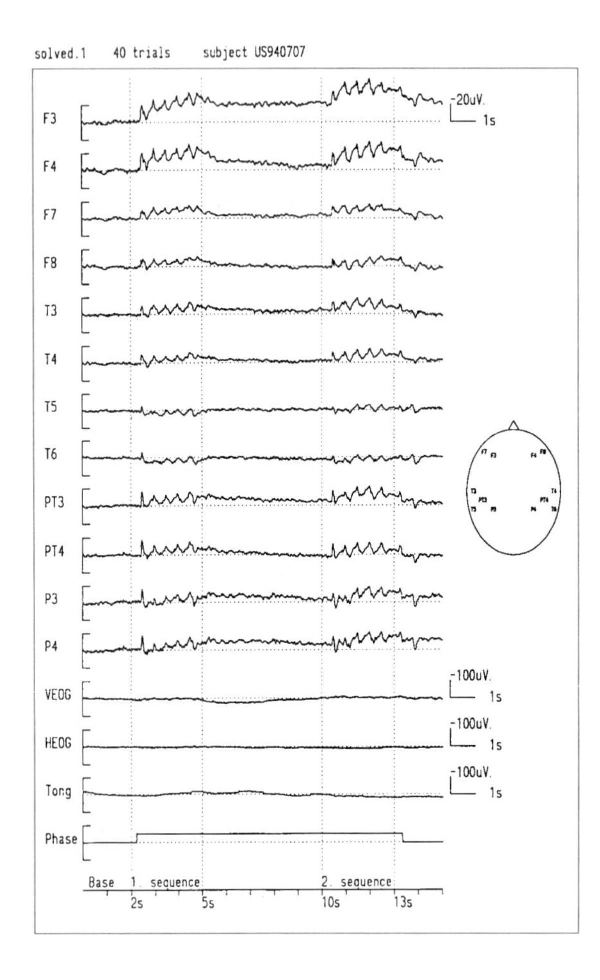

Eine funktionale MRT-Studie zur Audiation liegt bislang nicht vor, was mit der methodischen Schwierigkeit zusammenhängen dürfte, die neuronalen Aktivierungsmuster bei der Audiation eindeutig gegenüber dem reinen Arbeitsgedächtnis und der *auditory imagery* abzugrenzen. Dennoch erscheint es lerntheoretisch sinnvoll und notwendig zu sein, diese Vorgänge phänomenal zu unterscheiden.

Abb. 3
Messprotokoll einer richtigen Lösung bei der Tübinger Studie (1994) im Institut der Neurologischen Klinik der Universität Tübingen, erstellt von Eckart Altenmüller. In der base-line sind Abfolge und Dauer der ersten Hörsequenz (1. sequence), *der nachfolgenden stumme Audiationsphase und der zweiten Hörsequenz mit der Entscheidung* (2. sequence) *angegeben. Die klar erkennbaren* peaks *bilden die Wahrnehmung der fünf Tonhöhen ab.*

Lesen und audiieren: notational audiation

Eine besondere Bedeutung erlangt Audiation in Verbindung mit Notation *(notational audiation)*. Dies bedeutet, dass ein Zeichen – ein Notationssymbol – mit einem bestimmten Klang assoziiert werden kann. Notation kann ganz unterschiedliche Bedeutungen haben: Sie kann als Griffschrift (Tabulatur) eine Handlungsanweisung enthalten und angeben, was zu tun ist, um einen bestimmten Klang zu erzeugen; sie kann aber auch als grafisches Abbild der Struktur des Klangverlaufs fungieren (grafische Notation) oder ein vereinfachtes Hörprotokoll darstellen (Hörpartitur). Nur in dem Fall, dass ein notiertes Zeichen als Symbol einen bestimmten Klang vertritt, kommt Audiation ins Spiel. Dabei wird nicht ein gehörter Ton aus der Erinnerung heraus innerlich vorgestellt, sondern ein Zeichen vertritt einen Ton, indem es eine unmittelbare Verbindung zwischen Klang und Zeichen herstellt.

Man muss dabei drei Bereiche der Darstellung von Klängen unterscheiden. Zum einen gibt es den physikalischen Klang, der real vorhanden ist oder mental gedacht werden kann; dies ist die auditive Seite des Umgangs mit Klängen. Zum anderen kann dieser

Klang auch begrifflich erfasst (Notenname), benannt (Solmisation) oder verbal umschrieben werden: Das ist die kognitive Seite der Beziehung zwischen Klang und Wahrnehmung. Schließlich kann ein Klang aufgeschrieben, d. h. durch ein grafisches Symbol vertreten werden; dies macht die visuelle Seite der Beziehung aus (Abb. 4).

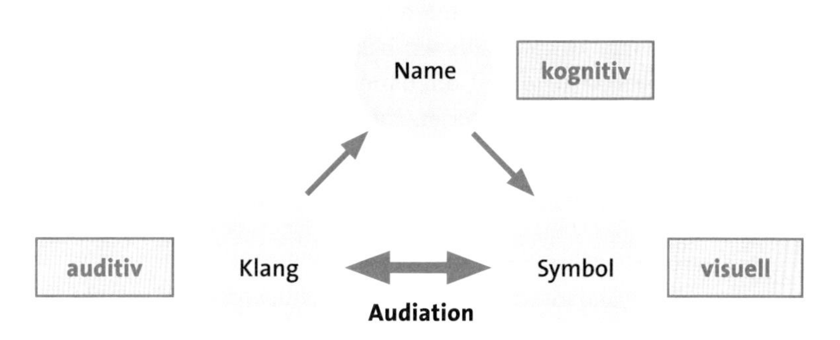

Abb. 4
Schema der Verweisebenen musikalischer Phänomene

Erst wenn ein Klang durch Hören und Tun (Erzeugen dieses Klanges) kognitiv gefestigt und als Phänomen mental repräsentiert wird, kann er auch symbolisch codiert und im Akt der Audiation wieder klanglich aktiviert, d. h. in Klang umgewandelt werden. Gordon bezeichnet diesen Typ der Audiation, der die Grundlage der musikalischen Lesefähigkeit darstellt, als *notational audiation* (Gordon 1980, 3), d. h. man kann die Notenschrift (einen Notentext, „Musik") erst dann im eigentlichen Sinn „lesen", wenn man die Notensymbole unmittelbar mit einem Klang assoziiert, also ganz analog, wie man einen geschriebenen Text, ohne ihn laut zu sprechen, lesen und verstehen kann. Das Buchstabieren der Notennamen f-e-f-d-e-c-d-d stellt noch kein „Lesen" einer Melodie dar, wie das Buchstabieren von N und E und B und E und L noch keinen Begriff ergibt. Erst die Erfassung der einzelnen Elemente (hier: Buchstaben oder Notennamen) als sprachliches bzw. musikalisches Gebilde macht es möglich, die Buchstabenfolge als Substantiv „Nebel" bzw. die Tonfolge als dorische Melodiefloskel zu erfassen. Erst dann kann das Wort seinen vollen Bedeutungsumfang (Nebel = Dunst, mit Feuchtigkeit gesättigte Luft) mit all seinen Assoziationen und Stimmungen gewinnen oder kann die Melodiefloskel als Anfang der Sequenz der Totenmesse *(dies irae)* erkannt werden.

Im Akt der Audiation geben wir den wahrgenommenen Erscheinungen (Phänomenen) also ihre vorgängige Bedeutung. Man kann daher auch von Audiation als dem Prozess der phänomenalen Bedeutungsgenerierung sprechen. Dies unterscheidet sie ebenso von bloßem Nachhall einer Wahrnehmung wie von der aktivierten Erinnerung an bereits Bekanntes. Um die Sequenz *dies irae* zu erkennen, muss sie schon bekannt, d. h. im Bewusstsein repräsentiert sein. Doch auf der untersten Verweisungsebene im Semioseprozess des Etwas-als-Etwas-Erkennens steht die Wahrnehmung der Tonfolge als dorische Klangqualität, was noch keineswegs die Bekanntheit des Begriffs voraussetzt. Im speziellen Kontext kann dann diese dorische Wendung als Sequenz – oder auch als etwas ganz anderes wahrgenommen werden. Damit es aber zu diesem Wahrnehmungsprozess musikalischer Phänomene kommen kann, muss den Klängen durch Audiation erst ihre Bedeutung zugewiesen werden.

Das tatsächliche Vorhandensein der *notational audiation* ist bei professionellen Musikern experimentell überprüft worden (vgl. Brodsky, Henik et al., 2003; Brodsky, Kessler et al., 2008). Dabei wurden Musikstudenten und Berufsmusiker aufgefordert, notierte Melodien zu lesen, die ein bekanntes Thema in verfremdeter Orthografie vorstellten *(embedded melodies)*, um dann anzugeben, welche der nachfolgend gehörten Originalmelodien der veränderten Form zugrunde lag. Während die meisten Musiker (aber immerhin doch nur 80 %) das Original im Klangbeispiel wiedererkannten und die falschen Versionen (*lures*) zurückwiesen, schrumpfte die Anzahl auf nur noch zwei Drittel (67 %), wenn das Lesen mit einer rhythmischen Ablenkung verbunden war, die die Audiation störte (vgl. Brodsky, Kessler et al. 2008, 432).

Eine andere Studie mit 340 Musikstudenten förderte ähnliche Ergebnisse zutage. Dabei zeigten die Resultate eines Hörtests und einer schriftlichen Transkriptionsaufgabe bei australischen Musikstudenten, dass ein tonales Verständnis bei einer großen Zahl von ihnen wegen mangelnder Audiation nicht hinreichend ausgebildet war (vgl. Sommervelle, 2016).

In einer neuen Studie sollen daher die Befunde zur *notational audiation* unter strengen Testbedingungen erneut überprüft werden (vgl. Estrada, Kopiez et al., 2015; Platz, Kopiez et al., 2017). Dies dürfte dann durchaus wichtige Konsequenzen für die Vermittlung und das Erlernen der Notenschrift haben, sofern diese als ein Symbolsystem für Klänge verstanden wird. Denn es bleibt eine offene Frage, inwieweit musikalisches Lernen jenseits von mechanischem Training ohne Audiation überhaupt gelingen kann. Hier können nur empirische Befunde eine Antwort geben.

Die Bedeutung der Audiation für den Musikunterricht und das Musiklernen

Audiation im Instrumentalunterricht

Eine besondere Bedeutung erhält die Fähigkeit zur Audiation im Instrumentalunterricht, wenn es um Improvisation geht, also mit bekanntem Material neue Strukturen und Kombinationen ausprobiert werden und so überhaupt etwas Neues und Eigenes entsteht. Improvisation beruht auf Audiation, indem bereits bekannte Spielweisen und musikalische Formen eingesetzt werden. Audiation bedeutet hier, dass neue Kombinationen (z. B. von Dreiklangstönen oder Skalenausschnitten) in der Hörvorstellung vorausgedacht werden können. Dies bildet zugleich die Grundlage für inferentielles Eigenlernen,[2] durch das neu erworbene Fähigkeiten und Fertigkeiten gefestigt und damit allgemein verfügbar werden. Das gleiche gilt für das Variieren von vorgegebenem Material. Denn erst, wenn ein Schüler mit den vorhandenen Materialien spielen kann und diese selbstständig neu arrangiert und umbildet, verfügt er wirklich über dieses Material, hat er es sich zu Eigen gemacht. Dazu muss er aber fähig sein, die Klänge strukturell zu denken, d. h. sie zu audiieren.

Zahlreiche Anlässe dazu bietet der Instrumentalunterricht in allen unterrichtsmethodischen Zusammenhängen: beim technischen Üben wie beim Musizieren komponierter Stücke, beim Improvisieren und Erfinden, im Ensemble wie allein am eigenen Instrument und zwar immer dort, wo eigene Handlungs- und Erprobungsmöglichkeiten beim Lernen in Spiel kommen. Einen Rhythmus, eine Strichart, die Tonart, Dynamik und Phrasierung oder einen formalen Ablauf kann man zu Übungszwecken aber nur dann musikalisch sinnvoll variieren, wenn man die zugrundeliegende musikalische Substanz audiieren, d.h. sich ihre Struktur mental vorstellen kann. Man muss innerlich denken können, wie etwas klingen soll, bevor man es spielen kann. Fragen wie „Welchen Fingersatz soll ich nehmen?", „Soll ich mit Auf- oder Abstrich beginnen?" oder „Wo soll ich atmen?" wären daher zu ersetzen durch die Aufforderung: „Sing doch mal, wie du es hörst, wie es klingen soll". Dazu muss ein Musiker sich die vollständige Gestalt einer Melodie oder Phrase vorstellen können (audiieren), ohne sich an eine zuvor gehörte Version bloß zu erinnern. Denn Audiation ist nicht nur die Grundlage für musikalisches Lernen, sondern auch Voraussetzung für jegliches Musizieren vom ersten Anfang an.

Erst auf der Grundlage von Audiation kann es gelingen, sauber zu intonieren, vor allem wenn keine Bünde, Klappen, Ventile oder Tasten den Tonort lokalisieren. Der Hinweis „Der dritte Finger ist zu tief" nützt wenig, wenn der zu spielende Ton nicht klar audiiert wird. Ein Sänger wird einen großen Sprung dann leichter und intonationsreiner treffen, wenn er nicht ein Intervall „abzählt" oder dieses hundertmal memoriert, sondern wenn man den musikalischen Zusammenhang versteht (audiiert):

Die verminderte Septime *as – h* braucht nicht als Abstand von neun Halbtönen eingeübt zu werden, wenn das *h* als unterer Leitton zum Zielton *c* gedacht und als Rahmen eines verminderten Septakkords als Dominante (D^v) zu c-Moll audiiert wird.

Audiation im schulischen Klassenunterricht

Im gegenwärtigen Klassenunterricht spielt neben den curricular festgelegten Inhalten gemeinsames Musizieren (instrumental und vokal oder digital-elektronisch) als sozial erfahrbare Musikpraxis eine zentrale Rolle (vgl. Regelski, 2016). Dabei ist zu fragen, inwiefern darin Audiation zum Tragen kommt. Das hängt ganz entscheidend von dem zugrundeliegenden Musikbegriff ab. Wie die Debatte um den *Aufbauenden Musikunterricht* zeigt (vgl. Gies & Wallbaum, 2010), divergiert dieser in den verschiedenen Konzeptionen beträchtlich. Denn nur bei der Vermittlung von objektivierbaren musikalischen Grundmustern, die intersubjektiv in einem bestimmten kulturellen Kontext gültig sind, können sich musikimmanente Repräsentationen bilden, die dann im Akt der Audiation aktiviert werden. Geht es aber primär um subjektive Wahrnehmungspraxen, Kulturerschließung und subjektiv bedeutsame Umgangsweisen (vgl. Gies & Wallbaum, 2010; Jank & Stroh, 2006), verlieren genuin musikalische Phänomene zwangsläufig an Bedeutung.

Sichtbar wird dies auch bei der Frage nach der Bedeutung der Notation im allgemeinbildenden Klassenunterricht, die ohne Audiation nicht sinnvoll eingeübt werden kann. Bereits in den Siebzigerjahren hatte im Zusammenhang mit der Einführung neuer Unterrichtskonzepte wie *Musik aktuell* (1971) und *Sequenzen* (1972) eine heftige Diskussion darüber stattgefunden, inwieweit das Notenlesen für Schülerinnen und Schüler sinnvoll sei, die kein Instrument spielen, oder was es zur Bildung eines mündigen Hörers beitrage, wenn man abstrakte musiktheoretische Phänomene wie den Quintenzirkel einführe. Musikalisch verstehen kann man die Notenschrift erst, wenn sie als Zeichen für einen Klang fungiert, der audiiert werden muss, um die Bedeutung der schriftlichen Zeichen erfassen zu können.

Ebenso sind musikalische Strukturen wie die musikalische Kadenz keine theoretische Abstraktion, sondern klangliche Modelle, die durch Hören, Singen und Spielen erfahren werden müssen, damit man deren Funktionen (z. B. als Tonika, Dominante, Subdominante) audiieren kann, bevor sie symbolisch codiert werden. Ist dies der Fall, kann man eine Kadenz auf immer neue Art musizieren, indem man die Stimmen verändert, erweitert, unterschiedlich rhythmisiert und phrasiert und auf diese Weise ganze Chorsätze mehrstimmig improvisiert (siehe Bannan, 2010). Die Stellung der Audiation im Klassenunterricht hängt also vom jeweiligen Musik- wie Lernverständnis ab.

Erst recht bleiben im Bereich Werkhören und Analyse Beschreibungsversuche musikalisch inhaltsleer, wenn das musikalische Geschehen nicht audiiert werden kann. In Schuberts *Frühlingstraum* aus der *Winterreise* bildet die Melodie einen auf 10 Takte erweiterten musikalischen Satz. Die Formen von Satz und Periode müssen aber als Struktur innerlich repräsentiert sein, um sie als musikalische Gestalt erkennen zu können. Wenn Schüler nach dem Anhören der Klaviereinleitung feststellen, dass diese mit dem Nachsatz anfängt, und dann fragen, warum Schubert das mache, dann ist damit – und erst damit – die Frage aufgeworfen, die Analyse möglich macht, welche weit über ein triviales Suchen nach „bunten Blumen" und „lustigem Vogelgeschrei" hinausgeht. Die Struktur eines Themas, einer klassischen Form oder eines musikalischen Entwicklungsverlaufs muss also in der inneren Vorstellung gedacht, d. h. klanglich antizipiert und audiiert werden können, damit die Analyse die Frage nach dem „Warum" überhaupt erst stellen und dann vielleicht beantworten kann.

Frühlingstraum

(aus: Winterreise)

Audiation im freien Lernen

In allen Formen akzidentiellen und nicht intentionalen Lernens, wie sie in der *Community Music* (siehe Kapitel *Community Music*) anzutreffen sind, bilden sich mentale Repräsentationsmuster, die dann audiiert werden können, ganz von selbst durch das wiederholte musikalische Tun aus; Akkordverbindungen, Formverläufe, Melodiefloskeln, modale Klangtypen etc. prägen sich so als Griff und Klang ein. Dabei ist jedoch Audiation weder Methode noch Ziel des Unterrichts – denn es findet ja gar kein förmlicher Unterricht statt! –, sondern Audiation stellt sich nach einiger Zeit ein, wie sich Strategien zum Balancehalten beim Fahrradfahren einstellen, ohne dass man genau beschreiben oder rational begründen könnte, warum man gerade welche Bewegung macht, um nicht hinzufallen. Es ist das durch Übung erworbene Körperbewusstsein, die vestibulär gesteuerte Propriozeption, die hier greift. In ähnlicher Weise stellt sich auch Audiation als Ergebnis wiederholten Tuns ein, ohne dabei jedoch im pädagogischen Fokus zu stehen, was aber nicht bedeutet, dass sie nicht wirksam wäre. Dies zeigt sich, wenn man Amateure, Laien, Hobby-Musiker auffordert, einen gegebenen Rhythmus klatschend oder spielend zu beantworten. Das musikalische Gefühl sagt jenen dann, die rhythmische Antwort genau an die Länge der gegebenen Phrase anzupassen – ohne bewusst zu zählen oder irgendetwas über gerade oder ungerade Takte zu wissen.

Es ist also nicht das rational zählende Bewusstsein, sondern eher der sich seines Zählens unbewusste Geist (Leibniz), welcher das Tun steuert, hier also das Muster eines symmetrischen Rhythmusverlaufs, dem der Lernende spontan und dabei in aller Regel sehr präzise folgt. Die Aktivierung solcher Muster im Kopf – das ist Audiation!

---

[1] Dies untersucht eine Arbeitsgruppe mit F. Platz, R. Kopiez, A. Wolf und A.C. Lehmann, die mit Hilfe der Prüfung der Konstruktvalidität von Gordons Audiationstest AMMA nachweisen, dass dieser Test auch Anteile musikbezogener Gedächtnisleistungen einschließt (vgl. Platz, Kopiez et al. 2017).

[2] Zur ausführlichen Erläuterung des *inference learning* siehe den Abschnitt *Discrimination versus inference Learning* im einleitenden Beitrag *Dimensionen eines musikbezogenen Lernbegriffs*.

Literatur

Altenmueller, E. & Gruhn, W. (1997): *Music, the brain and music learning.* Chicago: G.I.A. Publ. Inc.

Altenmüller, E., Schmidt, S. & Zimmermann, E. (Eds.) (2013): *Evolution of emotional communication. From sounds in nonhuman mammals to speech and music in man.* Oxford: Oxford University Press.

Altenmüller, E., Wiesendanger, M. & Kesselring, J. (Eds.) (2006): *Music, Motor Control and the Brain.* Oxford: Oxford University Press.

Azzara, C. (1991): Audiation, improvisation and music learning theory. *The Quarterly Journal of Music Teaching and Learning*, 2 (1-2), 106–109.

Bamberger, J. (1991): *The mind behind the musical ear.* Cambridge MA: Harvard University Press.

Bannan, N. (2010): Embodied music theory: New pedagogy for creative and aural development. *Journal of Music Theory Pedagogy*, 24, 197–216.

Brodsky, W., Henik, A., Rubinstein, B.-S. & Zorman, M. (2003): Auditory imagery from musical notation in expert musicians. *Perception & Psychophysics*, 65 (4), 602–612.

Brodsky, W., Kessler, Y., Rubinstein, B.-S., Ginsborg, J. & Henik, A. (2008): The mental representation of music notation: notational audiation. *Journal of Experimental Psychology: Human Perception and Performance*, 34 (2), 427–445.

Estrada, L. A., Kopiez, R., Wolf, A. & Platz, F. (2015): *The development of a new assessment of notational audiation by professional musicians.* Paper presented at the 9. ESCOM Conference, Manchester.

Gies, S. & Wallbaum, C. (2010): Aufbauender Musikunterricht vs. Musikpraxen erfahren. In G. Maas & J. Terhag (Hg.), *Zwischen Rockklassikern und Eintagsfliegen: 50 Jahre populäre Musik in der Schule (Musikunterricht heute: Beiträge zur Praxis und Theorie)* (8) 83–91. Oldershausen: Lugert.

Gordon, E. E. (1979): *Primary Measures of Music Audiation (PMMA).* Chicago: GIA Publ. Inc.

Gordon, E. E. (1980): *Learning sequences in music. A contemporary music learning theory.* Chicago: GIA Publ. Inc.

Gordon, E. E. (1982): *Intermediate Measures of Music Audiation.* Chicago: GIA Publ. Inc.

Gordon, E. E. (1989): *Advanced Measures of Music Audiation (AMMA).* Chicago: GIA Publ. Inc.

Gordon, E. E. (1990): *A Music Learning Theory for Newborn and Young Children.* Chicago: GIA Publ. Inc.

Gordon, E. E. (1994): Audiation, the door to musical creativity. *Pastoral Music*, 18(2), 39–41.

Gordon, E. E. (1997): *Learning sequences in music. A music learning theory.* (1980). Chicago: GIA Publications Inc.

Gordon, E. E. (2012): *Learning sequences in music. A contemporary music learning theory.* 8th edition. Chicago: GIA Publ. Inc.

Gruhn, W. (2008): *Der Musikverstand. Neurobiologische Grundlagen des musikalischen Denkens, Hörens und Lernens.* 3. Aufl. Hildesheim, New York: Olms.

Gruhn, W. (2014): *Der Musikverstand. Neurobiologische Grundlagen des musikalischens Denkens, Hörens und Lernens.* (4. überarbeitete Auflage). Hildesheim: Olms.

Jank, W. & Stroh, W.M. (2006): Aufbauender Musikunterricht – Königsweg oder Sackgasse?, *Musikunterricht heute* (6) 52–64. Oldershausen: Lugert.

Juslin, P. N. & Sloboda, J. A. (Eds.) (2010): *Handbook of music and emotion. Theory, research, applications.* Oxford: Oxford University Press.

Koelsch, S. (2012): *Brain and music.* Chichester: Wiley-Blackwell.

Losert, M. (2015): *Die didaktische Konzeption der Tonika-Do-Methode. Geschichte – Erklärungen – Methoden (Forum Musikpädagogik,* Bd. 95). Augsburg: Wißner.

McAdams, S. & Bigand, E. (Eds.) (1993): *Thinking in sound. The cognitive psychology of human audition.* Oxford: Oxford University Press.

Patel, A. D. (2008). *Music, language, and the brain.* New York: Oxford University Press.

Peretz, I. & Zatorre, R. (Eds.) (2003): *The cognitive neuroscience of music* (1. ed.). Oxford, New York: Oxford University Press.

Platz, F., Kopiez, R., Wolf, A. & Lehmann, A.C. (2017): *Edwin E. Gordons „Advanced Measures of Music Audiation": Ein Test (nur) für Audiation oder (auch) für musikalisches Gedächtnis?* Paper der Jahrestagung des AMPF, Bad Wildbad 6.10.2017.

Regelski, T. A. (2016): *Philosophy of music and music education as social praxis.* New York, London: Routledge.

Reisberg, D. (Ed.) (1992): *Auditory imagery.* Hillsdale: Lawrence Erlbaum Ass.

Schnupp, J., Nelken, I. & King, A. (2011). *Auditory Neuroscience. Making Sense of Sound.* Cambridge, MA.: MIT Press.

Sommervelle, C. (2016): *Thinking in sound: a survey of audiation in Australian music students.* PhD, The University of Melbourne.

Spitzer, M. (2002a): *Lernen. Gehirnforschung und die Schule des Lebens.* Heidelberg: Spektrum Akademischer Verlag.

Spitzer, M. (2002b): *Musik im Kopf. Hören, Musizieren, Verstehen und Erleben im neuronalen Netzwerk.* Stuttgart: Schattauer.

Tappert-Süberkrüb, A. (2005): Art. „Audiation". In S. Helms, R. Schneider & R. Weber (Hg.), *Lexikon der Musikpädagogik* (S. 28–29). Kassel: Gustav Bosse.

Wolf, A. (2016): *„Es hört doch jeder nur, was er versteht." Konstruktion eines kompetenzbasierten Assessments für Gehörbildung* (Diss. Hochschule für Musik, Theater und Medien Hannover, 2015). Berlin: Wissenschaftlicher Verlag.

Zatorre, R.J. & Halpern, A.R. (2005): *Mental concerts: musical imagery and auditory cortex.* Neuron, 47, 9–12.

Martina Krause-Benz

Die Antriebsdimension des Musiklernens

Einleitung

Im musikpädagogischen Diskurs wird seit einigen Jahren der Blick verstärkt auf den Output des Musiklernens gerichtet. Die Kompetenzdebatte im Gefolge der *Expertise zur Entwicklung nationaler Bildungsstandards* (vgl. Klieme, 2007) wurde auch in der Musikpädagogik aufgegriffen und kontrovers geführt,[1] ohne dass musikbezogene Kompetenzorientierung an Faszination eingebüßt hätte. Dies zeigt sich u. a. in jüngeren Forschungsarbeiten zu spezifischen musikbezogenen Kompetenzen (vgl. Jordan, 2014; Hasselhorn, 2015).

Weder an dieser Stelle noch im Folgenden ist eine Wiederaufnahme der Kompetenzdebatte in Bezug auf musikpädagogische Kontexte intendiert. Es soll lediglich festgehalten werden, dass das Ergebnis des Musiklernens häufig stärker interessiert als die Frage, wodurch Musiklernen überhaupt angestoßen wird. *Was* Schülerinnen und Schüler (noch nicht) können, wird umfangreich erforscht, und was sie können müssen, wird in Form von Bildungsstandards festgelegt. Die Bedingungen, an die das Musiklernen geknüpft ist, werden jedoch wenn überhaupt, dann nur marginal in den musikpädagogischen Blick genommen.[2] Der folgende Beitrag rückt den Fokus daher auf die häufig vernachlässigte Frage, *warum* Schülerinnen und Schüler Musik lernen bzw. warum sie dies nicht tun. Die Ausführungen fußen auf der Überzeugung, dass vor allem „Störungen" ein hohes Motivationspotenzial für Lernprozesse besitzen, und münden in Überlegungen, wie dieses Potenzial musikdidaktisch fruchtbar gemacht werden kann. Erkenntnisse aus der Motivationspsychologie sowie verschiedene lerntheoretische Ansätze, die sich explizit auf die Antriebsdimension des Lernens (vgl. Illeris, 2010, 84 ff.) und insbesondere auf den Aspekt der Störung beziehen, dienen hierfür als Untermauerung. Dabei konnte notwendigerweise nur eine Auswahl an Theorien berücksichtigt werden, um den Rahmen dieses Beitrags nicht zu sprengen.

Zwei weitere Hinweise sind an dieser Stelle wichtig:

1. Wenn im Folgenden von Musiklernen die Rede ist, so ist damit weder ein ausschließlich musikpraktisches noch ein vorwiegend musiktheoretisches oder musikwissenschaftliches Musiklernen gemeint. Dass Musiklernen ein sehr komplexer Begriff ist und verschiedene Facetten impliziert, hat Rudolf-Dieter Kraemer aufgezeigt (vgl. Kraemer, 2007, 232 ff.). Dieser Beitrag bezieht sich – etwas allgemeiner – auf die Entwicklung von *Einstellungen* zur Musik, die durch Lernprozesse *verändert* werden können, und fasst den Lerninhalt wie Knud Illeris weiter als „in der engen Auffassung von Wissen und Fertigkeiten" (Illeris, 2010, 62). Musikbezogene Einstellungen entstehen und entwickeln sich natürlich durch musikpraktische Erfahrungen ebenso wie durch musikbezogenes Wissen. Grundsätzlich geht der hier zugrunde gelegte Musiklernbegriff aber über ein faktisches Lernen im engeren Sinne hinaus und bezieht sich umfassender auf das lernende Individuum, das sich im Lernprozess verändert.

2. In musikpädagogischer Perspektive kann Musiklernen nicht ohne Bezug zu Fragen nach musikbezogener Bildung gedacht werden. Auch wenn Lernen nicht mit Bildung koinzidiert, so hängen beide Prozesse doch eng zusammen. Daher wird die Frage nach der Antriebsdimension des Musiklernens im Kontext der Diskurse über musikbezogene Bildung verortet und daran gespiegelt.

Die Ausführungen vollziehen sich in folgenden Schritten: Zunächst wird Lernen als qualitative Veränderung unter Bezugnahme auf einschlägige Theorien expliziert. Dies geschieht vor dem Hintergrund der These, dass Störungen einen entscheidenden Anreiz für die Initiation von Lernprozessen darstellen. Im zweiten Schritt wird der Aspekt der Störung als Motivationsfaktor für Lernprozesse herausgearbeitet und auf Musiklernen zugeschnitten. Der dritte Teil befasst sich mit dem Verhältnis von Musiklernen und musikbezogener Bildung. Im letzten Abschnitt werden schließlich mögliche Perspektiven für den Musikunterricht aufgezeigt.

Lernen als Prozess der qualitativen Veränderung

Dass Lernen etwas mit Veränderung zu tun hat, scheint vordergründig außer Frage zu stehen. Nach Knud Illeris ist entscheidend,

» dass Lernen eine Veränderung beinhaltet, die mehr oder weniger bleibend ist und bis zu dem Punkt anhält, an dem entweder neues Lernen stattfindet oder Gelerntes vergessen wird, weil der Organismus das Gelernte nicht länger braucht.“ (Illeris, 2010, 13)

Auch Malte Mienert und Sabine Pitcher definieren Lernen als „Änderung von Verhaltensmöglichkeiten“, um „sich erfolgreich an neue Situationen anzupassen und (neue) Probleme eigenständig zu lösen“ (Mienert & Pitcher, 2011, 33).[3] Allerdings wäre die Definition *Lernen = Veränderung* zu pauschal, denn sie sagt nichts darüber aus, worin diese Veränderung bestehen kann und in welcher Stärke sie auftritt. Tatsächlich lassen sich im Anschluss an die Differenzierung von Assimilation und Akkommodation in Jean Piagets *Theorie der geistigen Entwicklung* (Piaget, 2016) verschiedene Lerntypen (vgl. Illeris, 2010, 42 ff.) ausmachen, die jeweils einen unterschiedlichen Grad sowie eine unterschiedliche Qualität der Veränderung aufweisen. In assimilativen Prozessen werden Reize in Form von Sinneswahrnehmungen in bereits vorhandene mentale Strukturen eingebaut. Die Voraussetzung dafür ist, dass diese Reize passen oder zumindest relativ problemlos angepasst werden können. Assimilation sorgt dafür, bestehende neuronale Verknüpfungen zu festigen, aber auch zu erweitern. Wurde beispielsweise das musikbezogene Schema *Sonate* aufgebaut, so lässt es sich durch das Kennenlernen mehrerer Sonaten einerseits stabilisieren und andererseits differenzieren, da Sonaten als individuelle Kompositionen sich eben nicht auf ein einziges Schema reduzieren lassen. Insgesamt weist assimilatives Lernen einen prinzipiell affirmativen Charakter auf, da es bereits bestehende Schemata bestätigt.

Akkommodation zielt dagegen (zumindest partiell) auf ein Umlernen, weil vorhandene Schemata umstrukturiert werden müssen:[4]

» Zunächst werden alle neuen Wissensbestände nach Möglichkeit zu bereits vorhandenem Wissen passend gemacht. Erst wenn dies aufgrund zu großer Diskrepanzen und neuer Erkenntnisse nicht mehr gelingt, wird auf Akkommodation zurückgegriffen: die aufgebauten Schemata und Repräsentationen werden umgebaut, so dass sie mit der äußeren Realität wieder im Einklang stehen." (Mienert & Pitcher, 2011, 45)

In Bezug auf Musik kann es sich bei neuen Wissensbeständen um fremde Tonsysteme handeln, die nicht den eigenen Normen entsprechen und sich daher nicht problemlos an die vorhandenen Musik-Schemata andocken lassen. Dann ist deren Veränderung nötig, damit der neue Wissensbestand eingebaut werden kann. Daraus resultieren schließlich neue Sichtweisen. Deutlich wird dies in Unterrichtssituationen beispielsweise bei atonaler Musik, die von Schülerinnen und Schülern häufig als Musik abgelehnt wird, weil sie mit den eigenen Vorstellungen von Musik bricht. Um atonale Musik auch als Musik zu akzeptieren, sind Umstrukturierungsprozesse nötig, in welchen die bisherigen Schemata (z. B. die Erwartung, dass Musik melodisch und kadenzbasiert sei) zunächst hinterfragt und schließlich verändert werden (vgl. Krause-Benz, 2014, 2). Dieser Prozess lässt sich allerdings nicht erzwingen und ist häufig mit großen psychischen Anstrengungen verbunden (vgl. Illeris, 2010, 54).

Illeris führt noch zwei weitere Lerntypen an, die gleichsam zwei Extreme auf dem Kontinuum des Lernprozesses bilden: das kumulative Lernen, welches ein mechanisches Anhäufen von Wissen (z. B. Auswendiglernen) meint, und das transformative Lernen, bei welchem die Umstrukturierung von Schemata nicht nur punktuell, sondern in einer größeren Tragweite als bei der Akkommodation geschieht, indem die lernende Person nämlich eine Art „psychischen Durchbruch" (Illeris, 2010, 55) erfährt. Diese beiden Lerntypen werden aber im Folgenden nicht ausführlich berücksichtigt.

Sowohl Assimilation als auch Akkommodation knüpfen an vorhandene Schemata an und implizieren eine Veränderung bestehender mentaler Strukturen. Im Falle der Assimilation ist diese Veränderung allerdings nicht so stark ausgeprägt und primär quantitativer Art, weil Wissen hinzugefügt wird – wobei es sich nicht (nur) um eine additive Wissenserweiterung handeln muss, sondern die vorhandenen Wissensstrukturen auch „in die Tiefe gehend verfeinert werden" (Seel, 2003, 251). Akkommodation bedeutet dagegen „eine qualitative Veränderung des bereits entwickelten Potenzials" (Illeris, 2010, 52). Der Unterschied besteht vor allem in der Ursache: Ein Reiz kann nur assimiliert werden, wenn er – zumindest weitgehend – passt. Es liegt also an der Zuschreibung „passend/nicht passend", ob er assimilativ verarbeitet werden kann oder akkommodativ verarbeitet werden muss. Beide Prozesse sind jedoch notwendig, um mentale Strukturen dauerhaft zu festigen; der bzw. die Lernende versucht, sie im Sinne eines Äquilibrationsprozesses ständig in ein Gleichgewicht zu bringen (vgl. Piaget, 2002). Daher ist Akkommodation keinesfalls wertvoller als Assimilation, allerdings lässt sich nicht leugnen, dass Umlernen angesichts sich schnell verändernder gesellschaftlicher Verhältnisse immer notwendiger wird.

Dass die Grenzen zwischen Assimilation und Akkommodation fließend sind, muss an dieser Stelle unbedingt betont werden, denn die Anbindung neuer Reize an durch Vorwissen Bekanntes kann ebenfalls ein *neues* Verständnis eines Sachverhalts hervorbringen (vgl. Hasselhorn & Gold, 2009, 87 ff.). Eine holzschnittartige Trennung der beiden Prinzipien würde die Komplexität des mentalen Strukturaufbaus in jedem Fall unterminieren.[5] In diesem Beitrag wird der Fokus dennoch primär auf Umlernen in akkommodativen Prozessen gelegt. Musiklernen in diesem Verständnis bezieht sich also nicht auf das Festigen von Intervallen oder Üben von Kadenzen, sondern auf die Hervorbringung neuen musikalischen Sinns.

Für die weiteren Ausführungen soll daher festgehalten werden, dass Lernen immer eine *qualitative* Veränderung bewirkt – unabhängig davon, welche Anzahl von Schemata betroffen sind –, und dass der Lernprozess durch eine Störung angetrieben wird. Dies wird im Folgenden begründet und weiter ausgeleuchtet.

Was treibt Lernen an?

Zum Verhältnis zwischen Antriebs- und Inhaltsdimension

Nach Illeris sind beim Lernen prinzipiell drei Dimensionen wirksam: Inhalt, Antrieb und Interaktion (vgl. Illeris, 2010, 36 ff.). Diese drei Dimensionen stehen im Lernprozess in einem ständigen Wechselspiel und bedingen sich gegenseitig. Allerdings wurde die Antriebsdimension gegenüber der Inhaltsdimension in der Lernforschung lange vernachlässigt, da das Interesse in der Regel der Frage gilt, was gelernt wird. Wie wichtig aber gerade der Antrieb ist, zeigt sich daran, dass er das Resultat des Lernens – scheinbar unabhängig vom Lerninhalt – positiv oder negativ beeinflussen kann. Ist man motiviert zu lernen, lernt man in der Regel schneller und nachhaltiger, weil man den Inhalt mit positiven Emotionen verbindet. Daher betont Illeris die Wichtigkeit der Antriebsseite „für den Charakter des Lernergebnisses [...], auch dann, wenn dem Anschein nach dasselbe gelernt wird" (ebd., 90).[6] Allerdings existiert kein Kausalzusammenhang zwischen Motivation und Lernerfolg, denn trotz einer noch so stark ausgeprägten Motivation kann die Anwendung unpassender Lernstrategien dazu führen, dass kein befriedigendes Ergebnis erzielt wird (vgl. Lessing, 2016, 142). Dennoch soll daran festgehalten werden, dass der Antrieb zum Lernen im oben dargestellten Sinne einer qualitativen Veränderung eine ganz entscheidende Komponente im Gesamtgefüge des Lernens darstellt.

Im Folgenden wird die Antriebsdimension des Lernens untersucht. Dazu werden vier ausgewählte Theorieansätze, die aus verschiedenen Wissenschaftsdisziplinen stammen und den Aspekt der Störung als wichtigste Bedingung für den Antrieb zu einer Einstellungsänderung – und damit im hier dargelegten Verständnis zum Lernen – sehen, besprochen und zueinander in Beziehung gesetzt. Auch wenn diese Ansätze aufgrund ihrer unterschiedlichen wissenschaftlichen Verortung nicht direkt miteinander verglichen werden können, so lassen sich doch Verbindungen aufspüren. Ein Disziplinen übergreifender Blick auf die Antriebsdimension kann daher die Vorstellung davon, was zum Lernen motiviert, vertiefen und schärfen.

Motivation durch Störung

Motivation wird generell durch die Wahrnehmung eines Bedürfnisses ausgelöst, das befriedigt werden will. Dies wurde in klassischen Motivationstheorien, wie beispielsweise in der Bedürfnispyramide nach Abraham Maslow (Maslow, 1954) und der Triebtheorie nach Sigmund Freud (Freud, 1915), hinreichend dargelegt. Diese sollen im Folgenden aber nicht näher ausgeführt werden. Stattdessen werden vor allem solche Ansätze diskutiert, die (musik)pädagogisch relevant sind.

Im ersten Abschnitt wurde herausgestellt, dass es die nicht passenden Stimuli sind, die Veränderungen bewirkende Lernprozesse in Gang setzen. Widerstände, die routinierte Handlungsabläufe unterbrechen, bewirken eine erhöhte Aufmerksamkeit, sorgen für Unruhe und erregen das Bedürfnis, die aufgetretene Diskrepanz zu eliminieren. Beim Musizieren werden solche Störungen, z.B. in Form von falschen Tönen, besonders schmerzhaft empfunden, wie Maria Spychiger beispielhaft gezeigt hat (vgl. Spychiger, 2010, 37). Gelingt eine Stelle in einer Probe nicht, werden die Musizierenden – sofern sie zielgerichtet üben – angeregt, diesen wahrgenommenen Mangel zu beheben und ihre Probenarbeit zu intensivieren. Das Ergebnis ist dabei nicht allein eine verbesserte Technik, sondern häufig auch eine qualitativ veränderte Einstellung zur Musik.

Dabei sind es keineswegs allein die Störungen und Widerstände, die zu einer Aufmerksamkeitsfokussierung führen. Wie Spychiger einräumt, wird gerade auch in reibungslosen Abläufen die Aufmerksamkeit gebündelt (vgl. ebd., 36 ff). Koordinationsprozesse wie das gemeinsame Sich-Bewegen zu einem Rhythmus oder das Musizieren im Flow lösen Glücksgefühle aus und können die Musizierenden zum Weitermachen anregen. Motivation selbst ist also nicht ausschließlich an Störungen gebunden. Mit Blick auf den Aspekt der Veränderung erscheint aber die „Kraft der Diskoordination zur Aufmerksamkeitsfokussierung zwingender [...]" (ebd., 39). Diskoordinationserfahrungen, also die Erfahrung von Störungen, bewirken nach Spychiger eine „*Weiter*entwicklung von Bewusstsein" (ebd., 47; Hervorhebung im Original). Daher ist Störungen eine besondere Antriebskraft für progressive Lernprozesse zuzuschreiben. Diese These soll im Folgenden durch die Diskussion verschiedener Theorieansätze gestützt werden.

1. Die Selbstbestimmungstheorie der Motivation nach Deci und Ryan

Edward L. Deci und Richard M. Ryan (1993) entwickelten eine Theorie, die das psychologische Konzept der Motivation verfeinert und Motivation deutlich komplexer fasst. Deci und Ryan bestimmen verschiedene Qualitätsstufen von Motivation und brechen die verkrustete Vorstellung des Gegensatzes von intrinsischer und extrinsischer Motivation auf, was vor allem für die Pädagogik positive Konsequenzen mit sich bringt. Alltagstheoretisch wird intrinsische Motivation gerne als „gut", extrinsische Motivation dagegen als „schlecht" angesehen. Intrinsisch motiviert ist ein Verhalten dann, „wenn Menschen es einfach deswegen ausführen, weil sie Freude daran haben" (Stroebe, 2014, 265), und daher ist es mit „Neugier, Exploration, Spontaneität und Interesse an den unmittelbaren Gegebenheiten der Umwelt" (Deci & Ryan, 1993, 225) verbunden; extrinsische Motivation basiert dagegen auf äußeren Anreizen wie Belohnungen oder Strafen und mündet in Verhaltensweisen, „die mit instrumenteller Absicht durchgeführt werden, um eine von der Handlung separierbare Konsequenz zu erlangen" (ebd.). Grundsätzlich halten die Autoren an der Überzeugung fest, dass intrinsisch motiviertes Verhalten selbstbestimmt ist (ebd., 226). Allerdings bedeute dies nicht, dass extrinsische Anreize nicht ebenfalls zu selbstbestimmtem Verhalten und Handeln führen könnten.

Nach Deci und Ryan lässt sich extrinsische Motivation in vier Typen aufgliedern, die einen zunehmenden Grad an Selbstbestimmung aufweisen. Während die „externale" Regulation allein von äußeren Anregungen abhängt und keinen Einfluss auf das Individuum hat, geht die „introjizierte" Regulation zumindest mit einem inneren Anstoß wie z. B. Druck, den man sich selbst macht, einher. Bei einer „identifizierten" Regulation wird ein Verhalten als persönlich bedeutsam eingeschätzt und kann daher in eine Handlung überführt werden, die man selbst für notwendig hält. Auf der Stufe der „integrierten" Regulation identifiziert sich das Individuum vollständig mit den Zielen und Werten, die es zu einer selbstbestimmten Handlung motivieren. Die integrierte Regulation kommt damit der intrinsischen Motivation sehr nahe. In beiden Fällen handelt das Subjekt freiwillig und autonom. Damit wird die instrumentelle Seite der Motivation nicht per se als negativ diffamiert. Auch äußere Anreize, die mit Regeln verbunden sind, wie z. B. das Erreichen eines bestimmten Schulabschlusses, müssen selbstbestimmtes Handeln nicht verhindern, solange sie es nicht unterdrücken. Die von Deci und Ryan identifizierten angeborenen psychologischen Bedürfnisse, die überhaupt Motivation auslösen, betreffen „Kompetenz", „Autonomie" (Selbstbestimmung) und „soziale Eingebundenheit". Diese drei Bedürfnisse werden von Individuen dadurch befriedigt, dass sie bestimmte Ziele verfolgen. Auch wenn Deci und Ryan nicht explizit von Störungen, sondern von Bedürfnissen sprechen, so ist der Mangel einer der drei Bereiche Auslöser für bestimmte Verhaltensweisen, die diesen Mangel auszugleichen versuchen.

In Bezug auf Lernen halten die Autoren fest, dass Lernmotivation zwar prinzipiell sowohl durch äußere Anreize als auch durch das Interesse am Lerngegenstand hervorgerufen werden kann, dass allerdings die Lernergebnisse qualitativ höher sind, „wenn die Motivation durch selbstbestimmte Formen der Handlungsregulation bestimmt wird" (ebd., 234). Dies bestätigt die weiter oben angeführte These von Illeris, dass das Lernergebnis maßgeblich durch den Antrieb beeinflusst wird. In pädagogischer Perspektive bedeutet dies, dass autonomieunterstützende Lernsituationen viel wirksamer sind als stark kontrollierte. Nach der im ersten Abschnitt aufgestellten Theorie von Lernen als qualitativer Veränderung bisheriger Einstellungen und Sichtweisen liegt die Vermutung nahe, dass ein in diesem Sinne expliziertes Lernen nur dann zustande kommt, wenn es das Bedürfnis nach Selbstbestimmung befriedigen kann. Im anderen Fall würde vielleicht kurzfristig Wissen angehäuft, aber nicht nachhaltig im Sinne einer Umstrukturierung bestehender Schemata und damit verbundenem Aufbau neuer Strukturen gelernt. Wie bereits erwähnt, ist Akkommodation immer mit psychischer Anstrengung verbunden. Diese auf sich zu nehmen, lohnt viel mehr, wenn eine persönliche Bedeutsamkeit damit verbunden ist und der Umlernprozess eine Befriedigung des Bedürfnisses nach Selbstbestimmung mit sich bringt. Daher ist Selbstbestimmung auch nicht zu verwechseln mit gesättigtem Selbstvertrauen in der Hinsicht, dass man sich auf seinen Fähigkeiten ausruhen könne, sondern es geht um das Bedürfnis nach Veränderung im Sinne einer Potenzialerweiterung: „Nur wenn das Selbstvertrauen sich in einem Glauben an die eigene Veränderbarkeit äußert [...], lassen sich positive Einflüsse auf das Lernen erkennen“ (Lessing, 2016, 149). In Bezug auf Musiklernen kann sich selbstbestimmtes Lernen insbesondere in Situationen zeigen, in denen Schülerinnen und Schüler musikalische Produkte in gemeinschaftlicher Arbeit entwickeln und ihnen dabei von der Lehrperson ein hohes Maß an Selbstständigkeit zugestanden wird. Aber auch rezeptive Formen können selbstbestimmtes Musiklernen motivieren, wenn eine Lerngruppe beispielsweise einen „ästhetischen Streit“ (Rolle &Wallbaum, 2011, 507 ff.) über eine gehörte Musik führt, die einzelnen Individuen dabei mit unterschiedlichen Haltungen gegenüber der Musik konfrontiert werden und ihre eigene Position mit dem Anspruch intersubjektiver Nachvollziehbarkeit begründet vertreten müssen. In einem solchen musikbezogenen Streitprozess muss man immer auch in eine Distanz zu sich selbst treten, wodurch ein Umlernen – als Veränderung der bisherigen Einstellung zu der Musik – initiiert werden kann. Das bedeutet aber nicht, dass eine neue Einstellung zur Musik von außen oder oben aufoktroyiert werden könnte. Würde dies versucht und das Bedürfnis nach Autonomie somit missachtet, sänke die Motivation und es fände kein nachhaltiges Lernen statt.

2. Theorie der kognitiven Dissonanz

Eine ganz andere Erklärung für die Motivation zur Einstellungsänderung liefert die aus der Sozialpsychologie stammende Theorie der kognitiven Dissonanz nach Leon Festinger (1957). Diese Theorie beschreibt allerdings keine genuinen Lernprozesse, sondern vielmehr Selbstrechtfertigungsstrategien, die häufig unbewusst ablaufen. Dennoch kann sie zumindest in einigen Aspekten auch in Bezug auf Musiklernen genutzt werden und soll daher in den folgenden Ausführungen kritisch gewürdigt werden.

Kognitive Dissonanz empfinden Menschen, wenn eine Kognition – beispielsweise ein Sachverhalt, eine Meinung oder ein Verhalten – mit einer anderen in einem Missklang steht, also nicht übereinstimmt. Dies tritt vor allem bei Entscheidungen auf, die schwerfallen und ein gutes Abwägen der konsonanten Elemente (Vorzüge) sowie der dissonanten Elemente (Nachteile) des Entscheidungsgegenstands erfordern. Fühlt man sich nach einer Entscheidung unsicher, empfindet man ein inneres Spannungsverhältnis. Diesen „aversiven Zustand“ (Stroebe, 2014, 260) nennt man kognitive Dissonanz. Um die Dissonanz aufzulösen, verwenden Menschen bestimmte Strategien: Sie versuchen, die Dissonanz dadurch zu reduzieren, dass sie die Bedeutsamkeit der dissonanten Elemente herunterspielen, konsonante Elemente hervorheben oder dissonante Elemente umdeuten, sodass sie positiv erscheinen (vgl. Fischer & Wiswede, 2009, 305). Im letzteren Fall redet man sich eine eigentlich als negativ empfundene Eigenschaft schön. Dissonanzempfindung ist also der Auslöser, welcher Menschen zu einer internen Änderung ihrer Sichtweisen motiviert (vgl. Aronson, Wilson et al., 2014, 181). Dies lässt sich auch auf Entscheidungen für oder gegen ein unmoralisches Verhalten wie z. B. eine Lüge (vgl. Festinger & Carlsmith, 1959) übertragen. Grundsätzlich gilt dabei, dass ein größerer Anreiz in Form einer höheren Belohnung oder Strafe weniger Dissonanz erzeugt als ein geringerer, da die Entscheidung gegen ein unmoralisches Verhalten im ersten Fall letztlich nur zu einer Verhaltensänderung, nicht aber zu einer Einstellungsänderung führt. Selbstrechtfertigung erscheint weniger nötig, wenn keine so hohe kognitive Dissonanz empfunden wird, während man bei einem geringeren Anreiz gut überlegen muss, wie man sein einstellungskonträres Verhalten hinterher rechtfertigen kann.

Wie bereits betont, handelt es sich bei der Theorie der kognitiven Dissonanz nicht um eine Lern-, sondern um eine Verhaltenstheorie. Der Prozess der Dissonanzreduktion läuft unbewusst ab, kann aber durch entsprechende Anreize induziert bzw. manipuliert werden (vgl. Stroebe, 2014, 258). Es erscheint daher fraglich, ob man bei einer solcherart provozierten Einstellungsänderung wirklich von Umlernen sprechen kann, denn vordergründig sind Menschen, die sich etwas einreden, ja nicht ehrlich zu sich selbst. Tatsächlich haben verschiedene Experimente jedoch gezeigt, dass Menschen ihre Einstellungen auch dauerhaft ändern. Versteht man Lernen, wie bereits betont, nicht nur als Fakten-Lernen, also als eine rein auf Wissensbestände bezogene Umstrukturierung der mentalen Schemata, sondern – im Sinne von Carl R. Rogers (1961) – als „umfassendes Lernen", das auch auf die „Änderung des individuellen Verhaltens und der Ansichten" [...] bezogen ist und „alle Bereiche des Daseins des Individuums durchdringt" (Illeris, 2010, 56),[7] lassen sich Kompatibilitäten zwischen der Theorie der kognitiven Dissonanz und lerntheoretischen Ansätzen finden. Musikpädagogisch fruchtbar machen lässt sich die Theorie der kognitiven Dissonanz beispielsweise durch Aufgaben, die ein bewusst einstellungskonträres Verhalten erzeugen – indem man Schülerinnen und Schüler z. B. bittet, eine von ihnen nicht präferierte Musik mit guten Gründen besonders anzupreisen. Studien konnten zeigen, dass solche Mechanismen generell zu einer langfristigen Änderung von Einstellungen im Sinne eines Abbaus von Vorurteilen führen (vgl. Aronson, Wilson et al., 2014, 195).

Ein eindrückliches Beispiel aus der Musikdidaktik, das in eine ähnliche Richtung geht, hat Christopher Wallbaum vor mehreren Jahren publiziert. Schülerinnen und Schüler sollten für einige Zeit an einer musikkulturellen Szene partizipieren, mit der sie sich überhaupt nicht identifizierten (vgl. Wallbaum, 1998). Nicht für alle, aber doch für einige Schülerinnen und Schüler brachte dieses Experiment, welches musikbezogene Fremdheitserfahrungen – als Störungen kultureller Handlungsmuster – bewusst zum Thema machte, eine Einstellungsänderung gegenüber der zuvor abgelehnten Szene und ihrer Musik mit sich. Problematisch bleibt allerdings das normative Moment in solchen Versuchen: Eine auf diese Art motivierte Umstrukturierung vorhandener Schemata ist schwerlich mit der Idee von selbstbestimmtem Lernen verträglich. Allerdings gilt auch hier, dass der Prozess der Dissonanzreduktion von außen letztlich nur angestoßen werden kann, vom Individuum jedoch selbst durchlaufen werden muss.

Im Zusammenhang mit der Theorie der kognitiven Dissonanz ist die Bedeutung von Fehlern für Lernprozesse beachtenswert (vgl. Aronson, Wilson et al., 2014, 205 ff.). Fehler sind nach Spychiger negativ erlebte Störungen, die „in erwartete und gewohnte Ereignisabläufe ein[treten]" (ebd., 34): „Fehler unterbrechen den koordinierten Impuls und wirken als Signal, den Modus der Reflexion zu wechseln" (ebd., 37). Ist man sich seiner eigenen Selbstrechtfertigungsmechanismen kritisch bewusst, können Fehler erkannt werden und führen dann nicht zwangsläufig zu erneuten Selbstrechtfertigungsstrategien. Die landläufige Formel „Aus Fehlern lernt man" wird von Spychiger allerdings dahingehend relativiert, dass hier kein Automatismus vorliege (vgl. Spychiger, 2010, 39 und 51). Dennoch sind Fehler als Merkmal von Diskoordination „Auslöser gesteigerter Aufmerksamkeit“ (ebd., 39) und daher prinzipiell relevant für Lernprozesse.

3. Perturbation

Der aus der konstruktivistischen Terminologie stammende Begriff Perturbation trifft den Aspekt der Störung direkt, da perturbare wörtlich mit *ganz verwirren, in große Unordnung bringen* übersetzt werden kann.[8] Perturbation meint also keine kleine Irritation, sondern „eine durchaus tiefgehende Erschütterung des ‚kognitiven Haushalts‘“ (Krause-Benz, 2014, 2). Auch beim Konstruktivismus handelt es sich nicht um eine Lerntheorie im engeren Sinne, sondern um eine Erkenntnistheorie, die sich allerdings unter anderem aus neurowissenschaftlichen und kognitionspsychologischen Einsichten nährt und nicht nur in der Pädagogik (vgl. Reich, 2005), sondern auch in der Musikpädagogik schon seit mehreren Jahren eine wichtige Rolle spielt.[9] Eine am Konstruktivismus orientierte Musikpädagogik erkennt die kognitive Autonomie der Lernsubjekte an und zielt auf eine Pluralisierung von Möglichkeiten, Musik und ihren Erscheinungen in unterschiedlichen Dimensionen Bedeutung zuzuweisen (vgl. Krause, 2008a). Perturbation wird dabei gerade für musikbezogene Lernprozesse als entscheidender Faktor angesehen (vgl. Krause, 2008b), weil Musik in besonderer Weise mit der eigenen Lebensform verbunden ist und eine Störung dieses inneren Zusammenhangs durch die Konfrontation mit nicht passender Musik eine Erschütterung auslösen kann.[10] Allerdings besteht kein linearer Zusammenhang zwischen Perturbation und Akkommodation, denn Lernprozesse vollziehen sich selbstgesteuert (vgl. Orgass, 2007, 360 ff.). Zudem wurde der Begriff Perturbation von Humberto Maturana und Francisco Varela (1987) in einem biologischen Sinne eingeführt; psychische Aspekte und Emotionen müssen aber in pädagogischen Situationen mitgedacht werden. Dennoch lässt sich Perturbation mit Recht als Antrieb von Lernprozessen bezeichnen, da durch die Wahrnehmung einer Störung ein Lernprozess in Gang gesetzt werden kann:

» Vor diesem Hintergrund lassen sich Perturbationen als Angebote zu einem ‚Pool‘ von Phänomenen, Gegenständen, Ideen etc. verstehen, auf deren Grundlage das lernende Individuum Veränderungsselektionen durchführen kann.“ (Orgass, 2007, 362)

4. Identifikation einer Lernproblematik

Einen weiteren Ansatz, der von einer Störung als Lernantrieb ausgeht, stellt die subjektwissenschaftliche Lerntheorie von Klaus Holzkamp (1995) dar, die in der Musikpädagogik bisher allerdings wenig beachtet wurde. Diese Lerntheorie ist deshalb so interessant, weil Holzkamp sich ebenfalls nicht für messbare Lernergebnisse, sondern für die Lernursache interessiert, nämlich „in welcher Weise das *Subjekt selbst* dazu kommen kann, die jeweilige *Lernbehinderung durch eigene Lernaktivitäten* zu überwinden“ (Holzkamp, 1995, 110; Hervorhebungen im Original). Die Formulierung *Lernbehinderung* macht deutlich, dass Holzkamp einen unbefriedigenden Zustand als Ausgangspunkt für Lernprozesse annimmt. Anhand seiner eigenen Biografie, nämlich in Bezug auf seine Annäherung an Schönbergs Orchestervariationen op. 31 (ebd., 194–205), zeigt Holzkamp, wie und wodurch ein Lernprozess angetrieben wird: nämlich durch die Wahrnehmung einer „Handlungsproblematik“ (ebd., 182), die sich in Unzufriedenheit äußert, weil ein bestimmtes Wissen oder Können fehlt, welches benötigt wird, um Zugang zur bedeutungsvollen Welt zu erhalten. Aus der Erfahrung einer solchen „Unzulänglichkeit“ (ebd., 214) resultiert nach Holzkamp der Drang, die Handlungsproblematik zu lösen. Dies geschehe durch Überführung derselben in eine „Lernproblematik“:

» Eine Handlungsproblematik wäre demnach dadurch bzw. solange als Lernproblematik spezifiziert, daß [...] vom Subjekt eine *Lernhandlung ausgegliedert*, quasi eine *Lernschleife* eingebaut ist, um im primären Handlungsverlauf nicht überwindbaren Schwierigkeiten beizukommen.“ (Holzkamp, 1995, 183; Hervorhebungen im Original)

Die Identifizierung einer Lernproblematik befähigt nach Holzkamp das Subjekt, spezifische Lernstrategien anzuwenden, um das Defizit auszugleichen. Entscheidend sei dabei, dass externe Lernanforderungen nicht von sich aus schon zu Lernhandlungen würden, sondern dass nur das Subjekt selbst eine Handlungsproblematik für sich bestimmen und in eine Lernproblematik transformieren könne. Der danach einsetzende Lernprozess wird von Holzkamp als weltaufschließendes bzw. expansives Lernen beschrieben (vgl. ebd., 190 f.), welches eine Erweiterung der Handlungsmöglichkeiten und damit eine Erhöhung der Lebensqualität zur Folge habe. Holzkamps Ausführungen stimmen mit den bisherigen Erkenntnissen überein. Der von ihm beschriebene Lernprozess bewirkt ebenfalls eine Veränderung von Sichtweisen, denn eine Handlungsproblematik entsteht ja erst, wenn die vorhandenen Schemata nicht zur Bewältigung ausreichen, sondern neue Strukturen geschaffen werden müssen, die erfolgreiches Handeln möglich machen. Zudem wird in dieser Lerntheorie deutlich, dass der Antrieb für Lernprozesse in der subjektiven Erfahrung einer „*Diskrepanz* zwischen dem Stand des Vorgelernten und dem Lerngegenstand“ (ebd., 212; Hervorhebung im Original) besteht. Die subjektwissenschaftliche Lerntheorie nach Holzkamp offenbart aber noch einen weiteren Aspekt: Die Motivation, eine Handlungsproblematik zu erkennen und darauf aufbauend einen Lernprozess auf sich zu nehmen, ist gegenstandsgezeugt bzw. entsteht durch eine gestörte Interaktion des Subjekts mit der bedeutungsvollen Welt. Nach Holzkamp vollzieht sich der Lernprozess als „Eindringen in die Bedeutungsstruktur des Lerngegenstands“ (ebd., 208). Hier zeigt sich, dass der Inhalt nicht unabhängig vom Antrieb gedacht werden kann, sondern dass er eine maßgebliche Rolle für die Lernmotivation spielt. Denn ob der Autor bei einem beliebigen anderen Musikwerk ebenfalls eine Handlungsproblematik festgestellt hätte, muss offen bleiben.

Synopse

Im Folgenden werden die wichtigsten Erkenntnisse aus der Auseinandersetzung mit den Theorieansätzen zusammengefasst und diskutiert.

1. Alle vier Ansätze weisen als gemeinsamen Nenner die Wahrnehmung einer Störung des inneren Gleichgewichts auf, die den Antrieb für Lernen darstellt. Eine Störung kann sich durch eine totale Verwirrung des kognitiven Haushalts (Perturbation) bemerkbar ma-

chen. Sie geht dabei häufig mit starken psychischen Empfindungen einher, was in der Theorie der kognitiven Dissonanz und insbesondere in der subjektwissenschaftlichen Lerntheorie von Holzkamp deutlich wird. Deci und Ryan gehen am wenigsten dezidiert auf Störungen ein, betonen aber, dass dem Menschen ein Bedürfnis nach Selbstbestimmung angeboren ist, welches befriedigt werden will. Eine Störung ist trotz der damit verbundenen Emotionen keineswegs negativ zu sehen, sondern vielmehr als produktive Erschütterung, die den Menschen affiziert und zu einer Umstrukturierung seiner kognitiven Schemata antreibt, was ihn wiederum zu veränderten Verhaltensweisen und Handlungen führt. So lassen sich auch Fehler als Lernanreize nutzen. Durch die Wahrnehmung, dass etwas in einem selbst nicht ausgeglichen ist, entsteht eine persönliche Herausforderung, die einen Menschen aktiv werden lässt. Daniel Berlyne (1960) nennt diese Herausforderung, durch die Lernprozesse motiviert werden, *arousal*, das mit der Erregung von Neugier zu übersetzen ist. Illeris spricht von einem „Konflikt, der ein Missverhältnis zwischen dem Erleben einer aktuellen Situation und schon vorhandenem Wissen oder bestehenden Erwartungen enthält" (Illeris, 2010, 96).

2. Wichtig erscheint dabei, dass die Herausforderung nicht als unüberwindbar erlebt wird. Denn ein weiterer, die unterschiedlichen Ansätze verbindender Aspekt ist das Bedürfnis nach Bewältigung der Störung, also nach Ausgleich des Mangels. Auch wenn dieser sehr unterschiedlich ablaufen kann – bei Holzkamp durch aktive Strategien, in der Theorie der kognitiven Dissonanz durch Selbstrechtfertigungsprozesse –, zieht sich diese Erkenntnis durch alle hier vorgestellten Theorien. Daher soll an dieser Stelle noch einmal betont werden, dass Assimilation lebensnotwendig ist, denn ein Mensch kann nicht nur akkommodieren, sondern muss die umstrukturierten Schemata in Ruhephasen wieder festigen können. Dies betonen auch Sidney d'Mello und Art Graesser (2011) in dem von ihnen entwickelten „model of affective dynamics during learning" (D'Mello & Graesser, 2011, 2), das hier nur kurz angerissen werden soll. Es bestätigt die bisherigen Erkenntnisse, da es die Erfahrung einer kognitiven Unausgeglichenheit *(cognitive disequilibrium)* als notwendige Bedingung für Lernprozesse stark macht:

> » Learners experience cognitive disequilibrium when they are confronted with a contradiction, anomaly, system breakdown, or error, and when they are uncertain about what to do next [...]. Confusion is a key signature of the cognitive disequilibrium that occurs when an impasse is detected [...]. Learners must engage in effortful problem solving activities in order to resolve the impasse and restore equilibrium. [...]" (ebd., 2 f.)

Dabei ist nach Ansicht der Autoren entscheidend, dass bei einer Nicht-Bewältigung dauerhaft Frustration entsteht, die lernhinderlich ist, weil sie in Langeweile umschlagen kann.

3. Ein weiterer wichtiger Aspekt, der in allen Theorieansätzen zum Tragen kommt, betrifft die Einsicht, dass Lernprozesse zwar von außen angestoßen werden können, dann aber selbstgesteuert verlaufen, weil Menschen kognitiv autonome Wesen sind. Der Antrieb selbst entsteht im lernenden Subjekt, indem es eine Störung emotional erfährt und den Drang nach Ausgleich verspürt (vgl. Illeris, 2010, 89). Ein Reiz ist also

nicht eo ipso unpassend, und was ein Fehler ist, lässt sich nur vor dem Hintergrund gewisser Normen bestimmen. Durchaus lässt sich die Erfahrung einer Störung aber extern begünstigen, indem beispielsweise bewusst problemorientierte Lernarrangements inszeniert werden, die verstörende Fragen anregen und ein tiefes Eindringen in den Lerngegenstand evozieren:

» A major assertion that emerges from the model [of affective dynamics, Anm. d. Verf.] is that learning environments need to substantially challenge students in order to elicit critical thought and deep inquiry. [...] Students are in a low state of arousal and in cognitive equilibrium when they are in comfortable learning environments involving passive reading and accumulating shallow facts without challenges. However, this does not yield deep learning. In contrast, deep learning is much higher in conditions that present challenges to inspire deep inquiry. [...] One indirect way to induce confusion involves introducing new complex topics or concepts, which will hopefully cause the student to reengage with the material at a deeper level. Perhaps a more direct method to induce confusion would be to intentionally cause discrepancies that challenge students' existing mental models and prior knowledge.“ (D'Mello & Graesser, 2011, 10 f.)

Keine Lehrperson kann die Umstrukturierung der Schemata jedoch direkt beeinflussen oder gar in eine gewünschte Richtung lenken; Lernprozesse können immer nur angebahnt werden.

4. Damit hängt weiterhin zusammen, dass die Erfahrung von Störungen und die damit verbundene Motivation zu lernen prinzipiell in soziale Prozesse eingebettet ist (vgl. hierzu Kapitel *Musiklernen als sozialer Prozess*). Soziale Eingebundenheit stellt in der Selbstbestimmungstheorie der Motivation nach Deci und Ryan eines der menschlichen Grundbedürfnisse dar. Damit ist nicht unbedingt gemeint, dass sich Lernen nur in direkter Interaktion abspielen muss, wie an Holzkamps Beschreibung seines eigenen Lernprozesses erkennbar wird (vgl. Holzkamp, 1995, 194 ff.). Allerdings vollzieht sich die Wahrnehmung einer Störung immer vor dem Hintergrund existierender Normen, die einen gewünschten Zustand etablieren, der durch Lernen zu erreichen versucht wird. Diese Normen sind immer soziokulturell bedingt und setzen die – wenn auch nicht akut reale – Existenz anderer Menschen voraus: „Es sind die Reaktionen der andern, welche den Handelnden zwingen, über sich selbst – seine Ziele, seine Handlungen, seine Bewertungen – nachzudenken“ (Spychiger, 2010, 49).
5. Nicht zu unterschätzen ist der Lerngegenstand, der in Holzkamps Theorie eine große Rolle spielt. Auch Deci und Ryan verweisen darauf, dass das Interesse daran „eine wichtige Bedingungsvariable des Lernens darstellt“ (Deci & Ryan, 1993, 233). Die Relevanz des Lerngegenstands wird in der Pädagogik vor allem von Andreas Gruschka angemahnt: „Die didaktische Verpackung des gleichwohl curricular fortbestehenden Programms wird immer umfangreicher, während der Inhalt schrumpft“ (Gruschka, 2011, 68). Daraus resultiere, dass den Lernenden „ein verantwortliches Verhältnis und eine neugierige Haltung zu den Inhalten des Lernens konsequent abgewöhnt [werde]“ (ebd., 26). Dabei entfalte gerade die Sache „ihre Faszinationskraft jenseits ihrer Didak-

tisierung" (ebd., 22). Ein Unterricht, der nach Gruschka die Bedeutung der Inhalte ernst nimmt, „stößt auf diese Weise vielmehr eine Bildungsbewegung an" (ebd., 21). Ein verstärkter Blick auf die Lernursache kann daher den Sinn für die pädagogische Verantwortung schärfen, die Lehrende haben, um ihre Schülerinnen und Schüler dabei zu unterstützen, dass sie sich zu Persönlichkeiten, die selbstbestimmt mit Musik umgehen, bilden. Dies leitet über zum nächsten Abschnitt, welcher den Zusammenhang zwischen Lernen und Bildung in musikbezogener Dimensionierung beleuchtet.

Musiklernen im Kontext musikbezogener Bildung

Die Begriffe *Lernen und Bildung* werden nicht selten synonym verwendet, etwa wenn man im gleichen Atemzug von Lehr- und Bildungsplänen spricht. Lernen und Bildung sind aber keinesfalls identisch (vgl. Schäfer-Lembeck, 2010, 165 f.). Bildung kann nicht gelernt und damit auch nicht gelehrt werden, denn zwischen Lernen und Bildung besteht keine Kausalität. Jemand, der viel gelernt hat – in welcher Form auch immer – muss deswegen noch nicht automatisch gebildet sein. Lernen ist mit Intentionalität verbunden, Bildung ereignet sich (oder auch nicht). Dennoch hängen die beiden Begriffe eng zusammen, was im Folgenden diskutiert werden soll. Zunächst werden daher Gemeinsamkeiten zwischen dem hier zugrunde gelegten Lernbegriff und aktuellen Konzepten von Bildung aufgezeigt.

Lernen und Bildung als Prozesse der Veränderung

Im ersten Abschnitt wurde Lernen als Prozess beschrieben, aus welchem ein Subjekt verändert hervorgeht, weil es zumindest einen Teil seiner mentalen Schemata umstrukturiert und dadurch neue Einstellungen und Sichtweisen erhalten hat.

Diese Vorstellung von einer veränderten Haltung gegenüber der Welt wird auch in neueren Bildungstheorien als Merkmal von Bildung betont. Peter Bieri (2005) entfaltet in seiner Rede *Wie wäre es, gebildet zu sein?* verschiedene und doch miteinander verwobene Facetten von Bildung, die unter der Vorstellung von Bildung als selbstbestimmtem, auf Veränderung und Mündigkeit zielenden Prozess subsumiert werden können: „Bildung ist etwas, das Menschen mit sich und für sich machen: Man bildet sich" (Bieri, 2005, 1).

Die Auffassung von Bildung als individuellem und aktivem Prozess des Menschen ist schon bei Wilhelm von Humboldt angelegt, der Bildung auf die Entfaltung der im Menschen angelegten Kräfte bezieht (Humboldt, 1980a; b). Hans-Christoph Koller greift diese Idee von Bildung auf und reformuliert Humboldts Bildungsbegriff im Sinne von „Bildung als Transformation grundlegender Figuren des Welt- und Selbstverhältnisses" (Koller, 2012, 15). Auf Details, die mit dieser Neubestimmung einhergehen, soll an dieser Stelle nicht näher eingegangen werden. Festzuhalten ist jedoch unbedingt das Postulat, „das Bildungsgeschehen selbst als ein *Andersdenken* oder *Anderswerden* zu begreifen" (Koller, 2012, 9; Hervorhebungen im Original). Transformatorische Bildung meint einen „Prozess der Erfahrung [...], aus dem ein Subjekt verändert hervorgeht" (ebd.). Dieser Transformationsvorgang bezieht sich nicht nur auf das Denken, sondern betrifft „das gesamte Verhältnis des Subjekts zur Welt, zu anderen und zu sich selber" (ebd.). Ein auffälliger Link zwischen Lern- und Bildungstheorien zeigt sich also im Begriff Transformation, der – wie weiter oben bereits erwähnt – sowohl von Illeris (in Bezug auf Rogers) mit Blick auf Lernen als radikale Veränderung der Persönlichkeit, als auch von Koller hinsichtlich des Bildungsprozesses gebraucht wird. Weniger radikal formuliert, aber auch von Humboldt ausgehend, definiert Jürgen Vogt musikalische[11] Bildung ebenfalls „als Prozess [...], nicht als Resultat", den das Subjekt aktiv gestaltet, anstatt ihn „passiv" zu „erleiden" (Vogt, 2012, 17). Die Auffassung, dass Bildung von außen gesteuert werden könne, kann heute also als obsolet angesehen werden. Der Bildungsprozess beginnt nach Bieri vor allem mit Neugierde:

» Man töte in jemandem die Neugierde ab, und man stiehlt ihm die Chance, sich zu bilden. Neugierde ist der unersättliche Wunsch, zu erfahren, was es in der Welt alles gibt." (Bieri, 2005, 1)

Bildung zielt aber auch bei Bieri nicht nur auf Wissen, sondern wird als Aufklärungsprozess aufgefasst, der zu „gedanklicher Unbestechlichkeit" (ebd., 2) führt und das Subjekt verändert:

» Das ist ein untrügliches Kennzeichen von Bildung: dass einer Wissen nicht als blosse [sic!] Ansammlung von Information, als vergnüglichen Zeitvertreib oder gesellschaftliches Dekor betrachtet, sondern als etwas, das innere Veränderung und Erweiterung bedeuten kann, die handlungswirksam wird." (Bieri, 2005, 4)

Wie bereits weiter oben betont, wird Neugierde von Berlyne ebenfalls als Initiator für Lernprozesse spezifiziert. Es lassen sich also Gemeinsamkeiten zwischen Lern- und Bildungsprozessen finden: Sowohl Lernen als auch Bildung vollziehen sich prozesshaft sowie prinzipiell subjektiv. Sie werden durch Neugierde angetrieben und bewirken eine Veränderung des Individuums nach dem jeweils durchlaufenen Prozess. Sind Lernen und Bildung daher doch identisch? Rainer Kokemohr fasst Bildungsprozesse als „Lernprozesse höherer Ordnung" (Kokemohr, zitiert nach Koller, 2012, 15) auf, denn im Bildungsprozess gehe es nicht lediglich – wie beim Lernen – um die „Aufnahme, Aneignung und Verarbeitung neuer Informationen" (ebd.), sondern um die Veränderung des „Modus der Informationsverarbeitung" selbst. Dieser Unterscheidung liegt allerdings ein Lernbegriff zugrunde, der nicht mit der in diesem Beitrag vertretenen Auffassung von Lernen übereinstimmt. Daher soll hier an einer Differenzierung zwischen Lernen und Bildung festgehalten werden, auch wenn Lernen als qualitative Veränderung in jedem Fall einen notwendigen Schritt im Bildungsprozess darstellt. Fasst man mit Bieri Bildung als „aufgeklärtes Bewusstsein" (Bieri, 2005, 2) auf, das in der Lage ist, sich selbst aus einer Distanz heraus betrachten zu können und zur eigenen Kultur bzw. Lebensform „eine ironische und spielerische Einstellung einzunehmen" (ebd.), so geht Bildung über Lernen hinaus. Eine veränderte Haltung zur Musik, die Basis für die Ausprägung einer neuen musikbezogenen Lebensform ist, kann aus einem musikbezogenen Lernprozess resultieren. Dieses Resultat – also die Haltung – dann jederzeit selbst wieder metaperspektivisch und kritisch-distanziert betrachten zu können, ohne dass dadurch sofort wieder ein neuer Umlernprozess einsetzen muss, ist nach Bieri ein Zeichen von Bildung:

» Das heisst [sic!] nicht: sich nicht zu der eigenen Lebensform zu bekennen. Es heisst nur, von dem naiven und arroganten Gedanken abzurücken, die eigene Lebensform sei einem angeblichen Wesen des Menschen angemessener als jede andere." (Bieri, 2005, 2)

Damit ist gemeint, dass ein im Sinne Bieris gebildeter Mensch von der eigenen Perspektive abrücken und bewusst einen einstellungskonträren Blickwinkel auch zu sich selbst einnehmen kann, ohne dass sich seine Strukturen wiederum verändern müssen. Als gebildeter Mensch geht man aber insgesamt flexibler mit der Welt und sich selbst um.

Allgemeinbildung und musikbezogene Bildung müssen dabei nicht als „Widerparte" (Kaiser, 1998, 106) aufgefasst, sondern musikbezogene Bildung kann mit Hans-Ulrich Schäfer-Lembeck „als deren speziell musikbezogener Teil angesehen" werden (Schäfer-Lembeck, 2010, 166). Speziell musikbezogen meint dabei, dass sich Bildungsprozesse auf der Basis musikalisch-ästhetischer Erfahrungen vollziehen und dadurch insofern besonders wirksam werden, als die produktive Erschütterung, durch welche sowohl Lern- als auch Bildungsprozesse angetrieben werden können, im ästhetischen Medium Musik besonders stark sein kann. Musikalisch-ästhetische Erfahrungen als Grundlage für musikbezogene Bildungsprozesse können tief berühren und den Menschen in seiner ganzen Persönlichkeit erfassen (vgl. Dietrich, Krinninger et al., 2012). Gerade Musik bietet sich an, um Grenzen zu überschreiten und sich spielerisch mit seinen eigenen Haltungen auseinanderzusetzen. Daher kann sich – um es noch einmal zu betonen – ein in diesem Sinne bildungsrelevantes Musiklernen nicht auf das Lernen von musiktheoretischen Fakten reduzieren oder sich im Erlernen instrumentaler oder vokaler Fähigkeiten erschöpfen, sondern Musiklernen bezieht sich auf die Veränderung von Einstellungen zur Musik – und damit zur Welt und zu sich selbst, denn Musik ist immer Ausdruck einer bestimmten Lebensform (vgl. Rolle, 1999, 109) – und kann somit einen musikbezogenen Bildungsprozess begünstigen.

In der musikpädagogischen Praxis zeigt sich allerdings nicht selten ein anderes Bild, wie im Folgenden kurz erläutert wird.

Ein Blick in die musikpädagogische Praxis

Die folgenden Ausführungen beziehen sich exemplarisch auf den schulischen Musikunterricht, sind aber möglicherweise auf andere Lernkontexte übertragbar. Wie bereits angedeutet, kann ein Umgang mit Musik, der auf die Kumulation von Wissensbeständen oder das Einüben musikbezogener Fertigkeiten zielt, nicht als *bildungsrelevantes* Musiklernen bezeichnet werden. Ein Blick in die aktuelle musikpädagogische Praxis offenbart allerdings, dass im Musikunterricht teilweise auf Assimilation bzw. Kumulation mehr Wert gelegt wird als auf Akkommodation oder Transformation. Besonders deutlich zeigt sich dies in einer dokumentierten Musikunterrichtsstunde aus Thüringen (vgl. Wallbaum, 2010), in welcher die Schülerinnen und Schüler musikalisch-rhythmische Patterns repetieren – und dies auch hervorragend können! –, die ihnen der Musiklehrer vorgibt. Eine selbstständige oder gar selbstbestimmte Anwendung der Patterns in einem größeren musikalischen Zusammenhang scheitert jedoch in dieser Stunde. Musiklernen wird hier als „Einschleifen" von Fähigkeiten (Schäfer-Lembeck, 2010, 168) aufgefasst, was dazu führt, dass die Schülerinnen und Schüler in einem nach der Stunde durchgeführten Interview auf die Frage, was sie denn in dieser Stunde gelernt hätten, verlegen lachen und antworten, sie hätten „das gleiche wie letzte Stunde gemacht".[12] Musiklernen findet also im Prinzip nicht statt und Bildungsprozesse werden somit auch nicht angebahnt, wenn es im Musikunterricht primär um das Einüben geht (wobei ein solcher Ansatz keinesfalls als repräsentativ für den Musikunterricht in seiner Vielfalt gelten kann). Wird Veränderung mit der Hinzufügung von Können und Wissen gleichgesetzt, ohne dass eine Umstrukturierung bestehender musikbezogener Schemata intendiert ist, entsteht ein verzerrtes Bild von Musiklernen, das nämlich eigentlich keines ist und erst recht nicht bildungswirksam sein kann.

Musikpädagogische Perspektiven

In diesem Beitrag wurde vor allem die Antriebsdimension des Lernprozesses in den Mittelpunkt gerückt und Lernen als ein Prozess, aus welchem die lernende Person verändert hervorgeht, verstanden. Der Blick auf die Motivation für das Lernen hat deutlich gemacht, dass Antriebe durchaus unterschiedlicher psychischer Provenienz sein können, dass aber immer die Wahrnehmung eines kognitiven Ungleichgewichts Menschen motiviert, den anstrengenden Umstrukturierungsprozess auf sich zu nehmen und somit zu lernen. In Bezug auf Musik resultieren daraus neue Haltungen zur Musik, die prinzipiell die gesamte Lebenseinstellung verändern können.

Abschließend sollen aus dieser Erkenntnis einige Perspektiven für die musikpädagogische Praxis aufgezeigt werden, die aber gerade nicht als konkrete Handlungsdirektiven missverstanden werden mögen. Will Musikunterricht Musiklernprozesse ermöglichen, sind „verstörende" musikalische Anreize zu schaffen, die das Lernen antreiben. Welche das sind, kann freilich nicht festgelegt werden. Es sei an dieser Stelle ganz deutlich darauf hingewiesen, dass es keine musikbezogene „Parade-Störung" gibt, die Lernprozesse garantieren könnte. Störungswahrnehmungen sind subjektiv, da sie etwas mit der eigenen musikkulturellen Identität zu tun haben, die zwar soziokulturell bedingt, aber dennoch individuell geprägt ist. Kognitive Dissonanzen, Perturbationen oder Handlungsproblematiken werden immer subjektiv bzw. in intersubjektiven Kontexten wahrgenommen. Daher lassen sich Störungen auch nicht konkret planen und Lernprozesse nicht vorherbestimmen. Zielte Musikunterricht darauf ab, die Lernenden von außen in eine gewünschte Richtung zu verändern, widerspräche das dem wichtigen Faktor der Selbstbestimmung und würde Musiklernen verhindern. Ob sich Haltungen überhaupt verändern, lässt sich auch nicht vorher festlegen. Wohl aber kann der Musikunterricht die Bedingungen dafür schaffen, dass Musiklernprozesse stattfinden *können*, indem er nämlich möglichst vielfältige und mehrdimensionale Lernanlässe in Form von musikbezogenen Störanreizen liefert und Raum für selbstbestimmtes Umlernen gibt. Einige Beispiele aus der musikpädagogischen Literatur, die sich auch in der Praxis bewährt haben, wurden bereits im zweiten Abschnitt aufgeführt. Zudem finden sich bei Susanne Dreßler konkrete Anregungen für die „Gestaltung eines problemhaltigen Musikunterrichts" (Dreßler, 2016, 13), der „einen intensiven und möglichst *lustvollen Lernprozess* auslöst" (ebd., 7; Hervorhebungen im Original). Anlässe zu produktiver Verstörung lassen sich zahlreiche finden, solange die Lehrperson eine grundsätzliche Offenheit gegenüber dem, was musikalisch fremd erscheint, mitbringt und den Mut hat, auch nicht vertraute Musik zu thematisieren. Ein Musikunterricht in heterogenen Lerngruppen, der musikkulturelle Unterschiede gerade nicht in vermeintlich gemeinschaftsfördernden Musizieraktionen nivelliert, sondern bewusst aushält und zum Gegenstand von Auseinandersetzungen auf Augenhöhe macht, kann einen geeigneten Rahmen für musikalische Störanlässe bieten (vgl. Krause-Benz, 2016).

Allerdings muss dann aber auch die pädagogische Geduld aufgebracht werden, damit die gegebenenfalls einsetzenden Umstrukturierungsprozesse in Ruhe vollzogen werden können. Daher sind im Unterricht immer auch assimilative Phasen notwendig, um das kognitive Gleichgewicht wiederherzustellen und das neu Gelernte zu stabilisieren. Auch Unterrichtseinheiten, in denen musikalische Fertigkeiten kumulativ trainiert werden, sind ja keineswegs verboten, im hier dargelegten Verständnis aber nicht mit Musiklernen zu verwechseln.

Durch didaktisch inszenierte Störungen der musikbezogenen Schemata kann der Musikunterricht den Grund für musikbezogene Bildungsprozesse legen. Wie bereits erwähnt, sind Lernen und Bildung nicht identisch, wohl aber eng miteinander verknüpft. Bewusst herbeigeführte Perspektivenwechsel gegenüber Musik und musikbezogenen Einstellungen können zu einem selbstkritischen Umgang mit der eigenen musikbezogenen Persönlichkeit führen. Um die Bedeutung der Antriebsdimension im Lernprozess verstärkt für musikpädagogische Kontexte fruchtbar zu machen, sind Erkenntnisse aus der Motivationsforschung sehr hilfreich. Abschließend sei daher darauf hingewiesen, dass Lernbedingungen und -ursachen ein musikpädagogisches Forschungsdesiderat darstellen. Dass ein interdisziplinärer Austausch zwischen Musikpädagogik und Psychologie sowie weiteren mit dem Lernen befassten Disziplinen hierfür förderlich – wenn nicht notwendig – ist, steht außer Frage.

---

[1] Vgl. dazu die Sonderausgabe der *Zeitschrift für Kritische Musikpädagogik* mit dem Titel *Bildungsstandards und Kompetenzmodelle für das Fach Musik?* aus dem Jahr 2008 (http://www.zfkm.org/sonder2008.html, Stand: 05.01.2017).

[2] Anne Niessen arbeitet, unter Bezugnahme auf die Selbstbestimmungstheorie der Motivation nach Edward L. Deci und Richard M. Ryan (1993), anhand einer konkreten Musikunterrichtsstunde (in: Wallbaum, 2010) heraus, dass „Selbstbestimmung [...] im Musikunterricht positiv, sogar sehr positiv wahrgenommen werden und offensichtlich zu hoch motiviertem Lernen und zum Sammeln ästhetischer Erfahrungen beitragen [kann]" (Niessen, 2011, 215). Martina Krause bezeichnet den konstruktivistischen Begriff der Perturbation als wichtige Bedingung zur Ermöglichung von Lernprozessen und damit als musikpädagogischen Schlüsselbegriff (Krause, 2008b).

[3] Wobei zwischen einer Verhaltens- und einer Einstellungsänderung differenziert werden muss. Der diesem Beitrag zugrunde liegende Lernbegriff bezieht sich auf die Veränderung von Einstellungen, die wiederum bestimmte Verhaltensänderungen zur Folge haben bzw. mit diesen einhergehen können.

[4] Peter W. Schatt (2007, 39) macht in Bezug auf Musiklernen deutlich, dass veränderte musikbezogene Schemata zwar aus Lernprozessen resultieren und Lernen mit Akkommodation einhergeht, sich allerdings nicht darin erschöpft, weil es noch von anderen, z. B. volitionalen, Aspekten abhängt. Akkommodation könnte folglich als notwendige, nicht aber hinreichende Bedingung für Lernen beschrieben werden. Wenn in diesem Beitrag Akkommodation als Lernprozess dargestellt wird, ist damit keineswegs eine Komplexitätsreduktion bzw. eine Negation weiterer Variablen intendiert. Diese sind in jedem Fall eingeschlossen, wenn vom Lernen die Rede ist.

[5] Vgl. den Beitrag von Anne Steinbach, in welchem sie mit Bezug auf Stefanie Stadler Elmer (2002) die Verschränkung von Assimilation und Akkommodation in strukturgenetischen Prozessen herausstellt.

[6] Andererseits kann der Lerninhalt die Motivation ebenfalls beeinflussen. Darauf wird in den folgenden Abschnitten kurz eingegangen.

[7] Allerdings ist damit nicht unbedingt ein transformatives Lernen (Illeris, 2010, 55 ff.) gemeint. Die Formulierung „alle Bereiche des Daseins" wird hier nicht im Sinne einer kompletten Persönlichkeitsänderung in allen Lebensbereichen aufgefasst, sondern bezieht sich grundsätzlich auf die Möglichkeit der Änderung von Einstellungen und nicht nur auf die Aneignung von Wissen.

[8] http://de.pons.com/%C3%BCbersetzung/latein-deutsch/perturbare (Stand: 05.01.2017).

[9] Vgl. das Themenheft 40 der *Zeitschrift Diskussion Musikpädagogik* (2008).

[10] Vgl. das weiter oben angeführte Beispiel zu atonaler Musik.

[11] In diesem Text wird allerdings der Begriff *musikbezogene Bildung* präferiert, weil sich Bildungsprozesse auf Musik beziehen (bzw. in Musik vollziehen), selbst aber nicht musikalisch sind. Der im Diskurs etablierte Begriff *musikalisch-ästhetische Erfahrung* wird dagegen beibehalten.

[12] Vgl. das Schülerinterview GS 2 zur Thüringen-Stunde, S. 36, zu finden im Internet unter http://nbn-resolving.de/urn:nbn:de:bsz:14-qucosa-87491 (Stand: 05.01.2017).

Literatur

Aronson, E., Wilson, T. & Akert, R. (2014): *Sozialpsychologie.* 8., aktualisierte Auflage. Hallbergmoos: Pearson Deutschland.

Berlyne, D.E. (1960): *Conflict, arousal, and curiosity.* New York: McGraw-Hill.

Bieri, P. (2005): Wie wäre es, gebildet zu sein? http://www.hwr-berlin.de/fileadmin/downloads_internet/publikationen/Birie_Gebildet_sein.pdf (Stand: 05.01.2017).

Deci, E.L. & Ryan, R.M. (1993): Die Selbstbestimmungstheorie der Motivation und ihre Bedeutung für die Pädagogik. *Zeitschrift für Pädagogik* 39. Nr. 2, 223–238.

Dietrich, C., Krinninger, D. & Schubert V. (2012): *Einführung in die Ästhetische Bildung.* Weinheim und Basel: Beltz.

D'Mello, S. & Graesser, A. (2011): Dynamics of affective states during complex learning. *Learning and Instruction.* doi:10.1016/j.learningstruc.2011.10.001.

Dreßler, S. (Hg.) (2016): *Zwischen Irritation und Erkenntnis. Zum Problemlösen im Fachunterricht.* Münster: Waxmann.

Festinger, L. (1957): *A theory of cognitive dissonance.* Stanford: Stanford University Press.

Festinger, L. & Carlsmith, J.M. (1959): Cognitive consequences of forced compliance. *Journal of Abnormal and Social Psychology* 58, 203–210.

Fischer, L. & Wiswede, G. (2009): Grundlagen der Sozialpsychologie. 3. Auflage. München: Oldenbourg.

Freud, S. (1915): Triebe und Triebschicksale. In: S. Freud (Hg.): *Gesammelte Werke X.* Frankfurt a.M.: Fischer.

Gruschka, A. (2011): *Verstehen lehren. Ein Plädoyer für guten Unterricht.* Stuttgart. Reclam.

Hasselhorn, J. (2015): *Messbarkeit musikpraktischer Kompetenzen von Schülerinnen und Schülern: Entwicklung und empirische Validierung eines Kompetenzmodells.* Münster: Waxmann.

Hasselhorn, M. & Gold, A. (2009): *Pädagogische Psychologie: erfolgreiches Lernen und Lehren.* 2., durchgesehene Auflage. Stuttgart: Kohlhammer.

Holzkamp, K. (1995): *Lernen. Subjektwissenschaftliche Grundlegung.* Frankfurt a.M.: Campus.

Humboldt, W.v. (1980a): Ideen zu einem Versuch, die Gränzen der Wirksamkeit des Staats zu bestimmen (1792), in: *Werke.* Bd. 1, hg. v. A. Flitner & K. Giel (S. 56–233). Darmstadt: Wissenschaftliche Buchgesellschaft.

Humboldt, W.v. (1980b): Theorie der Bildung des Menschen, in: Werke Bd. 1, hg. v. A. Flitner & K. Giel (S. 234–240). Darmstadt: Wissenschaftliche Buchgesellschaft.

Illeris, K. (2010): *Lernen verstehen. Bedingungen erfolgreichen Lernens.* Bad Heilbrunn: Klinkhardt.

Jordan, A.-K. (2014): *Empirische Validierung eines Kompetenzmodells für das Fach Musik. Teilkompetenz „Musik wahrnehmen und kontextualisieren".* Münster: Waxmann.

Klieme, E. (2007): *Zur Entwicklung nationaler Bildungsstandards. Eine Expertise.* Berlin: Bundesministerium für Bildung und Forschung (1. Auflage 2003).

Kaiser, H. J. (1998): Die Bedeutung von Musik und musikalischer Bildung. In: Ders. (Hg.): *Ästhetische Theorie und musikpädagogische Theoriebildung* (S. 98–114). Mainz: Schott.

Koller, H.-Ch. (2012): *Bildung anders denken. Einführung in die Theorie transformatorischer Bildungsprozesse.* Stuttgart: Kohlhammer.

Kraemer, R.-D. (2007): *Musikpädagogik – eine Einführung in das Studium.* 2., verbesserte Auflage. Augsburg: Wißner.

Krause, M. (2008a): *Bedeutung und Bedeutsamkeit. Interpretation von Musik in musikpädagogischer Dimensionierung.* Hildesheim: Olms.

Krause, M. (2008b): Perturbation als musikpädagogischer Schlüsselbegriff!? *Diskussion Musikpädagogik* 40, 46–51.

Krause-Benz, M. (2014): „Musik hat für mich Bedeutung." Bedeutungskonstruktion im Musikunterricht als Dimension musikbezogener Bildung. In: O. Blanchard & C. Mörsch (Hg.): *Musikpädagogische Forschung: Positionen und Arbeiten aus dem deutschsprachigen Raum* (Art Education Research No. 9, S. 1–8). Zürich: Institute for Art Education (Zürcher Hochschule der Künste). Im Internet: http://iae-journal.zhdk.ch/no-9/ (Stand: 05.01.2017).

Krause-Benz, M. (2016): Perspektiven musikkultureller Vielfalt. Musizieren mit heterogenen Gruppen als performativer Akt. In: K. Bradler (Hg.): *Vielfalt im Musikunterricht – theoretische Zugänge und praktische Anregungen* (S. 61–74). Mainz: Schott.

Lessing, W. (2016): Motivation und Lernen. In: B. Busch (Hg.): *Grundwissen Instrumentalpädagogik. Ein Wegweiser für Studium und Beruf* (S. 142–150). Wiesbaden: Breitkopf & Härtel.

Maslow, A. (1954): *Motivation and personality.* New York: Harper.

Maturana, H. & Varela, F. (1987): *Der Baum der Erkenntnis. Die biologischen Wurzeln menschlichen Erkennens.* München: Goldmann.

Mienert, M. & Pitcher, S. (2011): *Pädagogische Psychologie. Theorie und Praxis des Lebenslangen Lernens.* Wiesbaden: VS Verlag für Sozialwissenschaften.

Niessen, A. (2011): Die Bedeutung von Selbstbestimmung im Musikunterricht aus Schülersicht. In: A. Eichhorn & R. Schneider (Hg.): *Musik – Pädagogik – Dialoge. Festschrift für Thomas Ott* (S. 204–216). München: Allitera.

Orgass, S. (2007): *Musikalische Bildung in europäischer Perspektive. Entwurf einer Kommunikativen Musikdidaktik.* Hildesheim: Olms.

Piaget, J. (2002): *Die Äquilibration der kognitiven Strukturen.* Stuttgart: Klett-Cotta (1. Auflage 1976).

Piaget, J. (2016): *Meine Theorie der geistigen Entwicklung,* hg. von R. Fatke, Frankfurt a.M.: Beltz (1. Auflage 1983).

Reich, K. (2005): *Systemisch-konstruktivistische Pädagogik. Einführung in Grundlagen einer interaktionistisch-konstruktivistischen Pädagogik.* 5., völlig überarbeitete Auflage. Weinheim und Basel: Beltz.

Rogers, C. R. (1961): *On becoming a person: a therapist's view of psychotherapy.* Boston: Houghton Mifflin Company.

Rolle, Ch. (1999): *Musikalisch-ästhetische Bildung: Über die Bedeutung ästhetischer Erfahrung für musikalische Bildungsprozesse.* Kassel: Bosse.

Rolle, Ch. & Wallbaum, Ch. (2011): Ästhetischer Streit im Musikunterricht. Didaktische und methodische Überlegungen zu Unterrichtsgesprächen über Musik. In: J. Kirschenmann, Ch. Richter & K. H. Spinner (Hg.): *Reden über Kunst. Fachdidaktisches Forschungssymposium in Literatur, Kunst und Musik* (S. 507–535). München: kopaed.

Schäfer-Lembeck, H.-U. (2010): Musik lernen?. In: Ch. Wallbaum (Hg.): *Perspektiven der Musikdidaktik – Drei Schulstunden im Licht der Theorien* (S. 159–182). Hildesheim: Olms.

Schatt, P. W. (2007): *Einführung in die Musikpädagogik.* Darmstadt: WBG.

Seel, N. (2003): *Psychologie des Lernens. Lehrbuch für Pädagogen und Psychologen.* 2., aktualisierte und erweiterte Auflage. München und Basel: Ernst Reinhardt Verlag.

Spychiger, M. (2010): Fehler als Erfahrung. Zur Rolle von Koordination und Diskoordination in bewussten Prozessen. In: O. Neumaier (Hg.): *Was aus Fehlern zu lernen ist in Alltag, Wissenschaft und Kunst* (S. 31–54). Wien und Münster: LIT.

Stadler Elmer, S. (2002): *Kinder singen Lieder: Über den Prozess der Kultivierung des vokalen Ausdrucks.* Münster et al.: Waxmann.

Stroebe, W. (2014): Strategien zur Einstellungs- und Verhaltensänderung. In: K. Jonas, W. Stroebe & M. Hewstone (Hg.): *Sozialpsychologie* (S. 231–268). 6. Auflage, Berlin und Heidelberg: Springer.

Vogt, J. (2012): Musikalische Bildung – ein lexikalischer Versuch. *Zeitschrift für Kritische Musikpädagogik,* 1–25 (Online-Journal). http://www.zfkm.org/12-vogt.pdf (Stand: 05.01.2017).

Wallbaum, Ch. (1998): Mit fremden Ohren hören oder: Den Geschmack mit dem Hemd wechseln? *Musik & Bildung* 4,10–15.

Wallbaum, Ch. (Hg.) (2010): *Perspektiven der Musikdidaktik – Drei Schulstunden im Licht der Theorien.* Hildesheim: Olms.

Körper – Leib – Geste

2

Wolfgang Rüdiger
Körperlichkeit als Grunddimension des Musiklernens. Begründungen und Beispiele

Ivo Ignaz Berg
Gestisches Lernen

Wolfgang Rüdiger

Körperlichkeit als Grunddimension des Musiklernens. Begründungen und Beispiele

» Das Leben ist für jedermann der Akt seines Körpers. [...]
Er ist das einzigartige, das wahre, das ewige, das vollständige,
das unübersteigbare Referenzsystem.
Paul Valéry, Cahiers/Hefte, Bd. 3, 314 f.

» Das Gedächtnis ist wesentlich körperlicher Natur.
Paul Valéry, Cahiers/Hefte, Bd. 3, 468

Einleitung

Dass der Körper beim Musiklernen eine zentrale Rolle spielt, scheint auf den ersten Blick eine Selbstverständlichkeit zu sein. Wenn Musik auch, physikalisch gesehen, ein Schallereignis ist, das aus schwingender Luft besteht, so kommen von Menschen erzeugte Klänge doch stets „aus Leibern, sind also körperlich" (Schnebel, 1993, 40) und unserer leiblichen Verfassung, „der leibhaften Position des Menschen konform" (Plessner, 2003, 189).

Was Musikern als Binsenweisheit erscheint, ist nicht unbedingt gängige Praxis im Bereich des Musiklernens. Manche Erfahrungen sprechen dagegen. Da werden im Musikunterricht vielfach Intervalle auswendig gelernt, ohne dass Schüler die Spannungsverhältnisse und Spielräume zwischen den Tönen (*inter-vallum*) sinnlich erleben; da wird ein punktierter Rhythmus dadurch erklärt, dass ein Punkt die Note um die Hälfte ihres Wertes verlängert, ohne zu berücksichtigen, dass Rhythmus „ursprünglich ein Rhythmus der Füße" ist und Rhythmuslernen den ganzen Körper beansprucht (Canetti, 1980, 28); da kommt es immer wieder vor, dass ein Instrumentallehrer das Tempo mitklopft und laut zählt, ohne dass der Schüler den Puls der Musik am eigenen Leib erfahren kann.

Die Liste von Beispielen musik- und körperferner Lehr-Lernweisen ließe sich verlängern (vgl. Röbke, 2000, 29 ff.); sie betreffen musikalische Einzelaspekte wie Musikstücke als Ganzes. So liegt der Verdacht nahe, dass musikalische Phänomene „im Musikunterricht nach wie vor zu oft eher theoretisch, analytisch und abstrakt behandelt [werden], weniger als etwas, was Schülerinnen und Schüler selbst musikalisch-praktisch erfahren" (Jank, Stroh, 2005, 1). Ein vorrangig kognitives Musiklernen ohne Körpererfahrung aber bleibt ebenso bedeutungsleer (vgl. Gruhn, 2003a, 69 f.), wie es dem Wesen und „Stoff" der Musik widerspricht, die seit alters her, neben anderen Merkmalen, durch „Klang und Körperbewegung" bestimmt ist (vgl. Riethmüller, 1995). „Musik ist eine in der menschlichen Physis verankerte Möglichkeit [...]. Sie hat eine starke körperliche (leibliche) Komponente, die als Mittler zwischen Innenwelt und Außenwelt dient. Denn nur mit dem Körper erkundet der Mensch seine Umwelt und orientiert sich in ihr, kommuniziert und interagiert mit ihr." (Gruhn, 2003b, 94)

Das aber bedeutet, dass ein körperfernes Musiklernen auch in Gegensatz zur „Natur" des Menschen steht, dessen Körper das Medium aller Welterfahrung ist und alle Lernprozesse fundiert und beeinflusst. Dies wusste bereits Jean-Jacques Rousseau, der als „unsere ersten Philosophielehrer [...] unsere Füße, unsere Hände, unsere Augen" proklamierte und von einer „sinnlichen Vernunft" als Quelle menschlichen Begriffsvermögens ausging (Rousseau, 1963, 275 f.). Und radikaler noch erkannte dies Friedrich Nietzsche, der den Leib als „große Vernunft" feierte und bei allem beteiligt sah, von physiologischen Verrichtungen bis zu philosophischen Höhenflügen: „Leib bin ich ganz und gar, und nichts außerdem" (zit. n. Waldenfels, 2000, 246; vgl. ebd., 22). In der Phänomenologie der Leiblichkeit findet dieser philosophische Ansatz eine aktuelle Fundierung und vielseitige Entfaltung (vgl. Alloa et al., 2012). „Als eine Art Grundphänomen ist der Leib an der Phänomenalität aller Phänomene konstitutiv beteiligt. Dies gilt für das Zusammenspiel von Sensorik und Motorik, das uns die Welt erschließt, für die Ausbildung spezifischer Sinnessphären, für den Humus des Empfindens, für die Orientierung und Situierung in einem natürlichen und sozialen Feld, [...] und selbst die sogenannten höheren Akte des Denkens und Wollens würden ohne leibliche Rückbindung an Situation und Kontext in leeres Denken und Wollen ausarten." (Waldenfels, 1994, 464)

So erscheint Körperlichkeit nicht nur als Grunddimension des Musiklernens, sondern als Grundphänomen menschlichen Daseins schlechthin. Wenn Körperbewegung und -wahrnehmung aber Bestimmungen von Musik und Menschsein zugleich sind, und wenn Bewegungen Klänge erzeugen bzw. Klänge aus Bewegungen entstehen, so lässt dies auf eine grundsätzliche Verbundenheit von Musik und Körper schließen, die jedes Musiklernen kennzeichnet. Spinnen wir diesen Gedanken weiter, so kommen wir zur Annahme, dass der Körper Ursprung der Musik von Anbeginn ist, wie umgekehrt die Kulturform Musik aus frühen affektiven Lautgesten hervorgeht und ursprüngliche körperliche Äußerungs- und Kommunikationsformen in sich trägt. Daraus aber folgt, dass der Körper der einzig wahre, weil genuin musikalische Erlebens-, Verstehens- und Lernweg zur Musik ist. Musikimmanentes bzw. „genuin musikalisches Lernen" (Gruhn, 1998, 99) realisiert sich daher als grundlegend musikalisch-körperliches Musiklernen in Einheit von motorischen, affektiven, kognitiven und sozialen Komponenten; und *teaching music musically* (vgl. Gruhn, 1997, 45; Swanwick, 1999) erweist sich als *teaching music bodily* in bewusster Qualität von Klangwahrnehmung und Bewegung.

Um dies zu begründen, gilt es genauer zu fragen, was Körperlichkeit in Bezug auf Musik bedeutet, was sie kennzeichnet und wie sie sich mit Musik zu einer „musikalischen Körperlichkeit" als Grundphänomen menschlichen Daseins und Musiklernens verschränkt.

Dass Körperlichkeit beim Musikmachen und -lernen ein komplexes, vieldeutiges Phänomen ist, erschließt sich dem Nachspüren und Beobachten dessen, was eigentlich beim musikalischen Handeln (Hören, Singen, Spielen, Aufführen, Verstehen) geschieht.

Und da fällt auf, dass der Körper dabei auf besondere Weise im Spiel ist, aktiv und affiziert, produktiv und rezeptiv zugleich, und dass Musiklernen immer auch Körperlernen bedeutet. Wenn wir Musik hören, machen, uns aneignen, in welcher Lebensphase auch immer, wird der Körper sich seiner selbst bzw. werden wir unseres Körpers auf doppelte Weise gewahr: als eines sich bewegenden, sich empfindenden, sich ausdrückenden, sich hörenden Körpers, der auf sich rückbezogen, sich selbst nah und fern, vertraut und fremd ist. Der Körper erscheint dabei als sich spürender, „fungierender Leib" und als physisches „Körperding", „sehend und sichtbar", hörend und hörbar, Klänge sendend und empfangend zugleich (Waldenfels, 1999, 21, 24; Waldenfels, 2000, 257). Diese beim Musizieren besonders hervortretende, vom lebendigen Leib ausgehende „Selbstdifferenzierung" und „Selbstverdoppelung" in „Leibsein" und „Körperhaben" (ebd., 254 f.) verleiht dem Kernbegriff dieses Beitrags eine terminologische Tiefenschicht. Denn wenn im Folgenden von Körper und Körperlichkeit die Rede ist, so ist damit immer der doppel- und vielseitige „Leibkörper" gemeint, in dem sich Selbstbezug und Selbstentzug, Eigenheit und Fremdheit verschränken (vgl. Waldenfels, 2000, 248–254) und in dem mehr wohnt, als wir wissen.

Körperlichkeit als Grunddimension von Musiklernen lässt sich aus verschiedenen Blickwinkeln betrachten und von verschiedenen Disziplinen her begründen. Da körperliches wie musikalisches Lernen ein lebenslanger Prozess ist, der bereits vor der Geburt beginnt und sich ein Leben lang ausdifferenziert, spielen pränatale Psychologie und Säuglingsforschung eine ebenso wichtige Rolle wie lerntheoretische, entwicklungspsychologische, musikphysiologische und musikpädagogische Begründungsansätze, ergänzt durch Aspekte der Embodiment-Theorie und -Praxis. Untersuchen wir zunächst, wie Musik sich von Anfang an in den Körper einschreibt.

Musik im Mutterleib

„Wir tragen in uns die gesamte Musik: sie ruht in den Tiefenschichten der Erinnerung." (Cioran, 1988, 23) Das Diktum des rumänischen Dichterphilosophen Emile Cioran führt uns auf das Feld der pränatalen Psychologie und Säuglingsforschung, die nachweist, dass und wie die Erfahrungswelt des Menschen vor und nach der Geburt primär von Klängen, Höreindrücken, und Bewegungen geprägt ist. Körperliches Musiklernen im weiten Sinne – „eine Art expositorischen Lernens" als Speicherung klanglich-emotionaler Erregungsmuster (Gruhn, 2010, 23 f.) – beginnt bereits vor der Geburt. Ohne dem Bewusstsein zugänglich zu sein, bestimmen die pränatalen Musikerfahrungen ebenso wie die späteren Erlebnismuster der ersten ein bis zwei Jahre „lebenslang ganz entscheidend unsere seelische Verfassung" und drängen nach Ausdruck und Transformation, wofür die Musik eine Fülle von Möglichkeiten bereitstellt (vgl. Tenbrink 2000, 243 ff.; Figdor & Röbke, 2008, 114 ff.; Lessing 2016, 121 ff.). Hier liegen die Anfangsgründe für die Bedeutsamkeit körperlichen Lernens und Erlebens von Musik ein Leben lang. Schauen wir sie uns genauer an.

Ab dem sechsten Schwangerschaftsmonat ist der Gehörsinn so weit entwickelt, dass der Fötus Klänge und Geräusche im Mutterleib und außerhalb des Mutterleibs wahrnehmen kann und mit eigenen Bewegungen und Herzschlagveränderungen darauf reagiert. Das heißt: Unsere frühesten Sinneserfahrungen sind auditiver Art (nur der Tastsinn ist noch früher entwickelt, vgl. Koch, 2011, 189) und Klangwahrnehmung und Körperbewegung von Beginn an unlösbar miteinander verbunden.

Diese vorgeburtliche Klangerfahrung, die das primäre Medium unseres Lebens bildet und ein Gefühl von Geborgenheit und Wohlbefinden vermittelt, besteht aus einem polyfonen Zusammenspiel von Herzschlag oder Puls (sehr laut), Atemgeräuschen (Ein- und Ausatmung, Spannung – Entspannung), Stimmlauten (Tonfällen in Sprache und Gesang, mal anwesend, mal abwesend), Bewegungen (vor allem Schritten) und Verdauungsgeräuschen (Klangfläche). Hinzu kommen Klänge und Geräusche der Außenwelt: Sprechen, Singen, Instrumentalspiel, Umweltgeräusche aller Art, die gedämpft, in tieferen Frequenzen und wenig obertonreich wahrgenommen werden – und trotzdem soweit prägend wirken, dass Neugeborene die Stimme der Mutter von der anderer unterscheiden und häufig wahrgenommene Musikstücke wiedererkennen können (vgl. Parncutt 2015, 206; Gruhn 2010, 22f.). Zur primären Musik des Körpers gehören ebenfalls die spontanen, von Höreindrücken induzierten Eigenbewegungen sowie die Grundfunktion des Ausatmens bzw. seiner embryonalen Vorstufe – der Grund dafür, dass bewusst ausgeführtes oder erlebtes Atmen tiefste Erfahrungs- und Erlebnisschichten berühren kann. So stellt die pränatale Entwicklung ein Repertoire von klanglich-sensorischen, motorischen und affektiven Erfahrungen, Fähigkeiten und Erinnerungsspuren bereit, an die der musikalische Lern- und Entwicklungsprozess nach der Geburt anknüpfen kann.

Das bedeutet: Die ontogenetische Entwicklung ist durchwirkt von musikalischen Erlebnis- und Erfahrungsmustern, die sich von Beginn des Lebens an inkorporieren; menschliche und musikalische Entwicklung sind von Anfang an miteinander verbunden. Und da sich mit der Stimme der Mutter auch Tonfall und Form (prosodischer Ausdruck und Struktur) der jeweiligen Sprache und Umgebung einkörpern, findet bereits im Mutterleib eine Verschränkung von biologisch-organischer und kultureller Entwicklung statt, die sich nach der Geburt als „Stoffwechsel" von Organismus und Umwelt, Kind und kulturgeprägter Musik- und Hörwelt fortsetzt.

Musik der Säuglingsschreie

Mit ihrer ersten Lebensäußerung, dem Schrei, geben Neugeborene Kunde von sich selbst und kommunizieren ganzkörperlich mit ihren Bezugspersonen. Als primäre Musik des Körpers und Konstante von Kunst in allen Kulturen stellen Schreie eine komplexe Atem-Stimmleistung dar, die den Beginn der vorsprachlichen Entwicklung und affektiven Selbstkundgabe markiert. Säuglinge erweisen sich dabei als wahre Stimmartisten, die nach einem genetischen Programm gleichsam kreativ handeln und aus einfachem angeborenem Klangmaterial eine aussagekräftige „modulare Komposition immer komplexerer Schreilaute und deren Modifikation" erzeugen (Wermke, 2001, 3).

Bereits in der ersten Lebenswoche weisen Babyschreie spezifische melodische Muster auf: einfache Melodietypen, die ab der 2. Woche kombiniert bzw. dupliziert und ab der 5. Woche zu komplexen Kombinationsmustern ausgebaut werden. Die musikalischen Gestaltungselemente der Schreigebärden bestehen aus differenzierten Tonhöhenkonturen (gerade, ansteigend und abfallend, einfache Melodiebögen als Grundbausteine), Repetitionen bzw. Duplikationen des Melodietyps und Kombinationen zu Doppel-, Dreier- und Viererbögen mit bewusster Pausensetzung, Rhythmen, Transpositionen und Lautstärkeunterschieden (Veränderungen in der Intensität und Energie der Schreie), gefolgt von weiteren Kombinationen und Variationen (vgl. Wermke 2001, 111 f.). So erschafft das Baby ein komplexes Register melodisch-rhythmischer Lautäußerungen, die die Grundlage für die weitere Entwicklung von Musik und Sprache bilden. Die verschiedenen Schreimelodien geben Auskunft über elementare Befindlichkeiten wie Hunger, Schmerz, Unwohlsein oder Langeweile. Ungefähr ab der achten Lebenswoche treten zu den Schreien einzelne exspiratorische Lautäußerungen bzw. Vokalisationen wie Gurr- und Babbel-Laute, die eine ganzkörperliche, musikalisch affektive Kommunikation mit Lautgebärden, Blicken, Mienenspielen und Bewegungen in Gang setzen. Auf dieser elementaren Schicht, einer Art „Urtext der Erfahrung" (Merleau-Ponty, zit. nach Waldenfels, 2000, 65), baut alles musikalische Handeln und körperlich-seelische Lernen auf.

» With respect to the development of musicality, the musical elements already reflected in infants' crying will become specifically refined later on and, provided that an adequate social stimulation and exposure is present, they may become part of advanced musicality in young children." (Wermke & Mende 2009, 20)

Lernen mit allen Sinnen

Die geformten Schreie, mit denen Säuglinge ihre Befindlichkeit kundgeben und mit ihren Bezugspersonen kommunizieren, können als akustischer Ausdruck einer „Organsprache" (Spitz, 1976, 150 ff.) gedeutet werden, bei der der ganze Körper aktiv ist. Die ältere Säuglings- und Kleinkindpsychologie ging davon aus, dass dieser globalen „Organsprache" eine ebenso globale „coenästhetische Rezeption" aus der „Tiefensensibilität" des eigenen Körper heraus entspricht, einem undifferenzierten Gesamtempfinden gleich (Spitz, 1976, 62 ff., 152 f.; vgl. auch Rumpf, 1981, 32 ff.). Erst später, im Verlauf des ersten Lebensjahres, so die Annahme, geht die „coenästhetische Organisation" in eine „diakritische", d. h. unterscheidende, außenweltzugewandte, differenzierte Wahrnehmungs- und Ausdrucksform über. Gleichwohl bleibt die coenästhetische Wahrnehmungsweise das ganze Leben bestehen, im Jugend- und Erwachsenenalter z. B. als synästhetische Verknüpfung verschiedener Sinnessysteme in der Alltagswahrnehmung, die immer ein multisensorisches Geschehen ist. Die Aneignung von Kunst und Musik kann darauf Bezug nehmen.

Wie die neuere Forschung nachweisen konnte, ist die „Lebenserfahrung des Säuglings" (Stern, 2003) indes keineswegs so global und undifferenziert, wie Spitz vermutete. Vielmehr besitzt der Säugling bereits bei der Geburt eine hohe Differenzierungsfähigkeit im Wahrnehmen und Wirken (die komplexen Schreitypen haben es bereits gezeigt). Dem entspricht ein ebenso reiches, sich stets verfeinerndes Gefühlsleben. „Der Säugling fühlt ebenso differenziert und reichhaltig, wie er wahrnimmt und interagiert." (Dornes, 1999, 17)

Alle Sinnessysteme spielen dabei zusammen. Die Welt des „kompetenten Säuglings" ist geprägt durch eine „intersensorische Koordination" bzw. „amodale Wahrnehmung" (Stern, 2003, 74ff.; Dornes, 1999, 43f.), die eine Übersetzung der Sinneserfahrungen von einem Medium in das andere ermöglicht. Wir sehen, was wir hören, und fühlen, was wir hören und sehen, und verknüpfen dies mit bestimmten Affekten. In dieser ursprünglichen Verkoppelung der Wahrnehmungsbereiche gründet die Möglichkeit des Transfers zwischen den verschiedenen Wahrnehmungsmodi Hören, Sehen, Tasten etc. und zwischen den verschiedenen Kunstformen (sinnfälliges Beispiel: die musikalische Grafik). „So kann ein Rhythmus, z.B. ‚lang – kurz' (– -) durch den Gesichts-, Hör-, Geruchs-, Tast- oder Geschmackssinn zum Ausdruck gebracht oder aus diesen Sinnen abstrahiert werden. [...] Die Existenz dieser abstrakten Repräsentationen ‚amodaler' Eigenschaften ermöglicht uns eine einheitliche Wahrnehmung der Welt." (Stern, 2003, 218)

Für das Konzept eines körperlichen Musiklernens bedeutet dies, dass Musik immer mit anderen Modi der Wahrnehmung in Verbindung steht und alle Sinne beim Musiklernen und -erleben zusammenspielen können. Auch wenn sich die Sinne ebenso wie die ihnen entsprechenden Künste im Laufe der Entwicklung einzeln ausdifferenziert haben, besteht ein ursprünglicher Zusammenhang, ein Wechselspiel der Sinne und Künste (vgl. Waldenfels, 2010), das eine vielfältige Verknüpfung und Transformation ermöglicht. So können wir beim Erlernen von Musik als Kunst und Kommunikationsform den ganzen Körper einsetzen und musikalische Phänomene mit allen Sinnen erkunden: mit Hand-, Tanz-, Schwung- und Dirigier-Bewegungen die Musik nachzeichnen, mit Pantomimen die musikalische Charaktere verkörpern (vgl. Röbke, 2000, 305), mit Bildern, Zeichnungen, Grafiken die Klänge und Körperbewegungen in visueller Gestalt erfassen und Musik in einer lebendigen „Einheit der Sinne" erleben lassen (vgl. Brandstätter, 2008, 135, 141).

Exkurs

Lerntheoretische Aspekte und der Überschuss schöpferischer Energien

Das Zusammenspiel verschiedener Sinnesmodalitäten beim körperlichen Wahrnehmen und Wirken ergänzt die Theorie musikalischen Lernens als Bildung „genuin musikalischer Vorstellungen", die Wilfried Gruhn als Korrektiv zum körperfernen Lernen von Musik ins Feld führt (Gruhn, 2003b, 94f.; Gruhn, 2003a, 74), durch den Aspekt multisensorischer Erkundungs- und Aneignungsweisen von Musik. Nimmt man die intersensorischen Koordinationsleistungen des Körpers als Medium aller Medien ernst, so liegt es nahe, alle mit Musik verbundenen Sinneskanäle, Nachbarkünste und Ausdrucksformen beim Musiklernen zu nutzen.

Damit aber stellt die körperliche Perspektive den in der musikalischen Lerntheorie von Edwin Gordon und Wilfried Gruhn zentralen Begriff der „Audiation" auf den Prüfstand (zur „Audiation" vgl. Gruhn 1998, 237 f.; Gruhn 2003a, 86 f.; Gruhn 2003b, 108 f.; Gruhn 2010, 84, 95 ff.; Süberkrüb 2006 sowie Kapitel *Audiation – Grundlage und Bedingung musikalischen Lernens*). Kann sub specie corporis ein „Denken in Musik" als Aktivierung „formaler Repräsentationen" (abstrakter Vorstellungen musikalischer Sinnzusammenhänge auf der Basis konkreter „figuraler" Handlungsvollzüge) wirklich Leitziel von Musiklernen sein? Drei Argumente sprechen dagegen (vgl. Lessing, 2016, 120 ff.).

Das erste klang schon an: Musiklernen kann nie „rein musikalisch" sein, da alles musikalische Handeln und Denken durchwirkt ist von multisensorischen Bezügen, die bei allen körperlichen Handlungen mitspielen.

Zweitens ist gegen das formale Repräsentationskonzept einzuwenden, dass jede neue Spielbewegung, jede Verkörperung von Musik die bereits gebildete Vorstellung verändert und revidiert. In ihr vollzieht sich nie das Gleiche, sondern eine stets neue Variante von leibkörperlicher Erfahrung, die von vielen, teils unverfügbaren Einflüssen und Widerfahrnissen gespeist wird: von der körperlichen Verfassung, von Ort- und Umwelteinflüssen und von anderen Menschen, realen oder imaginierten Mitspielern und Hörern, die uns zu ungeahnten Wendungen verleiten und alle „im Kopf ‚vorgehörten' Klänge" unterwandern (Süberkrüb, 2006, 243). Dies ist ebenso der Fall bei improvisatorischen Handlungen, experimentellen und differenziellen Übeweisen (Widmaier, 2016) und freien Improvisationsformen (vgl. Eikmeier 2010, 2016), in denen Überraschendes zutage tritt und keine vorhandenen Muster aktiviert, sondern neue erprobt und gebildet werden, mit ungewissem Ausgang und verblüffenden Entdeckungen in Musik und Körper. Körperliches Musiklernen ist immer auch Neuschöpfung, die über Bestehendes hinausweist und Musik und Welt verändert (vgl. Waldenfels, 2000, 167 und 173).

Das dritte Argument, das den Geltungsbereich von Audiation einschränkt, berührt Tiefenschichten der Erfahrung, die alles Denken überschreiten. Musikalisches, und das heißt immer auch körperliches Handeln und Lernen, enthält einen Überschuss an schöpferischen Energien und Erinnerungen, von denen wir nie wissen, was davon spontan aufsteigt beim Musizieren, und die jede formale Repräsentation überschreiten. Mag Audiation für das verständige Hören und musikalische Handeln eine wichtige Instanz sein, so liegt ihr doch eine größere „Vernunft" (im Sinne Nietzsches) zugrunde, die sie übersteigt und überflutet. Was ist die Aktivierung vertrauter Vorstellungen gegen die Erschütterung beim Hören der Musik von Bach und Beethoven, was die Antizipation eines Grundtons gegen die Erregung beim Nachvollziehen der „Schreie" in Werken von Mozart, Schubert, Mahler, die uns ergreifen und zum Weinen bringen.

» Das Klangereignis entfaltet sich in Form eines Doppelereignisses von Auffallen und Aufmerken, von Widerfahrnis und Antwort, von Pathos und Response. Etwas dringt an mein Ohr, kommt mir zu Ohren, affiziert mich, indem ich darauf antworte oder etwas in mir darauf antwortet. Wie sich in dem Wechsel des Personalpronomens andeutet, fungiert der Hörer nicht als eigenständiges Subjekt, vielmehr zerteilt er sich in einen Patienten, dem etwas widerfährt, und einen Respondenten der darauf eingeht, indem er hinhört oder weghört. Er tritt sowohl als Hörer auf wie als Antworter [...]. Das Hören-auf bildet den Boden für das Hören-von-etwas, und so ist all das, worauf wir hören, reichhaltiger als das, was wir hören. In dieser responsiven Differenz von Worauf und Was findet eine Hörarbeit statt, die in ihrem transformativen Charakter mit Freuds Trauerarbeit zu vergleichen ist. Hörbar wird, was nicht schon hörbar ist, solange wir uns nicht bloßen Hörgewohnheiten überlassen und lediglich hören, was wir grosso modo bereits kennen." (Waldenfels, 2017, 31)

Dies hat Folgen für ein leiblich fundiertes Musiklernen, das den einkomponierten Affekt- und Ausdrucksgesten – dem „Urtext musikalischer Erfahrung" (Merlau-Ponty, zit. n. Waldenfels, 2000, 65) – mit affektiven Lautäußerungen und Bewegungen auf den Grund geht und musikalische Kognitionen – Hören, Vorstellen, Verstehen – in kommunikative und situative Kontexte einbindet. Dies aber entspricht einem erweiterten Konzept von verkörperter Kognition (vgl. Antoniadis, 2014, 190 ff.), die auch Wilfried Gruhn nicht ausschließt. „Wo der Körper (d. h. Motorik und Sensorik) nicht am Lernen beteiligt ist, gerät der Kopf (d. h. die Kognition) für sich allein in Schwierigkeiten. [...] Kognition und Sensorik, Leiblichkeit und Geistigkeit sind im Lernen unauflöslich miteinander verbunden." (Gruhn, 2016, 117; vgl. auch Gruhn, 2014, 94 ff.)

Die Musik der Eltern-Kind-Dialoge

Eine von der Erfahrung Anderer geprägte Körperlichkeit ist das Medium allen musikalischen Lernens von der Einverleibung der mütterlichen Stimme bis zum Ensemblemusizieren. Indem Eltern bzw. Bezugspersonen auf die expressiven Vokalisationen ihres Babys mit allen Sinnen reagieren, treten sie in einen präverbalen emotionalen Dialog ein, der als Frühform „kommunikativer Musikalität" (Malloch & Trevarthen, 2009) das körperlich-seelische Erleben und Verstehen von Musik ebenso wie den zwischenmenschlichen Umgang ein Leben lang prägt und begleitet. In der Kommunikation mit ihren Kindern bringen Eltern die – nie ganz versiegten – präsymbolischen Quellen ihrer ursprünglichen Musikalität vor aller kulturellen Überformung wieder zum Sprudeln. Indem Erwachsene und Kinder mit elementaren „wilden Lauten" (Jakobson, zit. n. Waldenfels, 2017, 30 und 42, Anm. 10) und melodischen Gesten unter Einsatz aller Sinne kommunizieren und improvisieren, öffnen sie sich für Frühformen und „unmittelbare Vorläufer des späteren Musizierens", die die Basis allen körperlichen Erlebens und Verstehens von Musik bilden (Lessing, 2016, 123 ff.).

In diesen körpermusikalischen Interaktionen von Babys und ihren Bezugspersonen – Lautgesten, Blicken, Mienenspielen und Körperbewegungen in kreuzmodaler Verschränkung – vollzieht sich eine wechselseitige „Affektabstimmung" (Stern, 2003, 198 ff.), die für die Entwicklung des Gefühlslebens und des sozialen Kontakts von entscheidender Bedeutung ist. Als hoch emotionale melodisch-mimische Urmusik zeichnen sich die Melodien der präverbalen *child directed speech* oder Ammensprache durch höhere Stimmlage (Ausdruck von Angleichung und Zärtlichkeit), „ausgeprägte Modulation der Grundfrequenz" (Cordes, 2005, 22 ff.), Verlängerung der Vokale, Wiederholung, Pausen und

Kombination einfacher melodischer Konturen aus. Darüber hinaus konnte durch spektrografische Aufnahmen nachgewiesen werden, wie Mutter und Kind sogar mit harmonischen und rhythmischen Mitteln ein „gleichsam musikalisches Spiel aufführen. Die Mutter greift intuitiv im dialogischen Wechsel die Klanggestalt und Tonhöhe der Vokalisation ihres Kindes auf und modifiziert sie immer wieder, während das Kind quasi rhythmisch im gleichen harmonischen Spektrum antwortet." (Gruhn, 2003, 35)

Über melodisch-rhythmische Ausdrucksmuster hinaus lassen sich auch formale Gestaltungsmerkmale in den frühkindlichen Dialogen beobachten, sodass sich hier bereits Musik als expressiv-strukturelles Klangphänomen ausbildet. Wie die Schilderung eines musikalischen Körpertheaters mutet Martin Dornes' Beschreibung und Auswertung einer zweiminütigen Interaktion eines Säuglings mit seiner Mutter an (vgl. Dornes, 1999, 62 ff.). Beide Partner „unterhalten sich" in rhythmischen Sequenzen mit Lauten, Lächeln, Blicken, Mund-, Hand-, Arm- und Beinbewegungen, stimmen sich aufeinander ein, passen sich aneinander an und tauschen ihre Emotionen aus. Dies geschieht in fünf Phasen, die Merkmale einer musikalischen Form besitzen (Initiierung, wechselseitige Orientierung, Begrüßungsreaktionen, Spieldialog, Beendigung) und in verschiedener Auswahl und Reihenfolge sowohl im Unisono- wie zunehmend im Alterationsmodus stattfinden können. Einem „Thema mit Variationen" gleich (Stern, 2003, 109 ff.), bei dem für Abwechslung und Aufmerksamkeit gesorgt ist und die Partner alternierend die Initiative übernehmen, besitzen sie stets einen „zyklischen Charakter der Aufmerksamkeit und der sie begleitenden Affekte", mit denen „primär Beziehungen" und nicht „isolierte Selbst- und Objektbilder" internalisiert werden (Dornes, 1999, 65).

So können wir schlussfolgern: Die angeborene „primäre Intersubjektivität" des Menschen (Trevarthen, zit. nach Dornes 1999, 69) ist körperlich und musikalisch verfasst. Und umgekehrt: Musik inkorporiert sich als affektive Kommunikationsform.

Kommunikative Musikalität

Für dieses musikalisch differenzierte Kommunizieren mit dem ganzen Körper haben die Psychologen Stephen Malloch und Colwyn Trevarthen den Begriff „Communicative Musicality" geprägt (Malloch &Trevarthen, 2009). Er bezeichnet nichts Geringeres als die unseren Körpern eingeschriebene Grundmusikalität, die uns miteinander verbindet; genauer: das angeborene, in frühkindlichen Ausdrucks- und Dialogformen angelegte Potenzial, sich mit anderen Menschen auf „multimusikalische" Weise in Beziehung zu setzen, harmonisch abzustimmen und zu synchronisieren.

Das Konzept der kommunikativen Musikalität weist der Musik terminologisch einen zentralen Stellenwert zu, definiert Musikalität indes in einem weiten Sinne als Metapher für die ursprüngliche Verbundenheit von Menschen in Klang, Blick, Berührung, Bewegung und für das Teilen einer gemeinsamen kulturellen Welt von Anfang an: als „expression of our human desire for cultural learning, our innate skill for moving, remembering and planning in sympathy with others" (Malloch & Trevarthen, 2009, 4).

Drei Parameter prägen kommunikative Musikalität: Puls als regelmäßige Abfolge vokaler oder gestischer Momente, Qualität als konturierte expressive Vokalisationen und Körperbewegungen, Narrativität als Verbindung von Puls und Qualität zu Erzählungen voll Ausdruck und Intention. Sie alle sind in strukturierten Musikformen wie Liedern und Instrumentalstücken anzutreffen. Und sie erlauben es Kindern und Erwachsenen – und Erwachsenen untereinander – „to share a sense of sympathy and situated meaning in a shared sense of passing time" (ebd.). Wie Dornes' Analyse einer Interaktionssequenz weist auch das protokollierte Beispiel einer solchen musikalischen Erzählung zwischen einer Mutter und ihrer Tochter eine geradezu „klassische" musikalische Form auf: „Introduction, Development, Climax and Resolution" (ebd.).

In jedem gemeinsamen Liedersingen und Musizieren verwirklicht sich kommunikative Musikalität als Körperkommunikation mit ausdrucksvoll gestalteten Klängen, Gesängen, Tänzen, Instrumentalaktionen (in Ergänzung zu und Verschränkung mit dem Kommunikationssystem begrifflicher Sprache), im alltäglich Kleinen wie im Großen musikalisch geprägter Festlichkeiten (vgl. Dissanayake, 2009 17–30). Durch Teilhabe und Anpassung an diese allgemeinen Formen des Musizierens wächst das Kind in seine Musikkultur hinein, deren Ordnungssysteme sich durch aktives Singen und Musizieren – als Formen leiblichen Musiklernens – zunehmend einkörpern (Enkulturation).

Der korporale Zirkel des Musiklernens – Idee und Wirklichkeit

Hier ist indes ein Kreislauf zu beobachten, der einigen Sprengsatz in sich birgt. Denn in den kulturspezifischen Musikformen wimmelt es nur so von Affektgestalten, Bewegungsfolgen, Dialog- und Erzählformen, die auf die frühen unmittelbaren Lautgesten und Verständigungsformen zurück verweisen, aus denen sie hervorgehen und die sie in mehr oder weniger verarbeiteter Form enthalten (vgl. Gruhn, 2003b, 93). Wie der menschliche Körper von Musik geprägt ist, so ist auch die Musik unserer Kultur von Körperlichkeit durchdrungen (zu anderen Musikkulturen und zu Musik und Kultur allgemein vgl. Brandl, Rösing 1993; Oerter, 2007). Daher bietet die kreative Aneignung der symbolischen Musikformen unserer Kultur reiche Möglichkeiten, frühe Musikerfahrungen und Affektäußerungen in all ihrer Unmittelbarkeit und Direktheit wieder zu erleben und neu zu vergegenwärtigen – als Unruheherd und „Urtext" aller Erfahrung (Merleau-Ponty, zit. n. Waldenfels, 2000, 65). Wir können dies als korporalen Zirkel des Musiklernens bezeichnen (bei fortschreitender Erkenntnis und Neuschöpfung eine Spirale). Korporaler Zirkel bedeutet: Die ungebändigt expressiven und strukturellen Eigenschaften der Musik, die wir in uns tragen und die sich durch Hören und musikalisches Handeln inkorporieren (Lernen als Einverleiben und Neuschaffen von Gestalten und Strukturen), finden sich in veränderter Gestalt und Gestaltung in den Erscheinungen unserer Musikkultur wieder – als symbolische Körperlichkeit notierter Musik, die der Rückverwandlung in reale Klangkörperlichkeit bedarf. Der Weg, Musik zu erleben und zu erlernen, führt über jene körperlichen Ausdrucksquellen, aus denen die kulturgeprägten Musikformen hervorgehen und deren Züge sie tragen. Ein Beispiel: Wie jede Musik aus Atem als ihrem tiefsten Grund entspringt, kann nur, wer musikalisch atmet, wahrhaft musikalisch, d.h. körperlich empfunden musizieren und Musik lernen (Genaueres dazu s. Rüdiger, 1995). Und dies gilt für alle archetypischen Quellen von Musik: Bewegungen und Pulsationen, Schreie und Lautgesten, Schritte und Sprünge, Blicke, Mienen, Gesten, Dialoge. Nur wer diese ursprünglichen Artikulationen auch in notierter Musik entdeckt, vergegenwärtigt, real vollzieht und ebenso geschickt wie voller Risiko auf das Instrument überträgt, vermag sich Musik „leib-eigen" zu machen und zwischenleiblich zu wirken.

Warum jedoch sind Schüler selten in der Lage, ihr körperliches Ausdruckspotenzial beim Instrumentlernen zu aktivieren und mit dem Erlernen von Spielbewegungen zu verbinden? Umgekehrt formuliert: Warum erscheinen etliche Schüler wie abgeschnitten von ihren natürlichen Ausdrucks- und Bewegungsimpulsen, wenn sie die Geige in die Hand nehmen oder das Fagott ansetzen? Ein Grund scheint darin zu liegen, dass Kinder oftmals, vor allem bei einer einseitig rationalen Erziehung, von ihren sinnlichen Wahrnehmungsqualitäten und Körperempfindungen abgetrennt werden (vgl. Rumpf, 1981, 43 ff.). Der kritische Punkt liegt in der körperlichen und musikalischen Sozialisation und Erziehung: dass Kinder zu wenig mit Klang und Bewegung, Liedern und Musikspielen aufwachsen und musikalische Aktivitäten wie Klänge erzeugen, Sich-Bewegen und Hören weithin zugunsten des Primats von Sprache, Schrift und Bild vernachlässigt werden. Hinzu kommt, dass beim Musik- und Instrumentlernen körperliche Regungen häufig durch ein Übermaß an „selektiver Anpassung" an körperferne Konventionen, Normen und Regeln des Musizierens verschüttet bis abgetötet werden (vgl. Stadler Elmer, 2008, 156; Lessing, 2016, 123; was nachvollziehbare Hemmungen und Widerstände anbelangt vgl. Röbke 2008). Sicherlich besitzen Schüler auch unterschiedliche Potenziale von Körperempfinden und Körperausdruck, der sich mehr nach innen oder nach außen richten kann.

Dies und mehr gilt es zu bedenken, wenn wir für ein körperliches Musiklernen und Musizieren im Sinne eines korporalen Zirkels plädieren, der die körperlichen Basiserfahrungen von Musik als Wege zum Musiklernen nutzt: als Methodik expressiver Laut- und Körpergesten, die auch „wilde" Züge analog zum „wilden Lernen" des Kindes annehmen kann (Waldenfels, 2000, 170; vgl. Kapitel *Gestisches Lernen*).

An diesem entscheidenden Punkt angelangt, lautet die Frage nun nicht mehr, wie sich Musik dem Menschen einkörpert, sondern wie „zwischen dem Hineinwachsen in unsere spezifisch geprägte Musikkultur und dem affektiven und vorsprachlichen Erleben immer wieder Vermittlungen zu stiften" sind (Lessing, 2016, 124). Eine Antwort gibt das Konzept körperlichen Musiklernens bzw. des musikalischen Embodiment (s. unten), das darauf zielt, die in Musik einkomponierten Ausdrucksgesten und Bewegungsformen aufzuspüren und zu entdecken, in der Notation zu dechiffrieren, in Liedern, Tänzen und Gesängen zu realisieren und aus der Fülle körperlich-seelischen Lebens Musik zu sprechen und zu singen, zu verkörpern, darzustellen, mit anderen und für andere, um dies sodann auf ein körperlich erfülltes Instrumentalspiel mit freien Blicken und Bewegungen zu übertragen.

An ausgewählten Beispielen soll im Folgenden gezeigt werden, wie körperliches Musiklernen in der Praxis aussehen kann. Wenn auch Körperlichkeit in allen Bereichen musikalischen Lernens wirksam ist, muss unterschieden werden zwischen dem Erlernen eines Instruments und der Fundierung schulischen Musiklernens in körperlichen Handlungen. Differieren Instrumental- und allgemeiner Musikunterricht in ihren Inhalten und Zielen, so sind doch grundlegende Eigenschaften und Gestaltungsaspekte von Musik allen Musiklernenden körperlich zugänglich.

Praxisanregungen zum körperlichen Musiklernen

Körperlichkeit von Liedern – Singen mit Leib und Seele

Singen als unmittelbarste körperliche Ausdrucksform des Menschen ist ursprünglich mit lustvollen Aktionen wie Wiegen, Schaukeln, Hüpfen, Tanzen, Springen verbunden (vgl. Stadler Elmer, 2008, 152). Erste Formen von Singen bilden die Schreimelodien und Vokalisationen, mit denen der Säugling seine Befindlichkeit kundgibt, bei anderen Gefühle auslöst und musikalische Dialoge initiiert. Aus diesen Frühformen entwickeln sich Sprache und Musik bzw. Sprechen und Singen, wobei im Singen von Liedern sprachliche und musikalische Elemente zusammenkommen. So spiegelt sich im Singen die musikalische Entwicklung des Kindes von den frühen monologisch-dialogischen Vokalisationen bis zum kreativen Nachahmen, Erfinden und Erlernen von Liedern, in denen ursprüngliche körperliche Lautäußerungen in regelgebundener Form wiederzufinden sind, ohne formal darin aufzugehen. Als „Übergangsräume" zwischen frühkindlicher und kulturell vermittelter Artikulation, objektiv Gegebenem und subjektivem Erleben (Figdor & Röbke, 2008, 132) sind Lieder vollgesogen mit musikalischer Körperlichkeit. Spielerische Affektgesten, Bewegungsqualitäten und Formaspekte verschränken sich zu einer Gestaltung früher Musikerfahrungen. Veranschaulichen wir dies an einem einfachen Lied, das wir einer kurzen „Körperanalyse" unterziehen.

Das Kinderlied *Kleiner Tommy Tinker* (siehe Notenbeispiel) verbindet die Dramatik elementarer Lautgesten mit der Dramaturgie „narrativer Strukturen", wie sie die kommunikative Musikalität von Eltern-Kind-Dialogen kennzeichnet.

Kleiner Tommy Tinker

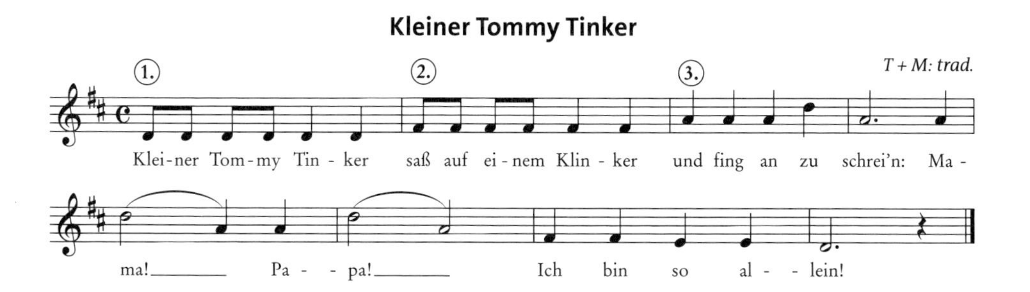

Auf eine Introduktion bzw. Exposition in repetitiver Erzählgestik (4 Achtel und 2 Viertel pulsierender Grundton) folgt die Entwicklung als Wiederholung der Rhythmusgestalt eine große Terz höher. Dies steigert sich zu einer doppelten Klimax in Form eines Quint-Oktav-Sprungs als Erzählung (4 Viertel und 1 punktierte Halbe) und als zweifacher Schrei (Viertelauftakt, 1 Halbe und 1 Viertel bzw. 2 Halbe), einer barocken Exclamatio verwandt. Die Spannungsabfuhr erfolgt dann in Form einer Auflösung in den Schluss-Seufzer (4 Viertel und 1 punktierte Halbe), mit dem das Lied nach großer Erregungskurve zu seinem Ausgangspunkt zurückkehrt, an dem nichts mehr ist wie zuvor.

Ein Musiklernen, das dem Formgehalt des Liedes gerecht werden möchte, könnte folgendermaßen vorgehen: Nach dem ersten gemeinsamen Singen wird die Geschichte des Liedes erforscht und (re-)konstruiert – wer da was macht bzw. wem etwas widerfährt – und der Liedtext expressiv vorgetragen, ggf. in verteilten Rollen, mit ansteigender Lautstärke bis zum Höhepunkt des emotionalen Geschehens. Mit den Schreien und dem Schluss-Seufzer kann sodann ohne und mit Text und Metrum experimentiert werden, mit realen Schreien und Seufzern in verschiedenen Ausdrucksfarben und Tonfällen von verzagt bis wütend, weinend bis hauchend, mit Glissando abwärts etc. Dann wird das Lied gemeinsam mit Blick und Bewegung, Hand- und Mundgeste in verschiedenen Klangnuancen und dynamischen Steigerungen gesungen und verkörpert. Darüber hinaus kann es entsprechend expressiv als Kanon gesungen und, im Sinne einer „erweiterten Interpretation" (Hubrich, 2014), als kleines Musiktheater inszeniert werden, indem die Ausführenden die Geschichte in bewegter Form an verschiedenen Positionen im Raum aufführen, erzählen und singen, in ein Schauspiel verwandeln und ggf. mit anderen Musiken, Texten, Aktionen, Improvisationen, Bildern und Instrumentalbegleitungen verbinden. Bei einer solchen erweiterten Verkörperung des Liedes können alle, Instrumentalisten wie Nichtinstrumentalisten, schon im Grundschulalter auf schöpferische Weise zusammenwirken.

Auch zwischen den Tonfällen frühkindlicher Dialoge und expressiven Liedtypen besteht eine direkte Verbindung, wie Untersuchungen an Liedern verschiedener Kulturkreise gezeigt haben. Die Melodien von Wiegenliedern beispielsweise ähneln den Tonhöhenkonturen der sogenannten Ammensprache und bringen die gleichen Affekte zum Ausdruck und zur Auslösung (Cordes, 2005, 206): eine symbolische Verkörperung *(embodiment)* der Beruhigung, in der der frühe orale Saugrhythmus weiterlebt (vgl. Koch, 2011, 82).

Für dies und die Vielzahl von Liedern, die von körperlichen Bewegungen und Begebenheiten handeln, gilt, dass sie aus vollem Herzen gemeinsam gesungen und musiziert werden wollen, wozu freilich ein Gefühl für Metrum und Rhythmus gehört, das sich durch folgende Lernweisen am besten im Leib verankert.

Metrum und Rhythmus

Wippen oder schwingen Sie im Stehen in einem angenehmen Tempo von einem Bein aufs andere. Unterteilen Sie diesen Grundpuls, indem Sie in fließenden Bewegungen mit den Händen auf die Außenseiten Ihrer Oberschenkel patschen oder in den Raum schnipsen. Genießen Sie und variieren Sie den Swing und Drive dieser Bewegung, indem Sie die Intensität und Dynamik einmal in den Beinen, einmal in den Armen verstärken und mit den Ebenen spielen. Erfinden Sie nun einfache Rhythmen bzw. rhythmische Gestalten und führen Sie sie mit freien Vokalklängen aus, in variablen Lautstärken und Ausdrucksnuancen, zusammen mit anderen im Call-and-Response-Verfahren, als Klangkette, Domino-Spiel mit Variation in jedem zweiten Takt, Klangschichtung und rhythmische Improvisation etc. – und schon haben Sie die Ebene einer ausdrucksvollen rhythmischen Kommunikation erreicht, die sich mit vielerlei musikalischen Lern- und Gestaltungsaufgaben verbinden lässt, im Instrumentalunterricht wie im Musikunterricht an Schulen.

Dies ist die Praxis des Rhythmuslernens nach Edwin Gordon, die von den musikalischen Bewegungslehren von Rudolf von Laban und Émile Jaques-Dalcroze beeinflusst ist (vgl. Berg 2014, 142 ff., 169 ff.; Zwiener, 2008). Auf der Basis vorgängiger Erfahrungen von Gewicht und fließender Bewegung im Raum (vgl. Gruhn, 2003a, 44) wird Rhythmus auf spielerische Weise körperlich-musikalisch gelernt. Drei Ebenen spielen dabei zusammen: Die Beine markieren den Grundpuls oder macrobeat (in verschiedenen Dauern und Tempi), die Hände unterteilen den macrobeat in zwei oder drei microbeats und formen so ein Zweier- oder Dreier-Metrum (oder irregulär in 2 + 3 etc.), die Stimme intoniert einen ausdrucksvollen „melodischen Rhythmus“ auf zunächst neutralen Silben. Frühkindliche Affekt- und Ausdruckslaute können hier wieder aufleben. Später werden die neutralen Silben durch rhythmische Solmisationssilben ersetzt und weitere sequenzielle Lernschritte verfolgt (vgl. Süberkrüb, 2006, 259 ff.; Lessing, 2016, 113 ff.; zur Begründung und Verbindung von Bewegung und Sprache beim Rhythmuslernen vgl. Lehmann, 2007; Mahlert, 2011, 175 ff.).

Im Musikunterricht an Schulen können solche Basisübungen mit dem Körper zum Erwerb rhythmischer Handlungskompetenz in jeder Stunde einige Minuten lang geübt und mit musikalischer Gestaltung von Bodypercussion-Stücken verbunden werden, die sodann musik- und kulturgeschichtlich reflektiert werden. Auch in Form von Warm-ups erfüllen Rhythmusaktionen mit dem ganzen Körper vielfältige inhaltliche und formale Aufgaben im schulischen Musikunterricht, vom Einsteigen ins Stundenthema bis zur Komposition und Aufführung eines Live-Arrangements (vgl. Terhag, 2009; Terhag & Winter, 2012). *Bodymusic* ermöglicht zudem ein Zusammenwirken von Nicht-Instrumentalisten bzw. Körperspielern und Instrumentalisten, die Körperklänge in tonale Pattern übersetzen und dazu improvisieren (vgl. Rüdiger, 2015, 39 ff.) – Im Instrumentalunterricht bietet Gordons *Rhythm Solfège* einen hervorragenden Ansatz, um von Anfang an mit *einem* Ton Musik zu machen und rhythmisch zu kommunizieren und zu improvisieren. Und im Bereich der Musikvermittlung sind ganzkörperliche Rhythmusaktionen und alle möglichen Formen der Bodypercussion ein bewährtes Mittel der Aktivierung von Hörerinnen und Hörern, die durch körperlichen Mitvollzug zum intensiveren Hören, Erleben und Verstehen von Musik eingeladen werden.

Musiklernen mit dem Körper umfasst rhythmische und tonale Beziehungen gleichermaßen (Intervalle, Linien, Melodien). So arbeitet die Relative Solmisation mit Stimme und Körperbewegungen, um die Spannungsverhältnisse von Dauern und Intervallen körperlich erfahrbar zu machen, sei es nach der Lerntheorie von Edwin Gordon (die auf den Einbezug der Hände verzichtet) oder nach der weit verbreiteten Methode von Zoltán

Kodály. Durch die Verwendung expressiver Handzeichen inkorporiert sich auf sinnliche Weise der Ausdrucksgehalt von Intervallen ebenso wie von melodischen Spannungsbögen im Ganzen (Beispiel: die Weite der Quinte *Do – So*, die Gewichterfahrung von *So – Do* und vieles mehr, vgl. Röbke, 2000, 193; Figdor & Röbke, 2008, 135 ff.; Heygster, 2012).

Der Körperausdruck musikalischer Affekte

Wie anhand von *Kleiner Tommy Tinker* gezeigt werden konnte, lassen sich mit einfachen Rhythmen und Intervallen grundlegende Affekte ausdrücken, in eine erzählerische Form bringen und stimmlich-körperlich nachahmen. Nimmt man Harmonik, Registerlage, Dynamik und Pausen hinzu, so ist das Arsenal musikalischer Mittel zur Affektdarstellung in „klassischer" Musik nahezu komplett. Ein Großteil dieser Darstellungsmittel gründet in körperlichen Lautäußerungs- und Bewegungsmustern und bildet deren Gestalt musikalisch nach. Die „organische" Verbundenheit von Musik und Körper, die indes kulturspezifisch zu differenzieren ist, beginnt mit dem elementaren Spannungs-/Entspannungsvorgang (vgl. Berg, 2014, 138) und strahlt in die drei Dimensionen „Melodik als Linie", „Rhythmik als [...] Bewegungsfläche", „Dynamik als Licht und Schatten" aus. „In diesen drei Faktoren [...] sehe ich die stärksten elementaren Bindungen zwischen Musik und körperlichem Ausdruck. In allen dreien wirkt sich der grundlegende Bewegungsantrieb unmittelbar aus, alle drei sind sowohl musikalische Lautäußerungen wie körperliche Bewegungsfunktionen." (Bekker, 1923, 91 ff.)

So kann man im schulischen Musikunterricht wie im Instrumentalunterricht musikalische Spannungsbögen mit Atem, Stimme und Geste nachformen – melodische Linien mit den Händen nachzeichnen oder solmisieren – Metren und Rhythmen gehen, klatschen, sprechen – Lautstärken mit den Händen, Armen, ganzem Körper anzeigen. Man kann komponierte Affekte auf körperliche Ausdrucksweisen von Emotionen zurückführen und einen barocken Seufzer real seufzen, musikalische Ausrufe und Schreie mit Lautgesten realisieren, bevor sie aufs Instrument übertragen werden, und an einer musikalisch erstaunlichen Stelle in reales mimisches Staunen geraten – denn so ist es gemeint. Und die Korrespondenz von Musik, Emotion und Körper, die Theoretiker des 18. Jahrhunderts ebenso wie moderne Ausdruckspsychologen bestätigen, lädt umgekehrt dazu ein, grundlegende Affekte zunächst mit den ihnen entsprechenden Stimm- und Körper-Aktionen auszudrücken und dann an Werken nachzuvollziehen und aufs Instrumentalspiel zu übertragen. Für die Basisemotion Freude in ihrer extrovertierten Form bedeutet dies z. B.: „Prestotyp, Aktion: vital, agil, sprunghaft, Gestus: vorwärtseilend, sich-öffnend, Äußerung: hell, lebendig, abwechslungsreich, Funktion: lebensbejahende Veräußerung von innerer Aktivität" (Rösing, 1993, 580 f.). In der Musik drückt sich dies in folgenden Mitteln aus: „Tempo: schnell, mit Accelerandi, Rhythmus: punktiert, synkopiert, abwechslungsreich, Lautstärke/Klangfarbe: laut, hell, strahlend, Melodik: großer Ambitus, sprunghafte Intervalle, aufwärtsstrebende Motive, Harmonik: einfache Harmonien, Betonung der Diskanttöne" (ebd.).

Und für den entgegengesetzten Affekt gilt in den Worten einer historischen Quelle:

» Die Traurigkeit ist sehr matt und schläfrig; das Hertz klopfet langsamer, und der ganze Leib wird gleichsam halb ohnmächtig. Daher muß auch die Sprache eines Traurigen gedämpfet, matt und gezogen seyn. Alle Wörter wird ein Betrübter ausdehnen, seine Sätze wird er mit vielen Seufzern unterbrechen, und oft wohl gar mitten in einem Worte gleichsam ersticken wollen." (Gottsched, 1736/1973, 353)

Entsprechend lauten die musikalischen Gestaltungsmittel der Trauer: langsame Bewegung, tiefe Lage, legato, matte, enge Melodieführung, akzentuierte Dissonanzen, bevorzugte Molltonarten etc.

Musikalische Affektdialoge wie das „Gespräch zwischen einem Sanguineus und Melancholicus" in C. Ph. E. Bachs Sonata c-Moll für 2 Violinen und Basso continuo Wq 161a (1749) können von Schülern durch entsprechende mimisch-gestische Aneignungsweisen erkundet und „einverleibt" werden – im schulischen Musikunterricht durch körperlich-mimisches Nachahmen und szenisches Spiel, beim instrumentalen Lernen durch expressives Sprechen, Singen, Dirigieren, Darstellen der Affekte vor und zwischen dem instrumentenspezifischen Üben und Musizieren (vgl. Rüdiger, 2007, 113 ff.). Und wenn dies durch eine Analyse der Affektmittel und ihre historische Einbettung in Ästhetik und Musikbegriff des Barock flankiert und fundiert wird, aktualisiert und verlebendigt Musik- und Kulturgeschichte sich zur angewandten Körpergeschichte.

» Gerade was in Musik zu lesen, zu entziffern ist, sind ihre mimischen Innervationen. Eine pathetische oder verhaltene oder verlöschende Stelle bedeutet nicht Pathos, Verhaltenheit, Verlöschen als ein Geistiges, sondern [...] bildet die ihnen eigentümlichen physiologischen und somatischen Gesten in musikalischen Konfigurationen ab, und wer sie richtig interpretieren will, muß eben jene in ihnen verkapselten Gesten finden, um sie nachzuahmen." (Adorno, 2001, 244)

Körperlichkeit als Thema der Musik- und Instrumentalpädagogik

Körperliche Aneignungsweisen von Musik haben eine lange Tradition. Nach dem ersten Körperboom in der Reformpädagogik zu Beginn des 20. Jahrhunderts (vgl. Becker, 2005; Zwiener, 2008; Kruse-Weber, 2005) ist seit den Achtzigerjahren des vergangenen Jahrhunderts ein zweiter *corporeal turn* in der Musikpädagogik (wie in den Geistes- und Kulturwissenschaften allgemein) zu verzeichnen, der bis heute zunehmend an Bedeutung gewonnen hat. Jüngere Fragestellungen und Forschungen wie die von Eikmeier (2016), Berg (2014), Zwiener (2008), Oberhaus (2006) u. a. setzen das Werk von Pionieren des Körperdiskurses wie Wieland & Uhde (1985, 2002), Pütz (1990) und Richter fort (1995a; b), der im Ausgang von Helmuth Plessner die Wende von einem hermeneutischen zu einem leiblich orientierten Verstehen als „Darstellung und Deutung mit körperlichen Mitteln" (1995a, 5) vollzogen und vielfach entfaltet hat (Richter 1999; 2001). Richter thematisiert die Verschränkung von Musik- und Selbstverkörperung und unterscheidet verschiedene Arten der Verkörperung wie „Darstellung und Vorstellung von musikalischen Abläufen, Stimmungen, Charakteren mit Hilfe von Gesten, Mimik, Dirigieren, Tanzbewegung, rhythmisch-körperlichen Darstellungen" (1995b, 97ff.). Zudem stellt er den Bezug zu Werken neuer Musik her, in denen Körperaktionen, Laute und Bewegungen Material und Thema von Musik werden und der Körper als Grunddimension jeglichen Musizierens und Musiklernens künstlerisch und pädagogisch ins Zentrum rückt. Dass der Körper selbst Kunst sein kann und körperliches und künstlerisches Handeln qualitativ aufeinander bezogen sind, ist die Errungenschaft der musikalischen Avantgardebewegungen des 20. Jahrhunderts von Dada über Fluxus bis zur instrumentalen bzw. realen Körperlichkeit in Werken von Kagel, Schnebel, Globokar, N. A. Huber, Oehring u. v. a. Musiklernen findet hier ein reiches Erkundungs- und Erprobungsfeld, auf dem Musik und Körper eine kreative Weiterentwicklung erfahren können (Rüdiger, 2006; 2007; Hiekel, 2017).

Im Sammelband Musik und Körper von Werner Pütz (1990) prallen u. a. Beiträge zur „schwarzen Pädagogik" einer „Disziplinierung des Körpers" im 19. Jahrhundert (Gellrich, 1990) und zur befreienden „Alexander-Technik als Basis-Technik für Musiker" (Kratzert, 1990) aufeinander und lenken den Blick auf Körperschulungsformen wie Atemlehre, Autogenes Training, Feldenkrais-Methode, Dispokinesis u. a., die auf ein durchlässiges, müheloses, ausdrucksvolles und improvisatorisch gelöstes Musizieren und Musiklernen zielen und heute zum Grundbestand der musikalischen Ausbildung gehören (vgl. Spahn, 2017).

Dies führt uns auf das weite Feld von Musikphysiologie und Musikermedizin, die von den Grundlagen gesunden Musizierens bis zur Prävention, Prophylaxe und Therapie von Spielschäden das ganze Spektrum physiologischen Musizierens und Musiklernens auf wissenschaftlicher Grundlage behandeln. Auch wenn die Erkenntnis des Zusammenhangs von Körperbewusstsein und Kunst eine lange Tradition hat (vgl. Rüdiger, 1994), kann die Musik- und Instrumentalpädagogik von der musikphysiologischen Forschung viel lernen, vom dynamischen Bewegungsaufbau bis zum geglückten Bühnenauftritt. Dies ausführlich zu behandeln ist hier nicht der Ort. Verwiesen sei auf einschlägige Referenzliteratur wie die Publikationen von Klöppel und Altenmüller (1997/2013), Hildebrandt (2000; 2002; 2006; 2010), Hildebrandt und Müller (2004) und Spahn (2015) sowie auf den „Physiologischen Ratgeber" von Christoph Wagner (1995) und die Praxisübungen zum Gespräch über „Wahrnehmung, Wachheit, Balance" (Mahlert, 2006).

Dass wir beim körperlichen Musiklernen stets etwas über unseren Leib als durchlässigen, sich spürenden und bewegt bewegenden „Leibkörper" erfahren, ist in unseren Ausführungen immer wieder angeklungen. Wenn ich meinen Körper als Instrument einer *Bodymusic* benutze, als Trommel gewissermaßen, die an verschiedenen Stellen unterschiedlich klingt, so findet dies in einer personalen und „naturalen" Doppeleinstellung statt, in der mein Leib spürt, hört, erkundet, wie mein Körper klingt, und welcher Qualität von Atmung, Haltung und Bewegung es bedarf, damit er gut klingt (kein Klang ohne Atem und Empfindung). Physiologisch gute Bewegungen erzeugen gute, resonanzreiche Klänge und umgekehrt. Musikalische Klang- und Ausdrucksgestaltung gründet in einem freien, beweglichen, schwingenden und zugleich stabilen Körper, der in gutem Kontakt zum Boden (bzw. zur Sitzfläche) und zu sich selbst ist, mit Ausrichtung nach oben, gelösten Schultern, pulsierender Atmung und Zentrierung in der Leibesmitte sowie einer wohldosierten, dynamischen Spannung aus innerem Bewegungsempfinden, das freilich nicht von außen erzeugt und gelehrt, sondern nur durch Selbstanleitung gelernt werden kann (vgl. Hildebrandt, 1999; 2010, 20).

Diese Prinzipien greifen im Grunde nichts anderes als die natürliche musikalische Körperlichkeit des (Vorschul-)Kindes auf, das mit runden, fließenden Bewegungen und Gewichtserfahrungen seine Welt entdeckt (das musikphysiologische „Schaukel-Schwung-Prinzip", vgl. Hildebrandt 2000, 121 f.). Ebenso wie frühe expressive Lautgesten sind solche Schwungbewegungen auf das Musik- und Instrumentlernen zu übertragen, um Wohlfühlen und intensiven Ausdruck, physiologisch erfühltes und musikalisch erfülltes Musizieren in Einklang zu bringen (vgl. Röbke 2000, 167 ff., 216 ff.).

Die Einheit von Musik- und Körper- bzw. Bewegungslernen sollte im Instrumentalunterricht eine Selbstverständlichkeit sein, wobei der Förderung von Selbstwahrnehmung und Selbstorganisation des Schülers von Anfang an eine besondere Bedeutung zukommt. Nichts ist schwieriger, als „eingefleischte" Haltungs- und Bewegungsmuster, die weder physiologisch günstig noch musikalisch frei und geschmeidig sind (besonders solche mit übermäßiger Muskelspannung), in angemessene Körper- und Bewegungsformen zu verwandeln („umzuprogrammieren"). „Den Körper stimmen lernen" (Hildebrandt, 2010) und an konkreter Musik ein musikalisches Haltungs- und Bewegungsrepertoire aufbauen gehört aber auch in einen schulischen Musikunterricht, der die Musikalität des Körpers in Verbindung mit der vielgestaltigen Körperlichkeit von Musik bringen möchte und ein Musikmachen mit Leib und Seele ins Zentrum eines Musiklernens stellt, das auf „leibliches Verstehen" und Gestalten zielt (vgl. Eberlein, 2016, 217 ff.).

Musikalisches Embodiment

Bedarf Musiklernen, wie sich gezeigt hat, des Aufbaus eines musikalischen Haltungs- und Bewegungsrepertoires, so drücken sich in Haltung und Bewegung bereits musikalische Aspekte und Affekte aus, die sich frühzeitig, von der Einverleibung der mütterlichen Stimme der Mutter an, durch informelle und formale Musikerfahrungen in den Körper eingeschrieben haben. Physiologische, emotionale, kognitive und kommunikative Momente greifen bei der Aneignung von Musik ineinander. Ein Beispiel: Die in Bachs Werk symbolisch (durch zeittypische Affektfiguren) eingeschriebene Haltung und Bewegung eines Melancholikers spricht allen Prinzipien einer physiologisch zweckmäßigen Ausrichtung des Spiel- und Bewegungsapparats Hohn, bringt aber gerade dadurch die Emotion der Trauer in Körper und Klang bewusst zum Ausdruck, wie in entgegengesetzter Form der Sanguiniker den Affekt der Freude ausagiert. Um dies überzeugend gestalten und zur Wirkung bringen zu können, müssen sich die Spieler, so C. Ph. E. Bach, bewusst in die „Affeckten setzen", die sie erregen wollen, und die entsprechenden „Gebehrden" in der kammermusikalischen Kommunikation untereinander und mit den Hörern vollziehen (zit. n. Rüdiger, 2007, 100). Dass die aufführungspraktische Mimesis an den symbolischen Körper des Werks freilich mit den instrumentenspezifischen Spielbewegungen harmonisiert werden muss, versteht sich von selbst.

Ein schönes Beispiel für die Wechselwirkung von Körperhaltung, Gefühl, Geist und Umwelt bzw. Mitwelt, das auf Bachs Triosonate sehr gut anwendbar ist, ist Charlie Browns im Jahr 1960 erschienene Lehrstunde zum bewussten Körperausdruck der Depression, ein Paradebeispiel für einen zentralen Aspekt dessen, was als Embodiment bezeichnet wird („Embodiment der Depression", vgl. Koch, 2011, 153). Charlie Brown demonstriert hier und erläutert Lucy gegenüber, wie wichtig es ist, „wenn Du deprimiert bist, [...] eine bestimmte Haltung einzunehmen", und wie verkehrt es wäre, „aufrecht und mit erhobenem Kopf dazustehen, weil Du Dich dann sofort besser fühlst. Wenn Du also auch nur ein bisschen Vergnügen an Deiner Niedergeschlagenheit haben willst, musst Du so stehen" – mit gesenktem Haupt wie auf dem ersten Bild.

Für unser Thema bedeutet dies: Musiklernen als Musikmachen beginnt und endet mit dem Körper. Körper, Geist und Umwelt bzw. Mitwelt beeinflussen sich dabei wechselseitig. Musiklernen vollzieht sich als lebenslange „Einkörperung" oder „Einleibung" musikalischer Gestalten und Strukturen von Anfang an sowie als Darstellung und Deutung von Musik durch ihre Verkörperung. Solches musikalische Embodiment umfasst eine mehrfache Ein- und Verkörperung:

- die frühe Einkörperung von Musik in den sich bewegenden, empfindenden, von Klängen geprägten und Klänge erzeugenden Leibkörper,
- die Einschreibung von Körperlichkeit in Musik als strukturierte (Neu-)Gestaltung früher Lautäußerungen und Bewegungen,
- die (Wieder-)Verkörperung musikalischer Phänomene mit Stimme, Bewegung, Gestik, Mimik als Weg des Lernens von Musik, die aus Körperlichkeit entspringt (der korporale Zirkel des Musiklernens und Musizierens),
- die körperliche Kommunikation im Kammermusik- und Ensemblespiel, in dem die frühe kommunikative Musikalität in neuer Form wiederkehrt und einen Raum der Resonanz und Zwischenleiblichkeit erzeugt.

Im Konzept des musikalischen Embodiment bündeln sich unsere Begründungen und Beispiele zur Körperlichkeit als Grunddimension des Musiklernens (zum Embodiment-Begriff vgl. Varela, Thompson et al., 1993; Storch et al., 2006; Koch, 2011; Tschacher & Storch, 2012; Gallagher, 2012; Antoniadis, 2014, 189 ff.) .Wir können dies folgendermaßen zusammenfassen und auf das Musiklernen übertragen:

1. Als kognitionswissenschaftliches Konzept bedeutet Embodiment, dass mentale Vorgänge und Prozesse wie Musik wahrnehmen, (sich-)zuhören, verarbeiten, vorstellen und verstehen nicht vom Kopf, sondern vom Körper ausgehen und in Wechselwirkung von Körper, Geist und Umwelt stattfinden. Die vier Bereiche der Kognition (nach Rowlands, 2010) realisieren sich auf besondere Weise im Musikmachen und -lernen, das verkörperte Ausdrucksbewegung und Kommunikation mit Klängen in spezifischen Situationen ist („embodied expressive movement", Cross & Morley, 2009, 67). Musik als aktiv gestaltendes, Sinn erzeugendes Körperhandeln (*enactive*) ist dem Menschen „einverleibt" (*embodied*), in vokal-instrumentale Klang- und Handlungs-

räume ausgedehnt (*extended*) und in soziale Situationen musikalischen Miteinanders eingebettet (*embedded*).

2. Als psychologische, kultur- und geisteswissenschaftlich relevante Theorie und Praxis bedeutet Embodiment, dass frühe klangliche Erlebnis- und Erfahrungsmuster, Bewegungen und Prägungen, Affektabstimmungen und Anpassungsleistungen ebenso wie Formen des Musiklernens als Erwerb genereller und kreativer Fähigkeiten sich in Haltung und Bewegung, Gestik und Mimik inkorporieren und ausdrücken. Aus den frühen affektiven Lautäußerungen und Bewegungen gehen kulturspezifische Formen von Gebrauchs- und Kunstmusik hervor, in denen die ursprüngliche Körperlichkeit weiterhin präsent ist.
3. Als musikalisch relevante psychologische Theorie und Praxis bedeutet Embodiment die Wechselwirkung von Körperaktion und Affekt durch „postural-", „facial-" und „vocal-feedback" (Koch, 2011, 40 ff.). Der Körper moduliert Vorstellung, Einstellung und Gefühl, die wiederum auf den spielenden Körper zurückwirken und die musikalische Affektdarstellung intensivieren. Die Maxime lautet: Atme und bewege Dich, *act the affect*: seufze, schreie Musik und versetze den Körper in die Lage (Ausdruckshaltung, Gestik, Mimik), die der Musik, der einkomponierten Körperlichkeit des Werks analog ist – und moduliere Deinen Körper entsprechend den Wandlungen, Bewegungen, Modulationen der Musik in Tonkörperlichkeit, Affekt und Ausdruck.
4. Als musikalisch relevantes kommunikationspsychologisches und pädagogisches Konzept bezeichnet Embodiment das zwischenleibliche Miteinander, das, übertragen auf Musiklernen, musikalischen Sinn im gemeinsamen Musikmachen allererst hervorbringt (durch selbstwirksames Entdecken, Erproben, Experimentieren), den Körper als eigenen und anderen offenbart und im zweckfreien Raum der Musik ein humanes Miteinander verwirklicht – Lernen im Ensemble- und Klassenmusizieren als Modell gesellschaftlichen Miteinanders, bei dem jeder mit jedem in Beziehung tritt und in körperlich-seelischer Offenheit aufmerksam, achtsam, aufeinander hörend kommuniziert (vgl. Storch & Tschacher 2014, 119 ff.).

In einem solch vielseitigen körperlichen Musiklernen aber kommt Musik zu sich selber. Körperachtsames und -präsentes, emotional glühendes, auf andere eingehendes und antwortendes Musiklernen weist den Weg zu einer Musikalisierung der Musik aus dem Geiste des Körpers. Und es leistet einen Beitrag zur Sensibilisierung von Körper und Kommunikation, Leiblichkeit und Zwischenleiblichkeit in einem humanen Miteinander.

Zusammenfassung: 10 Thesen zum körperlichen Musiklernen

1. Musiklernen heißt Musikmachen.
2. Musikmachen geschieht mit dem ganzen Körper.
3. Der Körper ist lebendiger, sich empfindender Leib und materieller Körper zugleich.
4. In den hörenden, sich bewegenden, Klänge erzeugenden Leibkörper ist Musik von Beginn an vielfältig eingeschrieben („eingekörpert").

5. Der klingende Körper drückt sich von Geburt an musikalisch aus und kommuniziert auf musikalische Weise.
6. Kulturspezifisch geformte Musik geht aus kommunikativen Lautgesten und Bewegungen hervor und ist voll von körperlich-seelischen Klang-, Ausdrucks- und Bewegungsqualitäten (Puls und Atem, Stimm- und Körperklang, Affekt- und Ausdruckslaut, Gewicht und Bewegung, Schritt und Sprung etc.).
7. Musiklernen zielt auf musikalische Handlungskompetenz zwischen Sich-Äußern in Musik (Musik sprechen) und physiologisch fundiertem Gestalten, Vorstellen und Verstehen von Werken.
8. Musikalische Vorstellungen entstehen aus körperlichem Handeln „mit Leib und Seele" und sind stets in das Ganze von Körper, Geist und Umwelt eingebunden.
9. Musiklernen vollzieht sich in Form eines korporalen Zirkels, indem Musik durch jene ursprünglichen körperlichen Artikulationen erlernt wird, aus denen sie hervorgeht und die sie in sich trägt. Die Verkörperung von Musik mit Hand und Mund, Stimme und Bewegung, Gestik, Mimik, Dialog und Rollenspiel ist der Königsweg zur musikalischen Vorstellung und Gestaltung.
10. Körperliches Musikmachen mit anderen erzeugt einen Raum emotionaler Zwischenleiblichkeit und restituiert die Grundmusikalität, die uns alle verbindet. Im gemeinsamen Musiklernen offenbart sich der musikalische Körper als eigener und fremder, der auf die Ansprüche anderer antwortet und Verschiedenheit als Reichtum erlebt. Achtsames Musiklernen mit dem Körper kann zur Vermenschlichung der Musik und zu einem humanen Miteinander beitragen. Denn im körperlichen Musiklernen kommen Musik und Mensch zu sich selber: als andere.

Literatur

Adorno, Th. W. (2001): *Zu einer Theorie der musikalischen Reproduktion. Aufzeichnungen, ein Entwurf und zwei Schemata.* Herausgegeben von Henri Lonitz. Frankfurt a.M.: Suhrkamp.

Alloa, E., Bedorf, Th., Grüny, Ch. & Klass, T. N. (Hg.) (2012): *Leiblichkeit. Geschichte und Aktualität eines Konzepts.* Tübingen: Mohr Siebeck.

Antoniadis, P. (2014): Körperliche Navigation. Verkörperte und erweiterte Kognition als Hintergrund der Interpretation komplexer Klaviermusik nach 1945. In: J. P. Hiekel & W. Lessing (Hg.): *Verkörperungen der Musik. Interdisziplinäre Betrachtungen* (S. 185–209), Bielefeld: transcript.

Becker, T. (2005): *Plastizität und Bewegung. Körperlichkeit in der Musik und im Musikdenken des frühen 20. Jahrhunderts.* Berlin: Frank & Timme.

Bekker, P. (1923): Die Bedeutung der Musik für die künstlerische Körperschulung. In: L. Pallat & F. Hilker (Hg.): *Künstlerische Körperschulung* (S. 81–93), Breslau: Ferdinand Hirt.

Berg, I. I. (2014): *Musikalische Spannung. Grundlagen und Methoden für den Instrumentalunterricht.* Essen: Die Blaue Eule.

Brandl, R. M. & Rösing, H. (1993): Musikkulturen im Vergleich. In: H. Bruhn, R. Oerter & H. Rösing (Hg.): *Musikpsychologie. Ein Handbuch* (S. 57–74), Reinbek bei Hamburg: Rowohlt.

Brandstätter, U. (2008): *Grundfragen der Ästhetik. Bild – Musik – Sprache – Körper.* Köln, Weimar, Wien: Böhlau.

Canetti, E. (1980): *Masse und Macht.* Frankfurt a.M.: Fischer.

Cioran, E. M. (1988): *Von Tränen und von Heiligen.* Frankfurt a.M.: Suhrkamp.

Cross, I. & Morley, I. (2009): The evolution of music: Theories, definitions and the nature of the evidence. In: St. Malloch & C. Trevarthen (Eds.): *Communicative musicality. Exploring the basis of human companionship* (pp. 61–81), New York: Oxford University Press.

Dissanayake, E. (2009): Root, leaf, blossom, or bole: Concerning the origin and adaptive function of music. In: S. Malloch & C. Trevarthen (Eds.): *Communicative musicality. Exploring the basis of human companionship* (pp. 17–30), New York: Oxford University Press.

Dornes, M. (1999): Der kompetente Säugling. Die präverbale Entwicklung des Menschen. Frankfurt a.M.: Fischer

Eberlein, U. (2016): Zwischenleiblichkeit. Formen und Dynamiken leiblicher Kommunikation und leibbasiertes Verstehen. In: Dies. (Hg.) (2016): *Zwischenleiblichkeit und bewegtes Verstehen – Intercorporeity, Movement and Tacit Knowledge* (S. 215–248), Bielefeld: transcript.

Eikmeier, C. (2010): Ungewohnte Positionen. *Ein praktischer Beitrag zur Anwendung der Feldenkrais-Methode in der musikalischen Improvisation.* Fernwald: Musikautorenverlag Burkhard Muth.

Eikmeier, C. (2016): *Bewegungsqualität und Musizierpraxis. Zum Verhältnis von Feldenkrais-Methode und musikalischer Improvisation.* Fernwald: Burkhard Muth.

Figdor, H. & Röbke, P. (2008): *Das Musizieren und die Gefühle. Instrumentalpädagogik und Psychoanalyse im Dialog.* Schott: Mainz.

Fingerhut, J., Hufendiek, R. & Wild, M. (Hg.) (2013): *Philosophie der Verkörperung. Grundlagentexte zu einer aktuellen Debatte.* Berlin: Suhrkamp.

Gallagher, S. (2012): Kognitionswissenschaften – Leiblichkeit und Embodiment. In: E. Alloa, Th. Bedorf, Ch. Grüny & T. N. Klass (Hg.) (2012): *Leiblichkeit. Geschichte und Aktualität eines Konzepts* (S. 321–333). Tübingen: Mohr Siebeck.

Gellrich, M. (1990): Die Disziplinierung des Körpers. Anmerkungen zum Klavierunterricht in der zweiten Hälfte des 19. Jahrhunderts. In: W. Pütz (Hg.): *Musik und Körper* (S. 107–138). Essen: Die Blaue Eule.

Gordon, E. E. (2003): *Learning Sequences in Music. Skill, Content, and Patterns. A Music Learning Theory.* Chicago: GIA Publications Inc.

Gottsched, J. Ch. (1973): *Ausführliche Redekunst.* Hannover 1728, Faksimile-Nachdruck der Ausgabe Leipzig 1736. Hildesheim und New York: Olms.

Gruhn, W. (1997): Music learning. Neurobiological foundations and educational implications. *Research Studies in Music Education* 9, 36 – 47.

Gruhn, W. (1998): *Der Musikverstand. Neurobiologische Grundlagen des musikalischen Denkens, Hörens und Lernens,* Hildesheim Zürich New York: Olms.

Gruhn, W. (2003a): *Kinder brauchen Musik. Musikalität bei kleinen Kindern entfalten und fördern.* Weinheim, Basel, Berlin: Beltz.

Gruhn, W. (2003b): *Lernziel Musik. Perspektiven einer neuen theoretischen Grundlegung des Musikunterrichts.* Hildesheim, Zürich, New York: Olms.

Gruhn, W. (2010): *Anfänge des Musiklernens. Eine lerntheoretische und entwicklungspsychologische Einführung.* Hildesheim, Zürich, New York: Olms.

Gruhn, W. (2014): *Musikalische Gestik. Vom musikalischen Ausdruck zur Bewegungsforschung.* Hildesheim, Zürich, New York: Olms.

Gruhn, W. (2016): Was der Körper nicht lernt, lernt der Kopf nimmermehr ... Lerntheoretische Überlegungen zur Bedeutung der Leiblichkeit des Lernens. In: L. Oberhaus & Ch. Stange (Hg.): *Musik und Körper. Interdisziplinäre Dialoge zum körperlichen Erleben und Verstehen von Musik* (S. 105–119). Bielefeld: transript.

Heygster, M. (2012): *Relative Solmisation. Grundlagen, Materialien, Unterrichtsverfahren.* Mainz: Schott.

Hiekel, J. P. (Hg.) (2017): *Body sounds. Aspekte des Körperlichen in der Musik der Gegenwart* (Veröffentlichungen des Instituts für Neue Musik und Musikerziehung Darmstadt Band 57), Mainz: Schott.

Hildebrandt, H. (1999): Die Bedeutung des (Selbst-) Anleitungsstils für die Vorbeugung und Therapie von Musikerkrankheiten. *Üben & Musizieren* (5) S. 6–12.

Hildebrandt, H. (2000): Prävention von Spiel- und Gesundheitsproblemen bei Musikern von Kindheit an. In: S. Klein-Vogelbach, A. Lahme, I. Spirgi-Gantert: *Musikinstrument und Körperhaltung. Eine Herausforderung für Musiker, Musikpädagogen, Therapeuten und Ärzte. Gesund und fit im Musikeralltag* (S. 108–140), Berlin Heidelberg: Springer.

Hildebrandt, H. (2002): *Musikstudium und Gesundheit. Aufbau und Wirksamkeit eines präventiven Lehrangebotes.* Bern et al.: Peter Lang.

Hildebrandt, H. & Müller, A. (2004): Dispokinesis – Freies Verfügen über Haltung, Atmung, Bewegung und Ausdruck. *Musikphysiologie und Musikermedizin* 11, Heft 1 und 2, S. 55–59.

Hildebrandt, H. (2006): Üben und Gesundheit. Ausgewählte musikphysiologische Aspekte des Übens und ihre besondere Bedeutung für den Ausbildungs- und Berufsalltag. In: U. Mahlert (Hg.): *Handbuch Üben. Grundlagen – Konzepte – Methoden* (S. 67–97), Wiesbaden: Breitkopf & Härtel.

Hildebrandt, H. (2010): Den Körper stimmen lernen. Gesundheitsförderung an Musikschulen: Pilotprojekte und Vorschläge zur praktischen Umsetzung. *Üben & Musizieren* (5) S. 16–20.

Jank, W. & Stroh, W. M. (2005): Aufbauender Musikunterricht – Königsweg oder Sackgasse?, http://www.musik-for.uni-oldenburg.de/vortraege/afs2005_jankstrohtext.pdf (Stand: 18.8.2016).

Klöppel, R. & Altenmüller, E. (1997/2013): *Die Kunst des Musizierens. Von den physiologischen und psychologischen Grundlagen zur Praxis.* 6. überarbeitete Auflage. Mainz: Schott.

Koch, S. C. (2011): *Embodiment. Der Einfluss von Eigenbewegung auf Affekt, Einstellung und Kognition. Empirische Grundlagen und klinische Anwendungen.* Berlin: Logos.

Kratzert, R. (1990): Alexander-Technik als Basis-Technik für Musiker. In: W. Pütz (Hg.): *Musik und Körper* (S. 87–98), Essen: Die Blaue Eule.

Kruse-Weber, S. (2005): *Klavierpädagogik im ersten Drittel des 20. Jahrhunderts (Beiträge zur Geschichte der Musikpädagogik,* Band 13. Frankfurt am Main: Peter Lang.

Lehmann, S. (2007): *Bewegung und Sprache als Wege zum musikalischen Rhythmus.* Osnabrücker Beiträge zur Musik und Musikerziehung, Bd. 5. Osnabrück: epos.

Lessing, W. (2006): Zuhören?!. In: U. Mahlert (Hg.): *Handbuch Üben. Grundlagen – Konzepte – Methoden* (S. 312–335), Wiesbaden: Breitkopf & Härtel.

Lessing, W. (2015): „Hör dir doch mal zu!" Freie Improvisation über einen musikpädagogischen Standard. *Üben & Musizieren* (5) (S. 12–16).

Lessing, W. (2016): Entwicklungspsychologische Theorieansätze im Überblick – Psychoanalytische Entwicklungsansätze und die Frage nach ästhetischer Erfahrung. In: B. Busch (Hg.): *Grundwissen Instrumentalpädagogik. Ein Wegweiser für Studium und Beruf* (S. 83–125), Wiesbaden: Breitkopf & Härtel.

Mahlert, U. (2006): Wahrnehmung, Wachheit, Balance. Übungen zur Förderung körperlicher und mentaler Bewusstheit beim Musizieren. Heide Görtz, Alexandra Müller und Birgit Schmieder im Gespräch mit Ulrich Mahlert. In: U. Mahlert (Hg.): *Handbuch Üben. Grundlagen – Konzepte – Methoden* (S. 383–410). Wiesbaden: Breitkopf & Härtel.

Mahlert, U. (2011): *Wege zum Musizieren. Methoden im Instrumental- und Vokalunterricht.* Mainz: Schott.

Malloch, S. & Trevarthen, C. (Eds.) (2009): *Communicative musicality. Exploring the basis of human companionship.* New York: Oxford University Press.

Oberhaus, L. (2006). *Musik als Vollzug von Leiblichkeit. Zur phänomenologischen Analyse von Leiblichkeit in musikpädagogischer Absicht.* Essen: Die Blaue Eule.

Oerter, R. (2007): Musik und Kultur. In: K. Eibl; K. Mellmann & R. Zymner (Hg.): *Im Rücken der Kulturen* (S. 291-314), Paderborn: Mentis.

Plessner, H. (2003): Zur Anthropologie der Musik (1951). In: Ders.: *Ausdruck und menschliche Natur* (Gesammelte Schriften VII, S. 184-200). Frankfurt am Main: Suhrkamp.

Pütz, W. (Hg.) (1990): *Musik und Körper.* Essen: Die Blaue Eule.

Richter, Ch. (1995a): Verkörperung von Musik. Eine Weise, Erfahrungen mit Musik zu machen. *Musik & Bildung* (2), 4–12.

Richter, Ch. (1995b): Anregungen zum Nachdenken über das eigene Tun. Anthropologische Grundlagen der Instrumental- und Vokalpädagogik. In: Ch. Richter (Hg.): *Instrumental- und Vokalpädagogik 1: Grundlagen* (Handbuch der Musikpädagogik, Bd. 2, S. 65–116), Kassel, Basel, London: Bärenreiter.

Richter, Ch. (1999): Gemischtes Doppel. Musizieren – verstanden als ein Akt der Verkörperung oder: Das Spiel von Selbst- und Fremdverkörperung. In: H.-G. Bastian (Hg.): *Musik begreifen. Künstlerische Ausbildung und Identitätsfindung* (S. 38–50). Mainz: Schott.

Richter, Ch. (2001): Bewegungs-Spiele erörtert am ersten Satz der Sonate A-Dur für Klavier und Violine, KV 526 (1787). In: O. Nimczik (Hg.): *Musik – Vermittlung – Leben. Festschrift für Ernst Klaus Schneider* (S. 183–209). Essen: Die Blaue Eule.

Riethmüller, A. (1995): Stoff der Musik ist Klang und Körperbewegung. In: H. U. Gumbrecht & K. L. Pfeiffer (Hg.): *Materialität der Kommunikation* (S. 51–62). 2. Aufl., Frankfurt a.M.: Suhrkamp.

Röbke, P. (1998): Ausdrucksvoll musizieren. Pädagogische Aspekte eines viel benutzten und wenig reflektierten Begriffs. Üben & Musizieren (3), (S. 6–12).

Röbke, P. (2000): *Vom Handwerk zur Kunst. Didaktische Grundlagen des Instrumentalunterrichts.* Mainz: Schott.

Röbke, P. (2008): Riskante Gefühle? Anmerkungen zum Beitrag von Wolfgang Rüdiger. Üben & Musizieren (6), (S. 14–17).

Rösing, H. (1993): Musikalische Ausdrucksmodelle. In: H. Bruhn, R. Oerter & H. Rösing (Hg.): *Musikpsychologie. Ein Handbuch* (S. 579–588), Reinbek bei Hamburg: Rowohlt.

Rousseau, J. J. (1963): *Émile oder Über die Erziehung* (1762). Herausgegeben, eingeleitet und mit Anmerkungen versehen von Martin Rang. Stuttgart: Reclam.

Rowlands, M. (2010): *The new science of the mind. From extended mind to embodied phenomenology.* Cambridge, MA: MIT Press.

Rüdiger, W. (1994): Körper, Klang und künstlerischer Ausdruck im 18. Jahrhundert und heute. *Üben & Musizieren* (2), (S. 16–24).

Rüdiger, W. (1995): *Der musikalische Atem. Atemschulung und Ausdrucksgestaltung in der Musik. Mit Texten von Heinz Holliger und Nicolaus A. Huber.* Aarau: Nepomuk 1995 und Wiesbaden: Breitkopf & Härtel.

Rüdiger, W. (2006): Organische Identität? Versuch über den Musiker-Körper und die Körperlichkeit der Musik. *Neue Zeitschrift für Musik* (4), (S. 30–39).

Rüdiger, W. (2007): *Der musikalische Körper. Ein Übungs- und Vergnügungsbuch für Spieler, Hörer und Lehrer.* Mainz: Schott.

Rüdiger, W. (2015): *Ensemble & Improvisation. Musiziervorschläge für Laien und Profis von Jung bis Alt.* Regensburg: ConBrio.

Rumpf, H. (1981): *Die übergangene Sinnlichkeit. Drei Kapitel über die Schule.* München: Juventa.

Schnebel, D. (1993): Klang und Körper. In: Ders.: *Anschläge – Ausschläge. Texte zur Neuen Musik* (S. 37–49), München: Hanser.

Spahn, C. (2015): *Musikergesundheit in der Praxis. Grundlagen, Prävention, Übungen.* Unter Mitarbeit von Bernhard Richter und Alexandra Türk-Espitalier. Leipzig: Henschel.

Spahn, C. (Hg.) (2017): *Körperorientierte Ansätze für Musiker. Methoden zur Leistungs- und Gesundheitsförderung.* Bern: Hogrefe.

Spitz, R. A. (1976): *Vom Säugling zum Kleinkind. Naturgeschichte der Mutter-Kind-Beziehungen im ersten Lebensjahr.* 5. Auflage, Stuttgart: Ernst Klett.

Stadler Elmer, S. (2000): *Spiel und Nachahmung. Über die Entwicklung der elementaren musikalischen Aktivitäten.* Aarau: Nepomuk.

Stadler Elmer, S. (2008): Entwicklung des Singens. In: H. Bruhn, R. Kopiez & A. C. Lehmann (Hg.): *Musikpsychologie. Das neue Handbuch* (S. 144–161). Reinbek bei Hamburg: Rowohlt.

Stadler Elmer, S. (2015): *Kind und Musik. Das Entwicklungspotenzial erkennen und verstehen.* Berlin, Heidelberg: Springer.

Stern, D. (2003): *Die Lebenserfahrung des Säuglings,* 8. Auflage (1. Auflage 1992, Titel der Originalausgabe: *The interpersonal world of the infant,* New York 1985). Stuttgart: Klett-Cotta.

Storch, M., Cantieni, B., Hüther, G. & Tschacher, W. (2006): *Embodiment. Die Wechselwirkung von Körper und Psyche verstehen und nutzen.* Bern: Huber.

Storch, M. & Tschacher, W. (2014): *Embodied Communication. Kommunikation beginnt im Körper, nicht im Kopf.* Bern: Huber.

Süberkrüb, A. (2006): „Üben" in der musikalischen Lerntheorie von Edwin E. Gordon. In: U. Mahlert (Hg.): *Handbuch Üben. Grundlagen – Konzepte – Methoden* (S. 242–264). Wiesbaden: Breitkopf & Härtel.

Swanwick, K. (1999): *Teaching music musically,* London, New York: Routledge.

Tenbrink, D. (2000): Musik als Möglichkeit zum Ausdruck und zur Transformation präverbaler Erlebnismuster. Einige vorläufige und unvollständige Überlegungen. *Zeitschrift für Individualpsychologie* 25, (3), (S. 243–254).

Terhag, J. (2009): *Warmups. Musikalische Übungen für Kinder, Jugendliche und Erwachsene.* Mainz: Schott.

Terhag, J. & Winter, J. K. (2012): *Live-Arrangement. Vom Pattern zur Performance.* Lehrbuch mit DVD. Mainz: Schott.

Tschacher, W. & Bergomi, C. (Eds.) (2011): *The implications of embodiment. Cognition and communication.* Exeter: Imprint Academic.

Tschacher, W. & Storch, M. (2012): Die Bedeutung von Embodiment für Psychologie und Psychotherapie. In. *Psychotherapie* 17, (2), (S. 259–267). München: CIP-Medien.

Uhde, J. & Wieland, R. (1985): Der Körper als Instrument der Musik. *Üben & Musizieren* (3), (S. 155–160).

Varela, F. J., Thompson, E. & Rosch, E. (1993): *The embodied mind. Cognitive science and human experience.* Cambridge, MA: MIT Press.

Wagner, Ch. (1993): Physiologischer Ratgeber. In: Ch. Richter (Hg.): *Instrumental- und Vokalpädagogik 1: Grundlagen* (Handbuch der Musikpädagogik, Bd. 2, S. 117–132). Kassel, Basel, London: Bärenreiter.

Waldenfels, B. (1994): *Antwortregister.* Frankfurt a. M.: Suhrkamp.

Waldenfels, B. (1999): *Sinnesschwellen. Studien zur Phänomenologie des Fremden* 3. Frankfurt a.M.: Suhrkamp.

Waldenfels, B. (2000): *Das leibliche Selbst. Vorlesungen zur Phänomenologie des Leibes,* herausgegeben von Regula Guiliani. Frankfurt a.M.: Suhrkamp.

Waldenfels, B. (2010): *Sinne und Künste im Wechselspiel. Modi ästhetischer Erfahrung.* Berlin: Suhrkamp.

Waldenfels, B. (2017): Leibliches Musizieren. In: J. P. Hiekel (Hg.): *Body sounds. Aspekte des Körperlichen in der Musik der Gegenwart* (Veröffentlichungen des Instituts für Neue Musik und Musikerziehung Darmstadt, Bd. 57, S. 28–43), Mainz: Schott.

Wermke, K. (2001): *Untersuchung der Melodieentwicklung im Säuglingsschrei von monozygoten Zwillingen in den ersten 5 Lebensmonaten.* Berlin: Univ., Habil. http://edoc.hu-berlin.de/habilitationen/wermke-kathleen-2002-01-29/PDF/Wermke.pdf (Stand: 4.1.2016).

Wermke, K. & Mende, W. (2009): Musical elements in human infants' cries: In the beginning is the melody. In: *Musicae Scientiae,* Special issue on Music and Evolution, 2009–2010, 151–175. https://jyx.jyu.fi/dspace/handle/123456789/22588 (Stand: 19.02.2016).

Widmaier, M. (2016): *Zur Systemdynamik des Übens. Differenzielles Lernen am Klavier* (Üben & Musizieren. Texte zur Instrumentalpädagogik). Mainz: Schott.

Wieland, R. & Uhde, J. (2002): *Forschendes Üben. Wege instrumentalen Lernens. Über den Interpreten und den Körper als Instrument der Musik.* Kassel: Bärenreiter.

Zeitschrift Üben & Musizieren 5/1999 (Themenheft *Musikphysiologie*), 1/2005 (Themenheft Der Körper macht die Musik) und 1/2010 (Themenheft *Gesundheit*).

Zwiener, D. (2008): *Als Bewegung sichtbare Musik. Zur Entwicklung und Ästhetik der Methode Jaques-Dalcroze in Deutschland als musikpädagogische Konzeption.* Essen: Die Blaue Eule.

Ivo Ignaz Berg

Gestisches Lernen

Gesten in der Musik: Bewegung – Kommunikation – Kognition

Gesten sind Bewegungen des Körpers und gleichzeitig Bestandteil von kommunikativen Vorgängen. Das Wesen von Gesten besteht somit darin, dass sie als Bewegungen über sich selbst hinausweisen: Sie initiieren oder begleiten einen Prozess der Sinngebung und dessen Mitteilung.

Am unmittelbarsten werden Gesten wohl in der Begleitung mündlicher Rede bewusst. Dem allgemeinen Verständnis nach fungiert die Gestik der Hände und Arme als eine zweite Ebene der Kommunikation, über die eine innere Anteilnahme am Gegenstand der Rede zum Ausdruck gebracht wird. Gleichwohl lassen sich leicht Beispiele finden, in denen Gesten über den Bereich der Hände hinausgehen, keineswegs nur begleitende Funktion haben und zudem weit mehr als nur Emotionen vermitteln (vgl. Müller, 1998, 13).

Worin also genau die Bedeutung einer Geste liegt und wodurch eine Körperbewegung zur Geste wird, erweist sich als komplexe Fragestellung. Der Philosoph Villem Flusser schlägt darum einen weiten Gestenbegriff vor, der die Geste als Bewegung zunächst einmal phänomenologisch von anderen Bewegungen abzugrenzen versucht: „Die Geste ist eine Bewegung des Körpers oder eines mit ihm verbundenen Werkzeugs, für die es keine zufriedenstellende kausale Erklärung gibt" (Flusser, 1991, 8). Die Geste als Körperbewegung ist demnach – so Flusser – nicht Symptom, sondern Symbol, denn sie verdankt ihre Form nicht primär einer äußeren Ursache oder einer äußerlich erkennbaren Zweckgerichtetheit.

Ausgehend von dieser Definition lässt sich eine erste Querverbindung zur Musik ziehen, nämlich zu denjenigen Bewegungen, die beim Musizieren Klänge hervorbringen.

Beispiel 1 Am Beginn von Matteo Carcassis fünfter Etüde für Gitarre op. 60 zeigt sich ein typisches Fingersatzproblem, das sich auf einer technischen Ebene nicht recht auflösen lässt: Eine fließende Melodie liegt im Bass, darüber hält sich in der Mittelstimme ein repetiert angeschlagener Liegeton. Zunächst lässt sich dies gut realisieren, doch in der Mitte des zweiten Taktes – wenn sich die im Bass absteigende Linie kadenzierend in Akkorde auffächert – fehlt mit einem Mal der zweite Finger, der zuvor für das liegende *a* zuständig war und nun aber die Melodie im Bass weiterführen muss. Eine zweite Lösung bietet sich an: zu Anfang von Takt zwei auf dem *a* vom zweiten zum dritten Finger wechseln, von da an mit dem vierten Finger beginnend abwärts die Linie vervollständigen. Doch auch in dieser zweiten Version gelingt der Übergang nicht immer bruchlos, da das Umgreifen beim Taktwechsel leicht Hand und Finger aus dem Gleichgewicht bringt.

Abb. 1
Matteo Carcassi (1792–1853). Etüde 5 aus op. 60. Takt 1–2.

Nun stellen sicherlich beide Versionen keine übermäßigen Anforderungen – es handelt sich um eine Etüde für die Mittelstufe – und mit einigem Üben lassen sich beide leidlich bewältigen. Ein gewisses Missverhältnis zwischen technischer Bewältigung und musikalischem Fluss scheint gleichwohl zurückzubleiben – daher die Frage: Ließe sich die Herangehensweise nicht auch umkehren, d. h. anstatt den jeweiligen Bruch mit technischer Präzision zu überspielen, den Fingerwechsel bewusst in die Gestaltung mit einzubeziehen und somit also absichtsvoll an den betreffenden Stellen aus dem Tempo zu gehen und die neue Fingersetzung als für sich stehende Bewegung mit Eigenwert gelten zu lassen?

Nach mehreren Durchgängen, durchaus zwischen beiden Versionen pendelnd, „differenziell" übend und dabei die „Affordanzen" von Bewegungsapparat und Musik gleichermaßen erkundend (vgl. Kapitel ***Üben als Handeln***), mag sich auch hier zunehmend ein musikalisches Fließen ergeben. Aber was geschieht in diesem Übeprozess mit den Spielbewegungen? Wie verändert sich mit ihnen zugleich der musikalische Zusammenhang? In beiden Versionen deutet sich eine Phrasierung an: einmal taktweise gegliedert, das zweite Mal mit einer sich verbreiternden Kadenz im Schritt zur Dominante. Die Musik gewinnt an Gestalt, aber ihre Gestalt ist zugleich in der Bewegungsform und Bewegungsqualität von Hand und Finger aufgehoben.

Instrumentaltechnische Bewegungen hängen in ihrer Form zunächst von äußeren Zwecken ab. Eine „perfekte" Technik wäre somit diejenige, die der Realisierung musikalischer Ideen am wenigsten Hindernisse in den Weg legt, sich mithin im Vollzug unbemerkbar macht. Anders betrachtet aber kann – wie im obigen Beispiel – jede technische Bewegung auch gestische Qualitäten erhalten und damit am Ausdruck einer musikalischen Idee partizipieren, ohne dass das Ziel technischer Präzision aufgegeben werden muss. Sie ist damit im Sinne einer „mimetischen Technik" (Wieland & Uhde, 2002, 16) in den Prozess der Sinngebung integriert, indem die Bewegungsgestalt der Musik im technischen Ablauf aufscheint.

Mit der bewussten Gestaltung des musikalischen Zusammenhangs, die sich immer auch an eine implizite Hörerschaft richtet (vgl. Mahlert, 2006, 41), gerät nun die Rolle der Gestik in der Kommunikation allgemein in den Blick. Sprache und Gestik liegen, wie eingangs gesehen, dicht beieinander. Der Ursprung der menschlichen Kommunikation allerdings – so die These der Evolutionären Anthropologie – liegt sowohl phylogenetisch als auch ontogenetisch in der gestischen Interaktion (vgl. Tomasello, 2009, 22). So konnte etwa Michael Tomasello in der Forschung mit Primaten überzeugend demonstrieren, dass diese auf der gestischen Ebene bereits zu komplexer Kommunikation fähig sind – sowohl untereinander als auch mit Menschen –, wohingegen ihre stimmlichen Äußerungen noch auf einer rudimentären und genetisch festgelegten Ebene verbleiben (vgl. ebd., 19).

Interessant ist dabei die spezifische Gesten- und Kommunikationstheorie, die Tomasello seinen Überlegungen zugrunde legt. Sie berücksichtigt mehr Faktoren als lediglich das Aussenden und Übermitteln einer codierten Botschaft von Sender zu Empfänger. Wesentliche dieser Faktoren treten im kommunikativen Akt nicht unmittelbar in Erscheinung, stellen aber notwendige Bedingungen des Gelingens dar. Mit Bezug auf Herbert Clarks Begriff des *common ground* zählt Tomasello hierzu, neben einer gemeinsam geteilten Intentionalität und kooperativen Kommunikationsmotiven, vor allem das Teilen eines gemeinsamen begrifflichen Hintergrunds. Konkret bedeutet dies, dass ein Wissen über die Welt geteilt wird und dass ein wechselseitiges Wissen davon besteht, dass die jeweils andere Person davon auch weiß (vgl. Tomasello, 2009, 15). Die grundlegendsten Gesten, die bereits bei Primaten beobachtet werden können, sind deiktische Zeigegesten sowie nachahmende ikonische Gesten.

In mehreren einfachen Beispielen verdeutlicht Tomasello die Komplexität, mit der bereits auf der Ebene des Zeigens kommuniziert werden kann. In einer lauten Bar zeigt ein Gast mit dem Finger auf sein vor ihm stehendes leeres Glas und nimmt dabei Sichtkontakt zum Kellner auf. Diese Geste fungiert hier zunächst als Aufmerksamkeitsfänger. Welche Bedeutung allerdings intendiert ist, hängt vom je zugrundeliegenden und gemeinsam geteilten begrifflichen Hintergrund sowie einer entsprechenden Intentionalität ab: Sowohl die naheliegende Aufforderung, das Glas zu füllen, als auch eine gänzlich andere Interpretation wäre möglich (vgl. ebd., 74f. und 87). Im Hinblick auf die Geste selbst wird deutlich, dass die Bewegung des Zeigefingers, also das Weisen auf das leere Glas, nicht die eigentliche Bedeutung darstellt, denn für sich genommen kann sie nicht deutlich machen, welcher Aspekt des Gegenstandes – sein Inhalt, seine Form oder sein Standort – konkret gemeint ist. Entsprechendes gilt auch – so Tomasello – für ikonische Gesten, die zwar den bezeichneten Gegenstand abzubilden scheinen, in ihrer Funktionsweise jedoch den Zeigegesten entsprechen.

Wie wäre an dieser Stelle eine Querverbindung zur Musik herzustellen? Was bedeutet Kommunikation in der Musik? Und könnte man auch bei der Musik von deren Ursprung in der Gestik reden?

Beispiel 2 Gerhard Rühms *atemgedicht* – von Wolfgang Rüdiger als „künstlerisches Experimentierfeld und körperliches Exerzitium" (Rüdiger, 2007, 21) in den musikpädagogischen Diskurs eingeführt – wirft seine Interpretinnen und Interpreten auf die pure Körperlichkeit des vegetativen Atemgeschehens zurück. Das Gedicht will nicht nur laut gelesen, es muss performativ als Atemstudie aufgeführt werden, besteht es doch einzig und allein aus einer Abfolge von Ein- und Ausatmungen auf den Laut *h*.

h (einatmen)
h (ausatmen)
h (einatmen)
h (ausatmen)

h (einatmen)
h (ausatmen)

h (einatmen)
h (ausatmen)
h (einatmen und den atem gespannt halten)

h (erlöst ausatmen)

Abb. 2:
Gerhard Rühm, Atemgedicht
aus: Gerhard Rühm, Botschaft an die Zukunft. Gesammelte Sprechtexte.
Copyright © 1967, 1970, 1988 Rowohlt Verlag GmbH, Reinbek bei Hamburg

Dem Ratschlag Rüdigers folgend eignet sich das Gedicht in seiner Knappheit und Direktheit gut als Übung beispielweise für instrumentalpädagogische Fortbildungs- und Seminargruppen. Dabei zeigt sich schnell, dass dem Gedicht eine musikalische Gliederung zugrunde liegt: Auf eine regelmäßige Vierergruppe folgt nach kurzer Pause eine kleinere Zweiergruppe; diese weist in ihrer Verkürzung bereits auf die Entwicklung eines Höhepunktes hin; die folgende Vierergruppe scheint Anlauf zu nehmen, hält aber auf der zweiten Einatmung den Atem gespannt an, um sich schließlich nach abermaliger Pause in einer letzten Ausatmung zu erlösen.

In mehreren Aufführungsrunden können nun Aufgabenstellungen entwickelt werden, die das „Experimentierfeld" Atmen erkunden: zunächst das Stück als Ensembleübung gemeinsam aufführen und mit expressiven Möglichkeiten des Atems und Atmens spielen; dann als Miniatur-Drama mit einer imaginierten Geschichte unterlegen und mit Körpergesten unterstützen; schließlich nochmals denselben Ablauf herbeiführen, dabei aber in der Dramatik bewusst die spezifisch musikalischen Parameter erspüren und gestalten.

In solchen „Exerzitien" (Rüdiger) wird gerade über die kommunikative Rahmung durch die Gruppe erfahrbar, in welcher Weise Körperbewegungen, Haltungen, Gesten, Blicke und Körperklänge am musikalischen Ausdruck beteiligt sein und diesen bis ins Detail nuancieren können. Zugleich offenbart sich der hohe Anspruch der musikalischen Gestaltung gerade am gleichsam entkleideten elementaren Material. In der gelungenen Darbietung verliert die vorab imaginierte Geschichte an Bedeutung, während die Bewegungen gerade in der Fokussierung auf die musikalischen Parameter an gestischer Qualität gewinnen. Das einzige musikalische Material aber ist hier der Körper in seinen grundlegenden Polaritäten von Spannung und Entspannung, Leichtigkeit und Schwere, Enge und Weite, Ein- und Ausatmung, die aus sich heraus die musikalische Zeit gestaltend verdichten und dabei gleichsam eine „Urgestik“ der Musik aus sich heraustreiben. Vor dem Hintergrund der Gestentheorie Tomasellos wären allerdings auch bei diesem Beispiel die Musiziergesten nicht der eigentliche Inhalt der Kommunikation, sie wären also keine Abbildung einer musikalischen Bedeutung, sondern hätten vielmehr eine noch genauer zu bestimmende Funktion innerhalb eines komplexen Kommunikationsvorgangs.

Nach den bisherigen Überlegungen lässt sich der Gestenbegriff also aus zwei Richtungen kommend auf das Musizieren anwenden:

- Musizieren ist eine körperliche, performative Kunst, das Hervorbringen von Musik bedarf der körperlichen Bewegung. Somit haben bereits alle technisch notwendigen Bewegungen ein gestisches Potenzial.
- Auf der körperlichen Ebene finden – wie am *atemgedicht* beobachtet – intentionale Prozesse der Sinngebung statt, die sich an Mitmusizierende und/oder an ein reales oder imaginiertes Publikum richten. Gestik bildet somit die Basis musikalischer Kommunikation und musikalischen Ausdrucks.

Um diese Bezugspunkte herum finden sich bereits mehrere Ansätze in der instrumental- und gesangspädagogischen Literatur (Wieland & Uhde 1990/2002; Rüdiger 2007/2013; Berg 2014) sowie in der allgemeinen Musikpädagogik (Gruhn 2014; Oberschmidt 2015; Stange 2015). Zuletzt haben sich einige interdisziplinäre Symposien dem Thema der Geste in der Musik gewidmet (Leipzig 2016, Delmenhorst 2016, Wien 2016, Berlin 2016) und untermauern damit das aktuell steigende Forschungsinteresse.[1]

Davon weitestgehend unabhängig hat sich vor allem im englischsprachigen Raum eine musikwissenschaftliche Forschungsrichtung etabliert, die zwar nicht in erster Linie pädagogische Anliegen verfolgt, aber grundsätzlich alle im Musizierprozess auftretenden Bewegungen in ihrem gestischen Potenzial wahrnimmt (Gritten & King 2006/2011, Godoy & Leman 2010). Indem in dieser Forschung auch klangbegleitende Bewegungen im Spiel miteinbezogen werden, öffnet sie Bereiche, die – wie etwa die phrasierenden Spielbewegungen – im instrumentaldidaktischen Diskurs traditionell noch unterbelichtet erscheinen. Dabei nutzt sie einerseits empirische Beobachtungsmethoden wie etwa die *motion-capture*-Analyse, andererseits bezieht sie sich explizit auf einen „externalistischen“ Ansatz musikalischer Kognition (vgl. Kapitel *Üben als Handeln*).

» Under the label of ‚embodied cognition', we can now better understand the integration of gesture with perception and with thinking in general, including insights on how body movement is both a response to whatever we perceive and an active contribution to our perception of the world.“ (Godoy & Leman, 2010, 3)

So ergibt sich mit dem Bereich musikalischer Kognition – neben der performativen Spielbewegung und der kommunikativen Gerichtetheit – eine dritte Ebene, auf der Gesten in der Musik thematisiert werden können: Musikalische Wahrnehmung und Kognition gehen vom Körper aus und spiegeln sich gleichermaßen in dessen Bewegungsspektrum wider. Der Körper fungiert also nicht allein als Erfüllungsinstrument musikalischer Vorstellungen: Die musikalische Geste bleibt als wesentlicher Bestandteil kognitiver Prozesse im musikalischen Verstehensprozess anwesend.

Mit den Begriffen Bewegung, Kommunikation und Kognition sind drei wesentliche Perspektiven auf den Begriff der musikalischen Geste vorausgreifend entwickelt: Sie bilden das Rückgrat der folgenden Untersuchung des musikalischen Gestenbegriffs. Diese geht von einer systematischen Befragung aller Bewegungsebenen beim Musizieren aus und folgt dabei weitgehend der Kategorisierung bei Godoy und Leman (2010). Das sich anschließende Kapitel geht der zentralen Frage nach, inwieweit Musik selbst in der gestischen Bewegung zur intentionalen Geste werden kann. Dabei stellt sich zugleich die Frage nach musikalisch-kognitiven Inhalten, die wiederum auf der Basis der Theorie der *embodied cognition* beantwortet wird. Die beiden folgenden Abschnitte weiten die gewonnenen Erkenntnisse auf die Bereiche Kommunikation und Ästhetik aus. Die Möglichkeit eines gestischen Lernens, verstanden als Erlernen und Verstehen musikalischer Gestik, hängt mit der Klärung des Gestenbegriffs unmittelbar zusammen und wird im Verlauf der Ausführungen implizit mitgedacht. Zum Abschluss werden die gewonnenen Perspektiven und die möglichen didaktisch-methodischen Ansatzpunkte rückblickend zusammengetragen.

Gesten des Musizierens

Klangauslösende Bewegungen

Instrumentale und vokale Klänge entstehen aus Körperbewegungen. Im Gesang lässt das Öffnen des Körpers die Luft einströmen, die ausströmende Luft wiederum bringt im gestützten Ausatemvorgang die Stimmlippen zum Klingen. Im Instrumentalspiel werden Luftsäulen, Saiten und resonierende Oberflächen mittels Ausatmen, Streichen, Zupfen und Anschlagen in Schwingung versetzt.

All diese Bewegungen scheinen zunächst durch ihre Zweckgerichtetheit bestimmt zu sein. Bei näherer Betrachtung zeigt sich aber, dass die Bewegungen nie vollständig in der Klangerzeugung aufgehen. Im Extremfall kann sich die Kontaktzeit mit dem Instrument auf ein Minimum beschränken, wie beispielsweise im Spiel von Schlaginstrumenten. Entscheidend für den Klang ist somit die Qualität der Bewegung davor. Die Eigenschaften des Klanges sind gleichsam in der vorbereitenden Bewegung angelegt (vgl. Godoy & Leman, 2010, 39).

Dass hier bereits ein gestisches Potenzial vorhanden ist, zeigt der Vergleich mit der Bedienung einer Computertastatur. Auch hier steuert die Bewegung die Kommunikation mit dem Gerät. Aber die auslösende Bewegung ist in diesem Fall gleichgültig in Bezug auf die Qualität der Information: Entscheidend ist einzig die Tatsache der Auslösung, nicht aber die Art und Weise, in der diese geschieht (vgl. Godoy & Leman, 2010, 16). In dem Maß, in dem die Bewegung mit der Stimme und am Instrument zu einem bewussten und intentional auf eine antizipierte Klangqualität gerichteten Vorgang wird, können also klangauslösende Bewegungen als Gesten aufgefasst werden. Denn die klangauslösenden Bewegungen weisen über ihre Zweckgerichtetheit hinaus, indem sie an einem Prozess der Sinngebung beteiligt sind: der Formung und Gestaltung eines spezifischen Klanges, von dessen Klangqualität und von „energetischen Toninhalten" (Kurth, 1931; vertiefend wird im folgenden Abschnitt darauf eingegangen).

Im Hinblick auf ein gestisches Lernen von Musik wäre hier ein erstes Desiderat abzuleiten: Klangerzeugung in vielfältiger Weise als Geste bewusst zu machen. Und das bedeutet konkret: die Qualität der instrumental- oder gesangstechnischen Bewegung über das physiologisch Sinnvolle hinaus als gestische Gestaltung eines Klanges bewusst zu machen, die Art und Weise der Klangerzeugung mittels Bewegung als Geste erfahrbar werden zu lassen. Beispiele eines solchen Vorgehens finden sich in experimentellen Settings der Pädagogik Neuer Musik, des elementaren Komponierens und des experimentellen Instrumentenbaus. Sie sind keineswegs auf die Arbeit mit Fortgeschrittenen beschränkt (vgl. hierzu die Arbeiten von Stefan Roszak).[2]

Klangbegleitende Bewegungen

Musizieren besteht in der Regel aus einer Serie aufeinanderfolgender klangauslösender Bewegungen. Beim Musizieren ist also Bewegung immer schon beteiligt und sichtbar. Dabei kann bereits in der Abfolge der Bewegungen die Gestalt der Musik sichtbar werden, da die jeweils folgende Bewegung antizipiert werden muss. Hier kann es sowohl zu Konvergenzen wie zu Diskrepanzen zwischen musikalischem Zusammenhang und technischer Realisierung kommen. Bei vielen Instrumenten können beispielsweise Lagenwechsel einer bruchlosen Kontinuität im Wege stehen. Technisch notwendige Bewegungen können so mit dem eigentlichen musikalischen Vorgang gänzlich unverbunden bleiben. Andererseits können auch Lösungen gefunden werden, in denen etwa ein Lagenwechsel die musikalische Phrasierung unterstützt und damit als klangvorbereitende Bewegung der Musik eine sinnvoll gegliederte Gestalt verleiht (vgl. Beispiel 1 im ersten Abschnitt). Diese Funktion ist unweigerlich im Spiel von Blasinstrumenten und im Gesang angelegt, indem die physiologisch notwendige Ein- und Nachatmung zur sinngenerierenden, gestaltenden Funktion werden kann (vgl. Rüdiger, 1995, 87 ff.). Auch hier bietet sich auf einer basalen Ebene wieder die Möglichkeit, Spielbewegungen in ihrem gestischen Potenzial didaktisch zu erfassen und zu nutzen.

Nicht alle Bewegungen beim Musizieren aber gehen in der Klangproduktion auf. Rhythmische Bewegungen etwa richten sich auf den zeitlichen Verlauf der Musik und binden die Klangproduktion in ein zeitliches Raster ein. Gerade im Anfangsunterricht wird deutlich, dass es sich hier um einen anspruchsvollen Vorgang der „Audiation" handelt (vgl. Kapitel *Audiation*), indem parallel zum vokalen oder instrumentalen Spiel eine zweite Ebene vollzogen werden muss. Das musikalische Metrum muss dabei aus dem eigenen Körper heraus in Bewegung versetzt werden – ein grundlegender Vorgang, der allerdings in der Instrumentaldidaktik nicht selten unterbelichtet scheint (vgl. Berg, 2014, 139 ff.). Klangbegleitende Bewegungen sind also nicht allein auf die Musik reagierende Bewegungen, sondern auch die Musik aktiv steuernde Bewegungen, die hierin wiederum ein gestisches, bedeutungsgenerierendes Moment entfalten. Denn die Art und Weise, in der ein Metrum körperlich vollzogen und in Gang gesetzt wird, bestimmt zu einem wesentlichen Teil das Klangresultat und dessen gestische Qualität (vgl. Jaques-Dalcroze, 1994, 52).

Rhythmisch-metrische Gesten sind jedoch bei Weitem nicht die einzige Art klangbegleitender Bewegungen, die sich beim Musizieren zeigt. Ein gänzlich regungsloses und auf das technisch Notwendige beschränkte Musizieren wäre zwar denkbar, ist allem Anschein nach aber eher ein ästhetisch intendierter Sonderfall, der in sich bereits gestisch aufgeladen ist. Umso erstaunlicher ist es, dass der Bereich des Sich-Bewegens beim Musizieren von der instrumental- und gesangsdidaktischen Theoriebildung weitgehend ausgespart und methodisch kaum erschlossen ist. Eine Ausnahme bilden dabei – neben den umfassenden Arbeiten Wolfgang Rüdigers – Renate Wieland und Jürgen Uhde, die in ihrer auf das Klavier bezogenen Interpretationstheorie explizit den Körper ins Zentrum stellen (vgl. Wieland & Uhde, 2002). Sie skizzieren dabei ein didaktisches Vorgehen in drei Schritten. An erster Stelle stehen elementare Körperbedingungen und Körperprinzipien der Klangerzeugung. Auf diesen baut die sogenannte „strukturelle Spielbewegung" (Wieland & Uhde, 2002, 52) auf. Diese richtet sich auf die Phrasierung musikalischer Zeitgestalten. Vorgeschlagen wird dabei ein Schema mit drei Phasen: der musikalischen Anspannungsphase, dem Kulminationspunkt der Zeitgestalt sowie der musikalischen Entspannungs- bzw. Gegenspannungsphase. Die „strukturelle Spielbewegung" realisiert nun die innermusikalischen Spannungsphasen: „Bezogen auf die Bewegung des Rumpfes korrespondiert der musikalisch crescendierenden Spannungsphase pianistisch eine Bewegung, die, aus der Tiefe kommend, vorwärts gegen das Instrument andrängt" (ebd., 54). Über die klangerzeugenden Bewegungen hinweg koordiniert und steuert die phrasierende Spielbewegung den Verlauf der Musik und gibt dem musikalischen Verlauf über die Taktmetrik hinaus eine organische Gestalt. Die „strukturelle Spielbewegung" realisiert somit über die pulsierende, chronometrische Abfolge hinweg den musikalischen Zusammenhang als „musikalische Zeitgestalt" im Sinne der *temps durée* (Uhde & Wieland, 1990, 113). Auf diese Weise enthüllt die Spielbewegung ein gestisches Potenzial der „musikalischen Zeitgestalt". Je nach Lage und Art der Spannungs-, Gegenspannungs- und Kulminationsphasen werden gestische Ausdrucksintentionen erkennbar. So besteht die dritte Ebene der Theorie Wielands und Uhdes folgerichtig in der Ebene der gestischen Charaktere und gestischen Spielbewegung (vgl. Wieland & Uhde, 2002, 166).

Die Theorie von Wieland und Uhde macht deutlich, dass sich auch für den scheinbar schwer zu greifenden Bereich der phrasierenden Spielbewegungen durchaus konkrete Kategorien aufstellen lassen, die ein entsprechendes gestisches Lernen möglich erscheinen lassen (vgl. hierzu im Folgenden den Abschnitt *Körperlichkeit musikalischer Energetik*, S. 166).

Kommunikative Gesten im Ensemble und beim Spiel vor Publikum

Die Theorie von Wieland und Uhde besticht durch ihre logische Konsistenz und die Verbindung musikalischer Kognition mit den körperlichen Bedingungen und Vorgängen des Musizierens. Die Bedeutungsinhalte der musikalischen Gestik ergeben sich dabei nicht auf einer sprachlichen Ebene abseits des Musizierens, sondern realisieren sich immanent in dessen performativer Wirklichkeit. Dass sich hierbei tatsächlich Bedeutung konstituiert und diese auch – im Sinne Tomasellos – kommunikativ geteilt wird, zeigt sich besonders auf der Ebene von Gesten des Zusammenspiels beim Musizieren. In Verfahren der *motion-capture*-Analyse lässt sich beispielsweise empirisch zeigen, dass sich Bewegungsmuster im Zusammenspiel einander angleichen, sich musikalische, „nicht-repräsentationale Bedeutung" (Kim, 2016)[3] in Form des *entrainments* (Godoy & Leman 2010, 59) zwischen den Spielenden etabliert.

Im Ensemblespiel ist die Bedeutung gemeinsamen und kommunikativ gerichteten Bewegens evident. Bewegungen zeigen Einsätze an, bereiten vor und etablieren ein gemeinsames Metrum, deuten Klangintensitäten und Charaktere an, dienen der Verständigung und Kommunikation über gemeinsame Aktionen. Über diese expliziten, nach außen hin sichtbaren Aspekte von Bewegungen bildet im Ensemblespiel die musizierende Körperlichkeit – beispielsweise das gemeinsame oder polyfone Vollziehen der Zeitgestalten im Sinne Wielands und Uhdes – eine entscheidende, rein gestische Verständigungsebene im Moment des Entstehens der Musik. Die Körperlichkeit der anderen zu empfinden und auf die eigene Körperlichkeit zurückzubeziehen, lässt das Ensemble selber zum Körper werden (vgl. Rüdiger, 2007, 129). Das gemeinsame Vollziehen musikalischer Zeitgestalten ist nur auf der Ebene subtiler Körperlichkeit möglich: Bewegungen müssen im Sinne des *entrainments* aufeinander Bezug nehmen, ineinandergreifen, durchlässig für die Signale der Mitmusizierenden sein. Gerade in äußerlich scheinbar zurückgenommenen Spielbildern liegt somit die Bedingung der Möglichkeit gestischer Kommunikation. Ein Zuviel an Bewegung behindert den musikalischen Fluss und das Ineinandergreifen der gegenseitigen Impulse – ein Zuwenig an Bewegung lässt die Musik kontur- und energielos erscheinen.

Von diesen Prinzipien wären auch Ausdrucksbewegungen abzuleiten, die sich nicht nur an Mitmusizierende richten, sondern auch an ein hörendes und dabei die Musik mitvollziehendes Publikum. Ein historisches Paradebeispiel dafür ist die bekannte zeichnerische Darstellung eines Klaviervirtuosen samt Zuhörer von Wilhelm Busch, „Der Virtuos" (genauere Ausführungen dazu vgl. Berg, 2014, 191ff.). Parallelen in der heutigen Zeit finden sich in der Körperlichkeit von Virtuosen wie beispielsweise des chinesischen Pianisten Lang Lang. In einer Dokumentation[4] zu Aufnahmen zweier Klavierkonzerte Mozarts in der Zusammenarbeit mit Nikolaus Harnoncourt und den Wiener Philharmonikern demonstriert Lang Lang vor der Kamera in intensiver Gestik die gemeinsam mit Harnoncourt erarbeiteten interpretativen Ideen zur Musik Mozarts. Kommentare zu Lang Langs Spielgestik sind gemeinhin gespalten. Eine gängige Kritik bezieht sich auf den Eindruck, dass der Pianist auf der Ebene der überdeutlichen Ausdrucksgesten „das noch einmal sagen will, was die Musik ohnehin schon sagt" (Mahnkopf, 2016).[5] In didaktischer Hinsicht jedoch ist die kommunikative Gestik Lang Langs, die gerade in der Situation des Interviews augenfällig wird, einerseits ein Beispiel für den hohen Anspruch dieser Verkörperungsleistung und andererseits für den lerntheoretischen Nutzen eines solchen Vermögens: auf der Ebene des Körpers das zu sagen, was die Musik sagt, um überhaupt das Bewusstsein dafür auszubilden, was die Musik sagen will oder was mit der Musik gesagt werden kann. Vorausgreifend auf die Konzeption der *embodied cogni-*

tion ließe sich fragen, ob nicht diese Bewegungen sogar als unveräußerlicher Bestandteil der musikalischen Vorstellung bzw. der musikalischen Kognitionen Lang Langs zu sehen sind und sich somit nicht nachträglich als pure Showeinlage von seinem Spiel abtrennen lassen.

Gesten des Hörens und Verstehens

Bereits klangbegleitende Gesten bringen nicht nur Musik hervor, indem sie beispielsweise ein Metrum initiieren, sondern sie beziehen sich ebenso interpretierend auf die Musik, indem sie die Musik in einem bestimmten Bewegungsgestus wiedergeben. Somit ist es auch möglich, auf der Ebene des Hörens und Verstehens von Musik Bewegungen als Hörelement und damit als Gesten zu begreifen. Die Tradition dieses körperlichen Hörens reicht in die Anfänge des Faches Rhythmik um Emile Jaques-Dalcroze und dessen körperliches *Solfège* zurück (vgl. Jaques-Dalcroze, 1994/1921).

In jüngster Zeit mehren sich Bemühungen, die Körperlichkeit des Hörens auch in einen auf Verstehen abzielenden allgemeinen Musikunterricht einzubeziehen (vgl. Oberschmidt, 2015; Stange, 2015). Ein Anliegen ist es dabei, die Schwierigkeiten des Benennens und In-Worte-Fassens musikalischer Bedeutungen auf der Ebene performativer Gestik einzuholen und in konkrete ästhetische Erfahrbarkeit umzuwandeln. Naturgemäß berühren sich hier die Gebiete von musikalischer Körpergestik und freiem Ausdruckstanz. Ein grundsätzliches Spannungsverhältnis besteht dabei zwischen dem Eigenwert tänzerischer Bewegung und der interpretierenden, die Musik vollziehenden Bewegung andererseits. Tänzerische Bewegung in der Tradition des modernen Ausdruckstanzes seit dem Beginn des 20. Jahrhunderts kennzeichnet sich durch die Emanzipation von der Musik: Sie will als Bewegung gerade nicht die Musik illustrieren, kommentieren und sich zu jedem Zeitpunkt zu ihr koordinieren. In vergleichbarer Weise ließe sich das Anliegen des Faches Rhythmik, das sich inzwischen vielfach als Fach Musik und Bewegung definiert, zwar darin erkennen, Musik durch Bewegung zu verstehen – ebenso aber auch in der Bewegung die Musik zu entdecken, in beiden Fällen also ein sich entsprechendes, aber nicht kongruentes Movens zu entdecken. Somit müssen auch in diesem Fall Bewegungen keinesfalls die Musik noch einmal auf einer körperlichen Ebene verdoppeln. Freie Bewegungsexperimente zur Musik können also aus einem weiten Spektrum an Möglichkeiten schöpfen, angefangen bei unmittelbar zeitlich koordinierten Bewegungen bis hin zu frei assoziierenden, kontrastiv kommentierenden Gesten und tänzerisch eigenständigen Choreografien.

Musik als Bewegung – Musik als Geste

Musikalische Energetik

Bisheriger Ausgangspunkt war eine Phänomenologie des *Musizierens*: Musizieren besteht aus Bewegungen, und Bewegungen öffnen sich unter unterschiedlichen Blickwinkeln einem gestischen Ausdruckspotenzial. Während diese Bewegungen von außen beobachtbar sind und wie im Fall kommunikativer Signale im Zusammenspiel leicht als

Gesten interpretiert werden können, so bleibt die Frage offen, inwieweit Musik selbst in ihrer klingenden Gestalt als Geste aufgefasst werden kann.

Um zur Geste werden zu können, müsste Musik selbst Bewegung sein. Physikalisch gesehen bestehen Töne und Klänge zwar aus Schwingungen, doch bleiben diese akustischen Entstehungsvorgänge der Wahrnehmung von Musik weitestgehend verborgen. Als reines Hörphänomen ist Musik zunächst unkörperlich (vgl. Rüdiger, 2007, 7ff.). Gleichwohl zeigt sich nicht nur im Musizieren eine Affinität zur Bewegung, sondern auch im Sprechen über Musik. Es fällt nicht schwer, selbst im scheinbar nur auf strukturelle Eigenschaften der Musik gerichteten Sprechen – in der musiktheoretischen Terminologie – Bewegungs- und Körpermetaphern als steten Bezugsrahmen aufzufinden, in denen die Musik zum Teil gar als intentionaler, gleichsam handelnder Körper subjektiviert wird (vgl. Brandstätter, 2010, 33f.). Wenn also Musik selbst in physikalischer Hinsicht unkörperlich bleibt, so scheint doch die Art und Weise, in der akustische Ereignisse als Töne und Klänge aufgefasst werden, in körperlichen Kategorien strukturiert zu sein.

Diese Erkenntnis liegt der musikalischen Energetik zugrunde, einer musikästhetischen Richtung zu Beginn des 20. Jahrhunderts, die vor allem in Ernst Kurths *Musikpsychologie* einen theoretisch fundierten Rahmen gefunden hat (vgl. Berg, 2014, 97ff.). Die Perspektive, aus der heraus Kurth die Musik betrachtet, ließe sich als Phänomenologie der *Musik* bezeichnen: Gefragt wird danach, was Musik für ein aufnehmendes Bewusstsein ist und durch welche Vorgänge sich akustische Ereignisse als Töne, Klänge und musikalische Eindrücke konstituieren.

Schon am Phänomen des musikalischen Tons kann beobachtet werden, dass dieser als Gesamteindruck bereits das Resultat einer psychischen Überformung der akustischen Reize ist. Töne werden gleichsam „als etwas" wahrgenommen, im Bewusstsein also „vergegenständlicht". Die Vielzahl akustischer Aspekte konvergiert zu einem Einheitseindruck. Dieser vergegenständlichte, „materialisierte" Ton wird zugleich auch in einem spezifischen Auswirkungsraum wahrgenommen: Musikalisches Hören findet in einem „Inneren" statt, das musikalische Bewusstsein spannt ein „inneres Universum" auf. Im gegenwärtigen Diskurs werden diese Gedanken – zwar nicht mit Bezug auf Kurth, aber dennoch mit einer vergleichbaren Intention – wieder aufgegriffen (vgl. Godoy & Leman 2010, 128) und von Ansätzen der *embodied cognition* gestützt (s. u.).

Die wesentlichste phänomenologische Erscheinungsweise der Musik ist Kurth zufolge der Bewegungseindruck. Als Zeitgestalt tritt Musik nicht als sukzessive Abfolge von Ereignissen ins Bewusstsein, sondern zuallererst als überzeitliche Gestalteinheit. Musik erweist sich somit als Paradigma psychischer Gestalteindrücke, wonach (im Sinne der These der Gestaltpsychologie) die Qualität der Gestalt mehr ist als die Summe ihrer Einzelteile. Musikalische Bewegung ist dabei nicht die reale zeitliche Abfolge der Töne, sondern der Gesamteindruck einer „zwischen den Tönen und über die Töne hinweg" (Kurth, 1996, 2) wirkenden einheitsstiftenden Bewegungsenergie.

Die Grundkategorien der phänomenologischen Auffassung von Musik sind mit Kurth also grundsätzlich körperlicher Art: Eindrücke von Bewegung (Bewegungsenergie), Materie (Gravitation) und Raum (als zeitliche und energetische Projektionsfläche) konstituieren die Musik im Bewusstsein. Kurth intendiert hiermit jedoch weder eine ästhetische

Wertung der Musik, noch meint er mit Bewegungs- und Energieeindrücken eine emotionale Reaktion auf Musik. Als ausgewiesenem Musiktheoretiker bildet für ihn die musikalische Struktur den verbindlichen Bezugsrahmen, gleichwohl sieht er musiktheoretisch fassbare Eigenschaften, sofern sie sich auf die performative Wirklichkeit der Musik beziehen, stets durch den beschriebenen Komplex „psychischer Funktionen" (Kurth, 1931, 10) grundiert. Musikalisches Hören, auch im Sinne eines die Struktur vollziehenden und etablierenden Audiierens, ist für Kurth immer zugleich Hören und Empfinden als energetisches Überformen der Töne.

So lassen sich (in der historischen Rückschau) zentrale Begriffe der Musiktheorie in ihrer energetischen Prägung erkennen. Im Begriff der Tonalität schwingt „Tonus" als Metapher der Spannung mit. Tonales Hören als Beziehen der Töne auf ein tonales Zentrum im Sinne eines Spannungspotenzial wird im 19. Jahrhundert als Wechsel von *tendance et repos* begriffen (vgl. Berg, 2014, 45 f.).

Körperlichkeit musikalischer Energetik – Embodiment

Aus dem Verständnis der Energetik heraus ließe sich also begründen, dass Musik selbst als Bewegung aufgefasst und als „musikalische Zeitgestalt" (Wieland & Uhde, 2002) zur Geste werden kann. Vor allem in didaktischer Hinsicht aber interessiert, ob energetische Auffassungen von Musik nicht ebenso einem Lernprozess unterliegen. Konkret wäre also zu fragen, inwieweit sich eine Verbindung zwischen innerlich empfundener und äußerlich vollzogener Bewegung herstellen lässt.

Ernst Kurth schränkt seine Theorie in dieser Hinsicht auf zweierlei Weise ein: Einerseits bleiben energetische Auffassungen von Musik immer an das persönliche Empfinden, mithin also an die phänomenologische Introspektion in der Perspektive der ersten Person gebunden. Andererseits zeigt sich, dass die Bedingungen der innerlich vorgestellten Körperlichkeit nie vollständig den äußerlichen Gegebenheiten der Physik entsprechen. Der energetische Raum musikalischer Vorstellung und Empfindung gerät mit den Gegebenheiten des physikalischen Raums in Konflikt.

Einen Ansatzpunkt zur Klärung dieses Verhältnisses bieten – wie bereits mehrfach angeklungen ist – Ansätze innerhalb der modernen Kognitionspsychologie und der Philosophie des Geistes, die sich als *embodied cognition* (Shapiro, 2011) bzw. *Philosophie der Verkörperung* (Fingerhut, Hufendiek & Wild, 2013) in ihrer Grundintention zusammenfassen lassen. Die *embodied cognition* versteht sich als eine Herausforderung der *Standard Cognitive Science*, die von einem Computermodell des Geistes ausgeht: Kognitive Leistungen sind dort allein auf einen inneren, durch generative Regeln repräsentierten und algorithmisch konzipierten mentalen Verarbeitungsprozess zurückzuführen (vgl. Shapiro, 2011, 7 ff.).

In der Sichtweise der *embodied cognition* werden geistige Prozesse hingegen nicht mehr allein als auf neuronale Vorgänge begrenzte betrachtet. Wahrnehmung und Kognition werden vielmehr in ihrer Bedingtheit durch Körperlichkeit untersucht: Wahrnehmung richtet sich nach den Maßgaben körperlicher Erkenntnisfähigkeit, bzw. nach den vorgegebenen physiologischen Eigenschaften des Körpers; Kognition wiederum nutzt

Körperlichkeit als Speicherungsort und Erkenntnisform kognitiver Inhalte. Eine prägnante Zusammenfassung der Thesen der *embodied cognition* findet sich bei Fingerhut und Mitarbeitern (vgl. Fingerhut, Hufendiek & Wild, 2013, 9 ff., bzw. die Kapitel *Körperlichkeit als Grunddimension des Musiklernens* und *Üben als Handeln* in diesem Buch): Wahrnehmung und Kognition sind „enaktiv", das heißt Resultat einer körperlich bedingten Hervorbringung, und sie sind „embedded", also in situative Zusammenhänge integriert. Daraus ergibt sich, dass kognitive Inhalte den Bereich mentaler Repräsentation überschreiten und „externe" Speicherungsformen nutzen. Als Überbegriff für diese Eigenschaften fungiert der Begriff embodiment. Dieser meint im Sinne der drei vorangegangenen Begriffe mehr als nur eine nachträgliche oder vorgängige Verkörperung geistiger Inhalte, sondern das stete Wechselspiel zwischen außen und innen. Der Körper bleibt demnach in kognitiven Prozessen stets in unterschiedlichen Rollen anwesend und geht nicht allein in mentalen Repräsentationen auf.

Einige der durchaus divergierenden Ansätze der *embodied cognition* seien an dieser Stelle kurz angeführt, um ein genaueres Bild sowohl der theoretischen Begründung als auch möglicher praktischer Konsequenzen zu geben:

- James J. Gibson geht in seiner Theorie der ökologischen Wahrnehmung von der Tatsache aus, dass auf der Retina eintreffende visuelle Reize – als statische Momentaufnahme – kein vollständiges Bild der äußeren Wirklichkeit erzeugen können (vgl. Shapiro, 2011, 29 ff.). Während der Computalismus eine Vervollständigung mittels generativer Regeln annimmt, zeigt Gibson, dass vielmehr die Veränderung der Perspektive, mithin also die Körperbewegung, Informationen generiert, indem durch sie aufgrund von Invarianzen in den unterschiedlichen Perspektiven auf Informationen in der Umwelt, sogenannten „Affordanzen" geschlossen werden kann. Die Bewegung konstituiert also das Wahrnehmungsobjekt.
- George Lakoff und Mark Johnson (vgl. Shapiro, 2011, 86 ff.) gehen in ihrer Metapherntheorie davon aus, dass begriffliches Denken grundlegend metaphorisch geprägt ist und dass sich diese Metaphorik aus basalen Körpererfahrungen und elementaren Gegebenheiten der Körperlichkeit des Menschen ableitet. Sie antworten damit auf das Problem, in einem computeranalogen, nichtverkörperten Modell des Geistes den Erwerb von Begriffen zu erklären.
- Die Theorie „dynamischer Systeme" (vgl. Shapiro, 2011, 116 ff.) lässt sich an mechanischen Systemen wie einem Fliehkraftregler exemplifizieren, die u. a. in Windmühlen und Dampfmaschinen als Steuerungsfunktionen eingesetzt werden. Sie bestehen aus aneinander gekoppelten Elementen, die sich gegenseitig beeinflussen und rückkoppelnd regulieren. Ihre allgemeinen Merkmale sind die Effizienz durch die Ausnutzung externer Informations- und Verarbeitungsträger sowie die Verarbeitung von Information in Echtzeit – wiederum also ohne eine intern repräsentierte Regel.
- Die Theorie des „Konnektionismus" (vgl. Shapiro, 2011, 41 ff.) folgt einem Netzwerkmodell des Geistes, das sich an der neuronalen Architektur des Gehirns orientiert. Sie geht davon aus, dass Informationen parallel in neuronalen Schaltkreisen verarbeitet werden, die sich aus einem regelhaften Input generieren. Auch hier ist die kognitive

Leistung nicht das Resultat algorithmischer Prozesse, sondern sie steht mit der Umwelt in unmittelbarem Kontakt. In der Musikpädagogik ist ein ähnlicher Ansatz durch die Lerntheorie Edwin E. Gordons umgesetzt und von Wilfried Gruhn als Lernabfolge von „figuralen", d. h. körperlichen Handlungsabfolgen entsprechenden, zu „formalen", gestalthaft-überzeitlichen Repräsentationen, neurowissenschaftlich untermauert worden (vgl. hierzu Gruhn, 2005; Spitzer, 2000).

Generell muss beachtet werden, dass alle genannten Theorien kontrovers diskutiert werden und zu teilweise widersprüchlichen Konsequenzen führen. Die Theorien Gibsons sowie die Theorie der „dynamischen Systeme" werden u. a. angeführt, um das Vorhandensein mentaler Repräsentation überhaupt in Frage zu stellen. Moderatere Positionen gehen hingegen von einem komplexen Zusammenspiel äußerer und innerer Faktoren und Prozesse aus, wie sie Mark Rowlands in seinem Konzept des *Amalgamated Mind* (Rowlands, 2010, 82 f.) skizziert. Eine entscheidende Frage aus philosophischer Sicht ist dabei, ob dem Körper im Hinblick auf kognitive Prozesse lediglich eine kausale, d. h. zeitlich vorgelagerte, oder aber eine konstitutive, d. h. fortdauernd den Prozess begründende Rolle zukommt (vgl. Shapiro, 2011, 170 f., in Bezug auf Gesten vgl. insbesondere 173 ff.).

Die eingangs aufgeworfene Frage, inwieweit eine Verbindung zwischen innerlich empfundener und äußerlich vollzogener Bewegung besteht, ließe sich also in einer vorläufigen Übertragung der *embodiment*-These wie folgt beantworten:

- Der Körper ist Grundlage und Auslöser energetischer Wahrnehmungen von Musik. Nach dem Vorbild Gibsons konstituiert er die Musik als energetisches Objekt und verarbeitet die eintreffenden Informationen zunächst figural nach dem Modell neuronaler Netzwerke.
- Der Körper bildet weiterhin die Grundlage eines energetischen Begreifens, indem alle gebildeten Vorstellungen auf elementare Körpererfahrungen zurückzuführen sind – der Metapherntheorie Lakoffs und Johnsons entsprechend.
- Der Körper bildet die Aktualisierungsform energetischer Gesten im systemdynamischen, rückgekoppelten Zusammenspiel von Körper und Geist, musikalischer Bewegung und mentaler Repräsentation.

Als eine der musikalischen Energetik und Gestik entsprechende Körpertheorie ließe sich das im weitesten Sinne tanzdidaktische System Rudolf von Labans anführen (vgl. Laban, 2001). Analog zu Kurths Musikauffassung gibt Laban im Hinblick auf den Tanz drei grundlegende Faktoren der Bewegung an: Raum, Kraft (Schwerkraft/Energie) und Zeit (und zusätzlich den Faktor Fluss). Abgesehen von den räumlichen Orientierungspunkten, die naturgemäß einen Großteil der Bestimmung tänzerischer Bewegung einnehmen, lässt sich über das Zusammenspiel der genannten Bewegungsfaktoren der gestische Charakter einer Bewegung bestimmen.

Von Interesse ist diese Theorie im vorliegenden Kontext deshalb, weil Laban nicht allein äußerlich beobachtbare Faktoren, sondern zugleich eine phänomenologische Ebene des Bewusstseins von Bewegung einbezieht (vgl. zum Folgenden Berg, 2014, 169 ff.). Der energetische Charakter einer Bewegung bestimmt sich demnach nicht allein nach dem kinetischen Aufwand, sondern ist zugleich abhängig von einer „inneren Einstellung" zu den Bewegungsfaktoren. Die innere Einstellung äußert sich in einem polaren Verhältnis von „Ankämpfen gegen einen Faktor" und „Erspüren von einem Faktor". So ist beispielsweise die elementare Antriebsaktion des „Drückens"[6] durch *Direktheit* im Raum (Ankämpfen gegen den Raum), *Allmählichkeit* in der Zeit (Erspüren von Zeit) und *Festigkeit* im Gewicht (Ankämpfen gegen die Schwerkraft) charakterisiert. Entscheidend ist nun, dass der energetische Charakter auch unabhängig vom konkreten Kraftaufwand in der Bewegung immer noch vorhanden sein kann. So ist die Antriebsaktion „Drücken" körperlich erlernt und zugleich als geistige Repräsentation gespeichert und in einer Bewegung als solche wieder aktualisierbar. Anhand einer solchen Theorie ließe sich beispielsweise erklären, warum etwa im Fall der klangbegleitenden Gesten, der „strukturellen Spielbewegung" (Wieland & Uhde, 2002), eine bestimmte Bewegung eine musikalische Spannungsphase realisieren kann, ohne dass eine faktisch unnötige und den technischen Ablauf durchkreuzende Körperspannung aufgewendet werden muss.

Folgt man der These des *embodiment* in Bezug auf musikalische Gestik, wäre der Körper also nicht nur Hilfsmittel auf dem Weg zur mentalen Repräsentation, sondern zugleich auch Ort der Speicherung und Aktualisierung energetischer Vorstellungen von Musik. Auch wenn selbst in stilistisch identischen Kontexten beträchtliche Unterschiede im äußeren Bild des Spiels offensichtlich sind, also unterschiedliche Grade eines körperlichen Ausagierens musikalischer Spannungsempfindung, so spricht doch die Idee des *embodiment* dafür, diese Bewegungen als essentiellen Teil der musikalischen Kognition zu begreifen. Musik als Geste und Musizierbewegungen als Gesten – in der Weite ihrer bis hierhin entwickelten Erscheinungsformen – wären demnach zwei Seiten derselben Medaille.

Musiziergesten als Teil musikalischer Kommunikation

Wie eingangs entwickelt, impliziert der Begriff Geste den Begriff der Kommunikation. Eine lückenlose Anwendung des Kommunikationsbegriffes auf Musik scheint jedoch schwierig. Klaus-Ernst Behne diskutiert die Begriffe Geste und Kommunikation im Zusammenhang mit Mitteilung und Interaktion (vgl. Behne, 1982, 129). Gemeinsames Musizieren und Musizieren vor Publikum sind Formen der Interaktion. Musizieren bedeutet dabei jedoch weniger die eindeutige Mitteilung eines Ausdrucks als vielmehr ein kommunikatives Angebot, sich in einen Ausdruckszustand zu versetzen oder eigene Bedeutungen auf einen musikalischen Prozess zu projizieren. „Musik ist" – so Behne – „Als-Ob-Kommunikation" (ebd., 130).

Wenn aber die Geste die Musik zur Mitteilung macht, dann ist zu fragen, von welcher Art die Bedeutung ist, die dabei übermittelt wird und welche Funktion dabei der Geste selbst zukommt. Wie bereits dargestellt, können Gesten des gemeinsamen Musizierens, beispielsweise im Ensemblespiel, klare Funktionen und Bedeutungen haben. Spezifisch musikalisch aber werden sie dadurch, dass immer auch die Art und Weise, in der das Zeichen präsentiert wird, eine sinnstiftende Wirkung hat. Im Verweisungsprozess bleibt also das Zeichen selbst im Unterschied zur Wortsprache weiterhin anwesend.

Ursula Brandstätter hat diesen Prozess ästhetischer Zeichenprozesse ausgehend von der Symboltheorie Nelson Goodmans mit dem Begriff der „metaphorischen Exemplifikation" gefasst (vgl. Brandstätter, 2004, 101ff.). In der Exemplifikation wird ein Bezug zwischen einem Zeichen und seiner Bedeutung durch das Vorweisen einer Eigenschaft hergestellt. Im ästhetischen Bereich aber kann die Exemplifikation auch Eigenschaften einschließen, die auf einer metaphorischen Ebene „besessen" werden. In diesem Sinne wären Gesten des Musizierens also bedeutungstragend oder sinnstiftend, indem sie metaphorisch besessene Eigenschaften (energetische Empfindungen) vorweisen und aktualisieren. Ihre Bedeutung erhalten sie in der performativen, zeitgebundenen Situation des Musizierens. Damit ist jedoch nicht gemeint, dass Musiziergesten die Musik auf der Ebene des Körpers noch einmal abbilden, sozusagen in der Sichtbarkeit verdoppeln (vgl. den Vorwurf Mahnkopfs, s. o.) und damit eigentlich entbehrlich wären.

Aus der Perspektive der Gestentheorie Tomasellos wird vielmehr deutlich, dass Gesten nicht identisch mit ihrer Bedeutung sind, sondern dass sie innerhalb eines komplexen Kommunikationsvorgangs Prozesse der Sinnstiftung in Gang setzen. Kommunikativ wären Musiziergesten also in dem Sinne, dass sie im Zusammenspiel mit dem Klingenden auf die innere Auffassung (vgl. Kurth, s. o.) der Musik hinweisen und die musikalische Gestalt zu einem kommunikativen Angebot werden lassen. Die Musiziergeste bildet die Musik also nicht auf der Ebene der Sichtbarkeit noch einmal ab, sondern sie fungiert als Geste im Hinblick auf die Musik selbst: Sie zeigt an, wie die Musik als Zeitgestalt gemeint sein kann.

Musikalische Gesten zu verstehen heißt, sich auf eine spezifisch musikalische Interaktion einlassen zu können. Die Geste selbst wirkt als Angebot, sich auf eine bestimmte Weise in die Musik hineinzuversetzen. Sie macht damit das Angebot einer Semantisierung der Musik, ohne den weiteren Prozess einer Bedeutungszuweisung zu determinieren. Musiziergesten funktionieren demnach nur auf einer breiten Grundlage im Sinne Tomasellos. Als gemeinsamer begrifflicher Hintergrund fungieren dabei Erfahrungen mit einem bestimmten Stil und einem kulturellen Hintergrund einer Musik, die Fähigkeit, Strukturen dieser Musik audiieren zu können, musikalische Verläufe als Zeitgestalten in der Wahrnehmung konstituieren zu können, schließlich auch ein Wissen um typische Gesten sowohl innerhalb eines Musikstils wie auch in Bezug auf dessen Aufführungspraxis. Bedingung ist aber auch die kooperative und geteilte Intentionalität im Aufführen und Aufnehmen der Musik als kommunikativer Vorgang. In musikalischer Gestik aktualisiert sich diejenige Bedeutung, die Aufführende und Hörende im Prozess der Audiation musikalischen Zusammenhängen geben. Wenn Audiation das „Denken von Musik" ist, dann wäre das Bedeutungen-Zuweisen, das Aktualisieren und musizierende Mitteilen dieses Gedachten die musikalische Geste.

Gemeint ist damit jedoch nicht die semantische Ebene einer Deutung der Musik in sprachlich-inhaltlicher Hinsicht. So zeigt sich in empirischen Studien beispielsweise zu klassischer indischer Musik, dass im Hinblick auf musikalische Strukturen wie relativen

Spannungsverhältnissen in Skalen zwar eine hohe Konstanz in der gestischen Aufführungsweise zu beobachten ist, dass aber sprachliche Deutungen auf inhaltlicher Ebene bei den Aufführenden weit auseinandergehen (vgl. Godoy & Leman 2010, 54). Auch für das Hören, Sehen und Verstehen des gestischen Angebots kann dasselbe geltend gemacht werden: Nicht das zeichenhafte, geistige Verstehen einer Bedeutung ist gemeint, sondern der mimetische Mitvollzug der musikalischen Geste im eigenen Körper, die „mimetische Partizipation" (Brandstätter, 2008, 146 f.). Insofern ist die Geste – in den Worten des Philosophen Giorgio Agamben – „die Darbietung einer Mittelbarkeit, das Sichtbarmachen eines Mittels als solchem. Sie lässt das In-einem-Medium-Sein des Menschen erscheinen und öffnet ihm auf diese Weise die ethische Dimension" (Agamben, 2006, 54).

Ästhetische Perspektiven eines gestischen Verstehens von Musik

Im Anschluss an den Versuch einer Eingrenzung des musikalischen Gestenbegriffs stellt sich die Frage, welcher Stellenwert im Rahmen musikalischen Lernens und Verstehens der Ebene der Gestik in der Musik zukommt.

In der Literatur lässt sich hierzu ein breites Spektrum an Bewertungen feststellen. Am Anfang steht dabei die Auffassung, dass die Gestik eine Ebene der Musik darstellt, die nahezu unmittelbar wirkt und auf einer ersten Ebene Bedeutungszuweisungen anbahnt: „Das Gestische der Musik wie die Gestik ihrer Hervorbringung bilden somit eine entscheidende Voraussetzung dafür, dass Musik auch ohne Expertenwissen unmittelbar wirksam werden kann" (Gruhn, 2014, 101; vgl. ebenso Behne, 1982, 134). An diese Auffassung lässt sich die phänomenologische Theorie Kurths anknüpfen. Denn hier scheint eine gestalthafte Erscheinungsweise der Musik angesprochen zu sein, bei der zwar nicht eindeutige, aber doch bereits als Gestalt wirkende Bewegungseindrücke der Musik ausgelöst werden. Und damit erscheint die Musik hier bereits im Charakter einer Gestalteinheit, also in einer übersummativen Qualität, die nicht durch die sukzessive Addition von Einzelheiten entstehen kann. Der Theorie Kurths zufolge differenzieren sich aus diesem energetischen Gesamtzusammenhang die strukturellen Einzelheiten im Lichte der energetischen Wirkung aus (vgl. Berg, 2014, 113). So könnte man das gestische Verstehen der Musik als einen unmittelbaren Zugang zur Musik betrachten, der jedoch nicht entbehrliche Vorstufe, sondern auch im Bereich des „Expertenwissens" (Gruhn) notwendige Bedingung und ständiger Bezugspunkt musikalischen Verstehens bleibt.

Am anderen Ende dieser Werteskala stehen wiederum Auffassungen, die Gestik nicht als Vorstufe, sondern vielmehr als Ziel musikalischen Verstehens ansehen: „Gerade was in Musik zu lesen, zu entziffern ist, sind ihre mimischen Innervationen. Eine pathetische oder verhaltene oder verlöschende Stelle bedeutet nicht Pathos, Verhaltenheit, Verlöschen als ein Geistiges, sondern verhält sich nach deren Ausdruckskategorien, bildet die ihnen eigentümlichen physiologischen und somatischen Gesten in musikalischen Konfigurationen ab, und wer sie richtig interpretieren will, muss eben jene in ihnen verkapselten Gesten finden, um sie nachzuahmen" (Adorno, 2001, 244). In diesem Zitat aus der musikalischen Reproduktionstheorie Theodor W. Adornos finden sich noch einmal zentrale Gedanken der bisherigen Erörterung. Ausgangspunkt Adornos ist der musikalische Notentext, das Lesen und Entziffern der Partitur: Gestik nimmt hier also den Ausgang bei analytisch in den Noten aufzuweisenden Bezügen. Dieses Lesen, das im Sinne Adornos zugleich das audiierende Vorstellen des Klanges impliziert, geht jedoch durch die musikalische Faktur hindurch und trachtet danach, das innere Movens, die „Innervation" zwischen den Tönen aufzudecken. Diese Innervationen gehen über die strukturellen Bezüge hinaus und sind somit mehr als nur geistige Inhalte – sie sind mimetischen Ursprungs. Mimetisch ist sowohl die Ausdruckweise der Musik wie auch der interpretierende, musizierende Umgang mit der Musik. Mimesis bedeutet in diesem Zusammenhang grundlegend einen körperlichen Vorgang des „empfangenden Sich-Ähnlich-Machens" (Uhde & Wieland, 1990, 22). In der Mimesis jedoch teilt die Musik nicht geistige Inhalte und Bedeutungen im Sinne von Begriffen wie „Pathos" mit, sondern exemplifiziert deren Ausdruckskategorien in gestischer Form. Folgt man der Theorie Adornos, so findet Musik in der Gestik zu ihrer ursprünglichen mimetischen Verhaltensweise zur Welt zurück. Musik ist darin magischen und ritualhaften Vollzügen verwandt und zielt auf eine Überwindung der Subjekt-Objekt-Spaltung.

Diese Interpretation findet sich auch in aktueller psychoanalytischer Theorie wieder, die der Musik die Erfahrungsdimensionen von Verschmelzung und Entgrenzung zuspricht (vgl. Leikert & Scharff, 2013). In der ästhetischen Erfahrung von Musik wird eine Semantik jenseits der sprachlichen Reflexivität spürbar, eine „kinetische Semantik" (Leikert). Mimesis in der Theorie Sebastian Leikerts wäre demnach ein ästhetischer „kokreativer Prozess" (Leikert & Scharff, 2013, 27), der es ermöglicht, „mit unseren leiblichen Spannungen das Werk, gleichsam innerlich singend, in uns entstehen zu lassen" (ebd., 27): „Die Rezeption des ästhetischen Objekts erfolgt im Körperselbst und nicht in den symbolisch-sprachlichen Formationen des Selbst" (ebd., 28). In Form der kinetischen Semantik wird es möglich, an früheste Erlebnisse auf einer nicht-sprachlichen Ebene anzuknüpfen, letztlich also auf präverbale Vorgänge des Musiklernens Bezug zu nehmen und diese zu aktualisieren (vgl. hierzu Kapitel *Körperlichkeit als Grunddimension des Musiklernens*). In musikalischer Gestik kommt es zu einer Richtungsumkehr, zu einer „Inspiration" musikalischer Erfahrung: Musik fungiert nicht mehr als Projektionsfläche Ich-orientierter und kognitiver Ausdrucksintentionen, sondern Musik findet zu ihren Ursprüngen im Körperselbst zurück und wird von diesen belebt. Leikert nennt dies das „psychologische Moment der Richtungsumkehr, d. h. die leuchtende Belebung des Interpretierten von der Tiefe und Intensität des Körperselbst her" (ebd., 33).

Villem Flusser bezeichnet diesen Vorgang schlechthin als die „Geste des Musikhörens" (Flusser, 1991, 193). Die Geste des Musikhörens ist für ihn nicht – wie man vermuten sollte – in erster Linie eine Bewegung. Für ihn besteht die Geste des Musikhörens vielmehr in einer Haltung, einer Haltung allerdings, in der es gelingen kann, von der Musik bewegt zu werden. „Der menschliche Körper ist für Schallwellen permeabel, und zwar so, dass ihn diese Wellen in Schwingung versetzen, dass sie ihn ergreifen" (ebd., 197). Voraussetzung ist eine innere Einstellung, eine Konzentration des Hörenden, aber: „Der Musikhörende konzentriert sich eigentlich gar nicht, sondern er konzentriert die ankommenden

Schallwellen ins Innere seines Körpers. Das bedeutet: Beim Musikhören wird der Körper Musik, und die Musik wird Körper" (ebd., 198). „Die Botschaft [der Musik] prägt dem Hören ihre Form auf" (ebd., 197). Was dabei als Botschaft gehört wird, kann sich nach Flusser in unterschiedlichen Kategorien äußern: als Fühlen, als Wünschen, als Wollen und als Verstehen. Dabei lässt sich auch Flusser im Sinne des *embodiment* interpretieren: „Kein Erlebnis zeigt so sehr wie das Hören von Musik, dass ‚Geist', ‚Seele' oder ‚Intellekt' Worte sind, die körperliche Prozesse benennen" (ebd., 199). In musikalischer Gestik – so könnte man diese letzte Deutung zusammenfassen – werden also vielseitige Bedeutungsinhalte von Musik auf einer ästhetischen Ebene aktualisiert, mimetisch mitvollziehbar und in der Entgrenzung des Ichs erfahrbar gemacht.

Perspektiven gestischen Lehrens und Lernens in der Musik

Legt man die zuletzt entwickelten Aspekte des Gestenbegriffes zugrunde, muss der Anspruch einer unmittelbaren Lehrbarkeit musikalischer Gestik zunächst zweifelhaft erscheinen.

Gleichwohl öffnen diese Überlegungen den Blick dafür, dass Gestik ein überindividueller Bestandteil menschlicher Sozialisation ist und auch im Hinblick auf die Musik stets im sozialen Miteinander eingeübt, gelernt und in ihrer Bedeutung erfahren wird. Mit dem Begriff der Geste stellt sich – soweit man ihn nicht auf tatsächlich empirisch beobachtbare Aspekte einschränken will – somit auch die Frage nach dem Begriff von Musik und nach Funktionen des Musizierens als anthropologischer Grundkonstante.

Primäres Anliegen eines gestischen Lehrens und Lernens wäre also, Musik als Geste präsent werden zu lassen, gestisch in und mit Musik zu agieren, und die Bedeutung musikalischer Gesten in sozialen Ereignissen des Musizierens deutlich werden zu lassen. Zentrales Moment ist dabei die Fokussierung von Körperlichkeit und zwar in der doppelten Dimension eines körperlichen Lernens musikalischer Strukturen wie in der ästhetischen Erfahrbarkeit durch eine entsprechende Haltung des Musikhörens als Geste. Neben dem Aufbau mentaler Repräsentationen wäre dies also die Sensibilisierung für die Logik und organische Abfolge körpermusikalischer Phänomene und deren Projektion auf Musizierzusammenhänge.

Dennoch muss mit diesen Ansprüchen – erinnert sei an den Verweis Wilfried Gruhns auf die unmittelbare Wirksamkeit – weder ein Experten- oder Spezialistinnentum gemeint sein, noch sind diese Lernvorgänge auf formalen Unterricht zu beschränken. Möglicherweise entziehen sich diese Lernvorgänge auch einer methodisch-didaktischen Fassbarkeit, da sie stets unvorhersehbare Momente des Umschlagens von Erfahrungsqualitäten beinhalten. Ein Musizierunterricht kann hierbei die Bedingungen der Möglichkeit herstellen, er kann „Erfahrungsgelegenheiten" (Heinrich Jacoby) schaffen, kann unterschiedliche Aspekte des Phänomens nutzen, aber den Moment des Umschlagens nicht didaktisch vorausplanen.

Jenseits des philosophischen Anspruchs aber liegt der didaktische Nutzen des Gestenbegriffs darin, dass er mehrere Dimensionen des Musizierens in sich vereint und aufeinander bezieht: das strukturellen Verstehen und Audiieren, den musikalischen Ausdruck und dessen technische Realisierung und schließlich die Ebene der performativen Aufführung von Musik als kommunikativem Akt. In der Realität des Musizierens und musikalischen Lernens – erinnert sei an die eingangs vorgenommene Kategorisierung von Musiziergesten – zeigen sich viele konkrete Ansatzpunkte, die auf Gestik hinweisen, auf ihre Erfahrungsqualitäten aufmerksam machen und auch methodisch-didaktische Versuche nahelegen.

In diesem Sinne fassen die folgenden zehn Thesen noch einmal wesentliche Momente des Gestenbegriffes in der Musik zusammen:

1. *Gestik braucht ein Gegenüber, entsteht im Gegenüber und richtet sich auf ein Gegenüber:* auf ein imaginiertes Publikum, auf die Resonanz im Ensemble, im Unterricht zwischen Lehrenden und Lernenden, bei Aufführungen und Inszenierungen von Musik, im sozialen, ritualhaften Geschehen der Musik.
2. *Gestik ist ein amalgamierendes Prinzip.* Sie fordert dazu auf, in der technischen Bewegung die Geste zu finden und die Geste zur technischen Perfektion zu führen, in der Struktur den Ausdruck finden und den Ausdruck strukturell werden lassen.
3. *Gestik ist musikalische Bewegung, die aus der Bewegung des musizierenden Körpers entsteht und akustische Räume füllt.* Sie ist die Bewegung beim Musizieren ebenso wie die über den Körper als Bewegung konzeptualisierte Musik. Die energetische Qualität der Bewegung entsteht aus den elementaren Polaritäten des Körpers, die Geste gewinnt ihre Form als innere Einstellung zu den Polaritäten.
4. *Musikalische Gestik beginnt bei Bewegungen, die Klänge und Geräusche antizipieren und hervorbringen.* An Materialien, Instrumenten, dem Körper und der Stimme lassen sich vielfältige Möglichkeiten der Klangerzeugung explorieren: Welche Bewegungen rufen Klang hervor? Welchen Effekt hat die Qualität der Bewegung auf die Klänge und Geräusche? Wie verhalten sich Klänge im Raum? Welche Form nehmen sie an und in welche Richtung zielen sie? Wie wirken klingende Materialien auf den Körper zurück?
5. *Das Material der Musik ist gestisch aufgeladen.* In der Gesangspädagogik werden mit Gesten und körperlichen Bildern die Resonanzräume und Bewegungen der Stimme erkundet. Ebenso kann jedes Motiv, jede Skala und jede Akkordfolge auf die ihr innewohnenden Bewegungstendenzen erforscht und nach dem Vorbild der Handgesten der Solmisation mit Gesten verkörpert werden.
6. *Das Anfangen und der Anfang der Musik sind Geste.* Wie fängt Musik an? Wie viele Arten des Auftaktes gibt es? Wie lange reicht die Energie eines Auftaktes? Wie bereitet sich die Geste des Anfangs in Atmung und Körperhaltung vor?
7. *Der Fluss der Musik ist gestischer Natur.* Ein musiziertes Metrum ist keine reine Frage der Quantität, sondern auch der Qualität: Zwischen agogisch expressivem Rubato, kontemplativ-meditativer Minimal Music, tanzbarem Groove und raumhafter Zeitgestaltung in freier Improvisation spannt sich ein weites Feld musikalischer Gangarten, Körperhaltungen und gestischer Bewegungsweisen.

8. *Gesten sind musikalische Zeitgestalten in Form von strukturellen, phrasierenden Spielbewegungen.* Trifft die musizierende Geste den Angelpunkt der Spannungsphasen, dann ergibt sich das Ende als organisches Resultat des Anfangs – Musik beginnt zu atmen.
9. *Gesten sind ein musikalisch-kommunikatives Angebot.* Musizierte Gesten sind die Performanz des innerlich Gedachten, die Konzeptualisierung musikalischer Bewegung im Körper. Sie sind die Exemplifikation der Bewegung, aber nicht das Abbild einer intendierten Bedeutung.
10. *Musikalische Gestik beruht auf Exspiration und Inspiration zugleich.* Sie beginnt in der aktiven Erforschung der existentiellen Grundmusikalität des Körpers und lebt fort in der passiven Durchlässigkeit für die Schwingungen, Vibrationen und Resonanzen der Musik.

---

[1] *Gesten gestalten – Spielräume zwischen Sichtbarkeit und Hörbarkeit.* Symposium an der Musikhochschule „Felix Mendelsohn Bartholdy". *Leipzig 2016; Musik verstehen und erleben mit dem Körper. Interdisziplinäre Kontexte.* Hanse-Wissenschaftskolleg Delmenhorst. Delmenhorst 2016; *Geste – Gebärde – Bewegung – Musik.* Musikfabrik NÖ. Wien 2016; *Die Musik der Gesten. Körperliche Dimensionen in der zeitgenössischen Musik: Potentiale und Grenzen.* Humboldt-Universität zu Berlin. Berlin 2016.

[2] Zahlreiche Vermittlungsprojekte an allgemeinbildenden Schulen von Stefan Roszak sind zu sehen unter http://www.experimentelle-instrumente.de (letzter Aufruf am 01.02.2017)

[3] Jim Hyun Kim, Vortrag *Musikalisches Embodiment in Aufführungsgesten, Symposium Spielräume zwischen Sichtbarkeit und Hörbarkeit,* Musikhochschule „Felix Mendelsohn Bartholdy", Leipzig 2016

[4] Zu sehen ist diese Dokumentation auf der DVD „Mission Mozart", erschienen bei Sony Music Entertainment (2016).

[5] Claus-Steffen Mahnkopf, Vortrag *Geste als musikalische Gestalt,* Symposium *Spielräume zwischen Sichtbarkeit und Hörbarkeit,* Musikhochschule Felix Mendelsohn Bartholdy, Leipzig 2016

[6] Laban entwirft auf diese Weise ein System von acht „elementaren Antriebsaktionen" *(Drücken, Flattern, Stoßen, Schweben, Wringen, Tupfen, Peitschen, Gleiten).* Er zielt damit nicht auf die äußere Form von (Alltags-)Gesten, sondern auf den jeweiligen energetischen Charakter einer Bewegung, der sich letztendlich in freien Tanzbewegungen manifestieren kann. (Laban, 2001, 75–89).

Literatur

Adorno, Th. W. (2001): *Zu einer Theorie der musikalischen Reproduktion. Aufzeichnungen, ein Entwurf und zwei Schemata.* Hg. von H. Lonitz. Frankfurt a.M.: Suhrkamp.

Agamben, G. (2006): *Mittel ohne Zweck. Noten zur Politik. Darin: Noten zur Geste* (S. 4756), Zürich, Berlin: diaphanes.

Behne, K.-E. (1982): Musik – Kommunikation oder Geste? In: K.-E. Behne (Hg.): *Gefühl als Erlebnis – Ausdruck als Sinn* (Musikpädagogische Forschung Bd. 3, S.125–143), Laaber: Laaber Verlag.

Berg, I. I. (2014): *Musikalische Spannung. Grundlagen und Methoden für den Instrumentalunterricht.* Essen: Die Blaue Eule.

Brandstätter, U. (2004): *Musik und bildende Kunst im Dialog. Ästhetische, zeichentheoretische und wahrnehmungspsychologische Überlegungen zu einem kunstspartenübergreifenden Konzept ästhetischer Bildung,* Augsburg: Wißner-Verlag.

Brandstätter, U. (2008): *Grundfragen der Ästhetik. Bild – Musik – Sprache – Körper.* Köln, Weimar, Wien: Böhlau.

Brandstätter, U. (2010): Metaphorisches Sprechen. Drei Interpretationsanalysen von Ludwig van Beethovens „Appassionata" op. 57 im Vergleich. In: U. Brandstätter, M. Losert, R. Richter & A. Welte (Hg.): *Darstellen und Mitteilen* (Üben & Musizieren. Texte zur Instrumentalpädagogik, S. 25–36), Mainz: Schott.

Fingerhut, J., Hufendiek, R. & Wild, M. (2013): *Philosophie der Verkörperung. Grundlagentexte zu einer aktuellen Debatte.* Berlin: Suhrkamp.

Flusser, V. (1991): *Gesten. Versuch einer Phänomenologie.* Düsseldorf und Bensheim: Bollmann.

Godoy, R. I. & Leman, M. (Hg.) (2010): *Musical gestures: sound, movement, and meaning.* New York: Routledge

Gritten, A. & King, E. (Hg.) (2006): *Music and gesture.* Aldershot: Ashgate

Gritten, A. & King, E. (Hg.) (2011): *New perspectives on music and gesture,* Aldershot: Ashgate.

Gruhn, W. (2005): *Der Musikverstand. Neurobiologische Grundlagen des musikalischen Denkens, Hörens und Lernens.* Hildesheim: Olms.

Gruhn, W. (2014): *Musikalische Gestik. Vom musikalischen Ausdruck zur Bewegungsforschung.* Hildesheim: Olms.

Jaques-Dalcroze, E. (1994/1921): *Rhythmus, Musik und Erziehung,* Seelze: Velber.

Kurth, E. (1931): *Musikpsychologie.* Berlin: Max Hesse Verlag.

Kurth, E. (1996): *Grundlagen des linearen Kontrapunkts. Bachs melodische Polyphonie.* Hildesheim: Olms.

Laban, R. v. (2001): *Der moderne Ausdruckstanz in der Erziehung. Eine Einführung in die kreative tänzerische Bewegung als Mittel zur Entfaltung der Persönlichkeit,* Wilhelmshaven: Noetzel.

Leikert, S. & Scharff, J. M. (2013): *Korrespondenzen und Resonanzen. Psychoanalyse und Musik im Dialog.* Frankfurt: Brandes & Apsel.

Mahlert, U. (2006): Was ist Üben? Zur Klärung einer komplexen künstlerischen Praxis. In: U. Mahlert (Hg.): *Handbuch Üben* (S. 9–46), Wiesbaden: Breitkopf & Härtel.

Müller, C. (1998). *Redebegleitende Gesten. Kulturgeschichte – Theorie – Sprachvergleich.* Berlin: Wissenschafts-Verlag.

Oberschmidt, J. (2015): Musik als Geste. In: D. Barth, O. Nimczik & M. Pabst-Krüger (Hg.): *Musikunterricht 2. Bildung, Musik, Kultur. Horizonte öffnen* (S. 26–33). Kassel/Mainz: Bundesverband Musikunterricht.

Rowlands, M. (2010): *The New Science of the Mind: From Extended Mind to Embodied Phenomenology.* Cambridge: The MIT Press

Rüdiger, W. (1995): *Der musikalische Atem. Atemschulung und Ausdrucksgestaltung in der Musik.* Aarau: Nepomuk.

Rüdiger, W. (2007): *Der musikalische Körper. Ein Übungs- und Vergnügungsbuch für Spieler, Hörer und Lehrer.* Mainz: Schott.

Rüdiger, W. (2013): Lasst Gesten sprechen! Wo Worte im Instrumentalunterricht stören. *Üben & Musizieren* (5), 38–41.

Shapiro, L. (2011): *Embodied cognition.* New York: Routledge.

Spitzer, M. (1996): *Geist im Netz. Modelle für Lernen, Denken und Handeln.* Heidelberg: Spektrum.

Stange, Ch. (2015): Musikbezogene Bewegung. *Diskussion Musikpädagogik* 65, 4–11.

Tomasello, M. (2009): *Die Ursprünge der menschlichen Kommunikation.* Frankfurt am Main: Suhrkamp.

Uhde, J. & Wieland, R. (1990): *Denken und Spielen. Studien zu einer Theorie der musikalischen Darstellung,* Kassel: Bärenreiter.

Wieland, R. & Uhde, J. (2002): *Forschendes Üben. Über den Interpreten und den Körper als Instrument der Musik.* Kassel: Bärenreiter.

Soziale und institutionelle Bedingungen

3

Natalia Ardila-Mantilla, Thomas Busch, Michael Göllner
Musiklernen als sozialer Prozess. Drei theoretische Perspektiven

Wolfgang Lessing, Christine Stöger
Musiklernen in Institutionen

Natalia Ardila-Mantilla, Thomas Busch, Michael Göllner

Musiklernen als sozialer Prozess. Drei theoretische Perspektiven

Musikbezogene Lernprozesse sind Interaktionsprozesse: Musiklernen vollzieht sich – ebenso wie das Musikmachen – in Interaktionen zwischen Individuen, sozialen Gruppen, Praktiken und Artefakten. Musikbezogene Lernprozesse sind also in soziale Gefüge eingebettet: Die einzelnen Akteure verkörpern und vermitteln das Wissen, die Praktiken, die Werte und die Geschichte ihrer sozialen Umgebung und ihrer sozialen Gruppen. Die Interaktionen zwischen all diesen Instanzen – die soziale Dimension des Musiklernens – sind ebenso komplex wie vielschichtig und lassen sich dementsprechend aus einer Vielzahl an Perspektiven betrachten. In diesem Beitrag soll der Fokus auf drei Ebenen gelegt werden, die unseres Erachtens zentral für das Musiklernen sind: die Ebene der direkten Interaktion zwischen Individuen in Musiklernsituationen (Mikroebene), die Ebene der Interaktion zwischen Individuen und ihren spezifischen musikalischen Bezugsgruppen (Mesoebene) und die Ebene der von historischen und sozioökonomischen Faktoren bedingten Interaktion zwischen gesellschaftlichen Großgruppen (Makroebene).

Da es unmöglich wäre, die große Fülle an theoretischen Ansätzen darzustellen, die in der Gegenwart als Erklärungsmodelle für diese drei Ebenen herangezogen werden, erläutern wir das Thema dieses Beitrags exemplarisch anhand von drei repräsentativen Theorien.

- Die sozial-kognitive Lerntheorie nach Bandura beschreibt, wie Menschen in Interaktionssituationen einander und ihre Umwelt beeinflussen. Diese Theorie soll herangezogen werden, um musikalische Lernprozesse als Prozesse der Beobachtung und der Nachahmung zu betrachten.
- Jeanne Laves und Etienne Wengers Konzept der *Communities of Practice* ermöglicht, Musiklernen als Prozess der wachsenden Teilhabe an soziokulturellen Praxen aufzufassen: als Prozess der Aneignung von kontextspezifischem Wissen, der Identifikation mit musikalischen Gemeinschaften und der Mitgestaltung von lebendiger Musikpraxis.
- Bourdieus Sozialtheorie rückt den Prozess der Habitualisierung in den Blick, der gesellschaftliche Machtverhältnisse widerspiegelt und aufrechterhält. Diese Theorie rahmt das Musiklernen in einem System von Positionen, Relationen und sozialen Dynamiken ein, die die Lernmöglichkeiten des Einzelnen zugleich erweitern und einschränken.

In den folgenden drei Abschnitten werden, anknüpfend an illustrierende Beispiele zu musikbezogenen Lernsituationen, diese drei Theorien in ihren Grundzügen dargestellt und zu einzelnen Spezifika musikalischen Lernens in Bezug gesetzt. Dabei fokussieren wir Elemente dieser drei Theorien, die uns im Zusammenhang mit Musiklernen besonders aufschlussreich erscheinen. Ein umfassender Überblick über die Rezeption der drei Theorien, die daran geäußerte Kritik oder eine detaillierte Beschreibung der Verwendung innerhalb der Musikpädagogik, die eigentlich auch zu leisten wäre, würde den Rahmen dieses Beitrags aber bei weitem sprengen: Diese Aspekte werden darum, ebenso wie Chancen und Grenzen bei der Verwendung der drei Theorien, lediglich kurz angerissen.

Musiklernen durch Modellierung: Beobachten, Nachahmen, Beeinflussen

In diesem Abschnitt stehen die Interaktionen von Menschen auf der Mikroebene im Mittelpunkt der Betrachtung. Es geht dabei vorrangig um das Lernen am Modell durch Beobachtung, Nachahmung und Beeinflussung. Modelle können konkrete Personen, aber auch Medien sein. Albert Bandura hat mit seiner sozial-kognitiven Lerntheorie das Augenmerk auf dieses Beobachtungslernen gerichtet. Im Rahmen der kognitiven Wende der Siebzigerjahre verschob sich das wissenschaftliche Interesse von der Beobachtung des Verhaltens durch die Behavioristen hin zur Untersuchung innerer Prozesse des Lernens im Rahmen der Kognition. Bandura, selbst noch als Behaviorist ausgebildet, gilt als einer der wesentlichen Vertreter dieser Kognitivisten. In seiner sozial-kognitiven Theorie beschreibt er den Menschen als pro-aktiven Gestalter seiner Lebensumwelt, als *„agent"* und *„doer"* (Pajares, 2002, 1f.): Selbstorganisierend, selbstreflektierend und selbstregulierend greift das Individuum demnach verändernd in seine Umgebung ein. Selbstüberzeugungen versetzen es dabei in die Lage, Kontrolle über seine Gedanken, Gefühle und Handlungen ausüben zu können. Anders als bei den Behavioristen sind Individuen nicht nur Produkte, sondern auch Produzenten ihrer Umwelt und der sozialen Systeme, in denen sie leben. Die sozial-kognitive Theorie analysiert dabei Entwicklungen im Sinne des Wachsens und Ausübens von menschlicher *„agency"* (Bandura, 2006, 32). Dabei spielen die persönlichen Faktoren Kognition, Affekt und biologische Ereignisse ebenso eine Rolle wie das Verhalten der Person und Umwelteinflüsse. Diese drei Ebenen beeinflussen sich gegenseitig (*„reziproker Determinismus"*). Wesentlich für die Entwicklung des Individuums sind für Bandura Prozesse des Lernens, die er vor allem als *Lernen am Modell* und als *Lernen durch Beobachtung* fasst. Auf diese Prozesse wird sich die folgende Darstellung fokussieren.

Das Modell-Lernen in der Instrumentalpädagogik

Das Modell-Lernen gilt als eine der wesentlichen Methoden der Instrumentalpädagogik. In seinem für diese Disziplin grundlegenden Werk „Lehren und Lernen im Instrumentalunterricht" beschreibt Anselm Ernst (1999) die Wichtigkeit einer wissenschaftlichen Theorie des Unterrichts, zu der er einen Beitrag leisten möchte (vgl. ebd., 23). Ernst stellt in diesem Zusammenhang auch wesentliche Aspekte des Modell-Lernens dar:

» Modell-Methode (Geigenstunde)
Lehrer: ,Ich würde das alles mit weniger Druck spielen. Schau, (beginnt zu spielen) wie ich den ganzen Bogen vom Frosch bis zur Spitze einsetze (spielt weiter) und auch für diesen Aufstrich den ganzen Bogen nehme (spielt zu Ende). Probiere doch mal von diesem Aufstrich an.' (Schüler spielt)." (Ernst, 1999, 83)

Weiter unten führt Ernst aus:

» Der Schüler lernt am mustergültigen Modell, am positiven Beispiel; er erhält eine anschauliche Vorstellung vom Ziel seines Lernens. Der Lehrer ist aktiv und engagiert sich, er zeigt sich selbst als Musiker, als Vorbild, als Könner. [...] Sein Vormachen motiviert den Schüler." (ebd., 84)

Interessant ist, dass Ernst auf die Terminologie des Modell-Lernens zurückgreift, ohne auf Banduras Theorie zu verweisen. Auch ist die Darstellung bei Ernst vor dem Hintergrund von Banduras Theorie nicht in letzter Hinsicht konsequent, vollständig oder mit dieser übereinstimmend. Auf der anderen Seite finden sich in psychologischen Lehrbüchern zum Lernen am Modell häufig Beispiele aus dem Bereich des Lernens von Musik:

» Wenn ein Klavierlehrer versucht, seiner zehnjährigen Schülerin ein neues Klavierstück zu vermitteln, spielt er ihr das Stück erst einmal vor. Dieses Vormachen beinhaltet die modellierten Ereignisse, die der Schülerin das Nachmachen erleichtern sollen. In welchem Maße und in welcher Qualität dies gelingt, hängt davon ab, welche Ausprägung die in der Schülerin ablaufenden Verarbeitungsprozesse aufweisen." (Seel, 2003, 120)

Seel verweist auch auf die Vorbildfunktion von Bezugsgruppen beim Lernen, zum Beispiel von Popgruppen (vgl. ebd., 122).

Wie aber funktioniert Musiklernen durch Modellierung und Nachahmung?

Stellen wir uns eine Lerngruppe im instrumentalen Gruppenunterricht vor: Gitarrenlehrer Arnold unterrichtet diese Gruppe seit zwei Jahren. Marie, Katharina und Finn sind seine Schülerinnen und Schüler und haben mit dem Instrument gemeinsam begonnen. Dennoch haben sich ihre Fertigkeiten unterschiedlich entwickelt. Arnold stellt heute die Methode des 3-Finger-Pickings, eines typischen Begleitmusters für Folksongs, vor und demonstriert die Spielweise mit dem Daumen sowie dem zweiten und dritten Finger der rechten Hand. Arnold tritt auch häufig mit Folksongs in der Gemeinde auf, bei denen er diverse Formen von Folk-Pickings verwendet, und gibt seinen Schülerinnen und Schülern die Gelegenheit, bei diesen Konzerten zuzuhören.

Nach Banduras sozial-kognitiver Lerntheorie gliedert sich der Lernprozess zunächst in die zwei Phasen der *Aneignung* und der *Ausführung*. In der Aneignungsphase beobachtet die lernende Person die Modellperson und die Konsequenzen von deren Verhalten. Sie erwirbt so selbst ein Verhaltenspotenzial und erfährt eine *stellvertretende Verstärkung*. In der Ausführungsphase imitiert die lernende Person das Verhalten des Modells, bei der als positiv erfahrene Konsequenzen das Auftreten eines solchen Verhaltens der lernenden Person wahrscheinlicher machen (vgl. Hannover, Zander & Wolter, 2014, 163 f.).

In unserem Beispiel beobachtet Marie die Modellierung des 3-Finger-Pickings durch Gitarrenlehrer Arnold. Marie erwirbt damit ein Verhaltenspotenzial für die eigene Ausführung des Pickings. Kennt sie Arnold auch von Auftritten, in denen er Folksongs zum Besten gibt, dann kann sie auch einschätzen, ob dieser dafür positive Rückmeldungen erhält oder Pfiffe einstecken muss. Erfährt also Arnold positive Konsequenzen für seinen Picking-Stil, kann dies nach Bandura als stellvertretende Verstärkung für Maries Verhaltenspotenzial wirksam werden, sofern Marie z. B. den Applaus für Arnold mitbekommt. Sie wäre demnach eher geneigt, Arnolds Picking-Stil zu imitieren, als wenn Arnold mit seinen Pickings schlecht ankäme. Arnolds Vormachen des 3-Finger-Pickings stellt nach Bandura eine Spezialform von Modellierung dar, nämlich die kinästhetische Modellierung von Bewegungsmustern.

Es liegt nahe, dass nach Banduras Theorie auch Peers zu Modellen werden können, die eine bestimmte positive Eigenschaft besitzen (vgl. Mietzel, 2007, 165). In unserem Beispiel könnte Marie eine bestimmte Picking-Technik von Katharina interessant finden, weil diese in ihren Ohren gut klingt und an die Techniken erfolgreicher Künstlerinnen erinnert, die Marie von Aufnahmen kennt. Die stellvertretende Verstärkung wirkt hier symbolisch und ist medial vermittelt. Marie würde in diesem Fall also Katharina um Modellierung bitten und ihr Verhalten zu imitieren versuchen. Ist Finn aber der beste Schüler der Gruppe und kritisiert offen Arnolds Picking-Technik, mag dies Maries Ausführung des erlernten Pickings im Wege stehen.

Es wird klar, dass Modelle erfolgreich sein müssen: Sie benötigen Prestige, Macht, Intelligenz und zugeschriebene Fähigkeiten. Oft treten dabei Übertragungen in andere Verhaltensbereiche auf (vgl. Bandura, 1976, 60). Finn kann für Marie zum Beispiel leichter ein Modell sein als Katharina, wenn er als der beste Schüler der Gruppe angesehen wird und auch in anderen Bereichen, z. B. in der Schule, glänzt.

Bandura setzt dies allerdings nicht für die Aneignungsphase voraus, sondern nur für die Phase der Ausführung (vgl. ebd., 50 f.). Eine solche stellvertretende Verstärkung ist keine Notwendigkeit für Lernen, aber sehr lernförderlich. Auch affektive Variablen und die Selbstverstärkung können die Ausführung beeinflussen: Hat Marie keine Lust oder hohe Leistungsansprüche, hat dies nach Bandura Auswirkungen auf die Ausführung der Imitationen.

Selbstverständlich sind der Modellierung Grenzen gesetzt. Bandura selbst führt das folgende Beispiel aus dem Feld der Musik an:

» Jemand, der Opernsänger werden will, kann beträchtlichen Nutzen daraus ziehen, einen Gesangslehrer zu beobachten. Trotzdem wird die perfekte vokale Reproduktion dadurch entscheidend behindert, dass die laryngealen und respiratorischen Muskelreaktionen weder vollständig zu beobachten noch leicht zu beschreiben sind." (ebd., 46)

Daher sind schwer zu beobachtende oder hochgradig komplexe motorische Fähigkeiten über Prozesse der Beobachtung von Modellen nur schwer zu erlernen.

Drei Wirkungstypen von Modellierungen

Nach Banduras Theorie können Modellierungen Verhalten auf drei verschiedene Weisen beeinflussen (vgl. Bandura, 1976, 13 ff.):

- Zum Ersten erwerben die Lernenden neue Verhaltensmuster durch die Beobachtung der Leistungen anderer – die Modellierung des oben dargestellten 3-Finger-Pickings wäre ein Beispiel dafür.
- Zum Zweiten können Modellierungen eine Hemmung von früher erlernten Reaktionen, Stärken und Schwächen hervorrufen oder gerade für deren Enthemmung sorgen. Hat Marie das Finger-Picking von Arnold bereits erlernt, kann ein missglückter Auftritt ihres Lehrers mit eben diesem Picking-Stil wegen der erfahrenen – oft sozialen – Bestrafung Maries künftige Anwendung dieser Technik hemmen. Im entgegengesetzten Fall könnte es Arnold gelingen, mögliche Auftrittsängste bei Marie, die aus eigenen Misserfolgserfahrungen resultieren, zu reduzieren und so für eine Enthemmung zu sorgen.
- Schließlich führt Bandura aus, dass Modelle für einen häufigeren Einsatz eines bestimmten Verhaltens des Lernenden sorgen können. Beherrscht Finn die 3-Finger-Picking-Technik technisch bereits, hat bislang aber keine positiven Erfahrungen anhand von Modellen gemacht, so kann die Beobachtung von Arnolds erfolgreichem Auftritt den häufigeren eigenen Einsatz der Technik auslösen.

Vier Subprozesse: Der Ablauf der Modellierung

Bandura beschreibt, dass bei der Modellierung vier Arten von Prozessen in Wechselwirkung miteinander treten: Aufmerksamkeitsprozesse, Gedächtnisprozesse, Prozesse der motorischen Reproduktion und Prozesse von Motivation und Verstärkung (vgl. ebd., 24 ff.).

Im Zuge der Steuerung von Aufmerksamkeit sucht sich die lernende Person für sie relevante Ereignisse aus und nimmt entsprechende Hinweisreize wahr. Dabei spielen nach Bandura die Attraktivität des Modells und sein Einfluss eine ebenso wichtige Rolle wie intrinsische Motivation oder externe Anreize. In unserem Beispiel: Finn bemerkt, dass Katharina einen besonderen Finger-Picking-Stil beherrscht, der ihm gefällt und danach klingt, als sei dieser in einem entsprechenden musikalischen Kontext erfolgversprechend einsetzbar. Er spricht also Katharina an, diese Spieltechnik für ihn zu modellieren.

Zum zweiten greifen Gedächtnisprozesse in das Lerngeschehen ein: Modellierte Ereignisse müssen auch behalten werden. Tatsächlich ist es nach Bandura durch die Trennung von Aneignungs- und Ausführungsphase möglich, bestimmte Reaktionen zu erwerben, ohne sie gleich praktisch zu vollziehen. Mit zunehmender Beobachtungserfahrung steigt auch das Ausmaß an verzögerter Nachahmung durch die Lernenden. Die beobachteten Ereignisse werden also in symbolischer Form behalten – als Bild oder in Worten. Bildhaft stellen sie Vorstellungen der modellierten Verhaltensabläufe dar. Hier würde Finn sich die Haltungen und Bewegungsabläufe von Katharina beim Picking möglichst genau einprägen. Die Beobachtungen können aber auch in Gedächtniscodes sprachlich codiert werden. Finn würde in diesem Fall Katharinas Modellierung in Worte fassen, wie z.B: „Immer spielte Katharina den Bass des Pickings mit dem Daumen als Wechselbass auf verschiedenen Saiten. Zwischen den Basstönen setzte sie zuerst den zweiten, nach dem nächsten Basston den dritten Finger ein." Diese sprachliche Codierung stellt eine Anleitung für die spätere Ausführung des erlernten Verhaltens dar.

Gedächtnisprozesse werden nach Bandura durch sprachliche Codierung unterstützt (vgl. Bandura, 1976, 28). Es hilft also, das am Modell Beobachtete zu verbalisieren oder gar in einem Beobachtungsprotokoll zu verschriftlichen.

Am leichtesten werden Reaktionen erworben, die bereits bekannten Ereignissen ähneln. In unserem Beispiel wären also bestimmte komplexere Folk-Pickings nach der Einführung eines basalen 3-Finger-Pickings leichter zu erlernen, weil die Tätigkeit bereits vertraut ist und vom lernenden Individuum neu organisiert und codiert werden kann.

Es überrascht nicht, dass Wiederholungen in der Demonstration durch das Modell Gedächtnisprozesse unterstützen können, insbesondere bei motorisch schwer zu koordinierenden Tätigkeiten wie dem Instrumentalspiel.

Als dritte Art von Prozessen benennt Bandura die der motorischen Reproduktion. Hierbei steuern die vorher im Gedächtnis gespeicherten symbolischen Repräsentationen eine offene Ausführung des modellierten Verhaltens. Komplexes Verhalten kann dabei durch die Kombination mit früher erlernten Teilen entstehen (vgl. ebd., 29). Finn setzt hier also – durchaus auch erst einige Zeit später – das bei Katharina beobachtete Picking selbst um und kombiniert es bestenfalls mit eigenen Techniken zu einem neuen Ganzen. So kann der Lernende verschiedene Verhaltenselemente zu neuen Mustern und Folgen organisieren und verschiedene erlernte Reaktionen koordinieren und integrieren (vgl. ebd., 44).

Schließlich bilden die schon oben benannten Vorgänge von Verstärkung und Motivation die vierte Art von Prozessen bei der Steuerung der Modellierung.

Reale oder symbolische Modelle?

Bislang wurde ausschließlich von realen Menschen als Modellen und somit als Ausgangspunkt der Beobachtungen durch die Lernenden gesprochen. Banduras sozial-kognitive Lerntheorie räumt aber auch symbolischen Modellen einen wesentlichen Platz im Lernen ein. Für symbolische Modellierung ist die Anwesenheit eines realen Modells nicht notwendig. Lehrbücher und audiovisuelle Medien aller Art stellen gute Beispiele für symbolische Modelle dar, die ein soziales, nun medial vermitteltes Lernen anstoßen.

Schickt Gitarrenlehrer Arnold seine Schülerinnen und Schüler also mit der Aufgabe nach Hause, sich ein eigenes Folk-Picking aus dem Gitarrenbuch zu erarbeiten, wirkt die Darstellung im Buch als Modell im Sinne Banduras. Abbildungen von Greifhaltungen oder Bewegungen können das Lernen ebenso unterstützen wie die Untertitel der Bilder und der Begleittext. Schwierig gestaltet sich hier allerdings die Erfahrung von Konsequenzen des Modells – das Renommee des Modells kann nur vom Ansehen des Autors des Gitarrenbuchs abgeleitet werden, es entsteht aber nicht aus einer ästhetischen Erfahrung oder der Ablehnung oder Zustimmung durch ein Publikum heraus. Leichter mag dies vonstattengehen, wenn Marie zum Erlernen des Folk-Pickings ein YouTube-

Tutorial heranzieht: Auch hier lernt sie am Modell. Sie hat die Möglichkeit, der Modellierung visuell und auditiv beizuwohnen und bekommt einen akustischen Eindruck von der Attraktivität des von ihr gewählten Modells. Zusätzliche Hinweise geben ihr die Anzahl der „views" des Beitrags, „likes" und „dislikes" durch andere Nutzer und die Kommentare zum Tutorial.

Möglichkeiten und Grenzen von Banduras Theorie

Die Anwendung von Banduras Theorie für das Musiklernen ist bei weitem nicht auf das Erlernen motorischer Fähigkeiten auf dem Instrument begrenzt. Man kann sich vorstellen, dass die Beobachtung von Modellen bei so verschiedenen Vorhaben wie dem Erlernen bestimmter Hörweisen und der Konzentration auf Musik, aber auch des *mood management*, beim ästhetischen Streit über Musik oder bei der Selbstsozialisation in Jugendszenen sehr hilfreich sein kann. Auch hier findet Musiklernen oder musikbezogenes Lernen im Sinne der von Bandura beschriebenen Modellierung statt. Es bedarf eines gezielten Blickes auf Lernprozesse, um musikalisches und musikbezogenes Modell-Lernen im schulischen oder außerschulischen Alltag zu dechiffrieren und zu unterstützen.

Banduras sozial-kognitive Lerntheorie ist weithin als wesentliche Beschreibung menschlichen Lernens anerkannt worden, hat aber auch Kritik hervorgerufen. Bandura beschreibt selbst die Grenzen des Lernens am Modell: Manchmal mangelt es Lernenden an Gedächtnisvermögen oder körperlichen Voraussetzungen zur Imitation (vgl. Bandura, 1976, 46). Auf einer generellen Ebene sehen einige Kritiker wegen der Fokussierung auf die Kognitionen Emotionen als in der Theorie unterschätzt an. Angst wird bei Bandura nur als ein Nebenprodukt des Verhaltens gesehen, nicht als Auslöser desselben. Auch liefere die Theorie nur eine ungenaue Erklärung für die Entstehung menschlicher Kompetenzen (vgl. Gerrig, 2016, 531).

Anselm Ernst (1999) hat also in seinem grundlegenden Lehrwerk für angehende Instrumentalpädagogen einige wesentliche Aspekte des Modell-Lernens beschrieben. Sein Fokus liegt dabei aber auf der Demonstration von Modellverhalten durch den Lehrenden. Banduras Theorie des Beobachtungslernens am Modell bietet hingegen die Möglichkeit, Lehr-Lernprozesse genauer zu betrachten: Sie führt neben realen Modellen auch symbolische Modelle ein und analysiert drei Wirkungstypen von Modellierungen und vier Subprozesse der Modellierung.

Wenn hier ein erster Einblick in die soziale Dimension des Lernens anhand der sozialkognitiven Lerntheorie von Bandura gegeben wurde, dann muss betont werden, dass sich dieser weitgehend auf Banduras Konzept des Beobachtungslernens bzw. des „Lernens am Modell" beschränkte. Banduras über die Jahre hinweg entwickelte sozial-kognitive Theorie verbindet zunehmend Aspekte des menschlichen Lernens mit solchen der menschlichen Persönlichkeit und stellt daher auch eine Persönlichkeitstheorie dar. Als wesentliche Konstrukte treten dann auch die Selbstregulation menschlichen Handelns und die Selbstwirksamkeit als die Erwartung, eine anstehende Handlung kontrolliert erfolgreich bewältigen zu können, hinzu. Die Weiterentwicklung von Banduras Theorie hat damit auch Auswirkungen auf den von ihm beschriebenen Lernprozess des Modellierens und Nachahmens.

Musiklernen als Partizipationsprozess: Die Perspektive der Communities of Practice

Auf die Idee der *Communities of Practice* wird in der Musikpädagogik bereits seit einiger Zeit Bezug genommen. Das Konzept entstammt der sozialen Lerntheorie von Jean Lave und Etienne Wenger, die Lernen als Prozess der wachsenden Teilhabe an der Praxis einer Community of Practice modellieren. Der vorliegende Abschnitt beleuchtet nun verschiedene Aspekte dieses Konzepts, die im Zusammenhang mit Musiklernen besonders wichtig sind. Worum es dabei geht, möchten wir zunächst anhand einer kleinen Geschichte illustrieren: Die zwölf Musikerinnen und Musiker der fiktiven Band „Soul Fiction" treffen sich seit mehreren Jahren zu regelmäßigen Proben und treten immer wieder bei regionalen Veranstaltungen auf. Für die Beteiligten steht dabei der Spaß an der Sache selbst im Vordergrund. Sie streben weder an, von ihrer Musik leben zu können, noch musikalische Fähigkeiten zu entwickeln, die professionellen Ansprüchen genügen würden. Die aktuelle Besetzung hat sich über die Jahre sukzessive und eher zufällig entwickelt: Sängerin und Gitarrist begannen zunächst als Duo – nach und nach erweiterte sich die Gruppe aber um weitere Bandinstrumente, eine Brass-Section und einige Background-Sängerinnen und -Sänger. An dem Abend, der nun beschrieben wird, sind die zwölf Musikerinnen und Musiker etwas aufgeregt, weil ein wichtiges Konzert ansteht. Einige packen ihre Instrumente aus und spielen sich ein, andere plaudern noch ein wenig, machen Scherze und lachen miteinander, der Posaunist trifft verspätet ein. Schließlich trommelt der Bassist die Gruppe zusammen: An- und Abreise für den Auftritt müssen ebenso geklärt werden wie die Frage, wer den Verkauf des Merchandise-Materials übernimmt und zahlreiche weitere Details. Schließlich beginnt die Probe: Die Setlist wird der Reihe nach durchgegangen, über musikalische Änderungen beratschlagt, das Zusammenspiel koordiniert, und wichtige Punkte der Performance werden festgelegt. Einigen Mitgliedern, die noch mit ihren Parts hadern, wird Mut zugesprochen, andere mahnen an, dass die Probe nicht zu lange dauern darf. Die Rhythmusgruppe beschließt daraufhin, einige heikle Songs separat zu proben, nach zwei weiteren Stücken endet die Probe. Ein Teil der Band geht rasch nach Hause, andere sitzen noch etwas zusammen.

Für die in der Geschichte beschriebenen Menschen hat ihr Tun offensichtlich eine enorme Bedeutung: Sie investieren viel Zeit und Mühe in das Projekt und entwickeln als Band eine gemeinsame Identität. Auffällig ist, wie routiniert und professionell die Gruppe agiert, obwohl keiner der Beteiligten ausgebildeter Musiker ist. Wie gelingt es der Band, trotz der unterschiedlichen Hintergründe und Perspektiven ihrer Mitglieder das Projekt lebendig zu halten, zu koordinieren und weiterzuentwickeln? Offensichtlich spielt Lernen in Kontexten wie dem hier beschriebenen eine wichtige Rolle, obwohl es sich nicht um ein didaktisches Setting handelt. Es scheint vielmehr so, als ob die Beteiligten das, was sie tun, lernen, indem sie es gemeinsam tun.

Zentrale Merkmale von Communities of Practice

Wenn Menschen wie die in der Geschichte beschriebenen Musikerinnen und Musiker sich gemeinsam einem oder mehreren Anliegen, Problemen oder Interessen widmen und in diesem Zusammenhang ihr Wissen und ihre Fähigkeiten koordinieren und dabei erweitern, kann das entstehen, was als Communities of Practice bezeichnet wird: Damit sind soziale Wissensstrukturen gemeint, die sich um eine gemeinsame Praxis konstituieren. Allerdings sind Communities of Practice nicht nur in musikspezifischen Kontexten von Bedeutung. Etienne Wenger(-Trayner)[1], der den Begriff maßgeblich geprägt und die Konzeption theoretisch ausgearbeitet hat, stellt in einem aktuellen Text fest:

» Communities of practice have been around for as long as human beings have learned together. At home, at work, at school, in our hobbies, we all belong to communities of practice, a number of them usually. In some we are core members. In many we are merely peripheral. And we travel through numerous communities over the course of our lives. In fact, communities of practice are everywhere.“ (Wenger-Trayner, 2015, 3)

Dieser Auffassung zufolge partizipieren wir ständig an unterschiedlichen Communities of Practice – etwa, wenn wir uns in einem Sportverein engagieren, an der wöchentlichen Chorprobe teilnehmen, uns einer Bürgerinitiative anschließen oder mit Kolleginnen und Kollegen nach Möglichkeiten suchen, das Mittagessen am Arbeitsplatz gesünder zu gestalten. Diese Beispiele machen deutlich, dass Communities of Practice in ganz unterschiedlichen Ausprägungen auftreten können. Sie können institutionalisiert oder eher unauffällig sein, sehr groß oder sehr klein, mit Organisationen übereinstimmen oder quer dazu liegen. Einige Communities of Practice sind sogar gar nicht „an sich“ erkennbar, sondern fallen erst durch die Handlungen ihrer Mitglieder und deren Konsequenzen als solche auf: Beispielsweise die Jungen im Park, die sich ständig an derselben Bank treffen und dort Hip-Hop hören.

Wie aber lassen sich Communities of Practice identifizieren? Als prägnanteste Bestimmung hält Wenger fest: „Communities of practice are groups of people who share a concern or a passion for something they do and learn how to do it better as they interact regularly“ (ebd., 1). Von bloßen Interessensgemeinschaften unterscheiden sich Communities of Practice also durch drei Kernmerkmale, die nun in Bezug auf die Publikationen von Wenger (1998) und Wenger et al. (2002) genauer beschrieben werden:[2]

1. Communities of Practice entstehen um einen gemeinsamen Interessens- und Wissensbereich herum, der auch als *Domäne* bezeichnet wird und gewissermaßen das gemeinsame „Thema“ der Community darstellt. Die Mitglieder der oben beschriebenen Band haben beispielsweise ganz unterschiedliche musikalische Hintergründe. Sie eint aber ihre Begeisterung für Soulmusik und das Ziel, diese Art von Musik live spielen zu wollen. Dieses gemeinsame Interesse bildet die Verständigungsbasis innerhalb der Gruppe und stellt darüber hinaus den Ausgangspunkt für wechselseitige Bezugnahmen aufeinander (*mutual engagement*) dar, für gemeinsame Aktivitäten, für Informationsaustausch und für gegenseitige Unterstützung.
2. Mit der Zeit entsteht durch die gemeinsamen Aktivitäten der Mitglieder (*joint enterprises*) ein Geflecht von Beziehungen, das die Form einer *Gemeinschaft* annimmt: Die Bandmitglieder treffen sich regelmäßig, entwickeln eine für sie stimmige Art und Weise des Musizierens und Probens, sie einigen sich auf ein gemeinsames Bühnen-

outfit, und sie streiten darüber, wie einzelne Songs klingen sollen. Diese Beispiele zeigen: Weder das „gemeinsame Thema" noch seine Realisierung sind statisch, beides muss vielmehr immer wieder neu definiert werden.

3. In gemeinsamen Interaktionen entsteht das, was als die gemeinsame *Praxis* der Community bezeichnet wird.[3] Anders als in seiner alltagssprachlichen Bedeutung umfasst der Begriff mehr als das bloße Tun der Beteiligten. Es geht sowohl um Entwicklung und Verwendung impliziter als auch expliziter Ressourcen (*shared repertoire*). Mit anderen Worten: Communities of Practice manifestieren sich im Handeln der Beteiligten und dessen Artefakten. Die Mitglieder finden u. a. eine gemeinsame Sprache und teilen gemeinsame Werte und Einstellungen. Darüber hinaus entwickeln sie sowohl gemeinsame Dokumente, Anekdoten und implizite Konventionen als auch spezifische Handlungsstile (vgl. Wenger, 1998, 47). Die Bandmitglieder nutzen etwa gemeinsame „Werkzeuge", wenn sie ihre Songs so festhalten, dass sie von allen Mitgliedern memoriert und geübt werden können, sie archivieren Konzertvideos oder organisieren ihre Bandkommunikation in einem Onlineforum. Darüber hinaus entwickeln sie eine gemeinsame Identität, die Implizites und Unausgesprochenes umfasst, also einen eigenen Stil, der ihre Handlungen prägt. Sie teilen gemeinsame Erfahrungen und Erinnerungen, halten Anekdoten und Geschichten lebendig, lachen über „Running Gags" und halten sich an stillschweigende Übereinkünfte. Die dabei entstehende *social practice* lässt sich auch als eine Art „Mini-Kultur" (Wenger et al., 2002, 39) bezeichnen, als eine spezifische Art von Handeln, das in der Praxis der jeweiligen Communities of Practice angemessen und richtig ist.

Zusammenfassend lässt sich festhalten: In einer weiten Bestimmung können Communities of Practice entstehen, wenn Menschen gemeinsame Anliegen oder Interessen verfolgen (*Domäne*), dabei regelmäßig als *Gemeinschaft* interagieren und eine *gemeinsame* Praxis entwickeln (vgl. Wenger et al., 2002). Dabei können sich soziale Aggregationen bilden, in denen das für die Praxis der jeweiligen *Community* relevante Wissen generiert, gespeichert und geteilt wird. *Communities of Practice* sind also besonders lernwirksam, und gerade das macht das Konzept für die musikpädagogische Theoriebildung so interessant: „When they function well together, these three elements make a community of practice an ideal *knowledge structure* – a social structure that can assume responsibility for developing and sharing knowledge" (ebd., 29; Hervorhebung im Original).

Im Hintergrund: Lave und Wengers Theorie des situierten Lernens

Die Idee der Communities of Practice wurde von Jeanne Lave und Etienne Wenger in ihrer gemeinsamen Monografie *Situated learning. Legitimate peripheral participation* (2011) entwickelt. Lave und Wenger schreiben darin gegen die damals gängige Vorstellung an, Lernen spiele sich in erster Linie als kognitiver Prozess einzelner Individuen ab. In ihrem Buch entwickeln sie eine weitaus umfassendere Auffassung von Lernen als einem Vorgang, der notwendig ist, um an soziokulturellen Praxen teilzuhaben und der in Richtung der vollen Partizipation (*full participation*; s. u.) an diesen Praxen weist (vgl.

Lave & Wenger, 2011, 29). Anders als kognitivistische und behavioristische Theorien blenden die Autoren also nicht die soziale Dimension von Lernen aus, sondern stellen sie in den Mittelpunkt ihrer Untersuchung: „[...] we emphasize the significance of shifting the analytic focus from the individual as learner to learning as participation in the social world, and from the concept of cognitive process to the more encompassing view of social practice" (ebd., 43). Dabei interessieren sich Lave und Wenger für ganz alltägliches Lernen. Anstelle von didaktisch inszenierten Lernarrangements – etwa in Schulen oder Universitäten – untersuchen sie Kontexte, in denen Lernen „on the job" geschieht, also entweder als Ausbildung (*apprenticeship*) oder in alltäglichen (Arbeits-)Situationen. Sie betrachten ein solches Lernen anhand ethnografischer Fallstudien in ganz unterschiedlichen sozialen und kulturellen Kontexten, etwa im Zusammenhang mit der Ausbildung von Vai- und Gola-Schneidern in Liberia, von Steuermannsmaaten der US-Navy (Quatermasters) oder von Metzgern in US-amerikanischen Supermärkten. Darüber hinaus interessieren sie sich für das Lernen von Hebammen bei den Yucatec in New-Mexiko oder in Selbsthilfegruppen der Anonymen Alkoholiker.

Obgleich die Untersuchungskontexte stark divergieren, erkennen Lave und Wenger Parallelen im Lernen der jeweils Beteiligten, anhand derer sie schließlich eine Theorie des situierten Lernens (*situated learning*) modellieren. Im Mittelpunkt dieser Theorie, die weit über die untersuchten Kontexte hinaus Gültigkeit beansprucht, steht die soziale Dimension und die situierte, d. h. kontextgebundene Natur von Lernen, also die Abhängigkeit von der Situation, in der gelernt und gehandelt wird. Lave und Wenger stellen dabei den Klassenraum als idealen Lernort ebenso in Frage wie den direkten Zusammenhang zwischen Lehren und Lernen: „This focus in turn promotes a view of knowing as activity by specific people in specific circumstances" (ebd., 52). Lernen finde also nicht nur in didaktischen Arrangements statt, sondern ereigne sich auch überall dort, wo Menschen aktiver Teil eines sozialen Systems sind, in welchem sie sich mit anderen über das, was sie tun und die Bedeutungen, die sie darin sehen, austauschen (vgl. ebd., 98). Im Mittelpunkt ihrer Untersuchung stehen die einzelnen Personen, aber nicht als für sich existierende Entitäten, sondern als soziale Wesen, deren Lernen sich als wachsende Partizipation an ihren Communities of Practice interpretieren lässt.

Musiklernen als „legitime periphere Partizipation"

Lave und Wenger modellieren Lernen als einen Prozess, den sie „legitime periphere Partizipation" (*legitimate peripheral participation*) nennen. Dieser Begriff steht für einen Vorgang, der in sozialer Praxis situiert ist und sich als wachsende Teilhabe an der Praxis einer *Community* manifestiert. Lave und Wenger zufolge ist Lernen dabei nicht nur an einen einzelnen Kontext gebunden. Vielmehr fassen sie Lernen grundsätzlich als Vorgang auf, der aus der Teilnahme an unterschiedlichen Communities of Practice resultiert (vgl. ebd., 29). In den folgenden vier Abschnitten wird diese Annahme nun näher erläutert, wobei jeweils unterschiedliche Facetten von (Musik-)Lernen in den Blick genommen und illustriert werden.

1. Unterschiedliche Rollen und Partizipationsgrade in Communities of Practice

Die Mitglieder der von Lave und Wenger (2011) beschriebenen Communities agieren auf ganz unterschiedlichen Aktivitätsniveaus: Einige der Beteiligten verfügen über eine hohe Expertise und führen besonders anspruchsvolle Aufgaben innerhalb der Gruppen aus, andere partizipieren eher am Rande der Gemeinschaft, mit einer gewissen Distanz zur Kernaktivität. Wenger et al. (2002) unterscheiden vier unterschiedliche Grade der Partizipation, die sie als einander überlagernde konzentrische Kreise darstellen (vgl. ebd., 55 ff.). Einige Mitglieder der beschriebenen Soulband übernehmen beispielsweise leitende Funktionen; sie schreiben Songs, organisieren die Auftritte oder verwalten das Online-Forum. Mit anderen Worten: Sie bilden die *Kerngruppe* dieser Communities of Practice. Andere Mitglieder engagieren sich in geringerem Ausmaße, z. B. nur bei Proben und Konzerten. Diesen Partizipationsgrad bezeichnen Wenger et al. (2002) als *aktive Gruppe*. Darüber hinaus gibt es Teilnehmende, die nur hin und wieder und eher lose am Geschehen teilhaben, etwa der Tontechniker, der zwar an Konzerten beteiligt ist, nicht aber bei den Proben. Und schließlich gibt es Menschen, die die Band umgeben und mit einzelnen Mitgliedern interagieren, wie z. B. Fans, die immer wieder zu Konzerten kommen, Freunde, die Flyer verteilen oder Konzertveranstalter, die die Band regelmäßig einladen. Dabei ist es wichtig, dass die Partizipationsgrade nicht notwendigerweise mit hierarchischen Strukturen einhergehen; zudem sind sie fluide, weil die Aufgaben und Rollen sich ebenso verändern können wie die Communities of Practice selbst (s. u.).

2. Musiklernen als Änderung des Partizipationsgrades

Lave und Wenger interessieren sich in ihrer gemeinsamen Publikation ganz besonders für die Frage, wie Anfängerinnen und Anfänger (*Newcomer*) Teil der untersuchten Communities werden. Eben diesen Prozess fokussieren sie mit dem Konzept der *legitimen peripheren Partizipation* (vgl. Lave & Wenger, 2011, 29). Dabei beziehen sich Lave und Wenger auf das Phänomen, dass in den untersuchten Communities auch neuen und unerfahrenen Mitgliedern eine echte Partizipation am „Rand" der jeweiligen Praxis ermöglicht wird. Entscheidend dabei ist, dass sich diese legitime periphere Partizipation nur graduell und eben nicht strukturell von der Partizipation der erfahrenen und etablierten Mitglieder (*Oldtimer*) unterscheidet. Diese legitime Teilnahme bildet einen günstigen Ausgangspunkt für Lernen: Newcomer erhalten schon durch ihre periphere Position Einblicke in die Praxis der Community, sie haben die Möglichkeit, Beziehungen zu anderen Mitgliedern zu knüpfen sowie vom Wissen der Oldtimer zu profitieren. Diese erfahrenen Mitglieder stellen außerdem Vorbilder dar, die Lernmotivation auslösen können und an denen durch Imitation gelernt werden kann:[4] „In particular, it offers exemplars (which are grounds and motivation for learning activity), including masters, finished products, and more advanced apprentices in the process of becoming full practitioners" (ebd., 95). Indem sich *Newcomer* diese Lernmöglichkeiten zunutze machen, eignen sie sich – quasi nebenbei – die jeweilige „Kultur" der Community an.

Das Konzept der *legitimen peripheren Partizipation* lässt sich insgesamt als „Theorie des Anfängerlernens" (Cox, 2005, 2) lesen. Auf ein Beispiel bezogen: Obwohl der neue Schlagzeuger der oben beschriebenen Band ein ausgezeichneter Drummer ist, hatte er anfangs Schwierigkeiten sich zurechtzufinden. Seine Art und Weise zu spielen entsprach nicht immer den Vorstellungen der Gruppe, er fühlte sich bei den Bandtreffen immer etwas außen vor und war unsicher, welcher Grad an Engagement von ihm erwartet wurde. Das Beispiel zeigt, dass der Status Newcomer sich auf eine Expertise hinsichtlich der Praxis der jeweiligen Community bezieht, nicht auf die musikalische Expertise an sich. Dieser wichtige Unterschied verdeutlicht, dass bei der Teilnahme an Ensembles nicht nur die instrumentalen Fähigkeiten eine Rolle spielen, sondern auch das Wissen über die Konventionen innerhalb der Gruppe und den jeweiligen Stil.

Das Konzept der legitimen peripheren Partizipation fokussiert also weniger die Ergebnisse des Lernens, als vielmehr die Lernprozesse. Um ein vollwertiges Mitglied zu werden, also die „volle Teilhabe" zu erreichen, ist Lernen unabdingbar. Je besser es den Einzelnen gelingt, „angemessen" hinsichtlich der spezifischen Praxis der Community zu handeln, umso eher werden sie als volles Mitglied anerkannt (vgl. Ardila-Mantilla, 2016, 429). Wichtig dabei ist, dass Partizipation als wechselseitiger Prozess zu verstehen ist, denn das Lernen findet nicht nur bei bestimmten Handlungen statt, sondern auch in Beziehungen zu anderen Gruppenmitgliedern; beide Dimensionen lassen sich nicht auseinander dividieren und beeinflussen sich gegenseitig in reziproken Prozessen: „Participation is always based on situated negotiation and renegotiation of meaning in the world. This implies that understanding and experience are in constant interaction – indeed, are mutually constitutive" (Lave & Wenger, 2011, 51).

3. Veränderungsdynamiken von Communities of Practice

Communities of Practice verdanken ihre Existenz den kommunikativen Bemühungen ihrer Mitglieder, deren Engagement sowie den praktischen Konsequenzen, die daraus erwachsen. Als soziale Strukturen, die im Handeln entstehen, können sie nur existieren, indem sie sich kontinuierlich verändern, erneuern, und weiterentwickeln. Irgendwann können sie auch verschwinden und nur noch in der Erinnerung der einst Beteiligten vorhanden sein. Veränderung stellt also ein zentrales Charakteristikum von Communities of Practice dar, sowohl hinsichtlich der Mitglieder als auch der sozialen Aggregation selbst. Die Backgroundsängerinnen und -sänger der oben beschriebenen Band entwickeln zum Beispiel zunehmend Selbstvertrauen auf der Bühne und intensivieren ihr Engagement; sie entwickeln neue Ideen für die Performance und treten auch musikalisch stärker in den Vordergrund. Der Posaunist dagegen reduziert sein Engagement, weil er beschlossen hat, sich beruflich weiterzuentwickeln, er spielt sogar mit dem Gedanken, der Band den Rücken zu kehren. Dieses Beispiel zeigt zweierlei: Zum einen wird deutlich, dass Zugehörigkeiten in Communities of Practice immer temporär sind. Als Mitglied gilt, wer im erforderlichen Umfang an der Praxis der Community partizipiert. Erlischt dieses Engagement, ist auch die Mitgliedschaft hinfällig. Zum anderen wird erkennbar, dass die legitime periphere Partizipation nicht zwangsläufig in Richtung Zentrum verlaufen muss. Möglich ist auch, dass Partizipationsprozesse stagnieren oder sich umkehren.

Wichtig in diesem Zusammenhang ist: Auch wenn der Begriff der Gemeinschaft Assoziationen an ein harmonisches Miteinander hervorrufen mag, stellen Communities of Practice keine romantische Denkfigur dar. Weder realisieren sich die Mitgliedschaften als synchrone oder einheitliche *Verlaufsbahnen* (*trajectories*), noch verläuft das Handeln der Beteiligten konfliktfrei:[5] „In using the term community, we do not imply some primordial culture-sharing entity. We assume that members have different interests, make diverse contributions to activity, and hold varied viewpoints“ (Lave & Wenger, 2008, 98). Der dynamische Charakter von Communities of Practice und der Umstand, dass die Mitglieder unausweichlich unterschiedliche und unter Umständen auch konfligierende Ziele verfolgen, bilden eine wichtige Ressource des Lernens in Communities of Practice. Dadurch, dass neue Mitglieder abweichende Ziele, Haltungen und Perspektiven in die jeweiligen Communities einbringen, können sich auch die Vorstellungen und Positionen der anderen Beteiligten im Laufe der Zeit verändern. Beide Faktoren, sowohl die Veränderungen in der Praxis der Community als auch die Fluktuation der Mitglieder, stellen gewissermaßen den „Motor“ sowohl für das Lernen der Mitglieder als auch für den Fortbestand der Community dar (vgl. Zboralski, 2008, 16).

4. Musiklernen als Identitätskonstruktion

Das Konzept der legitimen peripheren Partizipation beschreibt nicht nur einen Lernprozess, sondern vor allem einen Transformationsprozess: „[...] it implies becoming a full participant, a member, a kind of person“ (Lave & Wenger, 2011, 53). Lernen im Sinne der legitimen peripheren Partizipation bedeutet, die eigene Identität zu verändern und zwar in Richtung einer Identität als Mitglied der Gemeinschaft. Damit sind aber keine Assimilierungsprozesse gemeint, denn einerseits hat das eigene Handeln Auswirkungen auf die Gemeinschaft, andererseits aber beeinflusst auch die Gemeinschaft den Einzelnen. Rollen, die in der Community übernommen werden, die Beziehungen zu den weiteren Mitgliedern und die durchlaufenen Lernprozesse prägen die individuellen Veränderungen ebenso wie die Praxis der Community: „Legitimate peripheral participation is intended as a conceptual bridge – as a claim about the common processes inherent in the production of changing persons and changing communities of practice“ (Lave & Wenger, 2008, 55). Die Konstruktion der eigenen Identität und das Wissen um die soziale Zugehörigkeit hängen also nicht nur zusammen, sondern bedingen sich vielmehr gegenseitig (vgl. Lave & Wenger, 2011, 53).

Communities of Practice und die Musikpädagogik

Das Konzept der Communities of Practice wird sowohl in akademischen als auch in anwendungsbezogenen Kontexten interdisziplinär breit rezipiert. Als gedankliches Werkzeug schärft es den Blick auf Lernprozesse, die implizit oder en passant ablaufen, und es kann dabei helfen, Zusammenhänge zwischen spezifischen sozialen Praxen und Lernprozessen besser zu verstehen. Eine Stärke des Konzepts stellt dabei dar, dass es sich unterschiedlich eng oder weit skalieren lässt, wobei dann je nach Grad der Justierung kleinere oder sehr große Strukturen in den Blick geraten: etwa eine Band, ein Jugendchor oder eine Online-Community, deren Mitglieder sich über spezifische Formen des Musikmachens austauschen (vgl. Kenny, 2016, 130). In der Musikpädagogik findet das Konzept aktuell daher in ganz unterschiedlichen Kontexten Verwendung. Etwa im Zusammenhang mit der Gestaltung von Musikschulunterricht (Ardila-Mantilla, 2016), im Kontext des Musikklassenunterrichts an weiterführenden Schulen (Göllner, 2017) oder hinsichtlich von Musik-Workshops, die für ältere Menschen mit Demenz und ihr Pflegepersonal im Rahmen des *Music-for-Life*-Projekts durchgeführt wurden (Alheit, Page & Smilde, 2015).

Eine breite Debatte dreht sich darüber hinaus um die Frage, wie sich die Idee der Communities of Practice für das betriebliche Wissensmanagement nutzbar machen lässt. Wie Hughes et al. zeigen, steht diese Intention allerdings im Widerspruch zu zentralen Prämissen der Idee. Zudem simplifiziere sie das Konzept in erheblichem Maße: „Indeed, the concept has been applied so widely that, on occasion, it has seemed in danger of losing specificity and analytical edge, sliding into a catch-all descriptive term" (Hughes, Jewson & Unwin, 2007, 3). Ob und inwieweit sich Communities of Practice gezielt implementieren lassen, ist insgesamt strittig. Zboralski hält beispielsweise fest, „Es geht in der Praxis [...] vielmehr darum, Communities of Practice zu erkennen, zu unterstützen und zu integrieren, ihren selbstorganisierenden Charakter zu akzeptieren und die Interaktion von Organisationsmitgliedern grundsätzlich zu fordern" (Zboralski, 2008, 27). Auch in pädagogischen Kontexten lässt sich die Idee der Communities of Practice nicht einfach als methodisch-didaktisches Instrument anwenden. Das Konzept bietet dennoch einiges Potenzial, weil es den Blick auf Musiklernen schärfen und erweitern kann, beispielsweise im Zusammenhang mit der Gestaltung von „Musiklernwelten" (vgl. Ardila-Mantilla, 2016) oder dem Umgang mit heterogenen Lernvoraussetzungen in Gruppen- oder Klassenkontexten (vgl. Röbke, 2009 und Göllner, 2017).

So anregend die Perspektive der Communities of Practice für das Nachdenken über Musiklernen also auch ist, neben vielen interessanten Anknüpfungspunkten wirft sie auch zahlreiche Fragen auf, die bislang unbeantwortet bleiben.[6] So weisen einige Autoren auf Inkonsistenzen der Theorie hin, weil sowohl Lave als auch Wenger in ihren Äußerungen zwischen einer deskriptiven Theorie über Lernen, die beschreibt, wie Lernen *ist*, und Aussagen darüber, wie Lernen idealerweise sein *sollte* (vgl. Hughes, 2007, 33) changieren. Weitere Kritik richtet sich darauf, dass Lave und Wenger zwar zwischen Oldtimern und Newcomern differenzieren, aber zahlreiche weitere soziale Zugehörigkeiten unberücksichtigt lassen, hinsichtlich derer sich die Mitglieder in Communities of Practice ebenfalls unterscheiden. Besonders im Zusammenhang mit dem Thema Identität sind aber soziale Kategorien wie Alter, Gender, Religion, Ethnizität oder soziale Schicht hochbedeutsam (vgl. Hughes, Jewson & Unwin, 2007, 172).[7] Auch die Frage der Machtverteilung in Communities of Practice bleibt bei Lave und Wenger wie auch in Wengers anknüpfenden Publikationen unbeantwortet (vgl. Cox, 2005, 5). Zusammenfassend lässt sich festhalten, dass das Konzept der Communities of Practice gerade im Zusammenhang mit der Idee der legitimen peripheren Partizipation zahlreiche Anknüpfungspunkte für die Musikpädagogik bietet, dass man allerdings gut beraten ist, die Eigenarten und Grenzen dieser Perspektive auch hinsichtlich des Musiklernens fest im Blick zu behalten.

Habitualisierung, Machterhaltung, Kampf: Musiklernen aus der Perspektive Pierre Bourdieus

In diesem Abschnitt soll die Makroebene der sozialen Dimension des Musiklernens in den Fokus rücken, also jene grundlegenden gesellschaftlichen Dynamiken, die das Musiklernen in Gang bringen und ihm eine bestimmte Gestalt verleihen. Als Grundlage dafür fungiert die Sozialtheorie Pierre Bourdieus, ein in den Sozial- und Kulturwissenschaften viel beachteter theoretischer Ansatz, dessen Relevanz für die Musikpädagogik zunehmend erkannt wird (vgl. Gies & Heß, 2013). Bourdieu entwickelte die Bestandteile seiner Sozialtheorie Schritt für Schritt im Rahmen einer Reihe von Forschungsarbeiten zu verschiedenen Dimensionen des Alltagslebens (Arbeit, Bildung, Geschmack und Lebensstil, Wohnen u.a.), die in der zweiten Hälfte des 20. Jahrhunderts in Algerien und Frankreich durchgeführt wurden (vgl. Fuchs-Heinritz & König, 2014, 13ff.). Im Folgenden wird der Blick auf jene Aspekte der Theorie gerichtet, die unseres Erachtens ein tieferes Verständnis des Musiklernens ermöglichen.

Aus der Bourdieu'schen Perspektive kann das Musiklernen als ein Prozess der Einverleibung eines klassen- und feldspezifischen Habitus begriffen werden, der erstens den Handlungsspielraum des Individuums gleichermaßen begrenzt wie erweitert und zweitens die Herrschaftsverhältnisse der Gesellschaft und die Geschichte gesellschaftlicher Gruppen zum Ausdruck bringt und perpetuiert. Darüber hinaus muss nach Bourdieu das Musiklernen im Kontext des ständigen gesellschaftlichen Kampfes ums Symbolische, d.h. des Kräftemessens zwischen sozialen Gruppen in Form symbolischer Kämpfe betrachtet werden. Was ist damit gemeint?

Musiklernen als Habitualisierung

Einen ersten Zugang zu Bourdieus Habitus-Konzept bietet die Betrachtung des Verhaltens eines Menschen bei der Begegnung mit Musik, z.B. beim Besuch eines klassischen Konzerts. Menschen sind nicht vollkommen frei, wenn sie Musik begegnen: Sie fühlen, denken und handeln im Rahmen ihrer Dispositionen. Haben sie etwa in ihrer Kindheit und Jugend gelernt, ein Instrument zu spielen, mit ihrer Familie klassische Konzerte besucht und später eine musikalische Ausbildung in einer Musikhochschule absolviert, verhalten sie sich auf eine bestimmte Weise beim Konzertbesuch: Sie erkennen die Komponisten, die Stücke und die Instrumente; sie klatschen an den „richtigen" Stellen; sie fühlen sich intellektuell angeregt oder sogar emotional bewegt, wenn sie interpretatorische Finessen wahrnehmen; sie bleiben aber trotzdem still sitzen und drücken die von der Musik hervorgerufenen Emotionen nicht durch große Gesten aus. Sie verfügen also über verinnerlichte Dispositionen, die für sie manche Möglichkeiten eröffnen (z.B. eine interpretatorische Feinheit wahrzunehmen) und andere Möglichkeiten versperren (z.B. ihren Emotionen während der Aufführung Ausdruck zu verleihen). Sie spielen sozusagen ein Spiel mit klaren Regeln und bewegen sich im Rahmen dieser Regeln, ohne sich ihrer unbedingt gewahr zu sein. Mit *Habitus* führt Bourdieu ein Konzept zur theoretischen Erfassung dieses Dispositionsgefüges ein. Koller führt aus:

» Der Habitus stellt für Bourdieu [...] ein System relativ stabiler Dispositionen des Denkens (‚Vorstellungen') und des Handelns (‚Praktiken') dar, die das Welt- und Selbstverhältnis der Akteure in einer grundlegenden Weise strukturieren." (Koller, 2012, 24)

Welche Merkmale weist der Habitus auf? Zum Ersten ist zu beachten, dass der Habitus kein individuelles, sondern ein kollektives Phänomen ist. Was auf den ersten Blick als das spezifische, vielleicht sogar originelle Verhalten eines Individuums wirkt, steht nach Bourdieu grundsätzlich in einem engen Zusammenhang mit dem kollektiven Klassen- bzw. Gruppenhabitus.[8] Im Bereich des Musiklernens lassen sich beispielsweise individuelle musikalische Präferenzen, Lernstile und Umgangsweisen mit Musik beobachten. Für Bourdieu ist diese Beobachtung trügerisch: Er macht darauf aufmerksam, dass es innerhalb des vom Klassen- bzw. Gruppenhabitus klar abgesteckten Rahmens eine unendliche Anzahl möglicher Kombinationen gibt und dass die augenscheinliche Spezifität des Umgangs mit Musik meist nur eine Variante des kollektiven Musters darstellt. Vielleicht spielt ein junger Mann Violine und klassische Musik, eine junge Frau dagegen Trompete und Jazz. Wenn sie aber Mitglieder derselben Klasse oder sogar derselben Gruppe sind, ist es nach Bourdieu höchst wahrscheinlich, dass breite Übereinstimmungen zwischen den Merkmalen ihres jeweiligen individuellen Umgangs mit Musik bestehen und dass sie beide mit Phänomenen, die sich außerhalb Ihres Gruppenhabitus befinden – wie etwa Tanz- oder Schlagermusik – nicht viel anfangen können.

Zum Zweiten weist Bourdieu darauf hin, dass der Habitus tief verinnerlicht wird und demzufolge weitgehend unbewusst ist. Er führt in diesem Zusammenhang die Metapher des Spiels ein: Stellt man sich soziale Praxis als ein Spiel vor, dessen Regeln festlegen, wie sich Menschen in alltäglichen Situationen zu verhalten haben, dann stellt der Habitus jenen Sinn für das Spiel dar, der es den Spielenden ermöglicht, sich mit großer Natürlichkeit angemessen zu verhalten. Die Spielenden spielen, ohne die Regeln explizit zu kennen, ohne ihr Handeln und das Handeln anderer reflektieren zu müssen. Natürlich ist es möglich, aus einer reflektierenden Distanzposition die Spielregeln aufzudecken und zu beschreiben, wie es etwa die Ethnologie tut. Trotzdem weist Bourdieu auf den fundamentalen Unterschied zwischen der Perspektive der Akteure (der Spielenden) und jener der Erforschenden (der Spielbetrachtenden) hin. Die letztgenannte Perspektive birgt zudem in sich das Risiko, der Praxis die Logik der Wissenschaft überzustülpen (vgl. Bourdieu, 1993, 147 ff.).

Diese Betrachtungsweise macht deutlich, in welchem Ausmaß das Musiklernen in ein System von Regeln eingebettet ist, das Lernende beherrschen müssen, um musikalisch zu handeln und an musikalischer Praxis teilhaben zu können. Sie stellt obendrein jene weit verbreitete musikpädagogische Strategie grundsätzlich in Frage, die Reflexion als zentrales Werkzeug für die Vertiefung und Erweiterung musikbezogener Einstellungen und Verhaltensweisen anzusehen. Für Bourdieu geht die Reflexion der Praxis mit einer prinzipiellen Verkennung ihrer bestimmenden Aspekte einher (vgl. Fuchs-Heinritz & König, 2014, 92).

Die schwere Zugänglichkeit des Habitus für reflektierende Prozesse ist auch auf die Art seiner Verankerung im Individuum zurückzuführen. Ein drittes, sehr relevantes

Merkmal des Habitus ist nämlich, dass er im Körper gespeichert ist. Bourdieu spricht von einem Prozess der *Einverleibung* äußerer Strukturen, d.h. einem niederschwelligen, langfristigen Sozialisationsprozess, bei dem soziale Dispositionen durch körperliche Vorgänge weitergegeben werden und bei dem „der Leib als eine Art Gedächtnisstütze fungiert" (Bourdieu, 1987, 739).

» Welches Mobiliar und welche Gerätschaften das Kind umgeben, ob es auf Parkett geht oder auf Linoleum, ob Musik aus dem Radio kommt oder von der Mutter am Klavier – dies und die ganze Welt der körperlichen Erfahrungen prägen sich ein und formen das körperliche Sein in der Welt, die sinnlichen Neigungen und Abneigungen, das Wohlgefühl und den Ekel." (Fuchs-Heinritz & König, 2014, 94)

Ob ein junger Mann in einem klassischen Konzert ruhig sitzt, ob er beim Hören Wohlgefühle oder nur Langeweile und Müdigkeit verspürt, ob er bei einer besonders fein interpretierten Passage eine Gänsehaut bekommt, ob er sich dabei wohl in seiner Haut oder fehl am Platz fühlt: Nach Bourdieu beruhen solche Gemütszustände und Verhaltensweisen nicht nur auf Kompetenzen, die sich jemand in einem vorangegangenen musikalischen Lernprozess angeeignet hat (oder eben nicht), sondern auch – und in erster Linie – auf dem in seinen Körper eingeschriebenen Habitus der sozialen Gruppe, der er angehört. Der Habitus ist „das in den Körper eingegangenen Soziale" (ebd., 94) und ermöglicht, dass soziale Strukturen auf der Ebene des Körpers wirksam sind und bleiben.

» Es scheint durchaus, als würden die mit bestimmten sozialen Verhältnissen gegebenen Konditionierungsprozesse das Verhältnis zur sozialen Welt in ein dauerhaftes und allgemeines Verhältnis zum eigenen Leib festschreiben – in eine ganz bestimmte Weise, seinen Körper zu halten und zu bewegen, ihn vorzuzeigen, ihm Platz zu schaffen, kurz: ihm soziales Profil zu verleihen." (Bourdieu, 1987, 739)

Als viertes Merkmal des Habitus ist seine Regelhaftigkeit zu benennen. Diese Eigenschaft erscheint vor dem Hintergrund der vorhin eingeführten Spielmetapher naheliegend. Wie wirken aber konkret die Spielregeln des Habitus, und welche Funktionen erfüllen sie im sozialen Raum? Für dieses Merkmal des Habitus prägte Bourdieu die Formel der „strukturiert strukturierenden Strukturen": Damit sind Dispositionen gemeint, die „wie geschaffen sind, als strukturierende Strukturen zu fungieren, d.h. als Erzeugungs- und Ordnungsgrundlagen für Praktiken und Vorstellungen" (Bourdieu, 1993, 98). Der Habitus enthält Schemata, die das Denken, Fühlen und Handeln der Akteure sozialer Praxis strukturieren und lenken. Er manifestiert sich in der spezifischen Art des Musizierens, des Übens, des Musikhörens, in den musikalischen Präferenzen des Individuums. Auf seine Strukturen hin sind die ästhetischen Werturteile und das Handeln von Musikmachenden und Musiklernenden ausgerichtet. Damit trägt er direkt dazu bei, dass musikalische Praxis generiert und reproduziert wird (vgl. Söderman, Burnard et al., 2015, 3).

Dennoch legt der Habitus als Regelsystem vorrangig die Grenzen der Denk-, Fühl- und Handlungsmöglichkeiten von Menschen fest, nicht aber das Denken, Fühlen und Handeln selbst. Seine Wirkung ist primär limitierend, nicht determinierend. Er stellt also die Grundlage einer Reihe von Vermeidungsmechanismen dar und richtet sich dadurch die soziale Welt so ein, dass die Dispositionen des Individuums darin bestmöglich zur Geltung kommen können und ständig verstärkt werden.

» Durch die systematische ‚Auswahl', die er zwischen Orten, Ereignissen, Personen des *Umgangs* trifft, schützt sich der Habitus vor Krisen und kritischer Befragung, in dem er sich ein *Milieu* schafft, an das er so weit wie möglich vorangepasst ist, also eine relativ konstante Welt von Situationen, die geeignet sind, seine Dispositionen dadurch zu verstärken, dass sie seinen Erzeugnissen den aufnahmebereitesten Markt bieten." (Bourdieu, 1993, 114; Hervorhebungen im Original)

Den oben genannten jungen Musikern und Musikerinnen – dem Violinisten und der Trompeterin – stehen also grundsätzlich unendliche Varianten musikalischen Lernens offen: Es ist durchaus möglich, dass sie im Laufe ihres Lebens mit sehr unterschiedlichen Formen musikalischer Praxis in Kontakt kommen und dass sich dabei ihr Umgang mit Musik immer weiter vertieft und differenziert. Trotzdem ist es aus Bourdieus Sicht unwahrscheinlich, dass sie den für ihre Klasse bzw. Gruppe kennzeichnenden Rahmen verlassen und sich in Situationen bringen, in denen ihre musikalischen Kenntnisse, Fähigkeiten und Einstellungen irrelevant oder unpassend sind. Dadurch, dass sie sich des Prozesses der Einverleibung ihrer musikbezogenen Verhaltensmuster nicht bewusst sind, und eine scheinbar natürliche Passung zwischen diesen Mustern und ihrer sozialen Realität besteht, werden sie dazu neigen, „das Mögliche für das allein Mögliche, das Erreichbare für das Angemessene zu halten, sich also der gegebenen sozialen Ordnung ohne viel Nachdenken einzufügen" (Fuchs-Heinritz & König, 2014, 98). Der Habitus erzeugt also ein grundsätzlich konservatives Musiklernverhalten und trägt zur Verfestigung der bestehenden individuellen und sozialen Strukturen bei.

Diese Überlegungen bringen das fünfte und letzte Merkmal des Habitus in den Blick: seine tiefe Verwurzelung in den objektiven Existenzbedingungen und seine Funktionalität bei der Erhaltung der gesellschaftlichen Machtverhältnisse. Um dieses Merkmal zu erläutern, muss an dieser Stelle auf die von Bourdieu entwickelte Theorie des sozialen Raums eingegangen werden.

Musiklernen als Weitergabe und Transformation von Kapital

Bourdieu begreift den *sozialen Raum* als ein mehrdimensionales Kräftefeld, in dem Akteure und Gruppen gemäß des ihnen zur Verfügung stehenden Kapitals positioniert sind und handeln können. Er geht davon aus, dass gesellschaftliche Machtverhältnisse nicht nur mit der ungleichen Verteilung von ökonomischem Kapital zusammenhängen, sondern auch auf anderen Formen von Kapital beruhen. Dabei unterscheidet er zwischen

1. *ökonomischem Kapital,* d. h. Geld und materielle Güter,
2. *sozialem Kapital,* d. h. das Netz sozialer Beziehungen eines Individuums und seine Anerkennung und
3. *kulturellem Kapital,* das seinerseits in drei Kristallisationsformen auftreten kann:
   - als *objektiviertes Kulturkapital*, d. h. in der Gestalt von Büchern, technischen Instrumenten und Kunstwerken,
   - als *institutionalisiertes Kulturkapital*, d. h. in der Gestalt von Abschlusszeugnissen und Bildungstiteln und
   - als *inkorporiertes Kulturkapital,* d. h. als einverleibte Dispositionen, Kenntnisse, Fähigkeiten und Fertigkeiten.

Nach Bourdieus Sozialtheorie fungieren all diese Kapitalformen als Ressourcen, die Individuen und Gruppen unterschiedliche Möglichkeiten des Handelns im sozialen Raum eröffnen und ihnen entsprechend mehr oder weniger Macht verleihen. Kapital ist in diesem Sinne eine Art „soziale Energie", deren Gestalt und deren Wirkung mit den weiteren Dimensionen des sozialen Raumes zusammenhängen (vgl. Bourdieu, 1987, 193 f.).

All diese Kapitalformen sind im Prozess des Musiklernens auszumachen. Menschen müssen z. B. über ein gewisses ökonomisches Kapital verfügen, um sich Instrumentalunterricht über mehrere Jahre leisten zu können. Sie sind auch auf ein Netzwerk von Beziehungen angewiesen: auf Menschen, die sie auf Unterrichtsangebote und musikalische *Communities of Practice* aufmerksam machen, die ihnen Zugang dazu verschaffen, die sie beim Lernen unterstützen und ermutigen. Sie brauchen Instrumente, Noten, Medien. Sie können dann auch im Laufe ihres musikalischen Lernprozesses formale Zeugnisse sammeln, die ihnen weiterführende Entwicklungsmöglichkeiten eröffnen. Dabei eignen sie sich musikalische Kenntnisse und Fertigkeiten, aber auch Gewohnheiten, Präferenzen und Abneigungen an, oder genauer: einen von den vorhin genannten Faktoren strukturierten und hinsichtlich zukünftiger Erfahrungen strukturierenden musikalischen Habitus.

Diese Beispiele zeigen auch, wie Kapital erzeugt, akkumuliert, übertragen und transformiert werden kann. Kapital wird grundsätzlich durch Arbeit erzeugt, in ihm materialisieren sich Anstrengung und Mühe. Manche Kapitalformen sind direkt übertragbar: Menschen können sich z. B. Musikinstrumente kaufen, also ökonomisches Kapital in objektiviertes kulturelles Kapital transformieren. Damit haben sie sich aber lange nicht die Fähigkeiten angeeignet, die nötig sind, um von diesem Kapital im sozialen Raum Gebrauch machen zu können. Sie müssen also Geld und Zeit investieren – beides sind Ressourcen, die in der Gesellschaft ungleich verteilt sind – und lernen, mit diesen Instrumenten umzugehen. Diese Investition geht mit einem Wachstum des inkorporierten kulturellen Kapitals einher, das seinerseits neue Kontakte und Beziehungen (soziales Kapital), die Möglichkeit der Transformation in Zeugnisse und Bildungstitel (institutionalisiertes kulturelles Kapital) und letztlich potenzielle Erwerbsmöglichkeiten (ökonomisches Kapital) mit sich bringt. So wird ein Kapital akkumuliert, das dann an die nachfolgende Generation in unterschiedlichen Gestalten weitergegeben werden kann: als

Bildungsinvestition (etwa in Form von privatem Instrumentalunterricht), als vererbtes Musikinstrument, als einen in der Familie erlernten gepflegten Umgang, als soziales Unterstützungsnetz und vieles mehr. Die verschiedenen Kapitalarten wirken also aufeinander ein und können gegenseitig als Multiplikatoren fungieren.

Allerdings ist hier noch die Dimension der sozialen Anerkennung zu beachten bzw. in der Bourdieu'schen Terminologie die Kategorie des *symbolischen Kapitals*. Kapital ist im sozialen Raum nur wirksam, wenn es für legitim erklärt und ihm dadurch symbolische Kraft verliehen wird. Nicht alle Formen inkorporierten kulturellen Kapitals werden beispielsweise institutionell anerkannt. So ist es etwa möglich, Fertigkeiten im Bereich des klassischen Gesangs als Ressource im sozialen Raum einzusetzen und dafür ein formales Bildungszeugnis zu bekommen; das gilt aber etwa für Beatboxing nicht. Als symbolisches Kapital bezeichnet Bourdieu das Maß an Anerkennung, das eine konkrete Form von Kapital im sozialen Raum erfährt. Das symbolische Kapital kann daher als eine Dimension aller Kapitalarten verstanden werden, die sich potenzierend oder mildernd auf ihre Einsatzmöglichkeiten im sozialen Raum auswirkt.

Bourdieu betrachtet die Legitimation bestimmter Kapitalformen – ihre Aufwertung zu symbolischem Kapital – als einen zentralen Mechanismus der Herrschaft. Das ökonomische Kapital bleibt dabei die zentrale Kapitalform – sie liegt allen anderen Kapitalarten zugrunde. Da aber soziales und kulturelles Kapital unauffälliger als ökonomisches Kapital übertragen werden können und die Verleihung symbolischer Kraft den Akteuren weitgehend verborgen bleibt, können durch den Einsatz dieser zwei Kapitalarten Machtverhältnisse unmerklich erhalten und legitimiert werden.

» [Bourdieus] wichtigstes Ergebnis besteht darin, dass ästhetische Praxis überhaupt keine harmlose Erscheinung ist, sondern ganz wesentlich dazu beiträgt, dass die Struktur der Gesellschaft erhalten bleibt. ‚Sage mir, womit du dich kulturell befasst, und ich sage dir, wo dein Platz in der Gesellschaft ist!', so könnte man die zentrale Aussage dieser Studien zusammenfassen." (Fuchs, 2014, 18)

Damit rückt Bourdieu verborgene Momente der Herrschaft in musikalischen Bildungssystemen in den Blickpunkt. Das Erlernen des Klavierspiels in der Herkunftsfamilie und in musikalischen Bildungseinrichtungen stellt z. B. aus dieser Perspektive eine Reproduktionsstrategie dar, einen Vorgang der verschleierten Weitergabe und Transformation von Kapital, dessen Zweck die Machterhaltung ist. Bourdieu zeigt also, „dass Bildung [...] sich nicht nur in der individuellen Auseinandersetzung eines Menschen mit seiner Umwelt vollzieht, sondern stets im Rahmen gesellschaftlicher Machtverhältnisse angesiedelt ist" (Koller, 2012, 31).

Musiklernen im Kampfplatz des sozialen Raumes

Die Theorie des sozialen Raumes ist komplex und beinhaltet noch eine Reihe weiterer Kategorien, die im Folgenden nur ansatzweise und zwecks einer angemessenen Zuordnung der Konzepte erörtert werden sollen. An erster Stelle wäre zu beachten, dass Bourdieu zwischen drei Dimensionen sozialer Ungleichheit unterscheidet, zwischen

- der Dimension des *Habitus*, d.h. des Dispositionsgefüges der Akteure,
- der Dimension des *Kapitals*, d.h. der objektiven Lebensbedingungen und der Ressourcen der Akteure und
- der Dimension der *Lebensstile*, d.h. der Wertvorstellungen und Präferenzen der Akteure in Konsum und Lebensführung, der „repräsentierten sozialen Welt" (Bourdieu, 1987, 278).

Anhand dieser drei Dimensionen identifiziert Bourdieu *Klassen*, d.h. Gruppen von Akteuren, die auf diesen drei Ebenen ähnliche Muster aufweisen und die sich dementsprechend als Positionen im sozialen Raum manifestieren. Die Theorie des sozialen Raumes bringt also die systematischen Beziehungen zwischen objektiven Existenzbedingungen (Kapital) und subjektivem Handeln (Lebensstil) ans Licht, bei denen der Habitus als vermittelnde Instanz und Erzeugungsmuster fungiert. Sie enthüllt beispielsweise die Korrespondenz zwischen einem bestimmten Übeverhalten bzw. einem bestimmten Musikgeschmack und der Kapitalstruktur der Herkunftsfamilie, wie auch den Mechanismus, der ermöglicht, dass eine solche Korrespondenz zustande kommt.

An zweiter Stelle wäre die Ebene der *Felder* zu benennen. Felder sind Abschnitte der sozialen Wirklichkeit, in denen es um bestimmte Kapitalarten geht und bei denen sich im Laufe der Geschichte objektive Verhältnisse zwischen Positionen gebildet haben. Sie sind im Grunde die Spiele – mit ihren Zugangsvoraussetzungen, ihren Riten, ihren Regeln –, in deren Gestalt sich soziale Wirklichkeit entfaltet. Sie stellen ein System von Relationen dar und sind durch eine feldspezifische *Illusio* gekennzeichnet: eine nicht ausgesprochene gemeinsame Überzeugung der Akteure, die den Interaktionen im Feld Sinn verleiht. Während die Perspektive der Klassen den Blick auf das gesellschaftliche Ganze richtet und strukturelle Beziehungen aufdeckt, ermöglicht die Perspektive der Felder eine differenziertere Sicht auf partikuläre Bereiche, etwa auf das ökonomische, das juristische und das wissenschaftliche Feld. Interessant für das Nachdenken über Musiklernen sind die Ausführungen Bourdieus zum künstlerischen Feld, einem Feld, das einer Kunst entspricht, die „aus einer artistischen Intention hervorgeht, worin das *absolute Primat der Form über die Funktion*, der Darstellungsweise über das Dargestellte geltend gemacht, [...] eine rein ästhetische Einstellung verlangt wird" (ebd., 59 f., Hervorhebungen im Original). Diese Sichtweise macht also auf die potenziellen Diskrepanzen zwischen einem seiner Illusio folgenden künstlerischen Feld und den Lerninitiativen von musikinteressierten Menschen aufmerksam, denen diese Illusio womöglich sinn- und zwecklos erscheint (also z.B. zwischen professionellen Musikerinnen und Musikern und Laien).

Die bisherigen Ausführungen haben die massive Beharrlichkeit gesellschaftlicher Machtverhältnisse und individueller Prägungen sichtbar gemacht. Die Vorstellung der Gesellschaft als träges, grundstabiles Gebilde dynamisiert Bourdieu aber durch die Einführung zweier weiterer Konzepte: der symbolischen Kämpfe und der sozialen Laufbahnen. An dritter Stelle wäre also noch die Dimension der dynamischen Kräfte im sozialen Raum zu erwähnen. Unter *symbolischem Kampf* versteht Bourdieu den Kampf der Klassen, Felder und Gruppen um die Definitionsmacht darüber, was in der Gesellschaft als wertvoll anerkannt wird und infolge dessen als symbolisches Kapital gilt. Bourdieu attestiert der herrschenden Klasse einen ausgeprägten Sinn für *Distinktion*, d. h. für die Höherbewertung des eigenen Lebensstils und damit für die Absetzung vom Lebensstil anderer (vgl. Bourdieu, 1987, 405 ff.). Dass die Durchsetzung dieser Wertigkeiten im sozialen Raum nicht ganz friedlich vonstattengehen kann, liegt auf der Hand. Der soziale Raum besteht also aus Positionen, die gegeneinander gerichtet sind und die Gewalt – vor allem sprachliche Gewalt – ausüben. „Die Spiel-Räume sind Kampfplätze", schreiben Fuchs-Heinritz und König (2014, 118). Die Mächtigen legen die Spielregeln fest, die Entmachteten spielen das Spiel mit oder setzen subversive Strategien ein, die auf die Umwälzung des bestehenden Wertesystems abzielen, und ein fortdauernder symbolischer Kampf entfaltet sich, der – Kraft des Habitus – kein bewusst strategisches Handeln der Akteure voraussetzt.

Überlegungen wie diese können überraschende Perspektiven auf Musiklernsituationen öffnen. Beispielsweise wäre im Bereich der Musik- und Kulturvermittlung die Frage zu stellen, ob dieser nicht (auch) den Versuch der Mächtigen im künstlerischen Feld darstellt, die künstlerischen Praktiken anderer Gruppen als mangelhaft zu definieren, ihnen ihren Wert und ihre Daseinsberechtigung abzuerkennen und somit ihre eigene Macht – z. B. ihre Kultursubventionen – weiter zu erhalten (vgl. Mandel & Renz, 2014). Die Bourdieu'sche Perspektive bringt Momente der Unterdrückung in Initiativen zur „Musikalisierung der Gesellschaft", zur „Ermöglichung kultureller Teilhabe" oder zur „Verbesserung der Lebensperspektiven durch Musik" ans Licht, wie z. B. den sprachlichen Akt, Mitglieder von bestimmten sozialen Gruppen als (noch) nicht musikalisiert, (noch) nicht kulturell beteiligt und nur bedingt lebensfähig zu definieren.

» Was ich hier andeute, ist ein Erklärungsmuster, das – je öfter ich es höre – konstitutiv für die Begründung von Kultur- und Musikvermittlung zu sein scheint. Offensichtlich besteht eine beträchtliche Neigung diejenigen, an die sich das Angebot richtet, zuerst einmal als in besonderer Weise defizitär zu beschreiben und auf diese Weise niederzumachen. Als wäre die Pejorisierung ‚der anderen' die notwendige Voraussetzung dafür, das eigene Engagement ins rechte Licht zu rücken. Zum Lohn gibt es einen Platz weiter oben auf der sozialen Stufenleiter, der dem Wunsch nach sozialer Überlegenheit hinreichend entgegen kommt, ohne den Schein des Altruismus – von dem das eigene Tun getragen ist – in Frage zu stellen." (Wimmer, 2012)

Welche Wirkung haben diese Kämpfe? Die Konflikte im sozialen Raum sorgen dafür, dass sich Großgruppen im sozialen Raum ständig bewegen und verändern. Auf diese Weise entstehen kollektive *soziale Laufbahnen*, die den sozialen Raum durchkreuzen und in denen sich die Entwicklungen der Machtverhältnisse manifestieren. Gruppen weisen Tendenzen des Auf- und des Abstiegs, der Expansion und der Kontraktion, der Annäherung und der Abgrenzung auf, die mit Verschiebungen von Kapital zusammenhängen und die ihrerseits den Handlungsraum ihrer Mitglieder – ihre individuellen Laufbahnen – einschränken. Nach seiner Sozialtheorie steuern eher Menschen mit ihren individuellen Laufbahnen Positionen an, die im Möglichkeitsraum der kollektiven Laufbahn für sie vorgesehen sind: Die individuelle musikalische Lernbiografie eines Menschen wäre in diesem Sinne als eine der in der sozialen Dynamik angelegten und eine für ihn vorgesehenen Laufbahnen zu betrachten (vgl. Bourdieu, 1987, 188 ff.).

Bourdieu und die Musikpädagogik

Die bisherigen Ausführungen haben gezeigt, dass Bourdieus Sozialtheorie eine Reihe von Anknüpfungspunkten für (musik-)pädagogisches Nachdenken bietet. Sie ist aber im Fachdiskurs auch auf Kritik gestoßen. Kritisiert werden etwa

- ein der Theorie innewohnender Determinismus, der mit dem intervenierenden Charakter von Pädagogik unvereinbar ist,
- die theoretisch problematische Gleichsetzung von Gleichheits- und Gerechtigkeitsbestrebungen und
- die Reduktion der ästhetischen Dimension auf ihre formalen Aspekte, die Bourdieus Soziologisierung des Geschmacks zugrunde liegt (vgl. Vogt 2013 und 2011).[9]

Liebau führt die Abwehrhaltung der Pädagogik Bourdieus gegenüber auf seine Infragestellung zentraler pädagogischen Prämissen zurück, oder genauer: auf die Entlarvung dieser Prämissen als nicht haltbare pädagogische Illusionen.

» Denn Bourdieus Analysen stellen eine doppelte Provokation dar, die häufig von Pädagogen als doppelte Beleidigung wahrgenommen wird. Es ist einerseits die Provokation durch Aufklärung und Objektivierung, die mit den schmerzlichen Desillusionierungen verbunden sein kann. Und es ist andererseits die fundamentale Provokation durch die Wahrnehmung der Kontingenz selbst, der Zufälligkeit, Situativität, Unberechenbarkeit und Unsteuerbarkeit der gesellschaftlichen Praxis und auch der pädagogischen Praxis in ihr, die die Aussicht auf eine aktive, zielgerichtete und erfolgreiche pädagogische Einflussnahme vor dem Hintergrund der gesellschaftlichen Kräfteverhältnisse und Kämpfe als sehr unwahrscheinlich und den Pädagogen selbst als interessierten Akteur in den gesellschaftlichen Auseinandersetzungen erscheinen lässt. Für pädagogische Größenphantasien bleibt da wenig Raum. Als Pädagoge kann man da nur bescheiden(er) werden." (Liebau, 2011, 20)

Der bedeutendste Beitrag von Bourdieus Sozialtheorie für die Pädagogik ist also zunächst ihre Kraft zur Desillusionierung; allerdings kann sich erst aus einer solchen Desillusionierung eine Transformationsdynamik entwickeln. Nur wenn Pädagogen und Pädagoginnen die in ihren Arbeitszusammenhängen wirksamen Reproduktionsmechanismen erkennen, können sie tatsächlich entgegenwirkende pädagogische Strategien entwerfen. Wie dies konkret aussehen kann, zeigt der von Koller (2012) vorgelegte Entwurf einer Theorie transformatorischer Bildungsprozesse: Ausgehend von der Neubestimmung von Bildung als „einen Prozess der Transformation grundlegender Figuren des Welt- und Selbstverständnisses" (ebd., 17), zieht Koller Bourdieus Sozialtheorie heran, um zu klären, wie diese Figuren des Welt- und Selbstverständnisses überhaupt geschaffen und auf welche Weise sie veränderbar sind. In den Fokus rücken dabei die Möglichkeiten der Transformation des Habitus durch die Konfrontation mit Situationen, die dem Habitus zuwiderlaufen und durch jene Denk- und Handlungsspielräume, die die symbolischen Kämpfe grundsätzlich eröffnen.

[1] Im Weiteren wird innerhalb des Textes lediglich der Geburtsname des Autors verwendet, um die ohnehin etwas unübersichtliche Literaturlage zu den *Communities of Practice* nicht noch zusätzlich zu verkomplizieren.

[2] Bereits an dieser Stelle sei schon darauf hingewiesen, dass eine genaue Bestimmung des Begriffs schwierig ist, weil Lave und Wenger ihr Konzept der *Communities of Practice* in unterschiedliche Richtungen weiterentwickelt haben. Der vorliegende Text orientiert sich in erster Linie an den von Wenger detailliert ausgearbeiteten Dimensionen *mutual engagement*, *joint enterprise* und *shared repertoire* (vgl. Wenger, 1998). Diese Beschreibung ist in theoretischer Hinsicht am überzeugendsten. Die vierzehn Indikatoren für *Communities of Practice*, die Wenger in diesem Zusammenhang nennt, lassen sich hier aus Platzgründen nicht weiter ausführen, werden aber im Weiteren ebenfalls berücksichtigt (vgl. ebd., 125 f.).

[3] Lave und Wenger (2011) beziehen sich auf den Praxisbegriff Bourdieus (vgl. ebd., 50; siehe dazu auch den folgenden Abschnitt).

[4] Siehe dazu auch den vorhergehenden Abschnitt zum Imitationslernen bei Bandura.

[5] In seiner theoretischen Auseinandersetzung mit dem Konzept setzt sich Wenger detailliert mit der Frage auseinander, welche Bedeutung unterschiedliche Verlaufsbahnen in *Communities of Practice* zukommen kann. Dennoch bleibt das Thema „Konflikt" in seinen Überlegungen eher unbestimmt – ganz anders als in der Theorie Bourdieus, um die es in dem folgenden Teilkapitel geht.

[6] Einen guten Überblick bietet der Band von Hughes, Jewson und Unwin (2007).

[7] Das Zusammenspiel unterschiedlicher sozialer Zugehörigkeiten spielt allerdings in Bourdieus Theorie eine wichtige Rolle (siehe Abschnitt 3).

[8] Für Bourdieu stellen Klassen und Gruppen kollektive Positionen im sozialen Raum dar.

[9] Bourdieu wird übrigens auch die Vernachlässigung kooperativer Sozialbeziehungen und eine Überbewertung gesellschaftlicher Strukturen vorgeworfen, was auf die in den anderen Abschnitten dieses Textes diskutierten Mikro- und Mesoebenen sozialer Prozesse hinweist (vgl. Fuchs-Heinritz & König, 2014, 99 ff.).

Literatur

Alheit, P., Page, K. & Smilde, R. (2015): *Musik und Demenz. Das Modellprojekt „Music for Life" als innovativer Ansatz der Arbeit mit Demenzkranken.* Gießen: Psychozosial-Verlag.

Ardila-Mantilla, N. (2017): *Musiklernwelten erkennen und gestalten. Eine qualitative Studie über Musikschularbeit in Österreich.* Wien: LIT.

Bandura, A. (1976): *Lernen am Modell. Ansätze zu einer sozial-kognitiven Lerntheorie.* Stuttgart: Klett.

Bandura, A. (1979): *Sozial-kognitive Lerntheorie.* Stuttgart: Klett-Cotta.

Bandura, A. (2006): Adolescent development from an agentic perspective. In: F. Pajares & T. Urdan (Eds.): *Self-efficacy beliefs of adolescents* (pp. 1–44). Greenwich, CT: Information Age Publishing (Adolescents and Education, 5).

Bliss, F.R., Johanning, A. & Schicke, H. (2006): Communities of Practice – Ein Zugang zu sozialer Wissensgenerierung. Verfügbar unter: http://www.die-bonn.de/esprid/dokumente/doc-2006/bliss06_01.pdf (Stand: 25.03.2016).

Bourdieu, P. (1987): *Die feinen Unterschiede. Kritik der gesellschaftlichen Urteilskraft* (Suhrkamp Taschenbuch Wissenschaft, Bd. 658). Frankfurt a.M.: Suhrkamp.

Bourdieu, P. (1993): *Sozialer Sinn. Kritik der theoretischen Vernunft* (Suhrkamp Taschenbuch Wissenschaft, Bd. 1066). Frankfurt a.M.: Suhrkamp.

Cox, A.M. (2005): What are communities of practice? A comparative review of four seminal works. *Journal of Information Science* 31 (6), 527–540.

Czauderna, A. (2014): *Lernen als soziale Praxis im Internet.* Wiesbaden Springer VS.

Ernst, A. (1999): *Lehren und Lernen im Instrumentalunterricht. Ein pädagogisches Handbuch für die Praxis.* Mainz: Schott.

Fuchs, M. (2014): Elfenbeinturm oder menschliches Grundrecht? Kulturnutzung als soziale Distinktion versus Recht auf kulturelle Teilhabe. In: B. Mandel & T. Renz (Hg.): *Mind the gap! Zugangsbarrieren zu kulturellen Angeboten und Konzeptionen niedrigschwelliger Kulturvermittlung* (S. 16–21). Verfügbar unter https://www.uni-hildesheim.de/uploads/media/Mandel_Renz2014-Mind_the_gap.pdf (Stand: 29.06.2017).

Fuchs-Heinritz, W. & König, A. (2014): *Pierre Bourdieu. Eine Einführung.* 3. Auflage, Konstanz: UVK.

Fuller, A. (2007): Critiquing theories of learning and communities of practice. In: J. Hughes, N. Jewson, L. Unwin (Eds.): *Communities of Practice. Criti cal Perspectives* (pp. 17–29). New York: Routledge.

Gerrig, R. J. & Zimbardo, P. G (2016): *Psychologie.* 20. Auflage, Hallbergmoos: Pearson.

Gies, S. & Heß, F. (Hg.): (2013). *Kulturelle Identität und soziale Distinktion. Herausforderungen für Konzepte musikalischer Bildung.* Innsbruck: Helbling.

Göllner, M. (2017): *Perspektiven von Lehrenden und SchülerInnen auf Bläserklassenunterricht. Eine qualitative Interviewstudie.* Münster: Waxmann.

Hannover, B., Zander, L. & Wolter, L. (2014): Entwicklung, Sozialisation und Lernen. In: T. Seidel & A. Krapp (Hg.): *Pädagogische Psychologie* (S. 139–166). Weinheim: Beltz.

Hughes, J., Jewson, N. & Unwin, L. (2007) (Eds.): *Communities of practice. Critical perspectives.* New York: Routledge.

Hughes, J. (2007): Lost in translation: communities of practice. The journey from academic model to practitioner tool. In J. Hughes, N. Jewson & L. Unwin (Eds.): *Communities of practice. Critical perspektives* (pp. 30–40). New York: Routledge.

Kenny, A. (2016): *Communities of musical practice.* London and New York: Routledge.

Koller, H.-C. (2012): *Bildung anders denken. Einführung in die Theorie transformatorischer Bildungsprozesse* (Pädagogik). Stuttgart: Kohlhammer.

Lave, J. (1996): Teaching as learning in social practices. In: *Mind, Culture, Activity,* 3 (3), 149–164.

Lave, J. & Wenger, E. (2011): *Situated learning: legitimate peripheral participation.* 18. Auflage (1. Aufl. 1991). Cambridge et al.: Cambridge University Press.

Liebau, E. (2011): Was Pädagogen an Bourdieu stört. *Schulheft,* 36 (142), S. 10–21.

Mandel, B. & Renz, T. (Hg.) (2014): *Mind the gap! Zugangsbarrieren zu kulturellen Angeboten und Konzeptionen niedrigschwelliger Kulturvermittlung.* Verfügbar unter https://www.uni-hildesheim.de/uploads/media/Mandel_Renz2014-Mind_the_gap.pdf (Stand: 29.06.2017).

Mietzel, G. (2007): *Pädagogische Psychologie des Lernens und Lehrens.* 8. Aufl., Göttingen: Hogrefe.

North, K., Franz, M. & Lembke, G. (2004): Wissenserzeugung und -austausch in Wissensgemeinschaften Communities of Practice. *QUEM-report. Schriften zur beruflichen Weiterbildung.* Berlin: Arbeitsgem. Betriebl. Weiterbildungsf. e.V./Projekt Qualifikations-Entwicklungs-Management.

Pajares, F. (2002): Overview of social cognitive theory and of self-efficacy. Lexington, KY: University of Kentucky. Online verfügbar unter: http://www.uky.edu/~eushe2/Pajares/eff.html (Stand: 01.07.2017).

Röbke, P. (2009): Lernen in der musikalischen Praxisgemeinschaft. Wie der „formal/in-formal" Diskurs überlagert wird. In P. Röbke & N. Ardila-Mantilla (Hg.): *Vom wilden Lernen* (S. 159–168). Mainz: Schott.

Seel, N. (2003): *Psychologie des Lernens. Lehrbuch für Pädagogen und Psychologen.* 2. Auflage, München: E. Reinhardt.

Söderman, J., Burnard, P. & Hofvander Trulsson, Y. (2015): Contextualising Bourdieu in the field of music and music education. In P. Burnard, Y. Hofvander Trulsson & J. Söderman (Eds.): *Bourdieu and the sociology of music education* (pp. 1–11). Farnham: Ashgate.

Vogt, J. (2011): Starke Gefühle. Zu den prärationalen Grundlagen ästhetischer Erfahrung. Teil 3: Nietzsches Ressentiment. *Zeitschrift für Kritische Musikpädagogik,* 1–17. Verfügbar unter http://www.zfkm.org/11-vogt.pdf (Stand: 25.04.2017).

Vogt, J. (2013): Schwierige Gleichheit. Vom Nutzen gerechtigkeitsphilosophischer Überlegungen für die Musikpädagogik. In S. Gies & F. Heß (Hg.): *Kulturelle Identität und soziale Distinktion. Herausforderungen für Konzepte musikalischer Bildung* (S. 45–58). Innsbruck: Helbling.

Wenger, E., McDermott, R. & Snyder, M. W. (2002): *Cultivating communities of practice a guide to managing knowledge.* Boston, MA: Harvard Business School Press.

Wenger, E. (1998): Communities of practice. Learning, meaning and identity. Cambridge MA: Cambridge University Press.

Wenger-Trayner, E. & Wenger-Trayner, B. (2015): Communities of practice. A brief introduction. Online verfügbar unter: http://wenger-trayner.com/introduction-to-communities-of-practice/ (Stand: 03.07.2017).

Wimmer, M. (2012): *Kulturelle Bildung und Ungleichheit. Ja – singt, musiziert, tanzt mit den Jugendlichen. Aber hört auf, sie vorab zu diskriminieren.* Verfügbar unter http://educult.at/blog/kulturelle-bildung-und-ungleichheit (Stand: 29.06.2017).

Zboralski, K. (2008): Das Wechselspiel von individuellem, kollektivem und organisationalem Lernen – Kompetenzentwicklung in Communities of Practice. In J. Freiling, C. Rasche & U. Wilkens (Hg.): *Wirkungsbeziehungen zwischen individuellen Fähigkeiten und kollektiver Kompetenz* (S. 5–34). München: Rainer Hampp Verlag.

Wolfgang Lessing, Christine Stöger

Musiklernen in Institutionen

Inwieweit beeinflussen Institutionen das Musiklernen? Diese Frage berührt einen Punkt, der von der musikbezogenen Entwicklungspsychologie und Lernforschung bislang kaum beachtet wurde. Die Forschung zu den Faktoren, die Lernprozesse beeinflussen, bezog sich vornehmlich auf einzelne Personengruppen (Eltern, Geschwister, Lehrer, Peers), nicht aber auf die institutionellen Kontexte, in denen diese Personengruppen agierten.

Diese auffallende Ausklammerung mag damit zusammenhängen, dass der Institutionenbegriff, zumindest in seiner alltagssprachlichen Verwendung, in der Regel nicht direkt mit den internen Wahrnehmungs- und Verarbeitungsmechanismen handelnder Personen in Verbindung gebracht wird und insofern auch keinen Ansatzpunkt für entwicklungs- oder lernpsychologische Forschung darstellt. Häufig werden Institutionen als bloße Gehäuse verstanden, die den Rahmen für das Handeln einzelner Akteure bilden (vgl. Oerter & Montada, 2002, 97 f.). Die Lern- und Entwicklungspsychologie widmet sich dann vornehmlich den Personen und Personengruppen innerhalb der Institutionen, nicht aber diesen selbst.

Anders ist die Sachlage, wenn man statt der entwicklungspsychologischen Perspektive eine soziologische wählt. Hier ist eine Institution dann kein bloßes „Gehäuse" mehr, sondern erscheint vielmehr als ein Faktor, der für ein Verständnis der menschlichen Spezies als eines *zoon politikon* von essentieller Bedeutung ist. Menschliche Sozialisation erfolgt, aus dieser Perspektive betrachtet, nicht nur innerhalb von Institutionen, sondern muss selbst als ein Prozess der Institutionalisierung verstanden werden. Ein derartiger Prozess findet Peter Berger und Thomas Luckmann zufolge statt, „sobald habitualisierte Handlungen durch Typen von Handelnden reziprok typisiert werden. Jede Typisierung, die auf diese Weise vorgenommen wird, ist eine Institution" (Berger & Luckmann, 2003, 58). In dieser Lesart wäre bereits das Elternhaus als eine Institution zu betrachten, denn unzweifelhaft geht es in der Eltern-Kind-Interaktion immer auch um das Erlernen und die Habitualisierung bestimmter Rollen aufgrund wechselseitiger Zuschreibungen. Lernen wäre dann nicht nur etwas, das *in* Institutionen stattfindet, sondern selbst immer auch ein Ausdruck von Institutionalisierung. Angesichts dieser Definition erscheint auch die in der Musikpädagogik geläufige Unterscheidung zwischen institutionellen und außerinstitutionellen Orten des Musiklernens problematisch: Auch ein auf privater Basis erteilter Instrumentalunterricht wäre eine Institution, insofern er etwa auf bestimmten historisch gewachsenen und habitualisierten Lehrer- und Schülerrollen fußt.

In diesem Kapitel nähern sich die Autoren dem Thema „Musiklernen in Institutionen" aus zwei theoretischen Blickwinkeln heraus an. Im ersten Abschnitt zeigt Wolfgang Lessing anhand einer konkreten Lehr-Lernsituation aus dem Bereich der professionellen Musikerausbildung, in welcher Weise der Aspekt des Institutionellen in das konkrete

Handeln musikpädagogischer Akteure eingreift und damit die Lernprozesse auf Seiten der Schüler überformt. In einem zweiten Schritt wird dieser Zusammenhang unter Zuhilfenahme der von Pierre Bourdieu entwickelten Dialektik von Habitus und Feld weiter vertieft. Den Abschluss bildet ein aus den Erziehungswissenschaften stammendes Modell der „Schulkultur", mit dessen Hilfe sich das Handeln einzelner Personen in Bezug auf die sie umgreifende Institution in ihren wechselseitigen Interdependenzen deutlich machen lässt.

Im zweiten Abschnitt zeigt Christine Stöger, wie Menschen in Praktiken des Lernens im weitesten Sinn eingesponnen sind bzw. eingesponnen werden, welche Rolle dabei Orte – in unserem Fall Schule oder Musikschule –, Dinge und Artefakte spielen und welche Handlungsbedingungen, aber auch Handlungsmöglichkeiten sich für die Einzelnen ergeben. Als theoretische Rahmung dienen jüngere praxeologische Zugänge.

Der unsichtbare Rahmen – Die Institution als verschwiegener Bezugspunkt pädagogischen Handelns

In seiner ethnografischen Studie über das kulturelle System (*cultural system*) eines amerikanischen Konservatoriums schildert der Ethnomusikologe Henry Kingsbury ausführlich den Kammermusikunterricht des Pianisten Marcus Goldmann (Pseudonym) (Kingsbury, 1988, 85 ff.). Kingsbury beschreibt einen Unterrichtsstil, der von großem Enthusiasmus, akribischer Detailgenauigkeit und dem Bemühen um maximale Texttreue gekennzeichnet ist. Goldmanns Insistieren auf den kleinsten Hinweisen des Notentextes entspringt keineswegs philologischer Pedanterie, sondern ist von der Überzeugung durchdrungen, dass die Partitur für denjenigen, der sie richtig zu lesen versteht, den entscheidenden Schlüssel zum tieferen Verständnis eines Werkes bereithält. Ganz im Sinne seines Lehrers, des Pianisten Arthur Schnabel, ist der Notentext für ihn mehr als ein bloßes Regelwerk, das vom Interpreten einfach nur zu befolgen ist. Um erkennen und umsetzen zu können, was der Text von ihm verlangt, ist der Musiker auf ein erahnendes Gespür (*feeling*) angewiesen. Erst dadurch – und nicht durch eine sklavische Befolgung von Anweisungen – wird er in die Lage versetzt, in den „eigentlichen" Sinn aller Details einzudringen. Im Akt der Aufführung kann das dann paradoxerweise dazu führen, dass um eben dieses Sinnes willen vom Notierten abgewichen wird. An einer Stelle des Horntrios von Johannes Brahms, an der der Komponist ausdrücklich *piano* vorschreibt, animiert Goldmann eine Schülerin dazu, noch wesentlich leiser zu spielen:

> » Taken literally, it is clear that Goldmann has contradicted the text: the score says piano, Goldmann says *pianissimo*. Taken practically, however, the effect of Goldmann's comments was to clarify to the student the aural meaning of the Brahms *piano* indication." (Kingsbury, 1988, 93; Hervorhebungen im Original)

Dieser Unterrichtsstil stellt höchste Ansprüche an den Schüler. Was hier verlangt wird, sind Akte eines ungehorsamen Gehorsams. Gerade weil der Interpret mit größter Akribie die kleinsten Winke des Textes zu befolgen hat, muss er im Akt seines Spiels von der eindimensionalen Umsetzung bloßer Vorschriften abweichen, denn nur so kann er zur tieferen Bedeutung (*meaning*) des Notierten vordringen. Goldmann versteht sich in seiner Lehrerrolle als ein zwischengeschaltetes Organ zwischen Partitur und Schüler. Durch sein Insistieren auf dem Notierten will er den Schüler dazu bewegen, selbstständig zu dieser Bedeutung vorzudringen.

Wer diese Dialektik nicht begreift, wird zurückgewiesen. Einem Schüler, der auf Goldmanns Anweisung hin eine Passage etwas schneller spielt, wird vorgehalten: „I told you to play it faster, now it's too fast. That happens with a lot of students. You know what I say more than what I mean" (Kingsbury, 1988, 99). Nicht nur das Notat der Partitur, sondern auch die Sprache des Lehrers ist von einer Dialektik von Bezeichnetem („was ich meine") und Bezeichnendem („was ich sage") beherrscht: ein klarer Hinweis, dass Goldmann sich selbst als verlängerten Arm der Partitur begreift und deren Anforderungen in den sozialen Raum der Lehrer-Schüler-Beziehung überträgt.

Das *feeling*, das den Musiker zu diesem ungehorsamen Gehorsam befähigt, scheint für Goldmann nicht lehrbar und vermutlich auch nicht lernbar zu sein. Sein Unterricht errichtet eine Differenzlinie zwischen jenen Schülern, die verstehen, was gemeint ist und die sich daher nicht am äußeren Wortsinn seiner Anweisungen oder an den bloßen Zeichen der Partitur orientieren müssen, und jenen, die zu der Unterscheidung von Gesagtem/Bezeichnendem und Gemeintem/Bezeichnetem nicht in der Lage sind. Ganz im Sinne dieser Differenzlinie wird Goldmanns Unterrichtsstil von denjenigen Schülern, die die Partitur nicht durch ein korrespondierendes *feeling* aufzuschließen vermögen, vollständig anders beurteilt als von den anderen. Während die „Wissenden und Fühlenden" ihrem Lehrer voll Bewunderung zugetan sind und die „Selbstlosigkeit" und ausschließlich an der Musik orientierte Intensität seines Unterrichts betonen (Kingsbury, 1988, 105), bescheinigen ihm die Zurückgewiesenen einen verborgenen *killer instinct*, mit dem er unfehlbar die Schwächen eines Schülers aufzudecken weiß (Kingsbury, 1988, 104); der Unterricht wird von diesen Schülern als „destructive" und „frustrating" bezeichnet (Kingsbury, 1988, 105).

Es geht bei Goldmanns Unterricht also immer auch um Selektion und Ausschluss. Für Kingsbury entspringt diese Praxis weder bösem Willen noch pädagogischer Unfähigkeit. Goldmann, so die Pointe seiner Argumentation, setzt in seinem Unterricht einfach nur jene latenten Machtstrukturen in die Realität um, die durch die Partitur im Grunde vorgezeichnet sind. Denn wenn in der Partitur ein tieferer Sinn verkapselt ist, der nur von demjenigen erfasst werden kann, der ihn zu erfühlen in der Lage ist, dann enthält bereits der Notentext eine implizite Praxis sozialer Distinktion, die all jene zurückweist, die diesen Sinn nicht zu erkennen vermögen. Einsichtig wird diese Verschränkung, wenn man mit Kingsbury davon ausgeht, dass der musikalische Text nicht losgelöst von seiner jeweiligen Aufführung zu denken ist. Die „performance", in der er sich entweder realisiert oder – bei schwächeren Schülern – eben entzieht, ist aber immer auch ein Ausdruck von „social power" (Kingsbury, 1988, 102). Im Anschluss an die soziologischen Arbeiten von William W. Whythe, William Labov und Anthony Giddens macht Kingsbury deutlich, dass es eine enge Verwandtschaft zwischen sozialer Hierarchie und „performance skills" gibt (Kingsbury, 1988, 102; vgl. auch Whythe, 1955, Labov, 1972, Giddens, 1979). So wie in Whythes klassischer soziologischer Fallstudie aus dem Jahre 1943 (*Street Corner Society*) die Virtuosität, die Jugendliche beim Bowlingspiel an den Tag legen, über die soziale Stellung innerhalb ihrer Gang entscheidet, so muss auch die scheinbar der alltäglichen Lebenswelt entrückte performative Verkörperung eines Kammermusikwerks als unmittelbarer Ausdruck von „social power" begriffen werden (Kingsbury, 1988, 102).

Diese durch die performative Leistung begründete soziale Hierarchie hat direkte Auswirkungen auf das Lernverhalten der Schülerinnen und Schüler: Wer in Goldmanns Sinne zu den „Auserwählten" gehört und aus sich heraus zu erkennen vermag, was der Lehrer ihm anzudeuten versucht, kann unendlich viel von ihm lernen und wird in mehrfacher Weise belohnt. Er erhält nicht nur affirmativen Zuspruch für seine Leistung, sondern wird zudem auch in seiner Selbstständigkeit gefördert, was paradoxerweise mit einer verstärkten Zuwendung auf Seiten des Lehrers einhergeht. Goldmann erscheint in diesem Falle als ein charismatischer Pädagoge, für den seine Adepten bereit sind, durch dick und dünn zu gehen. Alle anderen werden wesentlich härter behandelt: Weil sie in ihrer Performance zu wenig Autonomie erkennen lassen, werden sie zurückgewiesen. In seiner Eigenschaft als verlängerter Arm der Partitur bestraft Goldmann sie mit Exklusion – ihrer mangelnden Selbstbestimmtheit im Akt der Performance korrespondiert auf Seiten des Lehrers ein Akt der Fremdbestimmung, in dem sie ausgegrenzt werden, ohne dass ihnen ein Mitspracherecht eingeräumt würde.

In Anlehnung an eine von Richard Sennett entwickelte Typologie ist der Unterricht bei Goldmann für die Nicht-Auserwählten also entweder in der Kategorie eines „Nullsummenspiels" angesiedelt, bei der der Verlierer nur so viel behalten darf, wie er zu seiner weiteren Teilnahme am Wettbewerb benötigt, oder aber ein klarer Fall für die Kategorie „Der Gewinner erhält alles": „Wir kommen zusammen, wir treten in Wettstreit, ich bekomme alles und du bist vernichtet." (Sennett, 2012, 118–122, hier: 121).

Was Kingsbury hier beschreibt, ist nicht lediglich die Beziehung eines einzelnen Lehrers zu einer Gruppe von Schülern. Hinter dem Einzelfall verbirgt sich die Institution Konservatorium, die einen Rahmen vorgibt, innerhalb dessen sich die durch die Partitur angedeutete und durch den Lehrer praktizierte Selektion zwischen Auserwählten und Nicht-Auserwählten vollziehen kann. Goldmanns Umgang mit der Partitur und den Schülern kann nur deshalb so erfolgen wie er erfolgt, weil sein Handeln im Einklang mit dem institutionellen Rahmen steht, in den es eingebettet ist. Dieser Rahmen wird wesentlich durch den Begriff der Begabung (*talent*) geprägt, der für Kingsbury die heimliche Währung des Konservatoriumslebens darstellt. Der Begabungsbegriff regelt nicht nur, wer in diesem Feld oben oder unten ist, sondern er nobilitiert auch jene, die das Recht haben, einem Schüler das entsprechende *talent* zuzuerkennen oder abzusprechen. Goldmann kann nur deshalb als verlängerter Arm der Partitur fungieren, weil das *cultural system* des Konservatoriums ihm diese Rolle zubilligt – ja, so Kingsbury, diese Rolle eigentlich von ihm verlangt. Als Kingsbury einem Klavierkollegen von Goldmann seine Beobachtung mitteilt, dass dieser die „mittelmäßigen" Studenten wesentlich härter behandelt als die Gruppe der Auserwählten, erhält er die Antwort: „Well, that's okay, that has to be done" (Kingsbury, 1988, 105).

Das Verhältnis zwischen Goldmann als Repräsentanten der Institution Konservatorium und der Institution selbst lässt sich gut mit der von Pierre Bourdieu entwickelten Dialektik von Habitus und Feld in Verbindung bringen. Der Habitus – jene strukturierende Struktur, die nicht nur das Handeln und Verhalten, sondern bereits die zugrundeliegende Wahrnehmungsweise der Akteure prägt und ihnen ihre Stellung im sozialen Raum zumisst (vgl. Bourdieu, 2012, 277ff., vgl. auch Kapitel *Musiklernen als sozialer Prozess*) – bezieht sich für Bourdieu nicht auf die Gesellschaft als Ganzes, sondern immer auf bestimmte Felder (etwa der Politik, der Ökonomie, der Justiz oder der Kunst). Aus dieser Perspektive betrachtet, wäre das von Kingsbury untersuchte Konservatorium zunächst einmal einTeil eines Feldes (hier: der klassischen Musikausbildung konservatorialen Zuschnitts).[1] In diesem Feld gelten bestimmte Regeln. Es herrscht hier z.B. eine Dominanz des Begabungsbegriffes, Leistungen werden nach den Regeln des Nullsummenspiels selektiert, die Akteure orientieren sich durchweg an Maximalforderungen.

Diese Regeln treten nicht in Gestalt kodifizierter „Gesetze“ in Erscheinung, sondern bezeichnen eine spezifische, institutionell erwünschte Umgangsweise mit Musik. Wie diese Umgangsweise genau beschaffen ist, lässt sich an den Habitus ablesen, die das Feld prägen. Anders formuliert: Jedes Feld enthält implizit eine Vorstellung darüber, wie der Habitus eines im Feld agierenden Akteurs beschaffen sein muss. Der dem Feld entsprechende Habitus produziert also in gewisser Weise aus sich selbst heraus die Regeln des Feldes, in dem er sich bewegt. Wer einen anderen Habitus besitzt, gerät hingegen in Konflikt mit den Feldregeln. Daher kann Bourdieu sagen: „Verhalten kann auf Ziele gerichtet sein, ohne bewußt auf sie hin orientiert, durch sie geleitet zu sein. Der Begriff des Habitus ist erfunden worden, wenn ich so sagen darf, um diesem Paradox gerecht zu werden“ (Bourdieu, 1992, 28). Und eben weil der einzelne Akteur der ihn umgebenden Institution nicht lediglich gegenübersteht, sondern sich in seinem Handeln bereits vorgängig an ihren Regeln orientiert, existiert die Institution in den Worten Bourdieus, „zweimal, in der Objektivität und in der Subjektivität, in den Dingen und in den Gehirnen“ (Bourdieu, 2014, 209).

Der Habitus, der diesem Feld am besten entspricht, erfährt diese Passung vor allem dadurch, dass er sie gar nicht bemerkt. Ihm erscheinen die Feldregeln gleichsam natürlich und unveränderbar. Er bewegt sich, so drückt es Bourdieu in einer schönen Metapher aus, „wie ein Fisch im Wasser und die Welt erscheint ihm selbstverständlich“ (Bourdieu, 2006, 161). Ausgehend von der Idee einer derart vollständigen Feldpassung hat Wolfgang Lessing in einer qualitativen Studie zu den Spezialschulen für Musik[2] in der ehemaligen DDR drei Typen von Schülern konstruiert, die das Feld dieses gemeinsamen Erfahrungsraumes bestimmten (vgl. Lessing, 2017): den Typ „Fisch im Wasser“, den Typ „Schüler“ und den Typ „Fremdling“.

Bei den Akteuren vom Typ „Fisch im Wasser“, die den Feldregeln der Institution am besten entsprachen, trat die Institution Spezialschule paradoxerweise am wenigsten in Erscheinung (vgl. ebd., 113ff.): Der Hauptfachlehrer wurde, ungeachtet des Bewusstseins eines großen Hierarchieunterschiedes, vor allem als Musiker, Fachmann und Partner begriffen, mit dem sich der Schüler durch die gemeinsame Hingabe an die Musik und die mit ihr gesetzten Anforderungen verbunden wusste. Explizit erwähnt wurde die Institution von den Vertretern dieses Typs hingegen immer dann, wenn es um äußere Reglementierungen und bürokratische bzw. politische Behinderungen ging; der Lehrer, obgleich Repräsentant der Institution, schien in ihrer Darstellung der Institution nicht anzugehören, sondern stand für einen familiären, von zwischenmenschlicher Zuwendung getragenen Bereich.

Anders beim Typ „Schüler" (ebd.): Hier fungierte der Hauptfachlehrer in der Wahrnehmung vor allem als jemand, der die Leistungsanforderungen der Institution weitergab und durchzusetzen suchte. Folgerichtig erschien der Hauptfachunterricht nicht mehr als ein gleichsam exterritorialer Raum intensiver zwischenmenschlicher und musikalischer Begegnungen, sondern war eher einem Schulfach vergleichbar, dessen Anforderungen man sich mehr oder minder aktiv zu stellen (oder zu entziehen) versuchte. Charakteristisch für diesen Typ war ferner die Tatsache, dass der Erfahrungsraum der Spezialschule permanent auf Möglichkeiten hin abgesucht wurde, die Freiräume vor den Zwängen der Institution boten (etwa in Hinblick auf alternative Freizeitbeschäftigungen oder im Bereich zwischenmenschlicher Beziehungen). Das war bei den „Fischen" nicht notwendig, denn hier wurden die von der Institution zur Verfügung gestellten Formate ja bereits selbst zu einem großen Teil als Freiräume begriffen, in denen sich die Angehörigen dieses Typs relativ ungestört entfalten konnten.

Beim Typ „Fremdling" (ebd.) schließlich trat die Institution am stärksten in Erscheinung. Die Vertreter dieses Typs fühlten sich in vielfältiger Form fremdbestimmt und nahmen die an sie gestellten Anforderungen vor allem als „Zumutungen" wahr; der hiervon ausgehende Druck war so groß, dass die Kompensationsmöglichkeiten, die dem Typ „Schüler" zur Verfügung standen, nicht ergriffen werden konnten. Aus dem Fehlen derartiger Kompensationen ergab sich für die „Fremdlinge" ein Gefühl des Ausgeliefert-Seins, das sich häufig nicht allein auf die Schulzeit bezog, sondern – als Reaktion und Weiterentwicklung dieser leidvollen Erfahrung – auch noch in den späteren biografischen Verläufen immer wieder zu Wort meldete. So ergab sich insgesamt die Situation, dass für die Schüler, die zu den Feldregeln der Institution am besten passten, die Institution am wenigsten als eigenständiger Faktor hervortrat. Das bedeutet aber gerade nicht, dass die Institution für diese Schüler nicht existierte. Im Sinne der Bourdieu'schen Dialektik von Habitus und Feld muss man eher sagen, dass der Habitus der „Fische" derart dem sie umgebenden Feld angepasst war, dass die mit diesem Habitus ausgestatteten Schüler selbst als Verkörperungen der Institution fungierten und diese daher gar nicht als eine ihr Handeln prägende Größe wahrzunehmen imstande waren.

Für die Art und Weise, in der eine schulische Ausbildungsinstitution den durch sie gestifteten Erfahrungsraum prägt und damit den Rahmen definiert, innerhalb dessen sich die Dialektik von Habitus und Feld entfaltet, lässt sich der aus der Erziehungswissenschaft stammende Begriff der „Schulkultur" fruchtbar machen (vgl. Helsper, Böhme et al., 2001; Kramer, 2002; Kramer, 2011, 163 ff.). Dieser u. a. von Werner Helsper und Rolf-Torsten Kramer in die Diskussion eingebrachte Begriff ist nicht normativ-wertend zu verstehen – in dem Sinne etwa, dass manche Schulen eine gute Schulkultur, andere hingegen eine weniger gute besitzen. Der Terminus ist vielmehr ethnografisch-analytisch gemeint und zielt auf eine „sinnhafte Erschließung der Alltagspraxen, Rituale, Interaktionsformen, Symboliken [...] in der Spannung formeller und informeller Ebenen einer Schule" (Helsper, Böhme et al., 2001, 19). Helsper et al. unterscheiden drei verschiedene Ebenen von Schulkultur, die des Realen, des Symbolischen und des Imaginären (vgl. Helsper; Böhme et al, 2001, 553 ff.).

Die Ebene des *Realen* bezeichnet jene Aspekte der Institution, die die Akteure als schlechthin gegeben vorfinden und auf die sie keinen Einfluss besitzen. Das könnten etwa die Organisationsformen des Unterrichts sein oder die Regularien, nach denen geprüft und benotet wird sowie mögliche curriculare Festlegungen. Zu dieser Ebene zählen aber auch die sogenannten pädagogischen Antinomien – jene schlechterdings nicht auflösbaren pädagogischen Grundwidersprüche, die unabhängig von den je konkreten Ausformungen jede Form schulischen Lernens prägen (vgl. Helsper, Böhme et al, 2001, 39 ff.). Im Falle des von Kingsbury entlehnten Musterbeispiels lassen sich zwei derartige Antinomien erkennen: Goldmanns Unterricht, der unverkennbar beansprucht, quasi zeitenthoben ganz in die Sache selbst einzutauchen, muss dennoch damit leben, dass er zeitlich beschränkt ist, indem er z. B. eine vorgeschriebene Dauer besitzt. Diese Limitation, die sich als „Organisationsantinomie" bezeichnen lässt (vgl. Schütze, 1997, 345 ff., 352 ff.) führt dazu, dass für Lernprozesse, die in den Augen des Lehrers allein der „Sache selbst" gelten sollten, nur ein beschränktes Maß an Zeit zur Verfügung steht – ein Zwang, der die beschriebene Selektionspraxis in hohem Maße begünstigt und verstärkt. Ebenso greifbar ist eine Symmetrie-Antinomie (vgl. Helsper et al., 2001, 48). Kingsburys Darstellung zeigt deutlich, dass Goldmann einerseits als Partner und Coach zusammen mit dem Schüler in die Geheimnisse der Partitur einzudringen bestrebt ist, andererseits aber auch gnadenlos von seinem durch seine Lehrerrolle begründeten Recht auf Selektion Gebrauch macht.

Diese spezifische Umgangsweise mit den „realen" Gegebenheiten des Feldes wird in Helspers Modell der Schulkultur als die Ebene des *Symbolischen* bezeichnet. So unverrückbar der „harte Fels" des Realen auch ist (Helsper, Böhme et al., 2001, 65), gehen die Akteure in ihrer konkreten Praxis damit doch auf durchaus unterschiedliche Art und Weise um: Dass es in Goldmanns Unterrichtspraxis zu einer extremen Polarisierung zwischen Auserwählten und Nicht-Auserwählten kommt, lässt sich zwar auf die nicht hintergehbare Symmetrie-Antinomie zurückführen, nach der für jede Form des schulischen Lehrens und Lernens eine Spannung zwischen partnerschaftlichen und hierarchischen Aspekten konstitutiv ist. Doch diese Antinomie erzwingt keinesfalls eine ganz bestimmte Unterrichtspraxis, sondern bezeichnet vielmehr einen Rahmen, innerhalb dessen durchaus verschiedene Praxen möglich wären. Goldmann hätte die antinomische Spannung ja auch dahingehend bearbeiten können, dass er den Aspekt des Hierarchisch-Asymmetrischen als etwas rein Formelles und Nebensächliches behandelt hätte – als etwas, das auf sein Arbeitsbündnis mit dem Schüler keinen nennenswerten Einfluss besitzt. Das dahinterstehende pädagogische Credo hätte beispielsweise lauten können: „Leider sind wir gezwungen, wie im Sport zwischen guten und weniger guten Leistungen zu unterscheiden. Aber darum geht es ja gar nicht. Meine Aufgabe ist doch vor allem, jeden Schüler im Rahmen des ihm Möglichen zu unterstützen. Die Bewertungen, die ich am Ende erteilen muss, sind gar nicht so wichtig."

Das konkrete „symbolische" Handeln eines Akteurs arbeitet sich nicht nur an den Rahmenbedingungen des Realen ab, sondern wird – das lässt sich an dem hier skizzierten hypothetischen Credo gut ablesen – zugleich auch von bestimmten Glaubenssätzen und pädagogischen Grundüberzeugungen bestimmt. Derartige Überzeugungen bezeichnen nach Helsper die dritte Ebene von Schulkultur, die des *Imaginären*. Diese Ebene muss keineswegs identisch mit dem Handeln auf der symbolischen Ebene sein. Mitunter dient das Imaginäre sogar dazu, die Spannungen und Brüche zwischen den realen Rahmenbedingungen und der symbolischen Handlungspraxis zu überbrücken, möglicherweise auch zu übertünchen. Goldmanns imaginäres Selbstverständnis als selbstloser Diener am Kunstwerk könnte in diesem Sinne auch als Versuch gelesen werden, die sozialdarwinistischen Aspekte seines pädagogischen Handelns vor sich selbst und anderen unsichtbar werden zu lassen.

Die Glaubenssätze und Grundüberzeugungen auf der Ebene des Imaginären sind immer auch an das Selbstverständnis einer konkreten Ausbildungssituation gebunden. Wenn der oben zitierte Kollege von Goldmann dessen Selektionspraxis mit den Worten „that has to be done" kommentiert, dann offenbart sich darin eine Überzeugung, die über das bloße Meinen einer Einzelperson hinausgeht. Vielmehr wird die hier sanktionierte Umgangsform mit schwächeren Studenten als ein überpersonell gültiges und institutionell erwünschtes Verhalten legitimiert. Zugleich ist unübersehbar, dass derartige imaginäre Überzeugungen auch als Blaupausen dienen können, mit deren Hilfe sich ggf. Handlungen rechtfertigen lassen, die ganz anderen Motiven entspringen: Eine gnadenlose Praxis der Selektion (auf der symbolischen Ebene) kann zwar durchaus mit dem „imaginären" Motiv einer kompromisslosen Hingabe an die sich aus dem Kunstwerk ergebenden Maximalforderungen verknüpft sein. Doch dieses Motiv kann ebenso auch ein bloßer Deckmantel sein, hinter dem sich ganz andere Dinge (z. B. pädagogische Hilflosigkeit) verbergen. In diesem Falle ist die imaginäre Ebene keineswegs das rationalisierte Pendant der symbolischen Praxis, sondern dient vielmehr dem Zweck, diese Praxis vor sich selbst oder vor anderen als etwas zu legitimieren, das im Einklang mit den impliziten Regeln der Institution steht. Wobei deutlich zu sehen ist, dass diese Regeln hierbei einerseits als „real" begriffen werden (sie umschreiben ein Anspruchsniveau, dem sich ein Lehrender innerhalb der Institution Konservatorium nicht entziehen zu können glaubt). Gleichzeitig erhalten sie ihre „reale" Geltung erst dadurch, dass sie als imaginäre Überzeugung geäußert werden: Erst indem sie von den Akteuren eines Feldes in einem performativen Akt der Rede als etwas scheinbar Unverrückbares, der Institution gleichsam Eingeschriebenes präsentiert werden, werden sie zu Faktoren, die wirklich zur *hardware* der Institution gehören.

Im Sinne der Bourdieu'schen Dialektik von Habitus und Feld kann man also sagen, dass das Feld, in dem ein Akteur handelt, aus sich heraus bestimmte Typen von „imaginären" Zuschreibungen favorisiert. Goldmanns pädagogisches Selbstverständnis wäre demnach nicht nur seine Privatsache, sondern wesentlich durch den Erfahrungsraum des Konservatoriums geprägt, in dem der demutsvolle Dienst am Kunstwerk mit einer starken, durch den Begabungsbegriff geregelten Selektionspraxis einhergeht. Gleichzeitig werden die Regeln dieses Erfahrungsraumes erst durch sein eigenes Verhalten zu manifesten Tatbeständen. Diese sind dann so „real", dass es für jemanden, der sich innerhalb des Erfahrungsraumes bewegt, schwer wird, sich vorzustellen, dass es auch andere Erscheinungsformen von Schulkultur geben könnte. Ein Erfahrungsraum, der sich nicht an der *social power* von Meisterwerken und den daraus abgeleiteten Distinktionsmechanismen, sondern etwa an Kompetenzen und *learning outcomes* orientiert, würde trotz vergleichbarer realer Rahmenbedingungen zu anders gelagerten imaginären Selbstzuschreibungen führen, die – sofern sie von einer Mehrheit der Akteure getragen würden – andere symbolische Umsetzungen innerhalb des Erfahrungsraumes zur Folge hätten.

Dieses Modell von Schulkultur gilt keineswegs nur für konkrete Ausbildungsinstitutionen (wie Schulen, Musikhochschulen, Universitäten), sondern lässt sich auch für Arbeitsbündnisse geltend machen, die auf privater Basis erfolgen. Wenn man mit Bourdieu davon ausgeht, dass Felder und Institutionen Strukturen darstellen, die durch den Habitus des Einzelnen mehr oder minder stark verkörpert werden, dann spricht nichts dagegen, auch in einem scheinbar außerinstitutionellen instrumentalen Einzelunterricht eine bestimmte Ausformung von Schulkultur zu erkennen. Gerade weil sich Schulkultur nicht zwangsläufig ausschließlich im Rahmen von „Institutionen" im engeren Sinn vollziehen muss, ist es notwendig, sie als eine Größe zu verstehen, die tief in jegliche Prozesse des musikalischen Lehrens und Lernens hineinreicht.

„Habitus", „Feld" und „Schulkultur" sind jeweils eigene gedankliche und analytische Konstrukte, die dabei helfen, durch das Handeln von Einzelnen auf dahinterliegende Bedingungsgefüge zu blicken. So mag Goldmann den Eindruck haben, er handle als Individuum und Experte, während er in ein Netzwerk von bereits existierenden Strukturen eingebunden ist. Die folgenden Annäherungen an das Musiklernen in Institutionen nehmen die Macht der „Praktiken" in den Blick, die etabliert sind und immer wieder neu erzeugt werden. Dabei erweitert sich der Blick von den Menschen hin zu den Dingen und spezifischen Orten und räumlichen Anordnungen, die etwa im schulischen Raum die musikalischen Lernpraktiken mitbestimmen.

Die Bedeutung der Körper, Räume und Dinge für das Musiklernen in Institutionen – eine praxistheoretische Perspektive

Mit den Begriffen „Praxis" und „Praktiken" schließt dieser Abschnitt an die zuvor eröffnete soziologische Perspektive auf Musiklernen an und nimmt dabei beispielhaft schulische Institutionen in den Blick.[3] Anfang des neuen Jahrtausends wird die Rede vom *practice turn* in den Sozial- und Kulturwissenschaften laut (vgl. Schatzki, Knorr-Cetina & Savigny, 2001). Im Umfeld dieser soziologischen Theorien wird das Praxisverständnis entwickelt, das im Folgenden leitend ist und einiges Potenzial dafür in sich trägt, das Bedingungs- und Wirkungsgefüge des Musiklernens in Institutionen bewusst zu machen.[4] Was wird nun aber unter „Praktiken" verstanden?

» Mit *Praktiken* werden in der aktuellen praxistheoretischen Debatte [...] typisierte und sozial intelligible Bündel nicht-sprachlicher und sprachlicher Aktivitäten bezeichnet, die in ‚sites of the social'[5] [...] lokalisiert sind." (Alkemeyer & Buschmann, 2016, 119; Hervorhebungen im Original)[6]

Typisiert sind die Aktivitäten, weil sie der wiederholten Aufführung bedürfen, um als Praxis erlebt zu werden. Intelligibel steht dafür, dass Praktiken das Tun, Sprechen, Fühlen und Denken meinen, das wir mit anderen teilen und das die Voraussetzung dafür ist, sich sinnvoll in der Welt bewegen zu können (vgl. Schäfer, 2016b, 12). Eben dieses geteilte Verständnis unserer Umwelt ist kontextabhängig. Eine Schule bildet z. B. eine Stätte des Sozialen („site of the social"), die das Handeln kontextualisiert.

„Kontextualität" ist eines von mehreren Charakteristika, die auch Schäfer für den Praxisbegriff festhält (Schäfer, 2016b, 13). Man könnte dies so deuten, dass sich Praktiken in einem bestimmten Rahmen, an gewissen Orten, unter Einbeziehung von Menschen entfalten, die die impliziten Regeln der Praktiken kennen und sie mitspielen und -gestalten. Die Selbstverständlichkeit von Regeln fällt uns besonders deutlich auf, wenn sie fehlt und wir uns selbst als außenstehend erleben, z. B. in Bezug auf ein Unterrichtssetting oder ein ritualisiertes Format des Musizierens. Als weitere typische Merkmale des Praxisbegriffs werden „Zeitlichkeit", „Körperlichkeit" und „Materialität" genannt (Schäfer, 2016b, 13 f.). Praktiken werden als Prozesse in der Zeit analysiert. Praxistheorie richtet sich auf die Hervorbringung des Sozialen, das nie statisch gesehen wird. Sie betont z. B., dass Praktiken immer schon bestehen, bevor der Einzelne handelt. Das eingangs dargestellte Unterrichtsbeispiel bezeugt dies lebhaft. Was aber über die im ersten Abschnitt bereits angedeuteten Dimensionen sozialer musikbezogener Praktiken hinausgeht, ist die Rolle, die den Körpern der Menschen – etwa im Sinne des eingeschriebenen oder impliziten Wissens – und der Materialität der sozialen Praktiken zugeschrieben wird. Die Körperlichkeit von Praktiken hat viele Dimensionen, und es ist völlig naheliegend, dass sich Musikpädagogen und -pädgoginnen gezielt mit Fragen der Motorik, Sensorik etc. auseinandersetzen. Mindestens so interessant wie die bewussten sind aber die heimlichen Dimensionen der Verkörperung von Praktiken. Die kulturgeschichtlichen Studien Michel Foucaults zur Einschreibung institutionellen Lernens in die Körper (vgl. Foucault, 2016, 173 ff.) können interessante Perspektiven auf die Beobachtung und Analyse von Unterrichtssettings im Allgemeinen und Musizierpraktiken im Besonderen werfen. Eine Aufwertung erfahren neben der Körperlichkeit auch die Dinge (jegliche Alltagsgegenstände), Artefakte (speziell für eine Praxis entwickelte Gegenstände wie z. B. ein musikalisches oder musikpädagogisches Instrument) und Technologien (man denke an Smartboards oder Computer-Apps), die in Praktiken einbezogen sind. Sie werden gewissermaßen zu Akteuren aufgewertet und ihr Gebrauch in die Analyse integriert (vgl. Schäfer, 2016b, 13 f.). Die Frage des Verhältnisses des Individuums zu den Praktiken, in die es eingesponnen ist und nach seinen Handlungsmöglichkeiten darin, stellt ein zentrales Moment dar, das auch mit Blick auf das Verständnis von Lernen interessant erscheint.

Die weiteren Überlegungen nehmen Unterricht aus praxistheoretischer Perspektive genauer in den Blick und schließen an einen Gedankengang Tobias Röhls an, der unter dem Titel „Unterrichten. Praxistheoretische Dezentrierungen eines alltäglichen Geschehens“ (2016) grundlegende Annahmen über Unterricht befragt. Dieser Zugang wird kurz skizziert und dabei auf die Möglichkeiten verwiesen, über Musikunterricht nachzudenken und vor allem über Fragen Analyseperspektiven zu eröffnen.

Röhl setzt sich mit pädagogischen Grundannahmen auseinander und befragt sie aus praxistheoretischer Sicht. Davon seien zwei herausgegriffen:

Grundannahmen	Fragen
1. Unterricht ist ein rein menschliches Unterfangen.	1. Wer unterrichtet?
2. Unterricht bezeichnet vor allem die Weitergabe expliziten Wissens (vgl. Röhl, 2016, 323).	2. Wie und was wird unterrichtet? (vgl. Röhl, 2016, 325)

Wer unterrichtet? – oder die vernachlässigte Wirkung von Materialisierungen im Unterrichtsprozess

» Setzt man Praktiken als zentrales Forschungsobjekt, lässt sich weder die Suche nach dem Ursprung intentionaler Handlungen noch deren einseitige Zuweisung zu Menschen aufrechterhalten.“ (Röhl, 2016, 325)

Aus praxistheoretischer Perspektive wäre vielmehr zu fragen, wie Menschen und Materielles im weitesten Sinne (Dinge, die Beschaffenheit von Orten, Artefakte) an Praktiken beteiligt sind, aber auch, wie sich Praktiken materialisieren (etwa durch implizites verkörpertes Wissen). Es handelt sich um eine Perspektive, die die Komplexität der Dynamik zwischen den menschlichen und dinglichen Akteuren beleuchtet. Dies bedeutet etwa, dass Räume „gelesen“ werden: Schulgebäude und Klassenzimmer sind dann nicht nur Rahmungen oder Symbole für soziale Ordnungen, sondern es geht um die Hervorbringung von Raum, um die Wirkungen, die dabei entstehen und durchaus auch um die Vorgänge von Disziplinierung, die dabei eine Rolle spielen. Räume werden nicht mehr als stabile Container betrachtet, sondern ihre soziale Dimension wird beleuchtet. „Versteht man Raum in dieser Weise, so ist er nicht mehr ein ‚Ding an sich‘ oder ein Behälter, sondern ein Netzwerk, der Ausdruck für Relationen zwischen Lebewesen, Dingen oder Handlungen“ (Löw, 1999, 57). Diese Sicht lässt sich nicht nur auf Makroräume wie Städte anwenden, sondern auch auf den Mikrokosmos einer Schulklasse, einer Instrumentalunterrichtssituation oder einer Chorprobe. Die räumlichen Anordnungen und ihre Bedingungen und Veränderungen spielen in diesem Denken in die pädagogische Arbeit hinein bzw. bestimmen sie mit.

Vor diesem Hintergrund könnte man nun fragen, welche Praktiken durch die Einrichtung von Musikräumen an Schulen und Musikschulen nahegelegt werden. Wie wird die räumliche Anordnung der Menschen bei den verschiedenen musikbezogenen Aktivitäten (Hören, Musizieren, Komponieren, etc.) gestaltet oder inwiefern wird die räumliche Gestaltung mehr oder weniger bewusst aus bisher bekannten Traditionen des Musiklernens übernommen? Was löst die Präsenz und der Gebrauch von Artefakten (z. B. von Instrumenten bzw. allen Arten von Lehrmitteln) aus und wie werden dadurch Lernhandlungen bestimmt? Welche Hierarchien wirken in den jeweiligen Settings und sind diese gewollt? Im Laufe der Geschichte und in verschiedenen musikkulturellen Zusammenhängen haben sich sehr unterschiedliche räumliche Anordnungen beim Musizieren als sinnvoll erwiesen: Was genau spiegelt eigentlich eine schulische Musiziersituation und inwiefern ist das beabsichtigt?

Wenn man das Augenmerk auf die Materialität von Praktiken legt, dann wird eine Wechselwirkung deutlich. Dinge, räumliche Anordnungen, Architekturen, musikbezogene Lehrmittel und Instrumente wirken auf die Praktiken. Umgekehrt erhalten diese ihre Bedeutung aus dem Gebrauch. Dies lässt sich in Bezug auf Musik besonders deutlich an Dingen zeigen, die ursprünglich nicht offensichtlich einer musikalischen Bestimmung zugedacht waren: So können sich Alltagsmaterialien durch eine spezifische Handhabung als Medien musikalischer Gestaltung erweisen. Eine Besonderheit des Lernens an Schulen und Musikschulen ist, dass Räume, Anordnungen im Raum sowie Dinge einer gewissen Formalisierung unterworfen sind und nicht festzustellen ist, wodurch Praktiken gesteuert werden. Intentionen sind selbstverständlich ein zentraler Aspekt allen pädagogischen Handelns. Aus praxistheoretischer Perspektive ist jedoch Bescheidenheit und Achtsamkeit in Bezug auf deren Wirkungsmöglichkeit angesagt.

Was und wie wird unterrichtet? – oder die impliziten Wissensbestände der Praktiken

Für das Verständnis von Praxen ist es essentiell, durch die Intentionen der Lehrenden sowie durch die expliziten Wissensbestände hindurch auf das „praktische Wissen" oder die impliziten Wissensbestände zu schauen. Praxen enthalten implizites Wissen. Es ist in die Körper und Dinge eingeschrieben und erfordert bei den Beteiligten Lernprozesse, damit diese zu „kompetenten Handlungsträgern" oder „Mitspielern" (Alkemeyer & Buschmann, 2016, 129) werden können.

» Der Blick auf in den Praktiken steckende implizite Wissensbestände erkennt jedwede Praxis als epistemisch relevant an. Folglich findet auch Lernen immer statt. Praktiken machen sich verständlich, besitzen eine öffentlich sichtbare Seite [...] und geben unwillkürlich Wissen preis [...]." (Röhl, 2016, 330)

Einen frühen soziologischen Blick auf die Bedeutung impliziten Wissens repräsentieren die Forschungen zum *hidden curriculum*, die bereits in den Sechzigerjahren entstanden. Demnach würden Bildungseinrichtungen jenseits der offiziellen Lehrpläne heimliche Ziele verfolgen und dabei unausgesprochen Verhaltensregeln und Normensysteme vermitteln (vgl. Schmidt, 2015, 111 f.). Aus praxistheoretischer Sicht handelt es sich hierbei aber nicht nur um eine erlittene Internalisierung, sondern Schüler und Schülerinnen müssen vielmehr dieses Wissen beherrschen, um ihren „Schülerjob" zu meistern, wie dies Breidenstein in seinen ethnografischen Studien beschreibt (vgl. Breidenstein, 2006). Immer wieder wird und wurde das *hidden curriculum* mit Machtausübung und sozialer Distinktion in Verbindung gebracht. Beispielhaft dafür kann die Bildungssoziologie Bourdieus genannt werden (vgl. Bourdieu & Passeron, 1971). An dieser Stelle kann man sich aber auch an Goldmanns Unterricht und Kingsburys Analysen zurückerinnert fühlen.

Implizites Wissen wird verkörpert und mit dem Interesse daran „[...] geht auch eine Hinwendung zum Körper als Ziel und Bestandteil lehrender und lernender Praktiken einher" (Röhl, 2016, 331). Daran schließt sich immer auch die Frage an, was eigentlich getan werden muss, um die Körper an die jeweiligen Praktiken zu gewöhnen. Man denke etwa daran, wie viel Einrichtung des Körpers erforderlich ist, um an einem traditionellen klassischen Konzert teilzunehmen und welchen Aufwand Konzertpädagogen und -pädagoginnen treiben, um eine Annäherung herbeizuführen.

Wissensbestände sind schließlich auch den Dingen eingeschrieben bzw. sie werden im Zuge der wiederholten Praxis erzeugt. Mit Röhl könnte man davon ausgehen, dass jede didaktische Bearbeitung eines Themas eine Art der Übersetzung darstellt. Das folgende Zitat veranschaulicht, was Röhl in Bezug auf Dinge im Unterricht als Übersetzungsprozess bezeichnet:

» Mit den schulischen Übersetzungen lernen die Kinder und Jugendlichen deshalb an den Dingen nicht nur ein faktisches Wissen [...], sondern auch eine disziplinäre Art des Wahrnehmens, die fachlich Relevantes von Irrelevantem scheidet. [...] Dies gelingt dadurch, dass im Laufe der Übersetzung vom vieldeutigen Ding zum eindeutig bestimmten Objekt die dafür erforderlichen Übersetzungspraktiken dem Vergessen anheimfallen. [...] Die Objekte – so die implizite Annahme – waren immer schon in dieser Weise da und sind hinsichtlich ihrer materiellen Eigenschaften unabhängig von den kulturellen Praktiken der Unterrichtsteilnehmer/innen." (Röhl, 2016, 332)

Dieses Zitat entstammt den Erfahrungen des Autors aus dem naturwissenschaftlichen Bereich. Übertragbar erscheint der Grundgedanke dieser Übersetzungspraxis dennoch. Man denke im musikpädagogischen Kontext an die Formen der „Zubereitung" von Musik und von musikalischen Umgangsweisen, an die Vieldeutigkeit eines Musikinstruments für ein selbstvergessen spielendes Kind und die notwendigen didaktischen Fokussierungen im Unterrichtskontext, an den ritualisierten Gebrauch bestimmter Musikstücke zur Veranschaulichung von Phänomenen wie Instrumentation oder formalen Prinzipien oder an die Rituale des Musizierens im Klassenverband. Auf all dies trifft dieser Übersetzungsprozess zu, und damit ist vorerst auch keinerlei Wertung zu verbinden. Es wäre aber sehr wohl zu fragen, inwiefern für die Schüler und Schülerinnen und womöglich sogar für die Lehrenden die Gebrauchspraxis mit den Objekten verschmilzt. Musik erscheint dann eben so, wie sie in wiederholten Praktiken hervorgebracht wird.

Darüber hinaus ergibt sich für Musiklernen in Institutionen in Bezug auf die Dinge und Artefakte eine besondere Situation, da im Laufe der Geschichte ein eigenes Arsenal an Lehrmitteln entstand. So könnte man etwa fragen, welche Botschaften von Instrumenten ausgehen, die eigens für den Unterricht geschaffen werden, wie z. B. Boomwhackers, Schul-Keyboards, Orff-Instrumente, Monochorde in Klassenstärke oder spezielle Computer-Apps, denn Gegenstände, die Bestandteil und Ausdruck einer Praxis sind, enthalten nach Röhl didaktische Ethnotheorien, also Vorstellungen darüber, wie mit den Dingen umzugehen ist und welche Ziele mit ihnen zu erreichen sind (vgl. Röhl, 2016, 333).

Praxistheoretische Zugänge als Beobachtungs- und Analyseinstrument für das Musiklernen in Institutionen?

Die angedeuteten Zugänge zum Musiklernen in Institutionen stecken erst in den Kinderschuhen. Sie könnten aber Analysewerkzeuge anbieten, um konkrete Strukturen erkennen und beschreiben zu können, die Musikunterricht – gleich ob in der allgemeinbildenden Schule oder an der Musikschule – als soziale Praxis ausmachen. Der Blick auf Praktiken des Musiklernens weist aber auch über die Institutionen hinaus. Praxiswissen ist nicht an Orte und Zeiten des institutionellen Musikunterrichts gebunden, sondern „transsituativ" (vgl. Röhl, 2016, 332 f.). Seit einigen Jahrzehnten schon hat die Forschung außerschulische Lernkontexte entdeckt und sie in das Nachdenken über schulischen Unterricht einbezogen (siehe z. B. Ardila-Mantilla, 2016; Green, 2012; 2016). Diese Zugänge weiten nicht nur den Blick auf Musiklernen, sondern sie könnten aus praxistheoretischer Sicht auch eine Möglichkeit sein, Essentialisierungen im Repertoire des schulischen Lernens zu hinterfragen. Wenn man davon ausgeht, dass musikpädagogische Praktiken immer eine Art Übersetzung darstellen, dann würde Essentialisierung bedeuten, dass diese Tatsache nicht mehr sichtbar ist bzw. dass eine bestimmte, nur innerhalb von Schule existierende musikalische Praxis womöglich sogar als „gültige" positioniert wird.

Aus der hier eingebrachten Perspektive lassen sich eine Reihe von Fragen zur Forschung oder (Selbst-)Beobachtung ableiten, von denen hier abschließend einige genannt seien:

- Welche „(musik-)schulmusikalischen Praktiken" haben sich z. B. für das Musizieren, das Musikhören oder weitere Umgangsweisen mit Musik etabliert?
- Welche heimlichen Curricula legen sie nahe?
- Welche Ethnotheorien stecken in eigens für den musikpädagogischen Gebrauch hergestellten Artefakten (Instrumente, Schulbücher, ...)?
- Wenn das Einbringen von musikbezogenen Phänomenen in Schule und Musikschule als Übersetzung angesehen werden kann: Inwiefern ist dies bewusst und gestaltet? Was wird eigentlich jeweils übersetzt und in welchem Verhältnis steht die Übersetzung zu einer Praxis außerhalb der Schule?
- Wie sind in Praktiken des Musiklernens an Institutionen (versteckte) Macht- und Distinktionsmechanismen eingelagert?
- Wie wird mit Praxiswissen aus den außerschulischen Aktivitäten von Schülern und Schülerinnen umgegangen? Inwiefern werden jene wahrgenommen, wertgeschätzt und im Sinne von Lernprozessen aufgegriffen?

Alle diese Aspekte umkreisen lerntheoretische Problemstellungen, sind aber bislang noch nicht mit der Lerntheorie im engeren Sinne verbunden worden. Musikpädagogische Forschung, der an einer derartigen Verknüpfung gelegen wäre, hätte in diesem Zusammenhang zu fragen, ob und inwieweit sich eine als Übersetzung im oben entwickelten Sinne verstandene musikpädagogische Praxis mit einem externalistischen Verständnis von Kognition in Verbindung bringen lässt (vgl. dazu Kapitel *Üben als Handeln*). Entsprechen die im Hintergrund wirkenden institutionellen Zurichtungen der Personen und Artefakte vielleicht jenen „Affordanzen" (Gibson, 1982, 137), mit deren Hilfe – im Sinne der ökologischen Wahrnehmungstheorie von Gibson – bloße Objekte zu Bezugspunkten kognitiver Operationen werden? Zukünftige Aufgabe der Forschung über Musiklernen an Institutionen wird jedenfalls sein, die „unsichtbaren Rahmen" und die impliziten Botschaften von Praktiken wahrnehmbar werden zu lassen und für die musikpädagogische Reflexion zu öffnen.

---

[1] Eine Studie, die das System Musikhochschule und die sich darin kreuzenden „Felder" analysiert und in Hinblick auf ihre Wirkung auf die betroffenen Menschen auswertet, hat Brigitte Lion (2008) für den deutschsprachigen Raum vorgelegt.

[2] Die Spezialschulen für Musik waren Einrichtungen, durch die in der DDR leistungsstarken Jugendlichen die Möglichkeit geboten wurde, sowohl ihre Schulausbildung als auch einen professionellen Instrumentalunterricht bei Lehrenden der Musikhochschulen unter einem Dach zu absolvieren. Die Spezialschulen waren organisatorischer Bestandteil der Musikhochschulen, verfügten aber über eigene Gebäude und Internate. Nach der Wende zunächst in ihrer Existenz bedroht, wurden drei der ehemals vier Spezialschulen (Berlin, Weimar, Dresden) zu Landesgymnasien für Musik umgewandelt (vgl. hierzu Lessing 2017).

[3] Die folgenden Ausführungen gründen auf einem gemeinsam mit Heinz Geuen gehaltenen Vortrag im Rahmen der *Wissenschaftlichen Sozietät Musikpädagogik* vom 20. Mai 2017 an der Universität Kassel.

[4] Der Praxisbegriff ist in der Musikpädagogik bereits mehrfach aufgegriffen und als konzeptioneller Leitbegriff positioniert worden. Man denke etwa an das Praxeologie-Konzept von Elliott und Silverman (2015) oder an die Überlegungen zur „verständigen Musikpraxis" von Kaiser (2010), die sich jeweils auf eigene Weise auf das Musizieren bzw. auf das Verständnis von Musikpraxis beziehen. Im Gegensatz dazu wird hier der soziologische Zugang aufgegriffen. Einen guten Überblick zum Stand praxistheoretischer Forschung bietet Schäfer (2016a).

[5] An dieser Stelle verweisen die Autoren auf *The Site of the Social* (Schatzki, 2002).

[6] Alkemeyer und Buschmann führen im weiteren Verlauf des Artikels eine Unterscheidung zwischen Praktik und Praxis ein, die einmal eher das Gleichbleibende, Beharrende betonen (Praktik im Sinne von „practice as entity", ebd., 120 ff.) und das andere Mal die Unverfügbarkeit, die Performativität des Handelns der Einzelnen und dadurch die Veränderung der sozialen Praktiken (Praxis im Sinne von „practice as performance", ebd.). In diesem Text wird zwar dieses Spannungsverhältnis wahrgenommen, dieser Differenzierung aber nicht weiter nachgegangen.

Literatur

Alkemeyer, T. & Buschmann, N. (2016): Praktiken der Subjektivierung – Subjektivierung als Praxis. In: H. Schäfer (Hg.): *Praxistheorie. Ein soziologisches Forschungsprogramm* (Sozialtheorie, S. 115–136). Bielefeld: transcript.

Ardila-Mantilla, N. (2016): *Musiklernwelten erkennen und gestalten: Eine qualitative Studie über Musikschularbeit in Österreich* (Empirische Forschung zur Musikpädagogik, Band 5). Wien: LIT.

Berger, P. L. & Luckmann, T. (1970): *Die gesellschaftliche Konstruktion der Wirklichkeit. Eine Theorie der Wissenssoziologie,* Frankfurt a.M.: Suhrkamp.

Bourdieu, P. (1992): *Rede und Antwort.* Frankfurt a.M.: Suhrkamp.

Bourdieu, P. (2012): *Die feinen Unterschiede. Kritik der gesellschaftlichen Urteilskraft.* Frankfurt a.M.: Suhrkamp.

Bourdieu, P. (2014): *Über den Staat. Vorlesungen am Collège de France 1989–1992,* hg. von P. Champagne, R. Lenoir & F. Poupeau, Berlin: Suhrkamp.

Bourdieu, P. & Passeron, J.-C. (1971): *Die Illusion der Chancengleichheit: Untersuchungen zur Soziologie des Bildungswesens am Beispiel Frankreichs* (Texte und Dokumente zur Bildungsforschung). Stuttgart: Klett.

Breidenstein, G. (2006): *Teilnahme am Unterricht: Ethnographische Studien zum Schülerjob.* (Studien zur Schul- und Bildungsforschung, Bd. 24). 1. Auflage, Wiesbaden: VS Verlag für Sozialwissenschaften.

Elliott, D. J., Silverman, M. (2015): *Music matters: A philosophy of music education* (2nd edition). New York, Oxford: Oxford University Press.

Foucault, M. (2016): *Überwachen und Strafen: Die Geburt des Gefängnisses* (16. Auflage). Suhrkamp-Taschenbuch: Bd. 2271. Frankfurt a.M.: Suhrkamp.

Gibson, J. J. (1982): *Wahrnehmung und Umwelt: Der ökologische Ansatz in der visuellen Wahrnehmung,* München: Urban & Schwarzenberg (Titel der amerikanischen Originalausgabe: An ecological approach to visual perception, Boston [1979]).

Giddens, A. (1979): *Central problems in social theory.* Berkeley: University of California Press.

Green, L. (2012): *Music, informal learning and the school: A new classroom pedagogy* (Repr) (Ashgate popular and folk music series). Farnham: Ashgate.

Green, L. (2016): *How popular musicians learn: A way ahead for music education (Ashgate popular and folk music series).* Abingdon, Oxon, New York, NY: Routledge.

Helsper, W., Böhme J. & Lingkost, A. (2001): *Schulkultur und Schulmythos. Gymnasien im Transformationsprozeß zwischen exklusiver Bildung und höherer Volksschule. Rekonstruktionen zur Schulkultur I* (Studien zur Schul- und Bildungsforschung, Bd. 13), Opladen: Leske und Budrich.

Kaiser, H. J. (2010): Verständige Musikpraxis: Eine Antwort auf Legitimationsdefizite des Klassenmusizierens. *Zeitschrift für Kritische Musikpädagogik,* 47–68. http://www.zfkm.org/10-kaiser.pdf (Stand: 1.7.2017).

Kingsbury, H. (1988): *Music, Talent, and Performance. A Conservatory Cultural System.* Philadelphia: Temple University Press.

Kramer, R.-T. (2002): *Schulkultur und Schülerbiografien. Das „schulbiografische Passungsverhältnis". Rekonstruktionen zur Schulkultur II.* Wiesbaden: Springer.

Kramer, R.-T. (2011): *Abschied von Bourdieu? Perspektiven ungleichheitsbezogener Bildungsforschung.* Wiesbaden: Springer.

Labov, W. (1972): *Language in the Inner City.* Philadelphia: University of Pennsylvania Press.

Lessing, W. (2017): *Erfahrungsraum Spezialschule. Rekonstruktion eines musikpädagogischen Modells.* Bielefeld: transcript.

Lion, B. (2008): *Dilemma im universitären Alltag: Irritationen und Widersprüche im Spiegel von Gesellschaft und Organisation* (Universität und Gesellschaft, Bd. 6). 1. Auflage, München, Mering: Rainer Hampp Verlag.

Löw, M. (1999): Vom Raum zum Spacing: Räumliche Neuformation und deren Konsequenzen für Bildungsprozesse. In: E. Liebau, G. Miller-Kipp, C. Wulf (Hg.): *Metamorphosen des Raums. Erziehungswissenschaftliche Forschungen zur Chronotopologie* (Pädagogische Anthropologie, S. 48–59). Weinheim: Dt. Studien-Verlag.

Oerter, R. & Montada, L. (2002): *Entwicklungspsychologie.* Weinheim, Basel, Berlin: Beltz

Röhl, T. (2016): Unterrichten: Praxistheoretische Dezentrierungen eines alltäglichen Geschehens. In: H. Schäfer (Hg.): *Praxistheorie. Ein soziologisches Forschungsprogramm* (Sozialtheorie, S. 323–344). Bielefeld: transcript.

Schäfer, H. (Hg.) (2016a): *Praxistheorie: Ein soziologisches Forschungsprogramm. Sozialtheorie.* Bielefeld: transcript.

Schäfer, H. (2016b). Einleitung: Grundlagen, Rezeption und Forschungsperspektiven der Praxistheorie. In: H. Schäfer (Hg.): *Praxistheorie. Ein soziologisches Forschungsprogramm* (Sozialtheorie, S. 9–25). Bielefeld: transcript.

Schatzki, T. R. (2002): *The site of the social: A philosophical account of the constitution of social life and change.* University Park, PA: Pennsylvania State University Press.

Schatzki, T. R., Knorr-Cetina, K. & Savigny, E. v. (Eds.) (2001): *The practice turn in contemporary theory.* New York: Routledge.

Schmidt, R. (2015). Hidden curriculum revisited. In: T. Alkemeyer, H. Kalthoff & M. Rieger-Ladich (Hg.): *Bildungspraxis. Körper, Räume, Objekte* (S. 111–128). Weilerswist: Velbrück Wissenschaft.

Schütze, F., Bräu, K., Liermann, H., Prokopp, K., Speth, M. & Wiesemann, J. (1996): Überlegungen zu Paradoxien des professionellen Lehrerhandelns in den Dimensionen der Schulorganisation. In: W. Helsper, H.-H. Krüger & H. Wenzel (Hg.): *Schule und Gesellschaft im Umbruch. Bd. 1: Theoretische und internationale Perspektiven* (S. 333–377). Weinheim: Deutscher Studienverlag.

Sennett, R. (2012): *Zusammenarbeit. Was unsere Gesellschaft zusammenhält.* München: Carl Hanser.

Whythe, W.F. (1955): *Street corner society.* Chicago: University of Chicago Press.

Musiklernen in der Lebensspanne

4

Anne Steinbach

Musikbezogenes Lernen in der frühen Kindheit

Aktuell vorherrschende Auffassungen über Lernen in der frühen Kindheit bringen eine bestimmte Sicht auf Kinder zum Ausdruck. So ist im fachlichen Selbstverständnis der Pädagogik der Kindheit die Kindorientierung (auch: Kindzentrierung) ein wesentlicher Bezugspunkt, diese geht mit dem Bild vom aktiven, kompetenten, lernenden und konstruierenden Kind einher (vgl. Hömig, 2015, 269). Hier zeigt sich, dass die in den Achtzigerjahren paradigmatisch durch Klaus Hurrelmann formulierte Auffassung vom Kind als „produktiv realitätsverarbeitendem Subjekt" (Hurrelmann, 1983, 91) nichts von ihrer Aktualität verloren hat. Im Gegenteil, neuere Erkenntnisse aus den Neurowissenschaften, der Psychologie und Pädagogik bestätigen dieses Bild vom Kind und fokussieren noch umso deutlicher die Relevanz selbstgesteuerter, „eigensinniger" Lernprozesse.[1] Dabei wird die enorme Disponiertheit zum Lernen in der frühen Kindheit deutlich, was sich in der Auffassung von Kindern als „geborenen Lernern" (Liebertz, 2010, o.S.), vom „kompetenten Säugling" (Dornes, 1993) oder auch vom kindlichen „Weltwissen", verbunden mit der Frage, „wie Kinder die Welt entdecken können" (Elschenbroich, 2012) wiederfindet. Dass solche Auffassungen durchaus den Sprung vom wissenschaftlichen in den Alltagsdiskurs geschafft haben, kann als Vorteil für die aktuelle Elementarpädagogik gelten. Allerdings geben Keller, Trösch und Grob zu bedenken:

» Konzepten wie ‚kompetenter Säugling' oder ‚immenses frühkindliches Lernpotenzial' kommt gewiss das Verdienst zu, mit Vorstellungen vom Kind als einem passiven Wesen gebrochen zu haben. Jedoch verhindert die häufig pauschale Verwendung dieser Begriffe eine differenzierte Erfassung der tatsächlich bestehenden individuellen und kontextuellen Lernvoraussetzungen." (Keller, Trösch et al., 2013, 93)

Eine pädagogisch tatsächlich gelebte Kindorientierung bedeutet daher, Bildungsdispositionen und Lernwege jedes einzelnen Kindes wahrnehmen und unterstützen zu wollen, indem Lernprozesse transparent und in ihrer biografischen Dimension erfahrbar gemacht werden (vgl. Vogt & Hauser, 2011). Hier setzen Konzepte wie die Lern- bzw. Bildungswerkstätten (Rißmann, 2015), das Portfolio als Bildungsdokumentation in der Kita (Regner & Schubert-Suffrian, 2011) oder die Bildungs- und Lerngeschichten von und für Kinder (Leu, Flämig et al., 2012) an.

Es sei allerdings ebenfalls angemerkt, dass die Entfaltung des „eigensinnigen" Lernpotenzials der Kinder durch pädagogische Einflussnahme – spätestens mit dem Schuleintritt – zuweilen gefährdet ist:

» Noch im Kindergarten, in vielen Ländern die erste Stufe institutioneller Bildung, lernen die Kinder zu großen Teilen eigengesteuert im Freien Spiel. Die Argumentation ‚Meine Schüler/innen sind zu selbstgesteuertem Lernen (noch) nicht fähig‘ greift deshalb zu kurz, weil sie außer Acht lässt, dass die vermeintlich ‚plötzlich auftretende Unfähigkeit‘ weitgehend durch Setzungen, Anordnungen und Formen des schulischen Lernens selbst im Sinn einer ‚Erlernten Hilflosigkeit‘ [...] erst verursacht wird.“ (Müller-Oppliger, 2014, 121)[2]

Auch das frühkindliche Musiklernen lässt sich durchaus im Spannungsfeld zwischen pädagogischer Einflussnahme und freien, selbstgesteuerten Situationen verorten. Dies insbesondere, da bereits für den vorschulischen Bereich institutionalisierte Unterrichtsangebote – etwa die Musikalische Früherziehung an Musikschulen – existieren. Der vorliegende Text soll zunächst Auffassungen und Ausprägungen frühkindlichen Lernens verdeutlichen, um auf dieser Grundlage wesentliche Spezifika des Musiklernens von Kindern ab der Geburt bis ungefähr zum Schuleintritt eingehender zu betrachten. Abschließend sollen in Bezug auf das frühkindliche Musiklernen einige musikpädagogische Auffassungen und Zielsetzungen betrachtet und diskutiert werden.

Lernen in der frühen Kindheit

Entwicklungspsychologische und kognitionswissenschaftliche Dimensionen

Die pränatale Sinnesentwicklung bildet nicht nur allgemein die neurophysiologische Basis, auf der Kinder sich die Welt aneignen können. Durch vorgeburtliche Sinneswahrnehmungen haben Neugeborene sich auch bereits einen nicht zu unterschätzenden Erfahrungsschatz aufgebaut. Für die auditive Wahrnehmung gilt:

» Ungefähr drei Monate vor der Geburt nimmt der Fötus Schall mit dem auditiven System und als Vibrationen am ganzen Körper wahr. Diese frühen sensorischen Erfahrungen beeinflussen die Reifung und Anpassungsfähigkeit des Organismus samt Gehirn. Die Wahrnehmung orientiert sich an Kontrasten wie laut – leise, lang – kurz und hoch – tief, wird vom Organismus bewertet (z. B. als angenehm – unangenehm), bezieht sich auf bisherige Erfahrungen (z. B. vertraut – unvertraut) und organisiert sich immer besser, indem Ähnlichkeiten wiedererkannt und zu Kategorien (Wahrnehmungskonstanzen) zusammengefügt werden.“ (Stadler Elmer, 2015, 101)

Interessant im Kontext des Lernens ist hier der Hinweis auf die Wiedererkennung von Ähnlichkeiten. Pränatale Erinnerungsleistungen lassen sich beispielsweise dadurch nachweisen, dass dem Fötus ein Reiz präsentiert wird, etwa ein Ton auf dem Bauch der Mutter. Der Fötus reagiert z. B. durch ein Innehalten in der Bewegung (Orientierungsreaktion). Je häufiger der Reiz wiederholt wird, desto schwächer fällt die Reaktion des Fötus aus (Habituation). Wird nun ein anderer Reiz dargeboten, also ein anderer Klang, sind wieder stärkere Reaktionen zu verzeichnen (Dishabituation). „Habituation und Dishabituation sind ab der 32. Schwangerschaftswoche feststellbar, d. h. der Fötus nimmt den präsentierten Reiz nicht nur wahr, sondern erinnert sich auch an die vorhergehenden Stimuli" (Elsner & Pauen, 2012, 164 f.).

Ob eine Erinnerungsfähigkeit des Neugeborenen für pränatale Wahrnehmungen besteht, untersuchten DeCaspar und Spence, indem sie werdende Mütter baten, in den letzten sechs Wochen der Schwangerschaft eine kurze Geschichte zweimal pro Tag laut zu lesen. Ein paar Tage nach der Geburt hörten die Kinder diese Geschichte sowie eine weitere, neue Geschichte vom Tonband und konnten beide durch ihre Saugfrequenz quasi an- oder abstellen. Sie bevorzugten deutlich die Geschichte, die sie kannten, sogar, wenn sie von einer anderen Stimme, also nicht der der Mutter, vorgelesen wurde (vgl. DeCaspar & Spence, 1986, 142 f.). Das bedeutet, dass nicht nur die Stimme der Mutter wiedererkannt wird, sondern auch die für diese Geschichte spezifische melodische und rhythmische Sprachkontur:

» The conclusion implies that the fetuses had learned and remembered something about the acoustic cues which specified their particular target passage (e. g., prosodic cues such as syllabic beat, the voice-onset-time of consonants, the harmonic structure of sustained vowel sounds, and/or the temporal order of these sounds)." (DeCaspar & Spence, 1986, 143)

Zu solchen prä- und postnatalen Erfahrungen, die auf- und ausgebaut werden, kommt möglicherweise ein „naives Wissen" oder „Kernwissen" über die Welt, welches – so wird vermutet – nicht allein auf Erfahrung und Lernen beruht. Dies betrifft bestimmte Wissensbereiche, sogenannte „foundational development domains" (Saalbach, Grabner et al., 2013, 103) wie naive Physik oder Biologie. So reagierten wenige Monate alte Säuglinge in entwicklungspsychologischen Studien erstaunt über physikalisch unmögliche Sachverhalte, etwa dass ein Ball (ein fester Körper) eine Wand (einen anderen festen Körper) durchdringen kann (ebd., 103 ff.). Die Frage, ob dies Wissen tatsächlich darauf fußt, dass Säuglinge auf ein erfahrungsunabhängig vorhandenes „Kernwissen" aufbauen können, oder ob es sich letztlich auch hier um Ergebnisse sehr früher (und möglicherweise sehr schneller) Lernprozesse handelt, kann jedoch nicht abschließend beantwortet werden, zumal in den genannten Studienergebnissen bereits pränatale Lernerfahrungen zum Tragen kommen können. Kim und Spelke legen außerdem Befunde vor, nach denen sieben Monate alte Säuglinge überrascht auf einen aufwärts rollenden Ball reagierten, fünf Monate alte Säuglinge aber noch nicht (Kim & Spelke, 1992). Baillargeon zieht allerdings aus ihren Untersuchungen zum physikalischen Wissen bei Säuglingen den Schluss, dass diese im Kontext der Entwicklung eines differenzierteren Regelverständnisses eher kausale Zusammenhänge suchen und sich nicht nur auf die Auftretenshäufigkeit eines Phänomens verlassen (Baillargeon, 2002, 81). Baillargeon, Li, Gertner und Wu gehen schließlich auf der Grundlage zahlreicher Studien davon aus, dass Kinder bereits mit einem rudimentären Regelsystem zum Verständnis physikalischer Gegebenheiten zur Welt kommen, aufgrund dessen sie in der Lage sind, Sinn zu konstruieren und somit zu lernen:

» Like several other researchers, we assume that children are born equipped with a *physical reasoning (PR) system* – an abstract computational system that provides a skeletal causal framework for making sense of the displacements and interactions of objects and other physical entities.“ (Baillargeon, Li et al., 2014, 23; Hervorhebung im Original)

Die dargestellten Befunde dienen als bereichsspezifisches Beispiel für die Lernvoraussetzungen und die Lernkompetenz junger Kinder. Keinesfalls wäre „Wissen“ synonym mit „Lernen“ zu verwenden. Vielmehr kann Wissen (ob nun angeboren oder erfahrungsbasiert) als Voraussetzung oder als Katalysator von Lernen fungieren, zugleich kann weiteres Wissen erworben und somit zum Lernergebnis werden:

» Tatsächlich haben die Wissensbestände, über die Kinder in bestimmten Bereichen bereits verfügen, einen großen Einfluss auf ihr Lernen und damit auf ihre geistige Entwicklung. Lernen kann daher auch als ein langwieriger Prozess der Umstrukturierung und Ausdifferenzierung bestehender Wisseneinheiten konzeptualisiert werden.“ (Saalbach, Grabner et al., 2013, 98)

Diese „Umstrukturierung und Ausdifferenzierung“ wird kognitionspsychologisch mit dem Aufbau mentaler Repräsentationen (Kleinen, 1998, Spalte 1844) bzw. kognitiver Schemata erklärt (Flammer & Gasser, 2007, 17). Erklärungen zur Konstruktion von Schemata basieren auf den adaptiven Prinzipien der Assimilation und Akkommodation, wie Jean Piaget sie beschrieben hat (vgl. hierzu auch Kapitel *Die Antriebsdimension des Musiklernens*). Gemeint ist also die Eingliederung neuer Erfahrungen in das vorhandene kognitive Schema (Assimilation) oder die Veränderung des Schemas, um vorerst nicht integrierbare Erfahrungen einordnen zu können (Akkommodation) (vgl. z.B. Sodian 2012, 386; Piaget & Inhelder, 2004). Allerdings wird kritisch angemerkt, dass die Trennung zwischen Assimilation und Akkommodation eine künstlich hergestellte sei, die lediglich Erklärungszwecken diene, Strukturgenese aber eigentlich unterkomplex darstelle (Stadler Elmer, 2002, 146). Der in der Nachfolge Piagets entstandene Strukturgenetische Konstruktivismus etwa basiert auf der Annahme, dass die beiden adaptiven Funktionsweisen stets gemeinsam innerhalb eines Strukturierungsprozesses auftreten und sich komplementär ergänzen. Zur Erklärung wird die Vorstellung eines Kontinuums genutzt, auf welchem sich Strukturierungsprozesse als stärker oder schwächer assimilativ oder akkommodativ charakterisieren lassen, sodass jede Assimilation auch Akkommodation enthält und umgekehrt.

» In jedem Strukturierungsprozess beinhaltet der akkommodative Aspekt die Aktualisierung bestimmter Strukturen, die gerade als ‚passend‘ erscheinen. Die assimilative Tendenz besteht darin, dass die ‚neue‘ Erfahrung an diese aktualisierten Strukturen assimiliert oder auf sie reduziert wird. [...] Gleichzeitig werden durch die Assimilation die Strukturen reorganisiert, um die ‚Passung‘ in ein besseres Gleichgewicht zu bringen. Letzteres ist dann wieder der akkommodative Aspekt.“ (Stadler Elmer, 2002, 147)

Neurowissenschaftliche Dimensionen

Die wesentlichen Prinzipien kognitiver Strukturgenese, also die Umstrukturierung und Ausdifferenzierung, lassen sich auch mit dem Begriff der „neuronalen Plastizität" beschreiben. Um frühkindliche Lernprozesse zu verstehen, lohnt der Blick in die Neurowissenschaften und damit auf die physiologischen Vorgänge der Speicherung und Aktivierung von Erfahrungen bzw. Wissen (vgl. dazu auch Kapitel *Hirnphysiologie musikalischen Lernens*). Lernerfahrungen werden im zentralen Nervensystem gespeichert, indem entweder neue synaptische Verbindungen entstehen oder bestehende Verbindungen modifiziert werden. Es ist dabei zu berücksichtigen, dass die verschiedenen Stadien der kortikalen Entwicklung interindividuell sehr unterschiedlich verlaufen (Klatte, 2007, 125). Die Strukturen neuronaler Plastizität sind anschaulich mit den Prinzipien *„use it or lose it"* sowie *„what fires together, wires together"* zu beschreiben. Mit *„use it or lose it"* sind progressive und regressive neuronale Verschaltungsprozesse gemeint:

> » Ein charakteristisches Merkmal in der Entwicklung des menschlichen Gehirns (wie auch in jeder anderen Spezies) besteht in der Abfolge von progressiven und regressiven Veränderungen, die letztendlich die Reorganisation neuronaler Verschaltungen ermöglichen." (Saalbach, Grabner et al., 2013, 98)

Um nun aber tatsächlich die stabilen Verknüpfungen zu schaffen, die im Selektionsprozess überdauern, findet nicht nur Reduktion statt, sondern die verbleibenden und verwendeten Verbindungen werden durch die Myelin-Ummantelung auch gestärkt und beschleunigt. Die Wahrscheinlichkeit für die Entwicklung einer stabilen synaptischen Verbindung steigt mit der Häufigkeit der gleichzeitigen Aktivierung bestimmter Neuronen (vgl. ebd., 99), das bedeutet: *„what fires together, wires together"*. Es ist von einem umgekehrt U-förmigen Verlauf der Entwicklung synaptischer Verbindungen auszugehen. So findet – ausgehend von pränatalen Lernerfahrungen, mehr aber noch nach der Geburt – eine enorme Vernetzung der Neuronen im Gehirn statt (Klatte, 2007, 124), „zum Zeitpunkt des Maximums ist jedes Neuron im Gehirn junger Kinder mit einer größeren Zahl anderer Neuronen verschaltet als im Erwachsenengehirn" (Saalbach, Grabner et al., 2013, 99). Diese Überproduktion an Verschaltungen kann insbesondere für die ersten drei Lebensjahre konstatiert werden. Zugleich setzen aber auch Reduktionsprozesse durch das Absterben von Neuronen oder das Kappen synaptischer Verbindungen (*pruning*) ein, diese finden selektiv auf der Grundlage von Lernerfahrungen statt. „Tatsächlich liegt die biologische Grundlage der kognitiven Entwicklung nicht in der Zunahme, sondern primär in der Selektion und Auslöschung nicht benötigter Synapsen" (Klatte, 2007, 124). Es bleiben jene Verschaltungen erhalten, die genutzt werden. Dies schafft wiederum Freiräume für neu benötigte neuronale Verbindungen (Elsner & Pauen, 2012, 164). Die Überproduktion neuronaler Verschaltungen ist ein evolutionär sinnvoller Prozess, da er eine schnelle und flexible Anpassung an eine komplexe und sich verändernde Umwelt ermöglicht (Klatte, 2007, 125). Gerald Hüther stellt – nicht ohne Schaudern vor möglichen Konsequenzen – fest:

» Ein Kind kann in der Entwicklungsphase, in der dieses riesige Angebot für später fest zu verknüpfende Verschaltungen der Nervenzellen bereitgestellt wird, so ziemlich alles lernen. Deshalb können Eltern, die das für wichtig und sinnvoll halten, ihrem dreijährigen Kind bereits das Lesen, Computerspiele oder eine Fremdsprache beibringen – falls sie der Meinung sind, dass es auf diese Fähigkeiten im späteren Leben ganz besonders ankommt." (Hüther, 2012, 15)

Darüber, ob das Kind an den genannten Lerninhalten interessiert ist und sich auf sie einlässt, ist hier aber noch nichts gesagt. Nichtsdestoweniger schließt sich die Frage nach „kritischen" oder „sensiblen" Phasen an: Gibt es also bestimmte Zeitfenster, innerhalb derer das Gehirn besonders disponiert für bestimmte Lernerfahrungen ist? Und können sich diese Zeitfenster irgendwann schließen, können sich die entsprechenden neuronalen Strukturen also irgendwann nicht mehr ausbilden? In diesem Zusammenhang ist zwischen erfahrungserwartender und erfahrungsabhängiger Plastizität zu unterscheiden (vgl. Saalbach, Grabner et al., 2013, 99 f.).

Erfahrungserwartende Plastizität kommt in genetisch festgelegten Entwicklungsmechanismen zum Tragen. Es werden also bestimmte Reize zu einer bestimmten Zeit benötigt, um die vorgesehenen neuronalen Umstrukturierungen anzutriggern. Werden die Reize vorenthalten, findet die entsprechende Entwicklung nicht statt, dies ist irreversibel (vgl. ebd.). Allerdings erhält das Gehirn im Normalfall alle Reize, etwa akustische oder visuelle Umweltreize, die es benötigt, ohne dass diese künstlich erzeugt werden müssten. Es reicht vollkommen, darauf zu achten, dass solche sensorischen Wahrnehmungen nicht verhindert werden, was beispielsweise stattfände, „wenn während der Entwicklung der für das Hören zuständigen auditorischen Hirnregionen Mittelohrentzündungen unerkannt bleiben" (ebd., 100). Außerdem konnten „kritische" Phasen tatsächlich nur für zwei Bereiche der kindlichen Entwicklung zweifelsfrei identifiziert werden: das Sehen (insbesondere das räumliche Sehen) und die Sprache. So entwickeln sich die Verschaltungen im visuellen Kortex etwa bis zum Alter von sechs Jahren, danach können keine neuen Sehfunktionen mehr ausgebildet werden (vgl. Klatte, 2007, 129). In Bezug auf die Sprache müsste sogar eigentlich eher von einem zunächst geöffneten, dann aber nur noch „angelehnten" Zeitfenster gesprochen werden, da Kinder zwar im ersten Lebensjahr die Lautsysteme ihrer Muttersprache lernen, aber auch im weiteren Verlauf der frühen Kindheit noch in der Lage sind, eine Sprache praktisch akzentfrei zu erlernen. Allerdings scheint es so zu sein, dass Menschen, die bis zum Jugendalter gänzlich ohne Sprache aufwachsen, zwar in der Lage sind, Worte zu lernen und diese zu kombinieren, dass sie aber nicht mehr fähig sind, grammatische Strukturen zu erlernen (vgl. ebd.).

Gerade für pädagogische Zusammenhänge ist die zweite Form der Plastizität des Gehirns interessanter, also die erfahrungsabhängige Plastizität. Das Erlernen von Kulturtechniken wie Lesen und Schreiben, aber auch das Spielen eines Instruments, sind keine genetisch vorgegebenen „Programme". Es gibt keine Belege für die Existenz „kritischer" Phasen für komplexe kognitive Lernprozesse, es wird lediglich das Vorhandensein „sensibler" Phasen für bestimmte Lernbereiche angenommen, also Lebensalter, in denen ein Lerneffekt schneller oder nachhaltiger eintreten kann als zu einem früheren oder späteren Zeitpunkt (vgl. Saalbach, Grabner et al., 2013, 101). Dementsprechend zeigen „jene Teile des Gehirns, die für höhere kognitive Prozesse zuständig sind (wie z. B.frontale Regionen) [...] einen langandauernden Reifungsprozess, der nach aktuellen Befunden bis ins frühe Erwachsenenalter reicht“ (ebd., 98). Was „Hänschen nicht lernt“, kann Hans in den meisten Fällen also später immer noch lernen, sofern er sich seine Neugier und Lernmotivation erhalten konnte und individuell sinnvolle Strukturen des Lernens erworben hat, auf die er auch später zurückgreifen kann (zu den „Mythen“ frühkindlichen Lernens siehe Bruer, 2003; zum lebenslangen Lernen vgl. Kapitel *Musikalisches Lernen im dritten und vierten Lebensalter*). Es geht also nicht um bestimmte Lerninhalte, die bis zu einem bestimmten Zeitpunkt angeeignet werden müssen, sondern es sind eher die Lerndispositionen, die sich relativ stabil in der Kindheit herausbilden und nur noch schwer verändern lassen (vgl. Keller, Trösch et al., 2013, 94). Auch im Erwachsenenalter greifen wir auf Einstellungen und motivationale Empfindungen zurück, die wir uns im Rahmen des kindlichen Lernens angeeignet haben. „Bereits in der Interaktion mit Bezugspersonen bilden sich entsprechende Verhaltensweisen heraus, die beispielsweise in der Art und Weise des kindlichen Explorierens zum Ausdruck kommen“ (ebd.).

Musikalische Lernwege in der frühen Kindheit

In seinem Gedicht „Die 100 Sprachen des Kindes“ beschreibt der Begründer der Reggio-Pädagogik, Loris Malaguzzi, die vielfältige frühkindliche Weltaneignung und mahnt, diese nicht einzuschränken: So solle nicht der „Kopf vom Körper“ getrennt werden oder „Spielen und Arbeit“, „Wissenschaft und Vorstellungskraft“ als nicht zusammengehörig vermittelt werden (Malaguzzi, zit. nach Dreier, 2012, 17).

Im Folgenden sollen einige der vielfältigen Arten und Weisen des Lernens beschrieben werden, die typisch für die frühe Kindheit sind. Dabei werden entwicklungspsychologische Grundlagen jeweils in Bezug zu speziellen musikalischen Aspekten gesetzt.

Sensomotorische Weltaneignung

Aufgrund der Beobachtung, dass Kinder im Alter zwischen null und ungefähr zwei Jahren die Welt und sich selbst primär über Sinneseindrücke und motorische Aktivitäten erkunden, definierte Jean Piaget die Phase der sensomotorischen Entwicklung (vgl. Montada, 2002, 419 f.). Zwar ist das Phasenmodell Piagets in der Starrheit der als universell angenommenen zeitlichen Rahmung und Abfolge der Phasen kritisch zu sehen (vgl. Stadler Elmer 2002, 139 ff.; Montada 2002, 441), die sensomotorischen Handlungen, die beschrieben werden, sind jedoch wichtig für das Verständnis des Wahrnehmungslernens. Etwas zu berühren oder berührt zu werden, von jemandem getragen zu werden, etwas in den Mund zu stecken und mit der Zunge zu erkunden, etwas aktiv zu greifen, sich mit zunehmend erweitertem Bewegungsradius auch etwas selbst zu holen, aber etwa auch beim Laufenlernen mit den Gesetzen der Gravitation in Berührung zu kommen, all dies sind wichtige Lernerfahrungen des jungen Kindes (vgl. Meiners & Rosenfelder, 2007, 90). Die Wiederholung interessanter Bewegungen beschreibt Piaget als primäre Zirkulärreaktion (vgl.

Garz, 2008, 69); ab dem Alter von etwa vier Monaten versuchen Kinder, ein zuvor erzieltes Ergebnis erneut zu erreichen, z. B. durch das Anschubsen einer Rassel immer wieder das gleiche Geräusch hervorzurufen (sekundäre Zirkulärreaktion) bis schließlich im Rahmen der tertiären Zirkulärreaktion ein neuer interessanter Effekt nicht nur reproduziert, sondern auch modifiziert wird (andere Klänge bzw. Einsatzmöglichkeiten der Rassel), um dessen Charakteristika zu erkunden (vgl. ebd., 71). Die sensomotorischen Wege zur Erkundung der Welt werden zwar mit zunehmendem Alter mit weiteren kognitiven Erkundungsfähigkeiten vernetzt, verloren gehen sie jedoch nicht. Da es dann aber schwerer fällt, sie isoliert zu untersuchen, beschäftigen sich „schätzungsweise 90% der Untersuchungen zur Wahrnehmungsentwicklung [...] ausschließlich mit Phänomenen im ersten Lebensjahr" (Krist, Kavšek et al., 2012, 365). Schallwahrnehmungen, Vokalisationen und Körperbewegungen sind sensomotorische Handlungen im Kontext der musikalischen Entwicklung (vgl. Stadler Elmer, 2015, 9). Eigene und fremde Laute können gehört und gespürt werden. Säuglinge erfahren metrische bzw. rhythmische Pulsationen durch das Getragenwerden im Alltag oder auch beim Tanz, wie es der nigerianische Musikethnologe Meki Nzewi für verschiedene afrikanische Kulturen beschreibt (vgl. Nzewi, 1998, 19). Während ein Kind von seiner Bezugsperson im Arm gehalten wird, kann es auch die Vibrationen ihrer Stimmklänge wahrnehmen (vgl. Meiners & Rosenfelder, 2007, 90). In ihrer Studie zu *Music and it's meaning in children's lives* erfuhr die Musikpädagogin und -ethnologin Patricia Shehan Campbell vom sechsjährigen George:

» I love the *feeling* of music, especially when it goes from low to high. It makes my tummy tickle, kind of like going up on a rollercoaster." (Campbell, 2010, 122, Hervorhebung im Original)

Zunächst kommunizieren Neugeborene vokalisierend Empfindungen wie Hunger, Schmerz oder Kälte. Die gegenseitigen vokalen Anregungen und zunehmend auch Imitationen von Eltern und Kindern ermöglichen emotional positiv besetzte Erfahrungen (vgl. Stadler Elmer 2002, 140). Analog zu den „Zirkulärreaktionen" Piagets nimmt Stadler Elmer eine Phase der „verschobenen Nachahmung, entstehender Rituale und ausgedehnten Vokalspiels" an, in der sich Rituale in den dialogischen Eltern-Kind-Vokalisationen entwickeln, die auf gegenseitigen Erwartungen an die Interaktion beruhen (ebd., 140; vgl. hierzu auch die entsprechenden Ausführungen im Kapitel *Körperlichkeit als Grunddimension des Musiklernens*). Im weiteren Entwicklungsverlauf geht Stadler Elmer von „sensomotorischer Orientierung" aus – ab dem Alter von ca. zwei Jahren – und meint damit das „Nachahmen ohne Regelverständnis und Erfinden nach idiosynkratischen Regeln" (ebd., 141). Kinder sind aufgrund ihrer sensomotorischen Wahrnehmungsleistung, die nun auch ein genaueres Feedback zwischen auditiver Erwartung und motorischer Umsetzung eines selbst produzierten Klangs beinhaltet, in der Lage, sich beim Singen an eine andere Person anzupassen. Außerdem werden nachgeahmte Lieder und Liedfragmente beim Alleine-Singen integriert (ebd.).

Auch qualitativ scheint eine Wechselwirkung zwischen auditiven und motorischen Fähigkeiten zu bestehen. In Tests mit dreieinhalb- bis sechseinhalbjährigen Kindern zum Zusammenhang der musikalischen und der Bewegungsentwicklung konnten Gruhn et al. signifikante Korrelationen zwischen musikalischen und motorischen Fähigkeiten der Kinder feststellen: „Based on our findings it might be concluded that music and movement interact at an early developmental age. The better a coordinated motion can be performed, the better the development of musical discrimination and audiation skills" (Gruhn, Haussmann et al., 2012, 100). Hier lässt sich auch der Bogen zurück zu den kognitions- und neurowissenschaftlichen Grundlagen schlagen, denn es sind die körperlichen Erfahrungen, die zu mentalen Repräsentationen führen (vgl. Gruhn, 2010, 69). „Erst der Sprung auf eine gedachte Eins in einen Reifen oder das gleichmäßige Gehen erzeugen Repräsentationen für rhythmische und metrische Erscheinungen: den Auftakt oder das regelmäßig pulsierende Metrum" (ebd.). Gruhn folgert, dass „für jegliche musikalischen Erscheinungen [...] die körperliche Erfahrung vor dem Begriff stehen muss" (ebd.).

Exploration und Bindung

Bereits in den Ausführungen zum sensomotorischen Lernen wurde deutlich, dass Lernen in der Kindheit durch erkundendes, entdeckendes Handeln gekennzeichnet ist. Dieses aktive Erkundungsverhalten wird als Exploration bezeichnet, es ermöglicht Erfahrungen mit und Erkenntnisse über die materielle und soziale Umwelt und basiert u. a. auf dem Prinzip von *trial and error* sowie einem wenig bis gar nicht hypothesengeleiteten Vorgehen. Exploration ermöglicht den Erwerb neuer Verhaltensweisen und kann neue, selbst gesetzte Lernziele generieren (vgl. Mienert, 2015, 127).

» Kinder gehen beim Lernen im Allgemeinen anders vor als Erwachsene: weniger systematisch, weniger zielabhängig, mehr handelnd und ausprobierend denn vorausplanend. Der französische Reformpädagoge Célestin Freinet sprach in diesem Zusammenhang von den tastenden Versuchen der Kinder. Entdeckendes Lernen ist quasi eine unendliche Abfolge solcher tastender Versuche. Es beginnt damit, dass Kinder über etwas staunen oder sich wundern. Das Staunen, das Sich-Wundern verwandelt sich in ein Fragezeichen. Das Lernen beginnt." (Klein & Vogt, 2002, 36)

Die psychische Disposition für Exploration ist die Neugier, und der Aufforderungscharakter einer Situation liegt darin, diese zu wecken. Es wird davon ausgegangen, dass bekannte Situationen ebenso wenig Explorationsverhalten auslösen wie völlig unbekannte oder gar furchteinflößende Situationen (vgl. Mienert, 2015, 129). In Explorationsphasen kann es also auch zu Konflikten zwischen Aufsuchen (aufgrund von Neugier) und Meiden (aufgrund von Angst) kommen. Hier kommt der notwendige Gegenpol zur Exploration ins Spiel: die Bindung bzw. das Bindungsverhalten. Unter Bindung wird „die besondere Beziehung eines Kindes zu seinen Eltern oder anderen es konstant betreuenden Bezugspersonen" (Remsperger, 2015, 68 f.) verstanden. Bindungsbeziehungen schaffen Sicherheit und Vertrauen, auf deren Grundlage überhaupt erst neugierige und selbstsichere Explorationen möglich sind. John Bowlby, der Begründer der Bindungstheorie, stellte fest, dass Kinder Beziehungen mit unterschiedlicher Bindungsqualität zu ihren verschiedenen Bezugspersonen aufbauen (vgl. ebd., 69; Bowlby, 1982), umgekehrt bauen auch die Bezugspersonen eine Bindung zum Kind auf und sind – im ungestörten Fall – aufmerksam und schützend. Liselotte Ahnert konnte zeigen, dass nicht nur die primären Bezugspersonen, sondern auch die betreuenden pädagogischen Fachkräfte zu Bindungspersonen von Kindern werden (vgl. Ahnert, 2007). Mary Ainsworth entwickelte auf der Grundlage des *Strange-Situation-Tests*[3] die Kategorisierung in die vier Bindungsstile „sicher gebunden", „unsicher-vermeidend gebunden", „unsicher-ambivalent gebunden" und – später hinzugefügt – „desorganisiert" (Elsner & Pauen, 2012, 181). Während sicher gebundene Kinder ein ausgiebiges Explorationsverhalten zeigen, sind bei Kindern, auf die eine der anderen Bindungskategorien zutrifft, kaum bis gar keine Explorationsphasen zu beobachten. Dies zeigt, dass das Gefühl von sozialer Sicherheit und Vertrauen die notwendige Bedingung für Exploration und damit für Lernprozesse in der Kindheit darstellt.

Auch in der Entwicklung des Selbstkonzepts lässt sich dies wiederfinden. Kinder erfahren im Rahmen ihrer Erkundungsprozesse vieles über ihre materielle und soziale Umwelt und über sich selbst. Das Selbstkonzept beinhaltet die beschreibende sowie bewertende Komponente dieses Wissens: „Die kindliche Selbstwahrnehmung und -bewertung ist von hoher Relevanz, da diese in starker Verbindung mit der Freude am Lernen und der Anstrengungsbereitschaft steht" (Keller, Trösch et al., 2012, 92). Klein- und Vorschulkinder haben noch ein relativ variables Selbstkonzept, welches erst ungefähr mit dem Schuleintritt nach und nach konsistenter wird (vgl. ebd., 91). Typisch für das Vorschulalter ist eine Überschätzung der eigenen Fähigkeiten und Möglichkeiten, dies befeuert jedoch nur die Neugier und Lernmotivation: „Denn gerade weil Vorschulkinder ihre Fähigkeiten überschätzen und der Überzeugung sind, mit Anstrengung alles erreichen zu können, weisen sie eine sehr hohe Lernbereitschaft und Lernfreude auf" (ebd., 93). Die Entwicklung eines positiven Selbstkonzeptes scheint in hohem Maße „durch soziale Beziehungen geprägt und mit unterschiedlichen Erziehungsstilen verknüpft zu sein. Kinder, die eine akzeptierende, gefühlvolle und ermutigende Erziehung erleben und von den Erwachsenen ernst genommen werden, scheinen ein günstigeres Selbstkonzept zu entwickeln" (ebd.). Sichere Bindungen und ein positives Selbstkonzept sind wesentliche Faktoren, die Erkundung, Exploration bzw. entdeckendes Lernen ermöglichen. Mit Blick auf die Annahme, dass sich in der frühen Kindheit die Dispositionen ausbilden, die auch im späteren Leben Lernprozesse beeinflussen, liegt hier eine hohe Verantwortung bei den erwachsenen Bezugspersonen dafür, Kinder ernst- und wahrzunehmen, sie wertzuschätzen und zu ermutigen.

In der musikalischen Entwicklung ist der frühe Eltern-Kind-Dialog ein wichtiger Kontext für den Aufbau von Bindungen genauso wie für stimmliche Explorationen. Eltern und Kinder kommunizieren vorsprachlich mit Vokalisationen, die Freude ausdrücken können und nach und nach immer mehr in dialogische Strukturen des gegenseitigen Imitierens und Antwortens übergehen (vgl. Leimbrink, 2016; Papoušek, H., 2003; Papoušek, M., 1994). Die kindgerichtete Sprache in solchen Kommunikationen ist deutlich variantenreicher in Melodiekontur, Rhythmus und Klangfarbe als die Alltagssprache der

Erwachsenen. Dabei scheint die Sprachmelodik eine besonders wichtige Rolle zu spielen: „Man kann beobachten, dass gerade die melodisch-musikalischen Elemente der sprachlichen Kommunikation ein mächtiges Mittel sind, die Emotionen in der Beziehung zwischen Mutter-Kind zu regulieren" (Stadler Elmer, 2000, 53). Desweiteren ist die gegenseitige Nachahmung – die mal vom Kind, mal vom Erwachsenen ausgeht – von besonderer Bedeutung. „Es ist erstaunlich, dass Mutter und Kind sich während eines Zwiegesprächs bis zu einem Anteil von über 50% gegenseitig nachahmen. Bei dieser wechselseitigen Nachahmung überwiegen die sprechmelodischen Merkmale gegenüber den sprachlichen" (ebd., 53 f.). So erfährt das Kind „in dieser eigentümlich gestalteten Kommunikation", dass seine eigenen Aktionen und Reaktionen mit jenen der Bezugsperson zusammenhängen (Stadler Elmer, 2015, 117), es macht Kontingenz- und Selbstwirksamkeitserfahrungen (vgl. Papoušek, H., 2003, 39).

Das Explorieren von Klängen und Geräuschen ist auch im weiteren Verlauf der Kindheit eine wesentliche Handlungsweise, über die sich Kinder Wissen über Musik aneignen. Roswitha Staege beschreibt etwa in ihrer Beobachtungsstudie an einer Musik-Kita die folgende Szene:

» Johan (2;9) hat bereits eine ganze Weile [...] allein im kleineren der beiden Musikzimmer des Kindergartens auf einer Gitarre, die senkrecht in einem Ständer vor einer Wand des Raumes steht, gespielt und dazu gesungen. Nun geht er hinüber zu den am Boden vor dem Fenster aufgereihten Montessori-Glocken, hockt sich vor das Glockenensemble und schlägt vorsichtig mit einem Schlegel einige Töne an. Kira (2;4), die inzwischen [...] den Raum betreten hat, geht dicht an die zuvor von Johan bespielte Gitarre heran, bleibt unmittelbar vor dem Instrument stehen, wendet sich mit einer leichten Drehung des ganzen Körpers zu Johan und den Glocken hin, so dass nun ihre linke Schulter der Gitarre zugewandt ist. Sie verharrt eine kurze Weile in dieser Position, streckt dann ihren linken Arm mit einer plötzlichen Bewegung seitlich aus, greift in die Saiten der Gitarre und schlägt einen lauten Akkord an, der sie in der Abruptheit seines Auftretens selbst zu erschrecken scheint. Kira entfernt sich rasch einige Schritte von dem Instrument, bezieht Position neben dem an der gegenüberliegenden Wand stehenden Kinderbett und wendet sich von dort aus erneut Johans Spiel zu. Johan hat unterdessen nicht von den Glocken aufgeblickt und unbeirrt weitergespielt. Er probiert verschiedene Anschlagtechniken mit dem Schlegel aus, u. a. nimmt er einzelne Glocken in die Hand und bespielt sie dort. Einmal beugt er seinen Kopf seitlich so weit vor, dass dieser den Boden berührt, und schaut von dort unter die Glockenköpfe, während er sie mit dem Schlegel anschlägt. Kira geht zurück an die Gitarre und spielt leise in großen und gleichmäßigen Abständen sechsmal denselben Ton. Die fünf Wiederholungen fallen zeitlich (annähernd) damit zusammen, dass Johan zu einem neuen Ton (einer anderen Glocke) wechselt." (Staege, 2010, 238 f.)

In der dargestellten Situation wird erkennbar, dass sich die Explorationen der beiden Kinder aus Elementen wie Zufall, vorsichtiges Herantasten, Beobachten, Zuhören sowie motorischen Variationen im Umgang mit den Instrumenten konstituieren. Ein weiterer Aspekt kommt in einer Beobachtungs- und Interviewstudie von Campbell zum Ausdruck. Hier erläutert der sechsjährige George sein Wissen über Musik mit den Worten: „So, with whistling, you've got to change tones once in a while, and with drumming, you've got to change from just all shorts to longs and shorts. That's when it's music, and not just sound" (Campbell, 2010, 123). Auf die Frage, woher er das wisse, antwortet er: „I figure it out. I listen and figure it out" (ebd., 123) und macht damit auch die reflexive Komponente des entdeckenden Lernens deutlich.

Auf dem Weg zur Sprache

Betrachtet man die vorsprachliche Entwicklung bis hin zum Spracherwerb, dann werden zwei Richtungen relevant: die Veränderung des Denkens aufgrund der neu hinzukommenden semantischen Ebene und die Ausdifferenzierung der frühkindlichen Vokalisationen in das Singen und das Sprechen (vgl. Stadler Elmer, 2015, 102). Grundlegende Muster vorsprachlicher Kognition wurden bereits weiter oben dargelegt, etwa Erinnerungen an bereits gemachte Erfahrungen (Wiedererkennen von Klängen) oder implizites Wissen über physikalische Grundprinzipien. Bevor die Sprache hinzutritt, ist das kindliche Lernen über sensomotorische Schemata organisiert, es ist ein körperliches Lernen. Allerdings darf dabei nicht vergessen werden, dass auch Sprache schon pränatal erfahren wird und dass sprachliche Repräsentationen durchaus vorhanden sind, bevor das Kind selbst sprechen kann.

> » Kinder lernen sprechen, wenn sie in einer Sprachumgebung aufwachsen, in der sie gesprochene Sprache hören und selber unmittelbar angesprochen werden. Aus dem Reservoir aller in der Lallphase erprobten Laute stabilisieren sich die, die in der jeweiligen Sprache am häufigsten wahrgenommen werden." (Gruhn, 2014, 103)

Hier ist nun auch die sukzessive Abgrenzung von Singen und Sprechen zu verzeichnen.

> » Mit den ersten einsilbigen Wörtern – rund um das Ende des ersten und zu Beginn des zweiten Lebensjahres – lassen sich Situationen beobachten, in denen das Kind von sich aus spontan zwischen Sprechen und Singen unterscheidet, indem es vom einen zum anderen wechselt. Interessanterweise geschieht dies in einem Sprachentwicklungsstadium, in welchem das Kind noch nicht fähig ist, zweisilbige Wörter zu bilden oder gar Sätze zu sprechen." (Stadler Elmer, 2015, 109 f.)

Anhand der beschriebenen Beobachtung ist anzunehmen, dass das Kind nun Singen und Sprechen als zwei Handlungsformen verstanden hat, zwischen denen es Unterschiede gibt.

Es ist von einem deutlichen transformativen Einfluss der Sprache auf das Denken des Kindes auszugehen. So sind ca. einjährige Kinder deutlich besser in der Lage, Kategorien für bestimmte Objekte zu bilden, wenn diese während des Anschauens auch benannt werden, und sie gehen davon aus, dass verschiedene Objekte, denen der gleiche Name zugeordnet werden kann, wichtige Eigenschaften teilen (vgl. Saalbach, Grabner et al., 2012, 107). Nun werden also symbolische Repräsentationen entwickelt.

Um Worte sprechen zu können wird – ebenso wie schon vorher für die zeitlich versetzte Imitation melodischer Vokalisationen – die Konsolidierung innerer Klangvorstellungen wichtig. Die Kinder stellen also Abgleiche zwischen dem her, was sie erwarten, und dem, was sie sich selber sagen hören. Die zunehmend verlässlichere Feedback-Schleife zwischen Klangproduktion und Hörerwartung ist für das Kleinkind- und Vorschulalter bezeichnend. Deutlich wird dies beim sogenannten „Fis-Phänomen", welches die Inkongruenz von Wahrnehmungsleistung und motorischer Umsetzungsfähigkeit betrifft:

» Das sogenannte Fis-Phänomen [...] macht anschaulich, dass Kinder schon dann Wörter richtig verstehen, wenn sie sie selbst noch nicht richtig produzieren können. So unterhält sich ein Versuchsleiter mit einem kleinen Kind, das seinen Plastikfisch ‚Fis' nennt. Die Aussprache des Kindes imitierend fragt der Versuchsleiter: ‚Ist das dein Fis?' ‚Nein'. Antwortet das Kind, ‚das ist mein Fis'. Weitere Imitationen weist es ebenfalls zurück, bis der Versuchsleiter fragt: ‚Ist das dein Fisch?' ‚Ja', freut sich das Kind, ‚das ist mein Fis'." (Grimm, 1987, 611)

Ebenfalls in das Vorschulalter fällt die Automatisierung des „inneren Rehearsalprozesses". In dem Maße, in welchem Kinder in der Lage sind, Sprache auch innerlich nachzuhören, steigen die Behaltensleistungen für sprachliche Informationen (vgl. Keller, Trösch et al., 2012, 91).

Hier lässt sich die Parallele zum musikalischen „inneren Rehearsalprozess" ziehen, der Audiation. Der Begriff wurde ursprünglich von Edwin Gordon geprägt und meint das innere Hören, Antizipieren, Abgleichen oder Neubilden musikalischer Muster (vgl. Gruhn, 2010, 96 f.; Kapitel *Audiation*). Das Abgleichen musikalischer Muster, das *pattern matching*, ist eingebettet in Enkulturationsprozesse. Indem bestimmte musikalische Muster (Popsong, Kadenz, Werbejingle etc.) wiedererkannt und eingeordnet werden, werden kulturelle Erfahrungen reaktiviert. Auch können eigene musikalische Erfindungen zur inneren Vorstellung von Tonalität, Metrik, Form und Stil in Beziehung gesetzt werden, und es kann festgestellt werden, ob die eigene, audiierte Melodie einer der vorhandenen Kategorien zugeordnet werden könnte (vgl. Gruhn, 2010, 96 f.). „Audiation bezeichnet also immer einen aktiven Prozess, der ebenso auf das Erkennen von Gehörtem gerichtet ist wie auch nötig ist, um musikalische Gedanken auszudrücken" (ebd., 99).

Spielen

» Das Spiel ist gewissermaßen der Hauptberuf eines jeden Kindes, das dabei ist, die Welt um sich herum, sich selbst, Geschehnisse und Situationen, Beobachtungen und Erlebnisse im wahrsten Sinn des Wortes zu begreifen." (Krenz, 2001, 8)

Es wird angenommen, dass das Spiel in der Kindheit dem Lernen dient. Hauser hält es sogar für unwahrscheinlich, dass das Spielen in der Kindheit auch Funktionen haben könnte, die nicht mit Lernen in Verbindung stehen (vgl. Hauser, 2016, 15). Bereits Freuds, Piagets und Vygotskys Auffassungen über das Kinderspiel lassen sich auf die Lernfunktion beziehen. Freud erkannte im Spiel eine wunscherfüllende Funktion außerhalb von Realitätszwängen und dessen Orientierung am Lustprinzip. Vygotsky bezog sich auf die Erfüllung „unrealisierbarer" Wünsche im Spiel, und Piaget grenzte das Spiel gegen die Erwachsenenwelt ab und nahm an, dass real erforderliche Akkommodationen im Spiel durch individuelle, nur dort realisierbare Assimilationen beantwortet werden können (vgl. Oerter, 2002, 222 f.). Alle drei Sichtweisen beinhalten den Aspekt, dass „auf diese Weise [...] Fertigkeiten geübt und kombiniert [werden], die unter funktionalem Druck (nämlich wirklich ein Ergebnis zu erzielen) wohl nie ausprobiert würden" (Oerter, 2011, 6). Das Spiel wird als lustvolles, unsystematisches „Training" gesellschaftlich erwarteter Verhaltensweisen angesehen, Spielinhalte sind demnach kulturspezifisch, indem jeweils typische Alltagsinhalte (Essen, Kochen, Familienleben, Schulbesuch etc.) imitiert und ausprobiert werden (vgl. Hauser, 2016, 133; zum *rough-and-tumble play* als Training sozialer Kognitionen siehe Pellis & Pellis 2011). Neben der spielimmanenten Lernfunktion wird auch ein positiver Effekt des Spielens in der Kindheit auf die lebenslangen Lerndispositionen angenommen. So führen Miller und Almon US-amerikanische Vergleichsstudien zu den kurz- und langfristigen Wirkungen offener, spielbasierter und instruktional-curricularer Settings im Kindergarten an. Untersucht wurden jeweils Kinder aus einkommensschwachen Familien (vgl. Miller & Almon, 2009, 44 f.). Zusammenfassend stellen sie fest, dass Kinder aus spielorientierten und an der kindlichen Eigeninitiative ausgerichteten Kindergärten im weiteren Lebenslauf bessere schulische Leistungen zeigten und sozial kompetenter waren, als Kinder, denen das Spiel zugunsten instruktionalen Lernens vorenthalten wurde (vgl. ebd., 44 f.). „Children in play-based kindergartens have a double advantage over those who are denied play: they end up equally good or better at reading and other intellectual skills, and they are more likely to become well-adjusted healthy people" (ebd., 8).

Vor diesem Hintergrund mag es erstaunen, dass Spielen als Gegenteil von Lernen angesehen werden kann oder sogar als ineffektive Zeitverschwendung. Bereits auf den Sputnik-Schock haben die westlichen Länder mit einer stärkeren Verschulung des vorschulischen Bildungsbereichs geantwortet (vgl. Klaßen 1996, 33 ff.), nach dem PISA-Schock ist die gleiche Dynamik zu beobachten (vgl. Roux 2002; Hauser, 2016, 13). Allerdings wäre es eine ebenfalls verkürzte Sichtweise, würde man nun Frühförderprogramme ablehnen. So haben vorschulisch erworbene Vorläuferfertigkeiten in Sprache und Mathematik einen positiven Einfluss auf spätere Schulleistungen im Lesen, Schreiben und Rechnen (vgl. Hauser, 2016, 13). Gerade Kinder aus bildungsfernen Familien profitieren von den frühen Förderangeboten (vgl. Kratzmann & Schneider, 2008). Nicht die frühe Förderung an sich steht in der Kritik, sondern eher eine bestimmte Umsetzung der Fördermaßnahmen. Aufgrund der o. g. Erkenntnisse wäre für eine spielorientierte Didaktik in der individuellen Förderung zu plädieren.

Allerdings ist dabei zu berücksichtigen, dass das Spiel nicht einfach didaktisiert werden kann. Merkmale des Spiels sind nämlich sein Selbstzweck, die Freiwilligkeit der Teilnahme, Selbstbestimmung der Spielenden und Freiheit von äußeren Zwängen, es ist alltagsenthoben und fantasieanregend (vgl. Krenz, 2015, 480 f.). Oerter definiert die Spielcharakteristika wie folgt: „Selbstzweck des Spiels (Handlung um der Handlung willen)",

„Wechsel des Realitätsbezuges" und „Wiederholung und Ritual" (Oerter, 2011, 3 ff.; Oerter, 2002, 222). Mit Huizinga wäre das Element der Spannung zu ergänzen (vgl. Huizinga, 1938/2004, 19), mit Scheuerl das der Mehrdeutigkeit (vgl. Scheuerl, 1994, 85). Hauser formuliert in Anlehnung an Burghardt (2011) die Kriterien „unvollständige Funktionalität" (ein Trainingseffekt kann enthalten sein, ist aber nicht der direkte Zweck des Spiels), „So-tun-als-ob" (unvollständiges, übertreibendes, ungeschicktes, variantenreiches Verhalten), „positive Aktivierung und Fokussierung" (spontan, freiwillig, intentional, spaß-machend, lohnend, spannend), „Wiederholung und Variation" (nicht rigid-stereotyp) und „entspanntes Feld" (stressfrei, gefahrlos) (Hauser, 2016, 20 ff.).

Schließlich muss berücksichtigt werden, dass zwar fast jeder Mensch in der Lage ist, Spiel als solches zu erkennen, wenn er es sieht (vgl. Pellegrini, 2011, 3), dass aber kein Mensch für einen anderen Menschen entscheiden kann, ob dieser gerade spielt. „Ein Spiel, welches von einem Spielenden nicht als Spiel wahrgenommen wird, zum Beispiel weil er dabei Angst hat, von einem Gleichaltrigen drangsaliert zu werden [...], ist kein Spiel, sondern Ernst" (Hauser, 2016, 15). Ob ein Kind spielt oder nicht, kann nur das Kind selbst wissen. Zur Orientierung am Spiel muss in didaktischen Angeboten also auch die Orientierung an den Bedürfnissen und Ideen jedes einzelnen Kindes kommen, um Interesse zu wecken und die Lernmotivation nicht zu verhindern.

Zwischen Musik und Spiel lassen sich vielfältige Bezüge herstellen. Stadler Elmer verweist auf eine strukturelle Analogie von Spiel und musikalischer Aktivität, sie nimmt an, dass „auf das Singen all jene Eigenschaften zu[treffen], die das *Spiel* charakterisieren" (Stadler Elmer, 2005, 126, Hervorhebung im Original). Oerter zeigt ebenfalls Ähnlichkeiten auf, er charakterisiert Musik als Regelspiel ohne Wettbewerb (vgl. Oerter, 2011, 295). Der frühe Eltern-Kind-Dialog ist durch zahlreiche der genannten Spielcharakteristika gekennzeichnet, etwa Wiederholung, Ritual, Variation, Spannung, Spontaneität, Freiwilligkeit, Freude und das entspannte Feld ohne Stress und Gefahr. In der Elementaren Musikpädagogik mit Klein- und Vorschulkindern nimmt das Spiel eine zentrale didaktische Rolle ein (vgl. Dartsch, 1999; Ribke, 1997; Ribke, 2005, 74). Exploration (vorbereitend auf Spieltätigkeit im engeren Sinne), sensomotorische Spielformen, Regelspiele, Symbolspiele („so tun als ob") sowie Rollenspiele bieten vielfältige Möglichkeiten zum Umgang mit Musik und Instrumenten, während das Konstruktionsspiel insbesondere zur Organisation musikalischen Materials nutzbar wird, also Improvisation und Komposition betrifft (vgl. Ribke, 1997, 295 ff.). Dass dies nicht auf den Bereich Musik beschränkt bleibt, soll die folgende Szene verdeutlichen, in der sich Symbol- und Konstruktionsspiel mit Klangspielen vermischen:

» Drei Kinder tragen Musikinstrumente zusammen und bauen damit ihren Lastwagen. Das Xylophon wird zur Ladefläche, eine kleine Djembe zur Fahrerkabine. Vier umgedrehte Klangschalen an jeder Ecke sind die Räder. Anschließend lassen die Kinder die Instrumente erklingen und kommentieren dies: ‚das wär' jetzt der Schotter, der aufgeladen wird', ‚der Fahrer drückt aufs Gas'." (Beck-Neckermann, 2014, 42)

Den Kindern selbst geht es beim Spielen mit Klängen und Geräuschen, mit Instrumenten und Materialien oftmals gar nicht in erster Linie um Musik. Inhaltlich-fachliche Abgrenzungen sind eher „erwachsene" Perspektiven. Das Zusammenspiel verschiedener Erfahrungsbereiche (z.B. Musik und Natur) lenkt nicht etwa vom musikalischen Lerngegenstand ab, sondern macht ihn für dieses spezielle Kind in dieser speziellen Situation überhaupt erst erfahrbar.

Phantasieren und Gestalten

Die oben dargestellte Spielszene, in der Instrumente zu einem Lastwagen werden, veranschaulicht, welch kreative Phantasien Kinder entwickeln und gestalterisch nutzen können. Der „narrative Modus des Denkens" (Mähler, 2007, 168), Begeisterung für das Erfundene und das Eintauchen in fiktive Welten (vgl. ebd.) sind wichtige Potenziale, mit denen Kinder der sie umgebenden Welt Bedeutung verleihen. Dabei ist die Auffassung einer Verschmelzung von Phantasie und Realität im Vorschulalter, wie sie in Piagets „prä-operationaler Phase" postuliert wird (Montada, 2002, 421), mittlerweile überholt. Vielmehr wird von einem „Koexistenz-Modell" einer „realistisch-naturalistischen" und einer „magisch-animistischen Weltsicht" ausgegangen (vgl. Subbotsky, 1997). Gerade, weil Kinder zwischen realer und mentaler Welt unterscheiden können, erhöht sich die Attraktivität der Fantasiewelt. Allerdings ist auch die mentale Welt eine nicht zu unterschätzende Realität, nur eben eine andere als die „empirische".

Indem Phantasien „ins Spiel" kommen und sie mit künstlerischen Mitteln umgesetzt werden, sind sie geeignet, die innere Vorstellungswelt mit der äußeren Welt zu verbinden. Sie „geben der Welt eine subjektive Bedeutung" (Schäfer, 2005, 139) und sind „Ausgangspunkt für den kreativen Umgang mit den Dingen" (ebd., 146). In der Reggio-Pädagogik gilt der Grundsatz „Gestaltungsprozesse sind Erkenntnisprozesse" (Dreier, 2012, 86), daher hat jede Reggio-Kita ein Atelier (vgl. ebd., 33), in dem Kinder – ohne vorgefertigte Schablonen o.ä. – künstlerisch kreativ werden können. Die Materialien für die Kunstwerke können z.B. vom letzten Waldspaziergang stammen, dort sammeln die Kinder nicht nur Materialien, sondern auch vielfältige Eindrücke. Die Pädagogin Annette Dreier beschreibt eine Szene, in der Kinder zunächst vier steinerne Löwen auf einer Piazza in Reggio erkunden, diese vermessen, ihre Schatten abzeichnen, sie befühlen, um dann im Atelier eigene Löwen, wilde Tiere, Fabelwesen mit Ton, Farben, Licht- und Schattenspiel zu entwerfen (vgl. ebd., 85 f.). Sie verleihen also ihrem Eindruck einen Ausdruck (vgl. ebd., 81). In meinem Forschungsprojekt zu *Bedeutungszuweisungen in der Musikalischen Früherziehung* konnte ich Ähnliches für die musikalischen Phantasien und Gestaltungsprozesse der Kinder feststellen (zu Design und Methodik vgl. Weber-Krüger 2014, 195ff.). So nutzen die dort befragten und beobachteten fünf- bis sechsjährigen Kinder vielfältige „Versatzstücke" aus ihrer musikalischen Lebenswelt als Material für musikalische Erfindungen. Liedfragmente werden miteinander verknüpft, Figuren aus Büchern oder Sendungen in Rollenspiele integriert und diese Spielszenen mit einem passenden „Soundtrack" aus Klängen und Geräuschen versehen. Auch musikalische Stile und Musiziertechniken werden versatzstückartig herangezogen, etwa wenn ein Junge den Song

„Superhelden" der Kinderband „Apollo 3" anstimmt, dessen rhythmische Struktur als Ausgangspunkt nimmt, dann aber mit eigenem Text und eigenen Rhythmen eine gerappte „Weiter-Erfindung" des Songs präsentiert:

» Du hast, du hast, du hast das Zeug zum Superhelden, Superhelden (geflüstert) Superhelden. Ich bin der Beste auf der Welt, komm Rock'n'Roll mit starkem Melt. Wir sind krass, oder geil. Das ist k-krass, oh Superman." (Weber-Krüger 2014, 295)

Im Forschungsprojekt zeigte sich, dass die Kinder musikalische Versatzstücke reproduzieren, rekombinieren und collagieren und sie mit ganz neuen Ideen verbinden; sie bedienen dabei in besonderem Maße ihre musikalischen Alltagserfahrungen. So bringen Kinder einen Wissens- und Handlungsfundus für das künstlerisch-musikalische Gestalten mit, dem keine langdauernde Übung mit Instrument oder Stimme vorzuschalten wäre. Sie verfügen somit über Bausteine für das elementare Musizieren, die gleichberechtigt neben den von pädagogischen Fachkräften angeregten Umgangsweisen mit Stimme, Körper und Instrumenten stehen.

Selbstgesteuertes Lernen

Durch alle bisherigen Kapitel zieht sich – mal mehr, mal weniger – die Grundannahme, dass Kinder ihre eigenen Lernwege freilegen und ihre eigenen Lernprozesse steuern (müssen). Um die Ausführungen zu frühkindlichen musikalischen Lernwegen abzuschließen, soll an dieser Stelle nun noch explizit auf diesen Aspekt eingegangen werden. Aus neurowissenschaftlicher Perspektive liest sich das Plädoyer für selbstgesteuertes Lernen so:

» Die geeignetsten Anregungen für noch zu knüpfende bzw. zu stabilisierende Verschaltungen im Gehirn sind diejenigen, die das Kind aus sich selbst heraus entwickelt [...]. Weil das Kind auf der Grundlage seiner bisher erlernten und im Hirn verankerten Fähigkeiten selbst darüber bestimmt, was es an Neuem sucht und was es interessiert, können die unter diesen Bedingungen gemachten Lernerfahrungen besonders gut an das bereits vorhandene Wissen angeknüpft, können also die im Hirn bereits entstandenen Verschaltungsmuster besonders gut erweitert und ergänzt werden." (Hüther, 2012, 15)

Wie bereits angemerkt (s. Endnote 1), wird aus pädagogischer Perspektive aktuell stärker der Bildungsbegriff gegenüber dem Lernbegriff fokussiert. Die folgende Charakterisierung kindlicher Selbstbildungsprozesse zieht zur Erklärung die Tätigkeit und den Prozess des „Sich-Bildens" heran und bezieht sich damit auf Vorgänge des Lernens (zum Verhältnis von Lernen und Bildung siehe auch Kapitel *Die Antriebsdimension des Musiklernens*). Auch hier wird die Unumgänglichkeit eigenaktiver, selbstgesteuerter, aber in sicheren Beziehungen aufgehobener Lernprozesse deutlich:

» 1. Bildung hat etwas mit Selbsttätigkeit zu tun. Man kann nicht gebildet werden, bilden muss man sich selbst.
2. Bildung erfolgt aufgrund von individuellen Sinnfindungen oder -verlusten. Sinn kann man nur selbst finden und niemand anderem vermitteln.
3. Sinn ergibt sich nicht nur aus dem, was man erfährt oder tut, sondern – mehr noch – daraus, wie man das, was man erfährt oder tut, in das einordnet, was man bisher erfahren und getan hat. Insofern verbinden sich im Bildungsprozess die individuellen Vorerfahrungen mit den neuen Erfahrungsaspekten der gegenwärtigen Situation. Er impliziert also ein – positives oder negatives – Verhältnis zur eigenen Geschichte.
4. Bildung beschränkt sich nicht auf einen rational-logischen Prozess, sondern schließt die ganze menschliche Palette der sinnlich-emotionalen Erfahrungs- und Verarbeitungsmöglichkeiten ein sowie deren subjektive Gewichtung.
5. Gebildet wird man ferner durch etwas. Die Gegenstände der Bildung tragen den Stempel der Geschichte und damit ein soziales und kulturelles Muster. Außerhalb dieser soziokulturellen Gewordenheit ist keine Bildung möglich. Man wird nur in dem Maße man selbst, in dem man sich in einem Gegenüber findet." (Schäfer, 2005, 27 f.)

Diese Auffassung schlägt sich mittlerweile auch in den Kinderrechten nieder, so sieht das Kinder- und Jugendhilfegesetz (KJHG, SGB VIII) in §8 vor, Kinder und Jugendliche gemäß ihrem Entwicklungsstand an allen sie betreffenden Entscheidungen zu beteiligen. Demzufolge ist Partizipation in Kitas ein relevantes Thema geworden (vgl. Regner, Schubert-Suffrian et al., 2009). Auch die in der neueren Kindheitsforschung paradigmatische Orientierung an der Perspektive der Kinder (vgl. Nentwig-Gesemann, 2013, 760; Nentwig-Gesemann & Mackowiak, 2012; Heinzel, 2012; Bamler, Werner et al., 2010) ist mit Blick auf die Charakteristika des selbstgesteuerten Lernens nur konsequent, um erfahren zu können, wie Kinder leben und was Kinder bewegt.

Musiklernen in der frühen Kindheit – pädagogische Haltungen und Ziele

Die Auffassungen, wie frühes Musiklernen gestaltet sein sollte, sind in einem Spektrum zu verorten, das einerseits experimentelle, individuelle Zugänge der Kinder zu Klängen und Geräuschen, Instrumenten und Materialien beinhaltet, andererseits das Kennenlernen vielfältiger Musikwerke sowie das Üben spieltechnischer und auditiver Fertigkeiten. Für die Kita lassen sich vor allem alltagseingebundene und aus der Situation entstehende Lernsettings konstatieren, während in der Musikschule eher der geplante Unterrichtskontext gegeben ist. Dies zeigt sich auch in den Zielsetzungen und Inhaltsebenen pädagogischer Praxismaterialien für die frühe musikalische Bildung. Ein exemplarischer Vergleich für die „Handlungsebenen" (vgl. Stiller, 2016, 21) bzw. die „musikalischen Aktivitäten" (Beck-Neckermann, 2014, 7) in musikalischen Bildungsprozessen soll dies verdeutlichen. Das Lehrwerk Timpano für die Elementare Musikpraxis mit Kindern von 0 bis 10 Jahren (Dartsch, Savage-Kroll et al., 2016) wurde vor dem fachlichen Hintergrund der Elementaren Musikpädagogik und in Anlehnung an den Bildungsplan Musik für die Elementarstufe/Grundstufe des Verbands deutscher Musikschulen (VdM, 2010) entwickelt, die Orientierung am künstlerischen Tun und der Kontext Unterricht sind deutlich erkennbar:

» An erster Stelle steht die Ebene des künstlerisch-kulturellen Könnens. Es beinhaltet die stimmlichen, motorisch-bewegungstechnischen, auditiven und spieltechnisch-handwerklichen Fähigkeiten der Kinder gemäß ihrem jeweiligen Alters- und Entwicklungsstand. Diese Handlungsebenen müssen bedachtsam und kontinuierlich aufgebaut und trainiert werden. Auch ein aufmerksames Reflektieren über das eigene Tun sollte regelmäßig dazugehören. Darüber hinaus sollten die Kinder auf einer Ebene der musikalischen Exploration so intensiv und kontinuierlich wie möglich zur Ausprägung ihres musikalischen Erfindergeistes angeregt werden. Sammeln und sortieren, erfinden und einbringen sind Aktivitäten, die bereits junge Kinder faszinieren, die ihnen Gelegenheit für den kreativen Umgang mit musikalischem Spielmaterial bieten und denen die Lehrperson von Beginn an hinreichend Raum geben sollte.“ (Stiller, 2016, 21)

Eine andere Schwerpunktsetzung beim Blick auf das Kind sowie auf die Rolle der Lehrperson offenbart ein Ansatz für die Kita, dessen fachlicher Hintergrund in Sozialpädagogik und Musiktherapie liegt. Hier soll es darum gehen,

» die individuellen Zugänge von Kindern zu musikalischer Aktivität wahrzunehmen, die Erfahrungswelten zu erfassen, die Kinder in ihrer musikalischen Aktivität suchen, sich vom musikalischen Spiel der Kinder inspirieren zu lassen und diese zu inspirieren.“ (Beck-Neckermann 2014, 7)

Während es im ersten Zitat mit Blick auf die weiter oben dargestellten „eigensinnigen Lernwege“ der Kinder verwundern muss, dass etwas anderes als das Kind selbst „an erster Stelle“ stehen kann, kommt im zweiten Zitat die Möglichkeit, Kinder in Berührung mit vielfältigen Musikwerken und -stilen sowie (instrumentalen) Spieltechniken zu bringen, nicht einmal vor. Während im ersten Zitat das aktive, erfinderische Potenzial der Kinder erst auf einer ergänzenden Ebene eine Rolle spielt und es der Verantwortung der Lehrperson obliegt, Raum dafür zu schaffen, geht das zweite Zitat davon aus, dass dieser Raum ohnehin existiert und es nur in der Verantwortung der Lehrperson liegt, ihn wahrzunehmen und zu erfassen.

Beide Sichtweisen könnten voneinander profitieren, damit einerseits nicht das Kind mit seinen individuellen Bedürfnissen und Ideen und andererseits nicht die Musik in ihrer kulturell bereits vorhandenen Vielfalt aus dem Blick geraten.

Der hier etwas pointiert dargestellte Vergleich sollte jedoch keinesfalls zu einer kategorisierenden Abgrenzung der beiden Ansätze führen. Vielmehr wäre von einem Kontinuum auszugehen, auf welchem einmal stärker die *spontane Situation* oder einmal stärker die *musikbezogene Vermittlungsintention* eine Rolle spielt. Soll frühkindliches Lernen gelingen, wären dabei, ganz gleich wo sich das musikalische Handeln auf dem

Kontinuum gerade befindet, die Bedürfnisse und Neugierde, die Ideen, aber auch die Hemmungen der Kinder von zentralem Interesse. Für die Elementare Musikpädagogik lässt sich dies auch an den methodischen Prinzipien festmachen, welche die pädagogische Grundhaltung im Lehrplan des Verbands deutscher Musikschulen ebenso wie im Unterrichtswerk Timpano prägen, nämlich die „Orientierung am Spiel, am Experiment, an der Kreativität, am Prozess, am Einbeziehen von vielerlei Ausdrucksmedien, am Körper, am Aufbau von Beziehungen und an der grundsätzlichen Offenheit des Unterrichts" (Dartsch, 2008, 16; ausführlicher: Dartsch, 2010, 22). Diese Prinzipien setzen genau an den Spezifika frühkindlichen Lernens an, wie sie weiter oben dargestellt wurden. Geht man, wie hier beschrieben, davon aus, dass Kinder lernen, wenn etwas von subjektiver Bedeutsamkeit für sie ist, dass sie eigenaktiv und biografisch-erfahrungsbasiert in sozialen Kontexten lernen, dann wären die genannten Prinzipien noch zu ergänzen durch die Orientierung an der individuellen Lebenswelt und dem Alltag der Kinder, bzw. die Orientierung an den Perspektiven der Kinder (ausführlicher: vgl. Weber-Krüger, 2014, 306 f.).

[1] Es ist darauf hinzuweisen, dass im pädagogischen Diskurs der Bildungsbegriff aktuell stärker fokussiert wird, als der Lernbegriff. Dabei existiert – abhängig von der jeweiligen Lerndefinition – einerseits die Annahme, Bildung sei mehr als Lernen (z. B. von der Beek, Schäfer et al., 2006, 67), andererseits aber auch die synonyme Verwendung der Begriffe Bildung und Lernen (vgl. Freytag, 2015, 55). Der Frühpädagoge Schäfer definiert: „Bildung hat einen umfassenden Anspruch. Sie integriert Handeln und Denken, Wissenschaft und Kunst oder Können, Wissen und Ästhetik. Das Ergebnis hat etwas mit einer subjektiven Form zu tun, mit einer (Selbst-)Gestaltung, in der dieser umfassende Anspruch auf eine individuelle Weise immer wieder neu ausbalanciert wird" (Schäfer, 2011, 14). Demzufolge wäre Lernen die Handlung, über die Bildung erarbeitet und immer wieder neu „ausbalanciert" wird. Im Folgenden wird zu zeigen sein, dass „Selbstbildung" – als Tätigkeit und als Prozess definiert – vergleichbare Merkmale aufweist wie sie im vorliegenden Text auch für das Lernen angenommen werden.

[2] Hier verwendet Müller-Oppliger den eigentlich aus dem psychotherapeutischen Kontext stammenden Begriff der „erlernten Hilflosigkeit", welchen Seligmann ursprünglich im Zusammenhang mit depressiven Erkrankungen prägte (Seligmann, 1979).

[3] *Strange-Situation-Test:* Einschätzung der Bindungsqualität bei ein- bis zweijährigen Kindern. Zunächst befinden sich Kind und Bezugsperson gemeinsam in einem Raum mit Spielzeug. Exploration ist möglich. Nun betritt eine fremde Person den Raum und spricht mit der Bezugsperson. Die Bezugsperson verlässt den Raum und die fremde Person bleibt mit dem Kind zurück. Die Bezugsperson tritt wieder ein und die fremde Person verlässt den Raum. Die Bezugsperson lässt das Kind allein im Raum. Die fremde Person tritt ein und sucht Kontakt zum Kind. Die Bezugsperson kommt zurück und die fremde Person verlässt den Raum. In allen Phasen des Tests werden die Reaktionen des Kindes auf die jeweils neue Situation erhoben (vgl. Ainsworth et al., 1978).

[4] An dieser Stelle sollen lediglich einige grundsätzliche Überlegungen zu pädagogischen Annahmen und Implikationen für die frühe musikalische Bildung stehen. Ausführlicher sind diese Gegenstand meines Beitrags *Elementares Musiklernen und Musiklernen im Elementarbereich* in diesem Buch.

Literatur

Ahnert, L. (2007): Von der Mutter-Kind- zur Erzieherinnen-Kind-Bindung? In: F. Becker-Stoll & M.R. Textor (Hg.): *Die Erzieherinnen-Kind-Bindung* (S. 31–41). Berlin: Cornelsen.

Ainsworth, M., Blehar, M., Waters, E. & Wall, S. (1978): *Patterns of attachment. A psychological study of the strange situation.* Hillsdale, NJ: Erlbaum.

Baillargeon, R. (2002): The Acquisition of Physical Knowledge in Infancy: A Summary in Eight Lessons. In: U. Goswami (Ed.): *The Blackwell Handbook of Childhood Cognitive Development* (pp. 47–83). Malden, MA: Blackwell Publishing.

Baillargeon, R., Li, J., Gertner, Y. & Wu, D. (2014): How do Infants reason about physical events? In: Goswami, U. (Ed.): *The Wiley-Blackwell Handbook of Childhood Cognitive Development.* Second Edition. (pp. 11–48). Chichester: Wiley Blackwell.

Bamler, V., Werner, J. & Wustmann, C. (2010): *Lehrbuch Kindheitsforschung. Grundlagen, Zugänge, Methoden.* Weinheim: Juventa.

Beck-Neckermann, J. (2014): *Mit Kindern Musik entdecken. Musikalisches Experimentieren und gestalten in der frühpädagogischen Bildungsarbeit.* Gütersloh: Bertelsmann.

Beek, A. v. d., Schäfer, G. E. & Steudel, A. (2006): *Bildung im Elementarbereich – Wirklichkeit und Phantasie.* Weimar & Berlin: verlag das netz.

Bowlby, J. (1986): *Bindung. Eine Analyse der Mutter-Kind-Beziehung.* München: Kindler

Bruer, J. T. (2003): *Der Mythos der ersten drei Jahre. Warum wir lebenslang lernen.* Weinheim: Beltz.

Burghardt, G. M. (2011): Defining and recognizing play. In: Pellegrini, A. (Ed.): *The Oxford Handbook of the Development of Play* (pp. 9–18). Oxford: Oxford University Press.

Campbell, P. Sh. (2010): *Songs in their heads. Music and its meaning in children's lives.* 2nd Edition, Oxford, New York: Oxford University Press.

Dartsch, M., Savage-Kroll, C., Schmidt, K., Steffen-Wittek, M. Stiller, B. & Vogel, C. (Hg.) (2016): *Timpano. Konzept. Elementare Musikpraxis in Themenkreisen für Kinder von 0 bis 10.* Kassel: Bosse.

Dartsch, M. (2010): Musikalische Bildung in der Elementarstufe/Grundstufe. Grundlegende Aspekte der Elementaren Musikpädagogik. In: Verband deutscher Musikschulen (Hg.): Bildungsplan Musik für die Elementarstufe/Grundstufe (S. 15–25). Bonn: VdM Verlag.

Dartsch, M. (2008): Studie zu Wirkungen und Voraussetzungen der Musikalischen Früherziehung (hg. für den Verband deutscher Musikschulen). Bonn: VdM Verlag.

Dartsch, M. (1999): Spiel in der Elementaren Musikpädagogik. *Üben & Musizieren* (3), 15–19.

DeCaspar, A. J. & Spence, M. J. (1986): Prenatal maternal speech influences newborns' perception of speech sound. In: *Infant Behavior and Development* 9, (pp. 133–150).

Dornes, M. (1993): *Der kompetente Säugling: Die präverbale Entwicklung des Menschen.* Frankfurt: Fischer.

Dreier, A. (2012): *Was tut der Wind, wenn er nicht weht? Begegnungen mit der Kleinkindpädagogik in Reggio Emilia.* Berlin: Cornelsen.

Elschenbroich, D. (2012): *Weltwissen der Siebenjährigen. Wie Kinder die Welt entdecken können.* München: Verlag Antje Kunstmann.

Elsner, B. & Pauen, S. (2012): Vorgeburtliche Entwicklung und früheste Kindheit. In: W. Schneider & U. Lindenberger (Hg.): *Entwicklungspsychologie* (S. 159–185). 7. vollst. überarb. Auflage, Weinheim & Basel: Beltz.

Flammer, A. & Gasser, L. (2007): Strukturgenese. In: M. Hasselhorn & W. Schneider (Hg.), *Handbuch der Entwicklungspsychologie* (S. 15–25). Göttingen u. a.: Hogrefe.

Freytag, C. (2015): Bildung. In: M. Rißmann (Hg.): *Lexikon Kindheitspädagogik* (S. 54–56). Kronach: Carl Link Verlag.

Garz, D. (2008): *Sozialpsychologische Entwicklungstheorien. Von Mead, Piaget und Kohlberg bis zur Gegenwart.* 4. Auflage, Wiesbaden: VS Verlag.

Grimm, H. (1987): Sprachentwicklung: Voraussetzungen, Phasen und theoretische Interpretationen. In: R. Oerter & L. Montada (Hg.): *Entwicklungspsychologie* (S. 578–636). München: Beltz.

Gruhn, W. (2014): Der *Musikverstand. Neurobiologische Grundlagen des musikalischen Denkens, Hörens und Lernens.* 4. Auflage, Hildesheim: Olms.

Gruhn, W. (2010): A*nfänge des Musiklernens. Eine lerntheoretische und entwicklungspsychologische Einführung,* Hildesheim: Olms.

Gruhn, W., Haussmann, M., Herb., U., Minkner, C., Röttger, K. & Gollhofer, A. (2012): The Development of Motor Coordination and Musical Abilities in Pre-School Children. *Arts BioMechanics,* Volume 1, Number 2, 89–103.

Hauser, B. (2016): *Spielen. Frühes Lernen in Familie, Krippe und Kindergarten.* 2. Auflage, Stuttgart: Kohlhammer.

Heinzel, F. (Hg.) (2012): *Methoden der Kindheitsforschung. Ein Überblick über Forschungszugänge zur kindlichen Perspektive.* 2. Auflage, Weinheim, Basel: Beltz Juventa.

Hömig, J. (2015): Kindzentrierung. In: M. Rißmann (Hg.): *Lexikon Kindheitspädagogik* (S. 269–270). Kronach: Carl Link Verlag.

Huizinga, J. (1938/2004): *Homo ludens. Vom Ursprung der Kultur im Spiel.* 19. Auflage, Reinbek bei Hamburg: Rowohlt.

Hurrelmann, K. (1983): Das Modell des produktiv realitätsverarbeitenden Subjekts in der Sozialisationsforschung. *Zeitschrift für Soziologie der Erziehung und Sozialisation* (ZSE), 1, 91–103.

Hüther, G. (2012): Verschaltungen im Gestrüpp: Kindliche Hirnentwicklung. *Aus Politik und Zeitgeschichte* 62(22–24), 15–19.

Keller, K., Trösch, L. M. & Grob, A. (2013): Entwicklungspsychologische Aspekte frühkindlichen Lernens. In: M. Stamm & D. Edelmann (Hg.): *Handbuch frühkindliche Bildungsforschung* (S. 85–96). Wiesbaden: Springer VS.

Kim, K. & Spelke, E. S. (1992): Infants' sensitivity to effects of gravity on visible objects motion. In: *Journal of Experimental Psychology: Human Perception and Performance,* 18, (pp. 385–393).

KJHG, SGB VIII, § 8. http://www.gesetze-im-internet.de/sgb_8/__8.html (Stand: 9/2016).

Klaßen, Th. F. (1996): Tendenzen und Probleme der Vorschulerziehung in der Bundesrepublik Deutschland. In: K.-H. Zarius (Hg.), *Musikalische Früherziehung. Grundfragen und Grundlagen* (S. 25–43). Mainz: Schott.

Klatte, M. (2007): Gehirnentwicklung und frühkindliches Lernen. In: C. Brokmann-Nooren, I. Gereke, H. Kiper & W. Renneberg (Hg.): *Bildung und Lernen der Drei- bis Achtjährigen* (S. 117–139). Bad Heilbrunn: Klinkhardt.

Klein, L. & Vogt, H. (2002): Das Abenteuer des ent deckenden Lernens. Kinder lernen am besten auf eigenen Wegen. In: *Theorie und Praxis der Sozialpädagogik. Sammelband „Kinder-Lernen-Bildung"* (S. 34–39). Velber: Friedrich Verlag.

Kleinen, G. (1998): Wahrnehmung. I. – IV. In: Finscher, L. (Hg.): *Die Musik in Geschichte und Gegenwart.* Sachteil: Bd. 9. (Sp. 1837–1855). Kassel u.a.: Bärenreiter.

Kratzmann, J. & Schneider, T. (2008): *Soziale Ungleichheiten beim Schulstart. Empirische Untersuchungen zur Bedeutung der sozialen Herkunft und des Kindergartenbesuchs auf den Zeitpunkt der Einschulung.* http://www.diw.de/documents/publikationen/73/82423/diw_sp0100.pdf (Stand: 9/2016).

Krenz, A. (2015): Spiel(en). In: M. Rißmann (Hg.): *Lexikon Kindheitspädagogik* (S. 480–483). Kronach: Carl Link Verlag.

Krenz, A. (2001): Kinder spielen sich ins Leben – Der Zusammenhang von Spiel- und Schulfähigkeit, WWD 2001, Ausgabe 75, S. 8–9. http://www.kindergartenpaedagogik.de/418.html (Stand: 9/2016).

Krist, H., Kavšek, M. & Wilkening, F. (2012): Wahrnehmung und Motorik. In: W. Schneider & U. Lindenberger (Hg.): *Entwicklungspsychologie.* 7. vollst. überarb. Auflage (S. 363–384). Weinheim: Beltz.

Leimbrink, K. (2016): *Kommunikation von Anfang an. Die Entwicklung von Sprache in den ersten Lebensmonaten.* 2. Auflage, Tübingen: Stauffenburg.

Leu, H. R., Flämig, K., Frankenstein, Y., Koch, S., Pack, I., Schneider, K. & Schweiger, M. (2012): *Bildungs- und Lerngeschichten. Bildungsprozesse in früher Kindheit beobachten, dokumentieren und unterstützen.* Weimar & Berlin: verlag das netz.

Liebertz, C. (2001/2010): Warum ist ganzheitliches Lernen wichtig? WWD 2001, Ausgabe 75, S. 12–13 (2010 aktualisiert). http://www.kindergartenpaedagogik.de/419.html (Stand: 9/2016).

Mähler, C. (2007): Kindergarten- und Vorschulalter. In: M. Hasselhorn & W. Schneider (Hg.): *Handbuch der Entwicklungspsychologie* (S. 164–174). Göttingen u.a.: Hogrefe.

Meiners, K. & Rosenfelder, D. (2007): Die Bedeutung sinnlicher Erfahrung für musikalische Bildung. In: M. Dartsch (Hg.): *Musikalische Bildung von Anfang an. Perspektiven aus Entwicklungspsychologie und Pädagogik* (S. 89–94). Bonn: VdM Verlag.

Mienert, M. (2015): Exploration. In: M. Rißmann (Hg.): *Lexikon Kindheitspädagogik* (S. 127–130). Kronach: Carl Link Verlag.

Miller, E. & Almon, J. (2009): *Crisis in the Kindergarten. Why children need to play in school.* College Park, MD: Alliance for Childhood.

Montada, L. (2002): Die geistige Entwicklung aus der Sicht Jean Piagets. In: R. Oerter & L. Montada (Hg.): *Entwicklungspsychologie* (5. vollst. überarb. Auflage, S. 418–442). Weinheim: Beltz.

Müller-Oppliger, V. (2014): Selbstlernarchitekturen zu selbstgesteuerter Begabungsförderung. In: G. Weigand, A. Hackl, V. Müller-Oppliger & G. Schmid (Hg.): *Personorientierte Begabungsförderung. Eine Einführung in Theorie und Praxis* (S. 115–127). Weinheim: Beltz.

Nentwig-Gesemann, I. (2013): Qualitative Methoden der Kindheitsforschung. In: M. Stamm & D. Edelmann (Hg.): *Handbuch frühkindliche Bildungsforschung* (S. 759–770), Wiesbaden: Springer VS.

Nentwig-Gesemann, I. & Mackowiak, K. (2012): Kinderbefragung. In: I. Nentwig-Gesemann & K. Mackowiak (Hg.): *Frühe Bildung. Interdisziplinäre Zeitschrift für Forschung, Ausbildung und Praxis* 1/3, Göttingen: Hogrefe.

Nzewi, M. (1998): Teaching and learning of music in African cultures. In: J. Bähr & V. Schütz (Hg.): *Musikunterricht heute 2. Beiträge zur Praxis und Theorie* (S. 16–34). Oldershausen: Lugert Verlag.

Oerter, R. (2011): *Psychologie des Spiels.* 2. Auflage, Weinheim & Basel: Beltz.

Oerter, R. (2002): Kindheit. In: R. Oerter & L. Montada (Hg.): *Entwicklungspsychologie* (S.209–257). 5. vollst. überarb. Auflage, Weinheim: Beltz.

Papoušek, H. (2003): Spiel in der Wiege der Menschheit. In: M. Papoušek & A. von Gontard (Hg.): *Spiel und Kreativität in der frühen Kindheit* (S. 17–55): Stuttgart: Pfeiffer.

Papoušek, M. (1994): *Vom ersten Schrei zum ersten Wort: Anfänge der Sprachentwicklung in der vorsprachlichen Kommunikation.* Bern: Huber.

Pellegrini, A. (2011): Introduction. In: A. Pellegrini (Ed.): *The Oxford Handbook of the Development of Play* (pp. 3–6). Oxford: Oxford University Press.

Pellis, S.M. & Pellis, V.C. (2011): Rough-and-tumble-play: Training and using the social brain. In: A. Pellegrini (Ed.): *The Oxford Handbook of the Development of Play* (pp. 245–259). Oxford: Oxford University Press.

Piaget, J. & Inhelder, B. (2004): *Die Psychologie des Kindes.* 9. Auflage, München: Klett-Cotta.

Regner, M. & Schubert-Suffrian, F. (2011): *Portfolioarbeit mit Kindern.* Kindergarten heute: Praxis kompakt, Themenheft für den pädagogischen Alltag, Freiburg i. Br.: Herder.

Regner, M., Schubert-Suffrian, F. & Saggau, M. (2009): *Partizipation in der Kita.* Kindergarten heute: Praxis kompakt, Themenheft für den pädagogischen Alltag, Freiburg i. Br.: Herder.

Remsperger, R. (2015): Bindungstheorie. In: M. Rißmann (Hg.): *Lexikon Kindheitspädagogik* (S. 68–70). Kronach: Carl Link Verlag.

Ribke, J. (2005): Früherziehung, musikalische. In: S. Helms, R. Schneider & R. Weber (Hg.): *Lexikon der Musikpädagogik* (S. 72–74). Kassel: Bosse.

Ribke, J. (1997): Aktiv musizieren – ein Kinderspiel? In: U. Mahlert (Hg.): *Spielen und Unterrichten. Grundlagen der Instrumentaldidaktik* (S. 292–303). Mainz: Schott.

Rißmann, M. (2015): Lernwerkstatt. In: M. Rißmann (Hg.): *Lexikon Kindheitspädagogik* (S. 309–311). Kronach: Carl Link Verlag.

Roux, S. (2002): PISA und die Folgen: Der Kindergarten zwischen Bildungskatastrophe und Bildungseuphorie. In: M.R. Textor (Hg.): *Das Kindergartenhandbuch.* http://www.kindergartenpaedagogik.de/967.html (Stand: 9/2016).

Saalbach, H., Grabner, R.H. & Stern, E. (2013): Lernen als kritischer Mechanismus geistiger Entwicklung: Kognitionspsychologische und neurowissenschaftliche Grundlagen frühkindlicher Bildung. In: M. Stamm & D. Edelmann (Hg.): *Handbuch frühkindliche Bildungsforschung* (S. 97–112). Wiesbaden: Springer VS.

Schäfer, G.E. (2011): *Was ist frühkindliche Bildung? Kindlicher Anfängergeist in einer Kultur des Lernens.* Weinheim: Juventa.

Schäfer, G.E. (2005): *Bildungsprozesse im Kindesalter. Selbstbildung, Erfahrung und Lernen in der frühen Kindheit.* Weinheim: Juventa.

Scheuerl, H. (1994): *Das Spiel. Untersuchungen über sein Wesen, seine pädagogischen Möglichkeiten und Grenzen,* Bd. 1. 12. unveränd. Auflage, Weinheim & Basel: Beltz.

Seligmann, M. (1979): *Erlernte Hilflosigkeit.* München: Urban & Schwarzer.

Sodian, B. (2012): Denken. In: W. Schneider & U. Lindenberger (Hg.): *Entwicklungspsychologie.* (S. 385–411). 7. vollst. überarb. Auflage, Weinheim & Basel: Beltz.

Staege, R. (2010): How to do things with music. Dokumentarische Videointerpretation als Zugang zur ästhetischen Erfahrung von Kindern. In: G. E. Schäfer & R. Staege (Hg.): *Frühkindliche Lernprozesse verstehen. Ethnographische und phänomenologische Beiträge zur Bildungsforschung* (S. 233–246). Weinheim & München: Juventa.

Stadler Elmer, S. (2015): *Kind und Musik. Das Entwicklungspotenzial erkennen und verstehen.* Berlin & Heidelberg: Springer

Stadler Elmer, S. (2005): Entwicklung des Singens. In: R. Oerter & Th. Stoffer (Hg.): *Spezielle Musikpsychologie (Enzyklopädie der Psychologie,* S.123–152). Göttingen u.a.: Hogrefe.

Stadler Elmer, S. (2002): *Kinder singen Lieder: Über den Prozess der Kultivierung des vokalen Ausdrucks.* Münster u. a.: Waxmann.

Stadler Elmer, S. (2000). *Spiel und Nachahmung. Über die Entwicklung der elementaren musikalischen Aktivitäten.* Aarau: HBS Nepomuk.

Stiller, B. (2016): Grundlegende Aspekte für die musikpädagogische Arbeit mit TIMPANO. In: M. Dartsch, C. Savage-Kroll, K. Schmidt, M. Steffen-Wittek, B. Stiller & C. Vogel (Hg.): Timpano. Konzept. *Elementare Musikpraxis in Themenkreisen für Kinder von 0 bis 10.* (S. 18–22). Kassel: Bosse.

Subbotsky, E. (1997): Explanations of unusual events: Phenomenalistic causal judgements in children and adults. *British Journal of Developmental Psychology* (15), 13–36.

VdM – Verband deutscher Musikschulen (Hg.) (2010): *Bildungsplan Musik für die Elementarstufe/ Grundstufe.* Bonn: VdM Verlag.

Vogt, H. & Hauser, J. (Hg.) (2011): Schwerpunktthema „Erfahrungen teilen, Bildung transparent machen". *Theorie und Praxis der Sozialpädagogik* (3), 1–56.

Weber-Krüger, A. (2014): *Bedeutungszuweisungen in der Musikalischen Früherziehung. Integration der kindlichen Perspektive in musikalische Bildungsprozesse.* Münster: Waxmann.

Monika Smetana

Einflüsse der Adoleszenz auf musikalische Lernbiografien

Einführung

So unterschiedlich die musikalischen Entwicklungsbedingungen und Prägungen von frühester Kindheit an sind, umso mannigfaltiger werden die individuellen Entwicklungsprozesse mit dem Übertritt ins Jugendalter. Das Spannungsfeld formaler und informeller Lernkontexte vergrößert sich spätestens mit dem Eintritt in die mittlere Schule und durch den zunehmenden Einfluss des gleichaltrigen Umfeldes, d. h. der Peer Group. Ob und wie ein Jugendlicher seine musikalische Laufbahn in diesem Entwicklungsstadium fortsetzt, verändert, unterbricht, beendet oder gar erst beginnt, kann von vielen Faktoren abhängen. Der elterliche Einfluss nimmt deutlich ab, neue Bindungen treten in den Vordergrund, wobei hier neben der Bedeutung der Lehrerin oder des Lehrers auch die musikalische Sozialisation des Freundeskreises eine wesentliche Rolle spielt: Wo gehöre ich mit meiner Musik, meinem Musizieren hin? Bin ich dadurch ein Außenseiter, vielleicht nicht „cool" genug? Oder ist es gerade das Musizieren, das mich mit den Gleichaltrigen verbindet, meinen Selbstwert stärkt und mir ein positives Gefühl von Zugehörigkeit gibt, das mich dabei unterstützt, meinen Platz in der Gesellschaft zu finden? Die verschiedenen Entwicklungsphasen und die körperlichen Herausforderungen der Pubertät bergen ein großes Potenzial für Unvorhersehbares, Brüche und Krisen ebenso wie für die Sehnsucht nach Kontinuität, das Ringen um Stabilität, die Suche nach Identität oder das Bedürfnis nach Individuation und Selbstverwirklichung. Dazu können kritische Lebensereignisse und Belastungen wie etwa die Trennung der Eltern, Umzüge, Schulwechsel, Konflikte in der Familie oder mit Gleichaltrigen kommen, und diese treffen auf individuelle Muster, Dispositionen und Bewältigungsstrategien. Im Blick auf die musikalische Lernbiografie eines Jugendlichen gibt es kein lineares Konzept von Entwicklung. Daher soll dieser Beitrag den Blick auf die Bedeutung von Einflüssen erweitern, die ebenso Schwierigkeiten bereiten wie Chancen eröffnen können.

Das Jugendalter aus entwicklungspsychologischer Sicht

Veränderungs- und Reifungsprozesse

Die begriffliche Bezeichnung der Lebensphase, um die es hier vor allem geht, wird unterschiedlich gehandhabt. Wenn Soziologen von der Jugend sprechen, so tritt die Festlegung einer nach Alter sortierten Gruppe von Menschen in den Vordergrund. Der psychologische Begriff *Adoleszenz* bringt die Besonderheiten des psychischen Erlebens im Rahmen eines Entwicklungsmodells zum Ausdruck, wohingegen sich *Pubertät* auf die körperliche Entwicklung und biologische Reifung bezieht (vgl. Fend, 2003; Resch & Koch, 1995). Hinsichtlich des Alters lässt sich der Beginn des Jugendalters noch relativ einfach bei etwa 12 Jahren ansetzen, die Bestimmung der oberen Grenze bleibt jedoch in entwicklungspsychologischer Auffassung unbestimmt und schwer definierbar; durchschnittlich findet sich eine Altersangabe von 24 Jahren.[1]

Die Adoleszenz markiert also den Übergang von der Kindheit zum Erwachsensein und stellt sich in erster Linie als eine Chance dar, das Eigene zu entdecken und anzunehmen:

> » Nicht nur mit den Großartigkeiten, Talenten und Erfolgen, nein, auch mit den Schwächen, Engpässen und Gebrechen wird der junge Mensch konfrontiert: Er sucht Wurzeln – biologische und biografische – um das, was er an Möglichkeiten in sich fühlt, wirksam und stimmig zum Ausdruck bringen zu können." (Koch, 1995, Abs. 2)

Die Adoleszenz lässt sich als eine Lebensphase des Paradigmenwechsels im Weltbezug und als eine Zeit tiefgreifender seelischer und körperlicher Veränderungen verstehen und stellt eine Herausforderung an jeden Menschen im Sinne einer normativen Krise dar (vgl. Koch, Parzer et al., 2001). Der Weg vom abhängigen Kind bis zum selbstständigen Erwachsenen bedeutet gewissermaßen eine Neustrukturierung des Lebens: Das subjektive Erleben verändert sich und scheinbar paradoxe Verhaltensweisen stehen nebeneinander, bevor sie allmählich in ein einheitliches Selbstkonzept integriert werden können.

Entwicklungsaufgaben

Im Unterschied zu einer Auffassung von Entwicklung als spontanem Reifungsprozess zeigen Modelle, die spezifische Aufgaben in jeder Entwicklungsphase betonen, ein Verständnis von Entwicklung, das zielstrebiges menschliches Handeln und aktive Problembewältigung einschließt. Im Verlauf der Adoleszenz stehen auf den unterschiedlichen Entwicklungsebenen vielfältige und vielgestaltige Aufgaben an, die bewältigt werden müssen: Auf der *biologischen Ebene* steht die physische und sexuelle Entwicklung im Vordergrund. Die Ausprägung sekundärer Geschlechtsmerkmale, der Wachstumsschub und die darauf beruhenden körperlichen Veränderungen fordern eine Anpassung des subjektiven Körperschemas. Der Körper wird zudem kräftiger und prinzipiell fortpflanzungsfähig. Auf der *kognitiven Ebene* kommt es zu einer Ablösung des konkret anschaulichen Denkens durch das Denken in formalen Operationen. Hypothesen können gebildet werden, Problemlösungen werden in Einzelschritten entwickelt, die Fähigkeiten im logischen Denken verändern sich; Kritikfähigkeit, Fähigkeiten zur Selbstreflexion und zu abstraktem und symbolischem Denken nehmen zu. Auf der *moralischen Ebene* entdeckt der Jugendliche zunehmend seine moralische Handlungsfähigkeit und setzt diese sinnvoll ein, um selbstständige Urteile – bestimmt von eigenen Überzeugungen, aber auch getragen von verhaltensleitenden Normen – zu treffen. Mit wachsender Kritikfähigkeit nehmen die Jugendlichen eine ganz persönliche Stellung zur Welt ein. Das führt nicht selten zu Wertekrisen, insbesondere dann, wenn in unterschiedlichen sozialen Lebensfeldern unterschiedliche Werthaltungen erkannt, Verlogenheiten aufgedeckt, Diskrepanzen und Unvereinbarkeiten festgestellt werden – oder zu einer Diffusion und Verflachung, wenn die vorhandenen Werteorientierungen zu unüberschaubar und beliebig werden. Auf der *sozialen Ebene* erweitern sich die Schauplätze des Alltagslebens. Der Jugendliche probiert neue Rollen des Erwachsenenalters aus und erkennt zunehmend die Notwendigkeit, Verantwortung für seine Entscheidungen tragen zu müssen. Er beginnt vorauszuplanen, Konsequenzen zu durchdenken und bewegt sich vor der eigentlichen Aktion immer länger in einem mentalen Vorstellungsraum. Der veränderte soziale Status geht auch mit neuen Rechten und Pflichten, etwa dem Wahlrecht oder der Strafmündigkeit, einher. Viele Jugendliche entwickeln nun nicht nur zunehmende Kompetenz in der Fähigkeit zur Perspektivenübernahme, sondern auch in jener der Perspektivenkoordination und können so z. B. bei Konflikten auch die Sichtweise einer anderen Person einnehmen. Die auf der *psychischen und emotionalen Ebene* zu bewältigenden Vorgänge kreisen sehr stark um die Herausforderung, „groß" zu werden und zu sein. Die seit der Kindheit vorhandene Sehnsucht danach wird erfüllt – oder die Angst davor wird bestätigt, verbunden mit der Trauer um den Verlust der Kindheit. Das Ich ist oft noch nicht stark genug, um die erforderlichen intensiven und zunehmend differenzierten Regulationsvorgänge meistern zu können, zusätzlich werden durch den Anstieg der Geschlechtshormone affektive Turbulenzen ausgelöst, die durch Mechanismen der Affektsteuerung, Selbstregulation und sozialen Anpassung ausgeglichen werden müssen. Je nach Temperament und psychischer Struktur des Jugendlichen lassen sich Phänomene der Übersteuerung (z. B. Zwanghaftigkeit, Rigidität, Engstirnigkeit) oder der Untersteuerung (z. B. Verlust der Impulskontrolle, affektive Instabilität, sich gehen lassen) beobachten (vgl. Bürgin, 2005; Fegert, Streeck-Fischer et al., 2009; Resch & Koch, 1995).

Vergegenwärtigt man sich die Herausforderungen und Leistungserfordernisse auf allen Ebenen – biologisch, kognitiv, moralisch, sozial wie emotional –, die nicht selten im Widerstreit mit den mitunter sehr hohen affektiven Erregungsspannungen stehen, so wird deutlich, mit welch einem zugleich anstrengenden und wichtigen Spannungsfeld wir es zu tun haben. Dennoch kann man mit Havighurst (1972) davon ausgehen, dass eine sensible Lebensperiode wie die Adoleszenz besonders geeignet ist, um spezifische Entwicklungsaufgaben in den Bereichen Identität, Identifikation und Rollenübernahme, Selbstwertregulation, Individualität und Intimität (vgl. Resch & Koch, 1995) in Angriff zu nehmen. Diese beinhalten dann konkret die Berufsfindung, die Fähigkeit, sich an Gleichaltrige zu binden und von ihnen zu lösen, die Ablösung von den Eltern, die Wahl des Lebensstils, das Akzeptieren der Geschlechterrolle, die Entwicklung eines positiven Körperbezugs, sowie den Erwerb von Urteilssicherheit und Orientierungsfähigkeit in der Gesellschaft (vgl. Fend, 2003).

Entwicklungsbedingungen und Risikofaktoren

Die soziologischen Entwicklungen und Veränderungen der mitteleuropäischen Gesellschaft in den vergangenen Jahrzehnten lassen sich als Prozess der *Individualisierung* verstehen, was letztlich bedeutet, dass das Individuum selbst zur wichtigsten Bezugsgröße der Lebensgestaltung wurde (vgl. Fend, 2003). Wissenschaftliche und medizinische Entwicklungen, die Durchsetzung demokratischer politischer Systeme, die Entwicklung einer marktorientierten Wirtschaft und nicht zuletzt die Erwerbsarbeit für beide Geschlechter haben maßgeblich dazu beigetragen, dass die Optimierung des individuellen Lebens, die Lebensorganisation und deren Gelingen heutzutage in erster Linie von der Entfaltung der eigenen Persönlichkeit und nicht etwa von der Einordnung in ein System, vom Ertragen gegebener Umstände oder dem Einsatz für ein übergeordnetes Ganzes abhängen. Zwar unterliegen die Lebenswelten des Heranwachsens, d.h. die Angebote, Anforderungen, Chancen und Risiken, denen Kinder und Jugendliche im Verlauf ihres Lebens begegnen, nach wie vor gewissen Kontexten, dennoch treffen diese im Unterschied zur traditionellen Gesellschaftsstruktur des vergangenen Jahrhunderts zunehmend auf Bedingungen, die eine weitreichend aktive Gestaltung des eigenen Lebens zulassen.

War die Jugend in früheren traditionellen Gesellschaften noch sehr kurz und erfolgte der Eintritt ins Arbeitsleben in der Regel kontinuierlich aus der Kindheit heraus, so sieht die Moderne eine verhältnismäßig lange Entwicklungsspanne für die Adoleszenz vor. Im Unterschied zu einer früher höheren Prävalenz altersgemischter Gruppen und zu engem Kontakt zwischen den Generationen finden sich die Jugendlichen heute vermehrt in altershomogenen Gruppen unterschiedlicher Bezugsrichtungen und Zugehörigkeiten wieder. Galten früher die Tugenden Fleiß, Bescheidenheit, Bedürfnislosigkeit, Sparsamkeit oder Zufriedenheit als erstrebenswert und wurde Wert auf Übereinstimmung mit den Ansichten und Haltungen der Eltern sowie auf eine Einordnung in die vorgegebene soziale und weltanschauliche Ordnung gelegt, so stehen im Vordergrund zeitgemäßer Erziehungsziele in erster Linie Kompetenzen, Leistungsfähigkeit, Qualifikationen, Flexibilität, die Fähigkeit zur Eigeninitiative und zu einer selbstverantwortlichen Lebensgestaltung, die Entwicklung eines autonomen Gewissens und ethische Reflexionsfähigkeit. Nicht das durch die Eltern vorgelebte Leben und erwartbare Sanktionsverhältnisse bei Abweichung davon, sondern Beziehungsaufbau, Aushandlung und Austausch bzw. Entzug von Emotionen bestimmen den Rahmen der Erziehung in weiten Teilen der Gesellschaft.

Mit der Aufhebung einer bis in die Sechzigerjahre vorherrschenden Geschlossenheit von Lebensformen und dem Übergang von homogenen hin zu pluralen weltanschaulichen Kontexten steht das Individuum vor neuen Risiken, denen es standzuhalten und neuen Chancen, die es zu nutzen gilt:

» Der moderne Mensch ist offensichtlich stärker auf sich gestellt, auf seine inneren Möglichkeiten und Kapazitäten. Er muß heute aus inneren Plänen und Konzepten leben, er muß diese entwickeln und im Laufe seines Lebens aufbauen. Die pädagogische Konsequenz zielt auf die Stärkung der Person, damit sie modernen Lebensbedingungen bestmöglich standhalten kann. Dazu bedarf sie aber externer Hilfen, die Möglichkeiten bereitstellen, zu einer selbstverantworteten Lebensgestaltung zu kommen.“ (Fend, 2003, 147)

Lernen in der Adoleszenz

Mit der fundamentalen Reorganisation der Persönlichkeit am Übergang zwischen Kindheit und Adoleszenz verändert sich auch die Bewältigung schulischer Anforderungen. Nicht nur die fortschreitenden Lernmöglichkeiten des Gehirns, sondern vor allem die

Unterschiede in den Lebenssituationen der unterschiedlichen Entwicklungsstadien beeinflussen die Qualität des Lernens und die Lernmotivation entscheidend (vgl. Illeris, 2010). Die Jugendlichen müssen sich zunehmend in ein reflektiertes Verhältnis zu sich selbst und der Welt setzen; sie müssen ihre sozialen Beziehungen neu organisieren, können sich von den Eltern immer mehr distanzieren und sich ihrer Kontrolle entziehen. Das Lernen wird autonomer, es ist „kein isolierter individueller Vorgang, sondern Teil einer ganzheitlichen Lebensorientierung" (Fend, 2003, 349). Im Unterschied zu Lernprozessen der Kindheit, die auf dem Vertrauen darauf basieren, dass die Erwachsenen dem Kind alles nahebringen, das es kennenlernen muss, steigt von Beginn der Pubertät an das Interesse, Lerninhalte selbstständig zu wählen und selbst die Zielsetzungen und den Rahmen für diese Wahl zu schaffen (vgl. Illeris, 2010). Das bedeutet aber auch, dass sich der Jugendliche sein Verhältnis zu schulischen Anforderungen und Lernmöglichkeiten bewusst erarbeiten muss. Im Unterschied zur Außenlenkung in der Kindheit bedarf es zunehmender Selbstregulierung, Eigenständigkeit und Eigenverantwortung auf Basis eigener Ziele, Überzeugungen und Interessen. Anstelle einer völligen Identifikation mit von außen gestellten Anforderungen gilt es, den Bezug zur Schule selektiv zu gestalten, Interessensschwerpunkte zu entwickeln und daraus zumindest eine vorläufige Perspektive für die zukünftige Ausbildung, den Beruf und den damit verbundenen Lebensweg zu entwickeln (vgl. Fend, 2003, 347 ff.).

» Der Aufbau von Lebenschancen durch Lernen [ist] die Leitperspektive der Entwicklung jedes Kindes und Jugendlichen. Persönlich erarbeitete Kenntnisse und Fähigkeiten haben einen zentralen Stellenwert. Das Leben ist damit mehr in die Hand des heranwachsenden Menschen gegeben, er hat die Chance, den eigenen Lebenslauf über Lernen selbst zu entwerfen." (ebd., 145)

Inhalt, Antrieb und Interaktion im Musiklernen der Adoleszenz[2]

Der Kontext des Musiklernens ist in der Regel ein außerschulischer und fällt in den Freizeitbereich des Jugendlichen. Im Unterschied zum Schulbesuch im Rahmen der allgemeinen Schulpflicht ist das Lernen eines oder mehrerer Musikinstrumente, die Beteiligung an einem Ensemble, Orchester, Chor oder einer Band eine freiwillige, selbstgewählte Aktivität, der persönliches Interesse und starke Motivation zugrunde liegen (vgl. Illeris, 2010). Nach Kleinen (2011) liegt das Hauptziel des Instrumentalunterrichts darin, eine positive Einstellung zu einer musikalischen Spielkultur zu erreichen und dies mit der Forderung nach Vergnügen oder Spaß in Balance zu bringen. Ob diese Vorannahmen und Zuschreibungen – hohe Motivation, Lust und Engagement, Streben nach Vergnügen und Spaß usw. – in der musikpädagogischen Praxis tatsächlich haltbar sind, lässt sich schwer einschätzen, zumal auch Musikpädagogen und Musikpädagoginnen nicht selten mit Motivationsproblemen und mangelnder Übe-Lust ihrer Schülerinnen und Schüler zu kämpfen haben. Es bedarf also einer differenzierteren Betrachtung des Musiklernens im Licht verschiedener Komponenten der Lerntheorie und des Transfers zugrundeliegender Zusammenhänge in ein Verständnis musikpädagogischer Prozesse.

Musikalische Lernkontexte sind in hohem Maße mit der Idee von Persönlichkeitsbildung, der Entwicklung kultureller Identität, Kreativität und Begabungsentfaltung verknüpft. Fasst man das Musiklernen als kulturellen Lernraum des Jugendlichen auf, so gilt auch hier wie für andere Lernkontexte das untrennbare Zusammenspiel der Dimensionen Inhalt, Antrieb und Interaktion (vgl. Illeris, 2010). Im Folgenden soll im Hinblick auf die spezifische Situation des Musiklernens Jugendlicher an wichtige Punkte dieses Modells angeknüpft werden:

1. Die Dimension „Inhalt" des Lernens lässt sich als weitgehend festgelegt durch die grundlegende Entscheidung für eine Freizeitgestaltung mit Musik, dem Erlernen eines oder mehrerer Musikinstrumente verstehen. Neben den traditionell festgelegten Kategorien des musikalischen Wissens, der diesbezüglichen Kenntnisse und der Fähigkeit des Musizierens könnte man mit Illeris die Sinngebung als zentralen Inhalt des Lernens sehen, weiterhin die Aneignung von Kultur und gesellschaftlichen Zusammenhängen, die Bildung durch kulturelle Vielfalt sowie die Reflexion und Selbsterfahrung.
2. Unter die Dimension „Antrieb" werden verschiedene Anknüpfungspunkte subsumiert, von denen hier *Emotion, Motivation, Interesse* und *Bedürfnis* als Bestandteile von Lernprozessen besonders hervorgehoben werden sollen. Musik hat ja von ihrem Wesen her eine hohe emotionale Bedeutung und Wirkkraft – nicht zuletzt aufgrund ihrer spezifisch nonverbalen Sprachlichkeit erlaubt sie den Ausdruck und die Transformation von Emotionen, die Gleichzeitigkeit widersprüchlicher Gefühle und überhaupt einen sehr direkten Zugang zu inneren Bewegungen, emotionalen Spannungen und bewussten oder unbewussten Sehnsüchten und Wünschen (vgl. Oberegelsbacher, 1997). Neben Emotionen gehören zur Dimension des Antriebs jedoch auch Faktoren wie Motivation, Willenskraft, Neugier oder Interesse. Terminologisch dient der Begriff Motivation „als Beschreibung und Erklärung dafür, warum wir uns bewegen und bewegen lassen" (Oerter & Montada, 2008, 540). Vor dem Hintergrund der jeweiligen Bindungserfahrungen entwickeln sich Neugier und Explorationsverhalten eines Menschen und prägen somit seine individuelle Interessensbildung im Zusammenhang seiner Persönlichkeitsentwicklung. Interessen wiederum lassen sich definieren als längerfristige Person-Umwelt-Bezüge zu Tätigkeiten, bei denen die emotionalen Komponenten mit der individuellen Wertigkeit dieser Tätigkeit zusammenwirken. Wenn man nun davon ausgeht, dass Lernen kein isoliertes psychisches Ereignis, sondern vielmehr in die gesamte Bedürfnisstruktur eines Menschen eingebettet ist, so scheint es an dieser Stelle besonders wichtig, sich die individuelle Bedürfnisdynamik eines Jugendlichen zu vergegenwärtigen und zu reflektieren, die in sein Lernverhalten und seine Motivation für musikalische Lernprozesse eingreift. Wie in den nachfolgenden Beispielen gezeigt wird, können die bedürfnisgeleiteten Einflüsse in musikalischen Lernbiografien ganz unterschiedlicher Natur sein. Wichtig im Zusammenhang mit dem Lern- und Leistungssystem des Menschen sind vor allem die Bedürfnisse nach Autonomie und Kompetenz, das Bedürfnis nach Selbstständigkeit, Eigenkontrolle und Selbstwirksamkeit (vgl. Decy & Ryan, 1993). In Verbindung mit dem sozialen

Motivationssystem des Lernens kommen vorwiegend Geltungsbedürfnisse sowie das Bedürfnis nach sozialer Zugehörigkeit und Bindung zum Tragen. Als dritten Bedürfniskomplex führe ich narzisstische Bedürfnisse an, bei denen im Wesentlichen eine positive Selbstbewertung angestrebt wird. Vor diesem Hintergrund bedeutet Lernen, dass die Bedürfnisse nach Kontrolle und Autonomie, nach sozialer Zugehörigkeit oder narzisstischer Selbstakzeptanz durch das Lernen befriedigt oder enttäuscht werden können. Das jeweilige Lernfeld bietet den Boden für Erfahrungen, die den Jugendlichen etwa Kompetenz erfahren lassen, eine zunehmende Selbstständigkeit ermöglichen und soziale Selbstdarstellungswünsche befriedigen (vgl. Fend, 2003). Auch Illeris spricht die zentrale Bedeutung des Zusammenhangs zwischen Motivation und Bedürfnissen an. Modelle wie die bekannte Bedürfnispyramide[3] nach Maslow (1981) oder die Konsistenztheorie[4] von Grawe (2004) bieten vielfache Anknüpfungsmöglichkeiten dafür, die individuellen Lernprozesse von Jugendlichen im Spannungsfeld von Motivations- und Vermeidungsstrategien zu verstehen.

3. An dieser Stelle setzt nun die Dimension der „Interaktion" ein. Zum einen geht es hier um die Interaktion zwischen den Lernenden und ihrer Umwelt, d.h. um den Zusammenhang zwischen der individuellen und der sozialen, gesellschaftlichen Ebene; darüber hinaus wird nun aber auch die Rolle und Funktion der Lehrenden ganz konkret. Es wurde schon angesprochen, dass die Bewältigung lernbezogener Anforderungen von Kindheit an sehr eng mit sozialen Bindungen an Eltern, Lehrer und Lehrerinnen und Freunde verwoben ist: Das Lebensalter der Pubertät und Adoleszenz wirft ganz neu die Frage auf, welche Aufgabe und Verantwortung den Pädagoginnen und Pädagogen zukommt, um Jugendliche in ihren musikalischen Lernprozessen adäquat begleiten und unterstützen zu können (die Rolle der *Peer Group* wird weiter unten noch erläutert). Diese Frage ist nicht eindeutig zu beantworten, da Lehrer-Schüler-Beziehungen sehr individuell gestaltet sind und sich weder an vorgegebene Regeln halten noch an Schemata festmachen lassen. Auf dem Weg zur adoleszenten Identitätsbildung müssen viele Jugendliche ihr noch unsicheres Selbst massiv gegen Erwachsene schützen, sie zeigen sich unzugänglich und verschlossen. Gerade Musikpädagoginnen und Musikpädagogen machen jedoch immer wieder die Erfahrung, eine besondere Vertrauensperson für ihre jugendlichen Schülerinnen und Schüler zu sein und idealisiert zu werden: Sie bekommen vielleicht sogar einen großen Anteil an deren Innenwelten und Problembereichen. Ganz allgemein ist der erwachsene Pädagoge darin gefordert, eine verstehende Haltung einzunehmen. In den Zwanzigerjahren prägte Spranger den Begriff des „emporbildenden Verstehens" (zit. nach Fend, 2003, 65), welcher besagt, dass

» der Erzieher aus einem größeren Sinnzusammenhang her die Ansätze einer kulturellen Entwicklung im Heranwachsenden einordnen kann, mögliche Entwicklungspfade erspürt, seine innere Bestimmung erkennt und ihm helfen kann, seinen eigenen Bemühungen einen Sinn zu geben, der auf eine höhere Stufe der Individuation ausgerichtet ist. Dieses Verstehen ist kein einfühlsames Versenken in die fremde Seele, sie ist kein schlichtes Nacherleben von etwas, das ohnedies ‚geschieht'. Es ist vielmehr ‚emporbildend', d.h. die psychische Gegenwart wird von einer möglichen seelischen Zukunft her interpretiert." (Fend, 2003, 65)

Das ganzheitliche Konzept der aktuellen Jugendpädagogik sieht die Stärkung des Jugendlichen für eigenverantwortliches Handeln unter Bezug auf die jeweiligen personalen und kontextuellen Voraussetzungen als zentrale Zielperspektive. Dazu bedarf es einer Vorstellung von den inneren Entwicklungsprozessen, die sich in dieser Altersphase vollziehen (einige wesentliche Entwicklungsthemen der Adoleszenz werden an späterer Stelle noch genauer erläutert). Pädagogische Begleitung setzt voraus, dass der Lehrende selbst über eine Vorstellung von produktiver Lebensbewältigung verfügt, auf die sich junge Menschen hin entwickeln können; zugleich sollte auch ein Bewusstsein darüber bestehen, dass der Jugendliche selbst auf seine eigene, zutiefst subjektive Weise an seinen anstehenden Entwicklungsaufgaben zu arbeiten hat und dabei selbst seine individuellen psychischen Strukturen zur Entfaltung bringt. Der Jugendliche muss seine eigenen Erfahrungen machen und eigene Verantwortung entwickeln können, dies jedoch im Rahmen bereitgestellter Handlungs- und Erfahrungsmöglichkeiten. Eine adäquate pädagogische Haltung bei der aktiven Begleitung Jugendlicher erfordert also in erster Linie ein Verständnis der inneren Entwicklungsprozesse beim Übergang von der Kindheit in die Adoleszenz. Woher kommt der oder die Jugendliche und was ist der nächste Schritt, den er bzw. sie gehen könnte? Ferner müssen Pädagoginnen und Pädagogen sich dessen bewusst sein, dass entscheidende Lernprozesse ohne direkte Lenkung durch Erwachsene erfolgen müssen. Daher bedarf es indirekt wirkender Erfahrungsfelder[5] ebenso wie teil-autonomer Erfahrungsfelder und völlig eigenständig gestalteter Lebensräume (vgl. Fend, 2003). In diesen Erfahrungsräumen sollten Jugendliche die Möglichkeit haben, ihre Ich-Ideale zumindest teilweise zu verwirklichen und eigene Größenvorstellungen adäquat zu entwickeln. Nicht zuletzt gilt die Prämisse, dass Pädagoginnen und Pädagogen Vertraute und Fremde zugleich sein müssen. Sie dürfen sich nicht in eine unreflektierte Nähe hineinziehen lassen, sondern müssen eine ausgewogene Balance zwischen Nähe und Distanz halten können. Lehrende sind Expertinnen und Experten, die auf der Grundlage ihrer Fähigkeit zur abgegrenzten Einfühlung das Erwachsensein so präsentieren und repräsentieren können, dass es dem Jugendlichen in seiner Selbstentwicklung, Identitätsfindung und bei seinen Idealisierungsprozessen als Modell dienen kann (vgl. Fend, 2003).

Fallgeschichten individueller Lernbiografien[6]

Paul, 16 Jahre

Paul hat vor einigen Monaten die Schule abgebrochen; nach einem Umzug von der Großstadt aufs Land hat er keinen sozialen Anschluss in der Klasse gefunden und sich zunehmend von allen zurückgezogen. Er spielt gerne Klavier und hat den festen Entschluss gefasst, sich für ein Kompositionsstudium an der Musikhochschule zu bewerben.

Klavier spielt er seit seinem 8. Lebensjahr, und mit dem Eintritt in die öffentliche Musikschule verbindet er die Erinnerung an die dortige Aufnahmeprüfung und das Gefühl, etwas „geschafft“ zu haben. Als sozial unsicherer Junge erlebt er über lange Jahre eine Zerrissenheit zwischen der Angst, nicht dazuzugehören und ausgelacht zu werden, weil seine Musikvorlieben bei den Gleichaltrigen als „uncool“ gelten, und dem Bedürfnis, Musik zu machen und ganz in der Musik aufzugehen. Zusätzlich zu dieser Ambivalenz unterliegt er hohem Leistungsdruck und strengen Übevorgaben seitens seines Klavierlehrers. Mit zehn Jahren geht Paul auf eigenen Wunsch zu den Wiener Sängerknaben, erlebt aber in erster Linie Anstrengung, Konkurrenz und Druck. Das Klavierspielen verliert an Bedeutung, hingegen wird nun das Singen ganz wichtig: Paul möchte der Beste sein, und er erfährt sich tatsächlich immer wieder als „besser als der Durchschnitt, aber nicht gut genug für die Spitze“. In dieser Zeit erlebt Paul große Einsamkeit und das Fehlen einer haltgebenden Figur; er fühlt sich abgelehnt, nirgends wirklich angenommen und wahrgenommen, auch die Erzieher im Internat bieten keine wirkliche Reibungsfläche für aufkeimende Konflikte. Mit 13 Jahren, nach seinem Weggang von den Sängerknaben, besucht Paul ein normales Gymnasium. Er verlässt die öffentliche Musikschule und nimmt Privatunterricht in Klavier und Gitarre, um sich nicht mehr mit anderen messen zu müssen. In der Schule fühlt er sich wohl, es ist eine reine Jungenklasse, in deren Klassengemeinschaft er sich gut integrieren kann; es wird Entspannung auf allen Ebenen spürbar. Der Umzug aus der Stadt ein Jahr später führt zu einem massiven Bruch in seinem Erleben: alle Sicherheit geht verloren, auch der Kontakt zum Klavier- und Gitarrenlehrer kann nicht aufrechterhalten werden. Erst als er in der neuen Wohnumgebung einen neuen Klavierlehrer findet, gewinnt die Musik wieder an Bedeutung in seinem Leben: Paul beschreibt einen Raum in sich, im Körper, in der Seele, wo auch immer, der hauptsächlich mit Musik und Sport gefüllt sei, deren Anteile sich immer wieder komplementär verschieben, wobei der Raum selbst seine feste Größe behält: „schuhschachtelgroß“ etwa, meint Paul. Er benennt diesen Raum als einen „immer schon vorhandenen Raum in mir“ und ergänzt: „auch wenn ich nicht weiß, wer ICH bin“.

Einflüsse auf Pauls Lernbiografie

Paul stammt quasi aus einer Nebenbeziehung seines Vaters, der sich schließlich nicht für Paul und seine Mutter entschied, sondern eine andere Frau heiratete, die zwei Kinder mit in die Ehe brachte – einen hochbegabten, fast gleichaltrigen Jungen und ein sehr musikalisches Mädchen. Dieser familiäre Hintergrund legt nahe, dass sich durch Pauls Lebensgeschichte ein hoher Druck zieht, und zwar nicht nur hinsichtlich musikalischer Leistungen. Von Beginn an erlebt er seinen Vater in einer nicht beeinflussbaren „on-/off-Beziehung“, und es gelingt ihm nicht, ihn für sich und seine Mutter zu gewinnen – nein, dieser entscheidet sich am Ende für eine andere Familie, mit einem klügeren Jungen und einem musikalischeren Mädchen. Je mehr Paul um sein Ansehen kämpft und darum, sich durch irgendeine Fähigkeit von den anderen abzuheben, um wahrgenommen zu werden, umso einsamer wird er, umso mehr Ablehnung und Fremdheit erlebt er. Der Privatlehrer, der dem Dreizehnjährigen Gitarren- und Klavierunterricht in der Stadt erteilt, ist bedingungslos für ihn da: Er fordert nichts, ihm muss sich Paul nicht beweisen, hier muss er sich nicht bewähren und gut oder noch besser sein, um Zuwendung und Anerkennung zu bekommen, hier darf er sich sicher vor Konkurrenz und Außenerwartungen fühlen und auch die als ambivalent erfahrenen Rückmeldungen der Peer Group bleiben aus, und all das entspannt den Jugendlichen inmitten seines pubertären Trubels und seiner Identitätsunsicherheit. Er lernt Neues, er erlebt musikalische Leidenschaft, er darf ausprobieren und kreativ sein, nur für sich und mit seinem Lehrer gemeinsam. Er schreibt kleine Lieder, entdeckt seine Lust am Komponieren und erfährt dabei im Kontakt mit dem Lehrer Unterstützung und freundschaftliche Zuwendung, auch wenn diese auf die gemeinsamen Unterrichtsstunden beschränkt ist. Diese Erfahrung belebt Pauls inneren Raum, der in dieser Phase seines Lebens besonderen Schutzes bedarf. Der ungewollte Bruch mit dieser enorm wichtigen Beziehung trägt wohl einen wesentlichen Teil zur erlebten Orientierungslosigkeit im Zuge des Umzugs bei. Es bleibt zu hoffen, dass Paul auf diese bereits gemachte Erfahrung zurückgreifen kann, wenn er nun mit einem neuen Klavierlehrer den „Raum in sich" wieder mit Bedeutung und Musik zu füllen beginnt.

Lina, 19 Jahre

Lina spielt Geige, seit sie 6 Jahre alt ist. Sie stammt aus einer kinderreichen Familie, beide Eltern musizieren in ihrer Freizeit, und alle Geschwister haben zumindest einige Jahre Instrumentalunterricht. Bedeutsam in Linas familiärem Hintergrund ist das Aufwachsen in einer von den Eltern gegründeten freien Privatschule, einhergehend mit einer grundsätzlichen Lebenseinstellung der Eltern, ihren Kindern in den verschiedenen Lebensbereichen die größtmögliche Entscheidungsfreiheit zu lassen. Vor dem Hintergrund dieser Erziehungshaltung erlebt Lina in keiner Phase ihrer musikalischen Biografie jemals Druck von den Eltern, nie wird sie direktiv zum Üben aufgefordert. Jedoch ist für sie das Musizieren der Eltern sehr motivierend, etwa die Mutter auf der Querflöte spielen zu hören oder vom Vater am Klavier begleitet zu werden. Lina beschreibt die Unterstützung durch die Eltern als Rahmen, den zu nutzen ihr stets selbst überlassen bleibt. Die Erfahrungen in der Musikschule sind hingegen wesentlich leistungsorientierter: Die Teilnahme an Musizierwettbewerben und die damit verbundenen Bewertungen und Übepläne sowie das Protokollieren der Quantität, Qualität und Regelmäßigkeit ihres wöchentlichen Pensums erzeugen Druck und zunehmende Konflikte mit der Pädagogin.

Als 15-Jährige steht Lina vor der Entscheidung über ihre weitere schulische und/oder berufliche Laufbahn. Entsprechend der elterlichen Lebenshaltung gibt es hier keinerlei Richtungsvorgabe, und es folgt eine lange Phase der „Selbstfindung" für Lina. Der vage Wunsch nach Veränderung trifft auf Fantasien darüber, wie sie von anderen wahrgenommen wird. Die subjektive Vorstellung davon, Geige zu spielen, passt nicht zu ihrem Wunsch nach Anpassung an die Peer Group; auch wenn es keinerlei negative Erfahrungen mit Gleichaltrigen diesbezüglich gibt, möchte sie keinesfalls unter das Klischee „leistungsorientierte Jugendliche" fallen; zugleich stellt sie sich vor, sie müsste ganz viel üben, um etwa in einem Jugendsymphonieorchester mitspielen zu können. All dies erzeugt hohen Druck, der letztlich dazu führt, dass sich Lina mit 16 Jahren vom Geigenunterricht gänzlich abmeldet. Sie spielt mittlerweile in einer Samba-Gruppe und nimmt Schlagzeugunterricht. Zwar gestaltet sich auch dieser recht leistungsorientiert, aber es gelingt ihr besser, sich von den hohen Erwartungen des Pädagogen abzugrenzen. Entscheidend dafür, dass der vermeintliche Bruch mit dem Geigespielen letztlich nur eine Unterbrechung bedeutet, ist das Verhalten der Geigenpädagogin: Wiederholt spricht sie die Einladung an Lina aus, zu ihr zu kommen, sie meldet sich oft auch – wenn ein spontanes Zeitfenster entsteht – kurzfristig mit der Botschaft: „Ich höre dich gerne spielen, du spielst so gut." Lina nimmt diese Einladungen immer wieder gerne an, es ist eine Art Unverbindlichkeit, in der sie sich zwar nicht festgehalten, aber gehalten fühlt. Beim Schlagzeugspielen stellt Lina nun zunehmend fest, dass sie eigentlich zur Melodie eines Orchesters beitragen möchte und tatsächlich die Geige „ihr" Instrument ist. Ab dem Moment, als ihr die Geigenlehrerin nach anderthalb Jahren unerwartet während des Schuljahres eine freigewordene Unterrichtsstunde anbietet, kommt sie wieder regelmäßig. Lina spielt nun vorwiegend selbstgewählte Stücke, die ihr gefallen: zumeist nicht zu schwierige Stücke, die ihr emotionalen Ausdruck erlauben, sie genießt es, wenn die Musik „auf sie zukommt". Die Prämisse ist: Ich will das, nicht meiner Lehrerin, nicht meinen Eltern, sondern mir selbst zuliebe. Mittlerweile hat Lina an der Abendschule maturiert, und sie studiert an der Universität. Sie spielt in einem Erwachsenenorchester, wofür sie auch gerne und regelmäßig übt. Das Geigespielen bedeutet eine Abwechslung, einen Ausgleich zum stressigen Uni-Alltag; Lina kann auf ihre vorhandenen musikalischen Fähigkeiten auf vielfältige Weise zurückgreifen, auch wenn sie kaum Zeit zum Üben hat. Das gemeinsame Musizieren mit ihrem Vater und die Gewissheit, dass ihr Spiel innerhalb der Familie wahrgenommen, aber nicht bewertet wird, haben eine große Bedeutung. Zentrale Botschaften, die sie in ihrer musikalischen Identität bestärken, sind: Ich spiele gerne mit dir oder ich höre dir gerne zu.

Einflüsse auf Linas Lernbiografie

Was sich durch Linas Geschichte zieht, ist eine grundlegende Haltung ihrer Eltern, deren bedingungsloser und offener Erziehungsstil, der einen Rahmen für vorhandene Wünsche und Interessen der Tochter bietet, diesen jedoch nicht mit eigenen Erwartungen und Leistungsanforderungen füllt, sondern vielmehr von Initiative, Eigenständigkeit und Selbstverantwortlichkeit ihrer Tochter ausgeht. Lina schätzt diese Lebenshaltung bis heute sehr und erlebt retrospektiv das in der Musikschule erzeugte Gefühl üben zu müssen, um äußeren Anforderungen entsprechen zu können, als den einzigen während der Kindheit und Jugend jemals erlebten innerlichen wie äußerlichen Druck. Dennoch stellt sie sich den Herausforderungen von Wettbewerben und Prüfungen, auch wenn der Umgang mit der Bewertung ihres Könnens nicht immer leicht auszuhalten ist. Was jedoch überwiegt, ist die Erfahrung von Rückmeldungen wie: Du spielst gut, ich höre dir gerne zu, ich spiele gerne mit dir zusammen, schön, dass du Geige spielst. Die anstehende schulische Entscheidung bringt eine gravierende Neuorientierung mit sich. Dass Lina das Geigespielen vorläufig aufgibt, bedeutet zwar nicht, dass sie es grundsätzlich ablehnt und kein Interesse mehr daran hat, jedoch ist diese Entscheidung, dieses „Nein" eine wichtige Erfahrung auf dem Weg zur Individuation. Zentral ist hier die Rolle der Pädagogin, die Lina weder festhält noch fallen lässt, sondern ihr eine gewisse Unverbindlichkeit zugesteht, die Beziehung zu ihr jedoch aktiv aufrechterhält. Erfahrungen mit dem Anderen, dem in dieser Zeit von Lina bejahten Schlagzeug, erlauben eine Kontrastierung ihrer musikalischen Vorlieben, was sie aber letztlich zu ihrer Identität als Geigerin zurückbringt, jedoch auf wesentlich selbstbestimmtere Weise als zuvor. Linas grundlegende musikalische Begabung, ihre Fähigkeit, über Musik Ausdruck zu finden und Menschen in ihrer Umgebung zu berühren, ihre Lust an einem Musizieren, das sich strengen Übevorgaben entzieht, sind eine wichtige Voraussetzung dafür.

Sofia, 18 Jahre

Den ersten Kontakt mit dem Cello hat Sofia mit 9 Jahren, und von Beginn an entwickelt sie eine sehr innige Beziehung zu ihrem Instrument. Schon nach kurzer Zeit fällt ihre außergewöhnliche Begabung auf, die von Beginn an große Unterstützung erfährt durch sehr häufige Unterrichtsstunden und ein anspruchsvolles Übepensum, das von der Lehrerin und der Mutter stark überwacht wird. Kurz nachdem Sofia Cello zu lernen begonnen hat, kommt es zur Trennung der Eltern und zum familiären Bruch: Der Vater bleibt mit den Geschwistern im heimatlichen Dorf, und die Mutter nutzt die Gelegenheit, um mit Sofia in jene russische Kleinstadt zu ziehen, in der diese dann ihren Cellounterricht erhält. Als die Cellolehrerin aus beruflichen Gründen in eine andere Stadt übersiedelt, beschließt die Mutter, ihr mit der zwölfjährigen Sofia zu folgen und sich völlig auf die musikalische Förderung ihrer Tochter zu konzentrieren. Es entsteht eine große Nähe zwischen den beiden erwachsenen Frauen, die schließlich zusammenziehen. Somit hört die Lehrerin Sofia nicht nur in den regelmäßigen Unterrichtsstunden, sondern auch beim täglichen Üben, und sie bezieht sich in ihren Rückmeldungen ständig darauf. Sofia sammelt Erfolge bei internationalen Wettbewerben und als Solistin auf der Bühne. Zwar scheint sie im alltäglichen Kontakt sehr unsicher und zurückhaltend zu sein, im Gegensatz dazu lässt ihr Cellospiel sie innerlich und äußerlich aufblühen, es erreicht und berührt das Publikum. Diese Diskrepanz zwischen persönlicher Introvertiertheit und künstlerischer Bühnenpräsenz wird zum Gegenstand von Konflikten mit der Cellolehrerin, die von Sofia eine andere persönliche Ausstrahlung fordert als diese zu haben bereit ist. Mit 15 Jahren verspürt Sofia zunehmend das Bedürfnis nach Distanzierung von ihrer Lehrerin, es gelingt ihr jedoch zu diesem Zeitpunkt nicht, sich zu lösen. Schließlich bricht sie die Schule ab, um sich noch mehr dem Cellospiel widmen zu können. Jegliche Kontakte zu Gleichaltrigen gehen verloren, die Einsamkeit wird unerträglich. Der Weg zurück in die Schule gelingt nicht mehr, Sofia besucht eine Privatschule, um eine Studienberechtigungsprüfung absolvieren zu können, findet jedoch kaum mehr sozialen Anschluss.

Vor wenigen Monaten hat Sofia ein reguläres Konzertfachstudium in einer weit entfernten Stadt aufgenommen – zwar wurden auch die Hochschule und der Hauptfachprofessor von der Mutter und ihrer bisherigen Lehrerin bestimmt; Sofia ist jedoch vor allem froh über die räumliche Distanz und darüber, nicht mehr permanent der Kontrolle und dem Einfluss der beiden Frauen ausgesetzt zu sein. Zugleich fällt es ihr schwer, mit der neuen Realität zurechtzukommen: Das vorhandene Selbstbild der hohen Begabung beginnt zu bröckeln, Sofia beschreibt Zustände von Angst, Panik und großer Einsamkeit. Die notwendige Selbstständigkeit in der neuen Umgebung überfordert sie. Insgeheim möchte sie gerne in eine andere Großstadt, zu einem bestimmten Celloprofessor. Aber sie traut sich noch nicht zu, diesen Schritt tatsächlich zu gehen. Ob Sofia ihre Karriere als Cellistin fortsetzen kann und der Traum, eine berühmte Musikerin zu werden, jemals Wirklichkeit wird, ist zum jetzigen Zeitpunkt offen.

Einflüsse auf Sofias Lernbiografie
Auffallend an Sofias musikalischem Werdegang sind das enorme Engagement und der fast pathologisch anmutende Einfluss auf sie durch die Mutter und die Cellolehrerin – die beiden Frauen scheinen die Begabung des Mädchens völlig narzisstisch für sich zu vereinnahmen. Dass Sofias Cellospiel zum Lebensmittelpunkt der Mutter wird und die Lehrerin von einer außenstehenden Pädagogin zur alltäglichen Mitbewohnerin wird, bedeutet eine große Einengung; es gibt keinen Freiraum mehr, jegliche Privatsphäre und Intimität beim Üben kommen abhanden. Die Bewältigung adoleszenter Entwicklungsaufgaben wird auf allen Ebenen unterbunden, Ablösung kann nicht stattfinden. Es ist zu erwarten, dass die soziale Abschirmung, das ausschließlich weiblich dominierte Bezugssystem des heranwachsenden Mädchens, die hohe Kontrolle und das beträchtliche, wenn auch unterdrückte Aggressionspotenzial innerhalb dieser abhängigen Beziehungen prägende Spuren in Sofias psychischem Erleben hinterlassen. Zugleich ist es jedoch auch das Cellospielen, welches Sofia Selbstwert gibt, zumal sie bei Wettbewerben und Konzerten auf hohe Anerkennung stößt. Das nun zunehmend aufkeimende Bedürfnis nach Selbstbestimmung, das verständlicherweise noch großen Ängsten und Ambivalenzen unterliegt, sowie konkrete Ideen und Wünsche hinsichtlich der Wahl von Universität und Lehrer lassen hoffen, dass Sofia ihren Übergang hin zum Erwachsenwerden bewältigen kann. Sie wird vermutlich Unterstützung dabei brauchen.

Marcel, 18 Jahre
Marcel stammt aus einer Arbeiterfamilie mit mehreren Kindern aus einem Randbezirk einer Großstadt. Sein Aufwachsen ist von familiären Gewalterfahrungen und Entwertungen geprägt. Aktives Musizieren spielt im Leben seiner Eltern keine Rolle, und die Idee, eine Musikschule zu besuchen, liegt völlig außerhalb des kulturellen Interesses und der finanziellen Möglichkeiten der Familie. Als Zwölfjähriger meldet Marcel sich zur Bläserklasse in seiner Mittelschule an; dieses Konzept des Klassenmusizierens als Kooperation zwischen Pflicht- und Musikschule ist dort seit einigen Jahren etabliert. Zu dieser Zeit ist Marcel für sein Alter relativ klein, was ihm den abschätzigen Spitznamen „G'stutzter" von Mitschülern und auch von manchen Lehrern eingebracht hat. Er ist dafür bekannt, sich als „Klassenkasperl" Aufmerksamkeit zu verschaffen und zieht häufig Ärger auf sich. In der Bläserklasse sticht Marcel von Beginn an hervor, indem es ihm verhältnismäßig schnell gelingt, seinem Instrument, der Posaune, Töne hervorzulocken und sein Spiel im Rahmen der Möglichkeiten des Klassenmusizierens zu verfeinern. Das bringt ihm Bewunderung bei Mitschülern ein, auch bei jenen aus anderen Jahrgängen seiner Schule: Er ist nun nicht mehr der „g'stutzte" Klassenkasperl, sondern der Junge aus der 2B, der so cool Posaune spielt. Oft lässt sich beobachten, wie Marcel sein Instrument umarmt und mit den Worten „Meine Posaune ...!" an sich drückt.

Daran erinnert Marcel sich auch, als ich ihn Jahre später zufällig auf der Straße treffe und er mich herzlich begrüßt. Mittlerweile fast erwachsen, hat das Musizieren mit der Posaune einen festen Platz in seiner Freizeit gefunden. Er hat sich von seinem Lehrlingsgehalt ein Instrument gekauft und besucht regelmäßig den Einzelunterricht in der Musikschule.

Einflüsse auf Marcels musikalische Lernbiografie

Marcels musikalische Lernbiografie mag auf den ersten Blick mager erscheinen – er ist kein Wunderkind, hat verhältnismäßig spät den ersten Kontakt zur Musik und zum Instrumentalspiel gefunden, und vermutlich ist seine tatsächliche musikalische Leistung, gemessen an der von anderen Jugendlichen seines Alters, eher gering. Und dennoch erscheint gerade diese Biografie so interessant, weil sich in einer sehr heiklen Phase eine Verhaltensänderung zeigt, die zeitliche Parallelitäten mit dem Eintritt in die Bläserklasse aufweist. Mit seinem Instrument und der Musik, die er damit erzeugen kann, lässt er aufhorchen, macht er sich hörbar. Diese Erfahrung führt rasch zu einem Erleben von Selbstwirksamkeit und Selbstwertsteigerung: Nicht über seine Körpergröße und sein schwieriges Verhalten wird Marcel von außen wahrgenommen, sondern über sein musikalisches Potenzial und eine spezielle Ressource, die er zum Klassenverband im Rahmen des gemeinsamen Musizierens überraschenderweise beisteuern kann. Der von außerhalb in die Schule zur Bläserklasse kommende Instrumentallehrer sieht nicht den „Klassenkasperl" mit seinen Verhaltensauffälligkeiten, sondern einen Jungen, der mit Ernsthaftigkeit und Begeisterung ein Musikinstrument erlernen möchte und dem das erstaunlich gut gelingt. Das Instrument – eine Leihgabe der Stadtgemeinde im Rahmen des Bläserklassenprojektes – hat einen besonders hohen Wert für diesen Jugendlichen; diese Wertigkeit kommt auch später zum Tragen, als er sich von seinem mageren Einkommen als Lehrling eine eigene Posaune kauft. Das Instrument steht in seiner Gegenständlichkeit für die Etablierung eines kulturellen Raumes, es unterstützt die Identitätsentwicklung auf förderliche Weise.

Diese Fallgeschichten stehen stellvertretend für eine Vielzahl individueller Geschichten, die Musikpädagoginnen und Musikpädagogen aus ihrem beruflichen Alltag kennen. Neben der Illustration persönlicher Biografien und der Herausarbeitung möglicher Einflüsse galt ein besonderes Augenmerk den jeweiligen Entwicklungsthemen der Jugendlichen und den damit verbundenen Bedürfnissen. Aus dieser Auseinandersetzung und Reflexion heraus drängt sich einmal mehr die Vermutung auf, dass individuelle und entwicklungsbedingte Bedürfnisse Jugendlicher in hohem Maße die Motivation beeinflussen und damit eine wichtige Komponente im Zusammenspiel der Dimensionen des Lernens darstellen. In diesem Sinne scheint eine Sensibilität der Lehrpersonen für vorrangige Entwicklungsthemen und das Bemühen um ein Verstehen von Jugendlichen vor dem Hintergrund ihrer aktuellen, entwicklungsbedingten Lebensherausforderungen sehr wichtig. Gerade wenn Talente und Begabungen so offensichtlich sind und besonders förderungswürdig erscheinen, liegt die Gefahr der Überforderung oft sehr nahe. Im Folgenden soll nun auf einige zentrale Entwicklungsthemen und -aufgaben der Adoleszenz noch einmal vertiefend eingegangen werden und zwar mit dem Ziel, das Bewusstsein über mögliche anstehende nächste Schritte im individuellen Verständnis für jugendliche Musikschülerinnen und Musikschüler zu schärfen. Dies kann vielleicht auch als Anregung dafür dienen, als Pädagogin, als Pädagoge achtsam gegenüber jenen Zeichen zu sein, die darauf hinweisen, womit Jugendliche in ihren inneren Reifungsprozessen – abseits ihrer aktuellen musikalischen Entwicklung – beschäftigt sind.

Zentrale Entwicklungsthemen der Adoleszenz

Identität und Individuation

Die Identität einer Person beinhaltet ihre Einmaligkeit und Unverwechselbarkeit, so wie sie von ihrer sozialen Umgebung wie durch das Individuum selbst wahrgenommen wird. Identität bedeutet kein starres Selbstkonzept, sondern bleibt immer ein Konstrukt, eine Arbeitshypothese, die täglich durch neue Erfahrungen selbstreflexiv bestätigt werden muss:

» Die Identitätserfahrung beruft sich dabei auf die Erfahrung der Kontinuität in der Biographie, auf die Erfahrung der Demarkation, der Evidenz, von anderen abgegrenzt zu sein, und auf die Erfahrung der Konsistenz, der aktuellen Einheitlichkeit auch bei unterschiedlichen emotionalen Zuständen, sowie auf die Erfahrung der Aktivität, der Eigenbestimmung im Handeln, und der Vitalität, der eigenen Lebendigkeit.“ (Koch, 1995, Abs. 4)

Der mitunter sehr konfliktreiche und aushandlungsintensive Übergang zwischen Kindheit und Erwachsensein macht das zweite Lebensjahrzehnt zu einer besonderen Schlüsselphase im Lebenslauf. Das Einüben von Selbstverantwortung und Selbstständigkeit erfordert eine Reorganisation der sozialen Beziehungen, vor allem im Übergang von autoritätsgeprägten und emotional intensiven Bindungen zu den Eltern hin zu selbstständig eingegangenen Bindungen an selbstgewählte Partner. Nicht die Anpassung an die Umwelt, in die der Jugendliche hineingeboren ist, ist das primäre Ziel seiner Entwicklung, sondern vielmehr die eigenständige, kompetente Lebensbewältigung auch unter veränderten oder gänzlich neuen Lebensbedingungen. Wenn sich der heranwachsende Jugendliche aus den autoritätsgeprägten Beziehungen der Kindheit herauszulösen beginnt, besteht eine seiner zentralen Aufgaben darin, Folgendes herauszufinden: Wer bin ich und was möchte ich in dieser Welt sein? Es findet ein Prozess der Individuation statt, in dem der Jugendliche seine individuelle und selbstständige Persönlichkeit erarbeitet. Selbstständigkeit bedeutet, dass die Verantwortung in ihrem Kern von innen kommen muss. Innere Verpflichtungen resultieren aus eigenen Zielen und Normen, die auf das ausgerichtet sind, was man sein und werden möchte. Der Aufbau eines Lebensplanes, die Entwicklung einer Zukunftsperspektive und die Verortung im Spektrum weltanschaulicher Möglichkeiten bedeutet jedoch auch einen Reflexionsprozess und eine Selbsteinschätzung, über die vorhandenen Prägungen ebenso wie über eigene Wünsche, Ängste, Fähigkeiten und Interessensschwerpunkte (vgl. Fend, 2003).

Autonomie

Autonomieentwicklung bezeichnet ganz allgemein „den Prozess, in dessen Verlauf Menschen ihr Handeln und Erleben als zunehmend unabhängig vom Handeln und Erleben anderer Personen begreifen“ (Hofer, 2008, 389). Dass dieses Entwicklungsthema gerade im Jugendalter und dabei insbesondere in der Phase der frühen und mittleren Adoleszenz so große Bedeutung bekommt, hat wohl mit den auf verschiedenen Schauplätzen stattfindenden Reifungsprozessen zu tun: So schafft der erwachsen werdende Körper grundsätzlich die Voraussetzung für die Möglichkeit der Selbstversorgung und Fortpflanzung, die sozio-kognitiven Entwicklungen führen zu einem kritischen Hinterfragen vorgegebener Selbstverständlichkeiten und versetzen den Jugendlichen in die Lage, selbstständig zu denken; er setzt sich mit normierten Rollenerwartungen auseinander und erweitert zudem seine Bezugsgruppen und -felder. Die Facetten der Autonomieentwicklung im Jugendalter umfassen a) die *emotionale Autonomie* (Abgrenzung des eigenen Ichs von dem der anderen Familienmitglieder, v. a. der Eltern), b) die *Verhaltensautonomie* (Fähigkeit zur Bewältigung der meisten Alltagsroutinen ohne Eltern) und c) die *kognitive Autonomie* (Ausbildung eigener Meinungen und Werthaltungen).

Die zunehmende Entwicklung von Selbstständigkeit, Eigenverantwortung und Unabhängigkeit bedarf einer Erweiterung des Handlungs- und Entscheidungsspielraumes für den Jugendlichen. Autonomie als Voraussetzung für eine gesunde psychische Gesamtentwicklung steht immer in einem dialektischen Verhältnis zu sozialer Eingebundenheit und setzt funktionierende und verlässliche menschliche Beziehungen voraus. Vor dem Hintergrund der Bindungstheorie lassen sich diese Prozesse immer als eine Bewegung im Spannungsfeld zwischen dem Autonomiestreben einerseits und der Bindung andererseits verstehen: Wie es im Lauf der Evolution für den Menschen immer schon lebensbedrohlich war, aus einer Gruppe auszuscheiden, ohne die Sicherheit zu haben, wieder zurückkehren zu können, so bedarf es – trotz aller Konflikte, Konfrontationen, Abgrenzungs- und Rückzugstendenzen – eines Zugangs zur sicheren Familienbasis ebenso wie der Förderung von Autonomie. Im günstigen Fall erzeugt diese Dialektik ein haltgebendes Netz, das mitunter auch schwer regulierbaren Belastungen und krisenhaften oder gar paradox anmutenden Gratwanderungen standhalten muss, d. h. es geht um eine wechselseitige Verbundenheit, die dem Jugendlichen dennoch selbstständiges Explorieren ermöglicht (vgl. Hofer, 2008).

Da die Autonomieentwicklung in allen Kontexten und Handlungsfeldern des Jugendlichen stattfindet, kommt neben den Interaktionen in der Familie jenen mit Gleichaltrigen eine besondere Bedeutung zu, sei es im Rahmen exklusiver Freundschaftsbeziehungen oder in Cliquen und Peer Groups (dazu siehe unten). Zum einen spielt hier die Anerkennung durch Gleichaltrige insofern eine wichtige Rolle, als sie den Selbstwert zu stabilisieren und die soziale Zugehörigkeit zu sichern hilft, zum anderen lassen sich hier oft gegenläufige Tendenzen zur Autonomieentwicklung im familiären Kontext beobachten – man denke dabei an die Abhängigkeit, die Empfänglichkeit für Einflüsse und den mitunter erheblichen sozialen Druck aus der Peer Group. Die soziologische Theoriebildung weist darauf hin, dass die Adoleszenz einen Lebensabschnitt darstellt, in dem Jugendliche mit ihresgleichen Neues ausprobieren, um das Erwachsensein gefahrlos einzuüben. Eine durch Gleichheit und Reziprozität gekennzeichnete Interaktion mit Gleichaltrigen bietet die Möglichkeit, partnerschaftliche Beziehungsschemata und soziale Kompetenzen zu entwickeln (vgl. Hofer, 2008).

Selbstwert und Narzissmus

Aus Erfahrungen der Kompetenz, Anerkennung und Akzeptanz entwickelt sich der Selbstwert eines Menschen. Fähigkeiten und Begabungen, kognitive Fertigkeiten und körperliche Attribute können jedoch nur dann zum Selbstwert beitragen, wenn sie in eine soziale Akzeptanz eingebettet sind und von außen wahrgenommen bzw. einem Menschen auch zugeschrieben werden. Für die Entfaltung von Kompetenz benötigen Jugendliche einen Spielraum, um sich zu erkennen und sich zu aktualisieren. Dafür wiederum bedarf es eines Klimas der emotionalen Einbettung im Rahmen haltgebender Beziehungen. Die zunehmende Kritik- und Reflexionsfähigkeit führen unweigerlich zu kritischen Phasen in der Selbstwertstabilisierung, die zur Krise führen können, wenn Kompetenz und Akzeptanz nicht mit den eigenen Idealvorstellungen zusammenpassen und Schamgefühle auftreten. Wurde bisher noch in vielen Bereichen die relativ spannungsfreie Übereinkunft mit den Eltern gesucht, so lösen sich dieses „Wir-Gefühl" und das Bedürfnis nach einer Welt geteilter Bedeutungen durch die allmähliche Ablösung und die Errichtung einer eigenen, abgeschirmten inneren Wirklichkeit zunehmend auf. Allerdings kann „der Jugendliche [...] mit seinem aktuell wahrgenommenen Selbst weder auf bisherige Vorstellungen zurückgreifen, noch hat er schon neue, akzeptable Selbstvorstellungen parat" (Streeck-Fischer, 1994, 512). Zur Stabilisierung werden narzisstische Selbstkonfigurationen benötigt, d. h. Strategien, durch die sich der Jugendliche an der äußeren Welt festhalten kann, die ihm zugleich aber auch die Integrität des Selbst sichern können. Eine solche Strategie kann ein egozentrisches Hochgefühl sein („Mir gehört die Welt"), andere Jugendliche begeben sich in den narzisstischen Rückzug, wieder andere pendeln zwischen Auf- und Abwertung ihrer selbst und anderer hin und her, agieren im einen Moment Konfliktspannungen nach außen aus und ziehen sich im nächsten Moment ganz zurück.

Diese narzisstischen Konfigurationen lassen sich als vorübergehende Reaktionen im Rahmen der Entwicklung von äußerer und innerer Eigenständigkeit verstehen, die sich krisenhaft zuspitzen können oder auch kaum in Erscheinung treten (vgl. Streeck-Fischer, 1994).

Körpererleben in der Adoleszenz

Im Unterschied zur Körperbedeutung in der Kindheit steht der heranwachsende Körper im weitesten Sinne für das „Großwerden" und repräsentiert die zunehmende Zugehörigkeit zur Welt der Männer oder Frauen, das Erwachsenwerden, die Potenz und Geschlechtsreife, die Individualität, die Wirkmächtigkeit und Individuation. Darüber hinaus verleiht das Begehren und Begehrt-Werden dem Bezug und der Abhängigkeit vom Anderen eine wichtige körperliche Dimension. Jedoch müssen die körperlichen Veränderungen, vor allem in Hinblick auf die sexuelle Entwicklung der Jugendlichen, psychisch auch verarbeitet werden. Dies gestaltet sich mitunter schwierig, weil sich gerade hier oft eine Diskrepanz zwischen der körperlichen (Früh-)Reife einerseits und einer noch nicht erreichten psychischen Integrationsfähigkeit andererseits auftut; nicht selten hinkt die psychische Reifung der körperlichen Entwicklung massiv hinterher. Eine psychische Integration der körperlichen Reifungsprozesse stellt sich oft erst in der die Pubertät abschließenden spätadoleszenten Phase ein. Der Weg dorthin gestaltet sich mitunter komplexer und schwieriger, als man es sich wünschen würde. So stellt sich etwa die Herausbildung einer stabilen Geschlechtsidentität oft eben nicht als linearer Prozess hin zur Einordnung in konventionelle Bedeutungen von „Männlichkeit" oder „Weiblichkeit" dar, sondern bedeutet einen ganz individuellen Prozess der Strukturierung, Veränderung, Reproduktion innerer wie äußerer Geschlechterbilder auf sozialer und psychischer Ebene und eine entsprechende Verknüpfung mit den Bedeutungen des eigenen Körpers. Diese dem Körper bewusst und unbewusst zugemessenen Bedeutungen haben wiederum sehr stark mit vorhandenen kindlichen Vorstellungen, tradierten Rollen und Bildern, sozialen Kontexten u. v. m. zu tun.

» [Die] individuellen Möglichkeiten der adoleszenten Aneignung des Körpers [sind] geprägt von der Art und Weise, in der kulturell und gesellschaftlich die Spannung von Autonomie und Heteronomie, von Bindung und Selbstbezug, von Individuation und Generativität symbolisch und praktisch ausgestaltet sind." (King, 2013, 193)

Die Veränderungen der Pubertät bringen naturgemäß große Unordnung und Unruhe in die körperliche Erfahrung des Jugendlichen. Gerade weil die letztlich zu erreichende Integration und Individuation noch aussteht, wird der Körper oft zur Quelle und zugleich auch zum Austragungsort psychischer Spannungen, zum Medium des Ausdrucks von Phantasien, von Konflikten und Gefühlszuständen und nicht zuletzt zum Schauplatz von Manipulationen oder Ästhetisierungen. Der Körper ist ambivalent besetzt: Er wird aufs Spiel gesetzt und riskiert, zugleich jedoch auch zu beherrschen und kontrollieren versucht. Mädchen tendieren in dieser Phase oft zu Negierung, Zwanghaftigkeit und nach innen gerichteter Verarbeitung (was sich z. B. in der starken Kontrolle des Essverhaltens zeigt), Jungen hingegen neigen zu Externalisierungen und verlagern Bedrohliches nach außen, indem sie den Raum im Inneren der anderen zu kontrollieren versuchen. Letztlich geht es bei weiblichen wie männlichen Bewältigungsformen der mit der Adoleszenz einhergehenden Überforderungen darum, Kontrolle zu bewahren und ihre Ängste vor Selbstverlust zu bannen (vgl. King, 2013). In diesem Zusammenhang erscheint auch die Frage der Geschlechterspannung, d. h. das Verhältnis zwischen Lehrer und Schülerin, zwischen Lehrerin und Schüler sowie in gleichgeschlechtlichen Lehrer-Schüler- bzw. Lehrerin-Schülerin-Konstellationen von Bedeutung, ebenso sollten kulturspezifische Bedeutungen des Körpers stets mitgedacht werden.

Adoleszenzkrisen und Risikoentwicklungen

Es wurde bereits erwähnt, dass die Jugendzeit als Übergang zwischen Kindheit und Erwachsenenalter, und als eine Phase tiefgreifender Veränderungen eine individuelle Herausforderung an jeden Menschen im Sinne einer normativen Neuorientierung darstellt. Die Begriffe *Adoleszenzkrise, normative Krise, Reifungskrise, adoleszente Identitäts- oder Entwicklungskrise* kennzeichnen eine kritische Phase der Entwicklung, was nicht zwangsläufig einen manifest dramatischen, katastrophenartigen oder psychopathologischen Verlauf bedeuten muss. Im wörtlichen Sinne bezeichnet *Krise* eine Entscheidung, eine entscheidende Wendung, eine schwierige Situation oder Zeit, die den Höhe- oder Wendepunkt einer gefährlichen Entwicklung darstellt (vgl. Streeck-Fischer, Fegert & Freyberger, 2009). Die meisten Jugendlichen bewältigen die Entwicklungsaufgaben der Adoleszenz erfolgreich und man geht davon aus, dass Stimmungsschwankungen, Risikoverhalten, Konflikte mit den Eltern sowie externalisierende und internalisierende Formen von Auffälligkeit in dieser Lebensphase zur Normalität gehören. Entgegen der scharfen Trennung von normalem und von der Normalität abweichendem (deviantem) Verhalten geht man insbesondere bei der Adoleszenz davon aus, dass Risikowege aus Prozessen heraus entstehen, von denen alle Kinder und Jugendlichen mehr oder weniger betroffen sein können. So kann jede Entwicklung trotz schwieriger Lebensbedingungen und Vorbelastungen gelingen, oder es tauchen aus oft harmlos anmutenden konkreten Belastungen heraus Krisen und Schwierigkeiten auf. Die Bewältigung jeder anstehenden Entwicklungsaufgabe kann für die Jugendlichen einen belastenden Prozess bedeuten und seine personalen und sozialen Bezüge beeinträchtigen (vgl. Fend, 2003). So kann die Entwicklungsaufgabe der Identität zu Identitätskrisen und Depersonalisation führen, Identifikation zunächst Rollenkonfusion bedeuten, die Aufgabe der Individualität Ablösungskrisen mit sich bringen, das Thema der Selbstbehauptung mit Rivalitäts- und Autoritätskrisen einhergehen (vgl. Resch, 1999). Hinsichtlich problematischer Krisenwege scheint die Unterscheidung zwischen internalisierenden (z.B. Rückzug, Depression, Selbstschädigung) und externalisierenden Problemverarbeitungen (z.B. aggressives, delinquentes Verhalten, Substanzmissbrauch, antisoziales Verhalten) wichtig. Hier erweisen sich zumeist eine diagnostische Abklärung und therapeutische Behandlung bzw. entsprechende präventive Maßnahmen als sinnvoll und notwendig.

Die Rolle der Peer Group in musikalischen Lernkontexten von Jugendlichen

Auf die Bedeutung des sozialen Bezugs zu Gleichaltrigen wurde bereits hingewiesen, etwa im Zusammenhang mit der Autonomieentwicklung und Individuation oder der Stabilisierung des Selbstwertes; ebenso bildet das soziale Umfeld Jugendlicher einen wichtigen Bezugsraum in interaktionellen Lernprozessen jeder Art (vgl. dazu Kapitel *Musiklernen als sozialer Prozess*). Gleichaltrige gewährleisten in dieser Lebensphase besser als Erwachsene die Verwirklichung von Gleichheit (i.S. von Akzeptanz von Unterschieden zwischen den Gruppenmitgliedern und allgemeiner Gerechtigkeit) sowie von Souveränität (i.S. der Möglichkeit zur Selbstdarstellung und Verwirklichung von Zielen). So kann die Peer Group im Optimalfall zur Orientierung und Sicherheit beitragen, emotionale Geborgenheit geben und dabei helfen, das Gefühl der Einsamkeit zu überwinden. Sie bietet Raum und zugleich Schutz für die Erprobung neuer Möglichkeiten im Sozialverhalten und neuer Formen sozialer Aktivitäten. Jedoch löst sie die Familie nicht gänzlich ab, sondern ergänzt sie nur (vgl. Oerter & Montada, 2008).

Musikalische Lernkontexte wie Musikschulen, Hochbegabtenförderungsprogramme ebenso wie Klassenmusizierprojekte an allgemeinbildenden Schulen halten eine Vielzahl von Möglichkeiten bereit, dass Jugendliche sich als Teil einer Gruppe Gleichgesinnter erleben können und sich in Bezug zu anderen wahrnehmen und reflektieren können. Gemeinsame Musiziererlebnisse, Workshops, Ensemble- oder Orchestererfahrungen lassen Zugehörigkeit und das Gefühl, Teil einer Gemeinschaft zu sein, entstehen. Mitunter werden einzelne Instrumentalklassen an Musikschulen zu richtigen „Familien" mit hohem Identifikationswert, engen Bindungen und nicht zuletzt einer stark idealisierten Haltung gegenüber der leitenden Pädagogin bzw. dem leitenden Pädagogen. Für andere Jugendliche bedeutet etwa das soziale Gefüge eines Orchesters eine Orientierung und strukturgebende Form mit eindeutiger Leitung, klarer Rollenverteilung (Konzertmeister, Stimmführer etc.). Das Zusammenspiel fördert die Motivation, sein Bestes zu geben, um sich gegenüber anderen keine Blöße zu geben; nicht selten üben Jugendliche oft mehr für Ensembles als für den Einzelunterricht, wobei dennoch das Spiel in der Gruppe oft mehr Freude macht als der Einzelunterricht. Ein weiteres nicht zu unterschätzendes Thema ist die Sichtbarkeit musikalischer Gruppierungen nach außen. So legen Jugendliche oft überraschend viel Wert auf einheitliche Kleidungsvorgaben: bestimmte T-Shirts oder Hemden mit dem Aufdruck eines Schriftzugs, der auf die Zugehörigkeit hinweist, die schwarzen Schuhe anstatt der gewohnten Sneakers oder gar eine Uniform, wie sie in Blasorchestern üblich ist und signalisiert, dass man bereits bei einer Erwachsenengruppe mitspielen darf. Das gegenseitige Messen und Vergleichen innerhalb musikalischer Gruppenlernkontexte hat zumeist weniger den Charakter bitterer Rivalitäten als den eines gewissen Schutzraumes für das Erproben individueller Leistungsfähigkeit im Sinne des Anspruchs, bestmöglich zu einem gemeinsamen Ganzen beizutragen. In diesem Sinne ist es wichtig, dass Musikschulen über den Einzelunterricht hinaus verschiedene soziale Lernkontexte – formale wie informelle (siehe dazu Ardila-Mantilla, 2016) – bereitstellen, die je nach Leistungsniveau und Fortschritt der Schülerinnen und Schüler freiwillig in Anspruch genommen werden können.

Die Bedeutung von Musik für Jugendliche

Ich möchte dieses Kapitel nicht ohne einige allgemeine Bemerkungen zur Bedeutung von Musik im Leben von Jugendlichen schließen. Es gibt kaum eine Lebensphase, in der Musik für so viele subjektiv eine so große Rolle spielt, wie die Adoleszenz – unabhängig davon, ob selbst aktiv musiziert wird oder sich der Musikkonsum auf das Hören von Musik beschränkt, dies auch weitgehend unabhängig von der musikalischen Sozialisation im Elternhaus. Musik erfüllt in dieser Lebensphase verschiedene Funktionen, u. a. die Funktion der Abgrenzung (*counterdependente Funktion*) wie auch der Zugehörigkeit zu neuen Beziehungswelten (*dependente Funktion*), die haltgebende Funktion, die Funktion der (narzisstischen) Selbsterweiterung, die Funktion der Ressourcen-Reaktivierung wie auch der Provokation (vgl. Decker-Voigt, 2008).

Hinsichtlich der emotionalen Bedeutung von Musik ist zudem der Aspekt der „Verdoppelung eigener Gefühle" (Bolterauer, 2006, 1192) interessant. In seiner hohen Irritation durch teils widersprüchliche und schwer einzuordnende Gefühle trifft der Jugendliche auf Musik, die bekannte emotionale Bewegungen spiegelt und somit greifbarer macht. Da Jugendliche in ihren Musikpräferenzen stärker nach dem Iso-Prinzip als nach dem Kompensationsprinzip vorgehen (d.h. mehr zu Musik tendieren, die ihren aktuellen emotionalen Zustand abbildet und verstärkt als zu jener, die eine Umstimmung bezweckt), kann sich dies beruhigend auswirken. Dadurch, dass die bereits aufgeschriebene und auch von anderen reproduzierte Musik öffentliche Anerkennung findet, sieht sich der Jugendliche in seinen mitunter „verrückt" anmutenden Gefühlen bestätigt. Nicht zuletzt kann Musik in der Adoleszenz eine wichtige Übergangsfunktion übernehmen. Betrachtet man die Adoleszenz als eine Schwellenphase, als Übergang von einer Umwelt zu einer qualitativ anderen, vom kindlichen Angewiesensein auf die Eltern hin zu Individuation und Ablösung, so braucht es für diese Zeit Überbrückungshilfen. Diese können eine Teilkontinuität und -vertrautheit bieten und den Jugendlichen im Umgang mit Einsamkeit unterstützen. In seinem Ablöseprozess sucht der Jugendliche nach Haltepunkten und braucht Projektionsflächen für „gute" wie „böse" Selbstanteile. Die Projektionsflächen aus der Kindheit (man denke an Märchenfiguren, Monster, Heroes etc.) sind für Jugendliche zumeist bedeutungslos geworden, und es werden neue und abstraktere gesucht. Musik bietet sich als Projektionsfläche für gute wie böse Selbstanteile an, indem sie ideale oder idealisierte Selbstanteile mit bedrohlichen fremden Selbstanteilen verbinden kann (vgl. Streeck-Fischer, 1994; Smetana, 2011).

Die im Musikunterricht oft auftauchende Frage, inwieweit Lieblingsstücke aus den aktuellen Hörvorlieben der Jugendlichen reproduktiv aufgegriffen werden sollen, lässt sich nicht eindeutig beantworten. Für manche Jugendliche können diese Anknüpfungspunkte in ihrem zu übenden Repertoire motivierend sein, indem sie dadurch die Möglichkeit haben, emotional bedeutsame Musik selbst zu reproduzieren. Für andere mag es eher frustrierend sein, wenn die Reproduktion im Rahmen vorhandener Fähigkeiten nie an das idealisierte Original heranreicht. Es steht jedoch außer Frage, dass Lieblingsstücke beim aktiven Musizieren vitale Bedürfnisse ansprechen, deren Befriedigung als angenehm erlebt wird. Lieblingsstücke bewirken

» Gefühle des glückhaften Aufgehobenseins; Sehnen, Begehren und schließlich Befriedigung; die Chance, sich in allem, was man kann, zeigen zu können; die Möglichkeit, auch aggressive Regungen unterbringen zu können; keine Angst haben zu müssen, sondern Zuversicht zu tanken – all das sind substanzielle Eigenschaften einer Liebesbeziehung, genauer: einer reifen, das heißt nicht-infantilen, nichtneurotischen Liebesbeziehung." (Figdor & Röbke, 2008, 76)

Dank

Mein besonderer Dank gilt Dr. Magdalena Bork und Mario Smetana, MA für die Bereitstellung von Fallgeschichten aus ihrer pädagogischen wie wissenschaftlichen Praxis.

[1] Im vorliegenden Beitrag beziehe ich mich auf den ungefähren Altersbereich zwischen 11 und 19 Jahren, d. h. ab dem Übergangsbereich vom Kind zum Jugendlichen bis zum üblichen Maturitäts-/Abituralter des allgemeinen Schulsystems.

[2] In Anlehnung an die Dimensionen des Lernens nach Illeris (2010).

[3] Maslow geht davon aus, dass der Mensch in seinem Verhalten von hierarchisch einzuordnenden Bedürfnissen geleitet wird: An der Basis dieses Pyramidenmodells befinden sich grundlegende physiologische Bedürfnisse (z. B. Hunger, Durst, Sexualität), an der Spitze steht das Bedürfnis nach Selbstverwirklichung und Selbstaktualisierung. Dazwischen liegen die Bedürfnisse nach Sicherheit, nach Zugehörigkeit und Liebe sowie nach Wertschätzung und Geltung. Wird ein Bedürfnis erfüllt, so verliert es an Bedeutung, und das nächsthöhere tritt an seine Stelle. Umgekehrt können hohe Bedürfnisse nur nach Befriedigung der darunterliegenden Bedürfnisse erfüllt werden.

[4] Konsistenz bezeichnet den Zustand der Übereinstimmung bzw. Vereinbarkeit der gleichzeitig ablaufenden neuronalen und psychischen Prozesse. Die vier Grundbedürfnisse Orientierung/Kontrolle, Lustgewinn/Unlustvermeidung, Bindung sowie Selbstwerterhöhung/Selbstschutz streben nach Befriedigung. Hierfür bildet jeder Mensch in Interaktion mit seiner Umwelt persönliche motivationale Schemata heraus, je nachdem, ob das Ziel die Befriedigung von Grundbedürfnissen (Annäherungsschema) oder der Schutz vor Verletzung, Bedrohung oder Enttäuschung (Vermeidungsschema) ist. Sind diese Tendenzen gleichzeitig aktiviert und hemmen sich dadurch gegenseitig, so spricht man von motivationalen Konflikten oder Diskordanz.

[5] Darunter versteht man Lebensbereiche, an denen der/die Jugendliche nicht direkt selbst teilnimmt, deren Ereignisse aber Einflüsse auf seine/ihre engeren Lebensbereiche ausübt, z. B. Berufs-, Freizeit- oder andere Erfahrungsfelder von Eltern oder Geschwistern.

[6] Die hier folgenden Fallgeschichten bzw. deren Rekonstruktion entstammen unterschiedlichen Kontexten: der Biografiearbeit in der Musiktherapie, der Direktbefragung einer Jugendlichen, der Erzählung eines Musikpädagogen von einer spontanen Begegnung mit einem früheren Schüler sowie der Befragung einer Expertin aus dem Feld der Begabtenförderung und -forschung. Alle Namen wurden zur Wahrung der Identität der Jugendlichen verändert.

Literatur

Ardila-Mantilla, N. (2016): *Musiklernwelten erkennen und gestalten. Eine qualitative Studie über Musikschularbeit in Österreich.* Berlin: LIT.

Bolterauer, J. (2006): „Die Macht der Musik“: Psychoanalytische Überlegungen zur Wirkungsweise von Musik und ihren Wurzeln in der frühkindlichen Entwicklung. *Psyche – Zeitschrift für Psychoanalyse und ihre Anwendungen,* 60, 1173–1204.

Bürgin, D. (2005): Adoleszenz, eine wachstumsbewegte Entwicklung in die Welt und ins Ungewisse. In: R. Fliedl & P. Wagner (Hg.): *Adoleszenz: Phantasie – Beziehung – Realität* (S. 25–34). Wien: Krammer.

Decker-Voigt, H.-H. (2008): Pubertät (12-16): „Weder Fisch noch Fleisch“. In: H.-H. Decker-Voigt, D. Oberegelsbacher & T. Timmermann (Hg.): *Lehrbuch Musiktherapie (S. 202–225).* München: Reinhardt Verlag.

Deci, E.L. & Ryan, R.M. (1993): Die Selbstbestimmungstheorie der Motivation und ihre Bedeutung für die Pädagogik. *Zeitschrift für Pädagogik* 39. Nr. 2, S. 223–238.

Fegert, J.M., Streeck-Fischer, A. & Freyberger, H.J. (Hg.) (2009): *Adoleszenzpsychiatrie: Psychiatrie und Psychotherapie der Adoleszenz und des jungen Erwachsenenalters.* Stuttgart: Schattauer.

Fend, H. (2003): *Entwicklungspsychologie des Jugendalters: Ein Lehrbuch für pädagogische und psychologische Berufe.* (3. Auflage). Wiesbaden: Verlag für Sozialwissenschaften.

Figdor, H. & Röbke, P. (2008): *Das Musizieren und die Gefühle. Instrumentalpädagogik und Psychoanalyse im Dialog.* Mainz: Schott.

Grawe, K. (2004): *Neuropsychotherapie.* Göttingen: Hogrefe.

Havighurst, R.J. (1972): *Developmental tasks and education.* New York: Mc Kay.

Hofer, M. (2008): Autonomie. In: R.K. Silbereisen & M. Hasselhorn (Hg.): *Enzyklopädie Psychologie,* Serie V (Entwicklung) (Band 5: Psychologie des Jugend- und frühen Erwachsenenalters, S. 389–420). Göttingen: Hogrefe.

Illeris, K. (2010): *Lernen verstehen. Bedingungen erfolgreichen Lernens.* Bad Heilbrunn: Julius Klinkhardt.

King, V. (2013): *Die Entstehung des Neuen in der Adoleszenz: Individuation, Generativität und Geschlecht in modernisierten Gesellschaften.* (2. Auflage). Wiesbaden: Springer.

Kleinen, G. (2011): Chancen und Krisen des Musizierens im Jugendalter. http://www.musikschulen.de/medien/doks/mk11/AG%2030_neu.pdf (Stand: 15.07.2016).

Koch, E. (1995): *Wer bin ich eigentlich?* Ruperto Carola, Ausgabe 2/1995. https://www.uni-heidelberg.de/uni/presse/rc10/3.html (Stand: 24.05.2016).

Koch, E., Parzer, P., Brunner, R. & Resch, F. (2001): Zur Bedeutung von Depersonalisation und Derealisation im Jugendalter. *Persönlichkeitsstörungen* 5, S. 31–38.

Maslow, A. (1981): *Motivation und Persönlichkeit.* (8. Auflage). Reinbek bei Hamburg: Rowohlt.

Oberegelsbacher, D. (1997): Musiktherapeutisches Improvisieren als Mittel der Verdeutlichung in der Psychotherapie. In: E. Fitzthum, D. Oberegelsbacher & D. Storz (Hg.): *Wiener Beiträge zur Musiktherapie: Weltkongresse Wien Hamburg 1996* (S. 42–66). Wien: Praesens.

Oerter, R. & Montada, L. (Hg.) (2008): *Entwicklungspsychologie.* (6., vollständig überarbeitete Auflage). Weinheim/Basel: Beltz.

Resch, F. & Koch, E. (1995): Adoleszentenkrisen – Adoleszentenpsychosen. In: O. Frischenschlager, M. Hexel, W. Kantner-Rumplmair, M. Ringler, W. Söllner & U. V. Wisiak (Hg.): *Lehrbuch der psychosozialen Medizin: Grundlagen der medizinischen Psychologie, Psychosomatik, Psychotherapie und medizinischen Soziologie* (S. 489–501). Wien/New York: Springer.

Resch, F. (1999): *Entwicklungspsychopathologie des Kindes- und Jugendalters: ein Lehrbuch.* Weinheim: Psychologie Verlags Union.

Smetana, M. (2011): Zur Bedeutung von Tonträgern in der Musiktherapie mit Jugendlichen. In: J. Illner & M. Smetana (Hg.): *Wiener Schule der differenziellen klinischen Musiktherapie – ein Update* (S. 103–109). Wien: Praesens.

Streeck-Fischer, A. (1994): Entwicklungslinien der Adoleszenz. Narzißmus und Übergangsphänomene. *Psyche – Zeitschrift für Psychoanalyse und deren Anwendungen,* 48, S. 509–528.

Streeck-Fischer, A., Fegert, J. M. & Freyberger, H. J. (2009): Gibt es Adoleszenzkrisen? In: J. M. Fegert, A. Streeck-Fischer & H. J. Freyberger (Hg.): *Adoleszenzpsychiatrie: Psychiatrie und Psychotherapie der Adoleszenz und des jungen Erwachsenenalters* (S. 183–189). Stuttgart: Schattauer.

Rineke Smilde, Peter Alheit

Biografisches Lernen in der professionellen Musikerausbildung. Aspekte lebenslangen Lernens in der Musik

Die Idee, dass wir „lebenslange Lerner“ sind, wird nirgendwo so unmittelbar erfahrbar wie in der musikalischen Praxis. Wir erlernen ein Instrument und werden (vielleicht) zu musikalischen Virtuosen. Wir spüren aber auch, dass die rein technische Beherrschung des Instruments allenfalls die eine Seite unseres Lernprozesses ist. Die Interaktion mit anderen Musikern und Musikerinnen, die Kommunikation mit wechselnden und ganz neuen Auditorien, die musikalische Arbeit am Krankenbett (vgl. Smilde, Dons et al., 2017) oder mit einer Gruppe von Menschen, die mit Demenz leben (vgl. Smilde, Page et al., 2014) – all diese Situationen stellen für die Praxis des Musizierens Herausforderungen dar, die nur in lebensbegleitenden Lernprozessen bewältigt werden können. Auch die Erfahrung der Bühnenangst oder des Verlusts der technischen Virtuosität sind Phänomene, die wir in lebenslangen Lernprozessen bearbeiten und überwinden müssen (vgl. Smilde, 2009a).

Freilich, was bedeutet eigentlich „lebenslanges Lernen“? Der englische Bildungswissenschaftler John Field hat überzeugend herausgearbeitet, dass sich dahinter eine „stille Explosion“ (*silent explosion*) verbergen könnte (Field, 2000, 35 ff.), nicht einfach eine Veränderung zum Besseren, sondern womöglich die Gefahr einer politischen Instrumentalisierung der Lernenden (vgl. auch Alheit & Dausien, 2002). Die OECD hat in einer Prognose (1997) darauf hingewiesen, dass der ökonomische Zwang zur lebenslangen Weiterbildung zu sozialen Exklusionsprozessen führen könnte, die gerade die avanciertesten Gesellschaften bedrohen. Und was der lebenslange Lernprozess mit einzelnen Individuen „macht“, wie sie persönlich darauf reagieren, wie sie ihn auf je eigene Weise organisieren, ist weder empirisch noch theoretisch hinreichend erforscht.

Der folgende Beitrag versucht einen eigenen Weg der Annäherung an diese Problemlagen. In einem ersten Abschnitt wird die kritische Disposition zum Begriff lebenslangen Lernens durch eine Verknüpfung mit dem Konzept „Biografie“ gleichsam positiv gewendet. Die konzeptionelle Fokussierung auf „biografisches Lernen“ (vgl. Alheit, 2009) ermöglicht nicht nur einen empirischen Zugang zum konkreten Individuum und seinen Erfahrungen; es schafft auch die theoretische Voraussetzung für die Überwindung eines falschen Dualismus von „Subjekt“ und „Welt“, von Individuum und Gesellschaft, von Musikerin und Musikhochschule. Die Subjekt-Welt-Beziehung wird vielmehr, wie der deutsche Soziologe Hartmut Rosa (2016) vorgeschlagen hat, als eine Form der „Resonanz“ konzipiert, als dialektisches „Schwingungsverhältnis“ zwischen den Kontexten, in denen wir leben, und den biografischen Ressourcen, die uns zur Verfügung stehen.

Diese theoretische Metapher erscheint besonders geeignet, biografische Lernprozesse in der Musik zu beschreiben – ein Vorhaben, das unseren zweiten Abschnitt charakterisiert, in dem wir systematischer diejenigen Dimensionen herausarbeiten, die Musiklernen in biografischer Perspektive charakterisieren. Im dritten Teil des Beitrags wollen wir am konkreten empirischen Material zwei „biografische Lernreisen" – die einer Musikerin und eines Musikers – rekonstruieren und im Schlussabschnitt die Frage stellen, welchen Platz biografisches Lernen in der *Musikhochschule* einnehmen könnte. Als Beleg stellen wir knapp den international organisierten Masterstudiengang *New Audiences and Innovative Practice* (NAIP) vor, der diese neue Perspektive mit Leben zu füllen versucht.

Lernen und Biografie: Perspektiven einer „neuen Resonanz"

Lebenslanges Lernen als Herausforderung

Wenn wir über „lebenslanges Lernen" in der Musik nachdenken, sind es womöglich zunächst gar nicht die positiven Assoziationen, die sich aufdrängen, sondern eher die problematischen: Die allermeisten Musiker und Musikerinnen haben keinen „Job" für das ganze Leben. Sie sind zur Flexibilität gezwungen, müssen sich an immer neue Bedingungen anpassen. Sie müssen in unterschiedlichen kulturellen Kontexten zu funktionieren lernen. Sie nehmen viele Rollen wahr, stellen sich ganz neuen Auditorien und sind gezwungen, mit den gewachsenen Herausforderungen zu lernen (vgl. Smilde, 2009a, 1 f.). Im Grunde ist also das Konzept lebenslangen Lernens zu einer *conditio sine qua non* geworden, vielleicht sogar zu einer Bedingung, die spätmoderne Gesellschaften ganz prinzipiell betrifft.

Auffällig erscheint nämlich, dass der *Bauplan der Normalbiografie* in Unordnung geraten ist. Die um eine Arbeitsbiografie herum organisierte Institution „Lebenslauf" (vgl. Kohli, 1985) wird zunehmend diffuser. Die problemlose Abfolge von *Lern- und Vorbereitungsphase, Aktivitätsphase* und *Ruhephase* trifft nur noch auf eine geringe Zahl von (vorwiegend männlichen) Lebensläufen zu. Längst sind die Phasenübergänge zu sozialen Risikolagen geworden (vgl. Heinz, 2000). Immer neue *Statuspassagen* entstehen. Dabei beginnt die Bedeutung der aktiven Arbeitsphase im Zentrum des Lebenslaufs spürbar zu sinken. Noch 1906 nahm ein durchschnittliches Arbeitsjahr in England ca. 2.900 Stunden in Anspruch, 1946 waren es nur noch 2.440 und 1988 nur mehr 1.800 Stunden (vgl. Hall, 1999, 427). Auch die „innere Struktur" der Arbeit hat sich verändert. Die massive Umverteilung der Arbeitsplätze vom industriellen in den Dienstleistungssektor ist dafür nur ein oberflächliches Symptom. Entscheidender ist, dass die Vorstellung eines konsistenten „Arbeitslebens", wenn sie auch traditionell schon die Frauen ausgeschlossen hatte, endgültig der Vergangenheit angehört. Durchschnittliche Erwerbstätigkeit bedeutet nicht mehr die Ausübung ein und desselben Berufes über eine beträchtliche Lebensspanne hinweg, sondern den Wechsel von Arbeits- und Fortbildungsphasen, freiwillige und unfreiwillige Berufsabbrüche, innovative Strategien des *career switching*, selbst gewähltes Abwechseln von Berufs- und Familienphasen (vgl. Arthur, Inkson et al., 2000).[1] In diesem Prozess scheint auch die fokussierende Kraft jenes *protestantischen*

Arbeitsethos zu schwinden, das der Diagnose Max Webers zufolge eines der wirkungsvollsten Orientierungsmuster der westlichen kapitalistischen Moderne war (Weber, [1904] 1920). Neue „postmaterialistische" Orientierungen werden sichtbar (stellvertretend Inglehart, 1989).

Dabei verlieren „Laufbahnen im sozialen Raum" (vgl. Bourdieu, 1990) beinahe zwangsläufig ihre Eindeutigkeit. Klassen-, Geschlechts- und Generationslagen haben zwar nach wie vor die Bedeutung „biographischer Ressourcen" (vgl. Hoerning, 1989), aber ihr prognostischer Wert für die Perspektive tatsächlicher Lebensläufe scheint deutlich gesunken zu sein. Kollektive biografische Muster werden tendenziell durch *individuelle Risikolagen* verdrängt (vgl. Beck, 1986). So belegen Längsschnittstudien über weibliche Arbeitsbiografien ein überraschendes Ausmaß an Differenzierung (vgl. Moen, 1985). Untersuchungen in traditionell homogenen sozialen Milieus beobachten zunehmende Erosionsprozesse (stellvertretend Mooser, 1984). Vergleichsstudien innerhalb derselben Alterskohorten stellen eine Zunahme heterogener Lebensläufe zumal im höheren Alter fest (vgl. Dannefer, 1988; Dannefer & Zell, 1988).

Hinzu kommen einflussreiche Veränderungen aus der jüngsten Vergangenheit, auf die vor allem der polnisch-englische Soziologe Zygmunt Baumann (2005) aufmerksam gemacht hat: Die Moderne hat sich gleichsam „verflüssigt". Die Verhältnisse verändern sich rasanter, als die Betroffenen nachvollziehen können. Das Leben wird zum „precarious life, lived under conditions of constant uncertainty" (Baumann, 2005, 2). Diese Entwicklung zwingt die Individuen zwischen „bedingungsloser Individualität" und „totaler Zugehörigkeit" hin und her zu irren (vgl. ebd., 30). Die Globalisierung verändert die ökonomischen und kulturellen Reproduktionsbedingungen in immer kürzeren Zeitabständen. Internet und soziale Medien vermitteln einerseits das Gefühl, in Sekunden überall sein zu können; andererseits überfordern sie jedoch die Menschen mit eskalierenden Entscheidungsoptionen, die das moderne Selbst „erschöpfen", wie der Pariser Soziologe Alain Ehrenberg (2008) diagnostiziert hat.

Es scheint also komplizierter geworden zu sein, „ein Leben zu leben". Überkommene biografische Entwürfe verlieren ihre Treffsicherheit. Die Biografie ist selbst zum *Lernfeld* geworden, in dem Übergänge antizipiert und bewältigt werden müssen und persönliche Identität womöglich erst das Ergebnis schwieriger Lernprozesse ist. Biografien werden komplizierter, individueller, unberechenbarer, zugleich aber auch bunter, autonomer und eigensinniger. Der Lebenslauf scheint zu einer Art „Laboratorium" zu werden, in welchem wir Fähigkeiten entwickeln müssen, die vorläufig kein „Curriculum" haben.Aber ist dann „lebenslanges Lernen" – wie es die politischen Programme fordern – wirklich die Alternative? Muss die Anpassung an die äußeren Veränderungen der Welt die logische Folge sein? Wäre es nicht ebenso sinnvoll zu fragen, wo die Ressourcen der Subjekte liegen, welche Widerstands- und Handlungspotenziale in den Biografien der einzelnen Menschen verborgen sind? Das setzt allerdings das Interesse an ganz konkreten Biografien voraus, an *biografischen* Lernprozessen. Erst wenn nicht allein die dramatischen Wandlungsprozesse der Welt um uns herum, sondern auch die damit verbundene Neukonstituierung des „Subjekts" verstanden worden ist, erscheint es sinnvoll, über praktische Konsequenzen – etwa für das Lernen an Musikhochschulen – systematisch nachzudenken.

„Resonanz" und „Biografizität"

Denn so wenig die Welt, die uns umgibt und beeinflusst, gleichsam immer schon da war – unabhängig davon, dass wir sie als Subjekte erfahren und aktiv gestalten können –, so wenig sind die „Subjekte" *vor* aller Begegnung mit der Wirklichkeit mit Bewusstsein und Handlungsvermögen ausgestattet. Die Beziehung von Subjekt und Welt unterliegt eben nicht dem cartesianischen Subjekt-Objekt-Dualismus, der die Entwicklung der Moderne dominiert hat (vgl. Merleau-Ponty, 2003, 47 ff.). Sie ist *relational* konstruiert und durch wechselseitige Durchdringung gekennzeichnet. Das Subjekt ist entschieden nicht „tot", wie Nietzsche und die Poststrukturalisten uns weismachen wollen (vgl. Frank, 1986). Es ist auch kein widerstandsloses Produkt der „objektiven Verhältnisse", kein bloßes Epiphänomen von Diskursen oder Dispositiven, wie Foucault (2002) suggeriert. Und auch die „Welt" ist keine schlichte Konstruktion des Subjekts, kein kognitives Kunstgebilde ohne ontologische Existenzberechtigung. Subjekt und Welt sind real auf eine Weise miteinander verwoben, wie es die Formulierungen der Phänomenologie – etwa Heideggers „In-der-Welt-Sein" oder Merleau-Pontys „être-au-monde" – ausdrücken (vgl. Rosa, 2016, 65 ff.). Der durchaus sozialwissenschaftlich interessierte Phänomenologe Bernhard Waldenfels sagt, es müsse

» einen Grundzug der Responsivität geben, der auf gewisse Weise alles prägt, was in unserem Reden und Tun und in unserem sonstigen Verhalten vor sich geht. Responsivität meint das, was das Antworten zu einem Antworten macht, was [...] ‚Antwortlichkeit' heißen mag. Responsivität würde, wenn unser Versuch sich als triftig erweist, die gleichen Ausmaße annehmen wie die vertrauteren Konzeptionen der Intentionalität und der Kommunikativität, und zugleich würde sie eine eigene ‚Logik' aufweisen, die sich von der Logik intentionaler Akte und kommunikativer Handlungen unterscheidet." (Waldenfels, 2007, 320)

Das Phänomen der „Antwortlichkeit", das von der reflexiven „Verantwortung" deutlich unterschieden ist, bezeichnet gewissermaßen die „*vor*-bewusste" und immer leibbezogene Erfahrung des Subjekts in seiner Welt. Sie charakterisiert eine „Resonanzbeziehung" des Subjekts mit der Ganzheitlichkeit seines Umfeldes. Und „Resonanz" bedeutet – jedenfalls optimalerweise – immer die Schwingung *zwischen* den beiden Sphären Subjekt und Welt. Sie stellt gleichsam die „natürliche" Verbindung zwischen beiden dar, die auch gefährdet werden kann (vgl. Rosa, 2016, 517 ff.). Ähnlich wie die Dimension des „Ich" („*I*") in George Herbert Meads Idee des „Selbst" – im Gegensatz zum bewussten „*Me*" – eine unmittelbare, spontane, kognitiv (noch) nicht fassbare Reaktion auf innere oder äußere Impulse repräsentiert (Mead, 1973, 212 ff.), ist Responsivität eine Art *Offenheit und Empfindsamkeit* für die Welt und die anderen, die das Fundament unserer sozialen Existenz bildet. Man könnte auch sagen, sie ist eine treffende Metapher für „Musikalität" im ursprünglichen Sinn.

Freilich, solche Empfindsamkeit bestimmt nicht die in unserer persönlichen Biografie zum Ausdruck kommende Einzigartigkeit. Wer wir sind, ist nicht durch ein „Sosein" gegeben, sondern durch die Temporalität unseres ureigenen sozialen „Werdens" und „Gewordenseins" – also durch einen fortlaufenden biografischen Lernprozess. Interessant ist, dass dieser Prozess eben nicht nach allgemeinen „Gesetzen" verläuft, sondern jeweils seine individuelle „Logik" besitzt (vgl. Alheit & Dausien, 2000). Es gehört zur Eigenart der Biografie, dass institutionell und gesellschaftlich spezialisierte und separierte Erfahrungsbereiche im Prozess der lebensgeschichtlichen Erfahrungsaufschichtung integriert und zu einer besonderen Sinngestalt (neu) zusammengefügt werden. Diese Leistung der Subjekte kann mit dem Begriff der „Biografizität" gefasst werden (vgl. Alheit, 1990, 1996; Alheit & Dausien, 2000), der den Gedanken der „eigensinnigen" subjektiven Aneignung von Lernangeboten (vgl. Kade, 1994; Kade & Seitter, 1996) aufnimmt, aber darüber hinaus die Chance der Herstellung *neuer* kultureller und sozialer Erfahrungsstrukturen akzentuiert. An dieses in der biografischen Konstruktionslogik von Erfahrung und Handeln enthaltene *Bildungspotenzial* knüpfen Politiken und pädagogische Konzepte des *lifelong learning* affirmativ zwar an, ohne allerdings den kritischen Impuls ernst zu nehmen, der ebenfalls dazu gehört (vgl. Alheit & Dausien, 2002).

Dennoch ergibt die in jüngeren *lifelong-learning*-Konzepten entwickelte Unterscheidung zwischen formalem, nicht-formalem und informellem Lernen auch in biografietheoretischer Perspektive einen Sinn, wenn sie nicht als Typologie von Lernprozessen interpretiert, sondern auf die Strukturen und Rahmungen der jeweiligen *Lernkontexte* bezogen wird. Lernprozesse finden nur zum geringeren Teil in pädagogischen Institutionen und formalisierten Lernsettings statt, dennoch strukturieren Bildungsinstitutionen „Möglichkeitsräume" für biografische Lernprozesse (vgl. Kade & Seitter, 1996), und sie formen auch die historisch-kulturellen Vorstellungen von Biografie, in deren Rahmen die Subjekte ihre Erfahrungen deuten und biografischen Sinn erzeugen. Biografisches Lernen ist in gesellschaftliche Strukturen und kulturelle Deutungskontexte eingebunden. Deshalb ist es auch für die Analyse individuell-biografischer Bildungs- und Lernprozesse notwendig, sich die „äußere" Rahmenstruktur einer Lebens- und Lerngeschichte zu verdeutlichen. Beides, die konkrete Einzigartigkeit einer Biografie und die Eingebundenheit in soziale Rahmenstrukturen, soll im Folgenden systematisch auf das konkrete *Lernfeld Musik* bezogen werden.

Biografisches Lernen in der Musik

Dabei ist zunächst eine gewisse Bescheidenheit geboten. Bereits vor mehr als 50 Jahren hat der deutsche Philosoph und Pädagoge Günther Buck in seiner phänomenologischen Studie *Lernen und Erfahrung* völlig zu Recht festgestellt: „Unter allen menschlichen Leistungen scheint das Lernen seiner Natur nach zum Verborgensten und Unbekanntesten zu gehören" (Buck, 1967, 11). Tatsächlich machen wir ja im Alltag die Erfahrung, *dass* wir etwas gelernt haben, z. B. eine anspruchsvolle Klaviersonate zu spielen; aber der konkrete Lernprozess, also die Frage, *wie* wir die Sonate gelernt und verinnerlicht haben, bleibt der unmittelbaren Erfahrung weitgehend entzogen. Wir können dem Vorgang des Lernens nicht zuschauen, sondern ihn nur anhand von Spuren, die er hinterlassen hat, *ex post* rekonstruieren:

» Vieles und Entscheidendes lernen wir, wie man sagt, ‚unbewußt', also so, daß wir uns prinzipiell nicht darauf besinnen können, wie das Lernen vor sich gegangen ist. Eines Tages ‚können' wir eine Leistung. Wir wissen deshalb nichts zu sagen über den Prozeß, der zum Können geführt hat, weil dieses Können erst die Bedingung dafür darstellt, daß wir uns eines Lernens bewußt werden." (Buck, 1967, 11)

Die „Erfahrungslosigkeit des Lernenden hinsichtlich seines Lernens" (ebd.) geht paradoxerweise mit einem „Wissen" über das eigene Lernen einher. Wir wissen beispielsweise, dass wir Mühe haben, Vokabeln zu lernen; wir wissen, dass uns immer wiederholte Etüden langweilen. Aber wir wissen auch, dass wir komplizierte Bewegungsabläufe am Klavier oder auf der Violine nur lernen, wenn wir sie unendlich oft wiederholt haben. Das widersprüchliche Verhältnis von Verborgenheit und Evidenz, von Wissen und Nicht-Wissen, hat damit zu tun, dass wir irgendwie den Unterschied eines Lernbeginns von seinem Resultat wahrnehmen können, aber fast nichts über den Vorgang wissen, der zwischen diesen beiden Punkten liegt:

» Da wir nicht wissen, was Lernen als Prozess ist, reden wir über Lernen als einen Prozess, der sich zwischen zwei Zuständen eines Systems abspielt, eben dem Zustand vor ‚dem Lernen' und dem Zustand nach ‚dem Lernen'. Diese spezifische Zustandsveränderung nennen wir Lernen. Daraus folgt: Das Erste, was wir über ‚Lernen' sagen können, ist, dass Lernen ein Erklärungsmodell für die Beobachtung ganz spezifischer Veränderungen ist und nicht etwa ein Begriff mit einem inhaltlich exakt bestimmbaren Referenzbereich. Und die dabei zu berücksichtigenden Beobachtungsverhältnisse sind alles andere als einfach." (Schmidt, 2003, 11 f.)

Wenn wir von „biografischem Lernen" in der Musik reden, scheint das Problem auf den ersten Blick noch viel komplizierter zu sein. Wie kann es funktionieren, einen lebensgeschichtlichen Lernprozess zu verstehen, wenn wir schon dabei scheitern, den begrenzten Vorgang eines überschaubaren Lernfortschritts wirklich zu entschlüsseln? Immerhin, Biografie ist selbst ein *temporales Konstrukt*. Sie zu verstehen, bedeutet, Entscheidendes über Zeitstrukturen zu wissen, die jenen lebensgeschichtlichen Lernprozess bestimmen. Biografie ist aber auch ein Konzept, das die oben angesprochene Subjekt-Welt-Dialektik zum Ausdruck bringt. Wenn wir biografisch lernen, müssen wir auch die Kontexte verstanden haben, in denen wir leben. Schließlich bezeichnet biografisches Lernen einen Akt der Selbstvergewisserung, einen reflexiven Blick auf das eigene Leben. Die drei Dimensionen „Temporalität", „Kontextualität" und „Reflexivität" (vgl. Dausien, 2008, 163 ff.) könnten also eine Hilfe sein, das komplexe Phänomen „biografischen Lernens in der Musik" besser zu verstehen.

Temporalität. Lernen in biografischer Perspektive bezieht sich – anders als die meisten psychologischen oder didaktischen Lerntheorien – nicht auf „kleinräumige" Veränderungsprozesse,[2] sondern auf Zeitstrukturen, in denen *Sinnbildung* möglich ist. Wie Theodor Schulze (1993) anschaulich gezeigt hat, verlaufen solche Sinnbildungsprozesse in der Regel nicht linear, sondern diskontinuierlich und verknüpfen sich auf eine unsystematische und unberechenbare Weise zu übergeordneten Erfahrungs- und Deutungsstrukturen. Die Entscheidung, eine professionelle Cellistin oder ein Jazzpianist zu werden, bringt im Laufe der Biografie eine Reihe von möglichen Sinngestalten hervor, die nie fixiert sind, sondern im zeitlichen Verlauf immer wieder neu gebildet und umgebildet werden. Biografische Lernprozesse gerade in der Musik unterliegen nicht der Abfolge von Lernschritten in der Art einer Perlenkette, sondern repräsentieren komplexe, sich überlagernde Zeitstrukturen. Bildungswege in der Musik schließen häufig Umwege, Unterbrechungen, spontane Einsichten und Entschlüsse, Revisionen und nachgeholte Prozesse ein.

Kontextualität. Biografien haben jedoch nicht nur eine zeitliche Ordnung, sie sind in den Worten des französischen Kultursoziologen Pierre Bourdieu (1990) „Laufbahnen im sozialen Raum". Sie können also nicht nur im Individuum angesiedelt sein, etwa als rein kognitive Aktivitäten eines selbstreferenziellen Gehirns, sondern sie müssen auch in sozialen Welten lokalisiert werden, auf die sie angewiesen sind.[3] Diese „Welten", in denen Lernprozesse als individuelle und interaktive Praktiken stattfinden, sind keine homogenen, gestalteten Lernumgebungen, sondern komplexe, widersprüchlich organisierte und sozial und historisch „geschichtete" Kontexte von unterschiedlicher Reichweite: Es sind je konkrete Situationen, Lebenswelten und strukturierte historisch-soziale Räume.

Musikern und Musikerinnen begegnen solche Kontexte in ihrer komplexen Struktur als je konkrete Herausforderung: Da sind die *Situationen des praktischen Musizierens* mit ihren Ansprüchen an die instrumentale Virtuosität, aber auch an die interaktive Fähigkeit, mit konventionellen und neuen Auditorien umzugehen. Hier werden jene „Responsivität" und „Resonanz" gefordert, von denen oben die Rede war. Eine Gruppe von drei Musikerinnen und Musikern, die mit an Demenz erkrankten Menschen arbeiten (vgl. Smilde, Page et al., 2014), müssen neben der Fähigkeit zur musikalischen Improvisation „Antennen der Empathie" für ihr Auditorium entwickeln, die von den eigenen Erfahrungen entfernte „Schwingungen" wahrnehmen können. Da sind die *kulturellen Lebenswelten*, in denen sich Musiker und Musikerinnen durch ungefragte Akzeptanz der ihnen nahen Menschen, durch selbstverständliche kollegiale Anerkennung im Kreis der Ko-Musizierenden zu Hause fühlen müssen. Solche Lebenswelten sind aber fragil und verwundbar, gerade weil sie von *historisch-sozialen* Räumen gerahmt werden, die lebensweltliche Sicherheiten und Selbstverständlichkeiten bedrohen. Professionelle Musiker und Musikerinnen befinden sich in der paradoxen Situation, einerseits ganz fraglos einer „Elite" anzugehören, andererseits freilich in aller Regel ein Leben zu führen, das jedenfalls von materiellen Privilegien ziemlich frei ist. Die Kontextualität professionellen Musizierens ist also voller Widersprüche und muss in immer neuen biografischen Lernprozessen verarbeitet werden.

Reflexivität. Mit diesem Begriff ist zunächst die Fähigkeit der Individuen gemeint, sich zu ihrem eigenen Erfahrungsprozess in ein reflexives Verhältnis zu setzen, eigene Lernprozesse wahrzunehmen, auf einer höheren Ebene (kritisch) zu „beobachten", Erfahrungen zu bilden und umzubilden. Damit ist grundsätzlich die Disposition verbunden, mit anderen (und mit sich selbst) in einen Diskurs über die eigenen Erfahrungen einzutreten. Der Gedanke der *biografischen Reflexivität* impliziert allerdings noch einen weiteren Aspekt: Erfahrungen, die wir gemacht haben, beeinflussen neue Erfahrungen, die wir danach machen. „Lebensgeschichte wird nicht allein im Lernen gebildet, *sie wirkt auch reflexiv auf je neue Lernprozesse zurück*" (Dausien, 2008, 166; Hervorhebung im Original). Unsere Biografie – das ist mit dem Begriff „Biografizität" gemeint – ist in gewissem Sinne *selbstreferenziell* beim Erzeugen von Handlungs- und Bedeutungskonstruktionen. Sie entwickelt im Laufe des Lebens gleichsam eine eigene „Erfahrungslogik" (vgl. Alheit, 1996; Alheit & Dausien 2000). Das bewirkt zweifellos eine gewisse Einschränkung unseres Lern- und Handlungspotenzials, zugleich macht es sinnvolles, geordnetes Handeln überhaupt erst möglich.

Für Musikerinnen und Musiker ist die Dimension der Reflexivität von besonderer Bedeutung. Das Bewusstwerden dessen, wer und was ‚ich' bin, also ‚meine' Identität als Musiker bzw. Musikerin, ist ein beständiges Thema biografischen Lernens, weil diese Identität durch äußere Erfahrungen und darauf antwortende innere Dialoge immer wieder infrage gestellt wird (vgl. Smilde, Page et al., 2014, 44 ff.). Dies betrifft die musikalische Kompetenz selbst, aber auch die Stellung im Team der Ko-Musizierenden, die Akzeptanz bei den Rezipienten und die sich wandelnde Bedeutung der Musik in der eigenen Biografie.

Der amerikanische Philosoph Donald Schön hat in seiner inspirierenden Studie *The reflective practitioner* (1983) darauf hingewiesen, dass es für Professionelle nicht nur darauf ankomme, *über* ihre Praxis zu reflektieren, sondern auch *in* ihrer Praxis eine reflexive Position einzunehmen. Dabei bezieht er sich auf Michael Polanyis (1966) Konzept des *tacit knowing*. Für Musiker und Musikerinnen ist seine Anregung deshalb so interessant, weil sie eine Differenzierung der englischen Sprache zwischen *reflective* und *reflexive* nutzt: Während *reflective* ausschließlich die kognitive Vergegenwärtigung eines Zustands zum Gegenstand hat, ist mit *reflexive* eine intuitive Reflexion (wenn man so will: jene „Responsivität") in einer Situation gemeint, die auf langer und nachhaltiger Erfahrung beruht, aber nicht expliziert werden kann. Musikalische Improvisation ist auf diese implizite Kompetenz angewiesen. Reflexivität als Dimension biografischen Lernens in der Musik bezieht sich also auf den niemals beobachtbaren, schon gar nicht messbaren Entstehungsprozess musikalischer Intuition und Kreativität, die den Kern der Identität von Musikern und Musikerinnen darstellt.

Wie nun diese Dimensionen *Temporalität, Kontextualität* und *Reflexivität* sich in konkreten biografischen Erfahrungen von Menschen manifestieren, die mit Musik leben und arbeiten, wollen wir im folgenden Teil unseres Beitrags exemplarisch an zwei „biografischen Lernreisen" zeigen.

Biografische Lernreisen in der Musik: Alice und Ralph[4]

Zwei sehr unterschiedliche Lebensgeschichten sind hier das Thema. Es handelt sich um die Lerngeschichte von Alice, einer älteren Pianistin aus Frankreich, die zur Zeit des biografischen Interviews 68 Jahre alt war, und um den Lernweg von Ralph, einem Komponisten, Performer und kreativen musikalischen Manager aus England, der bei seinem Interview 39 Jahre alt war. Alice wurde nach einer durchaus erfolgreichen Karriere als Solistin – angestoßen durch einschneidende biografische Erfahrungen – zu einer engagierten Klavierpädagogin. Ralphs Lernreise machte ihn zu einem typischen „Portfolio-Musiker" (vgl. Smilde, 2009a), und auf dieser Basis begann er mit der Entwicklung innovativer pädagogischer Musik-Workshops in unterschiedlichen sozialen Kontexten.

Lebensreisen und Karrierewege

Alice

Alice war also zunächst eine erfolgreiche Pianistin, später dann Klavierpädagogin am Pariser Konservatorium. Heute ist sie im Ruhestand. Ihre faszinierende Biografie ist voll von Höhepunkten und Niederlagen in ihrer musikalischen Sozialisation. Obwohl sie aus großbürgerlichen Familienverhältnissen stammt und ihre Eltern die musikalische Entwicklung förderten, hatte sie während ihrer Kindheit einen extrem autoritären und demotivierenden Klavierunterricht zu ertragen. Erst später fand sie durch die Unterstützung einer Reihe von „signifikanten Anderen" und ihre niemals gebrochene Motivation und Willensstärke ihren eigenen musikalischen Weg.

Besessen vom Klang des Flügels im Nachbarhaus, bestand sie schon als Kind unnachgiebig darauf, Klavierspielen zu lernen. Mit sieben Jahren schickte ihre Mutter sie zur Marguerite-Long-Schule, einer Ausbildungseinrichtung für talentierte Kinder in Paris. Hier durchlebte Alice eine zutiefst entmutigende Zeit mit vielen negativen Erfahrungen. Sie erzählt: „Klavierspielen begann, mich fast zu töten [...] Als ich ungefähr elf war, bekam ich eine schwere nervöse Störung, weil [meine Lehrerinnen] mich zum Spielen zwangen" (Smilde, 2009b, 84). Durch ihre eigene Aktivität gelang es ihr, mit 13 Jahren ihre Lehrer zu wechseln und zu Yves Nat an das Pariser Konservatorium zu gehen. Dieser Lehrer *sah* sie und ihr Potenzial und stärkte ihre Motivation und ihr Bedürfnis nach Autonomie. Trotz der frühen Negativerfahrung und trotz der Tatsache, dass tragischerweise Nat einen Monat, nachdem Alice ihre Stunden bei ihm begonnen hatte, starb, war die Musik zu ihrem „Anker" geworden:

» Ich glaube, ich habe den Charakter von jemandem, der anders sein möchte. Und meine Lösung war Klavierspielen. So hatte ich auf eine bestimmte Weise mein eigenes Territorium, meine eigene Welt. Und meine Mutter konnte sie nicht betreten, weil es eben meine war." (ebd., 84)

Als sie mit 13 Jahren Wilhelm Kempff traf, einen Freund ihrer Mutter, war das von großer Bedeutung für sie. Kempff unterstützte ihre Motivation, glaubte an ihr Talent und lehrte sie, auf sich selbst und auf ihn zu hören. Trotz der Tatsache, dass ausgerechnet Kempff ihr Alfred Cortot als neuen Lehrer empfahl und sie selbst Cortot niemals als ihren wirklichen Tutor akzeptierte, weil sie mit seiner Vision nicht einverstanden war, hatte die Begegnung für Alice dennoch positive Folgen. Sie beschreibt sie als die Entdeckung ihrer „Fähigkeit zum Widerstand":

» Ich habe ein starkes Gefühl dafür, was mir nicht gut tut. Das hat mich immer beschützt, und ich nutze es auch heute noch. Ich kann ziemlich gut verdrängen. Das ist eine Art ‚Kunst', und wahrscheinlich habe ich überlebt, weil ich weiß, wie man Dinge aussortiert [...] Ich habe nämlich eine sehr natürliche Art zu spielen, die die Franzosen zerstören wollten, aber ich habe mich dagegen gewehrt." (ebd., 95)

Diese Passage ist ein Beispiel für die Bedeutung der Dimension „Reflexivität" in Alices Biografie. Der Bezug auf ihre innere Stärke, auf ein tiefes intuitives Vertrauen zu ihrem Können, aber auch zu ihrer persönlichen Eigenart des Spiels betont die Wichtigkeit jenes *reflexive*-Aspekts in Biografien von Musikern. Nicht die kognitive Vergegenwärtigung (*reflective*-Aspekt) der eigenen Situation, sondern das tiefe innere Gefühl der eigenen Kraft verbürgt die Nachhaltigkeit einer Karriere in der Musik. Aber auch die Dimension der „Temporalität" wird hier berührt: Es sind oft „Lernumwege", die Alice zu ihrer künstlerischen Identität führen. Zeitstrukturen des eigenen Lebens werden nicht wie lineare Erfahrungslinien wahrgenommen, sondern wie Knotenpunkte, in denen sich frühere Erfahrungen mit aktuellen Erlebnissen zu Einsichten und Entscheidungen verdichten.

Mit „die Franzosen" in dem vorhergehenden Zitat meint Alice ohne Zweifel die Lehrerinnen an der Marguerite-Long-Schule. Als sie dann ein Stipendium an der Wiener Musikhochschule gewinnt, geht sie dorthin. Hier befreundet sie sich mit Alfred Brendel, der sie motiviert, moderne Musik zu spielen. Diese Wahl war für Alice verbunden mit dem starken Gefühl von Unabhängigkeit: „Seit dem Alter von elf, zwölf bin ich eigentlich immer unter der ‚Knute' von irgendjemand gewesen. Als ich anfing, neue Musik zu spielen, war ich frei. Es gab keinerlei Einschränkung mehr" (ebd., 88).

Nach einer gewissen Zeit in Wien traf Alice ihren ersten Mann, heiratete und ging in die USA. Dort verlief ihre Karriere ungewöhnlich erfolgreich. Sie spielte ausschließlich moderne Musik und baute sich ein vollständig neues Repertoire auf. Allerdings hielt die Ehe nicht lange. Alice ging nach Europa zurück, traf ihren zweiten Ehemann und wurde mit 43 Jahren Mutter einer Tochter. Dieses einschneidende Ereignis, die Liebe zum neuen Ehemann und zu ihrem Kind, stellte ihr Leben gleichsam „auf den Kopf" und führte dazu, dass sie ihre Solistenkarriere und die Konzertreisen in alle Welt aufgab und eine Stelle als Klavierpädagogin am Pariser Konservatorium annahm. In der Zwischenzeit hatte sie den Pianisten Leon Fleischer kennengelernt, der sie, wie sie sich ausdrückt, „zur Lehrerin machte" (ebd., 91).

Natürlich war die Tatsache, dass so viele „signifikante Andere" ihren professionellen Weg kreuzten (neben Kempff, Cortot, Brendel und Fleischer auch Casals, Cage, Strawinsky und Boulez) ihrer großbürgerlichen Herkunft geschuldet. Sie alle beeinflussten ihre künstlerische Entwicklung und unterstützten ihren Lernprozess. Erfolgreiches biografisches Lernen in der Musik braucht *Kontexte*. Wilhelm Kempff befreite sie von der Marguerite-Long-Schule und brachte ihr Selbstwertgefühl zurück. Alfred Brendel war wichtig, weil er ihr den Weg zur zeitgenössischen Musik zeigte. Leon Fleischer half ihr bei der Entscheidung, eine Lehrerin zu werden.

Ralph

Anders als Alice kommt Ralph aus kleinbürgerlichen Verhältnissen. Aber auch sein Aufwachsen in London verrät einen inspirierenden sozialen Kontext. Von seinen Musik liebenden Eltern – der Vater Polizist, die Mutter Krankenschwester – wird er ermutigt und unterstützt, von Kindheit an Musik zu machen, weil Musik „eines der Dinge war, die man tut, während man aufwächst" (Smilde, 2009b, 272). Allerdings beschreibt sein Lernweg eine steile Kurve „informellen Lernens" in klassischen Erziehungseinrichtungen. Schon in der Grundschule bekam Ralph die Chance, eigene kleine Stücke zu schreiben und Musik einzubauen:

» Es war eine inspirierende Umgebung, die mich beeinflusste. Schon in den Theatergruppen der Grundschule habe ich verrückte kleine Bands mit Biskuitbüchsen zusammengestellt. Ich war schon in ziemlich frühem Alter eine Art Organisator." (ebd., 272)

Im Alter von elf Jahren musste er allerdings eine enttäuschende Erfahrung machen. Er „versagte" bei einem Talenttest: „Die Botschaft dieses Testergebnisses war offensichtlich, dass ich kein ‚Naturtalent' bin. Was ein Musiker ist, war, so schien es, durch ein Konzept festgelegt, durch ganz bestimmte Vorbedingungen" (ebd., 272). Diese Enttäuschung wurde jedoch später bei einem Vorspiel am Trinity College relativiert:

» [...] dann kam das Vorspiel am Trinity College. Ich spielte und sie fragten mich, ob ich jemals improvisiert oder komponiert hätte. Ich hatte das nicht wirklich. Diese Frau, die fragte, [...] brachte mich irgendwie dazu, an ihrem Klavier zu improvisieren. Und es klappte." (ebd., 273)

Das war für Ralph eine völlig neue Erfahrung. Diese nicht-urteilende Art zu prüfen führte zu der Wahrnehmung, dass er es selbst war, der das tat, und das gab ihm Auftrieb. Die Einladung Ralphs zum Improvisieren während seines Vorspiels am Trinity College war ein außergewöhnlicher institutioneller Beitrag, etwas über die Identität des Bewerbers zu erfahren. Ralphs nachfolgende Kurse waren voll von Elementen informellen Lernens:

» Diese Kurse waren Mini-Workshops, Kooperation und Spiel in der Gruppe. Wir waren ungefähr zehn Schüler. Manchmal versuchten wir uns gemeinsam an Kompositionen mit unseren Instrumenten. Das war wirklich inspirierend. Deine Augen und Ohren waren ununterbrochen offen und neugierig auf neue Möglichkeiten." (ebd., 273)

Ein gerade eingestellter Musiklehrer in der Sekundarschule ermutigte Ralph, seine Musikausbildung fortzusetzen, indem er ihn auf Kurse hinwies, in denen er Komposition und die Zusammenarbeit mit anderen Kunstformen verbinden konnte. Ralph ging dann zum Bath Spa University College, wo ihn ein zukunftsweisendes Umfeld erwartete:

» Das College in Bath hatte einen der ersten Kompositionskurse, wo du für professionelle Musiker komponiert hast. Die kamen vorbei und du sprachst mit ihnen. Das war anregend und Mut machend für die Arbeit mit anderen Kunstformen und überhaupt für Kooperation. Ich habe da eine gute Grundlage bekommen. Du konntest eine Menge lostreten. Ich habe freie Improvisation gemacht, Jazz, klassische Musik. Folk, Pop, Rock. Es war ein tolles Ambiente mit einer phantastischen Mischung der Lehrenden, mit Pionieren auf der Seite der Komposition und Improvisation und guten Lehrern darunter.“ (ebd., 274)

Nach dem Examen fand Ralph seine professionelle Identität schließlich als Komponist und Performer durch den englischen Musikpädagogen Peter Renshaw, der seinerzeit den Postgraduiertenkurs *Performance and Communication Skills* an der Guildhall School of Music & Drama in London plante. Renshaw wurde für Ralph eine Art „lebenslanger Mentor“. Die Dinge ordneten sich. Das Interessanteste in Ralphs Lernreise war jedoch, dass er den „Raum“ bekam, seine eigene professionelle Identität zu finden, und zwar sowohl durch die Kultur der Ausbildungseinrichtung als auch durch die „signifikanten Anderen“, die Teil davon waren:

» Jede Institution, in der ich war – Grund- und Sekundarschule, Trinity, Bath, die Guildhall –, sie alle gaben mir irgendwie genügend Raum, das zu tun, was für mich wichtig war. Der Wert von Institutionen liegt darin, dass sie immer da sind als eine Kraft, die einen ‚erdet‘, als Orientierungspunkt. Du darfst sogar gegen sie rebellieren! Der wichtige Rahmen für mich war, dass ich kreativ sein konnte und ermutigt wurde. Es gab immer ein oder zwei Leute, die gut für mich waren und mich auf die richtige Art angespornt haben, indem sie mit mir geredet oder mir Fragen gestellt haben. Ich habe sie in diesen Institutionen getroffen. [...] Sie waren Mentoren, nicht so sehr Rollenmodelle. [...] Vielleicht hat es mit meiner Reise zu tun. Diese verschiedenen Leute waren da für mich als ‚Wegweiser‘. Ich hatte nie das Gefühl, falsch zu liegen. Und das ist was Großes. Nichts war erlaubt, was den ‚Spirit‘ schwächte.“ (ebd., 276)

Nach dem Examen arbeitete Ralph als freier Musiker und Workshop-Leiter. Er managte eine Menge musikpädagogischer Projekte mit vielen Organisationen in unterschiedlichen sozialen Kontexten. Bald danach wurde ihm ein Job an der Guildhall School angeboten, wo er schließlich Leiter des *Department of Professional Development* wurde.

Die „Lebensreisen“ von Alice und Ralph sind offensichtlich verschieden – sowohl, was die Erziehung, den Typ der gewählten Karriere als auch den Qualifikationsweg angeht. Während Alice in großbürgerlichen Verhältnissen aufwächst, was die frühe Begegnung mit wichtigen Künstlern einschließt, auch die Fahrten mit dem Chauffeur zu einer Privatschule, wuchs Ralph in einer kleinbürgerlichen Familie auf und ging auf öffentliche Schulen. Die Kontexte sind also durchaus bestimmend für die musikalische Karriere. Sie determinieren nicht die Qualität der späteren Praxis, aber sie beeinflussen doch den „Pfadtypus“ der biografischen Lernreise.

Deshalb sind auch die Ausbildungswege von Alice und Ralph deutlich unterschiedlich. Während Alice zunächst das Opfer einer grausam formalen Musikerziehung war, in einer Institution mit Lehrerinnen, die ihre Schülerinnen quälten und einschüchterten, konnte Ralph in seiner gesamten Ausbildungszeit die Erfahrung des Lernens in „Möglichkeitsräumen“ und der Ermutigung machen – beginnend mit der Grundschule und sich vollendend in dem Kurs an der Guildhall School. In den Schulen, in denen Ralph sich selbst finden konnte, war sogar Raum, wie er sagt, zum „Rebellieren“ (vgl. Gardner, 1993).

Umgekehrt teilen Alice und Ralph aber auch gemeinsame Erfahrungen: Ralphs frustrierendes Erlebnis mit dem Talenttest ist vergleichbar mit Alices beschämenden Klavierstunden an der Marguerite-Long-Schule. Für beide gilt: Sie wurden nicht *gesehen*. Interessanterweise schuf sich Alice später ihre eigenen „Möglichkeitsräume“ – durch ihre selbstständige Intervention, aber auch durch die Netzwerke, die sie sich selbst geschaffen hatte. Alice stellt mehr als einmal fest, dass sie bereits in sehr jungem Alter wusste, was sie brauchte, und sie zeigt dabei ein erstaunliches Gespür für Autonomie.

Weiter lässt sich festhalten, dass Alices Karriere und Bildungsgang als „traditionell“ bezeichnet werden kann, während die von Ralph eher „innovativ“ war. Seine unkonventionellen Lernreisen sind definitiv durch die Institutionen gestaltet worden, deren Absolvent er war. Und doch ist dieser Vergleich vielleicht zu vereinfachend, weil Alices Karriereentwicklung hintergründig auf ihrer *reflexiven* Lernkompetenz fußt (s. o.; vgl. auch Illeris, 2004). Alice ist sich sehr bewusst über ihren verschlungenen biografischen Lernprozess, und sie nutzt gezielt ihr eigenes „Biografizitätspotenzial“ (vgl. Alheit, 2003). Sie nimmt die Resonanzen mit „ihrer Welt“ wahr und setzt sie ein für ihren biografischen Lernprozess. Allerdings gelingt dies auch Ralph in „seiner Welt“. Was für Alice die prominenten Unterstützer und Rollenvorbilder sind, werden für Ralph die institutionellen Begleiter, die er als „Wegweiser“ bezeichnet. Beide Musiker hatten das Privileg eines unabhängigen Geistes und einer großen Wissbegierde. Beide machen außergewöhnliche biografische Lernreisen.

Bildungs- und Lernpfade

Alice

Die Marguerite-Long-Schule in Paris, in die Alice mit sieben Jahren eintritt, kann formal als Einrichtung der vorkonservatorischen Musikausbildung betrachtet werden. Dort hatte sie, wie bereits mehrfach erwähnt, eine schwere Zeit:

» [Die Lehrerinnen] waren mächtige Frauen, frustrierte Frauen – fast an der Grenze zum Sadismus. Als Kind war ich ein Naturtalent. Ich konnte meine Finger bewegen ohne jedes Nachdenken. Aber sie wollten mir ein Schuldgefühl einimpfen. Wann immer du Dinge gut machtest, änderten sie den Fingersatz. Ich habe noch Partituren mit drei verschiedenen Fingersätzen; so konnten sie sicher sein, dass du es auf jeden Fall falsch machen würdest. Lehren in den 1940er und 50er Jahren war grausam. Es war wie eine Art Strafe [...] Meine Lehrerinnen bekamen mich immer dort zu fassen, wo ich entweder sinken oder schwimmen würde.“ [*Zweifellos war Mademoiselle L., genannt „die Queen“, die Schlimmste von allen, Anm. d. Autoren:*] „Mademoiselle L. hat mein Leben gestohlen. Sie hätte drei von uns an drei Klavieren dasselbe Chopin-Stück spielen lassen und würde die Metronomzahlen auf 72, 83 und 94 einstellen. Wie ‚schön‘ ist das denn? Woher solche Gefühle kamen? Ich weiß es nicht.“ (Smilde, 2009b, 84)

Wie oben beschrieben, kam die Rettung in dieser Phase von Wilhelm Kempff. Was Alice von ihm lernte, kann als „informelles Lernen" bezeichnet werden – schlicht, indem sie ihm beim Spielen zuhörte: „Ich muss sagen, er war der beste Spieler, den ich je gehört habe."

» Kempff war meine Orientierungsfigur, mein Beschützer [...] Kempff hatte die Autorität, meine deutsche Mutter zu berühren. Er befreite mich von Mademoiselle L. Er bewahrte mich vor dem Übel, und ich denke, wahrscheinlich gab er mir den Glauben daran zurück, dass ich etwas tun kann [...] Er hatte ein unglaubliches Charisma." (ebd., 87)

In diesen Worten wird etwas spürbar von der „Responsivität", der „Antwortlichkeit", auf die Bernhard Waldenfels (2007) hingewiesen hat. Die Beziehung zwischen Kempff und Alice macht das *Resonanzphänomen* konkret. Am Gegenüber des charismatischen Pianisten bildet sie sich informell, entwickelt ihre Verantwortung für sich selbst als Mensch und als Musikerin. Auch das Zusammentreffen mit Leon Fleischer war entscheidend für Alice. Von ihm lernt sie, was es heißt zu lehren:

» Er hat ein Gefühl für Dynamik, ein Gespür für die Vorstellung, wer der Student werden könnte. Er ist unnachahmlich, weil er sich mit jeder Person ändert. Er ist wirklich ein Visionär beim Lehren." (Smilde, 2009b, 91)

Auch in dieser Beschreibung liegt eine tiefe, das Kognitive überschreitende Qualität künstlerischer Reflexivität. Besonders die Idee, „wer der Student werden könnte", hat eine nachhaltige Wirkung auf Alice und wird einen wichtigen Lernprozess angestoßen haben. Interessant ist noch, dass Fleischer Alice warnte, niemals damit aufzuhören, öffentlich aufzutreten: „Er sagte, wenn ich aufhörte, vor Publikum aufzutreten, würde man es meinem Lehren anhören" (ebd., 94).

Ralph

Ganz außerordentlich ist die Tatsache, dass in allen formalen Ambientes, in denen Ralph seine Ausbildung genoss – von der Grundschule bis zu Universität und Konservatorium –, informelles Lernen und vergleichbare Lernaktivitäten stattgefunden haben. Er beschreibt dieses formale Ambiente als einen „großen Einflussfaktor" für sein Engagement in der Musik, und er empfindet das meiste, was er tut, ein wenig selbstironisch als etwas, was er nebenbei gelernt hat:

» Ich habe das systematisiert. Mein formales Training hieß für mich, das Ohr trainieren, das Auge oder meine Hände, um zu tun, was du zu tun hast, wenn du beim Sprung durch den Reifen über die Runden kommen willst. Ich bin froh, dass ich das getan habe. Es war ein Zugang zu anderen Dingen." (Smilde, 2009b, 277)

Diese unprätentiöse Strategie, das Nötige zu tun und dabei zu lernen, die sich so drastisch unterscheidet von der „hochkulturellen" Karriere von Alice, ist keineswegs weniger „wert". Sie hat nur eine ganz andere „Kontextualität". Aber auch Alice reagiert pragmatisch auf neue Kontexte. Sie gibt ihre erfolgreiche internationale Karriere als Konzertpianistin auf und wird – um bei Tochter und Mann zu sein – eine engagierte Pianolehrerin am Pariser Konservatorium.

Ralph lernt sehr viel durch seine Arbeit als Musiker in verschiedenen Milieus, oft mit gefährdeten Menschen wie den Alten, den Obdachlosen oder den Gefangenen. Er nennt dies „Lernen, das bei den Menschen beginnt" (ebd., 277):

» Es gibt etwas unglaublich Ehrliches in diesen Milieus. Einige von ihnen haben irgendwie den Durchblick, was dich angeht, d. h. Dinge, von denen du sicher warst, sie passieren, werden nicht immer passieren. [...] Damit etwas passiert, muss es eine Bedeutung haben. Das kann mit den Leuten zu tun haben in dem Raum oder Platz, wo du deine Musik hinbringst. Deshalb ist der Kontext, in dem die Musik passiert, ein wichtiger Faktor. Aber natürlich ist es immer künstlerisch motiviert." (ebd., 277)

In Bezug auf künstlerische Lernprozesse kann man eine interessante Beobachtung machen, die sich bei beiden, Alice und Ralph, auf das Konzept des Klangs bezieht. Dieses Konzept dient Musikern und Musikerinnen nicht selten als starke Metapher für (professionelle) Identität (vgl. Smilde, 2009a, 243; auch Smilde, 2016, 315). Kempff war der erste Musiker in ihrem Leben, der Alice auf den *Klang* aufmerksam machte. Und, so die Erinnerung, er sprach nicht darüber. Sie hörte es an seiner Art zu spielen. Das erinnert an Donald Schöns Begriff von *artistry*, wo das intuitive Wissen des Praktikers „reicher an Information ist als alle Versuche, es zu beschreiben" (Schön, 1983, 276). Alices Ausspruch: „die Franzosen haben eine Obsession in Bezug auf die Finger. Finger, Finger, Finger, indem sie die Leute gegeneinander spielen lassen" (Smilde, 2009b, 84) zeigt das Gegenteil einer Suche nach dem Klang.

Auch für Ralph ist der *Sound* ein Schlüsselkonzept – weniger ein Sinnbild für Selbstidentität als vielmehr eine Metapher für kollektive Identität einer Gruppe in einer künstlerischen Lernsituation:

» [...] in einem Raum zu sein, der mit Sound gefüllt ist, der Emotionen und Gefühle in dir hervorrufen kann oder etwas aus dir herausholt – oder auch, was du nutzen kannst, um Magie zu erzeugen und zu gestalten. Wo die Welt gerade jetzt steht, ist es nötig, dass Dinge durch Musik ausgedrückt werden, in erster Linie durch Sound. Aber ich denke auch und fühle es, dass viele Dinge bis jetzt noch nicht durch Musik ausgedrückt wurden. Dinge durch Musik zu sagen, kann beeinflussen, wie Menschen miteinander umgehen, wie Menschen sich fühlen, sich selbst als Individuen sehen und wie sie in Gruppen interagieren." (ebd., 278)

Bildungskonzepte

Alice

„Später, als ich Pädagogin wurde, wollte ich alles tun, was sie nicht getan haben", sagt Alice mit Bezug auf die Lehrerinnen ihrer Kindheit (Smilde, 2009b, 84). Sie reflektiert:

» Ich glaube, dass Lehrer oft die falsche Mischung wählen zwischen dem machtvollen Einfluss auf ihre Schüler und dem Lehren. Lehren heißt nicht Macht haben über irgendjemand. Ich hasse das. [...] Fleischer wollte, dass sich seine Schüler als Menschen entwickeln, als Individuen; und ich denke, das habe ich von ihm gelernt. Schüler gehören mir nicht. Man sollte Menschen helfen, ihre musikalische und emotionale Identität zu finden. Die meisten meiner guten Studenten bekam ich von Fleischer, aber sie spielten auch für andere. Sie spielen, für wen sie wollen. Ich bin nicht ihre einzige Lehrerin." (ebd., 91)

Dieses Statement ist zentral für die Rolle, die ein Lehrer einnehmen kann als Mentor und Wegbegleiter auf der Reise der Studierenden zur Entdeckung ihrer eigenen Identität als Musiker und Musikerinnen. Alice hält hier auch ein klares Plädoyer für das Teamteaching. Sie begann ein neues Leben als Lehrerin und zeigte den Wandlungsprozess, den sie durchlaufen hatte, indem sie ihren Studierenden nun das gab, was sie in ihrer frühen Musikerziehung so schmerzlich vermisst hatte: sie auf beratende und unterstützende Weise zu lehren, sie zu ermutigen, ihre musikalische Identität zu finden – unabhängig davon, wie viel Zeit das benötigen würde.

Eine Bildungsidee, die Alice von Yves Nat übernommen hat, dokumentiert sie in ihrer Erzählung, in der sie sich auf den Beginn ihres Unterrichts bei ihm mit 14 Jahren besinnt, nachdem ihr Nat erlaubt hatte, die ersehnte, aber viel zu schwierige Schumann-Phantasie während des Sommers zu üben:

» Er erklärte mir, was es mit dem Stück auf sich hatte, warum Schumann es geschrieben hatte und so weiter. All das, wenn du vierzehn bist! Ich bin sicher, dass die Art, wie ich die Schumann-Phantasie spielte, von Gefühl und Sentimentalität überlief. Ich war glücklich. Und Nat sagte zu mir: ‚Du hast eine gute Technik, du bist eine ziemlich gute Kontrolleurin der Tastatur, aber du benutzt deine Ohren nicht.' Zum ersten Mal hatte jemand über meine Ohren gesprochen!" (ebd., 85)

Es ist klar, dass Nat Alice inspirierte und motivierte, weil sie hart an ihrem so erwünschten Stück arbeitete. Es war wahrscheinlich eine weise erzieherische Maßnahme, ihr zu erlauben, das Stück zu üben. Alice konnte jetzt sehen, dass sie die Schumann-Phantasie gewiss mit zu viel „Sentimentalität" gespielt hatte. Allerdings war das zentrale Problem, dass ihre künstlerische Identität von ihrem Lehrer sehr ernst genommen wurde; und das gab ihr die Möglichkeit, über ihre Identität nachzudenken und über ihren Klang. Damals hatte Alice das vielleicht implizit verstanden, was sie begeistert und neugierig machte, als ihr Lehrer sie aufforderte, ihre Ohren zu benutzen. Dies war nicht die Art der Kritik, die sie gewohnt war; im Gegenteil, es öffnete ihr Türen, um eine tiefere Schicht der Interpretation zu erreichen, genau das, was sie für „reale" Musik hielt.

Ralph

Ralph war als Leiter des *Department of Professional Development* der Guildhall School an einem faszinierenden Projekt beteiligt, wobei er partizipatives Lernen in transkulturellen Kontexten realisieren konnte:

» Wir arbeiten nun auch in Gambia, wir bieten jedes Jahr Studienplätze an. Studenten kommen zurück mit phantastischen Erfahrungen, durch Percussion, Tanz, Gesang, Improvisation mit ihren eigenen Instrumenten und wenden es dann in ihrer eigenen Arbeit an. Es ist besonders wieder dieses Kontext-Ding: die Erfahrung in diesem neuen Raum und der Zeit – und was du aufnimmst. Es ist eine Sensibilität, die zu deiner eigenen Entwicklung beiträgt. Und wie du das auf deine eigene Praxis überträgst. Es ist ein großes Ding!" (Smilde, 2009b, 278).

Die Ergebnisse sind nicht leicht oder eindimensional, wenn Ralph sagt: „Wir brauchen mehr Leute, die diese Fähigkeit haben, praktisches Musikmachen in verschiedenen Kontexten anzuleiten. Aber wie kannst du das üben? Ich realisiere den Grund, es geht eben nur durch Erfahrung, durch hören und Aufmerksamkeit. Quantifizieren kann man es nicht" (ebd).

Kontexte, Sensibilität, Reflexivität, Ralphs musikalische Aktivitäten über die Grenzen von Kulturen hinweg machen deutlich, wie wichtig und zentral die oben angesprochene *Responsivität* („Antwortlichkeit") in der Weltmusik geworden ist, wie notwendig es ist, über das Medium der Musik auch soziale und politische „Resonanzen" ernst zu nehmen.

Die beiden Lernreisen von Alice und Ralph führen uns in verschiedene musikalische Welten, eine „klassische" Welt der großartigen Pianosolisten und eine neue musikalische Welt der „inklusiven Musik", des partizipativen musikalischen Lernens, das kulturelle Grenzen überschreitet und neue Wege sucht. Auf den ersten Blick scheint es kaum Überschneidungen zu geben. Wenn wir indessen die Biografien hinter den Lernreisen betrachten, verschwimmen die Unterschiede: Blockaden und Unterstützungsmotive zeigen deutliche Parallelen. Wir entdecken pädagogische Dramen auf der Seite der „traditionellen" Ausbildung, aber wir erkennen sie auch bei den „neueren" Ansätzen. Und wir finden inspirierende Bildungsideen bei Vertretern der klassischen Ausbildung wie bei den „innovativen" Versuchen. Grundeinsichten einer humanen Musikausbildung bleiben allerdings bei der „klassischen" wie bei der „innovativen" Variante gleich: Es geht darum, Menschen zu ermutigen und zu unterstützen, ihren eigenen Weg zur musikalischen Identität zu finden, sich in vielfältigen musikalischen Kontexten wohlzufühlen *und eine biografische Sensibilität und Reflexivität zu entwickeln*, die den Fortgang der eigenen „Lernreise" ermöglicht.

Der Platz biografischen Lernens in Musikhochschulen

Die Frage unseres Schlussabschnitts ist offensichtlich, was könnte im Licht der vielfältigen Perspektiven biografischen Lernens, die wir uns vergegenwärtigt haben, für die Ausbildung an Musikhochschulen daraus gelernt werden? Die Grundfrage an die Selbstidentität: „Wer bin ich als Musiker bzw. Musikerin und wie kann ich mit meinen Möglichkeiten der Gesellschaft nützen?“ scheint zentral zu sein, wenn wir die Bedeutung biografischen Lernens für die Musikausbildung verstehen wollen. Diese Grundfrage sollte in zweifacher Weise ernst genommen werden.

An erster Stelle geht es um die Verantwortung der Musikhochschule, Interesse für die Lernbiografien ihrer Studierenden zu entwickeln, und zwar nicht durch Assessments über die Ergebnisse ihrer formalen Bildung, sondern durch Neugier auf ihre gesamte Lebensgeschichte, ihre Wege zur Musik, ihre soziale Herkunft, ihre Wünsche, Ideen und Träume. Es erscheint doch eigenartig, dass Musikhochschulen vorrangig, wenn nicht sogar ausschließlich an den Performance-Qualitäten ihrer Kandidaten und Kandidatinnen interessiert sind. Dabei gibt es nicht den geringsten Zweifel daran, dass diese Qualitäten wichtig sind und dass sie auf hohem Niveau sein sollten. Aber gerade wenn das Studium ihrer Weiterentwicklung und Vertiefung dienen soll, ist es doch unbedingt notwendig, die musikalische Biografie der Studierenden zu kennen, gleichsam ihre *„biografische Lernreise in der Musik“* – wie in den beiden vorangegangenen Beispielen.

Und dies berührt den zweiten Aspekt: Durch das intensive Interesse an der musikalischen Biografie der Studierenden wird erst die Voraussetzung geschaffen, jene kritische Reflexivität zu vermitteln, die für den Aufbau professioneller Identität als Musiker und Musikerin so dringend notwendig ist. Lernen in einer Musikhochschule heißt zuerst und vor allem, dass die Studierenden eine professionelle Selbstidentität aufbauen können, sodass sie – völlig unabhängig von ihren Zertifikaten – wissen, wer sie sind, Vertrauen in ihr Können und ihre Kommunikationsfähigkeit haben und reflektierte Entscheidungen über ihre zukünftige Entwicklung treffen können. Das aber setzt eine reflexive Institution voraus, d. h. eine Musikhochschule, bei der die Veränderung ihrer Lehrkultur durch eine einfühlsame Neubewertung dessen, was wirklich relevant ist in der heutigen Welt, begleitet wird (vgl. Smilde, 2009a, 252) und in der deshalb Responsivität und soziale Verantwortung zentrale Gütekriterien darstellen. In den Worten von Peter Renshaw: Es würde bedeuten, dass sich Musikhochschulen wie „jede Kunstinstitution zur flexiblen Ressource sowohl der Erziehung allgemein als auch der Zivilgesellschaft entwickel[n]“ (Renshaw, 2001, 4). Musikhochschulen sollten Lernumwelten als wirkliche „Lernräume“ kreieren, die die persönliche und professionelle Entwicklung der Studierenden stimulieren und außerdem reflexive Praxis, unternehmerische Phantasie und Selbstmanagement fördern. Während der „Entdeckungsreisen“ der Studierenden in ihrer Studienzeit sollte es ihnen ermöglicht werden, Risiken in einem sicheren Lernambiente auf sich zu nehmen – einem Ambiente, das nicht-urteilend ist und eine starke Selbstverpflichtung in Bezug auf Qualität und Informiertheit besitzt (vgl. Smilde, 2009a, 2017), wo sie Gefühle von Wertschätzung, Begeisterung und Herausforderung erfahren. Musikhochschulen, die biografische Lernprozesse ernst nehmen, indem sie neue Lernräume schaffen, und die gesellschaftliche Verantwortlichkeit als Kernbestandteil ihres Curriculums betrachten, müssen drei wichtige Themen in den Blick nehmen:

- reflexive Praxis,
- die Idee von Leitungskompetenz und
- die Rolle der Improvisation.

Reflexive Praxis, Leitungskompetenz und die erstaunliche Bedeutung des *Sounds* – jedes einzelne eng verknüpft mit dem Phänomen der Improvisation – sind in den biografischen „Lernreisen" bereits angesprochen worden. Sie sollen im Folgenden ein wenig analytischer beschrieben werden: „Reflexive Praxis" als ein beständiges Werkzeug für Entwicklungsprozesse ist unverzichtbar für eine institutionelle Kultur, die biografisches Lernen ermöglichen will. Es kann und sollte zur Vertiefung künstlerischer Praxis führen, indem gleichsam die sehr individuelle „künstlerische Stimme" jedes einzelnen Studierenden respektiert wird. Dieses „Hören" auf jedes Individuum, diese Responsivität muss auf ganz persönlicher Ebene stattfinden – denken wir an Alices „Lernreise", als sie mit 14 Jahren die Schumann-Phantasie zu spielen versuchte –, aber sie kann auch auf interaktive Lernprozesse bezogen sein – denken wir an Ralphs Arbeit mit Obdachlosen und Gefangenen, besonders in der Szene, über die er berichtet: „Es gibt etwas unglaublich Ehrliches in diesen Milieus. Einige von ihnen haben irgendwie den Durchblick, was dich angeht, d. h. Dinge, von denen du sicher warst, sie passieren, werden nicht immer passieren" (s. o.). Kritische Reflexion kann sowohl Probleme, die die äußeren Bedingungen betreffen, als auch den Blick auf uns selbst zum Gegenstand haben, vielleicht sogar die „blinden Flecke", die unsere Weltsicht begleiten. Sie kann helfen, unerforschte soziale Kontexte zum Thema zu machen, indem sie herausfindet, wie sich Musik hier engagieren könnte und führt dabei vielleicht zu neuen und innovativen Ideen. Reflexive Praxis kann aber auch ganz pragmatisch auf Strategien bezogen sein, die Arbeit und Arbeitsmarkt betreffen (vgl. Gaunt & Smilde, 2016).

Es erscheint allerdings offensichtlich, dass sich dann die Praxis der Lehre ändern muss. Lehrer und Lehrerinnen sind machtvolle Rollenmodelle für Studierende, insbesondere im bilateralen Kontakt im Hauptfach. Lehrende können prägend sein für die professionelle Zukunft von Studierenden, indem sie ihnen die Möglichkeit von Veränderungsprozessen praktisch vor Augen führen, und zwar nicht nur als Lehrende, auch als aktive Musiker (vgl. Smilde, 2009a, 91). Donald Schöns Konzept des *„Coaching"* könnte hier hilfreich sein, weil er dort ausführt, dass der Coach sich seines *knowing-in-action* bewusst sein müsse und die Schwierigkeiten von Studierenden, dies zu begreifen, verstehen sollte (vgl. Schön, 1987, 164). Ein *reflection-in-action* zwischen Coach und Studierenden sei deshalb unumgänglich. Auch hier sind die Beispiele aus den dokumentierten „Lernreisen" wieder nützlich: Nehmen wir nur Alices Beziehungen zu Kempff, Nat und Fleischer, oder denken wir an Ralphs Förderung durch die institutionellen „Wegweiser", wie er sie nennt.

Auch die *Fähigkeit zu leiten* muss reflektiert werden, wenn über Lernumwelten nachgedacht wird, die biografisches Lernen in der Musik befördern sollen. Renshaw (2001) argumentiert in diesem Zusammenhang, dass künstlerische Identität dabei im Zentrum steht: „It is imperative that musicians and the whole arts community begin to engage in both a local and global debate about who we are and what we can achieve together" (Renshaw 2001, 3). Seine Idee ist, dass Solisten, Komponisten, Lehrende und künstlerisch leitende Personen „create live, shared experiences which have something to say and make sense to audiences in different contexts" (ebd.). Musiker und Musikerinnen müssen auf die dramatische Veränderung der kulturellen Landschaft reagieren und eine Sprache finden, die nachhallt und gehört wird. Das schließt die Bereitschaft ein, neue und bisher völlig unbekannte „Auditorien" anzusprechen und womöglich bei der Entstehung neuer kollektiver Identitäten eine wichtige Rolle zu spielen. Das könnte die Basis sein für eine Situation, „which gives people the freedom to interact and respond intuitively to what is going on around them" (Gregory, 2005, 282). Diese Intention ist der Kern von Ralphs Arbeit und er erfordert wichtige Leitungsqualitäten. Das Entscheidende dabei ist nicht nur die synchrone Verbindung verschiedener Kompetenzen – der Fähigkeit zu kommunizieren, zusammenzuarbeiten, zuzuhören, zu teilen und zu ermutigen –, sondern auch die Kompetenz, als ganz persönliches Beispiel zu dienen und durch das eigene Verhalten ein Vorbild zu sein.

Bei dem bisher Beschriebenen läuft der dritte Aspekt, *Improvisation*, immer schon mit. Praktische Reflexion und Leitung setzen ein Gefühl für „Resonanz" voraus – die Fähigkeit, sich „einzuschwingen" auf neue Bedingungen und auf andere. Improvisation ist die Praxis dieses „Einschwingens", ist die musikalische Basis jener „Antwortlichkeit", von der Waldenfels (2007) spricht. Improvisation hat aber noch einen kollektiven Aspekt: sich auf eine Gruppe einzulassen z. B., interaktiv musikalisch zu improvisieren, sogar auf Menschen mit Behinderung oder an Alzheimer Erkrankte einzugehen und auch ihre Resonanzen noch wahrzunehmen. Improvisation ist schließlich die Voraussetzung für eine Musikhochschule, *biografische Lernprozesse* zu ermöglichen. Es verlangt eben auch von der Institution diese Fähigkeit zum „Einschwingen" auf die einzelnen Studierenden in ihrer Eigenart und Besonderheit, mit ihren Ressourcen und ihren Begrenzungen. Improvisation ist die *Sensibilität für Resonanzen* – ob sie von außen oder von innen kommen.

Eine politisch-praktische Konsequenz solcher Einsichten stellt nun der internationale Masterstudiengang *New Audiences and Innovative Practice* dar. Insgesamt fünf Musikhochschulen in Island, Großbritannien, den Niederlanden und Finnland haben das Programm entwickelt, das über zwei Jahre läuft. Das Ziel des Programms ist es, Studierenden die Chance zu geben, kreative Projekte in unterschiedlichen künstlerischen, kommunalen und sektorenübergreifenden Settings zu erproben und dabei sowohl kompositorische, musikalisch-praktische als auch Leitungskompetenzen zu erwerben. Das Besondere ist, dass Studierende ihren eigenen, individuellen Lernweg finden sollen und dass die Entdeckung und Pflege ganz neuer „Auditorien" im Fokus liegt.
Das Programm hat vier Säulen:

- Partnerschaft,
- praxisbezogene Forschung,
- ein Mentoring-Programm und
- ein künstlerisches „Laboratorium".

Schon die partnerschaftliche Kooperation ist innovativ, weil sie die kritische Reflexion der eigenen kulturellen Grenzen einschließt. Die praxisbezogene Forschung verlangt von Musikern und Musikerinnen einen reflexiven Abstand zur isolierten musikalischen Praxis und hebt den Blick auf die mögliche Verbindung von Musik und aktuellen sozialen Problemen. Das öffnet die Augen für neue „Auditorien", ja, auch für neue Arbeitsmärkte: Musik im Krankenhaus, Musik mit Menschen, die mit Demenz leben, Musik mit Kindern und Jugendlichen, Livemusik im Büro, Musik im Gefängnis etc. sind herausfordernde Beispiele. Das Mentorenprogramm unterstützt die Einzelnen in ihrem Lernprozess. Das erfolgreiche „künstlerische Labor“ ist womöglich die Voraussetzung für die langfristige Institutionalisierung des Masterstudiengangs in den nationalen Musikhochschulen. Der Studiengang hat sich tatsächlich als eine Art „Lern-Laboratorium“ erwiesen (vgl. Smilde & Haldórsson, 2013). Vielleicht wird er weitere *biografische Lernreisen* ermöglichen, die das Konzept biografischen Lernens in der Musik zugleich überzeugend einführen und erweitern können.

[1] Es ist gewiss symptomatisch, dass Kohlis „Institutionsthese“ ursprünglich fast ausschließlich auf sozialgeschichtliches Material zu *männlichen* Erwerbsbiografien zurückgreift (vgl. Kohli, 1983). Die Vorstellung, dass „moderne“ weibliche Biografien von vornherein auf spezifisch andere Weise strukturiert sind, dass der historisch erstaunlich junge „Biografisierungsprozess“ den weiblichen Teil der Bevölkerung womöglich sehr viel später erreicht als den männlichen, hat eine Reihe von empirischen Befunden auf ihrer Seite (vgl. dazu etwa Dausien, 1996; Alheit & Dausien, 2002).

[2] Die „Kleinräumigkeit“ ist einem positivistischen Empirieverständnis geschuldet. Der Anspruch, durch Lernen verursachte Veränderungen beobachtbar und messbar zu machen, wirkt gleichsam restriktiv auf den zu wählenden Beobachtungsausschnitt zurück.

[3] Diese These basiert auf einem erfahrungs- und praxistheoretischen Verständnis von Lernen, das etwa mit Bezug auf die Tradition der pragmatistischen Handlungstheorie im Anschluss an Dewey und Mead oder auf Holzkamps (1993) Reformulierung und Erweiterung tätigkeitstheoretischer Ansätze fundiert werden kann. Auch aktuelle Lernkonzepte aus dem angloamerikanischen Sprachraum wie *Transformative Learning* (vgl. stellvertretend Mezirow, 2009) oder *Situated Learning* (Lave & Wenger, 1991) gehören in diesen Kontext.

[4] Die Namen sind selbstverständlich Pseudonyme. Die Darstellung der beiden Biografien folgt den entsprechenden Ausführungen in Smilde, 2009 b.

Literatur

Alheit, P. (1990): *Biographizität als Projekt. Der „biographische Ansatz“ in der Erwachsenenbildung.* Bremen: Universität Bremen.

Alheit, P. (1996): Biographizität als Lernpotential. Konzeptionelle Überlegungen zum biographischen Ansatz in der Erwachsenenbildung. In: H.-H. Krüger & W. Marotzki (Hg.): *Erziehungswissenschaftliche Biographieforschung* (S. 276–307). Opladen: Leske + Budrich.

Alheit, P. (2009): Biographical learning within the new lifelong learning discourse. In: Illeries, K. (Ed.): *Contemporary learning theories. Learning theorists in their own words* (pp. 116-128). London: Routledge.

Alheit, P. & Dausien, B. (2000): Die biographische Konstruktion der Wirklichkeit. Überlegungen zur Biographizität des Sozialen. In: E.M. Hoerning: *Biographische Sozialisation* (S. 257–283). Stuttgart: Lucius & Lucius.

Alheit, P. & Dausien, B. (2002): Bildungsprozesse über die Lebensspanne und lebenslanges Lernen. In: R. Tippelt (Hg.): *Handbuch der Bildungsforschung* (S. 569–589). Opladen: Leske + Budrich.

Arthur, M.B., Inkson, K. & Pringle, J.K. (2000): The new careers: Individual action and economic change. *Journal of Organizational Behavior,* 22, 713–715.

Baumann, Z. (2005): *Liquid life.* Cambridge: Polity Press.

Beck, U. (1986): *Risikogesellschaft. Auf dem Weg in eine andere Moderne.* Frankfurt a.M.: Suhrkamp.

Bourdieu, P. (1990): Die biographische Illusion. *Bios 3* (1), 75–81.

Buck, G. (1967): *Lernen und Erfahrung. Zum Begriff der didaktischen Induktion.* Stuttgart: Kohlhammer.

Dannefer, D. (1988): Differential gerontology and the stratified life course. *Annual Review of Gerontology,* 8, 3–36.

Dannefer, D. & Sell, R.R. (1988): Age structure, the life course and 'aged heterogeneity'. Prospects for research and theory. *Comprehensive Gerontology* B, 1, 1–10.

Dausien, B. (1996): *Biographie und Geschlecht. Zur biographischen Konstruktion von Wirklichkeit in Frauenlebensgeschichten.* Bremen: Donat.

Dausien, B. (2008): Lebenslanges Lernen als Leitlinie für die Bildungspraxis? Überlegungen zur pädagogischen Konstruktion von Lernen aus biographietheoretischer Sicht. In: H. Herzberg (Hg.): *Lebenslanges Lernen. Theoretische Perspektiven und empirische Befunde im Kontext der Erwachsenenbildung* (S. 151–174). Frankfurt a.M. et al.: Peter Lang.

Ehrenberg, A. (2008): *Das erschöpfte Selbst.* Depression und Gesellschaft in der Gegenwart. Frankfurt a.M.: Suhrkamp.

Field, J. (2000): *Lifelong learning and the new educational order.* Stoke on Trent: Trentham Books.

Foucault, M. (2002): *Sicherheit, Territorium, Bevölkerung. Geschichte der Gouvernementalität,* 2 Bde. Frankfurt a.M.: Suhrkamp.

Frank, M. (1986): *Die Unhintergehbarkeit von Subjektivität. Reflexionen über Subjekt, Person und Individuum aus Anlaß ihrer „postmodernen" Toterklärung.* Frankfurt a.M.: Suhrkamp.

Gardner, H. (1993): *Creating minds. An anatomy of creativity, seen through the lives of Freud, Einstein, Picasso, Stravinsky, Eliot, Graham and Gandhi.* New York: Basic Books.

Gaunt, H. & Smilde, R. (2016): *Research in NAIP.* www.musikmaster.eu (Stand 12.06.2017).

Gregory, S. (2005): The creative music workshop: a contextual study of its origin and practice. In: G. Odam & N. Bannan (Eds.): *The reflective conservatoire* (pp. 279–301). London: Guildhall School of Music & Drama; Aldershot: Ashgate.

Hall, S. (1999): *Social capital in Britain. British Journal of Political Science,* 29 (3), S. 417- 461.

Heinz, W.R. (Hg.) (2000): *Übergänge. Individualisierung, Flexibilisierung und Institutionalisierung des Lebenslaufs.* (3. Beiheft 2000 der *Zeitschrift für Soziologie der Erziehung und Sozialisation*). Weinheim: Beltz.

Hoerning, E.M. (1989): Erfahrungen als biographische Ressourcen. In: P. Alheit & E.M. Hoerning (Hg.): *Biographisches Wissen. Beiträge zu einer Theorie lebensgeschichtlicher Erfahrung* (S. 148–163). Frankfurt a.M., New York: Campus.

Holzkamp, K. (1993): *Lernen. Subjektwissenschaftliche Grundlegung.* Frankfurt, New York: Campus.

Inglehart, R. (1989): *Kultureller Umbruch. Wertwandel in der westlichen Welt.* Frankfurt a.M., New York: Campus.

Illeris, K. (2004). *The three dimensions of learning.* Frederiksberg, Roskilde University Press/Leicester: NIACE.

Kade, J. (1994): Erziehungswissenschaftliche Theoriebildung im Blick auf die Vielfalt einer sich entgrenzenden pädagogischen Welt. In: R. Uhle & D. Hoffmann (Hg.): *Pluralitätsverarbeitung in der Pädagogik* (S. 149–161). Weinheim: Deutscher Studienverlag.

Kade, J. & Seitter, W. (1996): *Lebenslanges Lernen. Mögliche Bildungswelten. Erwachsenenbildung. Biographie und Alltag.* Opladen: Springer.

Kohli, M. (1983): Thesen zur Geschichte des Lebenslaufs als Institution. In: C. Conrad, & H.J. von Kondratowitz (Hg.): *Gerontologie und Sozialgeschichte. Wege zu einer historischen Betrachtung des Alters* (S. 133–147). Berlin: DZA.

Kohli, M. (1985): Die Institutionalisierung des Lebenslaufs. Historische Befunde und theoretische Argumente. *Kölner Zeitschrift für Soziologie und Sozialpsychologie,* 37, 1–29.

Lave, J. & Wenger, E. (1991): *Situated learning. Legitimate peripheral participation.* Cambridge: Cambridge University Press.

Mead, G.H. (1973): *Geist, Identität und Gesellschaft.* Frankfurt a.M.: Suhrkamp.

Merleau-Ponty, M. (2003): *Das Auge und der Geist. Philosophische Essays.* Hamburg: Meiner.

Mezirow, J. (2009): An overview on transformative learning. In: K. Illeris (Ed.): *Contemporary learning theories. Learning theorists in their own words* (pp. 90–105). London: Routledge.

Mooser, J. (1984): *Arbeiterleben in Deutschland 1900–1970. Klassenlagen, Kultur und Politik.* Frankfurt a.M.: Suhrkamp.

OECD (1967): *What works in innovation in education. Combatting exclusion through adult learning.* Paris: OECD.

Polanyi, M. (1966): *The tacit dimension.* New York: Doubleday.

Renshaw, P. (2001): *Globalisation, music and identity.* Unpublished keynote address, International Music Council, Tokyo.

Rosa, H. (2016): *Resonanz. Eine Soziologie der Weltbeziehung.* Berlin: Suhrkamp.

Schmidt, S.J. (2003): Was wir vom Lernen zu wissen glauben. Report. *Literatur- und Forschungsreport Weiterbildung,* 2003(3), 40–50.

Schön, D.A. (1983): *The reflective practitioner. How professionals think in action.* Aldershot: Ashgate.

Schön, D.A. (1987): *Educating the reflective practitioner. Toward a new design for teaching and learning in the professions.* San Francisco: Jossey-Bass.

Schulze, Th. (1993): Zum ersten Mal und immer wieder neu. Skizzen zu einem phänomenologischen Lernbegriff. In: H. Bauersfeld & R. Bromme (Hg.): *Bildung und Aufklärung. Studien zur Rationalität des Lehrens und Lernens* (S. 241–269). Münster, New York: Waxmann.

Smilde, R. (2009a): *Musicians as lifelong learners. Discovery through biography.* Delft: Eburon.

Smilde, R. (2009b): *Musicians as lifelong learners: 32 Biographies.* Delft: Eburon.

Smilde, R. & Halldórsson, S. (2013): An International Masters Programme "New Audiences and Innovative Practice": critical reflection and mentoring at the heart of an artistic laboratory. In: H. Gaunt & H. Westerlund (Eds.): *Collaborative Learning in Higher Music Education: Why, What and How?* (pp. 225–231). Aldershot: Ashgate.

Smilde, R., Page, K. & Alheit, P. (2014): *While the music lasts – On music and dementia.* Delft: Eburon Academic Publishers.

Smilde, R. (2016): Biography, identity, improvisation, sound – intersections of personal and social identity through improvisation. *Arts & Humanities in Higher Education,* 15 (34), 308–324. DOI: 10.1177/1474022216647374.

Smilde, R. (2018): Community Engagement and Lifelong Learning. In: B. Bartleet & L. Higgins (Ed.): *Oxford Handbook of Community Music.* New York: Oxford University Press.

Smilde, R., Dons, K. & Pyykönen, K. (2017): *Meaningful music in health care* (unveröffentliches Projektpapier).

Waldenfels, B. (2007): *Antwortregister.* Frankfurt a.M.: Suhrkamp.

Weber, M. (1920): Die protestantische Ethik und der Geist des Kapitalismus. In: Weber, M.: *Gesammelte Aufsätze zur Religionssoziologie,* Bd. 1 (S. 17–206). Tübingen: Mohr [Original: 1904].

Theo Hartogh

Musikalisches Lernen im dritten und vierten Lebensalter

Einleitung

„Was Hänschen nicht lernt, lernt Hans nimmermehr." Dieses Sprichwort entspricht nicht der Wirklichkeit, denn Erwachsene lernen keinesfalls schlechter als Kinder und Jugendliche, sie lernen einfach anders. Die neurophysiologischen, lerntheoretischen und entwicklungspsychologischen Grundlagen des Musiklernens im Kindesalter sind schon seit langem Gegenstand der Forschung. Neben Studien unterschiedlicher Disziplinen mit spezifischen Fragestellungen liegen auch einführende und grundlegende Werke vor (z. B. Gruhn, 2010). Das Musiklernen im höheren Erwachsenenalter ist in der Begabungsforschung und der musikalischen Entwicklungspsychologie demgegenüber ein verhältnismäßig neues Forschungsfeld (vgl. Gembris, 2014; 2016). Das Thema „musikalisches Lernen" reduziert sich nicht nur auf den kognitiven Lernprozess, sondern impliziert Lebensalter übergreifend wichtige Aspekte wie Motivation, Begabung, Talent, Leiblichkeit und Förderung, die einen multidisziplinären Blick erforderlich machen, um musikalisches Lernen zu verstehen und daraus Folgerungen für die Konzeption von musikbezogenen Lernangeboten zu ziehen. Didaktisch-methodische Überlegungen in den Bereichen Instrumental- und Gesangsunterricht sowie Ensemble und Chor, die den Voraussetzungen, Bedürfnissen und Fähigkeiten älterer Musikbegeisterter gerecht werden wollen, sollten neben Fragen der Musikvermittlung Erkenntnisse aus Gerontologie, Geragogik, Medizin, Neurophysiologie und Entwicklungspsychologie berücksichtigen.

Die spezifischen Voraussetzungen, Bedürfnisse, Anforderungen und Zielsetzungen in der musikalischen Arbeit mit älteren Menschen haben innerhalb der Musikpädagogik in der Verknüpfung mit gerontologischen und geragogischen Diskursen Musikgeragogik (*Music Geragogy*) als Disziplin für das Theorie- und Praxisfeld der musikalischen Bildung im Alter entstehen lassen (vgl. Fung & Lehmberg, 2016, 23 f.; Hartogh, 2016, 39 ff.).

In diesem Beitrag geht es zum einen um die Grundlagen des musikalischen Lernens im Alter, zum anderen um die Gelingensbedingungen musikalischen Lernens, die von mehreren Faktoren abhängig sind, wie der individuellen Biografie und Haltung zum musikalischen Lernen sowie externen Unterstützungsleistungen, die überwiegend im Aufgabenbereich der Musikpädagogik bzw. Musikgeragogik liegen. Ältere Musikinteressierte haben spezifische Lernbedürfnisse und -ansprüche, und Lernarrangements und Lernprobleme unterscheiden sich von denen jüngerer (vgl. de Groote, 2013, 13; Myers, Bowles & Dabback, 2013, 138 ff.). Musikalisch wird nicht nur im klassischen Instrumental- und Gesangsunterricht gelernt, sondern auch in der bunten Vielfalt musikalischer Praxisgemeinschaften, die vielfältig und bunt vom Elementaren Gruppenmusizieren bis zum Musizieren im Sinfonieorchester reichen (vgl. Hartogh & Wickel, 2008, 78 ff.; Verband deutscher Musikschulen 2008, 77 ff.). Und häufig stehen nicht nur musikalische Ziele auf der Agenda, sondern personale und soziale Ziele, wie sie aktuell in der *Community Music* angestrebt und in gemeinwesenorientierten Projekten umgesetzt werden (vgl. Fung & Lehmberg, 2016; Hartogh, 2016).

Ältere als Zielgruppe von Bildungsangeboten

Bestimmung der Zielgruppe

In der Gerontologie wird die Auffassung vertreten, dass der Beginn des Alters schwerlich allgemeingültig festgelegt werden kann, da das chronologische Alter im Verlauf des Lebens zunehmend an Informationswert verliert (vgl. Bubolz-Lutz, Gösken et al., 2010, 28; Staudinger, 2003, 36). Vor allem für gesangliche und instrumentale Kompetenzen ist das kalendarische Alter nicht maßgeblich, sodass alterskorrelierte Grenzen für den Erwerb und die Abnahme musikalischer Kompetenzen nicht bestimmt werden können (vgl. Schuppert, 2015, 129 f.). Zudem unterscheiden sich Abbauprozesse im Alter zwischen dem 60. und 80. Lebensjahr interindividuell sehr stark (vgl. Perleth, 2015, 73).

In Anlehnung an den soziologischen Marker des Eintritts in die Lebensphase *Alter* (vgl. Malwitz-Schütte, 2006; Tesch-Römer & Wurm, 2009, 9) und Statements der *World Health Organization* zum gesunden Altern (z. B. WHO, 2012) soll hier entgegen dieser definitorischen Offenheit mit dem 65. Lebensjahr der Eintritt in die Lebensphase *Alter* festgelegt werden, die andere Entwicklungsaufgaben beinhaltet als das mittlere Erwachsenenalter, das vor allem durch Familien- und Berufsaufgaben geprägt ist. So gibt es in der nachberuflichen Phase für viele Menschen Zeit und Muße, sich bisher zurückgestellten bzw. neuen Interessen zu widmen. Und zunehmend werden in dieser Lebensphase musikalische Aktivitäten neu oder wieder aufgegriffen (vgl. Grimmer & Schroth, 2004, 21; Walsleben, 2001, 36). Ungeachtet dieser Altersbestimmung sind auch jüngere Ältere eine Zielgruppe, die für Kultur- und Bildungsangebote gezielt angesprochen und in diesem Beitrag berücksichtigt werden. Offerten mit dem Zusatz „50+" signalisieren, dass Erwachsene bereits ab dem 50. Lebensjahr eine Kohorte mit spezifischen Bedürfnissen und Interessen bilden, die die Wirtschaft längst als kaufkräftige *Best Ager* und *Silver Surfer* (ältere Internetsurfer) für den Zukunftsmarkt und als Zielgruppe für exklusive Kulturevents entdeckt hat (vgl. BMWFJ, 2009; Keuchel, 2007, 175).

Bildungseinrichtungen wie Musikschulen, (Senioren-)Akademien, Volkshochschulen und auch Alteneinrichtungen stellen sich mittlerweile auf eine wachsende Klientel musikalisch Interessierter ein. So ist es nicht verwunderlich, dass ältere Menschen die Musikschulen für sich als Lern- und Begegnungsorte entdecken: Seit 2000 hat sich der Anteil der über 60-jährigen Schülerinnen und Schüler fast vervierfacht (vgl. Deutsches Musikinformationszentrum, 2016; für die Schweizer Musikschulen s. Brand, 2016, 262). Viele Menschen bedauern, dass sie im Leben nie die Chance hatten, ein Instrument zu lernen bzw. diese Möglichkeiten zwar hatten, aber nicht nutzten (vgl. Spychiger, 2006, 44).

Weitere Institutionen, in denen Ältere Musikangebote wahrnehmen können, sind neben den Musikschulen Musikvereinigungen des Laienmusizierens, Seniorenakademien,

Volkshochschulen, Kirchengemeinden, Stadtteiltreffs sowie Einrichtungen der stationären und teilstationären Altenhilfe (vgl. Bischoff, 2011, 179 ff.; Hartogh, 2013, 442 ff.).

Drittes und viertes Lebensalter

Die 65-Jährigen und Älteren bilden eine Alterskohorte, die auch dadurch gekennzeichnet ist, dass die individuelle Lebenserwartung stetig steigt, sodass mittlerweile zwischen drittem (*junge Alte*) und viertem Lebensalter (*Hochaltrige*) unterschieden wird. Sind die jungen Alten eine in der Regel gesunde und kapitalkräftige Konsumentengruppe, auf die sich der Markt z. B. mit Kulturevents und Kulturreisen einstellt, so rücken bei hochaltrigen Menschen stärker Betreuungs- und Pflegethemen in den Vordergrund (vgl. Wurm, Lampert & Menning, 2009, 82). Dieses vierte Lebensalter beginnt ungefähr mit 80 bis 85 Jahren, ein Alter, in dem noch gut die Hälfte der Menschen lebt, die das Alter von 50 bis 60 Jahren erreicht hatten (vgl. Wurm & Tesch-Römer, 2007, 3).

Das (neue) positive Altersbild

Längst hat man sich in der Altersforschung von einem defizitorientierten Altersbild verabschiedet, das den Blick nur darauf richtet, was der ältere Mensch nicht mehr zu leisten vermag und in welchem Ausmaß körperliche und geistige Beeinträchtigungen zunehmen. Die Kompetenzen und Ressourcen alter Menschen rückten in den letzten Jahrzenten immer stärker in den Blickpunkt: Was kann der älter werdende Mensch (noch) selbst leisten, welche Fähigkeiten und Fertigkeiten sind ihm geblieben, an welche Ansatzpunkte in seiner Lebensgeschichte kann er erfolgreich anknüpfen? Diesen grundsätzlichen Wechsel der Denkrichtung belegen die neueren Alterstheorien: Bezeichnungen wie „Aktivitätstheorie" oder „Kompetenztheorie" sowie das aktuelle Modell des „Erfolgreichen Alter(n)s" bringen diese neue Perspektive auf den Begriff. Vor allem im Bereich der Musik lässt sich diese kompetenz- und ressourcenorientierte Sichtweise des Alters mit zahlreichen Beispielen belegen (vgl. Gembris, 2008b, 16 ff.; Wickel & Hartogh, 2011).

Der sechste Altenbericht der deutschen Bundesregierung (vgl. BMFSFJ, 2010, 59) sieht die Ursachen für neue Altersbilder und Altersrollen in „kultur-avantgardistischen" Impulsen von *old professionals* der Künstler- und Intellektuellenszene, zu denen Alters-Ikonen der Massen- und Popular-Kultur gehören wie Tina Turner (*1939), Mick Jagger (*1943) und Udo Lindenberg (*1946). Sie werden als „Alters-Pioniere" tituliert, die „Musterbeispiele für noch nie da gewesene Altersbilder" darstellen (ebd., 102). Die heutige Generation der über 60-Jährigen ist weit weniger von tradierten Rollen und (musikalischen) Lebensstilen bestimmt als ihre Elterngeneration (Enttraditionalisierung); individuelle Lebensstilmuster lösen zunehmend traditionelle kulturelle und soziale Strukturen auf. Diese Tendenz spiegelt sich auch in den vielfältigen Musikaktivitäten Älterer von Shanty- und Gospelchören über Rockbands bis zum Seniorenorchester wider (vgl. Hartogh, 2013, 442 ff.; Wickel, 2013, 127 ff.). Und musikalische Interessen Älterer beziehen sich nicht nur auf Singen und Musizieren, sondern auch auf den Wissenserwerb zu musiktheoretischen und -geschichtlichen Themen, worauf Akademien und Hochschulen mit spezifischen Angeboten erfolgreich reagieren (vgl. von Kameke, 2011; Stegemeier, 2011).

Im Durchschnitt sind die über 65-Jährigen heute wesentlich aktiver und unternehmungsbereiter als die Eltern- und Großelterngeneration. Und sie verfügen in der Regel über mehr Zeit und sind bei besserer Gesundheit (vgl. Generali Zukunftsfonds & Institut für Demoskopie, 2012, 257 f.; John, 2007, 43). Die Gerontologie spricht aufgrund dieser Entwicklung von einer „Verjüngung des Alters". Daher sollte bei der Bewerbung von musikalischen Bildungsangeboten auch vor dem Hintergrund individualisierter Lebensstile auf Pauschal-Bezeichnungen wie „Senioren-Angebote" möglichst verzichtet und Interessenten der Altersgruppe 50+ eher über die Inhalte und künstlerischen Herausforderungen angesprochen werden; für ältere Menschen in Einrichtungen der Altenhilfe sollte stärker der Begegnungsaspekt betont werden, um die Motivation für kulturelle Partizipation zu steigern (vgl. Keuchel &Wiesand, 2008, 45; Smilde & Bisschop Boele, 2016, 215 f.).

Bildungsnachfrage Älterer

An die Ausgestaltung der nachberuflichen Lebensphase werden hohe Ansprüche gestellt, und gerade aktives Singen und Musizieren leisten einen entscheidenden Beitrag zum Erhalt und zur Steigerung der Lebensqualität (vgl. Fung & Lehmberg, 2016, 13 f.; Wristen, 2005, 2 f.). Das Wissen um die Bedeutung kultureller Aktivitäten für die Verbesserung der Lebensqualität im Alter hat seinen Niederschlag gefunden in (kultur-)politischen Verlautbarungen und Forderungen maßgeblicher Verbände zur Förderung musikalischer Bildung im Alter (vgl. Deutscher Musikrat, 2007; Verband deutscher Musikschulen, 2014). Mit Blick auf die demografischen Veränderungen wird gefordert, dass Angebote musikalischer Bildung stärker die Bedürfnisse Älterer berücksichtigen sollen, entsprechende Formate und Programme konzipiert und dafür die besonderen Bedingungen des Lernens Älterer didaktisch und methodisch berücksichtigt werden. Diese Forderungen gelten nicht nur für die jungen Alten, sondern auch für die steigende Zahl hochaltriger Menschen, die in Alten- und Pflegeheimen leben, denn psychische und physische Einbußen im hohen Alter müssen nicht zwangsläufig ein Ende von Bildungsinteressen bedeuten. Dies belegt die zunehmende Anzahl von Alteneinrichtungen mit kulturellem Schwerpunkt (vgl. Franke, 2014; 2015; Jakobi, 2011).

Wissenschaftliche Erkenntnisse zum musikalischen Lernen im Alter

Neurophysiologische Erkenntnisse

Die Möglichkeit, lebenslang lernen zu können, wird angesichts neuester entwicklungspsychologischer und neurophysiologischer Erkenntnisse nicht mehr angezweifelt (vgl. Altenmüller, 2015, 109 f.; Gruhn, 2014, 61 ff.). Bei entsprechendem Training und ausreichenden Anregungen können Merk- und Lernfähigkeit im Alter weitgehend erhalten bleiben (vgl. Oswald, Rupprecht et al., 2007; Reischies & Lindenberger, 1999). Aufgrund der Plastizität des Gehirns sind ältere Menschen prinzipiell in der Lage, musikalische Hörfähigkeiten zu schulen, das Notenlesen und das Spielen eines Instruments zu erlernen bzw. an vorhandene musikalische Fertigkeiten anzuknüpfen und diese weiter auszubilden (vgl. Klüppelholz, 1993; Wickel, 2013, 49 ff.). Elbert, Pantev et al. (1995) und Kim, Shin et al. (2004) konnten nachweisen, dass sich auch im Erwachsenenalter beim Erlernen eines Streichinstruments neuronale Strukturen neu organisieren. Die für die Motorik des kleinen Fingers der linken Hand zuständigen Hirnbereiche zeigten nach sechsmonatigem Spielen und Üben eine sichtbar stärkere Ausprägung. Analog konnte bei erwachsenen Klavieranfängerinnen und -anfängern gezeigt werden, dass bereits nach 20 Minuten Klavierüben Nervenzellverbände in den Hörrinden aktiviert werden, die sich funktionell vernetzen. Nach fünf Wochen sind diese Vernetzungen stabil, und es kommt zu einer Zunahme des neuronalen Austausches (vgl. Altenmüller, 2008, 37 und 2015, 113). Lernen und Üben bewirken auch im erwachsenen Gehirn nachweisbare plastische Veränderungen.

Durch konzentrierte geistige Aktivitäten wie Üben und koordinierte Feinmotorik beim Instrumentalspiel wird höchstwahrscheinlich sogar die Entstehung neuer Nervenzellen angeregt, eine solche Neurogenese hielt man vor einigen Jahren noch für völlig unmöglich, mittlerweile belegen immer mehr Studien dieses Phänomen (vgl. Ramanathan, Conner et al., 2006; Voss, Uluç et al., 2006).

Jacobsen, Stelzer et al. (2015) konnten erstmals mittels funktioneller Ultrahochfeld-Magnetresonanzmessungen eine anatomische Erklärung für den Erhalt des Musikgedächtnisses bei Alzheimererkrankten liefern und nachweisen, dass musikalische Erinnerungen mit komplexen motorischen Abläufen assoziiert sind.

Leibphänomenologische Erkenntnisse

Die neurophysiologischen Erkenntnisse zur Struktur und Funktion des Musikgedächtnisses können analog gesehen werden zu den philosophischen Betrachtungen des „Leiberlebens“ und des „Leibgedächtnisses“ (vgl. Fuchs, 2013). Die verstehende Phänomenologie des Leibgedächtnisses ist für Musikpädagogik und -geragogik ein konstitutives Reflexionsmodell, das über die erklärenden Funktionsbeschreibungen der Neurophysiologie hinausgeht, indem nicht das isolierte Gehirn, sondern die Person in ihrer Ganzheit inklusive ihrer sozialen und kulturellen Dimension betrachtet wird. Sowohl die quantitativen Ergebnisse der Neurophysiologie als auch die qualitativen Zugänge phänomenologischer Reflexionen, die soziale und kulturelle Aspekte einschließen (vgl. Hartogh 2015), sind bei der Betrachtung der musikalischen Lernleistungen älterer Menschen zu berücksichtigen. Diese dyadische Sichtweise ist auch höchst relevant für die musikgeragogische Arbeit mit demenziell veränderten Menschen, da auch bei fortschreitender Demenz, bei der die Orientierung im Alltag nicht mehr möglich ist, das implizite Gedächtnis sowie leibliche Erfahrungen, die im Laufe des Lebens durch stete Übung und wiederholte Handlungen erworben und „leiblich eingeschliffen“ worden sind, weitgehend erhalten bleiben und oftmals sogar weiterentwickelt werden können, z. B. Tanzen, Singen oder Instrumentalspiel (vgl. de Groote & Hartogh, 2016, 29).

Das psychologische Erklärungsmodell der fluiden und kristallinen Intelligenz

Für die Erforschung kognitiver Leistungsfähigkeit im Alter und die Erklärung musikalischen Lernens im Alter ist das Modell der fluiden (mechanischen) und kristallinen (pragmatischen) Intelligenz fruchtbar, das in der musikpsychologischen und -pädagogischen Fachliteratur häufig als Erklärungsansatz herangezogen wird (vgl. Gembris, 2016, 229; Kliegel & Jäger, 2008, 73 ff.). Fluide Intelligenz bedeutet dabei das messbare Ergebnis des Einflusses biologischer Faktoren auf die intellektuelle Entwicklung. Schon im jungen Erwachsenenalter nimmt die fluide Intelligenz ab, da die nachlassende neuronale Plastizität eine langsamere Informationsverarbeitung im Gehirn verursacht. Allerdings ist fluide Intelligenz beeinflussbar und lässt sich durch kognitives Training auch im Erwachsenenalter steigern bzw. der Abbau kann verzögert werden, wie Studien zeigen (vgl. Ragot, Ferrandez & Pouthas 2002, 41; Rast, 2011).

Keine Altersgruppe verhält sich in neuropsychologischen Tests so heterogen wie 60-Jährige und Ältere. Als maßgebliche Ursachen für die starke Streuung der kognitiven Leistungsfähigkeit älterer Menschen werden der Gesundheitszustand und der Lebensstil ausgemacht (vgl. Gembris, 2008a, 115; 2008b, 17).

Die tendenziell schwindende fluide Intelligenz wird – interindividuell in sehr unterschiedlichen Ausprägungsgraden – kompensiert durch die Stabilität und Zunahme der kristallinen Intelligenz, die die im Laufe des Lebens gesammelten Erfahrungen und Wissensbestände repräsentiert (Gembris, 2016, 233). Ausgehend von diesem Modell erläutert Gembris (ebd., 233 f.) das Phänomen der musikalischen Begabung:

» Analog zur fluiden und kristallinen Intelligenz kann man auch von *fluider musikalischer Begabung (musikalische Mechanik)* und *kristalliner musikalischer Begabung (musikalische Pragmatik)* sprechen [...] Musikalische Funktionsbereiche, die an (hohe) psychomotorische und kognitive Geschwindigkeit, Flexibilität, Gedächtniskapazität/-effizienz gebunden sind (z. B. Virtuosität auf einem Instrument), entsprechen der fluiden Intelligenz (Mechanik). Kristalline Komponenten musikalischer Begabung kann man sich vorstellen als musikalisches Wissen und Erfahrungsreichtum, Differenziertheit, Tiefe des musikalischen Verständnisses, Unabhängigkeit und musikalische Weisheit.“ (Hervorhebungen im Original)

Anhand dieses Modells lassen sich die erfolgreichen Kompensationsstrategien älterer Menschen erklären, die trotz altersbedingter neuronaler Einbußen zu kreativen kulturellen und musikalischen Lernleistungen fähig sind.

Gembris (2016, 236) weist unter Bezug auf Paul B. Baltes (1990, 11) in diesem Zusammenhang darauf hin, dass das kognitive Potenzial älterer Menschen im Vergleich zu jüngeren Altersgruppen wahrscheinlich stärker unausgeschöpft sei. Diese Reserven sind musikgeragogisch relevant, da sie das grundlegende Potenzial für Lernprozesse und den Erwerb von Kompetenzen darstellen. Durch hohe Motivation und gezieltes Üben lassen sich ungenutzte kognitive Reserven auch im Alter aktivieren (vgl. Gembris, 2016, 236; Holtz & Bennett, 2015).

Psychomotorische Reservekapazität

Für das leibliche Agieren bedarf es beim Musizieren nicht nur kognitiver, sondern auch psychomotorischer Reservekapazitäten. Im Bereich der Musik liegen Studien vor, die belegen, dass die für das Instrumentalspiel erforderliche Motorik trainiert und ausgebildet werden kann. So wird altersbedingten physiologischen Verlusten durch regelmäßiges Üben erfolgreich entgegengewirkt, denn Grundparameter des Musizierens wie Koordination, Kraft und Ausdauer sind über die gesamte Lebensspanne trainierbar (vgl. Schuppert, 2015, 129).

1954 veröffentlichte Eberly erstmals Fallstudien von Erwachsenen, die im höheren Alter das Klavierspiel erlernten. Die Lernfortschritte überstiegen häufig die Erwartungen der Probanden, und trotz physischer Gebrechen und langsamerer Reaktionen konnten Interesse und Freude vermittelt werden. Bugos, Perlstein et al. (2004) untersuchten die kognitiven Transfereffekte von über 60-jährigen Instrumentalschülerinnen und -schülern, die erstmals Klavierunterricht erhielten. Die Teilnehmenden konnten zum Teil bereits nach sechs Monaten leichte Präludien von Bach spielen und zeigten bezüglich Gedächtnisfunktionen, Aufmerksamkeitsspanne und Problemlösungen bessere Ergebnisse als eine Kontrollgruppe, die diesen Klavierunterricht nicht bekommen hatte. Der Instrumentalunterricht hatte also unmittelbare positive Effekte auf die kognitive Leistungsfähigkeit.

Auch dementiell veränderte Menschen können trotz kognitiver Einschränkungen durchaus ein Instrument und neue Stücke erlernen – mit nachweisbar positivem Einfluss auf Lebensqualität, motorische Kompetenzen und kognitive Leistungen, wie einschlägige Fallstudien zu einzelnen Instrumenten belegen:

- zur Posaune (Beatty et al., 1994),
- zur Violine (Cowles, Beatty et al., 2003),
- zum Klavier (Fornazzari, Castle et al., 2006; Kehrer, 2013),
- zur Veeh-Harfe (Hoedt-Schmidt, 2010).

Die Autoren der Studien stimmen in ihrer Beurteilung überein, dass Musik ein entscheidendes Medium ist, um das emotionale Wohlbefinden dementiell erkrankter Menschen zu fördern, da Wahrnehmung und Emotionen eng mit dem impliziten Gedächtnis vernetzt sind (vgl. Baird & Samson, 2009, 95). Ausdrücklich weist der Alzheimer-Forscher Peter Whitehouse (2009, 285) darauf hin, dass die Teilnahme an neuartigen Aktivitäten, wie ein Instrument spielen lernen, zu den effektiven Maßnahmen gegen einen kognitiven Abbau gehört. Die zitierten Studienergebnisse zeigen, dass die Konzepte der kognitiven und psychomotorischen Reservekapazität differenziert zu betrachten sind: wenn es in bestimmten Bereichen zu Einbußen kommt (z. B. Alltagskompetenzen), kann es in anderen Bereichen (z. B. musikalische Kompetenzen) durchaus noch zu Zuwächsen kommen. Kognitive Beeinträchtigungen im Alter müssen keinen Verzicht auf aktives und erfülltes Musizieren bedeuten.

Die salutogenetische Wirkung des Singens und Musizierens im Alter

Die Plastizität des Gehirns im Alter ist auch „von erheblicher Relevanz für die Gesundheit und das Wohlbefinden einer Person, da Plastizitätsprozesse es ermöglichen, den drohenden Verlust von Autonomie auszugleichen und abzufedern" (Kliegel, Zinke & Hering, 2012, 74). So sind auch ältere Menschen, die hohe kognitive Leistungen zeigen, besser in der Lage, kompensatorische Prozesse zu nutzen als Gleichaltrige mit geringeren kognitiven Leistungen (vgl. Cabeza, Anderson et al., 2002; Dinse, Kattenstroth et al., 2016, 175). Diese Erkenntnisse zeigen, dass Transfereffekte von Bildungsprozessen in Bezug auf Gesundheit und Kompensationsfähigkeit über die gesamte Lebensspanne wichtig sind (vgl. ebd.).

Wenn auf der einen Seite die kognitiven und psychomotorischen Reservekapazitäten älterer Menschen hervorgehoben werden, muss auf der anderen Seite auch bedacht werden, dass das höhere Lebensalter durch eine Zunahme an psychischen und physischen Erkrankungen gekennzeichnet ist. Ca. 90 % der über 70-Jährigen leiden an mindestens einer und 30 % an mindestens fünf mittel- bis schwergradigen Krankheiten (vgl. Steinhagen-Thiessen & Borchelt, 1996, 155 f.). Zu den häufigsten psychischen Störungen im Alter zählen Depressionen und dementielle Syndrome, die häufig mit körperlichen Erkrankungen einhergehen (vgl. Helmchen & Kanowski, 2001, 14 ff.). Solche medizinisch diagnostizierten Beschwerden korrelieren jedoch im hohen Alter nicht mit einer Zunahme subjektiver Beschwerden; vielmehr fühlen sich die meisten alten Menschen gesünder als sie es – medizinisch betrachtet – sind (vgl. Borchelt, Gilberg et al., 1996, 449; Steinhagen-Thiessen & Borchelt, 1996, 56 und 80). Die Beurteilungen von objektiver und subjektiver Gesundheit können also auseinanderklaffen. Vor diesem Hintergrund ist zu fragen, inwieweit aktives Musizieren dazu beitragen kann, die psychologische Widerstandskraft älterer Menschen zu unterstützen, indem es von Krankheiten und Beschwerden ablenkt, Glücksmomente schafft und gesunde und vitale Kräfte stärkt. Neben Wohlbefinden und der Freude an Musik betonen ältere Singende und Instrumentalisten, dass sie sich durch die Herausforderungen des Singens und Musizierens fit und gesund fühlen (vgl. Gembris, 2008b, 24; Kreutz, 2015). Die geschilderte Kluft zwischen subjektiver und objektiver Gesundheit zeigt deutlich, dass Faktoren wie Lebenszufriedenheit und Wertehaltungen eine maßgebliche Rolle spielen, wenn ein Mensch sich zu seinem Gesundheitszustand äußern soll. Die Förderung von Gesundheit beschränkt sich daher bei der Abwehr von Krankheit nicht auf medizinische Behandlung und Medikamente, sondern zielt auch auf die Steigerung des körperlichen und geistigen Wohlbefindens, wie es das Salutogenesemodell fordert (vgl. Hartogh & Wickel, 2008, 48). Beim Singen, Tanzen und Instrumentalspiel, ob als Solist oder im spielerischen Dialog in einem Ensemble, erfährt der Mensch Momente erfüllter Zeit, die zur Lebenszufriedenheit beitragen. Diese ständige Aktivierung der vitalen und schöpferischen Teile des Ichs mobilisiert Widerstandsressourcen gegen krankmachende Faktoren und hat damit auch eine präventive Bedeutung. Und im Zustand der Krankheit sind biografische Musikerfahrungen und aktives Musizieren entscheidende Resilienzfaktoren, um den Blick von pathogenen Faktoren weg zu den Ressourcen und verbliebenen Fähigkeiten zu lenken, die für das subjektive Wohlbefinden und den positiven Verlauf von Heilungsprozessen so entscheidend sind (vgl. Adamek,

1999; Kreutz, Bongard et al., 2004). So ist es nicht verwunderlich, dass aktives Singen und Musizieren die Lebensqualität älterer Menschen verbessert; Übersichten von entsprechenden Studien finden sich bei Hartogh (2005, 129 ff.) sowie bei Fung & Lehmberg (2016, 31 ff. und 43 ff.).

Ältere Sängerinnen und Sänger sowie Instrumentalistinnen und Instrumentalisten betonen in Interviews häufig auch die Lebensbedeutung des aktiven Musizierens: Unterricht wird vor dem Hintergrund persönlicher Krisen begonnen und Singen sowie Musizieren dienen der Lebens- und Alltagsbewältigung (vgl. Adamek, 1996; Wickel, 2013, 40 ff.).

Besonderheiten des Musiklernens Älterer

Neben den konstituierenden Aspekten der Steigerung von Lebensqualität und Wohlbefinden durch aktives Singen und Musizieren ergeben sich für den Gesangs- und Instrumentalunterricht mit älteren Schülerinnen und Schülern weitere Aspekte, die für die Planung, Durchführung und Reflexion von Unterricht relevant sind und im Weiteren erläutert werden.

Typen des musikalischen Lernens

Im Bereich des Instrumentalspiels lassen sich vier Typen älterer Schülerinnen und Schüler aufgrund unterschiedlicher Musikbiografien unterscheiden (vgl. Bischoff, 2011, 191; Hartogh, 2013, 452 ff.):

- Kontinuierlich Musizierende: Das Musikinstrument wird seit der Kindheit gespielt.
- Neueinsteigende: Das Musikinstrument wird neu erlernt.
- Wechselnde: Es wird ein zweites Instrument neu erlernt.
- Wiedereinsteigende: Nach einer längeren Pause wird wieder aktiv musiziert.

Bei der Zusammenschau maßgeblicher Studien und Projektberichte zum musikalischen Lernen Älterer kristallisieren sich für diese Gruppen mehrere didaktisch-methodische Aspekte heraus, die bei aller Kontinuität des musikalischen Lernens über die Lebensspanne im Alter eine andere Relevanz besitzen als in der Kinder- und Jugendzeit. Auf den weitgehenden Erhalt der kristallinen Intelligenz und die Trainierbarkeit der fluiden Intelligenz wurde bereits hingewiesen.

Didaktisch-methodisch relevante Aspekte des Musiklernens

1. Motivation

Ältere zeigen nach der Familien- und Erwerbsphase in der Regel eine größere Motivation und Disziplin in Lernprozessen als Kinder (vgl. de Groote, 2016, 51; Wolter, 2001, 144 f.). Und die bisherigen Unterrichtserfahrungen von Instrumental- und Gesangslehrerinnen und -lehrern zeigen deutlich motivationale Vorteile in der Arbeit mit erwachsenen Lernenden gegenüber dem Unterricht mit Kindern und Jugendlichen: Erwachsene Schülerinnen und Schüler entscheiden sich durchweg freiwillig für den Instrumentalunterricht und hegen diesen Wunsch in der Regel schon länger. Sie haben konkrete Vorstellungen bezüglich der Literatur, die sie gerne spielen würden, und erwarten dementsprechend ein Mitspracherecht bei der Auswahl von Stücken. Sie wissen, dass sie nur mit regelmäßigem Üben Fortschritte machen können, und sind meist auch davon überzeugt, dass sie ihr Spiel verbessern können (vgl. Hartogh & Wickel, 2008, 141). Selbst bei den 80-Jährigen und Älteren geben immerhin 54 % an, dass man auch im Alter noch künstlerische Fertigkeiten wie Instrumentalspiel erlernen und ausbauen kann (vgl. Keuchel & Wiesand, 2008, 96).

2. Leistungsdenken und Frustrationsgründe

Die künstlerische Leistung steht sowohl für Lehrende als auch Lernende im Vordergrund, folgt häufig aber unterschiedlichen Kriterien und Ansprüchen (vgl. Brand, 2016, 292; Spiekermann, 2009, 118 ff.). Gerade bei Wiedereinsteigerinnen und -einsteigern kann es zu Frustrationen kommen, wenn nicht an das erinnerte Musizierniveau aus der Kinder- bzw. Jugendzeit angeknüpft werden kann (vgl. Brand, 2016, 273; Gembris, 2008a, 119). Hinzu kommt die Angst, aufgrund der anstehenden Mühen ein Stück nicht meistern zu können (vgl. Maris, 2000, 6; Owen, 2010, 51). Ältere Instrumentalistinnen und Instrumentalisten sowie Sängerinnen und Sänger haben zwar eine große intrinsische Motivation, musikalisch Neues zu lernen aber sie sind in der Regel schneller frustriert als Kinder und Jugendliche (vgl. Arrau, 1983, 31; Reuter, 2016, 22). Grund sind zu hohe und unrealistische Erwartungen an das zu erarbeitende Repertoire und die Erkenntnis, dass sich Erfolge nicht schnell einstellen, da das Training der Fingermotorik länger dauert als erwartet, obwohl kognitiv konkrete Vorstellungen über die Interpretation eines Stückes bestehen (vgl. Marciano, 1990, 26 f.; Wristen, 2005, 5). Weitere drop-out Gründe sind zu starre Lehrkonzepte und familiäre Verpflichtungen bei der Betreuung der eigenen Eltern (vgl. Boswell, 1992, 38 ff.; Marciano, 1990, 25).

Zu bedenken ist auch, dass ältere Menschen im Gegensatz zu Kindern oft zuerst auf dem Wege des rationalen Verstehens lernen, erst im Anschluss daran wird das Körpergedächtnis aktiviert (vgl. Gembris, 2008a; Myers, 1992, 24).

3. Selbstverantwortung und Offenheit der Ziele

Viele ältere Schülerinnen und Schüler haben keine festgelegten Ziele, sondern sind offen dafür, wohin sie der Unterricht führt (vgl. Spiekermann, 2009, 113 ff.). Nicht ein bestimmtes Ziel, sondern die unmittelbare Tätigkeit des Musizierens schenkt den Lernenden Befriedigung. Diese prozessorientierte Haltung erfordert im Unterricht ein „individuelles Curriculum", das zwischen Lehrenden und Lernenden ausgehandelt wird (vgl. Maris 2000, 3 f.; Spiekermann, 2016, 292). Im Vergleich zu jüngeren Menschen übernehmen ältere Schülerinnen und Schüler oft mehr Selbstverantwortung im Unterrichtsprozess. „Die Anforderung an den Unterricht und seine Beteiligten besteht darin, ein Gleichgewicht zwischen Freiheit und Autonomie einerseits und klaren Strukturen und Aufgabenstellungen andererseits auszuhandeln" (Holtz & Bennett, 2015, 7). Durch den oft informellen Kontext und die Losgelöstheit von Curricula und einem pädagogischen bzw. erzieherischen Auftrag stehen sowohl im klassischen Einzelunterricht als auch in Praxisgemeinschaften die Vorstellungen und selbst formulierten Zielsetzungen der Älteren im

Vordergrund. Daher können auch keine verbindlichen Übestrategien empfohlen werden. Musikermedizinische Handreichungen für ältere Profimusikerinnen und -musiker (kurzes Aufwärmen, Einspielübungen auf dem Instrument bzw. Einsingen, ca. 30–45 minütige Probephasen unterbrochen von zehnminütigen Pausen) (vgl. Schuppert, 2015, 134 f.) sowie minutiöse Zeitplanungen für Unterrichtsstunden mit Älteren, wie sie auch für Laienmusikerinnen und -musiker empfohlen werden (z. B. Arrau, 1983, 32), sollten vermieden werden. Für sie können keine festen Übezeiten vorgegeben werden, da diese davon abhängig sind, welche selbstbestimmten Ziele und Freiräume der Übende hat (vgl. Maris, 2000, 7). Hier ist die Vermittlungskompetenz der Instrumentallehrer und -lehrerinnen gefordert, die unter Berücksichtigung vorhandener Grenzen zu einem erfolgreichen und sinnerfüllten aktiven Musizieren anleiten, indem sie z. B. individuelle Übestrategien vermitteln und bei der Repertoireauswahl helfen (vgl. Spiekermann, 2016, 167 ff.). Individuelle Lernarrangements werden auch bezüglich der Länge und der zeitlichen Folge der Unterrichtsstunden gewünscht und erfordern dementsprechend hohe Flexibilität von Lehrenden und Musikschulen.

Auch besteht durchaus der Wunsch, öffentlich aufzutreten und Gelerntes zu präsentieren. Hierfür müssen jedoch angemessene Rahmenbedingungen geschaffen werden. Ältere Musikerinnen und Musiker in Orchestern und Bands möchten ihr Repertoire einem größerem Publikum vorspielen (vgl. Owen, 2010, 52; Zimmerschied, 2007, 6); für solistische Vorspiele werden zwanglose Settings vor bekanntem Publikum empfohlen.

4. Anschlusslernen und Biografieorientierung

Auch wenn feinmotorische Probleme zunehmen, sind die Bereiche Ausdruck und Interpretation im Alter aufgrund der Lebenserfahrungen (kristalline Intelligenz) ausgeprägter und können sogar noch reifen (vgl. Fung & Lehmberg, 2016, 27; Owen, 2010, 46). Musikalische Vorerfahrungen erleichtern im Unterricht den Aufbau einer Vorstellung davon, wie Musik zu klingen hat (vgl. Pawloff, 2007, 16; Walsleben, 2001). „Anschlüsse werden dabei aus Konzertbesuchen oder dem Anhören von Tonträgern hergestellt und speisen sich nicht selten aus intensiven und nachhaltigen Musikerfahrungen im Jugendlichenalter“ (Brand, 2016, 263).

Instrumentalunterricht sollte sich daher an der individuellen Lebenswelt und den damit verbundenen Ressourcen, Bedürfnissen und Lernbedingungen orientieren (vgl. ebd., 272). „Die Verknüpfung von musikalischen Stoffen mit Lebenserfahrungen und Lebensprozessen gibt dem Unterricht mit älteren Menschen eine von den Musiklehrpersonen mehrfach beschriebene besondere Qualität, die im Unterricht mit Kindern, Jugendlichen und jüngeren Erwachsenen so kaum anzutreffen ist“ (ebd., 269). Dieser ausgeprägten Individualität kann kein allgemeinverbindliches bzw. aufbauendes Unterrichtskonzept gerecht werden, sondern nur ein personenorientierter Ansatz. Neben der Musik sollten die Person des Schülers sowie seine Bedürfnisse und Wünsche im Vordergrund stehen. „So kann statt des Einübens neuer Stücke durchaus auch der Wunsch des Wiederbelebens und Erhaltens eines bereits vorhandenen, jahrelang nicht gespielten Repertoires im Vordergrund stehen“ (Brand, 2016, 262).

Personenorientierung bedeutet bei älteren Menschen, ihre musikalische Biografie zu kennen und an sie im Unterricht anzuschließen. Von Lehrenden erfordert sie eine akzeptierende und dialogische Haltung, um den Zielen und Wünschen älterer Schülerinnen und Schüler gerecht zu werden und Glücks- und Sinnerfahrungen mit Musik zu ermöglichen (vgl. Brand, 2016, 262; Grimmer & Schroth, 2004, 24). Spahn (2008, 147) formuliert allgemeine Empfehlungen für den Instrumentalunterricht mit Älteren, die sich aus der personenorientierten Haltung ergeben und auch für den Gesangsunterricht gelten:

- Lerngeschwindigkeit beachten (z. B. nicht zu viel Literatur als Hausaufgabe),
- Anzahl der Informationen bedenken (klare, einfache Informationen),
- höhere Störanfälligkeit berücksichtigen,
- ausreichend Wiederholungen einplanen,
- auf mögliche körperliche und psychische Beeinträchtigungen achten,
- bei Instrumentenwahl auf altersgerechte körperliche Anforderung und auf biografische Passung achten.

5. Autodidaktisches und nicht-lineares Lernen

Häufig erfolgt der Zugang zu einem Instrument autodidaktisch, da der Verzicht auf professionelle Unterweisung zumindest im Anfängerstadium die Freiheit bedeutet, sich Musik selbstbestimmt im individuellen Lerntempo zu erschließen. Wenn dann nach ermutigenden Anfangserfolgen die Grenzen des autodidaktischen Lernens erkannt werden, ist ein Weiterkommen nur mit einer Lehrperson möglich (vgl. Brand, 2016, 271 f.; Hartogh, 2013, 457). Der Lernprozess Erwachsener verläuft im Spannungsfeld biografisch gewachsener Bedürfnisse und Kontexte nicht-linear, kann sich auf Umwegen ereignen, im Abschweifen in biografisch Bedeutsames, aber auch im Innehalten. Hemmende Vergleiche zu einem aufbauenden Unterricht mit Kindern und Jugendlichen sind daher zu vermeiden und die prinzipielle Nicht-Linearität des Lernens Erwachsener in didaktisch-methodischen Entscheidungen zu berücksichtigen (vgl. Smilde & Bisschop Boele, 2016, 216; Spiekermann, 2016, 292 f.).

6. Offenheit für Neues

Das geragogische Leitprinzip biografischer Orientierung bedeutet für das aktive Musizieren, keinesfalls ausschließlich mit bekannten und vertrauten musikalischen Genres zu arbeiten. Dass Bildung nicht zu einem bestimmten Zeitpunkt im Leben an ihr Ende kommt, zeigen viele innovative Musikprojekte wie z. B. der Kölner Experimentalchor „Alte Stimmen“, in dem nur über 70-jährige Sängerinnen und Sänger mitwirkten sowie der amerikanische Punk- und Rock-Chor „Young@Heart“ und die britische Rentnerband „The Zimmers“ mit Mitgliedern im Durchschnittsalter von ca. 80 Jahren. Längst haben Drum Circle und Hip-Hop-Projekte sogar Einzug in Alteneinrichtungen gehalten (vgl. Schnieders, 2011, 211 ff.; Weicherding, 2011, 223 ff.). Das Brechen mit traditionellen Stereotypen zeigt sich auch in der Instrumentenwahl, wenn z. B. immer mehr ältere Frauen Altsaxofon lernen, das eigentlich „als Männerinstrument Geschichte geschrieben hat“ (Holtz & Bennett, 2015, 7).

7. Bevorzugung von Praxisgemeinschaften und Suche nach sozialen Kontakten

Als Motive, künstlerisch-kulturell selbst tätig zu sein, werden von älteren Menschen neben der Steigerung der Lebensqualität soziale Kontakte und das persönlichkeitsbildende Potenzial künstlerischen Handelns herausgestellt (vgl. Karl, 2010, 92). An einem von Reinhild Spiekermann 2015 an der Musikhochschule Detmold organisierten Musizier- und Begegnungswochenende für Laienmusikerinnen und -musiker 55+, das auf großes Interesse stieß, wünschten sich die Teilnehmenden vor allem die Vermittlung von Kammermusikpartnerinnen und -partnern, mit denen sie musizieren können (vgl. Spiekermann, 2017). Dieser Wunsch, in der Gruppe bzw. im Duo zu lernen und zu spielen, spiegelt das Bedürfnis älterer Schülerinnen und Schüler nach partnerschaftlichen und partizipativen Lernsettings (vgl. Conda, 1997; Röbke, 2009, 166). Die musikalische Praxisgemeinschaft als musikalische Heimat belegen auch die Äußerungen älterer Mitglieder in Seniorenorchestern und anderen Ensembles (vgl. Bischoff, 2011, 191 f.; Fung & Lehmberg, 2016, 231 f.).

Ältere Musizierende wünschen sich durchaus auch die Mitwirkung in altersgemischten Gruppen, wie es viele intergenerative Projekte und Angebote von Musikschulen belegen, z. B. Elementares Musizieren (Jekic, 2011), Streicherklassen (Solle, 2012), Instrumentalunterricht (Nevermann-Körting, 2011), Musicals (von Blanckenburg, 2011; Werner, 2011) und Chöre (Hartogh, 2016, 40 f.).

8. Einschränkungen und Lernwiderstände

Trotz der aufgezeigten Reservekapazitäten ist mit zunehmendem Alter mit Einschränkungen zu rechnen, die musikbezogenes Lernen und musikalische Aktivitäten wie das Erlernen eines Instruments beeinträchtigen können (vgl. Lindemann, 2000, 42; Weng, 1992, 85):

- gesundheitliche Einschränkungen wie Arthritis, Schlaganfälle, Verspannungen und Verkrampfungen, Hör- und Sehbeeinträchtigungen,
- physiologische Probleme wie eingeschränkte Fingermotorik,
- psychomotorische Probleme (z. B. Rhythmus, Koordination beider Hände, Blattlesen)
- Gedächtnis- und Konzentrationsprobleme,
- musiktheoretische Verständnisprobleme (Notenkenntnisse, allgemeine Musiklehre).

Viele Einschränkungen können kompensiert werden; Konzentrationsschwächen können z. B. durch mehr Zeit und Übung, Änderung der Prioritäten und professionelle Hilfen ausgeglichen werden (vgl. de Groote, 2016, 51 f.). Für die Arbeit mit Mitgliedern in Seniorenorchestern haben Bischoff (2011, 190) und Gembris (2008b, 20 ff.) in Befragungen von Orchesterleiterinnen und -leitern sowie Orchestermusikerinnen und -musikern Kompensationsstrategien (außermusikalische und musikbezogene sowie Strategien bei körperlichen Problemen) ermittelt, um ältere Instrumentalistinnen und Instrumentalisten im Orchester zu halten. Weitere Hilfen präsentiert Brand (2016, 274 f.) für den Instrumentalunterricht mit Älteren; für ergonomische Modifikationen am Instrument oder spezifisches Instrumentalzubehör wie Gurt- und Haltesysteme finden sich Hinweise bei Schuppert (2015, 138).

Einbußen der Leistungsfähigkeit der menschlichen Stimme im Alter und mögliche Kompensationsstrategien behandeln Schmutte (2001, 27 f.), Schuppert (2015, 130) und Richter (2008, 132 f.).

Einen nicht zu unterschätzenden Einfluss auf das Singen und Instrumentalspiel hat auch das Hörvermögen (vgl. Schuppert, 2015, 143). Mindestens ein Drittel aller Menschen über 65 Jahre ist schwerhörig, und der Anteil der Betroffenen steigt mit zunehmendem Alter rapide an. Die Höreinbußen haben weiterhin unmittelbare Auswirkungen auf die Konzentrationsfähigkeit und die Stresstoleranz, sodass eine angemessene Hörgeräteversorgung unerlässlich ist, auch wenn für das Singen und Musikhören technische Hilfen das ursprüngliche Hörvermögen noch nicht zufriedenstellend ersetzen können (vgl. Wickel & Hartogh, 2006, 46 ff. und 145).

Grundsätzlich ist festzuhalten, dass altersbedingte physiologische und motorische Einbußen nicht mit der Fähigkeit korrelieren, Neues zu lernen (vgl. Owen, 2010, 46; Smilde & Bisschop Boele, 2016, 210).

Instrumentenwahl und Repertoire

Für ältere Menschen, die ein Instrument erlernen wollen, stellt sich die Frage, welches Instrument für sie in Frage kommt. Bei der Beratung für die Instrumentenwahl ist in erster Linie auf die biografische Passung und auf ein altersgerechtes körperliches Anforderungsniveau zu achten. Wer in seiner Jugend ein Instrument erlernt hat und mit dem Spielen wieder beginnen möchte, kann an bereits erworbene Kompetenzen anknüpfen. Für Neuanfängerinnen und -anfänger sind vor allem Blasinstrumente wie Flöte, Saxofon, Horn und Posaune zu empfehlen, obwohl sie für das Herz-Kreislaufsystem und die Atmung tendenziell belastender sind als Klavier und Streichinstrumente; weniger geeignet sind Oboe und Fagott, da sie beim Spielen einen hohen Atemdruck erfordern. Das Erlernen von Klavier, Gitarre und Streichinstrumenten fordert gegenüber den Blasinstrumenten stärker die Feinmotorik der Hände; auf allen Instrumenten können jedoch bei regelmäßigem Üben Fortschritte erzielt werden (vgl. Gellrich, 1989; Spahn, 2011, 20).

Singen und Gesangsunterricht

Die meisten Publikationen und Studien zum Musizieren mit Älteren gibt es im Bereich der Instrumentalmusik. Wie beim Instrumentalunterricht spielt ebenso beim Gesangsunterricht nicht das kalendarische Alter eine primäre Rolle, sondern die Motivation und die Freude am Singen, zumal sich generell das biologische Altern der Stimme nicht mit dem kalendarischen Alter gleichsetzen lässt: es gibt bei Weitem mehr alte Menschen als alte Stimmen (vgl. Habermann, 2003, 149).

Selbstverständlich sind beim Einsatz und bei der Ausbildung der Singstimme diese biologischen Alterungsprozesse zu berücksichtigen, die die Leistungsfähigkeit einschränken: Das Knorpelgerüst des Kehlkopfes verknöchert und die Schleimhaut der Stimmlippen wird trockener und damit weniger flexibel, wodurch auch die Gefahr einer Erkrankung des Kehlkopfes begünstigt wird. Die stimmphysiologische Folge dieser Veränderungen ist oftmals eine leisere und dünnere Stimme. Weitere typische Merkmale für das Altern der Stimme sind schnelle Wechsel der Stimmhöhe und Stimmfarbe und ein herabgesetztes Vermögen, die Stimme zu regulieren, was zu Störungen in der Intonation und zu einem übermäßigen Tremolieren führen kann. Häufig wandert die untere Grenze der Männerstimme nach oben, während sie bei Frauen sinkt. Der obere Ambitus verändert sich bei Männern und Frauen weniger eindeutig. Aber diese größtenteils hormonell bedingten Einbußen sind individuell unterschiedlich und können durch Üben und Training teilweise kompensiert werden, da auch Muskelkraft und Lungenkapazität eine Rolle spielen. Untersuchungen mit professionellen Sängerinnen und Sängern zeigen, dass sich die Singstimme im Alter schwerer regulieren und kontrollieren lässt als in jungen Jahren, jedoch der Ausdruck in keiner Weise davon betroffen sein muss. Erfahrene Gesangspädagoginnen und -pädagogen können auch mit der älteren Stimme arbeiten und das Repertoire der stimmlichen Leistungsfähigkeit anpassen. Ein besonderes Augenmerk gilt immer der Atmung, um den ganzen Körper als Musikinstrument zu formen und damit zum physischen und psychischen Wohlbefinden beizutragen – eine Grundvoraussetzung für eine ausdrucksvolle Stimme.

Kompetenzen der Lehrenden und Ensembleleitenden

Anders als in der Musikpädagogik kehren sich in musikgeragogischen Angeboten meist die Altersverhältnisse von Lehrenden und Lernenden bzw. Ensembleleitenden und Mitgliedern um, und es entstehen daraus besondere Kompetenzprofile für Lehrende und Leitende (vgl. Brand, 2016, 262 und 266; Spiekermann, 2009, 100 ff.). Didaktisch relevante Aspekte sollten bekannt und die Bereitschaft vorhanden sein, sich auf die besonderen Lernbedürfnisse und -fähigkeiten älterer Schülerinnen und Schüler einzulassen. Erste Forschungsergebnisse zu Lehr- und Leitungskompetenzen liegen vor; so hat Koch (2016, 309 ff.) für die Seniorenchorleitung auf Basis von Befragungen von Dirigentinnen und Dirigenten ein Kompetenzprofil für Seniorenchorleiterinnen und -leiter ermittelt, das er in die Bereiche musikalische (Grund-)Kompetenzen, soziale bzw. menschliche Kompetenzen sowie fachwissenschaftliche Kompetenzen anderer (Nachbar-)Disziplinen gliedert.

Auf den Bedarf und die individuelle Lernsituation älterer Musikinteressierter sowie die Professionalisierung von Musiklehrkräften reagieren spezielle Weiterbildungen, Symposien und Module in Hochschulstudiengängen, die sich der musikalischen Bildung Älterer widmen (vgl. Hennenberg, 2016, 343 f.; Hartogh & Wickel, 2014, 6 f.). Die Inhalte entsprechen den heterogenen Bedürfnissen; klassisch ausgebildete Lehrpersonen erweitern ihr Arbeitsfeld und bilden sich z. B. im Bereich Pop und Jazz weiter, weil diese Musiksparten von den Lernenden gewünscht werden (vgl. Holtz & Bennett, 2015, 7), oder Konzertmanager und Orchestermusiker erschließen sich dementiell veränderte Menschen und ihre Angehörigen als neue Zielgruppe für Orchesterkonzerte (vgl. Nebauer, 2013). Symposien für Lehrende und Studierende widmen sich interdisziplinären Themen wie „Instrumentales Lernen im Alter. Aspekte zur Didaktik und Ergonomie des Musizierens mit Streichinstrumenten“ (Folkwang-Universität Essen 2015 in Kooperation mit der Deutschen Gesellschaft für Musikgeragogik) oder „Kammermusik 55+“ (Musikhochschule Detmold).

Fazit

Vor dem Hintergrund des demografischen Wandels steigt die Zahl Musikinteressierter im dritten und vierten Lebensalter stetig, Institutionen wie Musikschulen und Musikakademien haben auf diesen Trend reagiert und bieten zielgruppenspezifische Musizierangebote an. Im Bereich der Chöre und Instrumentalensembles gibt es eine große Vielzahl altershomogener und -heterogener Praxisgemeinschaften; die Freude an der Musik und der soziale Austausch stehen dabei für Ältere im Vordergrund.

Ältere Menschen sind prinzipiell genauso lernfähig wie jüngere und ihr Gehirn besitzt in der Regel eine ausreichende Reservekapazität für neues Lernen. Trotz altersbedingter feinmotorischer Einschränkungen gibt es auch im Bereich der Psychomotorik genügend Entwicklungspotenziale, die das Spielen und auch Neuerlernen eines Instruments bei entsprechender Motivation zulassen. Professionelle Anleitung und die Nutzung von Kompensationsstrategien können als entscheidende Gelingensbedingungen für ein befriedigendes und erfülltes Musizieren formuliert werden. Die Lernfähigkeit und -leistung Älterer sind gekennzeichnet durch eine hohe Individualität und Varianz, sodass keine starren Konzepte und Unterrichtsmodelle empfohlen werden können. Unterricht mit Älteren kann nicht ungeachtet der biografischen Vorerfahrungen und der persönlichen Motivation der älteren Schülerinnen und Schüler stattfinden. Zudem müssen Instrumental- und Gesangslehrende potenzielle Lernschwierigkeiten im Blick behalten und darauf mit angemessen Kompensationsstrategien reagieren können.

Für Lehrende der Gesangs- und Instrumentalpädagogik gilt es in erster Linie, das Selbstvertrauen ihrer älteren Schülerinnen und Schüler in die eigene Lernfähigkeit zu stärken und zu hohe Ansprüche und Erwartungen an das eigene Können zu relativieren. Ältere Musizierende sollten im Unterricht, beim (Chor-)Singen sowie Solo- und Ensemblemusizieren die Einsicht gewinnen, dass Freude an der Musik nicht an hohe Leistungen und großes Talent gebunden ist, sondern aus den persönlichen Bedeutungszuschreibungen erwächst.

Literatur

Adamek, K. (1999): *Singen als Lebenshilfe. Zu Empirie und Theorie von Alltagsbewältigung. Plädoyer für eine „Erneute Kultur des Singens".* 2. Auflage. Münster: Waxmann.

Altenmüller, E. (2008): Es ist nie zu spät: Zur Neurobiologie des Musizierens im Alter. In: Verband deutscher Musikschulen (Hg.): *Musik – ein Leben lang! Grundlagen und Praxisbeispiele* (S. 35–40). Bonn: Verband deutscher Musikschulen.

Altenmüller, E. (2015): Wie lernen Senioren? Mechanismen der Hirnplastizität beim Musikunterricht im Erwachsenenalter. In: H. Gembris (Hg.): *Musikalische Begabung und Alter(n)* (S. 103–123). Berlin: LIT.

Arrau, C. (1983): Piano Techniques for Adults. *Music Educators Journal* 69 (2), 31–32.

Baird, A. & Samson, S. (2009): Memory for music in Alzheimer´s Disease: Unforgettable? *Neuropsychology Review* 19 (1), 85–101.

Baltes, P. B. (1990): Entwicklungspsychologie der Lebensspanne: Theoretische Leitsätze. *Psychologische Rundschau* 41, S. 1–24.

Beatty, W. W., Winn, P., Adams, R. L., Allen, E. W., Wilson, D. A. & Prince, J. R. (1994): Preserved cognitive skills in dementia of the Alzheimer type. *Archives of Neurology* 51, 1040–1046.

Bischoff, S. (2011): Musikvereine im demografischen Wandel – zwischen Tradition und Moderne. In: H.H. Wickel & Th. Hartogh (Hg.): *Praxishandbuch Musizieren im Alter. Projekte und Initiativen* (S. 177–193). Mainz: Schott.

Blanckenburg, A.v. (2011): Musicalarbeit mit Senioren und Grundschulkindern. In: H.H. Wickel & Th. Hartogh (Hg.): *Praxishandbuch Musizieren im Alter. Projekte und Initiativen* (S. 279–288). Mainz: Schott.

Borchelt, M., Gilberg, R., Horgas, A.L. & Geiselmann, B. (1996): Zur Bedeutung von Krankheit und Behinderung im Alter. In: K.U. Mayer & P. B. Baltes (Hg.): *Die Berliner Altersstudie* (S. 449–474). Berlin: Akademie Verlag.

Boswell, J. (1992): Human potential and lifelong learning. *Music Educators Journal* 70 (4), 38–40.

Brand, M. (2016): Musikalisch aktiv bis ins Alter: Eine Untersuchung zum Musiklernen autonomer Menschen 55+. In: A. Fricke & Th. Hartogh (Hg.): *Forschungsfeld Kulturgeragogik – Research in cultural geragogy* (S. 261–280). München: kopaed.

Bubolz-Lutz, E., Gösken, E., Kricheldorff, C. & Schramek, R. (2010): *Geragogik. Bildung und Lernen im Prozess des Alterns. Das Lehrbuch.* Stuttgart: Kohlhammer.

Bugos, J., Perlstein, W.M., Brophy, T.S. & Bedenbaugh, P. (2004): The effects of individualized piano instruction on executive memory functions in older adults. *Proceedings of the ICMPC8* (pp. 60–85). Evanston.

BMFSFJ (Bundesministerium für Familie, Senioren, Frauen und Jugend) (2010): *Sechster Bericht zur Lage der älteren Generation in der Bundesrepublik Deutschland. „Altersbilder in der Gesellschaft". Bericht der Sachverständigenkommission an das Bundesministerium für Familie, Senioren, Frauen und Jugend,* https://www.bmfsfj.de/blob/101922/b6e54a742b2e84808af68b8947d10ad4/sechster-altenbericht-data.pdf (Stand: 13.07.2017).

BMWFJ (Bundesministerium für Wirtschaft, Familie und Jugend) (2009): *Best Ager – der Silberne Markt. Trends & Handlungsempfehlungen für Ihr Unternehmen* (Schriftenreihe des Wirtschaftsförderungsinstituts Nr. 336), http://secondavita.de/wp-content/uploads/2016/11/Best-Ager_3.-Auflage_17.02.09.pdf (Stand: 13.07.2017).

Cabeza, R., Anderson, N.D., Locantore, J.K. & McIntosh, A.R. (2002): Aging gracefully: Compensatory brain activity in high-performing older adults. *Neuroimage* 17, 1394–1402.

Conda, M. (1997): *The late bloomers piano club: A case study of a group in progress* (Performance, OH). Ph.D. Dissertation, University of Oklahoma.

Cowles, A., Beatty, W.W., Nixon, S.J., Lutz, L.J., Paulk, J., Paulk, K. et al. (2003): Musical skill in dementia: a violonist presumed to have Alzheimer´s disease learns to play a new song. *Neurocase* 9, 493–503.

Crystal, H.A., Grober, E. & Masur, D. (1989): Preservation of musical memory in Alzheimer's disease. *Journal of Neurology, Neurosurgery, and Psychiatry* 52, 1415–1416.

Deutscher Kulturrat (2009): *„Kultur ein Leben lang". Stellungnahme des Deutschen Kulturrates und der Bundesarbeitsgemeinschaft der Senioren-Organisationen,* https://www.kulturrat.de/positionen/kultur-ein-leben-lang (Stand: 23.04.2018).

Deutscher Musikrat (2007): *Wiesbadener Erklärung. Musizieren 50+ – im Alter mit Musik aktiv. 12 Forderungen an Politik und Gesellschaft,* https://www.musikrat.de/fileadmin/files/DMR_Musikpolitik/Musizieren_50_/DMR_Wiesbadener_Erklaerung.pdf (Stand: 23.04.2018).

Deutsches Musikinformationszentrum (2016): *Schülerzahlen und Altersverteilung an Musikschulen des VdM:* http://miz.org/downloads/statistik/5/05_Schuelerzahl_Alterverteilung_Musikschulen_2016.pdf (Stand: 13.07.2017).

Dinse, H.R., Kattenstroth, J.C., Kalisch, T. & Tegenthoff, M. (2016): Tanzen im Alter In: A. Fricke & Th. Hartogh (Hg.): *Forschungsfeld Kulturgeragogik – Research in cultural geragogy* (S. 173–188). München: kopaed.

Eberly, J.W. (1954): The aptitude of elderly people for learning to play the piano. In: M. Bing (Ed.): *Music therapy 1953. Third book of proceedings of the National Association for Music Therapy* (pp. 133–142). Lawrence/Kansas: Allen Press.

Elbert, Th., Pantev, Ch., Wienbruch, Ch., Rockstroh, B. & Taub, E. (1995): Increased cortical representation of the fingers of the left hand in string players. *Science* 270, 305–307.

Fornazzari, L., Castle, T., Nadkarni, S., Ambrose, M., Miranda, D. & Apanasiewicz, N. (2006): Preservation of episodic musical memory in a pianist with Alzheimer disease. *Neurology* 66, 610–611.

Franke, A. (2014): Positive Spirale: Das Martha-Stift orientiert sich konsequent an der „Eden-Alternative" und gewinnt den Altenpflege-Preis 2014. *Altenpflege* 39 (11), 28–33.

Franke, A. (2015): Altenarbeit mit Sound und Sinn. *Kulturräume. Das KUBIA-Magazin* 08, 28–30.
Fung, C.V. & Lehmberg, L.J. (2016): *Music for life. Music participation and quality of life of senior citizens.* Oxford: Oxford University Press.
Fuchs, Th. (2013): *Das Leibgedächtnis in der Demenz:* http://www.jungekirche.de/2010/310/leibgedaechtnis.html (Stand: 23.04.2018).
Gellrich, M. (1989): Psychologische Aspekte des Musiklernens Erwachsener. In: G. Holtmeyer (Hg.): *Musikalische Erwachsenenbildung. Grundzüge – Entwicklung – Perspektiven* (S. 91–103). Regensburg: Bosse.
Gembris, H. (2008a): Musikalische Entwicklung im mittleren und höheren Erwachsenenalter. In: H. Gembris (Hg.): *Musik im Alter. Soziokulturelle Rahmenbedingungen und individuelle Möglichkeiten* (S. 95–129). Frankfurt a.M.: Lang.
Gembris, H. (2008b): Musik im Erwachsenenalter. Entwicklungspsychologische Befunde und praktische Perspektiven. In: Verband deutscher Musikschulen (Hg.): *Musik – ein Leben lang! Grundlagen und Praxisbeispiele* (S. 11–34). Bonn: VdM.
Gembris, H. (2014): Musikalische Begabung und Talent in der Lebenszeit-Perspektive. In: W. Gruhn & A. Seither-Preisler (Hg.): *Der musikalische Mensch. Evolution, Biologie und Pädagogik musikalischer Begabung* (S. 184–218). Hildesheim: Olms.
Gembris, H. (2016): Musikalische Begabung und Alter(n). In: A. Fricke & Th. Hartogh (Hg.): *Forschungsfeld Kulturgeragogik – Research in cultural geragogy* (S. 221–260). München: kopaed.
Generali Zukunftsfonds & Institut für Demoskopie Allensbach (Hg.) (2012): *Generali Altersstudie 2013. Wie ältere Menschen leben, denken und sich engagieren.* Bonn: Bundeszentrale für politische Bildung.
Grimmer, F. & Schroth, G. (2004): Lebenslanges Lernen. Musikalische Erwachsenenbildung im Zeichen gesellschaftlicher Umstrukturierung. *Üben & Musizieren* 21 (1), 20–25.
Groote, K. de (2013): *„Entfalten statt liften!". Eine qualitative Untersuchung zu den Bedürfnissen von Senioren in kulturellen Bildungsangeboten.* München: kopaed.
Groote, K. de (2016): Entfalten statt liften! Bedürfnisse von Älteren in kulturellen Bildungsangeboten. In: A. Fricke & Th. Hartogh (Hg.): *Forschungsfeld Kulturgeragogik – Research in cultural geragogy* (S. 39–58). München: kopaed.
Groote, K. de & Fricke, A. (Hg.) (2010): *Kulturkompetenz 50+. Praxiswissen für die Kulturarbeit mit Älteren.* München: kopaed.
Groote, K. de & Hartogh, Th. (2016): Gegenstand, Typen und Methoden der Forschung in der Kulturgeragogik. In: A. Fricke & Th. Hartogh (Hg.): *Forschungsfeld Kulturgeragogik – Research in cultural geragogy* (S. 17–35). München: Kopaed.
Grosse, Th. (2016): Community Music ist Kultursozialarbeit. Der Begriff nimmt dabei den Herausforderungen für Instrumentallehrer/innen nichts von ihrer Schärfe. In: *VAN Webmagazin für klassische Musik* (18.05.2016), http://van-magazin.us8.list-manage.com/track/click?u=66e66d97e2bf82d8d0908090b&id=5455147c6c&e=7a6d992c14 (Stand: 13.07.2017).
Gruhn, W. (2010): *Anfänge des Musiklernens. Eine lerntheoretische und entwicklungspsychologische Einführung.* Hildesheim: Olms.
Gruhn, W. (2014): *Der Musikverstand. Neurobiologische Grundlagen des musikalischen Denkens.* Hildesheim: Olms.
Habermann, G. (2003): *Stimme und Sprache.* 4. Auflage. Stuttgart: Thieme.
Hartogh, Th. (2005): *Musikgeragogik – ein bildungstheoretischer Entwurf.* Augsburg: Wissner.
Hartogh, Th. (2013): Musizieren und Musikhören im höheren Erwachsenenalter. In: R. Heyer, S. Wachs & Ch. Palentien (Hg.): *Handbuch Jugend – Musik – Sozialisation* (S. 437–463). Wiesbaden: Springer.
Hartogh, Th. (2015): Inklusion demenziell veränderter Menschen – aufgezeigt am Beispiel kultureller Teilhabe. In: Th. Grosse, L. Niederreiter & H. Skladny (Hg.): *Inklusion und Ästhetische Praxis in der Sozialen Arbeit* (S. 61–83). Weinheim/Basel: Beltz/Juventa.
Hartogh, Th. (2016): Music geragogy, elemental music pedagogy and community music – didactic approaches for making music in old age. *International Journal of Community Music* 9 (1), 35–48.
Hartogh, Th. & Wickel, H.H. (2008): *Musizieren im Alter. Arbeitsfelder und Methoden.* Mainz: Schott.
Hartogh, Th. & Wickel, H.H. (2014): Musikgeragogik – Grundlagen, Arbeitsfelder, Aus- und Weiterbildung. *Diskussion Musikpädagogik* 62, 4–7.
Helmchen, H. & Kanowski, S. (2001): Gegenwärtige Entwicklung und zukünftige Anforderungen an die Gerontopsychiatrie. In: Deutsches Zentrum für Altersfragen (Hg.): *Expertisen zum Dritten Altenbericht der Bundesregierung,* Bd. 4 (S. 11–111). Opladen: Leske + Budrich.

Hennenberg, B. (2016): Nächstes Mal spielt das Saxofon mehr: Kreatives situatives Musizieren von Musikstudierenden mit hochaltrigen Personen in einem Seniorentageszentrum in Wien Floridsdorf – eine gesellschaftspolitische Notwendigkeit. In: A. Fricke & Th. Hartogh (Hg.): *Forschungsfeld Kulturgeragogik – Research in cultural geragogy* (S. 343–354). München: kopaed.

Hoedt-Schmidt, S. (2010): *Aktives Musizieren mit der Veeh-Harfe. Ein musikgeragogisches Konzept für Menschen mit dementiellen Syndromen.* Münster: Waxmann.

Holtz, C. & Bennett, J. (2015): *Instrumentalunterricht 50plus. Mach dich schlau – Lern- und Lehrstrategien im Instrumentalunterricht 50plus,* http://www.hkb-interpretation.ch/projekte/instrumentalunterricht50plus (Stand: 13.07.2017).

Jacobsen, J.-H., Stelzer, J., Fritz, Th. F., Chételat, G., La Joie, R. & Turner, R. (2015): Why musical memory can be preserved in advanced Alzheimer´s disease. BRAIN. *A Journal of Neurology,* DOI: http://dx.doi.org/10.1093/brain/awv135.

Jaeggi, S. M., Buschkuehl, M., Jonides, J. & Perrig, W.J. (2008): Improving fluid intelligence with training on working memory. *Proceedings of the National Academy of Sciences* 105 (19), 6829–6833.

Jakobi, R. (2011): Das Kursana Domizil in Gütersloh – eine Pflegeeinrichtung mit musikgeragogischem Schwerpunkt. In: H.H. Wickel & Th. Hartogh (Hg.): *Praxishandbuch Musizieren im Alter. Projekte und Initiativen* (S. 290–295). Mainz: Schott.

Jekic, A. (2011): Unter 7 – Über 70. Ein generationsübergreifendes Musikkonzept für Kinder im Vorschulalter und Senioren. In: H.H. Wickel & Th. Hartogh (Hg.): *Praxishandbuch Musizieren im Alter. Projekte und Initiativen* (S. 272–278). Mainz: Schott.

John, H. (2007): Hülle mit Fülle. Museumskultur für alle – 2.0. In: H. John & A. Dauschek (Hg.): *Museen neu denken* (S. 15–64). Bielefeld: transcript.

Kameke, E.-U. v. (2011): Die Musik-Akademie für Senioren in Hamburg. In: H.H. Wickel & Th. Hartogh (Hg.): *Praxishandbuch Musizieren im Alter. Projekte und Initiativen* (S. 290–295). Schott: Mainz.

Karl, U. (2010): Kulturelle Bildung und Kulturarbeit mit älteren und alten Menschen. In: K. Aner & U. Karl (Hg.): *Handbuch Soziale Arbeit und Alter* (S. 87–97). Wiesbaden: Verlag für Sozialwissenschaften.

Kehrer, E.-M. (2013): *Klavierunterricht mit dementiell erkrankten Menschen. Ein instrumentalgeragogisches Konzept für Anfänger.* Münster: Waxmann.

Keuchel. S. (2007): Mehr Initiative in der Breitenmusikszene für das Publikum von Morgen. In: S. Liebing & A. Koch (Hg.): *Ehrenamt Musik 2. Vereine und Institutionen auf dem Weg in die Zukunft* (S. 169–179). Regensburg: ConBrio.

Keuchel, S. & Wiesand, A.J. (2008): *Das KulturBarometer 50+. „Zwischen Bach und Blues ...". Ergebnisse einer Bevölkerungsumfrage.* Bonn: ARCult Media.

Kim, D.E., Shin, M.J., Lee, K.M., Chu, K., Woo, S.H., Kim, Y.R., Song, E.C., Lee, J.W., Park, S.H. & Roh, J.K. (2004): Musical training-induced functional reorganization of the adult brain: functional magnetic resonance imaging and transcranial magnetic stimulation study on amateur string players. *Human Brain Mapping* 23 (4), 188–199.

Kliegel, M. & Jäger, Th. (2008): Die kognitive Leistungsfähigkeit im mittleren und höheren Lebensalter. In: H. Gembris (Hg.): *Musikalische Begabung und Alter(n)* (S. 69–91). Münster: LIT.

Kliegel, M., Zinke, K. & Hering, A. (2012): Plastizität. In: H.-W. Wahl, C. Tesch-Römer & J.P. Ziegelmann (Hg.): *Angewandte Gerontologie. Intervention für ein gutes Altern in 100 Schlüsselbegriffen* (2., vollst. überarb. und erw. Auflage) (S. 72–77). Stuttgart: Kohlhammer.

Klüppelholz, W. (1993): *Projekt Musikalische Erwachsenenbildung an Musikschulen 1990–1992. Abschlußbericht der wissenschaftlichen Begleitung.* Bonn: Verband Deutscher Musikschulen.

Koch, K. (2016): (Chor-)Singen im Alter aus Sänger- und Chorleiterperspektive. In: A. Fricke & Th. Hartogh (Hg.): *Forschungsfeld Kulturgeragogik – Research in cultural geragogy* (S. 301–323). München: kopaed.

Kreutz, G. (2015): *Warum Singen glücklich macht* (2. Auflage). Gießen: Psychosozial-Verlag.

Kreutz, G., Bongard, S., Rohrmann, S., Hodapp, V. & Grebe, D. (2004): Effects of choir singing or listening on secretory immunglobulin A, cortisol and emotional state. *Journal of Behavioral Medicine* 27 (6), 623–635.

Lehr, U. (2007): *Psychologie des Alterns.* 11., korrigierte Auflage. Wiebelsheim: Quelle & Meyer.

Lindemann, St. (2000): *Oldies but Goldies. Ein Plädoyer für den Erwachsenenunterricht. Üben & Musizieren* 17 (2), 42–44.

Malwitz-Schütte, M. (2006): Lebenslanges Lernen (auch) im Alter? – Selbstgesteuertes Lernen, Medienkompetenz und Zugang zu Informations- und Kommunikationstechnologien älterer Erwachsener im Kontext wissenschaftlicher Weiterbildung. In: *Bildungsforschung* 3 (2) (Schwerpunkt „Bildung Älterer"), S. 1–25, https://core.ac.uk/download/pdf/33981657.pdf (Stand: 13.07.2017).

Marciano, T.D. (1990): A sociologist investigates the adult piano student. *American Music Teacher* 39 (6), 24–27.

Maris, B.E. (2000): *Making Music at the Piano. Learning strategies for adult students.* Oxford: Oxford University Press.

Merriam, S.B. & Caffarella, R.S. (1991): *Learning in adulthood: a comprehensive guide.* San Francisco: Jossey-Bass Inc.

Myers, D.E. (1992): Teaching learners of all ages. *Music Educators Journal* 79, 23–26.

Myers, D., Bowles, Ch. & Dabback, W. (2013): Music learning as a lifespan endeavor. In: K.K. Veblen, S.J. Messenger, M. Silverman & D.J. Elliott (Hg.): *Community Music Today* (pp. 133–150). Lanham, MD: Rowman & Littlefield Education.

Nebauer, F. (2013): *Auf Flügeln der Musik. Konzertprogramme für Menschen mit Demenz. Projektdokumentation.* Remscheid: Institut für Bildung und Kultur e.V.

Nevermann-Körting, U. (2011): *Du und ich am Klavier. Partnerunterricht von Großelternteil und Enkel.* Fachhochschule Münster: Unveröffentlichte Abschlussarbeit der Weiterbildung Musikgeragogik.

Oswald, W.D., Rupprecht, R. & Hagen, B. (2007): *Bedingungen der Erhaltung und Förderung von Selbstständigkeit im höheren Lebensalter (SIMA).* 13. Auflage. Nürnberg: Institut für Psychogerontologie der Universität Erlangen-Nürnberg.

Owen, D.M. (2010): Challenges of teaching adult music students in the instrumental studio. *E-Journal of Studies in Music Education* 8 (2), 44–60.

Pawloff, T. (2007): Analyse der Situation. In: T. Pawloff & Ch. Fürst (Hg.): *Neue Wege der Erwachsenenbildung an Musikschulen. Dokumentation eines dreijährigen Projekts von vier europäischen Musikschulen* (S. 15–18). St. Georgen: Landesmusikschule.

Perleth, Ch. (2015): Intelligenz, Hochbegabung und Altern. In: H. Gembris (Hg.): *Musikalische Begabung und Alter(n)* (S. 45–80). Münster: LIT.

Ragot, R., Ferrandez, A.-M. & Pouthas, V. (2002): Time, music, and aging. *Psychomusicology* 18, 28–45.

Ramanathan, D., Conner, J.M. & Tuszynski, M.H. (2006): A form of motor cortical plasticity that correlates with recovery of function after brain injury. *Proceedings of the National Academy of Sciences of the Unites States of America* 103 (30), 11370–11375.

Rast, P. (2011): Verbal knowledge, working memory, and processing speed as predictors of verbal learning in older adults. *Developmental Psychology* 7 (5), 1490–1498.

Reischies, F.M. & Lindenberger, U. (1999): Grenzen und Potenziale kognitiver Leistungsfähigkeit im Alter. In: K.U. Mayer & P.B. Baltes (Hg.): *Die Berliner Altersstudie* (2. Auflage) (S. 351–377). Berlin: Akademieverlag.

Reuter, Ch. (2016): *Musik ist das Ziel! ... gemeinsam zum Klang. Generationenübergreifendes Musikprojekt an der Josef Metternich Musikschule Hürth.* Fachhochschule Münster: Unveröffentlichte Abschlussarbeit der Weiterbildung Musikgeragogik.

Richter, B. (2008): Die Stimme im Alter. In: H. Gembris (Hg.): Musik im Alter. *Soziokulturelle Rahmenbedingungen und individuelle Möglichkeiten* (S. 131–137). Frankfurt a.M.: Peter Lang.

Röbke, P. (2009): Lernen in der musikalischen Praxisgemeinschaft. Wie der „Formal/Informal"-Diskurs überlagert wird. In: P. Röbke & N. Ardila-Mantilla (Hg.): *Vom wilden Lernen. Musizieren lernen – auch außerhalb von Schule und Unterricht* (S. 159–168). Mainz: Schott.

Sacks, O. (2008): *Der einarmige Pianist. Über Musik und das Gehirn.* Reinbek: Rowohlt.

Schmutte, M. (2001): Singen mit alten Menschen in Chorarbeit und Musiktherapie. In: R. Tüpker & H. H. Wickel (Hg.): *Musik bis ins hohe Alter. Fortführung, Neubeginn, Therapie* (S. 20–35). Münster: LIT.

Schnieders, H. (2011): Neue Instrumente (und Methoden) für das Gruppenmusizieren mit Senioren. In: H.H. Wickel & Th. Hartogh (Hg.): *Praxishandbuch Musizieren im Alter. Projekte und Initiativen* (S. 208–222). Schott: Mainz.

Schuppert, M. (2015): Musizieren und Alter(n) aus Sicht der Musikermedizin. In: H. Gembris (Hg.): *Musikalische Begabung und Alter(n)* (S. 125–151). Münster: LIT.

Smilde, R. & Bisschop Boele, E. (2016): Lifelong learning and healthy ageing: The significance of music as an agent of change. In: A. Fricke & Th. Hartogh (Hg.): *Forschungsfeld Kulturgeragogik – Research in cultural geragogy* (S. 205–220). München: kopaed.

Solle, A. (2012): *Ein Tag mit Rossini oder wie der Kontrabass zu einem Frühstücksei kam. Eine Streicherklasse lädt ihre Großeltern.* Fachhochschule Münster: Unveröffentlichte Abschlussarbeit der Weiterbildung Musikgeragogik.

Spahn, C. (2008): Instrumentales Musizieren im Alter. In: H. Gembris (Hg.): *Musik im Alter. Soziokulturelle Rahmenbedingungen und individuelle Möglichkeiten* (S. 139–149). Frankfurt a.M.: Lang.

Spiekermann, R. (2009): *Erwachsene im Instrumentalunterricht. Didaktische Impulse für ein Lernen in der Lebensspanne.* Mainz: Schott.

Spiekermann, R. (2016): Instrumentalunterricht mit Älteren. In: A. Fricke & Th. Hartogh (Hg.): *Forschungsfeld Kulturgeragogik – Research in cultural geragogy* (S. 281–300). München: kopaed.

Spiekermann, R. (2017): *Kammermusik 55+. Menschen zueinander bringen.* Münster: Waxmann.

Spychiger, M. (2006): *Musik im Lebenslauf. Üben & Musizieren* 23 (2), 44–45.

Staudinger, U. M. (2003): Das Alter(n): Gestalterische Verantwortung für den Einzelnen und die Gesellschaft. *Aus Politik und Zeitgeschichte,* 12. Mai 2003, 35–42.

Stegemeier, M. (2011): Musikvermittlung für Menschen im dritten und vierten Lebensalter. In: H. H. Wickel & Th. Hartogh (Hg.): *Praxishandbuch Musizieren im Alter. Projekte und Initiativen* (S. 127–139). Mainz: Schott.

Steinhagen-Thiessen, E. & Borchelt, M. (1996): Morbidität, Medikation und Funktionalität im Alter. In: K. U. Mayer & P. B. Baltes (Hg.): *Die Berliner Altersstudie* (S. 151–183). Berlin: Akademie Verlag.

Tesch-Römer, C. & Wurm, S. (2009): Wer sind die Alten? Theoretische Positionen zum Alter und Altern. In: K. Böhm, C. Tesch-Römer & T. Ziese (Hg.): *Beiträge zur Gesundheitsberichterstattung des Bundes. Gesundheit und Krankheit im Alter* (S. 7–20). Berlin: Robert Koch-Institut.

Verband deutscher Musikschulen (Hg.) (2008): *Musik – ein Leben lang! Grundlagen und Praxisbeispiele* (S. 11–34). Bonn: VdM.

Verband deutscher Musikschulen (2014): *Potsdamer Erklärung. Musikschule im Wandel. Inklusion als Chance* http://www.musikschulen.de/medien/doks/vdm/potsdamer_erklaerung.pdf (Stand: 13.07.2017).

Voss, H. U., Uluç, A. M., Dyke, J. P., Watts, R., Kobylarz, E. J., McCandliss, B. D., Heier, L. A., Beattie, B. J., Hamacher, K. A., Vallabhajosula, S., Goldsmith, S. J., Ballon, D., Giaciano, J. T. & Schiff, N.D. (2006): Possible axonal regrowth in late recovery from the minimally conscious state. *The Journal of Clinical Investigation* 116 (7), 2005–2011.

Walsleben, B. (2001): Im fortgeschrittenen Alter ein Musikinstrument lernen. In: R. Tüpker & H. H. Wickel (Hg.): *Musik bis ins hohe Alter. Fortführung, Neubeginn, Therapie* (S. 35–50). Münster: LIT.

Weicherding, R. (2011): Hip-Hop/Rap: junge Musik für ältere Menschen, in: H. H. Wickel & Th. Hartogh (Hg.): *Praxishandbuch Musizieren im Alter. Projekte und Initiativen* (S. 223–228). Mainz: Schott.

Weng, A. (1992): *Instrumentalunterricht im Erwachsenenalter. Aspekte zur Theorie und Praxis unter Berücksichtigung von Musikschularbeit in Nordrhein-Westfalen.* Musikhochschule Köln: Staatsexamensarbeit.

Werner, Ch. (2011): Das Projekt „Triangel Partnerschaften" – klingende Brücken zwischen Jung und Alt. In: H. H. Wickel & Th. Hartogh (Hg.): *Praxishandbuch Musizieren im Alter. Projekte und Initiativen* (S. 263–271). Mainz: Schott.

Whitehouse, P. J. & George, D. (2009): *Mythos Alzheimer. Was Sie schon immer über Alzheimer wissen wollten, Ihnen aber nicht gesagt wurde.* Bern: Huber.

Wickel, H. H. (2013): *Musik kennt kein Alter. Mit Musik alt werden: Ein Mutmacher.* Stuttgart: Reclam.

Wickel, H. H. & Hartogh, Th. (2006): *Musik und Hörschäden. Grundlagen für Prävention und Intervention in sozialen Berufsfeldern.* Weinheim: Juventa.

Wickel, H. H. & Hartogh, Th. (Hg.) (2011): *Praxishandbuch Musizieren im Alter. Projekte und Initiativen.* Mainz: Schott.

Wolter, A. (2001): Lebenslanges Lernen und „non-traditional students" Die Bundesrepublik Deutschland im Lichte internationaler Entwicklungen und Perspektiven. In: U. Strate & M. Sosna (Hg.): *Lernen ein Leben lang – Beiträge der wissenschaftlichen Weiterbildung. Hochschulpolitik – Strukturentwicklung – Qualitätssicherung – Praxisbeispiele. Dokumentation der 30. Jahrestagung AUE* (S. 138–152). Regensburg: AUE-Verlag.

World Health Organization (WHO) (2012): Strategie und Aktionsplan für gesundes Altern in der Europäischen Region (2012-2020), http://www.euro.who.int/__data/assets/pdf_file/0018/170316/RC62wd10-Ger.pdf (Stand 31.08.2017).

Wristen, B. (2005): Demographics and Motivation of Adult Group Piano Students. *Faculty Publications: School of Music. Paper* 2, http://digitalcommons.unl.edu/cgi/viewcontent.cgi?article=1002&context=musicfacpub (Stand: 24.04.2018).

Wurm, S. & Tesch-Römer, C. (2007): Stand der Alternsforschung: Implikationen für Prävention und Gesundheitsförderung. In: Deutsches Zentrum für Altersfragen (Hg.): *Informationsdienst Altersfragen* 34 (1), 2–6.

Wurm, S., Lampert, T. & Menning, S. (2009): Subjektive Gesundheit. In: K. Böhm, C. Tesch-Römer & T. Ziese (Hg.): *Beiträge zur Gesundheitsberichterstattung des Bundes: Gesundheit und Krankheit im Alter* (S. 79–91). Berlin: Robert Koch Institut.

Zimmerschied, D. (2007): Fragen zum Instrumentalunterricht 50 plus. Dieter Zimmerschied im exemplarischen Interview mit einem Spätstarter an der Geige. *Neue Musikzeitung* 56 (4), 6.

Verborgenes Lernen

5

Anne Steinbach
Elementares Musiklernen und Musiklernen im Elementarbereich

Hendrikje Mautner-Obst
Musikvermittlung

Alexandra Kertz-Welzel
Community Music, oder: die Faszination des Nicht-Lernens

Anne Steinbach

Elementares Musiklernen und Musiklernen im Elementarbereich

„Elementares Musiklernen“ und „Musiklernen im Elementarbereich“ dienen hier als Bezeichnungen für die Einbindung des Musiklernens in disziplinäre und institutionelle Kontexte, die auf ein vornehmlich nicht-spezialisiertes, zuweilen auch nicht intendiertes Musiklernen ausgerichtet sind und dabei einerseits die ganze Lebensspanne umfassen, andererseits speziell dem frühen Kindesalter verpflichtet sind. Als Bezugsdisziplinen stehen insbesondere die *Elementare Musikpädagogik* mit Zielgruppen von der Geburt bis ins Seniorenalter sowie die *Elementarpädagogik* mit ihrer Verwurzelung in der frühen Kindheit – nämlich im sogenannten Elementarbereich des Bildungssystems – Pate. Institutionell wird der Bogen somit zwischen Angeboten für Kinder, Jugendliche und Erwachsene an der Musikschule, freien Angeboten, Angeboten unterschiedlicher Kulturinstitutionen und dem Musiklernen in der Kita aufgespannt. Zwar deuten sich dabei im Begriff des *Elementaren* verschiedene Verbindungen und Überschneidungen an, doch erhält er durchaus unterschiedliche Bedeutungen, auch wenn kein einheitliches Lernkonzept und kein spezifisch lerntheoretischer Ansatz zugrunde liegen. Die in den pädagogischen Bezugsdisziplinen vorhandenen Auffassungen von Lernen, aber auch Lehren, beeinflussen jedoch die Ausprägungen des Musiklernens in den jeweiligen institutionellen Kontexten. Damit ist der hier gewählte Begriff des *elementaren Musiklernens* also auch keine Bezeichnung eines Lernkonzepts oder gar eines lerntheoretischen Ansatzes, sondern lediglich ein Sammelbegriff für die im Folgenden aufgezeigten vielfältigen Ausprägungen eines grundlegenden, nicht-spezialisierten Musiklernens.

Elementares Musiklernen – begriffliche Einordnung

Jene musikpädagogische Teildisziplin, die den Begriff des Elementaren im Namen trägt, nämlich die Elementare Musikpädagogik (EMP), umfasst die gesamte Lebensspanne und widmet sich „der Erschließung ‚elementarer‘ Erfahrungen oder Inhalte“ (Nykrin, 2005, 49). Einerseits kann damit eine subjektiv bedeutsame, musikalisch-künstlerische Erfahrung von „Erleuchtung“, „Erschütterung“ o. ä. gemeint sein, andererseits aber auch „die Umgrenzung von grundsätzlich objektivierbaren Lerngegenständen, die versprechen [...], musikalisch Grundlegendes, Wesentliches zum Ausdruck und dem Lernenden zur Erfahrung zu bringen“ (ebd., 49 f.). Allein diese beiden Ausrichtungen zeigen schon, wie vielschichtig oder mehrdeutig der Begriff des Elementaren besetzt ist (zum Begriff ausführlich: Jungmair, 1992). Neben „grundlegend oder wesentlich“ und „gewaltig (von den Elementen der Natur hergeleitet)“ trägt Ruth Schneidewind weitere Konnotationen aus dem alltäglichen Sprachgebrauch zusammen: „elementar als anfängerhaft“, „elementar als einfach oder simpel“, „elementar als natürlich oder ursprünglich“ (Schneidewind, 2011, 19 ff.). Die Vielfalt in alltäglichen, aber auch in musikpädagogischen Auffassungen macht einerseits eine terminologisch klare Verwendung nicht leicht und lässt die Frage nach der begrifflichen Aussagekraft des „Elementaren" offen. Da der Begriff jedoch etabliert ist und verwendet wird, ist andererseits eine möglichst transparente Bestimmung für den jeweils gegebenen Kontext unumgänglich, in diesem Falle also für den musikpädagogischen Zusammenhang.

Als Ausgangspunkt kann Carl Orffs Begriffsbestimmung der Elementaren Musik im Orff-Schulwerk herangezogen werden, welche auf die Verknüpfung mit anderen Ausdrucksformen abzielt und davon ausgeht, dass eine solche Musik für jeden Menschen erlernbar sei:

» Elementare Musik ist nie Musik allein, sie ist mit Bewegung, Tanz und Sprache verbunden, sie ist eine Musik, die man selbst tun muß, in die man nicht als Hörer, sondern als Mitspieler einbezogen ist. Sie ist vorgeistig, kennt keine große Form, keine Architektonik, sie bringt kleine Reihenformen, Ostinati, kleine Rondoformen. Elementare Musik ist erdnah, naturhaft, körperlich, für jeden erlern- und erlebbar, dem Kinde gemäß." (Orff, 1964, 16)

Historisch geprägte Formulierungen bzw. Definitionen wie „vorgeistig" oder „klein" wären durchaus kritisch zu hinterfragen, ebenso wie das Absprechen von musikalischer Architektonik, die implizit eher als passiv dargestellte Tätigkeit des Musikhörens oder die Eingrenzung auf das Kindesalter und die damit einhergehende reduktionistische Auffassung dessen, was „dem Kinde gemäß" sei. Dennoch lassen sich die hier angelegten Aspekte in späteren Weiterentwicklungen und Ausdifferenzierungen des Begriffs wiederfinden. So wird das Elementare etwa mit der Repräsentation von „Grundstrukturen" erklärt:

» ‚Elementarisierung' bedeutet also *nicht* die Zerlegung eines Sachbereichs in kleinstmögliche Partikel oder Mosaiksteinchen, die sich erst nach und nach zu einem Bild zusammenfügen, es bedeutet *nicht* Simplifizierung oder Vereinfachung, sondern Freilegung des Grundsätzlichen." (Ribke, 1995, 35; Hervorhebung im Original)

Als weitere Dimension kommt der Bezug auf den aktiv musizierenden Menschen hinzu. So führte der am Aufbau des Orff-Instituts beteiligte Musiktheoretiker Wilhelm Keller in einem Interview aus den Neunzigerjahren den Zusammenhang zwischen elementarer Musik und Persönlichkeit aus:

» Elementare Musik ist die Musik der Persönlichkeit, *wie sie ist*. Und jede Persönlichkeit kann Elementare Musik produzieren – ich kann aber nicht sagen, dass jeder Geige lernen kann. Bei der Reproduktion sind die Grenzen gesetzt, bei der Produktion wird die Grenze vom Produzierenden gesetzt. Das ist ein sehr wichtiger Unterschied. [...] Elementare Musik ist also etwas, das in jedem Menschen potentiell angelegt ist und zwar entsprechend seiner Möglichkeiten." (Keller, in: Widmer, 2011, 76; Hervorhebung im Original)

Den Persönlichkeitsbezug führt Juliane Ribke fort, indem sie die Elementare Musikpädagogik insgesamt als ein Konzept auffasst, welches zur Persönlichkeitsbildung beitragen kann bzw. soll (vgl. Ribke, 1995). Außerdem stellt sie die verbindungsstiftende Funktion der Elementaren Musikpädagogik explizit heraus: „In diesem Sinne gilt es, ein Band zu knüpfen zwischen Menschen und Inhalten, zwischen Inhalten und Inhalten, zwischen Menschen und Menschen, zwischen Menschen und ihren Handlungen" (Ribke, 2004, 13). Dies wäre dann die Verbindung zwischen „Mensch und Musik, Musik und anderen Künsten, Mensch und Mensch, Mensch und Selbst" (ebd.).

Mittlerweile haben sich für das rezeptive wie produktive musikalische Handeln in elementar-musikpädagogischen Zusammenhängen die Begriffe der Elementaren Musikpraxis (vgl. Dartsch, 2014, 88; 2016, 57) bzw. des Elementaren Musizierens (vgl. Schneidewind, 2011) etabliert. Michael Dartsch beschreibt die Elementare Musikpraxis beispielsweise als grundlegenden, nicht-spezialisierten Musikunterricht, dessen Inhalte „im Sinne einer grundsätzlichen Offenheit die Vielfalt der Umgangsweisen mit Musik ebenso abbilden [sollen] wie die der Stile und Genres" (Dartsch, 2016, 57). Die Definition von Dartsch berücksichtigt eine grundlegende wie auch eine propädeutische Funktion:

» Ein Unterricht im Bereich der Elementaren Musikpraxis kann als grundlegender Musikunterricht angesehen werden. Er besitzt einen Eigenwert für die Bildung der Schülerinnen und Schüler. Andererseits lassen sich auf der Grundlage eines solchen Unterrichts verschiedene spezialisierende Wege anschließen." (Dartsch, 2014, 88)

Ruth Schneidewinds Definition des Elementaren Musizierens weist dagegen keine Verortung in Unterrichtssituationen auf, da hier der gemeinsame und sich selbst genügende Musizierprozess gemeint ist, jenseits evtl. vorhandener Vermittlungsintentionen:

» Elementares Musizieren ist ein Prozess, ein Musizierprozess. Alle, die teilnehmen wollen, nehmen teil. Wer kommen will, ob Kind oder Künstler, kann mitmachen. Wer mitmacht, braucht nichts außer dem, was er hat, seine Erfahrungen und Fähigkeiten." (Schneidewind, 2011, 35)

Dartsch weist darauf hin, dass Angebote elementarer Musikpraxis insbesondere für Kinder vor der Einschulung nachgefragt werden, aber in allen Altersgruppen, von Babys und ihren Eltern, zu Kleinkindern, über Vorschul- und Schulkinder, Jugendliche, Erwachsene und Seniorinnen und Senioren, möglich sind und verwirklicht werden (vgl. Dartsch, 2014, 88). Im o.g. Zitat von Schneidewind kommt zudem die intergenerative Komponente altersgemischter Gruppen zum Ausdruck. Die grundsätzliche Verfasstheit elementaren Musizierens bzw. elementarer Musikpraxis wird also auf das Musiklernen in der gesamten Lebensspanne bezogen, methodisch allerdings zielgruppenbezogen angepasst.

„Jenseits aller Benennungsproblematik bleibt festzuhalten: Als musikdidaktische Primärkategorie ist der elementare Zugang zur Musik anzusetzen, während die Sekundärkategorie nach speziellen Lernbedingungen der Adressaten fragt und vor allem methodische Konsequenzen hat" (Ribke, 1995, 31).

Grundsätzlich kann für das elementare Musiklernen aufgrund der vielschichtigen damit verbundenen Bedeutungsebenen festgehalten werden, dass es sich um ein grundlegendes, nicht-spezialisiertes und voraussetzungsoffenes Lernen mit Körper, Stimme, Instrumenten und Materialien handelt, welches in der Kunstform Musik und mit künstlerischen Mitteln, aber auch mit anderen (künstlerischen) Ausdrucksformen verbunden stattfindet, jedem Menschen zugänglich ist, auf dessen individuellen Erfahrungen und Fähigkeiten basiert und nicht unbedingt intendiert ist.

Musiklernen im Elementarbereich – institutionelle Einordnung

Musiklernen im Elementarbereich betrifft alle formalen musikbezogenen Bildungsangebote sowie informellen musikbezogenen Lern- bzw. Bildungsgelegenheiten in verschiedenen institutionellen Kontexten im Kindesalter bis zum Schuleintritt. Somit ist hier der Begriff des Elementaren zwar ebenfalls als grundlegend zu verstehen, aber durchaus auf eine bestimmte Altersgruppe bezogen. In Deutschland stellt der Elementarbereich die erste Stufe des Bildungssystems dar, „zum Elementarbereich zählen alle Einrichtungen freier und öffentlicher Träger der Kinder- und Jugendhilfe, die Kinder bis zum Schulbeginn aufnehmen" (KMK, 2015, 102). Formal sind diese Einrichtungen allerdings den Jugendämtern unterstellt, während in anderen europäischen Ländern Einrichtungen des Elementarbereichs dem jeweiligen Bildungsministerium zugeordnet sind (vgl. Merkel, o. J.).

Für die Kindertageseinrichtungen besteht nicht nur ein Betreuungs-, sondern auch ein Bildungsauftrag. So heißt es für Kindertagesstätten in § 22 des Kinder- und Jugendhilfegesetzes im 8. Sozialgesetzbuch: „Der Förderungsauftrag umfasst Erziehung, Bildung und Betreuung des Kindes und bezieht sich auf die soziale, emotionale, körperliche und geistige Entwicklung des Kindes" (KJHG, SGB VIII, § 22, Abs. 3). Die Gesetze der Bundesländer zur Ausführung des Kinder- und Jugendhilfegesetzes SGB VIII sind diesbezüglich teils noch deutlicher formuliert. So hält das Kinderbildungsgesetz Nordrhein-Westfalens aus dem Jahr 2007 in § 3 unter Aufgaben und Zielen im ersten Absatz fest: „Kindertageseinrichtungen und Kindertagespflege haben einen eigenständigen Bildungs-, Erziehungs- und Betreuungsauftrag" (KiBiz, § 3, Abs. 1).

Im formalen Bildungsbereich ist die musikalische Bildung fester Bestandteil und erklärtes Bildungsziel der Bildungs- und Erziehungspläne für Kindertageseinrichtungen. So haben die Kultusministerkonferenz und die Jugend-/Familienministerkonferenz im Jahr 2004 im *Gemeinsamen Rahmen der Länder für die frühe Bildung in Kindertageseinrichtungen* die „musische Bildung im Sinne von ästhetischer Bildung" (Jugendministerkonferenz & Kultusministerkonferenz, 2004, 5) als einen von sechs Bildungsbereichen formuliert, der in den einzelnen Bildungsplänen der Länder verankert und länderspezifisch weiter ausgearbeitet werden sollte. Der Bereich „Künstlerische Ausdrucksformen" in den Bildungs- und Erziehungsempfehlungen Rheinland-Pfalz beinhaltet zum Beispiel die Unterpunkte „Gestalterisch-kreativer Bereich" und „Musikalischer Bereich" (Ministerium für Kinder, Frauen und Jugend Rheinland-Pfalz, 2004), in Nordrhein-Westfalen heißt es „musisch-ästhetische Bildung" (Ministerium für Familie, Kinder, Jugend, Kultur und Sport Nordrhein-Westfalen, 2016), und in Berlin „Kunst: Bildnerisches Gestalten, Musik, Theaterspiel" (Senatsverwaltung für Bildung, Jugend und Wissenschaft, 2014). Bei der inhaltlichen Ausgestaltung des Bildungsbereichs wird in Kindertagesstätten vermehrt auch auf Unterstützung von außen zurückgegriffen: So ist die Anzahl der Kooperationen zwischen Kindertagesstätten und Musikschulen in Deutschland innerhalb der letzten Jahre kontinuierlich angestiegen (vgl. Deutsches Musikinformationszentrum, 2016, 1).

Auch in der Musikschulstruktur[1] umfasst die Elementarstufe das Lernen von der Geburt bis zum Schuleintritt (vgl. VdM, 2010), hier bezogen auf alle Musikschulangebote für Kinder und, sofern es sich um Eltern-Kind-Gruppen handelt, auch für deren erwachsene Bezugspersonen. Im Einzelnen sind dies Eltern-Kind-Gruppen von der Geburt bis zu drei bzw. vier Jahren (vgl. Rebhahn & Beidinger, 2010), die Musikalische Früherziehung (MFE) mit Kindern zwischen drei bzw. vier und sechs Jahren (vgl. Metzger, Greiner et al., 2010) sowie als Kooperationsangebot die Elementare Musikpraxis in Kindertagesstätten (vgl. Stiller, Greiner et al., 2010), also beispielsweise wöchentliche MFE-Stunden oder auch zeitlich begrenzte Projekte. Schließlich ist auf Angebote weiterer Kulturinstitutionen (teils ebenfalls in Kooperation mit Musikschulen oder Kindertagesstätten) für die Altersgruppe hinzuweisen, wie etwa Musikvereinen, Orchestern, Opern- und Konzerthäusern.[2]

Damit ist der institutionelle Rahmen abgesteckt. Als wesentliche nicht-institutionelle Bildungsinstanz ist für das frühe Kindesalter jedoch selbstverständlich auch die Familie zu nennen.

Ziele und Inhalte elementaren Musiklernens

Im Folgenden soll nun elementares Musiklernen als grundlegendes, nicht-spezialisiertes Musiklernen in der Lebensspanne sowie speziell im Elementarbereich betrachtet werden. Dazu zeigt das vorliegende Kapitel vor dem disziplinären Hintergrund der Elementaren Musikpädagogik sowie der Elementarpädagogik[3] grundlegende Haltungen und Herangehensweisen an das elementare Musiklernen auf.

Elementares Musiklernen in der Elementaren Musikpädagogik

Der Umgang mit Musik wird in der Elementaren Musikpädagogik von vier zentralen Zielvorstellungen bzw. Zielkategorien geleitet. Zunächst sollen Grunderfahrungen mit Musik ermöglicht werden (Dartsch 2010a, 18), „etwa mit der eigenen Stimme, mit klingenden Materialien und Instrumenten, mit Bauprinzipien verschiedener Musik, mit den Möglichkeiten, sich zu Musik zu bewegen oder diese grafisch festzuhalten" (Dartsch, 2016, 57). Dies zieht die *Ausdifferenzierung von Fühl-, Denk- und Verhaltensmustern* nach sich (vgl. Dartsch, 2010a, 19), ist über die *Begegnung mit kulturell geprägten Materialien* Teil der persönlichen Enkulturation und zielt schließlich auf das *Einbringen von Eige-*

nem ab (vgl. Dartsch, 2010a, 20; Dartsch, 2016, 58). Dies erfolgt auf dem Wege der Elementaren Musikpraxis, wie sie weiter oben bereits beschrieben wurde. Vor dem Hintergrund der genannten Zielvorstellungen ist festzuhalten, dass mit Elementarer Musikpraxis kein zielgerichtetes Üben spezieller Fertigkeiten gemeint ist, vielmehr erwachsen Erfahrungen und Kompetenzen aus dem vielseitigen Anwenden (vgl. Dartsch, 2016, 58), das nicht Vorbereitung auf Musik, sondern immer schon Musizieren ist.[4]

Die elementare Musikpraxis ist methodischen Prinzipien verpflichtet, die Michael Dartsch mit der „Orientierung am Spiel, am Experiment, an der Kreativität, am Prozess, am Einbeziehen von vielerlei Ausdrucksmedien, am Körper, am Aufbau von Beziehungen und an der grundsätzlichen Offenheit des Unterrichts" beschreibt (Dartsch, 2008, 16; Dartsch, 2010a, 22). Dass diese auch in der Praxis gelebt werden, ist durchaus anzunehmen, so wurden sie in einer Lehrkräftebefragung zur Musikalischen Früherziehung beispielsweise als „sehr wichtig" bis „eher wichtig" eingeschätzt (Dartsch, 2008, 16). Die Orientierungen am Spiel und am Experiment sind zwei typischen Wegen des kindlichen Lernens geschuldet (vgl. Kapitel *Musikbezogenes Lernen in der frühen Kindheit* in diesem Buch). Zwar ist „Spielen" kaum didaktisierbar, andererseits wird Spiel in unterschiedlichen Ausprägungen und kulturellen Überformungen in allen Lebensphasen praktiziert und so ist es zumindest wahrscheinlich, dass sich Kinder, aber auch Jugendliche und Erwachsene gern auf einen spielerischen Umgang mit Klängen, Instrumenten und Materialien einlassen. Die Übergänge zum „Erkunden und Experimentieren" sind fließend. Spiel wie auch Experiment erlauben den aktiven und mehr oder weniger selbstgesteuerten Umgang mit Musik. Noch deutlicher wird dies mit dem Grundprinzip der *Kreativität* zum Ausdruck gebracht, welches den gestaltenden Umgang im Sinne von Improvisation und Komposition, von Erfindung und Einbringen von Eigenem betrifft (vgl. dazu auch Steffen-Witteck & Dartsch, 2014; Gutjahr, 2014).

Die Orientierung am „Prozess" stellt den kontinuierlichen Bildungsprozess über die Vermittlung der einzelnen Lerninhalte (vgl. Dartsch, 2010a, 22), auch innerhalb der Unterrichtssituation wird das prozesshafte Arbeiten favorisiert. So lässt sich musikalische Gestaltungsarbeit als Prozess beschreiben, der Ideen „in Form" bringt:

» Sie werden zusammengebunden, strukturiert und in ein dramaturgisches Konzept gegossen, das gekennzeichnet ist durch Anfang und Ende, Übergänge sowie die gesamte Binnendynamik zwischen Spannung und Lösung, Verdichtung und Ausdünnung, Aufbau und Abbau, Zielstrebigkeit und Kontemplation, zwischen verbindlicher und individueller Ordnung, zwischen Bindung und Freiheit. In einem derartigen Formungsprozess entstehen Gestalten und Gestaltungen mit einer jeweils eigenen, charakteristischen Physiognomie." (Ribke, 2004, 21)

Noch ist hier allerdings nichts darüber gesagt, wessen Ideen hier verwendet werden und wer den Prozess inszeniert: Die Lehrkraft, die Gruppenmitglieder, alle gemeinsam oder wechselnde Verantwortliche? Dies liegt im Ermessen der Beteiligten und hängt ebenfalls von der pädagogischen Haltung der Lehrkräfte ab. Steht der Bildungsprozess jedes einzelnen Menschen im Mittelpunkt, so entsteht auch der Anspruch, die stetige Ausdifferenzierung von Fühl-, Denk- und Verhaltensmustern im zeitlichen Verlauf erkennbar zu machen. Zu diesem Zweck nutzt die Elementarpädagogik beispielsweise Portfolios als Bildungsdokumentationen, aufgrund derer Kinder ihre eigenen Lernwege und Lernschritte nachvollziehen können, indem Bilder, Fotos, Erinnerungen, Meinungen oder Selbsteinschätzungen gesammelt und z.B. in einem Ordner aufbewahrt werden. Dieses Vorgehen ist in der Elementaren Musikpädagogik bislang deutlich weniger etabliert. Es ist aber gerade insofern interessant, als dass es einzelne Produkte zusammenführt, um einen Prozess wahrnehmbar werden zu lassen. Eine von mir durchgeführte Interviewstudie mit Kindern aus der Musikalischen Früherziehung legt überdies nahe, der Prozessorientierung eine Orientierung am Produkt hinzuzufügen und diese explizit zu machen (vgl. Weber-Krüger, 2014, 307). So waren die Kinder in hohem Maße am Erreichen eigener musikalischer Produkte und an der Präsentation derselben interessiert.

Gerade der Einbezug vielerlei Ausdrucksmedien bzw. Ausdrucksformen ermöglicht interdisziplinäre Verbindungen zu anderen Kunstformen oder Bildungsbereichen (z.B. in der Kita) (vgl. Dartsch, 2010b, 145). Eine besondere Rolle nimmt die Orientierung am Körper ein, welche die Ebene der Wahrnehmung und Sensibilisierung ebenso betrifft wie das künstlerische Gestalten in Bewegung und Tanz, aber auch Querverbindungen zu den Themen Körper, Bewegung und Gesundheit eröffnet (vgl. ebd.).

Angebote der Elementaren Musikpädagogik finden in Gruppen statt, die Orientierung am „Aufbau von Beziehungen" rekurriert auf das Lernen im sozialen Kontext (vgl. ebd., 146), welches sich in musikalischen Kommunikations- und Interaktionsprozessen zwischen Gruppenmitgliedern, Lehrkräften und Angehörigen in wechselnden Konstellationen manifestiert (für die Eltern-Kind-Gruppe dazu ausführlich: Seeliger, 2003, 21ff.). Für das elementare Musiklernen im Rahmen der EMP spielt die soziale Einbettung gerade auch beim gemeinsamen Musizieren, also beim Hören und Mitspielen, im musikalischen Hervortreten und Sich-Zurücknehmen eine wichtige Rolle.

Die grundsätzliche Offenheit des Unterrichts korrespondiert mit dem nicht-spezialisierten, grundlegenden Charakter elementaren Musiklernens, dem auch durch vielfältige Umgangsweisen mit Musik unterschiedlicher Stile, Epochen und Kulturen Rechnung getragen wird. Die Haltung, die Michael Dartsch diesbezüglich für die pädagogische Arbeit mit Kindern formuliert, behält ihre Gültigkeit auch für andere Zielgruppen:

» Das Kind wird die verschiedenen Erfahrungen mit je eigenen Bedeutungen versehen; was letztlich welche Bedeutung für es gewinnen wird, entscheidet sich in ihm selbst. Es kann nicht darum gehen, das Kind in eine bestimmte Richtung festzulegen, sondern darum, ihm vielerlei Wege zu eröffnen, die es schließlich selbstbestimmt beschreiten und individuell ausgestalten kann." (Dartsch, 2010a, 22)

Vor diesem Hintergrund ist ergänzend die Orientierung an den Erfahrungshintergründen und den Perspektiven der Beteiligten als wesentliches Prinzip zu benennen (vgl. Weber-Krüger, 2014, 307). Dies bedeutet auch, dass das Sprechen über Musik, der Austausch von Wahrnehmungen und Meinungen, Vorschlägen und Ideen aller Beteiligten zur Elementaren Musikpraxis gehört (vgl. Weber-Krüger, 2014; Dartsch, 2010a, 19; Steinbach, 2016).

Die genannten methodischen Prinzipien lassen sich in den vier Aktionsweisen „Sensibilisierung", „Exploration – Ausprobieren und Erkunden", „Improvisation" und „Gestaltung" wiederfinden, die Dartsch für die Elementare Musikpraxis angibt (vgl. Dartsch, 2014, 88 ff.). „Sensibilisierung" betrifft die Sinneswahrnehmung, z. B. das Lauschen und (sich) Spüren, „Exploration" kann aus dem Staunen über eine solche Sinneswahrnehmung heraus entstehen. Ein explorierender Erstzugang zu Klangerzeugern aller Art hilft, vorgefertigte Zugänge (etwa nur bestimmte Spieltechniken für ein Instrument) zunächst auszublenden. Dartsch spricht den Explorationsgegenständen hier Appell- und Anmutungsqualitäten zu. So können Instrumente, aber auch Alltagsmaterialien die Neugier anregen und zum Spielen „auffordern", in diesem Prozess entstehen Emotionen und Motivationen bei den Musizierenden (vgl. ebd., 89). Eine Exploration kann in „Improvisation" übergehen und es kommt mit Stimme, Körperbewegungen und Tanz oder Instrumenten ein künstlerischer Prozess in Gang. Werden Möglichkeiten zur Wiederholbarkeit einer solchen Improvisation gefunden, so ist der Schritt zur „Gestaltung" vollzogen, welche sich nach Dartsch auf feste Musizierformen bezieht und „die künstlerischen Anliegen eines sensiblen, authentischen und ausdrucksvollen Musizierens beinhaltet" (ebd., 90). Diese Aktionsweisen können, aber müssen nicht in der genannten Weise als „Aktivierungskette" aufeinander aufbauen. In der Elementaren Musikpädagogik werden solche Aktivierungsketten jedoch als charakteristisch angesehen (vgl. auch Priesner & Hamann, 2002, 246). Dies kann allerdings auch leicht den Blick für andere Herangehensweisen verstellen, etwa wenn Kinder Lieder oder Spiele einbringen, die sie schon kennen und damit sofort musikalisch-gestaltend aktiv werden können, ohne erst einen explorierenden oder übenden Zugang praktizieren zu müssen (vgl. Weber-Krüger, 2014, 302). Auch sind die vier Aktionsweisen nicht trennscharf voneinander abzugrenzen (vgl. Dartsch, 2014, 91). Vielmehr können Sensibilisierungen auch aktive Erkundungen beinhalten, etwa beim gleichzeitigen Fühlen und Erklingenlassen eines Instruments. Exploration kann die Sammlung von Klangmaterial bedeuten, vielleicht entsteht aber schon während des Sammelns daraus eine Improvisation. Schließlich wäre auch eine Improvisation, die nicht wiederholt, aber von künstlerischer Ausdruckskraft getragen wird, ebenfalls als Gestaltung zu kennzeichnen, wenn auch als eine flüchtigere als die Gestaltung einer wiederholbaren Musik. So erscheint es sinnvoll, die vier Aktionsweisen eher zu analytischen Zwecken zu trennen, während sie in der Praxis aufbauend, mehrmals miteinander abwechselnd oder sich überlagernd auftreten können.

Die Inhaltsbereiche der elementaren Musikpraxis sind zunächst die praktisch gestaltenden Umgangsweisen „Singen", „Instrumentalspiel" und „Bewegen", welches auch das Tanzen einbezieht. Diese werden ergänzt durch die mentalen Umgangsweisen des „Wahrnehmens und Erlebens von Musik", welche das Musikhören und das Kennenlernen von Instrumenten beinhalten, sowie des „musikbezogenen Denkens und Symbolisierens" mit Themen der allgemeinen Musiklehre (Dartsch, 2010a, 18). Neben den gestaltenden und den mentalen Umgangsweisen bzw. in diese eingebunden steht schließlich das „Verbinden von Musik mit anderen Ausdrucksformen" wie der Sprache, dem Szenischen Spiel oder der Bildenden Kunst (Dartsch, 2010a, 17).

» Dabei hat man es beim Singen insbesondere mit Melodik, Intonation und Phrasierung, beim Instrumentalspiel mit Klangfarben, Rhythmus und Harmonik, beim Bewegen mit Tempo, Artikulation und Form zu tun. Das Wahrnehmen betrifft die sensorische, das Denken die analytische und das Verbinden von Musik mit anderen Ausdrucksformen die assoziative Verarbeitung von Musik.“ (Dartsch, 2016, 57)

Grundsätzlich sind elementare Musizierprozesse, indem sie auf den individuellen Motivationen und Fähigkeiten der Teilnehmenden basieren, in allen Alters- und Zielgruppen denkbar. Auch können sie innerhalb von Instrumentalunterricht, also als grundlegende Komponente in einem musikalischen Spezialisierungsvorgang, zur Anwendung kommen. In Eltern-Kind-Gruppen mit Babys stehen besonders sensomotorische Erkundungen und das „musikalische Miteinander“ (Seeliger, 2002) im Mittelpunkt. z. B. durch Babymassagen, Bewegung und Getragen-Werden zur Musik, aber auch durch Singen und instrumentales Musizieren für die Kinder. Entlang der kindlichen Entwicklung kommen dann zunehmend eigenaktive Musizier- und Bewegungsformen hinzu und was zunächst als Kniereiter oder Fingerspiel kennengelernt wurde, taucht gegebenenfalls später wieder als Bewegungsspiel auf. Mit Kindern im Vorschulalter sind erkundende Zugänge, das Entdecken und Erfinden, der Austausch über individuelle musikalische Erfahrungen und das Einbringen derselben, wichtige Lernanker. Darüber hinaus ist es gerade für dieses Alter zentral, die eigenen Fähigkeiten herausstellen zu können („guck mal, ich kann schon ...“) und auch den Fähigkeitszuwachs zu erkennen. Dies setzt sich in der Grundschule fort und schlägt sich – aufgrund von Bedingungen wie zunehmender Fähigkeit zum abstrakten Denken, dem Eintauchen in die Kulturtechniken Lesen und Schreiben, aber z. B. auch von wachsender metrischer Sicherheit – in komplexeren Musizierprozessen nieder. Hier ist auch auf das instrumentale Klassenmusizieren zu verweisen, welches instrumentales Lernen mit der Ensemblesituation verbindet und somit Aspekte wie Hören und Reagieren, Solo und Begleitung, Wahrnehmen und Einschätzen eigener und anderer Klänge besonders fokussieren kann (z. B. Meyer, Tiedemann & Weber-Krüger, 2010). Im Jugendalter steht häufig die Projektarbeit im Mittelpunkt. Das Ausprobieren unterschiedlicher Rollen oder Persönlichkeitszuschreibungen – gerade vor dem Hintergrund von Identitätsbildungsprozessen – lässt sich künstlerisch in der Verbindung von Musik und Szene wiederfinden, bindet elementare Musizierprozesse z. B. in Performance-Projekte ein und ist insbesondere auch mit der Bühnensituation, dem (sich) Präsentieren verknüpft (z. B. Zaiser, 2014; Meyer, 2004a; vgl. hierzu auch Kapitel *Einflüsse der Adoleszenz auf musikalische Lernbiografien*). Erwachsene, die sich für eine aktive (Wieder-)Beschäftigung mit Musik entscheiden, geben vielfältige Beweggründe an. In einer Umfrage unter Erwachsenen an der Musikschule Carl Orff in Rostock waren dies z. B.: „gemeinsam mit anderen zu spielen“; „allein für sich eine Möglichkeit des Selbstausdrucks finden“; „Musizieren als eine Art seelische Wellness“; „Erwerb spezifischer Fertigkeiten, um Musik individuell gestalten zu können“ (Pfaff, 2005, 27). Aber auch der Besuch eines Eltern-Kind-Kurses kann den Wunsch nach weiterer musikalischer Aktivität wecken (vgl. Fröhlich, 2002, 95). Häufig wird auf die für Erwachsene typische kognitiv-analytische Herangehensweise an einen Lerngegenstand verwiesen (vgl. Fröhlich, 2002, 98; Dartsch, 2014, 204), welche sich unter Umständen als Hürde für den Einstieg in das aktive Musizieren und erst recht für das Improvisieren erweisen kann. Zugleich sind solche analytischen Lernwege auch prädestiniert für eine Vernetzung des aktiven Musizierens mit dem Eintauchen in Hintergrundinformationen rund um den Lerngegenstand. Es geht also um das „Erleben und Verstehen von Musik" (Richter, 2012, 5), welches somit auf dem „Begeistern" anstelle eines trockenen „Informierens" basieren sollte (Richter, 2009, 31). Seniorinnen und Senioren bilden eine durchaus heterogene Zielgruppe, die ca. 30 Lebensjahre umspannen und von rüstiger Verfassung bis zur Demenz sehr unterschiedliche Bedingungen und Möglichkeiten mitbringen kann. Im Mittelpunkt steht hier der Gedanke, dass musikalische Bildungsprozesse in allen Lebensphasen stattfinden können. Diese Auffassung ist mit einer ressourcen- und nicht defizitorientierten Herangehensweise an das Musizieren und das Sprechen über Musik verbunden, es stehen weder ein erzieherischer, noch ein therapeutischer Anspruch dahinter. Als Teildisziplin für das Handlungsfeld hat sich die Musikgeragogik etabliert, welche sich mit der Unterstützung und Aneignung musikalischer Kompetenzen im Alter beschäftigt und in der Sozialen Arbeit sowie der Elementaren Musikpädagogik verortet ist (Hartogh, 2005; vergl. auch Kapitel *Musikalisches Lernen im dritten und vierten Lebensalter*). Musikalisches Lernen findet auch hier vor allem beim aktiven Musizieren statt. Als besonderer Schwerpunkt kommt die biografische Komponente zum Tragen, wenn Lieder oder Musikwerke aus unterschiedlichen Lebensphasen der Seniorinnen und Senioren genutzt werden, sodass Erinnerungen wach werden und man an Erfahrungen anknüpfen kann. Gerade Musik, die mit persönlich bedeutsamen Momenten verknüpft ist (Lieblingslied, Musik, zu der mit der ersten Liebe getanzt wurde) kann für dementiell erkrankte Menschen zum Erinnerungsanker werden und emotionales Erleben unterstützen. Auch Aspekte von Selbstwahrnehmung und Salutogenese spielen eine wichtige Rolle, wie das Zitat eines Alzheimer-Patienten verdeutlicht:

» Singen, irgendetwas singen, Kinderlieder oder Kirchenlieder, vom Halleluja aus Händels Messias (an den ersten Ton der Tenorstimme erinnere ich mich noch heute), bis zu irgendeinem, ja eigentlich jedem Song der Beatles, verschafft mir das Gefühl, dass ich mich normal, ja sogar gut fühle [...]. Ich werde künftig öfter singen. Wenn ich singe, fühle ich mich sicher, intakt, kerngesund und lebendig!" (zit. nach Neubauer & de Groote, 2012, 34)[5]

Elementares Musiklernen in der Elementarpädagogik

Geht es um das Musiklernen im Elementarbereich, so kann dieses nicht abgekoppelt von anderen Bildungsbereichen bzw. -inhalten betrachtet werden, denn Bildung im Elementarbereich soll ganzheitlich und in der Durchdringung verschiedener Themenfelder erfolgen, „in welchen sich die kindliche Neugier artikuliert" (Jugendministerkonferenz & Kultusministerkonferenz, 2004, 3). So wurde im Jahr 2004 der *Gemeinsame Rahmen der Länder für die frühe Bildung in Kindertageseinrichtungen* von der Jugendminister- und der Kultusministerkonferenz beschlossen, welcher die Entwicklung von ländereigenen Bildungsplänen für die frühe Bildung vorsah (Jugendministerkonferenz & Kultusministerkonferenz, 2004). Mittlerweile liegen in allen Bundesländern

Deutschlands entsprechende Bildungs- bzw. Orientierungspläne vor, die sich an den im *Gemeinsamen Rahmen* formulierten Zielen und Prinzipien für die pädagogische Arbeit sowie den dort angeführten sechs Bildungsbereichen orientieren. Dies sind:

- Sprache, Schrift, Kommunikation;
- personale und soziale Entwicklung, Werteerziehung/religiöse Bildung;
- Mathematik, Naturwissenschaft, (Informations-)Technik;
- Musische Bildung/Umgang mit Medien;
- Körper, Bewegung, Gesundheit;
- Natur und kulturelle Umwelten.

Die Kinder sollen alle Bildungsbereiche im Kita-Alltag wiederfinden können, und im Sinne ganzheitlicher Förderung stehen die Bildungsbereiche miteinander in Beziehung, sie stellen also keinesfalls einzelne „Fächer" dar:

» Durch angemessene Lernarrangements ist es möglich, mehrere Förderbereiche gleichzeitig umzusetzen. Die pädagogische Praxis muss diese Verbindung und gegenseitige Durchdringung der Felder wahren und gezielt gestalten." (Jugendministerkonferenz & Kultusministerkonferenz, 2004, 5)

Die Lerninhalte sollen dabei an den Lebenswelten der Kinder anknüpfen und deren Interessen berücksichtigen. Dabei sind jene Lernformen anzustreben, die selbstgesteuerte Lernprozesse unterstützen, das Erkunden und Ausprobieren sowie einen produktiven Umgang mit Fehlern fördern, Teamarbeit ermöglichen und Gestaltungsspielräume eröffnen (vgl. ebd.). Als besonders geeignet hierfür wird die Projektarbeit angesehen.

Eine weitere zentrale Leitlinie stellt die Partizipation in der Kita dar (vgl. Regner, Schubert-Suffrian & Saggau, 2009), welche durch die Maßgabe, „Kinder und Jugendliche [...] entsprechend ihrem Entwicklungsstand an allen sie betreffenden Entscheidungen der öffentlichen Jugendhilfe zu beteiligen" (KJHG, §8, Abs. 1) im Kinder- und Jugendhilfegesetz der Bundesrepublik Deutschland verankert ist. Diese Form der Beteiligung heißt „Aushandlungsprozesse gestalten und den Kindern altersgemäß Teilhabe, Mitwirkung und Verantwortung ermöglichen" (Regner, Schubert-Suffrian & Saggau, 2009, 7). Das setzt eine kritische Überprüfung von vorhandenen Macht- bzw. Entscheidungsstrukturen voraus, denn Beteiligung ist mit Macht- und Verantwortungsabgabe verbunden:

» Erwachsene verzichten bewusst auf einen Teil ihrer Macht. Sicherlich ist unumstritten, dass Kinder Rechte haben. Doch wie weit sind Erwachsene bereit, diesem Sachverhalt im Alltag auch Rechnung zu tragen? Dazu gehört viel Zutrauen in die Kinder." (ebd.)

Kinder wie auch Erwachsene müssen häufig erst lernen, mit solchen veränderten Machtstrukturen umzugehen. Es ist ein gemeinsamer Prozess der kleinen Schritte, für den die Kinder die aktive Unterstützung der Erwachsenen benötigen (vgl. ebd.). Partizipation kann dabei durchaus unterschiedlich weit reichen, von Vorformen der Partizipation wie ausgiebiger Information und dem Anhören der Meinungen der Kinder über Mitwirkung hin zur aktiven Mitbestimmung (z. B. über Abstimmungsverfahren) und – je nach Situation – zur Selbstbestimmung. Letztere findet vor allem dann statt, wenn von der Entscheidung nur das Kind selbst, aber nicht die gesamte restliche Gruppe betroffen ist.

Vor diesem Hintergrund wird deutlich, dass auch das Musiklernen in der Kita von einer kindzentrierten pädagogischen Haltung getragen und situativ eingebunden sein soll (zur Kindzentrierung siehe Hömig, 2015). Das Kind wird als handelndes, sich selbst bildendes Individuum wahrgenommen, respektiert und in seiner Selbsttätigkeit unterstützt (vgl. Schäfer, 2005; 2011). Folgerichtig stehen erkundende und aktiv gestaltende Ansätze im Mittelpunkt (vgl. Beck-Neckermann, 2014) sowie die Alltagseinbindung von Musik, z. B. beim Singen im Morgenkreis, beim Händewaschen oder vor dem Essen. Dabei wird mittlerweile ein weit gefasster Musikbegriff favorisiert, der jegliche produktive oder rezeptive Geräusch- und Klangerfahrung einschließt (vgl. ebd., 6). Es geht also um das Lauschen, das Aufmerksam-Werden für und Erkunden von Klängen und Geräuschen, es geht um musikalischen Ausdruck mit der Stimme und dem eigenen Körper, mit Alltagsgegenständen und Musikinstrumenten, um die Erstellung von Klangerzeugern wie Selbstbauinstrumenten, um das Musizieren gemeinsam mit anderen, um die Erfindung von eigener Musik und um die Übertragung von Musik in Bilder, Bewegungen und Szenen. Ein Vorteil der musikalischen Arbeit in der Kita liegt in der Vernetzung mit den anderen Bildungsbereichen, so stehen mal die Musik, mal andere Themen im Vordergrund. Allerdings ist zu berücksichtigen, dass die Intention der pädagogischen Fachkraft, einen bestimmten Themenbereich in den Mittelpunkt zu stellen, ggf. von den Kindern nicht geteilt bzw. anders wahrgenommen wird. So könnte es der Pädagogin oder dem Pädagogen etwa gerade um die Übertragung von Musik in Bewegung gehen, aber für manche Kinder möglicherweise in der gleichen Situation eher ein sportlicher Aspekt im Vordergrund stehen. Naheliegend ist die Vernetzung der Bereiche Sprache und Musik. Sie ergänzen und durchdringen sich häufig, da sich beide Parameter, wie Rhythmus, Melodie bzw. Prosodie oder Artikulation, teilen. Gerade beim Spracherwerb und bei der Wortschatzerweiterung spielt das Liedersingen eine wesentliche Rolle, mittlerweile existieren verschiedene Praxishandreichungen zur Sprachförderung mit Musik (vgl. Hirler, 2015; Rittersberger & Stopa, 2012). Aber auch zwischen anderen Bereichen lassen sich vielfältige Querverbindungen herstellen, z. B. zwischen Musik und Natur auf Lauschspaziergängen, bei der Herstellung von Klangerzeugern aus Naturmaterialien oder dem gemeinsamen Anlegen eines Klanggartens (vgl. Ausländer, 2003).

Interdisziplinärer Austausch zwischen Elementarer Musikpädagogik und Elementarpädagogik

Die im Folgenden formulierten Perspektiven für den interdisziplinären Austausch zwischen Elementarer Musikpädagogik und Elementarpädagogik beziehen sich auf die Zielgruppe, welche sich als „Schnittmenge" beider Disziplinen ergibt, nämlich die Altersgruppe bis zum Schuleintritt.

Gemeinsamkeiten und Unterschiede

Die Ziele und Prinzipien der Elementaren Musikpädagogik weisen weitgehende inhaltliche Übereinstimmungen mit den pädagogischen Grundsätzen der Bildungspläne bzw. des *Gemeinsamen Rahmens der Länder* auf. So ist der Bildungsplan Musik für die Elementarstufe/Grundstufe des Verbandes deutscher Musikschulen (VdM, 2010) als „Korrespondenzpapier zu den Bildungs- und Erziehungsplänen der Länder" konzipiert (Richter, 2010, 9), indem er ebenfalls Orientierungsrahmen sein und zugleich großen pädagogischen Freiraum belassen soll (vgl. Dartsch, 2010b, 145). Übereinstimmend wird auf die Normierung zu erreichender Qualifikationsniveaus verzichtet und die individuelle Förderung der Kinder als zentrales Ziel angesehen (vgl. ebd.). Diese Haltung ist ohnehin anschlussfähig an die Auffassung, dass die Elementare Musikpädagogik einen Beitrag zur Persönlichkeitsbildung leisten kann bzw. soll (vgl. Ribke, 1995; Dartsch, 2010a, 15). Hinzu gesellt sich in der Elementaren Musikpädagogik seit einiger Zeit die Auffassung von Bildung als Selbstbildung im Umgang mit Musik (vgl. Schäfer 2005; Schäfer 2011; Dartsch, 2016, 58; Schönbeck, 2012, 4; Weber-Krüger, 2014, 101 ff.; vgl. dazu auch Kapitel *Musikbezogenes Lernen in der frühen Kindheit* in diesem Buch). Allerdings ist einschränkend festzuhalten, dass gängige Lernsettings zur individuellen Förderung bzw. zur Unterstützung von Selbstbildungsprozessen aus der Elementarpädagogik, wie etwa die Lernwerkstatt oder die Portfolioarbeit, bisher erst vereinzelt Anwendung in der Elementaren Musikpädagogik finden. Anregungen zur Portfolioarbeit in der Musikalischen Früherziehung wurden in Weber-Krüger, 2014, 340 ff. dargelegt. Als erstes Lehrwerk der EMP berücksichtigt *Timpano* die Portfolioarbeit (vgl. Schmidt, 2016). Aus einer Lehrkräftebefragung zur Musikalischen Früherziehung ging hervor, dass Unterrichtsverläufe aufgrund von Impulsen der Kinder im Durchschnitt ca. alle zwei bis drei Wochen geändert werden (vgl. Dartsch, 2008, 16). Dass die Impulse der Kinder aber Ausgangspunkt pädagogischer Beschäftigung, bzw. Anlass für ein aus der Situation heraus entwickeltes Projekt o. ä. sein können, scheint demgegenüber in der Elementaren Musikpädagogik bislang weniger berücksichtigt zu werden. Dies hängt nicht zuletzt mit den unterschiedlichen Gegebenheiten von Kita-Alltag und Musikschulangebot zusammen. Während das Beobachten als eine wesentliche Voraussetzung für das Aufgreifen vielfältiger Impulse der Kinder z. B. in Freispielphasen zum pädagogischen Alltag der Kita gehört, sind Freispiel und lehrkraftunabhängige Settings in den zeitlich begrenzten, thematisch gefassten Unterrichtsstunden von Eltern-Kind-Gruppen oder der Musikalischen Früherziehung eher unüblich, vielleicht auch dem Zweck gar nicht angemessen. Sie werden somit von den entsprechenden Zielgruppen auch in der Regel nicht erwartet.

Zwar liegen die elementarpädagogischen und die elementar-musikpädagogischen Ziele und Inhalte nah beieinander, ein wesentliches Unterscheidungsmerkmal ist jedoch der künstlerische Anspruch und der Umgang mit ästhetischer Qualität. Dieser wird in der Elementaren Musikpädagogik deutlich stärker herausgestellt und eingefordert, wenn etwa die Lehrkraft als künstlerisches Vorbild gilt, aber auch bei Details wie der Beachtung von Aufnahme- und Klangqualität bei der Auswahl von Tonträgern (vgl. Dartsch, 2010a, 20). Dieser Anspruch ergibt sich aus der Professionalität der künstlerisch-pädagogischen Lehrkräfte, die für diesen Bereich somit eine besondere Expertise mitbringen.

Zugleich lässt sich in der Elementaren Musikpädagogik eine stärkere Lehrkraftorientierung in Bezug auf Anleitung und Planung erkennen, als dies im elementarpädagogischen Bereich derzeit der Fall ist. Dies bestätigt sich auch beim Blick in aktuelle Lehrwerke wie etwa *Musik und Tanz für Kinder* (Nykrin, Grüner et al., 2007; 2008) oder *Timpano* (Dartsch, Savage-Kroll et al., 2016), die ausgearbeitete Stundenbilder oder thematisch gefasste Stundenvorschläge – angereichert mit zahlreichen Variationsmöglichkeiten – zur Verfügung stellen. Diese beinhalten Freiräume für eigenaktives Experimentieren und Gestalten der Kinder, die Verantwortung für die Navigation durch die Stundendramaturgie liegt jedoch bei der Lehrkraft. Eine zum Vergleich herangezogene Handreichung für das Musizieren in der frühpädagogischen Bildungsarbeit der Kita weist demgegenüber eine Vielzahl einzelner Anregungsmöglichkeiten ohne dramaturgische Vernetzung auf, gibt der pädagogischen Fachkraft, die in der Regel eben keine professionelle Musikerin, kein professioneller Musiker ist, zudem Hinweise, wie sie „mit der eigenen Musikalität auf Tuchfühlung“ gehen kann und legt den Schwerpunkt der pädagogischen Arbeit auf Möglichkeiten und Wege, die individuelle Musikalität der Kinder wahrzunehmen und gemeinsam mit den Kindern Musik zu entdecken, sich also eher situativ von den Kindern leiten zu lassen (vgl. Beck-Neckermann, 2014). Gerade weil in der Elementaren Musikpädagogik ausgebildete Musikerinnen und Musiker künstlerisch-pädagogisch arbeiten, erscheint es hier durchaus sinnvoll, eine Balance herzustellen zwischen dem, was die Kinder und dem, was die Lehrkräfte einbringen. Eine EMP-Lehrkraft sollte in besonderem Maße fähig sein, die Musik in ihrer ganzen Bandbreite vertreten zu können, sich selbst künstlerisch einzubringen und zugleich die Impulse der Kinder wahr- und aufzunehmen, die Erfahrungshintergründe und musikalischen Ideen der Kinder zu erkennen und deren individuelle Weiterentwicklung in der Gruppe voranzubringen, zu moderieren und durch passende musikalische Lerninhalte zu flankieren. Auf diese Weise werden Lehrkräfte zu Gestaltern ästhetischer Erfahrungsräume, denn kausal vom pädagogischen Impuls abhängige Lernergebnisse können sie ohnehin nicht generieren, wohl aber geeignete Settings in personeller, materieller, inhaltlicher oder räumlicher Hinsicht, in denen Kinder ihre eigenen ästhetisch-musikalische Erfahrungen machen können (vgl. Meyer, 2004b). Die kindorientierte Haltung in der Elementarpädagogik im Verbund mit der für die Kita vorgesehenen kontinuierlichen Lern- und Entwicklungsdokumentation für jedes Kind, haben zu bestimmten Lernsettings geführt, die sich auch mit der Prämisse individueller Förderung sowie dem „Einbringen von Eigenem“ als vierter Zielkategorie im Bildungsplan Musik in Beziehung setzen lassen. Sie sind zudem partizipativ angelegt, also auf die Mitwirkung, Mitgestaltung und Mitbestimmung der Kinder ausgerichtet, welche als wesentlich für selbstgesteuertes Lernen angesehen werden kann. Hier sind beispielsweise gemeinsam von pädagogischer Fachkraft und Kind durchgeführte Dokumentationsverfahren wie die Portfolioarbeit (vgl. Regner & Schubert-Suffrian, 2011) oder die Schaffung von Räumen für individuelle und selbstgesteuerte Lernerfahrungen in Form von Lern- bzw. Bildungswerkstätten (vgl. Rißmann, 2015) zu nennen, aber auch übergreifend das Wahrnehmen und Aufgreifen der Perspektiven der Kinder überhaupt. Diese Ansätze sollen im Folgenden genauer dargestellt und mit musikbezogenen Gestaltungsmöglichkeiten in Bezug gesetzt werden.

Spezielle Lernsettings

Portfolioarbeit

» Das Portfolio ist eine zielgerichtete Sammlung von Dokumenten – sowohl der Kinder als auch der pädagogischen Fachkräfte und Eltern. Darin fließen Beobachtungsergebnisse der Erwachsenen und die Werke der Kinder zusammen und machen dadurch die Bildungsprozesse und Entwicklungsverläufe eines Kindes sichtbar. Kinder, Fachkräfte und Eltern haben so die Möglichkeit, eigene Handlungen und Vorgehensweisen zu reflektieren und zur Grundlage von nächsten Schritten zu machen." (Regner & Schubert-Suffrian, 2011, 12)

Ein Portfolio begleitet das Kind also über einen gewissen Zeitraum (die Kindergartenzeit, die Zeit in der Musikalischen Früherziehung, aber ggf. auch nur während eines Projektzeitraums). Das Portfolio dient so der kontinuierlichen Selbst- und Fremdbeobachtung, indem es Erlebnisse festhält und nach und nach eine Abfolge eigener Lernschritte erkennbar werden lässt. Es kann für Lehrkraft und Kind sowie für die Kinder untereinander als Erzählanreiz dienen.

» [Das] Portfolio [...] sammelt oder ordnet Produkte, die die Lernbiografie des Kindes bzw. dessen Entwicklung dokumentieren und damit sichtbar und für das Kind erfahrbar machen. Somit wird allen am Portfolio-Prozess Beteiligten deutlich, dass, was und wie das Kind lernt." (Freie Hansestadt Bremen, 2010, 16; Hervorhebung im Original)

In Portfolios werden die eigene Person und die Gruppe dargestellt, eigene Kompetenzen herausgestellt und Lernziele niedergelegt, Unternehmungen dokumentiert und Meinungen geäußert. Dies geschieht z. B. über selbstgemalte Bilder und Fotos, welche durch Kommentare der Kita-Fachkräfte ergänzt werden können. Auch eine „Briefkasten-Funktion" mit Beiträgen der erwachsenen Bezugspersonen für das Kind ist möglich. Typische Themen in Portfolios sind etwa:

- Wer ich bin, wie ich bin: Die Ich-Seiten.
- Was ich kann, was ich lernen möchte: Zielerreichung dokumentieren.
- Was ich gerade lerne: Bildungsprozesse sichtbar machen (vgl. Bostelmann, 2007, 7 ff.)

In der musikalischen Portfolioarbeit können solche Themen zum Beispiel folgendermaßen auf Musik ausgerichtet werden (vgl. ausführlicher Weber-Krüger 2014, 340 ff.):

- Das bin ich – Ich und die Musik.
- Meine Familie – Unsere Musik zu Hause.
- Meine Gruppe.
- Was wir machen.
- Meine Musik.
- Das kann ich – Das möchte ich lernen.
- Das möchte ich fragen.
- Ich finde ...
- Post für mich – Musik für mich.

Reizvoll ist auch die Integration von Audiofiles, die beispielsweise auf einem dem Portfolio angehängten USB-Stick gesammelt werden. Diese können Lieblingslieder der Kinder sein, eigens aufgenommene Lieder aus der Kita oder der Musikschule, Aufnahmen von Improvisationen und Kompositionen des Kindes u. ä. Weiterführend ist auch die Erstellung kompletter Audioportfolios denkbar, bei welchen auf eine Dokumentation in Papierform gänzlich verzichtet wird. Hier werden nicht nur musikalische Werke, sondern auch kurze ergänzende Kommentare und Informationen der Kinder und der erwachsenen Bezugspersonen aufgenommen und gesammelt. Gerade um den eigenen Lernfortschritt wahrnehmen zu können, sind Aufnahmen gleicher Lieder zu unterschiedlichen Zeitpunkten interessant. So könnte ein Kind anhand dessen nachvollziehen, dass es das Begrüßungslied zunächst nur gesungen hat, mittlerweile aber auch mit einem Instrument begleiten kann. Zudem sind die Kinder meist fasziniert und begeistert, wenn sie sich und ihre Musik auf einer Tonaufnahme hören. Portfolioarbeit muss nicht in jeder musikalischen Begegnung von pädagogischer Fachkraft und Kindern stattfinden, vielmehr können – gerade in der Musikschule – zunächst auch nur vereinzelte Stunden gezielt zur Erstellung von Portfolioinhalten genutzt werden. Diese werden dann unter Umständen zum Ausgangspunkt für die nächsten Unterrichtsthemen („das möchte ich gerne lernen", „das interessiert mich").

Lern- und Bildungswerkstatt

» Eine Lernwerkstatt ist ein didaktisch gestalteter Ort, an dem Lernende […] im Sinne des forschenden Lernens bestimmten Fragen nachgehen und eigene Lernwege erkunden können. Eine partizipative Lernkultur trägt dazu bei, dass Lernende das eigene Lernen erkennen und selbstbestimmt sowie eigenverantwortlich handeln. Pädagoginnen und Pädagogen haben dabei die Aufgabe der Lernbegleitung, indem sie beobachten, mittun, Hilfestellung, Impulse geben und die strukturierte Umgebung vorbereiten." (Rißmann, 2015, 309)

Lernwerkstätten bieten zu bestimmten Themen vorbereitete Umgebungen an, halten also Materialien und Werkzeuge bereit. Die Wahl der Arbeitsmaterialien ist dabei den Lernenden überlassen, in einer Lernwerkstatt wird nie aufgrund von Instruktionen gearbeitet, wohl aber gehören Impulse und Hilfestellungen der pädagogischen Fachkräfte dazu (vgl. ebd.).

Eine musikalische Lernwerkstatt könnte z. B. in Form eines „Klanglabors" gestaltet sein. Vielfältige Instrumente stehen in Schränken und Regalen zur Verfügung, um erkundet und unterschiedlich eingesetzt zu werden. Dies können verschiedene Streich-, Blas-, Zupf-, Tasten- und Perkussionsinstrumente aus unterschiedlichen Kulturen sowie das erweiterte Orff-Instrumentarium sein. Auch Aufnahme- und Abspielmöglichkeiten sind idealerweise vorhanden. Wird das Klanglabor von Kindergruppen zur Erkundung und für gemeinsame musikalische Gestaltungen genutzt, so steht die pädagogische Fachkraft als Ansprech- und Musizierpartnerin zur Verfügung, sie gibt aber keine Unterrichtsplanung vor. In der Musikschule kann ein solches Klanglabor reihum von verschiedenen Gruppen und abwechselnd mit den regulären Musikstunden genutzt werden, beispielsweise einmal im Monat. In der Kita kann das Klanglabor z. B. jeweils wöchentlich zu bestimmten Zeiten für interessierte Kinder geöffnet werden. Indem sich die Kinder im Klanglabor entweder alleine mit Instrumenten auseinandersetzen oder aber in Kleingruppen mit Klängen experimentieren und spielen, ergeben sich jeweils neue Gruppenkonstellationen. Suchen die Kinder in ihren Klangexperimenten und Musikerfindungen nach Anknüpfungspunkten an ihre bereits vorhandenen musikalischen Erfahrungen, so ergeben sich Verknüpfungen mit Liedern und Spielen, die die Kinder aus dem Musikschul- und dem Kita-Alltag oder der Familie kennen. Gerade das versatzstückartige musikalische Arbeiten mit solch eigenen Erfahrungsbausteinen kann als Gestaltungsmoment in einem Klanglabor zum Tragen kommen (vgl. Weber-Krüger, 2014, 330).

Einbezug der Perspektiven der Kinder

Somit erscheint es für die pädagogische Praxis sinnvoll, die Kinder selbst zu ihren Zielen und Wünschen zu befragen oder in Beobachtungen deren Interessen oder besondere musikalische Momente zu erfassen und aufzugreifen. Als Schlüsselmoment des elementaren Musiklernens erweist sich hier also die Integration von Impulsen der Kinder in die elementare Musikpraxis (vgl. Weber-Krüger, 2014, 348–353). Dies könnte mit einer größeren Durchlässigkeit zwischen dem häuslichen Alltag der Kinder und jenem in der Kita und in der Musikschule einhergehen, da individuelle Vorerfahrungen von Kindern zum Gesprächsanlass werden oder in den eigenen musikalischen Erfindungen der Kinder aufscheinen. Zudem können die Impulse der Kinder gestaltend aufgegriffen und in der Gruppe weitergeführt werden, etwa in Klang-Collagen aus musikalischen Bausteinen, welche die Kinder einbringen und miteinander verbinden. Auf diese Weise können die Elementarpädagogik und die Elementare Musikpädagogik kontinuierlich voneinander profitieren und wechselseitig Methoden der pädagogischen sowie der künstlerisch-gestaltenden Arbeit der jeweils anderen Disziplin aufgreifen.

Schlussgedanken

Der vorliegende Text versucht, Aspekte eines Musiklernens aufzuzeigen, das voraussetzungsoffen ist und auf den persönlichen Erfahrungen und Kompetenzen der Lernenden fußt, das grundlegend und nicht-spezialisiert, in einer bestimmten Kunstform und mit künstlerischen Mitteln stattfindet und jedem Menschen zugänglich sein kann. Dafür wurde, in Anlehnung an die Begrifflichkeiten der Bezugsdisziplinen, der Terminus des elementaren Musiklernens gewählt, wobei der Begriff des Elementaren jedoch – wie eingangs gezeigt wird – durchaus mit Unschärfen belastet ist. Dass demgegenüber der Begriff des Elementarbereichs klar umrissen ist und auf bestimmte Altersgruppen und Institutionen im Bildungssystem bezogen werden kann, und dass die Elementarpädagogik sich auf das Kindesalter bezieht, die Elementare Musikpädagogik aber auf die ganze Lebensspanne, macht das Verständnis im alltäglichen Sprachgebrauch und für Außenstehende nicht leichter. Dies gerade, da die Elementare Musikpädagogik traditionell einen Schwerpunkt in der Arbeit mit Kindern hat und Fächer wie die Musikalische Früherziehung gesamtgesellschaftlich deutlich bekannter sein dürften als etwa Improvisationsangebote für Erwachsene. Die Fragen an den Begriff setzen sich bei der Bezeichnung der Musizierpraxis fort: Auch Elementares Musizieren bzw. Elementare Musikpraxis sind Ausprägungen der Kunstform Musik. „Um sich dem Kunstwerk zu nähern, wird ‚Kunst gemacht'" (Priesner & Hamann, 2002, 246). Ob der Begriff des Elementaren also notwendig ist, um eine Form des Musizierens zu beschreiben, wäre durchaus infrage zu stellen. Hier wird davon ausgegangen, dass Bezeichnungen wie Elementares Musiklernen oder Elementare Musikpraxis durchaus taugen, um bestimmte Lernwege oder Herangehensweisen beim Musizieren zu definieren. Zugleich muss berücksichtigt werden, dass sie bei den Lernenden möglicherweise zunächst Missverständnisse hervorrufen oder Barrieren hinsichtlich der künstlerischen Selbstwahrnehmung aufbauen können. Die Begriffe bleiben also erklärungsbedürftig oder man verzichtet gleich darauf, sie im Alltag zu verwenden. Dies muss kein Nachteil sein: Möglicherweise kommt für die Lernenden die Selbstverständlichkeit des eigenen künstlerischen Tuns sogar stärker zum Tragen, wenn einfach nur vom „Musizieren" gesprochen wird. Festzuhalten ist in jedem Falle, dass der grundlegende, nicht-spezialisierte und nicht-intentionale Charakter elementaren Musiklernens im Verbund mit der Orientierung an den persönlichen Ressourcen und Wünschen der Lernenden vielfältige Möglichkeiten für die Arbeit in unterschiedlichen Zielgruppen über die ganze Lebensspanne hinweg bereithält. Dabei kann das elementare Musiklernen auch zu einem spezialisierten Lernen, z. B. im Instrumentalunterricht, führen oder aber parallel dazu stattfinden. Schwerpunktsetzungen, etwa der vermehrte Einbezug von Information und Gespräch über Musik oder der Fokus auf bestimmte Musizierformen, etwa wenn vornehmlich vokale Herangehensweisen gewählt werden, finden aufgrund der vielfältigen und individuellen Ausprägungsmöglichkeiten durchaus ihren Platz und werden methodisch je nach Altersgruppe unterschiedlich aufbereitet sein. Die Grenze elementaren Musiklernens wäre dort erreicht, wo es in ein zielgerichtetes Üben spezieller Fertigkeiten übergeht und somit ein spezialisiertes Musiklernen beginnt. Beim elementaren Musiklernen entstehen Erfahrungen und Kompetenzen aus dem vielseitigen Anwenden musikalischer und musikbezogener Elemente, also in einem Musizieren von Anfang an.

[1] Vgl. zum Lernort Musikschule auch Kapitel *Musiklernen in Institutionen* in diesem Band.

[2] Vgl. zu Musikvermittlung und Theaterpädagogik auch Kapitel *Musikvermittlung* in diesem Band.

[3] Die Begriffe Elementarpädagogik und Frühpädagogik werden in der Regel synonym verwendet und sind auf die Altersspanne von Geburt bis Schuleintritt bezogen. Die Kindheitspädagogik umfasst hingegen den Altersbereich bis zum Jugendalter, also von 0 bis 14 Jahren.

[4] Vgl. hierzu auch den Begriff von Üben, den Lessing in seinem Beitrag für dieses Buch entwickelt (s. Kapitel *Üben als Handeln*).

[5] Vgl. zum Musiklernen im dritten und vierten Lebensalter ausführlich den Beitrag von Theo Hartogh (Kapitel *Musikalisches Lernen im dritten und vierten Lebensalter*) in diesem Buch.

Literatur

Ausländer, P. (2003): *Vorschläge für die Ausstattung von Klang-Erlebnis-Gärten. Arbeitsheft mit Bauanleitungen.* Vlotho: AG Musik-Szene-Spiel OWL.

Beck-Neckermann, J. (2014): *Mit Kindern Musik entdecken. Musikalisches Experimentieren und gestalten in der frühpädagogischen Bildungsarbeit.* Gütersloh: Bertelsmann.

Bostelmann, A. (Hg. 2007): *So gelingen Portfolios in Kita und Kindergarten. Beispielseiten und Vorlagen.* Mülheim a.d.R.: Verlag an der Ruhr.

Dartsch, M., Savage-Kroll, C., Schmidt, K., Steffen-Wittek, M., Stiller, B. & Vogel, C. (Hg.) (2016): *Timpano. Konzept. Elementare Musikpraxis in Themenkreisen für Kinder von 0 bis 10,* Kassel: Bosse.

Dartsch, M. (2016): Paradigmen musikpädagogischer Arbeit mit Kindern im Grundschulalter. In: L. Oravec & A. Weber-Krüger (2016): *Musiklernen in der Grundschule. Impulse aus Elementarer und schulischer Musikpädagogik* (S. 55–70). Essen: Die Blaue Eule.

Dartsch, M. (2014): *Musik lernen, Musik unterrichten. Eine Einführung in die Musikpädagogik.* Wiesbaden: Breitkopf & Härtel.

Dartsch, M. (2010a): Musikalische Bildung in der Elementarstufe/Grundstufe. Grundlegende Aspekte der Elementaren Musikpädagogik. In: Verband deutscher Musikschulen (Hg.): *Bildungsplan Musik für die Elementarstufe/Grundstufe* (S. 15–25), Bonn: VdM.

Dartsch, M. (2010b): Der VdM-Bildungsplan Musik für die Elementarstufe/Grundstufe und die Bildungs-/Erziehungspläne der Länder. In: Verband deutscher Musikschulen (Hg.): *Bildungsplan Musik für die Elementarstufe/Grundstufe* (S. 145–146), Bonn: VdM.

Dartsch, M. (Hg.) (2008): *Studie zu Wirkungen und Voraussetzungen der Musikalischen Früherziehung,* Bonn: VdM.

Deutsches Musikinformationszentrum (2016): *Kooperationen von Musikschulen im VdM mit allgemein bildenden Schulen und anderen Partnern.* http://miz.org/downloads/statistik/127/97_Kooperation_von_oeffentlichen_Musikschulen_mit_allgemein_bildenden_Schulen_2016.pdf (Stand: 01.05.2017).

Freie Hansestadt Bremen, die Senatorin für Arbeit, Frauen, Gesundheit, Jugend und Soziales (Hg.) (2010): *Frühkindliche Bildung in Bremen. Bremer Individuelle Lern- und Entwicklungsdokumentation.* Verfügbar unter: http://www.soziales.bremen.de/sixcms/media.php/13/LED_2010.pdf (Stand: 12.04.2017).

Fröhlich, C. (2002): Herabüben oder: von der wiederauffindbaren Fähigkeit, sich in präsentativen Kommunikationsformen zurechtzufinden. In J. Ribke & M. Dartsch (Hg.). *Facetten Elementarer Musikpädagogik. Erfahrungen – Verbindungen – Hintergründe* (S. 94–110). Regensburg: ConBrio.

Gutjahr, E. (2014): Improvisation und Kreativität. In: M. Steffen-Wittek & M. Dartsch (Hg.): *Improvisation. Reflexionen und Praxismodelle aus Elementarer Musikpädagogik und Rhythmik* (S. 20–30. Regensburg: ConBrio.

Hartogh, Th. (2005): *Musikgeragogik – Ein bildungstheoretischer Entwurf.* Augsburg: Wißner

Hirler, S. (2015): *Sprachförderung durch Rhythmik und Musik.* Freiburg: Herder.

Hömig, J. (2015): Kindzentrierung. In: M. Rißmann (Hg.) *Lexikon Kindheitspädagogik* (S. 269–270). Kronach: Carl Link Verlag.

Jugendministerkonferenz & Kultusministerkonferenz (2004): *Gemeinsamer Rahmen der Länder für die frühe Bildung in Kindertageseinrichtungen.* http://www.kmk.org/fileadmin/Dateien/veroeffentlichungen_beschluesse/2004/2004_06_04-Fruehe-Bildung-Kitas.pdf (Stand: 01.05.2017).

Jungmair, U. E. (1992): *Das Elementare. Zur Musik- und Bewegungserziehung im Sinne Carl Orffs.* Mainz: Schott.

KiBiz – Gesetz zur frühen Bildung und Förderung von Kindern (*Kinderbildungsgesetz – KiBiz*), § 3. Viertes Gesetz zur Ausführung des Kinder- und Jugendhilfegesetzes. Sozialgesetzbuch VIII vom 30. Oktober 2007. https://www.mfkjks.nrw/sites/default/files/asset/document/20160817_kibiz_1.8.2016.pdf (Stand: 01.05.2017).

KJHG – *Kinder- und Jugendhilfegesetz,* Sozialgesetzbuch VIII, § 8. http://www.gesetze-im-internet.de/sgb_8/_8.html (Stand: 01.05.2017).

KJHG – *Kinder- und Jugendhilfegesetz,* Sozialgesetzbuch VIII, § 22. http://www.sozialgesetzbuch-sgb.de/sgbviii/22.html (Stand: 01.05.2017).

KMK – Ständige Konferenz der Kultusminister der Länder (Hg.) (2015): *Das Bildungswesen in der Bundesrepublik Deutschland 2013/2014 Darstellung der Kompetenzen, Strukturen und bildungspolitischen Entwicklungen für den Informationsaustausch in Europa.* Bonn.

Merkel, J. (o. J.): Bildungsbereiche und Kompetenzen: Welche Themen sollen in der Bildungsarbeit berücksichtigt, welche Fähigkeiten angeregt werden? In: M.R. Textor (Hg.): *Das Kita-Handbuch* (o.S.), verfügbar unter: http://www.kindergartenpaedagogik.de/1629.html (Stand: 14.03.2017).

Metzger, B., Greiner, J., Stiller, B. & Schäfer, C. (2010): Musikalische Früherziehung/EMP mit Kindern zwischen 3 bzw. 4 und 6 Jahren. In: Verband deutscher Musikschulen (Hg.): *Bildungsplan Musik für die Elementarstufe/Grundstufe* (S. 37–42). Bonn: VdM.

Meyer, C., Tiedemann, U. & Weber-Krüger, A. (2010): *Klassenstreicher – Elementare Musikpraxis mit Streichinstrumenten.* Tönning: Der Andere Verlag.

Meyer, C. (2004a): Vorführen – Aufführen? – Ein Beispiel elementarer Musikpraxis mit Jugendlichen. In: J. Ribke & M. Dartsch (Hg.): *Gestaltungsprozesse – erfahren – lernen – lehren. Texte zur Elementaren Musikpädagogik* (S. 93–99). Regensburg: ConBrio.

Meyer, C. (2004b). Inszenierung musikalisch-ästhetischer Erfahrungsräume in der Elementaren Musikpädagogik. In: J. Ribke & M. Dartsch (Hg.): *Gestaltungsprozesse – erfahren – lernen – lehren. Texte zur Elementaren Musikpädagogik* (S. 44–52). Regensburg: ConBrio.

Ministerium für Familie, Kinder, Jugend, Kultur und Sport Nordrhein-Westfalen (Hg.) (2016): *Bildungsgrundsätze für Kinder von 0 bis 10 Jahren in Kindertagesbetreuung und Schulen in Nordrhein-Westfalen.* Freiburg: Herder.

Ministerium für Kinder, Frauen und Jugend Rheinland-Pfalz (Hg.) (2004): *Bildungs- und Erziehungsempfehlungen für Kindertagesstätten in Rheinland-Pfalz.* https://kita.bildung-rp.de/fileadmin/dateiablage/Bildungsempfehlungen/BEE/Downloads/bildungs-und-erziehungsempfehlungen.pdf (Stand: 14.03.2017).

Neubauer, F. & de Groote, K. (2012): *Auf Flügeln der Kunst. Ein Handbuch zur künstlerisch-kulturellen Praxis mit Menschen mit Demenz.* München: kopaed

Nykrin, R., Grüner, M. & Widmer, M. (Hg.) (2007): *Musik und Tanz für Kinder. Unterrichtswerk zur Früherziehung. Lehrerkommentar zum ersten Unterrichtsjahr.* Mainz: Schott.

Nykrin, R., Grüner, M. & Widmer, M. (Hg.) (2008): *Musik und Tanz für Kinder. Unterrichtswerk zur Früherziehung. Lehrerkommentar zum zweiten Unterrichtsjahr.* Mainz: Schott.

Nykrin, R. (2005). Elementare Musikpädagogik. In: S. Helms, R. Schneider & R. Weber (Hg.): *Lexikon der Musikpädagogik* (S. 49–52). Kassel: Bosse.

Orff, C. (1964): Das Schulwerk – Rückblick und Ausblick. In: W. Thomas & W. Götze (Hg.): *Jahrbuch 1963. Orff-Institut an der Akademie Mozarteum Salzburg* (S. 13–20). Mainz: Schott

Pfaff, F. (2005): Musizieren mit Erwachsenen – ressourcenorientiert und sinnenvoll. In: F. Heß (Hg.): *Zugänge zur Musik. Formen des Musik-Lernens von der Kindheit bis ins Alter.* (Musik im Diskurs, Bd. 20, S. 23–32). Kassel: Bosse

Priesner, V. & Hamann, D. (2002): Auf der Suche nach dem Künstlerischen in Gestaltungsprozessen der Elementaren Musikpädagogik. In: J. Ribke & M. Dartsch (Hg.): *Facetten Elementarer Musikpädagogik. Erfahrungen – Verbindungen – Hintergründe* (S. 245–260). Regensburg: ConBrio.

Rebhahn, M. & Beidinger, W. (2010): EMP in Eltern-Kind-Gruppen. In: Verband deutscher Musikschulen (Hg.): *Bildungsplan Musik für die Elementarstufe/Grundstufe* (S. 29–35). Bonn: VdM.

Regner, M. & Schubert-Suffrian, F. (2011): *Portfolioarbeit mit Kindern.* Kindergarten heute: Praxis kompakt, Themenheft für den pädagogischen Alltag, Freiburg i. Br.: Herder.

Regner, M., Schubert-Suffrian, F. & Saggau, M. (2009): *Partizipation in der Kita.* Kindergarten heute: Praxis kompakt, Themenheft für den pädagogischen Alltag, Freiburg i. Br.: Herder.

Ribke, J. (2004). In Verbindung sein – Fokus und Vernetzung Elementarer Musikpädagogik. In: J. Ribke & M. Dartsch (Hg.). *Gestaltungsprozesse erfahren, lernen, lehren. Texte und Materialien zur Elementaren Musikpädagogik* (S. 13–22). Regensburg: ConBrio.

Ribke, J. (1995): *Elementare Musikpädagogik. Persönlichkeitsbildung als musikerzieherisches Konzept.* Regensburg: ConBrio.

Richter, C. (2012): Erleben und Verstehen von Musik – Musikvermittlung für Erwachsene. *Diskussion Musikpädagogik* 54/2012, 5–14.

Richter, C. (2009): Begeistern statt informieren. Ein Musikvermittlungskonzept für Erwachsene. *Das Orchester* 1/2009, 31–33.

Richter, W. (2010): Vorwort zum „Bildungsplan Musik für die Elementarstufe/Grundstufe". In: Verband deutscher Musikschulen (Hg.) (2010): *Bildungsplan Musik für die Elementarstufe/Grundstufe* (S. 9), Bonn: VdM.

Rißmann, M. (2015): Lernwerkstatt. In: M. Rißmann (Hg.) *Lexikon Kindheitspädagogik* (S. 309–311). Kronach: Carl Link Verlag.

Rittersberger, A. & Stopa, V. (2012): *Wenn die Sprache hüpft und singt. Sprachförderung mit Musik für Kita-Kinder von 0 bis 3 Jahren.* Berlin: Cornelsen Scriptor

Schäfer, G. E. (2011): *Was ist frühkindliche Bildung? Kindlicher Anfängergeist in einer Kultur des Lernens,* Weinheim: Juventa.

Schäfer, G. E. (2005): *Bildungsprozesse im Kindesalter. Selbstbildung, Erfahrung und Lernen in der frühen Kindheit,* Weinheim: Juventa.

Schmidt, K. (2016): Entwicklung sichtbar machen – Die Materialordner: Portfolio-Arbeit in der EMP. In: M. Dartsch, C. Savage-Kroll, K. Schmidt, M. Steffen-Wittek, B. Stiller & C. Vogel (Hg.): *Timpano. Konzept. Elementare Musikpraxis in Themenkreisen für Kinder von 0 bis 10* (S. 97–99), Kassel: Bosse.

Schneidewind, R. (2011): *Die Wirklichkeit des Elementaren Musizierens.* Wiesbaden: Reichert Verlag.

Schönbeck, J. (2012): Musikalische Bildung im Elementarbereich. In: *Handreichungen zum Berufseinstieg von Elementar- und Kindheitspädagoginnen,* Heft B08, hg. von U. Carle und G. Koeppel. Bremen: Universität.

Seeliger, M. (2003): *Das Musikschiff. Kinder und Eltern erleben Musik. Von der pränatalen Zeit bis ins vierte Lebensjahr.* Regensburg: ConBrio.

Seeliger, M. (2002): Das „musikalische Miteinander" in der Eltern-Kind-Gruppe. In: J. Ribke & M. Dartsch (Hg.): *Facetten Elementarer Musikpädagogik. Erfahrungen – Verbindungen – Hintergründe* (S. 35–48). Regensburg: ConBrio.

Senatsverwaltung für Bildung, Jugend und Wissenschaft (Hg.) (2014): *Berliner Bildungsprogramm für Kitas und Kindertagespflege* (aktualisierte Neuauflage). Berlin: verlag das netz.

Steffen-Wittek, M. & Dartsch, M. (Hg.) (2014): *Improvisation. Reflexionen und Praxismodelle aus Elementarer Musikpädagogik und Rhythmik.* Regensburg: ConBrio.

Steinbach, A. (2016). Mit Kindern über Musik sprechen. Impulse aus der qualitativ-empirischen Interviewforschung. *Frühe Bildung. Interdisziplinäre Zeitschrift für Forschung, Ausbildung und Praxis* (Schwerpunktheft Frühe musikalische Bildung), 5. Jg., Heft 3, 134–141.

Stiller, B., Greiner, J., Lips, A. & Schäfer, C. (2010): EMP in Kindertagesstätten mit Kindern im Alter von bis zu 6 Jahren. In: Verband deutscher Musikschulen (Hg.): *Bildungsplan Musik für die Elementarstufe/Grundstufe* (S. 43–46). Bonn: VdM.

VdM – Verband deutscher Musikschulen (Hg.) (2010): *Bildungsplan Musik für die Elementarstufe/Grundstufe,* Bonn: VdM.

Weber-Krüger, A. (2014): *Bedeutungszuweisungen in der Musikalischen Früherziehung. Integration der kindlichen Perspektive in musikalische Bildungsprozesse,* Münster: Waxmann.

Widmer, M. (2011): *Die Pädagogik des Orff-Instituts. Entwicklung und Bedeutung einer einzigartigen kunstpädagogischen Ausbildung.* Mainz: Schott

Zaiser, D. (2014): Eröffnung von Risiken. Improvisation in Rhythmus- und Performanceprojekten mit sozial benachteiligten Jugendlichen. In: M. Steffen-Wittek & M. Dartsch (Hg.): *Improvisation. Reflexionen und Praxismodelle aus Elementarer Musikpädagogik und Rhythmik* (S. 148–158). Regensburg: ConBrio.

Hendrikje Mautner-Obst

Musikvermittlung

Musikvermittlung als ein noch junges Praxisfeld beschreibt eine kaum überschaubare Vielzahl an Projekten und Konzepten, in denen je nach Ziel- und Schwerpunktsetzung der jeweiligen Akteure auf unterschiedliche Weise künstlerisch-kreative, pädagogische und kommunikative Praktiken wirksam werden. Der folgende Beitrag gibt einen Überblick über die Entwicklung des Feldes der Musikvermittlung und über Inhalte und Zielsetzungen von Musikvermittlungsprojekten. Daran anschließend wird Musikvermittlung als nicht-formaler Lernkontext in den Blick genommen, und es werden lernpsychologische Ansätze des expliziten/impliziten Lernens auf Musikvermittlung bezogen. Abschließend werden exemplarisch einige etablierte Formate der Musikvermittlung im Kontext musikbezogenen Lernens betrachtet.

Rückblick

Als um die Mitte der Neunzigerjahre im deutschsprachigen Raum die Begriffe „Musikvermittlung" und „Konzertpädagogik" verstärkt diskutiert wurden und rasch an Bedeutung gewannen (vgl. Stiller, 2014, 81), ahnte niemand, dass sich Musikvermittlung neben Schule, Musikschule und freier kommunaler Musikpraxis zu einem weiteren Feld künstlerisch-pädagogischer Betätigung im Kulturbetrieb entwickeln würde. Fast alle Opern- oder Konzerthäuser bzw. die Kulturorchester verfügen inzwischen über spezielle Angebote im Bereich der Musikvermittlung; darüber hinaus engagiert sich eine höchst lebendige freie Szene auf diesem Feld mit dem Ziel, das Interesse an der klassischen Musikkultur zu wecken oder zu stärken (einen Überblick dazu gibt Stiller, 2014).

Bereits in den Neunzigerjahren entstand eine erste zentrale Studie, die sich mit konzertpädagogischen Angeboten deutscher Berufsorchester befasste. Unter Konzertpädagogik versteht Anke Eberwein in ihrer Studie außerschulische, moderierte „Konzertveranstaltungen für Kinder und Jugendliche, in denen professionelle Symphonieorchester in künstlerischer wie in pädagogischer Absicht klassische Konzertmusik präsentieren" (Eberwein, 1998, 11). Obwohl Eberwein hier von Konzertpädagogik und (noch) nicht von Musikvermittlung spricht, macht ihre Definition eine Auffassung deutlich, die sich auch auf das Feld Musikvermittlung beziehen lässt: Dem Selbstverständnis nach handelt es sich um ein sowohl künstlerisch-kreatives als auch pädagogisch geprägtes Feld im außerschulischen Bereich.

Dass Musikvermittlung sich zu einem beruflichen Tätigkeitsfeld entwickeln konnte und vielerorts auch institutionalisiert ist, hängt mit einem veränderten Selbstverständnis von öffentlichen Kulturinstitutionen, Opernhäusern und Orchestern sowie auch von freischaffenden Künstlern zusammen. Bis in die Sechzigerjahre hinein zielte die kulturpolitische Ausrichtung öffentlicher Kulturinstitutionen auf die Pflege des kulturellen

Erbes – gemeint war damit die Hochkultur. In erster Linie sollte sie durch personelle und institutionelle Absicherung öffentlicher Aufführungen verwirklicht werden (vgl. Schulze, 2005, 499). Vor diesem Hintergrund betrachteten es öffentliche Kulturinstitutionen als ihre zentrale Aufgabe, künstlerisch hochwertige Aufführungen anzubieten. Der Schwerpunkt und das Selbstverständnis lagen auf dem Künstlerischen, während flankierende pädagogisch-vermittelnde Angebote über das klassische Vermittlungsmedium Programmheft oder Konzert- bzw. Operneinführungen hinaus nur eine geringe Rolle spielten. Die Idee der Traditionspflege von Hochkultur war mit der Vorstellung eines „ästhetisch kompetenten Menschen" als Idealtypus des Zuhörers verbunden. Dessen Heranbildung wurde jedoch nicht als zentrale Aufgabe der Kulturinstitutionen verstanden, sondern als Aufgabe der Bildungsinstitution Schule (vgl. Schulze, 2005, 499).

Diskussionen um eine Demokratisierung der Kultur in den Siebzigerjahren und ein sich in der Folge veränderndes Selbstverständnis von Kulturinstitutionen und Künstlern führten allmählich zu einer Entwicklung von Vermittlungsangeboten für unterschiedliche Zielgruppen.

Die Beobachtung, dass Kunst und Kultur nicht selbstverständlich auf ungebrochenes Interesse zählen können, dass Kulturinstitutionen und Künstler sich um Besucher aller Zielgruppen bemühen müssen, dass Kulturvermittlung als eine Schnittstelle „zwischen kultureller Bildung und Kulturmarketing" betrachtet werden kann (Mandel, 2005), hat ein gewandeltes Selbstverständnis von Kulturinstitutionen und Künstlern herbeigeführt und die Einrichtung von zahlreichen musikvermittelnden Projekten, Programmen und Initiativen an Kulturinstitutionen und in der freien Szene begünstigt. Eine Studie des Zentrums für Kulturforschung über „Kulturtempel" versus „Lernorte", die der Frage nach Bildungsangeboten in klassischen Kultureinrichtungen unterschiedlicher Kunstsparten nachgegangen ist, bestätigt, dass sich inzwischen fast 90 % der befragten Institutionen im Bereich der kulturellen Bildung engagieren (vgl. Keuchel & Weil, 2010, 5). Deutlich mehr Orchester und Opernhäuser als Anfang der Zweitausenderjahre planen Aktivitäten im Bereich der Musikvermittlung in ihre Budgets ein und haben Stellen oder zumindest Stellenanteile für die Musikvermittlungsarbeit eingerichtet (vgl. Stiller, 2014, 95).

Das gewandelte Selbstverständnis von Kulturinstitutionen in Bezug auf die Vermittlung betrifft auch das Selbstverständnis und das Berufsbild von Sängern, Sängerinnen und Instrumentalisten, Instrumentalistinnen sowohl in festen Anstellungen als auch in der freien Szene: Sie sind in hohem Umfang an Vermittlungsaufgaben beteiligt, sodass ihnen über das künstlerisch hoch professionelle Instrumentalspiel bzw. Singen hinaus komplexe Aufgaben zugewachsen sind. Damit hat sich realisiert, was Ernst Klaus Schneider bereits knapp zehn Jahre vor Erscheinen der Studie von Keuchel prognostiziert hat:

> » Es zeichnet sich ab, dass Vermittlung in den Konzerten oder in den Medien und die Organisation neuer Angebote künftig zu den Kernkompetenzen von Künstlern gehören werden. Künstlerischer Anspruch und pädagogische Verantwortung gehören zusammen." (Schneider, 2001, 118)

Mehr als zehn Jahre später bestätigte Reinhart von Gutzeit diese Auffassung:

» Für die zukünftigen Musikerinnen und Musiker genügt es nicht mehr, ihr Instrument, ihre Stimme, ihr Kompositionshandwerk oder was immer ihr Fachliches ist, möglichst gut zu beherrschen – sie müssen auch lernen, ihre eigenen Vermittler zu sein." (von Gutzeit, 2014, 21)

Obwohl intensivere Diskussionen zur Musikvermittlung und Konzertpädagogik in die Mitte der Neunzigerjahre zurückreichen und in jener Zeit bereits Aktivitäten zu verzeichnen sind, ist seit 2005 ein geradezu sprunghafter Anstieg musikvermittelnder Angebote zu beobachten. Den Hintergrund bilden drei Initiativen bzw. Veröffentlichungen, die etwa zur selben Zeit mediale Aufmerksamkeit und öffentliches Interesse auf sich gezogen haben (vgl. Keuchel & Weil, 2010, 17). Im Januar 2004 fand auf Initiative der Kulturstiftung der Länder in Leipzig der erste Kongress *Kinder zum Olymp!* statt, der sich mit der Frage nach der Notwendigkeit ästhetischer Bildung für Kinder und Jugendliche beschäftigte. Kurz darauf veröffentlichte das Zentrum für Kulturforschung (ZfKf) die Ergebnisse des *1. Jugend-KulturBarometers*, die in der Presse breit diskutiert und 2006 auch in Buchform publiziert wurden (vgl. Keuchel & Wiesand, 2006). Mit dieser Studie sollten genauere Kenntnisse darüber gewonnen werden, was Jugendliche an Kunst und Kultur interessiert und welche Hindernisse möglicherweise einem Kulturbesuch entgegenstehen. Zudem kam 2004 der mehrfach mit Preisen ausgezeichnete Dokumentarfilm *Rhythm is it* in die Kinos. Am Beispiel von Einzelporträts beteiligter Jugendlicher dokumentiert der Film ein Projekt des Education Programms der Berliner Philharmoniker unter der Leitung von Sir Simon Rattle mit dem Tanzpädagogen und Choreografen Royston Maldoom zu Strawinskys *Le sacre du printemps*. *Rhythm is it* lief über mehrere Monate in den Kinos und vermittelte trotz durchaus kritischer Diskussionen unter Musikpädagogen und -vermittlern in der Öffentlichkeit ein Bild davon, was Musikvermittlung leisten könnte. Alle drei genannten Aktivitäten zogen große Aufmerksamkeit auf sich und haben die öffentlichen Diskussionen über kulturelle Bildung im Bereich der Vermittlungsarbeit befördert.

Die Ausrichtung dieser Beispiele zeigt einen weiteren zentralen Aspekt des Feldes Musikvermittlung: Zunächst standen vor allem Kinder- und Jugendliche im Fokus der Aufmerksamkeit – jene Zielgruppe nämlich, die in Konzertsälen und Opernhäusern unterrepräsentiert erschien. Inzwischen erstrecken sich die Angebote in der Musikvermittlung auf alle denkbaren Zielgruppen in der Altersspanne (vgl. den Beitrag von Hartogh in diesem Buch).

Aufgaben und Ziele

Über eine konkrete, handhabbare und widerspruchsfreie Definition von „Musikvermittlung" besteht nach wie vor keine Einigkeit; ebenso wenig ist bisher klar definiert, wie sich „Konzertpädagogik" und „Musikvermittlung" zueinander verhalten (vgl. Rora, 2015, 134), insbesondere wenn man versucht „konzertbezogene Musikvermittlung“ und „Konzertpädagogik“ trennscharf voneinander zu unterscheiden.

Obwohl der Begriff der „Vermittlung“ durchaus kritisch diskutiert wird (vgl. z. B. Eberhard, 2015), hat er sich jedoch im deutschsprachigen Raum in erster Linie als Bezeichnung für Projekte und Programme etabliert, die sich – vage formuliert – unter der gemeinsamen Zielsetzung zusammenfassen lassen, Zugänge zur Musik schaffen bzw. vertiefen zu wollen. Einen interessanten Ansatz verfolgt in diesem Zusammenhang Rebekka Hüttmann. Ausgehend von der Überlegung, dass Vermittlung ein musikpädagogischer Grundbegriff ist, differenziert sie zwischen „Vermittlung *von* etwas“ und „Vermittlung *zwischen* etwas“ und fokussiert die Beziehung zwischen Mensch und Musik (vgl. Hüttmann, 2009).

Die ersten zentralen Studien zur Musikvermittlung leisten in der Regel auch einen Beitrag zu einer Standortbestimmung. Ungeachtet dessen, dass Schulprojekte in diesem Zusammenhang eine gewichtige Rolle spielen, beschreibt Musikvermittlung ein außerschulisches Feld der Beschäftigung mit Musik. Als Orte der Musikvermittlung nennt Stiller konkret Konzerthäuser, Kulturvereine, Orte der freien Szene, Rundfunk- und Fernsehanstalten und Musikverlage; damit in Beziehung stehen Berufe wie beispielsweise Musikerzieher, Konzertpädagogen, Komponisten, Kulturjournalisten, Kulturpolitiker, Dramaturgen, Dirigenten und Komponisten (vgl. Stiller, 2008, 20; ähnlich auch Geißler, 2004, 25). Versteht man mit Rora Konzertpädagogik als „pädagogische Aktivitäten im Kontext eines konkreten Konzertereignisses“ (Rora, 2015, 134), so macht Stillers Aufzählung deutlich, dass mit dem Konzert nur ein möglicher Ort von Musikvermittlung angesprochen ist.

Weitere zentrale Aspekte von Musikvermittlung berührt Constanze Wimmer in ihrer Dissertation, indem sie Musikvermittlung im Feld von Kulturvermittlung und Kulturpolitik verortet (Wimmer, 2010). Im Kontext von Befunden, dass das Konzertpublikum immer älter werde (vgl. Themenheft Musikforum „Schwindsucht im Parkett“ 4/2011) und das tradierte Aufführungsformat „Konzert“ überholt sei (vgl. beispielsweise Schmidt-Banse, 2001; Tröndle, 2009) wurde Musikvermittlung auch als Instrument des Kulturmanagements betrachtet. Entsprechend entwickelten sich aus dieser Richtung Überlegungen, die Musikvermittlung in Beziehung zu Konzepten des *audience development* setzen (vgl. Mandel, 2008) und damit beispielsweise die Wirkung von Musikvermittlungsangeboten in Bezug auf eine Verjüngung oder auch zahlenmäßige Vergrößerung des Publikums zu akzentuieren. Diese Perspektive hat durchaus Kritik hervorgerufen: Bernhard König beispielsweise, Mitbegründer des Kölner „Büros für Konzertpädagogik“, kritisiert diese Position als „Instrumentalisierung“ von Musikvermittlungsprojekten, die deren genuin künstlerischen Anspruch in den Hintergrund treten lasse (vgl. König, 2015). Will man dennoch die Bedeutung des Publikums ansprechen, ist der Begriff des *audience engagement* möglicherweise treffender, weil er stärker die aktive Beteiligung und die Auseinandersetzung der Zuhörer mit Musik akzentuiert als deren Rolle als Veranstaltungsbesucher.

Ob Musikvermittlung primär als Lernfeld, als Instrument des Kulturmanagements oder als Thema der Kulturpolitik aufgefasst wird, ist standortabhängig: Je nach Perspektive wird eines dieser Felder stärker akzentuiert, werden Standpunkte kritisch hinterfragt, überschneiden sich pädagogische, kulturpolitische oder kulturmanageriale Aspekte. Dieses Changieren des Begriffes Musikvermittlung zeigt sich auch im Versuch, Entsprechungen in anderen Sprachen zu finden: Begriffe wie „music education", „audience development", „audience engagement", „communicating music", „teaching artist" oder „médiation culturelle" akzentuieren in unterschiedlicher Weise Aspekte wie kulturelle Bildung, (Ziel-)Publikum, Ausführende, Kommunikation oder Vermittlung; keiner scheint jedoch dem zu entsprechen, was im deutschen Sprachraum unter „Musikvermittlung" verstanden wird.

Gegenwärtig erweist sich Musikvermittlung als eine künstlerische, pädagogische und kommunikative Praxis, die darauf zielt, heterogenen Publika in unterschiedlichen Formaten von künstlerisch-kreativer bis zu kognitiv-reflektierender Ausrichtung Zugänge zu Musik zu eröffnen und dabei ästhetische Erfahrungen zu ermöglichen und zu vertiefen und kreative Ausdrucksmöglichkeiten zu erproben und zu erweitern. Dadurch können durchaus auch Anliegen der Kulturpolitik oder des Kulturmanagements unterstützt werden.

Forschungsstand

Musikvermittlung ist noch ein sehr junges Feld; entsprechend existiert bisher keine systematisch aufeinander aufbauende Forschung auf diesem Gebiet. Dass eine fachliche Auseinandersetzung erst begonnen hat, die den Charakter einer gemeinschaftlichen Annäherung an das Feld Musikvermittlung aus unterschiedlichen Perspektiven trägt, zeigt die Art der bisher verfügbaren Fachliteratur: Zu einem großen Teil handelt es sich um Dokumentationen von Fachtagungen, die einen Aspekt des Themas Musikvermittlung ausloten, oder um Projektdokumentationen. 2009 konstatierte Rebekka Hüttmann „ein gravierendes Theoriedefizit", einen „Mangel an wissenschaftlicher Reflexion dessen, was Vermittlung bedeutet, was sie leisten kann und sollte" (Hüttmann, 2009, 9): Wissenschaftliche Reflexion ist nach wie vor ein Desiderat. Erst ein kleinerer Teil der vorliegenden Literatur schließt an Diskurse aus benachbarten Disziplinen an und führt sie in Bezug auf Musikvermittlung fort. Diese Beobachtung betrifft auch die für dieses Buch spezifische Frage nach dem Lernen in der Musikvermittlung.

Angesichts der unterschiedlichen Perspektiven, die sich auf das Feld der Musikvermittlung einnehmen lassen, sind Studien zu Themen der Musikvermittlung inhaltlich und methodisch sehr unterschiedlichen Zuschnitts und bauen im Hinblick auf Ansätze und Resultate noch kaum aufeinander auf (vgl. auch Mall, 2016, 81). Thematische Schwerpunkte oder Forschungsrichtungen lassen sich mithin kaum ausmachen.

Von Anfang an wurde das Praxisfeld Musikvermittlung von Fachzeitschriften begleitet, die die Entwicklungen beschrieben und damit dokumentierten, kommentierten und in die Praxis zurückwirkten. Bereits 2003 eröffnete die *Neue Musikzeitung* eine eigene Rubrik mit dem Titel „Musikvermittlung". Dass dieser Titel offenbar zunächst nur als ein vorläufiger gedacht war und Musikvermittlung als vermeintliches Modewort angesprochen wurde (vgl. Stiller, 2003) macht deutlich, dass zu jenem Zeitpunkt noch nicht erkennbar war, was sich aus der „Mode“ bzw. dem „Trend“ entwickeln würde und, falls sich etwas entwickeln sollte, ob es dann als „Musikvermittlung“ zu bezeichnen wäre. Neben zahlreichen Einzelbeiträgen in verschiedenen Zeitschriften erschienen in den folgenden Jahren mehrere Themenhefte zur Musikvermittlung.

Musikvermittlung hat sich zunächst als ein Praxisfeld etabliert. Entsprechend bestand ein zentrales Anliegen zunächst darin, modellhafte Projekte zu dokumentieren und damit zugänglich zu machen. Dies zeigen bis heute die Kongressdokumentationen der Kongresse *Kinder zum Olymp!*, in denen neben Beiträgen zu den jeweiligen Kongressthemen auch zahlreiche Projekte unterschiedlicher Kunstparten festgehalten sind, die im Rahmen der Kongresse zur Diskussion gestellt wurden. Ebenfalls gut dokumentiert sind Projekte des Education Programms der Berliner Philharmoniker (Mast & Milliken, 2008). Eine bildreiche Projektdokumentation liegt zum Projekt *Der Schrei* des SWR Sinfonieorchesters Baden-Baden und Freiburg vor (Lamparter et al., 2009).

Um die Vielzahl an Aktivitäten auf dem Feld der Musikvermittlung zu bündeln, erprobte Modelle festzuhalten, die Professionalisierung zu stärken und die Akteure untereinander zu vernetzen, wurde 2008 das *netzwerk junge ohren* gegründet, das seine Aktivitäten seither stark ausgeweitet hat, beispielsweise mit der Veranstaltung von Kongressen oder der regelmäßigen Ausrichtung von Wettbewerben.

Erste wissenschaftliche Auseinandersetzungen mit dem Feld der Musikvermittlung erfolgten mit den Dissertationen von Barbara Stiller (2008) und Constanze Wimmer (2010); dezidiert mit Möglichkeiten der Musikvermittlung für Erwachsene befasste sich Friederike Holm (Holm, 2009). Rebekka Hüttmann legte in einer theoretisch ausgerichteten Studie einen Vorschlag vor, Musikvermittlung einerseits als Vermittlung von Inhalten zu beschreiben, andererseits darunter das Stiften von Beziehungen zwischen Mensch und Musik zu verstehen (vgl. Hüttmann, 2009).

Neben einigen Monografien sind Sammelpublikationen zu spezifischen Themen der Musikvermittlung entstanden, die zum Teil auf Kongresse zurückgehen und sich beispielsweise der Gestaltung von Kinderkonzerten widmen (Stiller et al., 2002 bzw. 2011), Themen wie die Vermittlung neuer Musik (Dartsch et al., 2012; Schneider, H., 2012; Wienecke, 2016), Musikvermittlung und Medien (Schmidt, 2012), Konzertpädagogik (Cvetko & Rora, 2015) oder Musikvermittlung in Museen (Hoyer & Wimmer, 2016) behandeln oder das Feld in seiner Breite reflektierend in den Blick nehmen (Rüdiger, 2014). Die Frage nach der Qualität von Musikvermittlungsprojekten schließlich stellt Constanze Wimmer in ihrer Studie „Exchange“ (Wimmer 2010).

Lernsituationen in der Musikvermittlung

Formales – nicht-formales Lernen

Noch 2005 merkte Christoph Richter kritisch an, dass auf dem Feld der Musikvermittlung zu wenig „von pädagogischen, von elementaren, von hermeneutischen, von aufbauend musikalisierenden Überlegungen als unverzichtbarer Voraussetzung für eine ernst zu nehmende Vermittlung" die Rede sei (Richter, 2005, 1). Musikvermittlung in ihren unterschiedlichen praktischen Ausprägungen als ein Lernfeld aufzufassen ist keine Selbstverständlichkeit, wurden doch „Lernen" und „Bildung" im öffentlichen Bewusstsein lange Zeit mit der Institution Schule verbunden. Wie auch im außerschulischen Bereich gelernt wird, wie unterschiedliche Lernfelder nebeneinander existieren und sich komplementär aufeinander beziehen, ist seit geraumer Zeit Gegenstand pädagogischer (z. B. Grunert, 2012; Erhorn & Schwier, 2016) und auch musikpädagogischer Forschung (vgl. Eckart-Bäcker, 2001; Themenheft *Diskussion Musikpädagogik*, 2006; Ardila-Mantilla 2017). Insbesondere in Bezug auf den Lernort Museum sind bereits zahlreiche Forschungsarbeiten entstanden, jüngst auch in Bezug auf Musikvermittlung in Museen (vgl. Hoyer & Wimmer, 2016).

Projekte und Programme in der Musikvermittlung werden sehr häufig mit schulischen Partnern realisiert, verfolgen aber, anders als Unterricht in der Schule oder im Instrumentalunterricht, in der Regel nicht das Ziel eines systematischen Aufbaus von Wissen, Kenntnissen und Fähigkeiten über Jahre hinweg oder des Erwerbs formaler Qualifikationen. Dem stünde auch entgegen, dass es sich größtenteils um zeitlich überschaubare und begrenzte Projekte handelt, was eine Ausrichtung auf mittel- oder langfristig zu erreichende Lernziele kaum möglich macht. Das Ziel musikvermittelnder Angebote besteht in der Regel weniger darin, dezidiert „etwas zu lernen", als ein Erlebnis (z. B. im Konzert) so vorzubereiten, dass es vertieft wahrgenommen, verstanden und/oder reflektiert werden kann. Entsprechend betitelte Barbara Stiller ihre Dissertation mit „Erlebnisraum Konzert" (und nicht: Lernort Konzert) und weist Konzertpädagogen darauf hin, ein Erlebnis und nicht in erster Linie Wissen vermitteln zu wollen (vgl. Rora, 2015, 134).

Um unterschiedliche Lernsituationen gegeneinander abzugrenzen, unterscheidet Hüttmann die prototypischen Situationen „Vermittlung *von* etwas" und Vermittlung *zwischen* etwas". Unter „Vermittlung *von* etwas" versteht sie einen zielgerichteten linearen Vorgang, „bei dem eine Person (ein Vermittler) einer anderen etwas weitergibt bzw. dabei behilflich ist, etwas kennen zu lernen oder sich anzueignen" (Hüttmann, 2009, 61). Vermittelt werden sollen Wissen, Können oder Fertigkeiten; in dieser Hinsicht ist das Modell „Vermittlung *von* etwas" anschlussfähig an formale Lernsituationen, die in der Regel auf ein konkretes Lernziel ausgerichtet sind und einen systematischen Aufbau von Wissen, Fähigkeiten und Kompetenzen einschließen. Dies setzt eine gewisse Verbindlichkeit – im Falle der Schulpflicht sogar Verpflichtung – im Sinne eines regelmäßigen Besuchs von Unterricht voraus und geht mit einer institutionellen Organisation und Reglementierung einher.

Auch nicht-formale Lernorte können institutionell strukturiert sein, jedoch erfolgt die Teilnahme an den Angeboten freiwillig und in der Freizeit. Das Ziel besteht nicht im Erwerb schulischer Qualifikationen, sondern auch in der Entwicklung personaler und sozialer Kompetenzen (Harring, Witte & Burger, 2016, 17). Nicht-formales Lernen, verstanden als ein Lernen in Interaktions- und Kommunikationssituationen, die nicht oder nur zum Teil auf ein konkretes Ziel gerichtet sind, scheint Lernsituationen in der Musikvermittlung treffend zu beschreiben. Hüttmann bezeichnet dies als „Vermittlung *zwischen* etwas":

» Bei der ‚Vermittlung *zwischen*' geht es also nicht um die Weitergabe eines bestimmten Wissens und Könnens, sondern um das Herstellen von Beziehungen, die stets individuell und wandelbar sind. Mit anderen Worten: es geht weniger um die Frage zu verstehen, was etwas ‚ist' (im positivistischen Sinne), sondern vielmehr darum, wie es mit mir zu tun hat, was es für *mich* bedeutet." (Hüttmann, 2009, 61)

Hier wird eines der zentralen Anliegen von Musikvermittlung erkennbar: Die Beteiligten oder Adressaten sollen mit unterschiedlichen Methoden und in unterschiedlichen Vermittlungsformaten für Musik und Musikkultur interessiert werden, es sollen vertiefte ästhetische Erlebnisse angeregt, bestehendes Interesse gestärkt und kulturelle Teilhabe ermöglicht werden. Für die Rolle des Vermittlers ergibt sich daraus die eines Initiators oder Begleiters, eines Vorbilds oder auch eines *facilitators*, ähnlich wie in der *Community Music* (vgl. den Beitrag von Kertz-Welzel in diesem Buch), der Anlässe und Situationen für eine zielgruppengerechte Auseinandersetzung mit Musik schafft (vgl. Hüttmann, 2009, 66).

Dass die als Prototypen umrissenen Felder „Vermittlung *von*" und „Vermittlung *zwischen*" nie strikt voneinander getrennt sind, sondern sich ergänzen und durchdringen können, formuliert Hüttmann ausdrücklich. „Vermittlung *von* etwas" kann den Ausgangspunkt oder Anstoß für ein vertieftes Erleben, Fühlen, Denken und Handeln bilden; umgekehrt ist „Vermittlung *zwischen* etwas" schwer vorstellbar ohne Anteile einer „Vermittlung *von* etwas" (vgl. Hüttmann, 2009, 59).

Wenn Vermittlung Beziehungen zwischen Mensch und Musik stiften soll, muss der Vermittler über eine genaue Kenntnis beider Seiten verfügen: über den musikalischen Gegenstand, aber auch über die Adressaten. In der Regel sind die (Vor-)Erfahrungen der Teilnehmerinnen und Teilnehmer im Umgang mit Musik – praktisch wie kognitiv – heterogen und die Wünsche, die sich mit der Auseinandersetzung mit Musik verbinden vielfältig. Sie umfassen den Wunsch nach emotionaler Hingabe ebenso wie den nach analytischer Durchdringung oder die Beschäftigung mit musik- und kulturgeschichtlichen Kontexten (vgl. Richter, 2015, 102 f.); sie berühren den Wunsch nach Kontakten zu Künstlern ebenso wie den Einblick in die Arbeit an Kulturinstitutionen.

Cathleen Grunert hat Aspekte herausgearbeitet, die ein Lernen an außerschulischen Lernorten begünstigen (vgl. Grunert, 2012, S. 212):

- Anschluss an biografische Erfahrungen und spezifische individuelle Lebenslagen,
- situative Herausforderungen, die handlungsrelevant werden, und neben Wissensvermittlung auch Selbsttätigkeit, selbstbestimmtes Handeln und eigenverantwortliche Suchbewegungen ermöglichen,
- interaktives Klima zwischen den Beteiligten sowie
- Anerkennung eigenständiger Problembewältigung, die als Selbstwirksamkeitserfahrung für weiteres eigenständiges Handeln und künftige Prozesse des Kompetenzerwerbs ausschlaggebend sein kann.

Die von Grunert skizzierten Punkte berühren einerseits die Bedeutung einer Beschäftigung mit den jeweiligen Adressaten (Anschluss an biografische Erfahrungen), andererseits kreisen sie um Aspekte autonomen Handelns: Selbstbestimmung, Eigenverantwortlichkeit, Eigenständigkeit. Im Hinblick auf das Lernen legen sie es nahe, einen Bezug zu Konzepten der Motivationsforschung zu ziehen, wie sie Martina Krause-Benz in ihrem Beitrag zu diesem Band beschreibt. Im Anschluss an Edward L. Deci und Richard M. Ryan führt Krause-Benz aus, dass Kompetenz, Autonomie (Selbstbestimmung) und soziale Eingebundenheit zentrale Parameter intrinsischer Motivation darstellen. Zudem ließen sich in autonomieunterstützenden Lernsituationen qualitativ höhere Lernergebnisse erzielen als in stark regulierten. Krause-Benz führt weiterhin aus, dass das Bewusstsein persönlicher Bedeutsamkeit im Kontext motivationstheoretischer Überlegungen in Bezug auf das Musiklernen eine wichtige Rolle spiele und Umlernprozesse begünstige. Dies werde insbesondere in Lernsituationen deutlich, in denen Schülerinnen und Schüler gemeinsam und möglichst selbstständig etwas entwickeln oder musikalisch erarbeiten können.

Die Rolle der Lehrperson rückt in dieser Perspektivierung in die Nähe eines Anregers oder Begleiters, wie sie auch Hüttmann im Zusammenhang mit Überlegungen von Vermittlung im Sinne von „Vermittlung *zwischen* etwas“ ausführt: einer Unterstützung und Begleitung im Herstellen von Beziehungen zwischen Mensch und Musik. Betrachtet man Musikvermittlung als ein außerschulisches Lernfeld, das durch nicht-formale Lernsituationen geprägt ist, in denen der Vermittler eher ein Anreger oder Begleiter als ein Lehrer ist, könnte es durchaus interessant sein, die von Krause-Benz in Bezug auf schulischen Musikunterricht angestellten Überlegungen auch auf die Musikvermittlung zu beziehen, präziser in der Forschung zu untersuchen und Aspekte der Motivationstheorie stärker bei der Konzeption und Realisation von Musikvermittlungsprojekten zu berücksichtigen. Möglicherweise ließen sich aus entsprechenden Forschungsresultaten umgekehrt auch Erkenntnisse für den schulischen Musikunterricht gewinnen.

Dass sich wie in anderen Kontexten, beispielsweise denen der Schule, im Rahmen von Angeboten in der Musikvermittlung auch vielfältige informelle Lerngelegenheiten auftun, liegt auf der Hand. Für informelles Lernen in der Musik hat Dagmar Hoffmann fünf Modi herausgearbeitet, die unterschiedliche Funktionen berühren: (1) emotional-affektiv, (2) kognitiv, (3) sozial-kulturell, (4) motorisch und (5) technisch-instrumentell (Hoffmann, 2016, 554). Emotional-affektive Modi akzentuieren das sinnliche Erleben von Musik, das sich als Involviertheit beschreiben lässt. Es können sich Geschmackspräferenzen und Nutzungsmuster ebenso herausbilden wie Bewältigungsstrategien. Kognitive Modi beziehen sich auf Wissensaneignung im weitesten Sinne und stärken die Reflexions- und Urteilskompetenz. Die Aushandlung von Werten, wie sie im sozial-kulturellen Modus erfolgen kann, stärkt die ästhetische Urteilsfähigkeit sowie soziale und kulturelle Kompetenzen. Die motorischen Modi stehen nach Hoffmann im Zusammenhang mit einer praktischen Auseinandersetzung mit Musik: Mitsingen, Tanzen, Szenen entwickeln und (nach-)spielen sind in hohem Maße körperlich und ermöglichen es in besonderer Weise, die eigenen kreativen Ausdrucksmöglichkeiten besser kennenzulernen und zu erweitern. Die von Hoffmann genannten technisch-instrumentellen Modi schließlich beziehen sich auf Medien-, Technik- und Verbraucherkompetenzen wie beispielsweise Streamen oder Playlists erstellen (vgl. Hoffmann, 2016, 554 ff.). Dass das Anhören von Musik zum Erlernen von Bewältigungsstrategien führen kann, dass das Erstellen einer Playlist mit dem Entwickeln von Kriterien verbunden ist, dass folglich Lernprozesse stattfinden, dürfte den Akteuren im Moment des Umgangs mit bzw. des Aneignens von Musik kaum bewusst sein.

Explizites – implizites Lernen

Neben den Gegenständen, auf die sich unsere Aufmerksamkeit bewusst richtet, nehmen wir eine Vielzahl von zusätzlichen Inhalten auf. Dies geschieht häufig unbewusst oder nur teilweise bewusst, kann jedoch ebenfalls als Lernprozess betrachtet werden. Folgt man dem Verständnis Georg Hans Neuwegs, „thematisiert das Konzept des impliziten Lernens Aneignungsprozesse, in denen sich Lernen nicht als Aufnehmen und Lehren nicht als Übermitteln expliziten Wissens darstellt" (Neuweg, 2000, 198). Im Unterschied zum expliziten Lernen, bei dem der Lernende nicht nur weiß, dass er lernt, sondern auch weiß, auf welches Lernobjekt sich sein Lernen richtet, ist dem Lernenden das Objekt beim impliziten Lernen nicht bekannt. Studien zu künstlichen Grammatiken haben gezeigt, dass Probanden in der Lage sind, regelkonforme von regelwidrig zusammengesetzten Strukturen zu unterscheiden, ohne dass ihnen die zugrundeliegenden Regeln bekannt waren. Die Regeln, nach denen sie eine Struktur als regelkonform bzw. regelwidrig klassifizierten, konnten sie nicht vollständig verbalisieren. Vielmehr beschrieben sie die Entscheidungsprozesse etwa als „intuitiv", „gefühlsgeleitet", „nicht verbalisierbar" oder als „raten" (vgl. Neuweg, 2000, 200 f.). Das Beispiel zeigt, dass durchaus eine bewusste und intensive Auseinandersetzung mit einem Gegenstand erfolgen kann – hier in der Auseinandersetzung mit grammatikalischen Strukturen – im Sinne eines „prozedurale[n] Lernen[s] von Struktureigenschaften eines komplexen Objekts", ohne dass den Teilnehmerinnen und Teilnehmern bewusst war, dass und was sie lernen (Röhr-Sendlmeier & Käser, 2016, 215). Als Resultat impliziten Lernens wäre „ein Wissen zu definieren, das in der praktischen Kompetenz einer Person (Wahrnehmungs-, Urteils- und Erwartungsdispositionen, Dispositionen zum gegenständlichen und zum Denkhandeln) zum Ausdruck kommt, das nicht oder nicht angemessen verbalisiert werden kann" (Neuweg, 2000, 198):

> » ['Tacit knowledge'] does not consist of verbal or mathematical formulations, it consists of abilities to *make judgements* and *to do things* in practice, skillfully and with insight. The knowledge is *in* the judging and the doing." (Molander, 1992, 11; Hervorhebungen im Original)

Es ist bereits beschrieben worden, dass explizitem und implizitem Wissen unterschiedliche Lernmodi zugrunde liegen. Explizites Lernen erfolgt selektiv und geleitet durch die Konzentration auf einige Schlüsselvariablen. Im Lernprozess werden verbale Modelle generiert, Hypothesen entwickelt und überprüft und Regeln angewendet. Ergebnis ist ein verbalisierbares Wissen, das Grundlage oder auch Veränderung eines kognitiven Modells darstellt. Implizites Wissen wird im Unterschied dazu in einem nicht-selektiven, nicht bewussten, passiven Lernmodus erworben. Auf der Grundlage hinreichender Erfahrung erfolgt ein der Situation angemessenes Handeln, das nachträglich nicht oder nicht vollständig begründet werden kann (vgl. Neuweg, 2000, 202).

Die Beschreibung eines nicht-selektiven Lernmodus deutet an, dass es sich um einen Modus von hoher Komplexität handelt, in dem die Wahrnehmung nicht bewusst und fokussierend geleitet wird. Unter Bezugnahme auf Studien von Berry & Broadbent (1988) und Hayes & Broadbent (1988) fasst Neuweg zusammen, dass implizites Lernen besonders dann von Bedeutung ist, wenn „die Lernumgebungen informationshaltiger, die Aufgaben komplexer, die Schlüsselvariablen und die Beziehungen zwischen ihnen weniger salient [= *ins Auge springend; Anm. der V.*] und die Zahl möglicher Alternativhypothesen unhandbar groß werden" (Neuweg, 2000, 204). Implizites Lernen bezieht sich vorrangig auf Situationen, die in komplexen Aufgabenstellungen und paradigmatischen Fällen bestehen und sich als Lernen im Face-to-Face-Kontakt mit Experten oder Meistern, Lernen durch Beschreibung oder durch Bekanntschaft oder durch Sozialisationsprozesse in Expertenkulturen beschreiben lassen (vgl. Neuweg, 2000, 211).

Explizites und implizites Lernen erfolgen wohl in unterschiedlichen Modi, die sich möglicherweise jeweils für unterschiedliche Gegenstände besonders eignen und in unterschiedliche Wissensformen – verbalisierbares Wissen oder Handlungs-, Denk- und Urteilskompetenzen – münden. Verbalisierbares Wissen wird eher dann erworben, wenn wenige Variablen im Spiel sind oder wenn ein hoher Grad an Salienz besteht; seltener erwartet wird verbalisiertes Wissen in „real-life tasks, such as management, clinical practice or artistic creation" (Broadbent et al, 1986, 48). Für die Auseinandersetzung mit Kunst, oder spezifischer mit Musik, könnte implizites Wissen eine wichtige Rolle spielen: Kunst zeichnet sich durch Komplexität und eine hohe Informationshaltigkeit aus, woraus sich hohe Anforderungen an eine praktische oder rezipierende Auseinandersetzung mit Musik und eine Vielzahl an Deutungsmöglichkeiten und Urteilsstrategien ergeben.

Dies lässt sich auch mit der Vorstellung verbinden, dass implizites Wissen insbesondere in der praktischen Kompetenz einer Person zum Ausdruck kommt, in der Wahrnehmungs-, Urteils- und Erwartungsdisposition und in einer Disposition zum gegenständlichen und zum Denkhandeln, ohne dass dies angemessen verbalisiert werden kann (vgl. Neuweg, 2000, 198). Ähnliche Befunde konnte Stoffer in Bezug auf das Musikhören herausarbeiten: Er ging der Frage nach, ob der Erwerb impliziten musikalisch-syntaktischen Wissens allein durch Musikhören möglich sei (vgl. Stoffer, 2000). Vor dem Hintergrund der Überlegung, dass sich bei der Rezeption von Musik ein Zugriff auf explizit gelerntes Wissen zeitlich nur bedingt mit musikalischen Verläufen synchronisieren ließe, benennt er drei zentrale Funktionen, die im Zusammenhang mit implizitem Lernen von musikalischen Strukturen eine Rolle spielen: (1) Die Steuerung von Aufmerksamkeit ermöglicht die Antizipation von Phrasen- oder Formabschnitten. (2) Damit verbunden sieht Stoffer die Fähigkeit zur Bildung spezifizierter Erwartungen, die sich aus der Kenntnis einer musikhistorischen Epoche oder eines Personalstils herleiten. (3) Die Lenkung von Aufmerksamkeit auf Unerwartetes bildet die Grundlage für eine kognitive Auseinandersetzung mit Überraschungseffekten. Dieser Befund zeigt exemplarisch, wie auch ohne Instruktion gelernt werden kann; es deutet sich aber an, dass ein Bezug zu bereits vorhandenem Wissen hilfreich sein kann, um komplexere Lernprozesse zu durchlaufen.

Vermittlungskonzepte in der Praxis

Zu den zentralen Zielsetzungen von Musikvermittlungsprojekten zählt es, Zugänge zur Musik zu schaffen. Die Angebote richten sich an Personen, die noch wenig Erfahrung in der Auseinandersetzung mit klassischer Musik haben bzw. in deren Lebensalltag diese Musik noch eine geringe Rolle spielt,[1] oder an Personen, die ihre Auseinandersetzung mit Musik erweitern und vertiefen möchten. Entsprechend spielen in Musikvermittlungsprojekten Zugangsdimensionen wie beispielsweise Körperlichkeit, Narrativität oder auch musikalische und soziale Interaktion eine wichtige Rolle. In der Regel stark auf die Eigenaktivität der Beteiligten ausgerichtete Formate knüpfen an individuelle Bedürfnisse sowie deren Lern- und Lebenserfahrung an und stellen damit die Beteiligten – die Lernenden – in den Vordergrund. Der Musikvermittler tritt demgegenüber als ein Anreger, Begleiter, Vorbild oder Ermöglicher (*facilitator*) in den Hintergrund: Seine Aufgabe besteht darin, einen geeigneten Rahmen zu schaffen und die Auseinandersetzung mit Musik anzustoßen und zu begleiten. Als Projekte, die freiwillig und in der Freizeit aufgesucht werden und meist zeitlich begrenzt sind, zeichnen sich Musikvermittlungsangebote in der Regel durch eine formal geringe Reglementierung aus. Die Vielzahl von unterschiedlichen Akteuren, von Perspektiven und Zielsetzungen schlägt sich in Ansätzen und Formaten mit unterschiedlich hohem Grad an didaktischer Reflexion nieder, die von rein künstlerisch gedachten Projekten mit durchaus hohem künstlerischen Anspruch bis zu ausgearbeiteten Lernkonzepten wie beispielsweise der szenischen Interpretation von Musik (s. u.) reichen können. Einige zentrale Vermittlungskonzepte sollen im Folgenden etwas genauer dargestellt werden. Die Zusammenstellung versteht sich als Bestandsaufnahme bereits etablierter Formate, die ergänzt und erweitert werden kann und muss (eine Übersicht von Formaten bei Wimmer, 2010b, 83 ff.).

Probenbesuche

(General-)Probenbesuche ermöglichen im Sinne eines Blickes hinter die Kulissen Einblick in die künstlerische Arbeit. Die Formate können sich deutlich voneinander unterscheiden: Das stille Beobachten einer Probe aus dem Zuschauerraum stellt nur eine Möglichkeit dar, einen Probenbesuch zu gestalten. Sehr häufig wird der Besuch einer Probe ergänzt durch Gespräche mit dem Dirigenten und/oder beteiligten Musikerinnen oder Musikern, was die Möglichkeit zur Vertiefung und Reflexion des Erlebten bietet. In einigen Probenbesuch-Formaten dürfen die jungen Besucher mitten im Orchester zwischen den Musikern Platz nehmen und können aus unmittelbarer Nähe und aus der Musikerperspektive die Probe beobachten, das Spiel des Musikers, neben dem sie sitzen, verfolgen und die Musik um sich herum erleben. Hier wird eine Situation geschaffen, die eine deutlich stärkere Beteiligung als beim Beobachten von außen ermöglicht und die informelles Lernen durch Involviertheit unterstützen kann (vgl. Hoffmann, 2016, 554 f.).

In der Regel stellen Probenbesuche ein Element im Zusammenhang mit anderen Musikvermittlungsformaten wie Schulprojekten oder Schulbesuchen von Musikern dar oder sind Bestandteil der Vorbereitung auf einen Konzert- bzw. Opernbesuch.

Schulprojekte

Viele Orchester und Opernhäuser bieten Schulprojekte an. In der Regel beziehen sich diese Projekte auf ein bestimmtes Werk, das auf dem Spielplan des Orchesters bzw. Opernhauses steht. Dieses Werk bildet zumeist den Ausgangspunkt für eine künstlerisch-kreative Auseinandersetzung, die auf ein konkretes präsentierbares Ergebnis zielt. Die Schülergruppe kann beispielsweise eine Bewegungsstudie oder eine szenische Interpretation zur Musik erarbeiten, Bilder zur Musik malen, einen Film drehen, eine Konzert- oder Operneinführung vorbereiten und vieles mehr. Der etwas längere Zeitraum, der häufig für Projekte dieser Art zur Verfügung steht, ermöglicht eine intensive und vor allem praktisch-kreative Auseinandersetzung mit der Musik, die Raum für eigene Ideen und kreative Ansätze der Schülerinnen und Schüler lässt. Die Ergebnisse des Projekts können im Rahmen einer Aufführung öffentlich oder auch halböffentlich präsentiert werden. Sabine Germann befasste sich in einer Studie mit Voraussetzungen und Potenzialen von Kooperationen zwischen Orchestern und allgemeinbildenden Schulen (Germann, 2006); Peter Mall untersuchte zehn Jahre später im Rahmen einer empirischen Studie die Bedeutung entsprechender kooperativer Projektarbeit für die Schülerinnen und Schüler, für die Lehrkräfte und Musikerinnen und Musiker. Darin konnte er u. a. zeigen, dass unter bestimmten Bedingungen – Einbeziehen von aktivem Musizieren, eigene Auftritte im Rahmen des Projekts, Beeindruckt-Sein von beteiligten Künstlerpersönlichkeiten – die Lern- und Leistungsmotivation von Schülerinnen und Schülern gestärkt werden konnte; Auswirkungen der Projektarbeit auf das musikalische Selbstkonzept ließen sich mit seiner Studie dagegen nicht nachweisen (Mall, 2016, 11).

Im Hinblick auf Kooperationen zwischen Orchester und Schule sind einige exemplarische Education-Projekte der Berliner Philharmoniker gut dokumentiert (vgl. Mast & Milliken, 2008). Die Beschreibungen von Projektabläufen und Praxismaterialien sind auch als Modelle für die Entwicklung eigener Projekte gedacht.

Vermittlung Neuer Musik

Zahlreiche Vermittlungsprojekte richten sich gezielt auf die Neue Musik. Zu den inzwischen etablierten Vermittlungsmodellen in diesem Bereich zählt *Response*. Die Idee stammt aus Großbritannien und wurde von der *London Sinfonietta* entwickelt und erprobt. Anlässlich der Veranstaltung *Berlin – Kulturstadt Europas* fand 1988 das erste Response-Projekt in Deutschland statt, realisiert von der *London Sinfonietta*, dem Frankfurter *Ensemble Modern* und siebzehn Berliner Schulen. Die Idee von *Response* besteht darin, die Beteiligten in eine künstlerisch-praktische Auseinandersetzung mit Neuer Musik zu bringen, eine Komposition der Neuen Musik dient dabei als Referenzwerk. Ausgehend von einem bestimmten Aspekt dieses Referenzwerkes – beispielsweise einer Klangfarbe, einer Spieltechnik, einer Tonfolge, einem rhythmischen Modell o. ä. – wird in künstlerisch-praktischen und das praktische Tun reflektierenden Phasen eine Improvisation (seltener auch eine Komposition) erarbeitet. Dabei können die Schülerinnen und Schüler mit Künstlerpersönlichkeiten zusammenarbeiten und im Projektverlauf ihre eigene Arbeit mit anderen Projektteilnehmerinnen und -teilnehmern und mit professionellen Musikern entwerfen, diskutieren und weiterentwickeln. Abschließend werden in der Regel die Ergebnisse der Schülerinnen und Schüler zusammen mit dem Referenzwerk in einem gemeinsamen Konzert aufgeführt (vgl. Meyer, 2003).

Um spezifische Fragestellungen der Vermittlung Neuer Musik gezielt in den Blick zu nehmen, hat Hans Schneider 2010 im Rahmen einer Tagung ein spezielles Setting entworfen: Vier sogenannte Laborleiter, die unterschiedliche Ansätze in der Vermittlung Neuer Musik verfolgen, boten Projekte für Schüler und Studierende zur Auseinandersetzung mit Neuer Musik an. Jedem dieser Projekte wurden zwei Beobachter zugeordnet, die die Arbeit in den Projekten begleiteten, darüber berichteten und abschließend mit den jeweiligen Laborleitern diskutierten. Die Dokumentation zeigt deutlich, dass sich die gewählten ästhetischen Ansätze, Methoden, Kommunikationsformen und Zielsetzungen allein in diesen vier Projekten deutlich voneinander unterschieden (vgl. Schneider, 2010). Diese Unterschiede wurden in der ebenfalls dokumentierten Nachbesprechung identifiziert und gewürdigt (vgl. ebd., 159 ff.).

Kompositionsprojekte

Neben Konzepten und Formaten, die das praktische Musizieren oder das Musikhören akzentuieren, stehen Projekte, die auf das Komponieren ausgerichtet sind. Meist handelt es sich um offene Konzepte, in deren Rahmen durch Improvisation und eigene Kompositionsversuche die Wahrnehmung geschärft, die Fähigkeit zur Klangdifferenzierung geschult und das Ausdrucksrepertoire erweitert werden soll (vgl. König, 2002). Neben auf Langfristigkeit und Kontinuität ausgelegten kompositionspädagogischen Programmen wie sie beispielsweise die Kinderkomponistenklasse Dresden/Halle/Magdeburg bietet, fokussieren auch zahlreiche Projekte zeitlich begrenzteren Zuschnitts das Komponieren. Seit 1999 findet beispielsweise unter der Leitung des Ensembles *L'ART POUR L'ART* in halbjährlichen Kursen die Kompositionsklasse für Kinder und Jugendliche in Winsen an der Luhe statt. Ausgehend von Hörschulungen und Klangexperimenten entstehen schließlich Kompositionen.

Auch für kompositionspädagogische Projekte liegen Projektbeschreibungen und Sammlungen von Konzepten vor (vgl. Vandré, 2011), die die Vielfalt der Ansätze verdeutlichen und unterschiedliche Zielsetzungen zwischen Prozess- und Ergebnisorientierung, zwischen Schärfung der Wahrnehmung und Annäherung an professionelles Komponieren erkennen lassen (vgl. Lessing, 2011). Eine umfangreiche Studie zu Kompositionsprojekten an Schulen hat Julia Wienecke vorgelegt, in der sie auf Grundlage von Experteninterviews Potenziale herausarbeitet und mögliche Schwierigkeiten analysiert (Wienecke, 2016).

Szenische Interpretation

Mitte der Neunzigerjahre entwickelte Martin Kosuch an der Staatsoper Stuttgart „Erlebnisraum Oper" und „Junge Oper" und überführte das im schulischen Kontext entwickelte und erprobte Konzept der Szenischen Interpretation von Musiktheater in die allgemeine Opernpädagogik. Das didaktische Modell der Szenischen Interpretation beruht auf dem Konzept des Szenischen Spiels (Scheller, 1998) und der erfahrungserschließenden Musikerziehung (Nykrin, 1978), die Wolfgang Martin Stroh theoretisch fundiert und für den Musikunterricht weiterentwickelt hat (vgl. Nebhurt & Stroh, 1990; Stroh, 2007). Als Methode erfahrungsbezogenen Lernens zielt die Szenische Interpretation auf eine aktive Auseinandersetzung mit und die Interpretation von Werken des Musiktheaters, die darstellerische, musikalische und reflektierende Anteile miteinander verbindet (vgl. Kosuch, 2005b). Den Interpretationsrahmen bilden dabei das Werk, der biografische und soziale Hintergrund der Teilnehmer und die Interpretationsmethode (vgl. Kosuch, 2005, 10 f.). Grundlage der Szenischen Interpretation ist ein jeweils eigens entwickeltes Spielkonzept. Die Beteiligten nähern sich dabei in fünf Phasen dem Werk an, indem sie selbst zu Darstellerinnen und Darstellern werden: Vorbereitung – Einfühlung – szenisch-musikalische Arbeit – Ausfühlung – Reflexion (vgl. ebd., 11 f.). In diesen Phasen befassen sich die Beteiligten mit den Figuren der Opernhandlung, setzen sich mit der jeweiligen Rolle, mit Sing- und Sprechhaltungen und mit der Musik auseinander und werden für einzelne Szenen selbst zu Darstellerinnen und Darstellern. Das Übernehmen einer Rolle und damit auch von Haltungen, Verhaltensweisen, Überzeugungen, Werten und Ausdrucksformen, die nicht die eigenen sein müssen, eröffnet die Möglichkeit zur intensiven Auseinandersetzung mit etwas Unbekanntem. Entsprechend hohe Bedeutung kommt daher den Phasen „Einfühlung" und „Ausfühlung" zu, die eine Distanz zur eigenen Person herstellen bzw. zurücknehmen. In der abschließenden Reflexionsphase „werden die Unterrichtserlebnisse zu Erfahrungen verarbeitet, indem diese Erlebnisse mit den Perspektiven der anderen Spieler und der Beobachter (Selbst- und Fremdwahrnehmung) konfrontiert, mit (musikwissenschaftlichen) Texten und Partituren verglichen oder mit der Gegenwart in Beziehung gesetzt werden" (ebd., 12). In diesem Punkt folgt Kosuch der Auffassung Wolfgang Martin Strohs, dass Lernen auf eigenen Erlebnissen basiert, die in Erfahrungen überführt werden können (vgl. ebd., 12).

Die Szenische Interpretation von Musik versteht sich als „gemäßigt konstruktivistisch". Die Bedeutung eines Musiktheaterwerks, eines Liedes, eines Musikstücks – einer fiktionalen Realität – wird von den Teilnehmerinnen und Teilnehmern vor dem Hintergrund ihrer individuellen Lebenserfahrung herausgearbeitet und somit konstruiert (vgl. Brinkmann et al., 2001, 7). Eine der Zugangsdimensionen stellt dabei die Narrativität dar, die sich aus der Handlung bzw. aus dem emotionalen Gehalt ergibt; eine weitere zentrale Zugangsdimension besteht im Zusammenhang mit dem Entwickeln von Haltungen und Gesten in der Körperlichkeit (vgl. die Beiträge von Rüdiger und Berg in diesem Buch).

Die Anleitung erfolgt durch einen sogenannten Spielleiter, eine Spielleiterin, der bzw. die zwar Rahmenbedingungen im Sinne von Spielregeln für die Interpretation vorgibt, jedoch nicht die zu konstruierende Bedeutung bestimmt (vgl. Brinkmann et al., 2001, 7). Die Rolle dieses Spielleiters ähnelt folglich stark der eines Initiators bzw. *facilitators*, wie er oder sie auch in anderen musikvermittelnden Kontexten in Erscheinung tritt.

Das Konzept der Szenischen Interpretation von Musik wurde theaterpädagogisch zuerst an der Staatsoper Stuttgart etabliert und hat sich inzwischen vielfach in der Musiktheaterpädagogik durchgesetzt. Spielkonzepte zu zahlreichen Werken von Kosuch und verschiedenen Kollegen sind online verfügbar (s. Internetadressen im Literaturverzeichnis). Auch ist das Konzept der Szenischen Interpretation von Musik für andere Gattungen textgebundener Musik und auch für textlose Musik weiterentwickelt worden.

Ebenfalls mit dem Konzept der Szenischen Interpretation arbeitet der Verein *indie-Oper!* Mit dem Ziel, das Opernrepertoire für Kinder zu erweitern, umfassen die Projekte von *indieOper!* die Entwicklung von Werken, beginnend mit der Komposition bis hin zur Aufführung. Integraler Bestandteil der Projekte sind Musikvermittlungsangebote. In Lehrerworkshops werden interessierte Lehrerinnen und Lehrer in die Spielkonzepte eingeführt. Damit verbindet sich auch der Gedanke, sie zu Multiplikatoren auszubilden.

Schulbesuche von Musikern

„To be a performing artist in the next century, you have to be an educator, too" (Rattle, 2003, zit. nach Tober, 2015, 197). Es scheint, als habe dieses vielzitierte Statement von Sir Simon Rattle in den Köpfen von vielen Musikerinnen und Musikern einen festen Platz gefunden. Zu den inzwischen verbreiteten Musikvermittlungsformaten zählen Schulbesuche: Musikerinnen und Musiker besuchen Schülerinnen und Schüler, stellen ihre Instrumente vor, berichten über ihre Ausbildung, ihren Beruf, über ihr Leben als Künstler und eröffnen Einblicke in die künstlerische Praxis. Oft sind diese Schulbesuche als Vorbereitung eines Gegenbesuchs der Schulklasse in einem Konzert gedacht oder es schließt sich ein Konzert in den Räumlichkeiten der Schule an.

2005 gründete der Pianist Lars Vogt das Netzwerk *Rhapsody in School*, dessen Mitglieder sich die Vermittlung klassischer Musik an junge Menschen zur Aufgabe gemacht haben. Künstler, die sich auf Konzertreise befinden und zwischen Proben einen freien Vormittag haben, besuchen Schulkassen, stellen sich und ihr Instrument vor und präsentieren Ausschnitte aus ihrem Repertoire. Dass sich an Rhapsody in School derzeit mehr als 300 Künstler beteiligen, zeigt, dass Musikvermittlung inzwischen zum Selbstverständnis vieler renommierter Musikerinnen und Musiker gehört. Sie übernehmen damit nicht nur als Botschafter Verantwortung für ihre Kunstform, sondern erfahren in der musikvermittelnden Tätigkeit auch neue Perspektiven und Einsichten in ihr künstlerisches Tun.

Dass dieses Format bei Jugendlichen durchaus dazu beiträgt, Interesse an einer Kunstform zu wecken, die in der Regel nicht im Fokus ihrer Aufmerksamkeit steht, belegt eine Studie zu *Rhapsody in School*. Tobias Mayer wies nach, dass die Persönlichkeit eines Musikers eine wichtige Rolle spielt, um Interesse an der Musik zu wecken; als weniger bedeutend stellte sich dagegen heraus, wie prominent ein Künstler ist. Zusammenfassend konnte Mayer feststellen, dass Schulbesuche zwar einen ersten Impuls für die Beschäftigung mit klassischer Musik setzen und Interesse wecken können, dass dieser erste Impuls jedoch fortgeführt werden müsste, um ein längerfristiges Interesse zu wecken (vgl. Mayer, 2017, 165).

Vermittlung durch neue Konzertformate

Den Hintergrund der Diskussionen über Aufgaben, Inhalte und Zielsetzungen von Musikvermittlung stellen Veränderungen im Bereich des gegenwärtigen Konzertwesens dar, das sich in einer Phase tiefgreifender Umgestaltungen befindet. Es scheint, als würden nun vermehrt Reaktionen auf die Diagnose eintreten, die Carl Dahlhaus bereits in den Siebzigerjahren stellte, als er konstatierte, die Institution des Konzerts würde als „ein Relikt der Vergangenheit" empfunden, und fortfuhr: „Von einer ‚Sinnkrise' des Konzerts zu sprechen, wäre keine Übertreibung“ (Dahlhaus, 1971, 292). Ganz ähnliche Diagnosen finden sich auch in aktuellen Diskussionen: „Musikvermittlung kann als Antwort auf die Krise des Konzerts, auf musikalische Erfahrungsverluste, Interesselosigkeit und Publikumsschwund betrachtet werden“ (Rüdiger, 2004, 29; vgl. dazu auch Bugiel, 2016). Ausgehend von der Überlegung, dass die tradierten Darbietungsformen einen wesentlichen Anteil an einem sinkenden Interesse an klassischer Musik haben, richtet sich der Blick zunehmend auf die Aufführungsbedingungen von Musik. Dramaturgische Überlegungen in der Programmgestaltung, die Ausrichtung auf spezifische Zielgruppen, die Entwicklung innovativer Präsentationsformen, das Aufsuchen neuer Aufführungsorte und begleitende Musikvermittlungsangebote spielen eine große Rolle und machen die Konzeption von Konzertveranstaltungen durchaus zu einer Aufgabe, die Markus Fein als die eines Kurators beschreibt (vgl. Allwardt & Schwanzer, 2011).

Eine Zielgruppe, die von der Musikvermittlung von Anfang an mit besonderer Aufmerksamkeit bedacht wurde, sind Kinder. Konzerte für Kinder oder Familien haben durchaus eine lange Tradition, die bis ins 19. Jahrhundert zurückreicht. Durch die populären Fernsehübertragungen von Leonard Bernsteins *Young people's concerts* mit den New Yorker Philharmonikern hat sich das Format eines moderierten Konzerts weit verbreitet und ein Beispiel dafür gegeben, wie die Vermittlung von musikbezogenem Wissen, die klangliche Veranschaulichung der Inhalte und das ästhetische Erlebnis so miteinander verknüpft werden können, dass nicht nur die Zielgruppe der „young people“ angesprochen wurde, sondern auch die ihre Kinder begleitenden Eltern.

Ein Konzert für Kinder oder Schulklassen besteht heute in der Regel nicht allein in der Aufführung von Werken. Häufig sind verbale Vermittlungsanteile eingebunden, beispielsweise durch einen Moderator, einen Erzähler, Schauspieler oder Puppenspieler, der das Publikum anspricht und über die gespielten Werke und Komponisten bzw. die auf der Bühne befindlichen Instrumente informiert, Geschichten erzählt und möglicherweise zu aktiver Beteiligung einlädt. Der Zugang zur Musik wird hier über im weitesten Sinne narrative oder kommunikative Anteile innerhalb der Konzertveranstaltung angeregt. Besonders bei Formaten für jüngere Besucher besteht eines der Anliegen darin, die räumliche Distanz zwischen Musizierenden und Zuhörenden zu verringern und so ein Gefühl von emotionaler oder affektiver Beteiligung am Geschehen, d. h. von Involviertheit zu stärken. Daher werden häufig alternative Aufführungsorte jenseits des Konzertpodiums gewählt (beispielsweise Foyers), wo die Kinder in geringerem Abstand zu den Musikern sitzen können. Welche Prozesse der Musikvermittlung in Konzerten für Kinder wirksam werden und wie Vermittlung gelingen kann, hat Barbara Stiller in ihrer Dissertation herausgearbeitet. Als besonders günstig für eine zielgruppenspezifische Vermittlung erscheint die sequentielle Verknüpfung von kommunikativen und interaktiven Prozessen (zwischen dem einzelnen Kind, den Kindern untereinander sowie den Musikern, Musikerinnen und Moderatoren, Moderatorinnen auf der Bühne) und einem wechselnden Umgang mit Musik wie beispielsweise Musikhören, Bewegung, Bodypercussion, elementarem Instrumentalspiel, Gebrauch von Stimme etc. (Stiller, 2008, 127 f.).

In ihrer Studie zur Konzertpädagogik hat Eberwein die Vermutung geäußert, dass von Kinder- und Jugendkonzerten eine innovative Ausstrahlung auf die gesamte Konzertszene ausgehen könnte:

» Sie [Kinder- und Jugendkonzerte] können auf Defizite des Konzertbetriebs aufmerksam machen und die Verantwortlichen bestenfalls zu einem Umdenken bewegen. Und zwar indem sie indirekt, durch alternative Angebote, aufzeigen, was den normalen Konzerten fehlt: der nähere Kontakt oder Dialog zwischen Ausführenden und Publikum, experimentelle Anteile, zeitgenössische Werke, Kommentare zu wichtigen musikalischen Details, abwechslungsreiche Programmgestaltung, lebendiger Wechsel von kammermusikalischer und orchestraler Besetzung, Mitwirkungsmöglichkeiten, breitgefächerte Publikumskonstellationen und individuelle Auftrittsmöglichkeiten der Musiker.“ (Eberwein, 1998, 133)

Eine Diversifizierung von Darbietungsformen ist seit der Publikation von Eberweins Studie durchaus eingetreten. Es sind vielfältige Konzertformate entstanden, die tradierte Aufführungsparameter des klassischen Konzerts in Frage stellen: Wenn beispielsweise Künstler zu ihrem Publikum sprechen und an die Stelle einer Trennung von Konzertpodium und Zuschauerraum eine Kommunikationssituation tritt, wenn Aufführungen an Orten jenseits der Konzertpodien stattfinden oder zu unterschiedlichen Tageszeiten, von der Matinée bis zum Nachtkonzert. Oder wenn das Publikum nicht mehr nur zuhörend im abgedunkelten Zuschauerraum sitzt, sondern im Laufe des Konzerts zum Mitmachen bzw. Mitsingen aktiviert wird (z. B. Annette Dasch „Daschsalon“) oder Wünsche zum gespielten Programm äußern kann wie in den sogenannten „Shuffle Concerts“ eines New Yorker Kammerensembles. Damit sind auch neue Rezeptionssituationen entstanden, die mit neuen Formen und Möglichkeiten der Aneignung von und der Auseinandersetzung mit Musik einhergehen (Darstellung weiterer Formate in Tröndle, 2009).

Musikvermittlung außerhalb des Konzertsaals

Im Zusammenhang mit Fragen nach der Notwendigkeit von Musikvermittlung spielen auch Fragen nach der gesellschaftlichen Relevanz klassischer Musik und nach kultureller Teilhabe eine Rolle. Viele Menschen, die zeitweise oder dauerhaft in sozialen Einrichtungen wie Seniorenheimen, Krankenhäusern, Hospizen oder Strafanstalten leben, haben nur eingeschränkte oder sogar gar keine Möglichkeit, Konzerte oder Opernaufführungen zu besuchen. Zunehmend verlassen Musikerinnen und Musiker daher das Konzertpodium und spielen an Orten, an denen sich Menschen befinden, die nicht zu ihnen kommen können. Ansätze, die auf soziale Durchlässigkeit im Kulturbetrieb zielen, sind offen auch für die Felder von Inter- und Transkulturalität (vgl. dazu Binas-Preisendörfer & Unseld, 2012) und kulturelle Teilhabe (Mandel, 2016). Das Anliegen, Menschen Musik zugänglich zu machen, die keine Konzerte besuchen können, verfolgen beispielsweise auch die Vereine der von Yehudi Menuhin 1977 gegründeten Organisation *Live Music Now*. *Community projects* dieser Art stellen ein Schnittfeld zur *Community Music* dar (siehe dazu den Beitrag von Kertz-Welzel in diesem Buch).

Zusammenfassung

Am Beispiel der skizzierten Formate deutet sich an, wie heterogen Projekte in der Musikvermittlung sein können, wie sehr Konzepte und Formate von den jeweiligen Akteuren geprägt sind und wie unterschiedlich stark der Aspekt des Lernens fokussiert wird. Diese Heterogenität der Konzepte und Ansätze im Hinblick auf Musiklernen lässt sich auf unterschiedliche Lernsituationen zurückführen: Die oben beschriebenen Formate stützen exemplarisch die Beobachtung Maria Spychigers, dass sich für das Musiklernen produktive Verbindungen zwischen unterschiedlichen Institutionen und Feldern musikalischer Bildung und Musikausübung ergeben können, die alle Altersgruppen erreichen. Spychiger schlägt vor, Angebote des Musiklernens an den Koordinaten *lifelong learning* und *lifewide learning* auszurichten und die Lernsituationen entsprechenden Feldern zuzuordnen. Damit nimmt sie Lebensphasen und Professionalisierungsgrade in den Blick (vgl. den Beitrag von Spychiger in diesem Buch). Angebote der Musikvermittlung lassen sich überwiegend dem Bereich der Breitenförderung zuordnen (bei Spychiger Felder 1 und 2), geht es doch im Wesentlichen um eine Annäherung an und die Auseinandersetzung mit Musik im nicht-professionellen Bereich.

Dass die von Spychiger skizzierten Felder im Verhältnis zueinander durchlässig sind, zeigen etablierte Vermittlungssituationen, wie sie oben beschrieben wurden. Verbindungen zwischen unterschiedlichen Institutionen und Lernfeldern sind bereits in Einzelstudien in den Blick genommen worden: Sie befassen sich beispielsweise mit Kooperationen zwischen Berufsorchestern und allgemeinbildender Schule (Mall, 2016), Konzertveranstaltern und Grundschulen (Schwanse, 2003; Hirte, 2011), Musikschulen und allgemeinbildenden Schulen (Jäger, 2012) und Musiktheatern und Grundschulen (Schmid, 2014). In diesen Kooperationen verbinden sich Akteure miteinander, die in der Musikpädagogik, der Instrumental- und Gesangspädagogik und der Elementaren Musikpädagogik bereits über eine spezifische Reflexion von Methoden und Didaktiken verfügen, mit Akteuren wie beispielsweise freien Künstlern und Künstlerinnen oder Orchestermusikern, -musikerinnen bzw. Sängern und Sängerinnen, bei denen dies nicht in gleichem Maße der Fall ist.

Jüngere Studien haben gezeigt, dass es Musikvermittlungsprojekten durchaus gelingen kann, Interesse zu wecken und die Motivation zu einer Beschäftigung mit klassischer Musik zu stärken. Damit erfüllt sie eine ihrer Zielsetzungen, wie sie auch von Gutzeit formuliert:

» Das Entscheidende ist, den Schlüssel zu liefern, der aufnahmebereit für das heutige Konzert werden lässt; der Aufmerksamkeit und Zugewandtheit so schärft, dass die Botschaft der Musik eine bessere Chance hat, die Zuhörer im Innersten zu erreichen und zu treffen – den Schlüssel, der aufgeschlossen macht.“ (von Gutzeit, 2014, 34)

Dass diese ersten Impulse, die Musikvermittlung zu setzen vermag, mittel- oder gar längerfristig zu einer Handlungsänderung in Bezug auf Musik bzw. zu einer Veränderung des Selbstkonzepts führen, erscheint angesichts der Ergebnisse jüngerer Studien eher fraglich (vgl. Mall, 2016; Mayer, 2017). Das Potenzial von Angeboten der Musikvermittlung scheint vor allem darin zu liegen, in nicht-formalen Kontexten eine Beschäftigung mit Musik anzuregen, die weitergeführt werden müsste. An diesem Punkt setzen kritische Stimmen an, die davor warnen, bei diesen ersten Impulsen stehen zu bleiben. Holger Noltze hat dezidiert darauf hingewiesen, dass sich die Musikvermittlung keineswegs darin erschöpfen sollte, „Türöffner" zu sein:

» Gute Vermittlung wäre aber doch eine, die vor allem eine Ahnung davon gibt, was hinter der freundlich-übersichtlichen Anfangserfahrung noch alles zu entdecken ist. Dazu gehört zu sagen, wie weit der Weg dahin sein kann, und glaubhaft zu machen, dass die Länge dieses Erfahrungs- und Erkenntnisweges aber genau den Reiz der Sache ausmacht." (Noltze, 2010, 21)

Es sollte durchaus eine Aufgabe für die Musikvermittlung sein, auch darüber nachzudenken, wie sich ein einmal angestoßenes Interesse, eine einmal entfachte Begeisterung längerfristig entwickeln ließe.

Vor dem Hintergrund einer lebendigen und vielfältigen Projektlandschaft spielen immer wieder Fragen nach der Qualität und nach den Gelingensbedingungen eine Rolle. In der Studie *Exchange. Die Kunst, Musik zu vermitteln* hat Constanze Wimmer ein Modell zur Selbstevaluierung von Musikvermittlungsprojekten vorgestellt. Neben Aspekten von Zielorientierung und Strukturqualität stellt sie Fragenkataloge zur künstlerischen und pädagogischen Konzeption und zur Umsetzung von Musikvermittlungsprojekten zusammen, deren Inhalte aus Interviews mit Musikvermittlern aus 37 Institutionen hervorgegangen sind (vgl. Wimmer, 2010b). Darunter befinden sich Fragen zur Wissensvermittlung und zu Möglichkeiten der musikalischen Gestaltung; dezidiert werden in den Fragen aber auch Aspekte wie die Entwicklung eigener künstlerischer Vorstellungen der Beteiligten, der Mut zu Innovation und Experiment und künstlerisch-charismatische Momente im Projektverlauf bzw. -ergebnis angesprochen (vgl. Wimmer, 2010b, Beilage). Diese Fragen machen deutlich, dass Musikvermittlungsprojekte von den Akteuren sowohl als künstlerische als auch als pädagogische Projekte betrachtet werden. Lernen hat durchaus einen wichtigen Anteil an der Musikvermittlung, stellt aber in den unterschiedlichen Projekten und Formaten nicht immer das zentrale Ziel dar. Vielmehr wird Lernen ergänzt durch weitere Aspekte wie Information, Motivation und Kommunikation; daneben sind Interaktion und Unterhaltung ebenso von Bedeutung wie das Vermitteln ästhetischer Erfahrung, die Bindung von Publikum und die Ermöglichung kultureller Teilhabe.

[1] Zur Tendenz von Musikvermittlung, Zielgruppen ihrer Aktivitäten als defizitär zu beschreiben siehe den Abschnitt *Musiklernen im Kampfplatz des sozialen Raumes*, S. 198 im Beitrag von Ardila-Mantilla, Busch und Göllner in diesem Buch.

Literatur

Allwardt, I. & Schwanzer. K. (2011): Musik als ganz eigene Welt. Ein Gespräch mit Markus Fein über die Rolle des Musikvermittlers zwischen Kurator und Pädagoge. *Das Orchester* 7/8, 13–16.

Ardila-Mantilla, N. (2017): *Musiklernwelten erkennen und gestalten. Eine qualitative Studie über Musikschularbeit in Österreich.* Wien: LIT.

Berry, D.C. & Broadbent, D.E. (1988): Interactive tasks and the implicit-explicit distinction. *British Journal of Psychology*, 79/2, 251–272.

Binas-Preisendörfer, S. & Unseld, M. (2012): *Transkulturalität und Musikvermittlung: Möglichkeiten und Herausforderungen in Forschung, Kulturpolitik und musikpädagogischer Praxis.* Frankfurt: Peter Lang.

Brinkmann, R.O., Kosuch, M. & Stroh, W.M. (2001): *Methodenkatalog der Szenischen Interpretation von Musiktheater. Begründungen und Unterrichtsmaterialien.* Oldershausen: Lugert.

Bugiel, L. (2015): Wenn man von der Krise spricht ... Diskursanalytische Untersuchung zur „Krise des Konzerts" in Musik- und musikpädagogischen Zeitschriften. In: A.J. Cvetko & C. Rora (Hg): *Konzertpädagogik* (S. 61–81). Aachen: Shaker.

Cvetko, A.J. & Rora, C. (2015): *Konzertpädagogik.* Aachen: Shaker.

Dahlhaus, C. (1971): *Neue Formen der Vermittlung von Musik. Sprache im technischen Zeitalter* 37, S. 292–297.

Dartsch, M., Konrad, S. & Rolle, C. (2012): *neues hören und sehen ... und vermitteln. Pädagogische Modelle und Reflexionen zur Neuen Musik.* Regensburg: ConBrio.

Eberhard, D.M. (2015): Konzertpädagogische Projekte auf dem Prüfstand – Musikvermittlung etwas anders gedacht. In: A.J. Cvetko & C. Rora (Hg): *Konzertpädagogik*, (S. 109–133). Aachen: Shaker.

Eberwein, A. (1998): *Konzertpädagogik. Konzeptionen von Konzerten für Kinder und Jugendliche.* Diss. phil. Universität Hildesheim.

Eckart-Bäcker, U. (2001): *Musikalisches Lernen außerhalb von Schule.* Mainz: Schott.

Erhorn, J. & Schwier, J. (2016): *Pädagogik außerschulischer Lernorte: Eine interdisziplinäre Annäherung.* Bielefeld: transcript.

Geißler, Th. (2004): Das Feld der Musik-Vermittlung weiter denken als bisher. Vortrag auf der Generalversammlung des Deutschen Musikrates in Berlin. *Neue Musikzeitung* 53, 25–26.

Germann, S. (2006): *Zukunftsmodell Konzertpädagogik. Eine Studie zur Begegnung von Schulen und Sinfonieorchestern.* Saarbrücken: Pfau-Verlag.

Grunert, C. (2012): *Bildung und Kompetenz. Theoretische und empirische Perspektiven auf außerschulische Handlungsfelder.* Wiesbaden: VS Verlag für Sozialwissenschaften.

Hayes, N.A. & Broadbent, D.E. (1988): Two modes of learning for interactive tasks. *Cognition. International Journal of Cognitive Science*, 28, 249–276.

Hirte, G. (2011): *Akzeptanz, Bedarf und Auswirkungen von Kinderkonzertbesuchen im Musikunterricht der Grundschule.* Essen: Die Blaue Eule.

Hoffmann, D. (2016): Musik und informelles Lernen. In: M. Harring, M.D. Witte & T. Burger (Hg.): *Handbuch informelles Lernen. Interdisziplinäre und internationale Perspektiven* (S. 546–560). Weinheim: Beltz.

Holm, F. (2009): *Musikvermittlung für Erwachsene: Chancen und Grenzen für das Konzertwesen der Zukunft.* Saarbrücken: VDM, Verlag Dr. Müller.

Hoyer, J. & Wimmer, C. (2016): *Musikvermittlung in Museen.* Esslingen: Helbling.

Hüttmann, R. (2009): *Wege der Vermittlung von Musik. Ein Konzept auf der Grundlage allgemeiner Gestaltungsprinzipien.* Augsburg: Wißner.

Jäger, A. (2012): *Musikschulen in Kooperationen mit allgemeinbildenden Schulen. Wandel des Berufsbildes des Musikschullehrer am Beispiel des Unterrichtsmodells „Stark durch Musik".* Augsburg: Wißner.

Keuchel, S. & Wiesand, A.J. (2006): *Das 1. Jugend-KulturBarometer. „Zwischen Eminem und Picasso ...".* Bonn: ARCult Media.

Keuchel, S. & Weil, B. (2010): *Lernorte oder Kulturtempel: Infrastrukturerhebung: Bildungsangebote in klassischen Kultureinrichtungen.* Köln: ARCult Media.

Keuchel, S. & Larue, D. (2012): *Das 2. Jugend-KulturBarometer. „Zwischen Xavier Naidoo und Stefan Raab ...".* Köln: ARCult Media.

Kinder zum Olymp. Zur Notwendigkeit ästhetischer Bildung von Kindern und Jugendlichen. Berlin: Kulturstiftung der Länder, 2004. http://www.kulturstiftung.de/wp-content/uploads/2015/11/Kongressdokumentation-Leipzig.pdf (Stand: 24.06.2017).

König, B. (2002): Die Schule als kompositorisches Betätigungsfeld, oder: Was haben Komponisten im Konzertsaal verloren? In: *Konzert, Klangkunst, Computer: Wandel der musikalischen Wirklichkeit* (Veröffentlichungen des Instituts für Neue Musik und Musikerziehung Darmstadt 42, S. 129–137). Mainz: Schott.

König, B. (2015): *Tarnkappe des Uneigentlichen.* https://netzwerkjungeohren.wordpress.com/2015/09/01/tarnkappe-des-uneigentlichen/(Stand: 12.05.2017).

Kosuch, M. (2005): *Szenische Interpretation von Musiktheater. Von einem Konzept des handlungsorientierten Unterrichts zu einem Konzept der allgemeinen Opernpädagogik,* Dissertation, Universität Oldenburg. http://oops.uni-oldenburg.de/129/ (Stand: 01.06.2017)

Kosuch, M. (2005b): Szenische Interpretation von Musik. In: W. Jank (Hg.): *Musik-Didaktik. Praxishandbuch für die Sekundarstufe I und II* (S. 177–184). Berlin: Cornelsen Scriptor.

Lamparter, W., Büscher, Ch. & Stoll, R.W. (2009). *Der Schrei. Ein Musikprojekt mit Jugendlichen und dem SWR Sinfonieorchester Baden-Baden und Freiburg.* Mainz: Schott.

Lessing, W. (2011): Kinderkomposition im Spannungsfeld von Prozess- und Produktorientierung. In: Ph. Vandré & B. Lang (Hg.): *Komponieren mit Schülern: Konzepte, Förderung, Ausbildung* (S. 15–21). Regensburg: ConBrio.

Mall, P. (2016): *Schule und Orchester. Aspekte des Zusammenspiels schulischer und außerschulischer Musikvermittlung in kooperativer Projektarbeit.* Augsburg: Wißner.

Mandel, B. (2005): *Kulturvermittlung zwischen kultureller Bildung und Kulturmarketing.* Bielefeld: transcript.

Mandel, B. (Hg.) (2008): *Audience development, Kulturmanagement, Kulturelle Bildung.* München: kopaed.

Mandel, B. (2016): *Teilhabeorientierte Kulturvermittlung. Diskurse und Konzepte für eine Neuausrichtung des öffentlich geförderten Kulturlebens.* Bielefeld: transcript.

Mast, Ch. & Milliken, C. (2008): *Zukunft@BPhil. Die Education-Projekte der Berliner Philharmoniker.* Mainz: Schott.

Mayer, T.E. (2017): *Der Bernstein-Effekt. Klassikstars als Musikvermittler für Jugendliche.* Mainz: Schott.

Meyer, C. (2003): Response – quo vadis. In: M. Kruse & R. Schneider (Hg.): *Musikpädagogik als Aufgabe. Festschrift zum 65. Geburtstag von Siegmund Helms* (S. 225–248). Kassel: Bosse.

Molander, B. (1992): Tacit Knowledge and Silenced Knowledge: Fundamental Problems and Controverseries. In: B. Göranzon & M. Florin (Eds.): *Skill and education: Reflection and Experience* (pp. 9–31). London u.a.: Springer 1992.

Nebhuth, R. & Stroh, W.M. (1990): *Szenische Interpretation von Opern. Carmen. Begründungen und Unterrichtsmaterialien.* Oldershausen: Institut für Didaktik populärer Musik.

Neuweg, G.H. (2000): Mehr lernen, als man sagen kann: Konzepte und didaktische Perspektiven impliziten Lernens. *Unterrichtswissenschaft. Zeitschrift für Lernforschung* 28, 197–217.

Nimczik, O. (Hg.) (2001): *Musik – Vermittlung – Leben. Festschrift für Ernst Klaus Schneider.* Essen: Die Blaue Eule.

Nykrin, R. (1978): *Erfahrungserschließende Musikerziehung. Konzept – Argumente – Bilder.* Regensburg: Bosse.

Noltze, H. (2010): *Die Leichtigkeitslüge. Über Musik, Medien und Komplexität.* Hamburg: edition Körber-Stiftung.

Richter, Ch. (2006): Editorial. Außerschulische Musikvermittlung. *Diskussion Musikpädagogik* 28, 1.

Richter, Ch. (2015): Wer und was „bildet“ das Konzertpublikum. In: A.J. Cvetko & C. Rora (Hg.): *Konzertpädagogik* (S. 95–108). Aachen: Shaker.

Röhr-Sendlmeier, U.M. & Käser, U. (2016): Informelles Lernen aus psychologischer Perspektive. In: M. Rohs (Hg.): *Handbuch Informelles Lernen* (S. 207–223). Wiesbaden: Springer.

Rora, C. (2015): Zur Frage des Lernens im Konzertpädagogischen Projekt. In: A.J. Cvetko & C. Rora (Hg.): *Konzertpädagogik* (S. 134–147). Aachen: Shaker.

Rüdiger, W. (2004): Das Konzert, letzte Reihe, der Thrill. Weg vom Ritual – Skizze zu einer neuen Konzertpädagogik. *Neue Musikzeitung* online: https://www.nmz.de/artikel/das-konzert-letzte-reihe-der-thrill (Stand: 30.4.2017)

Rüdiger, W. (Hg.) (2014): *Musikvermittlung – wozu? Umrisse und Perspektiven eines jungen Arbeitsfeldes.* Mainz: Schott.

Scheller, I. (1998): *Szenisches Spiel. Handbuch für die pädagogische Praxis.* Berlin: Cornelsen Scriptor

Schmid, S. (2014): *Dimensionen des Musikerlebens von Kindern. Theoretische und empirische Studie im Rahmen eines Opernvermittlungsprojektes.* Augsburg: Wißner.

Schmidt, M. (2012): *polyphonie.vernetzt. Perspektiven multimedialer Musikvermittlung.* Regensburg: ConBrio.

Schmidt-Banse, H.Chr. (2001): Stillsitzen und anbeten und nichts verstehen ... Das klassische Konzert hat abgewirtschaftet. *Neue Musikzeitung* online: https://www.nmz.de/artikel/stillsitzen-und-anbeten-und-nichts-verstehen (Stand: 02.06.2017)

Schneider, H. (Hg.) (2012): *Neue Musik vermitteln. Ästhetische und methodische Fragestellungen.* Hildesheim: Olms.

Schneider, E.K. (2001): Musikvermittlung. Programmgestaltung, Dramaturgie, Moderation, Organisation von Konzerten. Ein neues Berufsfeld für Musiker, Musikpädagogen oder Musikwissenschaftler und das Ausbildungsmodell der Hochschule für Musik Detmold. In: H.G. Bastian (Hg.): *Musikpädagogik studieren – und was dann? Ein Handbuch für Magister über Berufsprofile, Berufsqualifikationen und Berufspraxis* (S. 117–126). Augsburg: Wißner.

Schulze, G. (2005): *Die Erlebnisgesellschaft: Kultursoziologie der Gegenwart.* 2. Auflage, Frankfurt: Campus.

Schwanse, U. (2004): *Familienkonzerte in Kooperation mit Grundschulen.* Essen: GMUS.

Stiller, B., Wimmer, C. & Schneider, K.E. (2002): *Spielräume Musikvermittlung. Konzerte für Kinder entwickeln, gestalten, erleben.* Regensburg: ConBrio. (erweiterte Auflage 2011 unter dem Titel Hörräume öffnen – Spielräume gestalten. Konzerte für Kinder).

Stiller, B. (2008): *Erlebnisraum Konzert. Prozesse der Musikvermittlung in Konzerten für Kinder.* Regensburg: ConBrio.

Stiller, B. (2014): Musikvermittlung: Am Anfang war das Modewort. Versuch einer kritischen Chronik. In: W. Rüdiger (Hg.): *Musikvermittlung – wozu? Umrisse und Perspektiven eines jungen Arbeitsfeldes* (S. 81–98). Mainz: Schott.

Stoffer, Th.H. (2000): Implizites Lernen von Reizstrukturen: Ist ein Erwerb impliziten musikalisch-syntaktischen Wissens allein durch Musikhören möglich? *Unterrichtswissenschaft. Zeitschrift für Lernforschung* 28, 218–238.

Stroh, W.M. (2007): *Szenische Interpretation von Musik. Eine Anleitung zur Entwicklung von Spielkonzepten anhand ausgewählter Beispiele.* Paderborn: Schöningh.

Tober, A. (2015): Das Education-Programm der Berliner Philharmoniker: Ein Lernprozess. In: A.J. Cvetko & C. Rora (Hg.): *Konzertpädagogik* (S. 193–203). Aachen: Shaker.

Tröndle, M. (2009): *Das Konzert. Neue Aufführungskonzepte für eine klassische Form.* Bielefeld: transcript.

Vandré, Ph. & Lang, B. (Hg.) (2011): *Komponieren mit Schülern: Konzepte, Förderung, Ausbildung.* Regensburg: ConBrio.

von Gutzeit, R. (2014): Musikvermittlung – was ist das nun wirklich? In: W. Rüdiger (Hg.): *Musikvermittlung – wozu? Umrisse und Perspektiven eines jungen Arbeitsfeldes* (S. 19–36). Mainz: Schott.

Wieneke, J. (2016): *Zeitgenössische Musik vermitteln in Kompositionsprojekten an Schulen.* Hildesheim: Olms.

Wimmer, C. (2010): *Musikvermittlung im Kontext. Impulse – Strategien – Berufsfelder.* Regensburg: ConBrio.

Wimmer, C. (2010b): Exchange. *Die Kunst, Musik zu vermitteln. Qualitäten in der Musikvermittlung und Konzertpädagogik.* Salzburg: Stiftung Mozarteum. http://www.miz.org/dokumente/2010_November_Mozarteum_Studie%20Musikvermittlung.pdf (Stand: 02.06.2017).

Fachzeitschriften: Themenhefte Musikvermittlung (Auswahl)

Das Orchester 1/2003: *Musikvermittlung. Neue Aufgaben für Orchester*
Das Orchester 9/2006: *Musikvermittlung. Pflichtaufgabe – auch für Orchester*
Das Orchester 11/2008: *Perspektivwechsel. Aufbruch in der Musikvermittlung*
Das Orchester 7/8, 2011: *Musikvermittlung Generation 3.0*
Diskussion Musikpädagogik 28/2005: *Außerschulische Musikvermittlung*
Diskussion Musikpädagogik 54/2012: *Musikvermittlung als Aufgabe der Musikpädagogik*
Musikforum 2/2007: *Musikvermittlung*
Üben & Musizieren 6/2006: *Musikvermittlung*

Internet:

http://www.musik-for.uni-oldenburg.de/szene/ (Stand: 14.08.2018)
http://www.musiktheaterpaedagogik.de/ (Stand: 14.08.2018)

Alexandra Kertz-Welzel

Community Music, oder: die Faszination des Nicht-Lernens

Einleitung

Was haben Menschen, die in einem Gefängnischor im amerikanischen Oakdale, in einem Musikverein im bayerischen Aying, oder in einem Instrumental-Ensemble für Sehbehinderte im nepalesischen Kathmandu aktiv sind, gemeinsam? Sie machen alle etwas, was international als *Community Music* bezeichnet wird. *Community Music* ist in den letzten Jahren ein wichtiges Konzept in der internationalen Musikpädagogik geworden, das viele aktuelle musikpädagogische Ideale wie Kulturelle Teilhabe, Inklusion, oder Soziale Gerechtigkeit in sich zu vereinen scheint. Will man zusammenfassen, was *Community Music* beabsichtigt, dann wäre das „Musik für alle“: Alle sind willkommen, dürfen gemeinsam Musik machen und ihre Fähigkeiten entfalten. Herkunft, Alter, Begabungen oder finanzielle Ressourcen spielen keine Rolle.

Der Anspruch, allen Menschen Zugang zu Musik zu ermöglichen und so einen Beitrag zu individuellen und gesamtgesellschaftlichen Veränderungsprozessen zu leisten, hat wesentlich zum Erfolg von *Community Music* beigetragen. Es scheint ein Anliegen vieler im musikpädagogischen Bereich Tätiger zu sein, Menschen durch Musik zu helfen und so gesellschaftlich relevant zu sein. Trotzdem ist *Community Music* nicht unproblematisch: Sie grenzt sich deutlich von vielen professionalisierten Formen musikpädagogischen Handelns ab, auch von Institutionen wie Schulen oder Musikschulen. In oft unpräzisen Beschreibungen wird die individuell und gesamtgesellschaftlich verändernde Kraft der Musik heraufbeschworen, für die keine Schulen oder Lehrer notwendig sind. Im Mittelpunkt steht dabei eine grundsätzliche Skepsis gegenüber musikalischem Lernen. Diese Skepsis, aber auch die Sperrigkeit des Konzeptes *Community Music* im wissenschaftlichen Diskurs, lässt es zu einem interessanten Thema für ein Handbuch *Musiklernen* werden. Dadurch, dass Community Music unsere Auffassung von musikalischem Lernen und seiner Bedeutung für musikalisches Handeln hinterfragt, wird vor allem eins deutlich: Es gibt auch eine Faszination des Nicht-Lernens bzw. Nicht-Lernen-Wollens. Deshalb sollte der Begriff des Lernens vielleicht weiter gefasst werden als es bisher im musikpädagogischen Kontext üblich ist.

Genau solche Ideen sind Gegenstand dieses Kapitels. Es untersucht, ausgehend von dem, was *Community Music* ist, die Frage, welche Rolle Lernen innerhalb dieses Konzeptes spielt und welche Konsequenzen sich daraus für die verschiedenen musikpädagogischen Handlungsfelder im deutschsprachigen Raum ergeben könnten. Das Kapitel schließt mit Betrachtungen zu möglichen Beiträgen, die die deutschsprachige Musikpädagogik im Hinblick auf einen kritischen Diskurs zu *Community Music*, auch bezüglich des Lernens, international leisten könnte.

Was ist Community Music?

Die Frage, was *Community Music* ist, lässt sich nicht leicht beantworten. Ein Grund dafür ist die kritische Haltung vieler *Community Musicians* gegenüber jeglichen Definitionsversuchen, die ihrer Meinung nach nicht in der Lage sind, das wahre Wesen von *Community Music* zu erfassen (vgl. Phelan, 2008, 145). Dennoch ist es natürlich möglich, sich dem anzunähern, was mit *Community Music* gemeint ist.

Zunächst ist es wichtig zu bedenken, wie das Konzept *Community Music* entstand. Obwohl *Community Music* im Sinne von gemeinsamem Musikmachen schon immer stattfand, ist dies von dem musikpädagogischen Konzept *Community Music* zu unterscheiden, das insbesondere im 20. Jahrhundert im angloamerikanischen Bereich entwickelt wurde (vgl. Bush & Krikun, 2013). Mit *Community Music* werden in diesem Kontext musikalische Gruppenaktivitäten bezeichnet, die bestimmte Prinzipien wie Inklusion, Partizipation oder kulturelle Vielfalt zu verwirklichen suchen. Als Teil des *Community Arts Movement* im England der Sechziger- und Siebzigerjahre und der Alternativkultur dieser Jahre entstand das musikpädagogische Konzept *Community Music* aus der Absicht heraus, allen Menschen Zugang zu Musik zu ermöglichen – und nicht nur denen, die sich Konzertbesuche oder privaten Musikunterricht leisten können. Diese Demokratisierung musikalischer Aktivitäten sollte gesamtgesellschaftliche Veränderungsprozesse unterstützen und so die Ausgrenzung bestimmter gesellschaftlicher Gruppen überwinden helfen. Lee Higgins (2012) beschreibt die Entstehung des Konzeptes *Community Music* so:

» Community Music's history is located within the endeavors of the community artists of the 1970s. As a critique of Western capitalism, the community arts movement was part of the fabric of the counterculture prevalent throughout the Western industrialized nations during the 1960s. Politically charged, community arts offered a resistance to the perceived 'high' art domination of the ruling class." (ebd., 40)

Community Music wird hier als Teil einer kapitalismuskritischen Bewegung gesehen. Sie gehört zur Alternativkultur der Siebzigerjahre, die das elitäre Verständnis einer Kultur für wenige durch die Vorstellung von Kultur für alle ersetzen wollte. Higgins (ebd.) verweist im weiteren Verlauf dieses Textes zudem auf Bezüge zu neomarxistischen Theorien, die *Community Music* vom *Community Arts Movement* übernommen habe. Es geht dabei auch um politischen Aktivismus. *Community Music* will sich nicht nur auf den musikalischen Bereich beschränken, sondern sieht ihn vielmehr als Möglichkeit, gesamtgesellschaftliche Veränderungen zu initiieren. Dieser Ursprung des musikpädagogischen Konzepts *Community Music* in der englischen *Counterculture* der Sechziger- bzw. Siebzigerjahre und ihrer Gesellschafts- und Institutionskritik erklärt teilweise die kritische Position gegenüber schulischem Musikunterricht und musikalischem Lernen.

Obwohl *Community Music* als musikpädagogisches Konzept also spätestens seit den Siebzigerjahren in der angloamerikanischen Musikpädagogik bekannt ist, dauert es bis zu den Achtziger- bzw. Neunzigerjahren, bis mehr Publikationen zu diesem Thema erscheinen. Eine wichtige Rolle spielt dabei die *Community Music Activity Commission*

(CMA) der *International Society for Music Education* (ISME).[1] Seit ihrer Gründung 1982 unterstützt die CMA die Institutionalisierung und Professionalisierung von *Community Music* im Kontext der internationalen Musikpädagogik. Das betrifft auch die Theoriebildung. Auf der Webseite der CMA wird *Community Music* folgendermaßen definiert:

» We believe that everyone has the right and ability to make, create, and enjoy their own music. We believe that active music-making should be encouraged and supported at all ages and at all levels of society. Community Music activities do more than involve participants in music-making; they provide opportunities to construct personal and communal expressions of artistic, social, political, and cultural concerns. Community Music activities do more than pursue musical excellence and innovation; they can contribute to the development of economic regeneration and can enhance the quality of life for communities. Community Music activities encourage and empower participants to become agents for extending and developing music in their communities. In all these ways Community Music activities can complement, interface with, and extend formal music education." [2]

Community Music geht von der grundsätzlichen Musikalität aller Menschen aus. Alle haben aber nicht nur musikalische Fähigkeiten, sondern auch ein Recht darauf, Musik zu machen. Es sollte deshalb Möglichkeiten zu musikalischen Aktivitäten für alle geben. Musikmachen im Sinne von *Community Music* ist inklusiv und schließt alle Altersgruppen, Fähigkeiten, Nationalitäten oder Gesellschaftsschichten mit ein. Dabei geht es nicht nur um Musik, sondern vor allem um Möglichkeiten zur Entwicklung künstlerischen Ausdrucksvermögens, gleichgültig ob von einzelnen oder von Gruppen. *Community Music* betont die enge Verknüpfung von Musikmachen und Gesellschaft, auch die Möglichkeit, gesellschaftliche Ausgrenzungen exemplarisch im musikalischen Bereich zu überwinden. Wenn beispielsweise Bands, in denen Menschen mit geistiger Behinderung mitspielen, ihre Musik bei Festivals oder Konzerten vorstellen, überwinden sie so die in vielen gesellschaftlichen Bereichen stattfindende Diskriminierung. Das gilt auch für eine Samba-Band, die bei einem Friedensmarsch spielt und deren Mitglieder vor allem Geflüchtete sind. *Community Music* ist eng mit politischem Engagement für Soziale Gerechtigkeit verbunden und will musikalische Aktivitäten für gesamtgesellschaftliche Veränderungen nutzen.

Neben diesen gesellschaftspolitischen Zielsetzungen stehen insbesondere persönliche und gruppenorientierte Entwicklungsprozesse im Vordergrund. Bei *Community Music* geht es weniger um musikalische Perfektion als um die Weiterentwicklung von Einzelnen, Gruppen oder insgesamt des kulturellen Lebens eines Stadtteils. Von *Community Music* und deren musikalischen Angeboten profitieren Menschen in verschiedenen Lebenssituationen, alteingesessene ebenso wie neue Bürger, Langzeitarbeitslose, die Bewohner von Alten- bzw. Behindertenheimen oder unbegleitete jugendliche Geflüchtete. *Community Music* ergänzt schulischen und außerschulischen Musikunterricht, arbeitet aber auch mit ihm zusammen.

Insgesamt stellt die erwähnte Definition der CMA eine gute Zusammenfassung dessen dar, was *Community Music* ist oder sein soll. Sie beleuchtet wichtige Aspekte, erwähnt andere aber kaum, z. B. das Lernen. Allerdings findet die intensivere Diskussion bestimmter Themen auch eher in umfangreicheren Publikationen statt.

Die erste ausführliche theoretische Grundlegung von *Community Music* legt Higgins 2012 vor – dieser späte Zeitpunkt mag einerseits überraschen angesichts der internationalen Popularität dieses Konzeptes, ist andererseits aber eine logische Konsequenz der Skepsis vieler Community Musicians gegenüber Theoriebildung und Wissenschaft. Obwohl auch Higgins Schwierigkeiten hat, zu bestimmen, was *Community Music* ist, nennt er doch drei verschiedene Merkmale: „music of a community," „community music making," und „an active intervention between a music leader or facilitator and participants" (Higgins, 2012, 3). Das bedeutet, dass grundsätzlich alle gemeinsamen musikalischen Aktivitäten als *Community Music* aufgefasst werden können, aber vor allem auch das Musikmachen in einer bestimmten Gruppe, deren kulturelle Identität musikalisch ausgedrückt oder manifestiert werden kann (z. B. eine Gruppe Afghanischer Geflüchteter, die gemeinsam musiziert). Gleichzeitig beschreibt *Community Music* aber auch ein spezielles Verhältnis zwischen einem *facilitator* – also einem Vermittler oder einer Vermittlerin – und einer Gruppe, das im Sinne einer Intervention gestaltet wird: ein *facilitator* eröffnet Möglichkeiten zum Musikmachen, allerdings ohne die Position eines allwissenden Lehrers einzunehmen. Er oder sie nimmt Rücksicht auf die Wünsche und Bedürfnisse der einzelnen Gruppenmitglieder und versucht, die *Community-Music*-Aktivitäten daran zu orientieren. Dabei geht es vor allem darum, musikalische Begegnungs- und Erfahrungsräume zu schaffen, die den Teilnehmern Entfaltungsmöglichkeiten bieten. Higgins nennt aber auch noch andere Aspekte, die wichtig für das Verständnis von *Community Music* sind: Es geht beispielsweise um die Vielfalt und Gleichwertigkeit musikalischer Kulturen; keine Kultur soll als höherwertig angesehen werden. Alle Menschen sollen die Möglichkeit haben, im Bereich der Musikkulturen, die ihnen wichtig sind, musikalisch aktiv zu sein (vgl. Higgins, 2012, 32 ff.). Zudem ist lebenslanges Lernen ein zentrales Anliegen von *Community Music* – und einer der wenigen Bereiche, in dem explizit von Lernen gesprochen wird (vgl. ebd., 116). Allerdings wird der Begriff Lernen hier in einer allgemeinen Form verwendet, die eher Barrierefreiheit und Inklusion signalisieren soll als systematischen Kompetenzerwerb. Higgins (vgl. ebd., 71) betont ausdrücklich, dass musikalische Perfektion oder auch bestimmte Qualitätsansprüche, die mit explizitem musikalischem Lernen verbunden wären, für *Community Music* keine wichtige Rolle spielen. Sie betont vor allem die individuelle und soziale Entwicklung des Einzelnen und der Gruppe. Musikalische Zielsetzungen sind dem untergeordnet. Andere wichtige Aspekte von *Community Music*, die Higgins nennt, sind „community culture development" und „hospitality" (ebd., 37): Jeder ist willkommen und findet bei *Community-Music*-Aktivitäten einen Raum, in dem er sich selbst musikalisch entfalten und persönlich weiterentwickeln kann. Mit der Entwicklung des Einzelnen ist auch eine Weiterentwicklung der Gruppe verbunden, der sich jemand zugehörig fühlt. Im Gesamtkontext, beispielsweise eines Stadtteils, kann sich dies auf das kulturelle Leben insgesamt beziehen, z. B. durch *Community-Music*-Orchester, an denen alle teilnehmen können, auch ohne musikalische Vorkenntnisse.[3] Angebote für alle, musikalisch aktiv zu sein, bereichern das kulturelle Leben eines Stadtteils und können die Lebensqualität verbessern.[4]

Im Kontext der persönlichkeitsorientierten Ziele von *Community Music* spielt auch das Thema Wohlbefinden eine wichtige Rolle. Die Teilnehmenden sollen sich wohlfühlen und Spaß am Musikmachen haben, ohne unter Leistungsdruck zu stehen. Da diese Möglichkeiten allen Menschen offenstehen sollen, ist *Community Music* generationsübergreifend und bietet Menschen aller Altersgruppen musikalische Aktivitäten, auch in altersgemischten Gruppen (vgl. Veblen, 2013, 4ff.). Außerdem ist *Community Music* eng mit den Themen Soziale Gerechtigkeit und Inklusion verbunden (vgl. Silverman, 2012), die helfen sollen, die Ausgrenzung von Gruppen oder Individuen musikalisch zu überwinden. Das kann, wie bereits erwähnt, auf verschiedene Weise geschehen: durch den Zugang aller zum Musikmachen, durch öffentliche Auftritte von gesellschaftlich ausgegrenzten Gruppen (z. B. Gefängnischöre, Senioren-Bands) oder durch gezielte politische Aktivitäten (z. B. Samba-Bands bei Demonstrationen). Will man verstehen, was *Community Music* ist, muss man immer die Verbindung zur Gesellschaft mitbedenken, auch die Vision einer gerechten Gesellschaft, die durch das Ideal von Musik für alle verwirklicht werden soll. Einen besonderen Einfluss auf diese Vorstellungen hatten musikethnologische Forschungen, die die intensive Beziehung von Musik und Gesellschaft und das Veränderungspotenzial, das musikalisches Handeln in sich birgt, betonten (vgl. Higgins, 2012, 45). Insbesondere die Forschungen des englischen Musikethnologen John Blacking (1928–1990) und des Neuseeländers Christopher Small (1927–2011) sind hier zu erwähnen. In ihren Publikationen betonen sie, aus anthropologischer Perspektive, die grundsätzliche Musikalität aller Menschen (Blacking, 1973; Small, 1977; 1998). Durch eine elitär ausgerichtete öffentliche Musikkultur (z. B. Klassische Musik) würden aber nur wenige als wirklich musikalisch angesehen und zu Experten stilisiert – und andere aufgrund mangelnder musikalischer Fähigkeiten zum passiven Zuhören verbannt. Dieses elitäre Musikverständnis führe auch zu einer Musikpädagogik, die die Dominanz musikalisch Begabter gegenüber der Masse der „Unbegabten" perpetuiere. *Community Music* will demgegenüber, durch den Bezug zu Musikethnologie, die Musikalität aller Menschen betonen und das Recht jedes einzelnen, Musik zu machen. Dadurch wird eine „Re-Musikalisierung" der Gesellschaft angestrebt, in der jeder Musiker ist und sein darf, gleichgültig, in welcher musikalischen Kultur oder auf welchem musikalischen Niveau.

Um dieses Ziel einer Re-Musikalisierung der Gesellschaft zu verwirklichen, sind spezifische Methoden wichtig, die Musikmachen für alle ermöglichen. Das bedeutet, dass oft auf Noten verzichtet wird und durch Zuhören und Nachspielen gelernt wird. Darüber hinaus spielt Improvisation eine besondere Rolle. Sie ermöglicht eine unproblematische Orientierung an den momentanen musikalischen Fähigkeiten Einzelner bzw. der Gruppe und fördert so Erfolgserlebnisse. Da für *Community Music* Musik verschiedener Kulturen wichtig ist, die oft traditionell durch Zuhören und Nachahmen gelernt und durch Improvisation weiterentwickelt wird, ist der Rückgriff auf diese Methoden auch musikethnologisch und musikpädagogisch begründet. Dieser Bezug zu verschiedenen Musikkulturen der Welt führt zu einer Vielzahl an musikalischen Ensembles, die von Gamelan-Gruppen, Steeldrum-Bands oder Vokalensembles in verschiedenen Stilen bis zu Bands oder Orchestern in Volksmusik oder Jazz reichen können.

In Publikationen zu *Community Music* werden häufig erfolgreiche Projekte beschrieben, die die Bedeutung unterschiedlicher Methoden, eines bestimmten Repertoires oder spezifischer Kontexte hervorheben (vgl. Higgins & Willingham, 2017). So verweisen Chöre in Gefängnissen, in denen verurteile Straftäter, aber auch Menschen, die nicht im Gefängnis sind, gemeinsam singen (vgl. Cohen & Silverman, 2013) beispielsweise auf die sozialen Dimensionen von *Community Music*: Es geht darum, durch Musik zu persönlicher Reifung und Versöhnung zu finden, allerdings auch um kulturelle und soziale Entwicklungsmöglichkeiten für eine Stadt, in der sich ein Gefängnis befindet. Bands, in denen Menschen sich den lebenslangen Traum vom Musikmachen endlich erfüllen können, ohne große musikalische Vorkenntnisse zu haben, gelten ebenfalls als *Community Music*. Die *New Horizon Bands*, die Don Coffman in verschiedenen Städten der USA etablierte, repräsentieren eine solche Facette von *Community Music* (vgl. Coffman & Barbosa, 2013). Durch die bewusste musikalische Barrierefreiheit, ein vielfältiges Repertoire und Leistungsdifferenzierungen in den unterschiedlichen Instrumentengruppen wird hier das Ideal vom Musikmachen für alle verwirklicht.

Sicher können auch Musikvereine oder Kirchenchöre als *Community Music* verstanden werden, obwohl vielleicht nicht jedes Ensemble allen Prinzipien von *Community Music* entspricht (z. B. Dirigent statt *facilitator*; Vorsingpflicht in Chören). Sie stellen aber normalerweise musikalische Angebote für alle dar und prägen das kulturelle Leben eines Stadtteils. Insbesondere die Verbindungen solcher Ensembles zu den jeweiligen regionalen oder lokalen volksmusikalischen Traditionen sind dabei interessant, beispielsweise Mariachi-Musik in Los Angeles, die eine bestimmte Einwanderergruppe repräsentiert. Die Tatsache, dass bei *Community Music* nicht immer alle Prinzipien bzw. Ideale verwirklicht sein müssen, verweist auf die Flexibilität dieses Konzeptes – vielleicht aber auch auf seine Unbestimmtheit. Das wichtigste Merkmal von *Community Music* ist meist, dass es sich um außerschulische musikalische Angebote handelt und möglichst viele Menschen Zugang zu diesen Angeboten haben.[5]

Im Kontext von *Community Music* ist es wichtig, auch auf die Verbindungen zu Musiktherapie hinzuweisen. *Community Music* selbst bewegt sich durch die Konzentration auf persönlichkeits-, verhaltensorientierte und außermusikalische Ziele oft im Grenzbereich zu therapeutischen Interventionen, ist aber keine Therapie. Deshalb entwickelte sich für eindeutig therapeutisch orientierte Aufgaben der Bereich *Community Music Therapy* (vgl. Ansdell & DeNora, 2012). Hier geht es in weitaus größerem Maße um die Heilungsdimensionen von Musik, für die *facilitators* eine musiktherapeutische Ausbildung benötigen. Damit wird aber nicht jeder therapeutische Aspekt aus normalen *Community-Music*-Aktivitäten ausgegliedert, sondern nur auf besonders anspruchsvolle Situationen mit speziellen Angeboten Rücksicht genommen. Allerdings sind auch diese Musiktherapeuten in erster Linie *Community Musicians* und orientieren sich an den Idealen und Prinzipien von *Community Music* (vgl. Murray & Lamont, 2012).

Insgesamt gibt es international eine Vielzahl von Beispielen für das, was *Community Music* ist (vgl. Higgins & Willingham, 2017). Auch wenn sicher nicht immer eine klare Trennschärfe gegenüber anderen Konzepten vorhanden ist, zeigt die Kombination der von *Community Music* adaptierten Prinzipien und Ideale doch, was charakteristisch für dieses Konzept ist. Gleichzeitig ist es wichtig zu betonen, dass der Innovationsanspruch, den *Community Music* musikpädagogisch erhebt (vgl. Higgins & Willingham, 2017, 5), in manchem übertrieben ist. Weder die Prinzipien noch die Methoden sind neu. Carl Orffs Ideen einer Elementaren Musik oder Lucy Greens (2008) Konzept einer Adaption von Prinzipien des informellen Lernens für den schulischen Kontext sind hier nur zwei Beispiele. In ihrem enthusiastischen Bemühen um eine Musik für alle – und vielleicht auch aufgrund musikpädagogischer bzw. -methodischer Unkenntnis – sehen viele *Community Musicians Community Music* als den alleinigen Ursprung prozessorientierter, schüler- oder handlungsorientierter Konzepte. Hier wäre es wichtig, die Verbindungen von *Community Music* zu etablierten musikpädagogischen Konzepten und Methoden aufzuzeigen und so eine weitere Professionalisierung von *Community Music* zu ermöglichen.[6] Neuere Publikationen (z. B. Higgins & Willingham, 2017, 26 ff.) neigen zudem dazu, *Community Music* als die einzig sinnvolle Art musikalischer Aktivität dazustellen, die alle positiven musikpädagogischen Ansätze in sich vereine. Ein kritischer Diskurs fehlt bisher innerhalb der internationalen *Community Music* (vgl. Kertz-Welzel, 2016). Dies zeichnet sich auch in der gerade entstehenden deutschen Diskussion ab (vgl. Hill & De Banffy-Hall, 2017).

Was bedeutet Community Music im deutschen Kontext?

Obwohl es keinen adäquaten deutschen Begriff für das gibt, was *Community Music* ist (vgl. Kertz-Welzel, 2008a; 2008b; 2013; Josties, 2016), werden Aktivitäten, die diesem Bereich zuzuordnen wären, im deutschsprachigen Raum immer beliebter. Neben Chören und Orchestern in Städten und Gemeinden, Straßenmusik-Ensembles, Garage Bands oder der Vielfalt an musikalischen Aktivitäten in Altenheimen, Kindergärten, Gefängnissen oder Jugendzentren, gibt es zunehmend auch solche Formen wie *Crowd Singing*,[7] Kneipenchöre oder Nicht-Sänger-Chöre (vgl. Martens, 2012). Sie zeigen die vielfältigen musikalischen Interessen von Menschen, für die vor allem Spaß am gemeinsamen Musikmachen wichtig ist. Betrachtet man insgesamt die deutsche Begrifflichkeit in Bereichen, die *Community Music* nahestehen, ergeben sich verschiedene konzeptionelle Verwandtschaften: *Community Music* hat Gemeinsamkeiten mit kultureller Bildung, Musikvermittlung, Elementarer Musikpädagogik, Musiktherapie aber auch mit Musikpädagogik in der Sozialen Arbeit oder verschiedenen Formen schulischer und außerschulischer Musikvermittlung. Da *Community Music* als Konzept flexibel ist, müssen nicht immer alle Prinzipien relevant sein. So kann es auch *Community Music* in Schulen geben, beispielsweise Trommelworkshops zur Emotions- und Verhaltensregulierung (vgl. Wölfl, 2016) oder auch verschiedene Musikangebote im Nachmittagsbereich von Ganztagsschulen, die durch außerschulische Organisationen gestaltet werden. Musikalische Kursangebote in Volkshochschulen, Musikvereine oder volksmusikalische Ensembles könnten aber ebenso diesem Konzept zugeordnet werden. *Community Music* ist ein gutes Beispiel für die terminologischen Herausforderungen, mit denen Musikpädagogik im Kontext von Internationalisierung konfrontiert wird (vgl. Kertz-Welzel, 2014).

Mit Kultureller Bildung verbindet *Community Music* das Bestreben, allen Menschen Zugang zu musikalischen Erfahrungen zu ermöglichen. Auch das Verständnis von Kultureller Bildung als interdisziplinärem Konzept, das Musik aber auch Literatur, Bildende Kunst, Tanz und Theater als anthropologisch begründete Dimensionen ästhetischen und sinnerschließenden Handelns begreift, ist für *Community Music* wichtig. Zudem ist der Fokus auf Persönlichkeitsentwicklung etwas, was *Community Music* und kulturelle Bildung verbindet. Die begriffliche Offenheit, die Kulturelle Bildung in ihren verschiedenen Facetten kennzeichnet und zu einem vielseitig verwendbaren Begriff macht, ist sicherlich auch für *Community Music* charakteristisch.

Neben Kultureller Bildung finden sich aber auch im Bereich Musikvermittlung Parallelen zu *Community Music* (vgl. Kapitel *Musikvermittlung*). Insbesondere die *Education Programs* von verschiedenen Orchestern (z. B. Berliner Philharmoniker), Opernhäusern oder Museen sind hier zu nennen. Auch wenn diese Aktivitäten von kulturellen Institutionen angeboten werden und im Sinne von *Audience Development* durchaus wirtschaftliche Interessen verfolgen, streben sie doch eine Teilnahme aller an kulturellen Veranstaltungen an. Durch Angebote für verschiedene Altersgruppen (z. B. Kinderkonzerte) und vielfältige Einführungsveranstaltungen und -workshops werden Verständnisbarrieren und Vorbehalte gegenüber bestimmten Musikformen abgebaut. Kinder und Jugendliche lernen beispielsweise dadurch, dass sich Musikvermittlung an ihren Interessen orientiert, die Ausdrucksmöglichkeiten kultureller Güter wie Opern oder des klassischen Konzertrepertoires kennen und entdecken spielerisch ihre Bedeutsamkeit. Damit werden einige Ideale von *Community Music* verwirklicht.

Elementare Musikpädagogik ist *Community Music* sicherlich auch in manchen Aspekten ähnlich, beispielsweise im Hinblick auf den Adressatenkreis (z. B. Musikalische Früherziehung; Musik mit älteren, behinderten oder sozial benachteiligten Menschen), aber auch bezüglich der Methoden. Improvisation im Sinne einer vom Orff-Schulwerk inspirierten Pädagogik des Elementaren Musizierens, die Musik, Bewegung und Sprache miteinander verbindet und einen leichten Zugang zum Musikmachen ermöglicht, aber auch andere Methoden zeigen, dass Formen des elementaren Musizierens jedem zugänglich sein können (vgl. Hartogh, 2016). Elementare Musikpädagogik ist ein klar definiertes, vor allem im deutschen Sprachraum etabliertes musikpädagogisches Konzept, das man an Hochschulen studieren kann (vgl. Kapitel *Elementares Musiklernen und Musiklernen im Elementarbereich*). Auch im Bereich *Community Music* gibt es mittlerweile Studiengänge, die beispielsweise neben ausgewählten musikalischen Kompetenzen Fähigkeiten in Management und Organisation vermitteln.[8]

Musikpädagogik in der Sozialen Arbeit ist ein anderer Bereich, der im deutschsprachigen Raum ebenfalls mit *Community Music* verwandt ist. Hier steht der Mensch im Mittelpunkt und musikalisches Lernen ist oft nachgeordnet. Musikalische Aktivitäten sind vor allem ein Mittel, um persönliche Entwicklungsprozesse zu unterstützen, die ein erfülltes Leben ermöglichen sollen. Bisher im Bereich Musikpädagogik in der Sozialen Arbeit und Kultureller Bildung Tätige ordnen sich auch selbst dem Bereich *Community Music* zu (vgl. Hill, 2016).

Darüber hinaus gibt es sicherlich auch Verbindungen zwischen *Community Music* und Musiktherapie, die gerade angesichts der zunehmenden therapeutischen Elemente in musikpädagogischer Arbeit wichtig sind (vgl. Grosse, 2016). Oft werden diese Aspekte übersehen, prägen aber zunehmend musikpädagogische Tätigkeiten in unterschiedlichen Kontexten, auch in Schulen.

Schließlich gibt es zwischen *Community Music* und schulischen oder außerschulischen musikalischen Aktivitäten Ähnlichkeiten, beispielsweise den Nachmittagsunterricht an Ganztagsschulen oder verschiedene Angebote in Musikschulen betreffend (vgl. Wölfl, 2016). International würde man *Community Music* im schulischen Kontext eher distanziert gegenüberstehen, weil diese Institution als problematisch angesehen wird. Für Deutschland, Österreich und die Schweiz ist hier aber eine andere Perspektive sinnvoll. Dies verweist darauf, dass das Musikleben und die Institutionen musikalisch-kultureller Bildung eines Landes bedeutsamer sind für die Adaption eines angloamerikanischen Konzeptes, als es innerhalb der internationalen *Community-Music*-Bewegung manchmal wahrgenommen wird. In England als dem „Ursprungsland" des heute üblichen Konzeptes von *Community Music* gibt es beispielsweise kaum Musikschulen wie in Deutschland, Österreich und der Schweiz. Es ist offensichtlich, dass dies zu einer spezifischen Bedeutung von *Community Music* führt, die sich von der Situation in anderen Ländern unterscheidet, in denen ein weit verzweigtes System öffentlicher und privater Musikschulen eine Fülle an musikalischen Aktivitäten anbietet, ergänzt durch viele weitere Ensembles, Orchester oder Chöre sowie spezielle städtische Programme für Kulturelle Bildung.[9] Statt *Community Music* als angloamerikanisches Konzept in Deutschland so zu übernehmen, wie es ist, wäre es sinnvoll zu untersuchen, wie *Community Music* an den deutschen Kontext angepasst werden müsste. Nur so kann ein sinnvoller Umgang mit einem internationalen musikpädagogischen Konzept in einem neuen nationalen Kontext gewährleistet werden, der Teil einer kritischen Internationalisierung von Musikpädagogik ist (vgl. Kertz-Welzel, 2018).

Die inhaltliche Nähe zu einigen Bereichen der deutschsprachigen Musikpädagogik, die *Community Music* aufweist, ist sicherlich interessant. Dies birgt für die Musikpädagogik nicht nur die Chance, durch ein neues Konzept ein anderes Verständnis von musikalischen Aktivitäten im schulischen und außerschulischen Bereich zu entwickeln. Es könnte auch zur Verbindung von in der deutschsprachigen Musikpädagogik sonst eher isolierten Bereichen führen wie beispielsweise Elementarer Musikpädagogik, Kultureller Bildung, schulischem Musikunterricht, aber auch Sozialpädagogik und Musikpädagogik. *Community Music* könnte als *„umbrella concept"* verschiedene Ansätze, die durch gemeinsame Ziele miteinander verbunden sind, vernetzen. Gleichzeitig bedeutet es aber auch, dieses internationale Konzept dem deutschen Kontext anzupassen und dabei auch kritische Aspekte anzusprechen. *Community Music* ist ein unpräziser Begriff, der stark von teilweise unwissenschaftlichen, ideologischen und anti-intellektualistischen Vorstellungen geprägt ist und auch stereotype bzw. naive Vorstellungen von Schule und Unterricht noch nicht überwunden hat (vgl. Kertz-Welzel, 2016). Hier gibt es noch viel zu tun, um das Konzept *Community Music* weiterzuentwickeln. Dabei ergeben sich durch die Einführung von *Community Music* in neuen Ländern immer wieder Verbesserungsmöglichkeiten auf internationaler Ebene, die durch Anpassungsprozesse im Kontext der spezifischen musikalischen und musikpädagogischen Kultur eines Landes entstehen. Wenn diese Chancen genutzt werden, initiiert Internationalisierung einen Lernprozess, der die Weiterentwicklung solcher Konzepte wie *Community Music* unterstützt. Das kann auch das Verständnis von musikalischem Lernen betreffen.

Community Music und Lernen: Eine schwierige Beziehung

Es gibt viele Möglichkeiten zu beschreiben, was musikalisches Lernen ist. Man kann es beispielsweise als Verhaltensänderung oder Kompetenzerwerb definieren, aber auch als Fähigkeit zur Audiation (vgl. Kapitel *Audiation*). Etwas gelernt zu haben bedeutet normalerweise, dass man in der Lage ist, etwas zu meistern, was man vorher nicht konnte – gleichgültig, ob man nun einen bestimmten Akkord auf der Gitarre greifen, eine zuvor unbekannte Melodie singen kann, oder weiß, was eine Dominante ist und welche Rolle sie in musikalischen Spannungsverläufen spielt. Es gibt neben dem Lernen von Einzelnen auch das Lernen einer Gruppe, das zwar vom Kompetenzerwerb einzelner Mitglieder abhängt, aber doch mehr ist als die Summe der individuellen Lernprozesse. Diese Rolle der Gruppe bei den Lernprozessen Einzelner ist insbesondere für *Community Music* interessant. Allerdings ist Lernen doch auch immer individuell: Für die bewegungseingeschränkte Sängerin eines Gospelchores bedeutet Lernen etwas anderes als für den Schlagzeuger einer Punkband, der sich gerade auf die Aufnahmeprüfung vorbereitet.

Wenn man das Thema Lernen genauer betrachtet, ergeben sich weitere Differenzierungen: Es gibt formelles Lernen, das in Institutionen wie Schulen stattfindet, aber auch informelles Lernen, das sich überall ereignen kann. Während schulisches Lernen normalerweise von einer Lehrperson methodisch sinnvoll gestaltet wird und einem Lehrplan folgt, damit bestimmte Lernziele schnell erreicht bzw. Kompetenzen erworben werden, gestaltet sich informelles Lernen anders: Es ist interessengeleitet und richtet sich nach den Möglichkeiten, die einzelne Situationen bieten (vgl. Röbke & Ardila-Mantilla, 2009; Ardila-Mantilla, 2015). Informelles Musiklernen findet häufig durch Zuhören und Nachahmen statt, sei es mithilfe einer Aufnahme auf YouTube oder durch Freunde, die zwar auch keine professionellen Musiker oder Musikpädagogen sind, aber einen bestimmten Schlagzeugrhythmus schon beherrschen. Lucy Green (2001) hat die große Bedeutung des informellen Lernens insbesondere im rock- und popmusikalischen Bereich nachgewiesen. Darauf aufbauend entwickelte sie ein musikpädagogisches Konzept, das wichtige Prinzipien informellen Lernens für den schulischen Musikunterricht zu nutzen versucht (vgl. Green, 2008). In einem solchen Unterricht wählen beispielsweise Schüler die Musik, die sie interessiert, selbst aus; sie lernen sie ohne die Hilfe von Lehrern, durch Zuhören und Nachspielen, gemeinsam mit und von Mitschülern; sie werden nur auf eigenen Wunsch von Lehrern unterstützt.[10] Da informelles Lernen eher ein Lernen in Lebenszusammenhängen darstellt und sich an den Bedürfnissen der Beteiligten orientiert, kann es länger dauern als von Pädagoginnen methodisch sinnvoll strukturiertes Lernen. Gleichzeitig bietet informelles Lernen aber auch eine Vernetzung verschiedener Tätigkeiten, die ein intensiveres Lernen ermöglichen und Kreativität fördern können. In konkreten Lernsituationen kann man formelles und informelles Lernen übrigens nicht immer eindeutig unterscheiden. Es kann beispielsweise auch im Instrumentalunterricht Aspekte informellen Lernens geben, wenn Schülerinnen oder Schüler ein Stück vorspielen, das sie durch Zuhören und Nachspielen lernten (vgl. Mak, 2009). Gleichzeitig finden auch in Schulen, beispielsweise auf Pausenhöfen, vielfältige Formen informellen Musiklernens statt, z. B. Klatschspiele oder die Vermittlung von Liedern bzw. Tanzschritten (vgl. Marsh, 2008).

Neben informellem und formellem Lernen gibt es aber noch weitere Arten des Lernens. So kann non-formales Lernen als ein systematischer Erwerb von Kompetenzen verstanden werden, der an bestimmten Orten wie Volkshochschulen oder Jugendzentren stattfindet, aber normalerweise freiwillig ist. Non-formales Lernen hängt von bestimmten Angeboten ab und beinhaltet keinen zertifizierten Abschluss als offiziellen Beleg bestimmter Kompetenzen.[11] Einige Angebote aus dem Bereich Soziale Arbeit und Musikpädagogik (z. B. Songwriting-Workshops in Jugendzentren) könnten sicherlich als non-formales Lernen aufgefasst werden, Weitere Unterscheidungsmöglichkeiten des Lernens beziehen sich auf den Grad an Bewusstheit, Aufmerksamkeit und Intentionalität (vgl. Röhr-Sendlmeier & Käser, 2012, 48). Bei explizitem Lernen wird Wissen bewusst erworben und im Gedächtnis gespeichert; dadurch ist es verbalisierbar und kann beliebig abgerufen werden. Demgegenüber eignet man sich durch implizites Lernen zwar auch Wissen an, es ist aber nicht immer willentlich abrufbar und kann auch nicht jederzeit verbalisiert werden. Implizites Lernen vollzieht sich oft, ohne dass man sich dessen bewusst ist, z. B. der Spracherwerb im Kindesalter oder der Aufbau von Sozialkompetenz durch die täglichen Interaktionen in einer Schulklasse bzw. einem musikalischen Ensemble (vgl. Käser & Röhr-Sendlmeier, 2012, 14). Implizites Lernen kann sicherlich auch für *Community Music* bedeutsam sein. Es wird insbesondere in offenen Lern- oder Unterrichtssituationen angeregt, in denen die Beteiligten Freiräume und ein hohes Maß an Selbstbestimmung haben, beispielsweise im Kontext konstruktivistischer Lernkonzepte (vgl. Röhr-Sendlmeier & Käser, 2012, 45). Inzidentelles Lernen beschreibt demgegenüber eine andere Form des Lernens, das dadurch gekennzeichnet ist, „dass sich das Lernsubjekt in einer einmaligen Lernsituation Wissen aneignet – ihm ist nicht bewusst, dass es lernt“ (Käser & Röhr-Sendlmeier, 2012, 14). Dies entspricht also einem eher beiläufigen Wissenserwerb, der sich ereignet, während man möglicherweise mit ganz anderen Dingen beschäftigt ist – oder sich zumindest nicht bewusst auf das Lernen konzentriert.[12] Gerade im musikalischen Bereich scheint inzidentelles Lernen eine große Rolle zu spielen, wie verschiedene Untersuchungen belegen (vgl. Rohrmeier et al., 2011; Kuhn, 2006; Stoffer, 2000). Dabei geht es insbesondere um die Frage, was durch Hören implizit gelernt werden kann und welche musikalischen Fähigkeiten man sich auch ohne bewusste Konzentration darauf aneignen kann.

Welche Rolle spielt nun Lernen für *Community Music*? Der Ursprung von *Community Music* in der Alternativkultur der Sechzigerjahre lässt auf eine kritische Position gegenüber institutionalisiertem Lernen, vor allem in Schulen, schließen. Allerdings ist es wichtig zu differenzieren, beispielsweise zwischen dem, was in Publikationen erwähnt wird, und dem, was tatsächlich in *Community-Music*-Aktivitäten passiert. Zudem ist die Rolle des Lehrenden nicht unproblematisch. In diesem Sinne verweist Phil Mullen (2002, 1) auf das schwierige Verhältnis von *Community Music* zu Lehrkräften und Lernen: „[I] have always been aware that *Community* Music while not anti-learning may well be anti-teaching and certainly has always had difficulties with the idea of the teacher role." Auch wenn *Community Music* musikalischem Lernen eher kritisch gegenübersteht, liegt das eigentliche Problem aber eher im Lehren und der Rolle von Lehrpersonen. Dafür gibt es verschiedene Gründe (Mullen, 2002): Lehrer seien Teil des Systems Schule, das aus der Perspektive von *Community Music* vor allem für soziale Kontrolle und die Unterdrückung von Schülern und Schülerinnen stehe. Zudem werde vor allem Wissen und Musik der Vergangenheit vermittelt, was für junge Menschen heute kaum Relevanz habe. Dadurch, dass ausschließlich Schulen als Orte des Lernens definiert werden, spreche man Schülern die Fähigkeit ab, selbstständig außerhalb dieser Institution lernen zu können.

Es ist offensichtlich, dass diese Vorstellungen von Schule, Lehrern und Lernen nicht der Wirklichkeit entsprechen. Sie zeichnen ein veraltetes, autoritäres Bild von Schule und Unterricht, in dem Schüler entrechtet und der Willkür von Lehrern unterworfen sind. Trotz des Bezugs von *Community Music* zu neomarxistischer Gesellschaftskritik überraschen diese stereotypen und naiven Vorstellungen doch, da sie weit entfernt sind von dem, was an schüler- und handlungsorientiertem Musikunterricht in Schulen tatsächlich stattfindet. Einerseits haben diese Darstellungen von Schule sicher etwas mit fehlendem Wissen über schulischen Musikunterricht zu tun (bzw. einem unreflektierten Rückgriff auf eigene Schulerfahrungen), andererseits haben sie aber auch eine rhetorische Funktion und dienen der Argumentation: *Community Music* steht für eine musikalische und musikpädagogische Alternativkultur, die die Beschränkungen und Ausgrenzungen schulischen Lernens, auch den Machtmissbrauch von Lehrern überwinden möchte. Diese stereotypen Vorstellungen von schulischem Musiklernen, die in vielen *Community-Music*-Publikationen vermittelt werden (vgl. Higgins & Willingham 2017, 156), schaffen allerdings ein Feindbild, das nicht unproblematisch ist. Gleichzeitig wird *Community Music* zu einem Ideal stilisiert. Sie ist nämlich alles das, was Schule angeblich nicht ist: *Community Music* ist offen, handlungsorientiert, multikulturell, ganz auf die Interessen der Teilnehmer ausgerichtet. Um sich möglichst intensiv an den Bedürfnissen der Teilnehmerinnen orientieren zu können, verzichten viele *Community Musicians* sogar auf eine im Voraus geplante Struktur der einzelnen Sessions, in der Phasen, Methoden, und eventuell Ziele musikalischen Handelns festgelegt würden (vgl. Mullen, 2002). Damit soll ein Höchstmaß an Flexibilität ermöglicht werden. Auch wenn dieser Verzicht auf Planung nicht auf alle *Community-Music*-Aktivitäten zutreffen mag, ist er doch bedenkenswert. Insgesamt soll diese Offenheit *Community Music* deutlich von strukturierten und institutionalisierten Formen musikalischen Lernens abgrenzen.

Eine wichtige Rolle spielt dabei der *facilitator* als Alternative zum Lehrer. Sie oder er leitet *Community Music Activities* bzw. inszeniert sie. *Facilitators* tun dies aber nicht mit der Autorität allwissender Pädagogen. Vielmehr ist ein *facilitator* als „(Musik)vermittler" alles das, was nach Meinung von *Community Musicians* ein Lehrer nicht ist (vgl. Higgins, 2012, 47 ff.): Ein *facilitator* gestaltet inklusive Möglichkeiten zum Musikmachen und inszeniert musikalische Selbst-, Fremd- und Gruppenerfahrungen. Sie oder er reagiert flexibel auf die Fähigkeiten und Bedürfnisse der Teilnehmer, an denen sich die musikalischen Aktivitäten ausrichten. Ein *facilitator* verzichtet auf den Einsatz von Macht und Autorität – auch wenn das im Kontext der internationalen Diskussion mittlerweile durchaus kritisch gesehen und für eine größere Vielfalt an pädagogischen Handlungsoptionen plädiert wird (vgl. Broske, 2017, 76). Aufgabe des *facilitators* ist es zudem, eine offene Atmosphäre zu schaffen, die Higgins als „hospitality" bezeichnet (Higgins, 2012, 133 ff.): Jeder ist willkommen und eingeladen, mitzumachen. Es werden Räume zur individuellen Reifung, zur musikalischen Weiterentwicklung oder zum Zusammenwachsen der Gruppe angeboten. Die Bedeutung von Freiräumen zeigt sich auch im Hinblick auf die Gestaltung der einzelnen Sessions: Es geht vor allem um das persönliche Wohlbefinden der Teilnehmer und die Entwicklung der Gruppe. Higgins und Willingham beschreiben dies so:

» The foundational premise in Community Music is that the personal and social well-being of those in the group is as important or more important than the mastery of musical skills and polished performances." (ebd., 2017, 59)

Obwohl hier musikalische Ziele nicht völlig ausgeschlossen werden, scheinen sie doch nachgeordnet. Insgesamt soll *Community Music* dem Einzelnen helfen, sich persönlich weiterzuentwickeln, sich angenommen zu fühlen und in einem sicheren Raum auch den Umgang mit anderen zu üben. Musikmachen wird so vor allem zu einem Mittel, das die individuelle Selbstfindung, aber auch das Zusammenwachsen einer Gruppe unterstützt. Allerdings kann die Bedeutung musikalischer und außermusikalischer Ziele je nach Gruppe variieren. Ein Teilnehmer einer *Community Wind Band*, in der Erwachsene ohne musikalische Vorkenntnisse Instrumente erlernen und in einem Ensemble mitwirken können, äußert sich so über seinen Dirigenten bzw. *facilitator*: „I have so much fun here. I like how you do things. You are teaching without knowing that we are learning" (Higgins & Willingham, 2017, 36). Dieses Statement verweist auf die scheinbare Leichtigkeit des Lernens im Bereich *Community Music*, die wesentlich von den Fähigkeiten des *facilitators* abzuhängen scheint, aber auch von der entsprechenden Gruppendynamik. Lernen kann also durchaus stattfinden, aber eher auf eine spielerische oder unbemerkte Weise – vielleicht auch als inzidentelles Lernen. Das sollte aber nicht darüber hinwegtäuschen, dass Lernen häufig kein unproblematischer Vorgang ist, sondern es oft Widerstände zu überwinden gilt – auch wenn im Bereich von *Community Music* kaum darüber gesprochen wird. Allerdings erleichtert eine Gruppe sicherlich das Lernen.

Will man das Verhältnis von *Community Music* und Lernen besser verstehen, ist ein Blick auf die Bedeutung von Gruppen für musikalische Lernprozesse wichtig, insbesondere im Sinne einer *Community of (Musical) Practice*. Obwohl dieses Konzept von Jean Lave und Etienne Wenger schon länger in der internationalen Musikpädagogik genutzt wird (z. B. Barrett, 2005; Göllner, 2017), hat sich doch gerade in der letzten Zeit eine intensivere Diskussion ergeben, die sich auch mit Lernen beschäftigt (vgl. Kenny, 2016). Im Mittelpunkt steht dabei die Frage, welche Rolle die Gruppendynamik für das Lernen spielt. Was versteht man nun unter *Communities of (Musical) Practice*? Wenger beschreibt sie allgemein als „groups of people who share a concern or a passion for something they do and learn how to do it better as they interact regularly" (Wenger, 2015, 1; vgl. hierzu Kapitel *Musiklernen als sozialer Prozess*).

Praxisbezogene Gemeinschaften sind also durch ein gemeinsames Interesse, beispielsweise für Musicals, verbunden. Durch gemeinsames Tun und Interaktionen werden Lernprozesse initiiert, die innerhalb einer Gruppe eine andere Dynamik haben als es der Einzelne in seinem individuellen Tun erlebt. *Communities of (Musical) Practice* zeichnen sich dabei vor allem durch drei Merkmale aus (Kenny, 2015, 18): „mutual engagement," „joint enterprise," und „shared repertoire" – also ein gemeinsames Tun in einem bestimmten Bereich, aber auch gruppenbildende Aktivitäten sowie ein gemeinsames Repertoire an Handlungen und Rollen. Insbesondere der letzte Faktor, der die soziokulturelle Verortung von Lernen in einer Gemeinschaft beschreibt, in der die Mitglieder unterschiedliche Rollen – z.B. vom Anfänger bis zum Experten – einnehmen können, belegt die Besonderheit solcher Praxisgemeinschaften, der sich in ihnen ereignenden persönlichen Weiterentwicklung und des sich in ihnen vollziehenden Lernens. Man lernt gemeinsam, miteinander und voneinander, spornt sich gegenseitig an, unterstützt sich, vollzieht gemeinschafts- und identitätsbildende Handlungen, bildet als Gruppe eine gemeinsame Identität und verfolgt gemeinsame Ziele. Das ist bei Chören oder Orchestern, aber auch bei Rockbands oder Tanzgruppen leicht nachvollziehbar. Man hat Spaß am gemeinsamen Musikmachen, will gemeinsam lernen und sich weiterentwickeln. Durch die Gruppe erhalten das eigene Tun und die individuellen Musikerfahrungen eine besondere Bedeutung, wird die eigene (musikalische) Identität gestärkt und werden Entwicklungsperspektiven aufgezeigt. Soziale Aspekte sind in besonderer Weise für das sich in solchen Praxisgemeinschaften vollziehende Lernen wichtig. Man lernt nicht nur miteinander, sondern auch voneinander (vgl. Kenny, 2016, 12), verfügt über gemeinsame Erfahrungen und Erinnerungen, ist Teil des kollektiven Gedächtnisses einer Gruppe. In diesem Sinn beschreibt der Begriff „community" für Ailbhe Kenny (vgl. 2016, 16) eine Gruppe von Menschen, die zusammenkommen, um gemeinsam zu lernen, zu kommunizieren und Beziehungen zu pflegen. „Practice" umfasst die verschiedenen Formen des Handelns, auch die Entwicklung bestimmter Handlungsrituale in einem bestimmten Bereich. Durch den Begriff „musical" wird auf die spezifische Domäne verwiesen, in der sich die *Community of Practice* konstituiert. Zusammenfassend definiert Kenny *Communities of Musical Practice* als „a group of people who form a community through shared music-making and/or musical interests" (ebd., 2016, 16). Diese Begriffsbestimmung verweist darauf, dass sich eine musikalische Praxisgemeinschaft vor allem durch gemeinsames Musikmachen bzw. gemeinsame musikalische Interessen definiert. Das ist eine eher offene Beschreibung, der sicher viele Gruppen entsprechen, von Garage Bands über Chöre, Orchester, Trommelgruppen bis hin zu musikalischen Seniorengruppen, Musikunterricht in Schulen – und ebenso manche *Community-Music*-Aktivitäten. Wo immer sich Menschen zusammenfinden, um gemeinsam Musik zu machen und zu lernen, konstituieren sich *Communities of Musical Practice*. Kenny (2016, 43 ff.) beschreibt an drei Fallbeispielen (Jazz-Ensemble, Jugendchor, Online-Kurs), wie sich solche Praxisgemeinschaften bilden und weiterentwickeln. Dabei fällt auf, dass bei den von Kenny vorgestellten

Communities of Musical Practice, trotz aller Betonung der sozialen Situiertheit des Tuns und des Interesses an persönlichen Beziehungen, musikalisches Lernen im Mittelpunkt steht. Das scheint im Widerspruch zu manchen Auffassungen aus dem Bereich *Community Music* zu stehen. Das sollte aber nicht darüber hinwegtäuschen, dass es *Community-Music*-Gruppen gibt, die auch *Communities of Musical Practice* sind. Letztlich definiert jede *Community-Music*-Gruppe für sich selbst, was ihr wichtig ist.

Einen systematischeren Vergleich zwischen neuen Ansätzen der Lernforschung wie den *Communities of Musical Practice* bzw. situiertem Lernen und *Community Music* bietet Constantijn Koopman (2007). Er betont, dass *Community Music* in vielen Aspekten mit innovativen Lernkonzepten übereinstimme, das eigene pädagogische Potenzial aber bisher nicht nutze und verweist auf *authentic learning* im Sinne eines lebensweltorientierten und komplexen Lernens (vgl. ebd., 125). Damit wird ein Lernen beschrieben, das sich lebensnah vollzieht und keine künstlichen Situationen oder Aufgabenstellungen braucht. Das könnte eine kurze melodische Linie in der Trompetenstimme eines Marsches betreffen, den ein Blasorchester für ein Festival einstudiert, und bei dessen Erlernen ein Musiker die Hilfe des erfahreneren Kollegen braucht – die Dirigentin ist vielleicht gerade mit der jungen Klarinettistin beschäftigt, die einen bestimmten Griff noch nicht kennt. Solch authentisches Lernen vollzieht sich oft in musikalischen Lerngemeinschaften, also in *Communities of Musical Practice*. Koopman (ebd., 125) betont, dass *Community Music* viele komplexe Lernsituationen biete, die sich aus dem Prozess des gemeinsamen Musikmachens ergeben und nicht – wie manchmal im schulischen Kontext – künstlich geschaffen werden. Die musikalische Offenheit und Flexibilität, die durch Improvisation, Live-Arrangements oder die gemeinsame Suche nach besseren musikalischen Ausdrucksmöglichkeiten entstehen kann, bieten bei *Community Music* vielfältige Optionen für authentisches und exploratives Lernen. Gerade die soziale Situiertheit des Lernens bei *Community Music* ermöglicht zudem eine persönliche Weiterentwicklung. Die Rolle des *facilitators*, die ggf. auch von erfahrenen Gruppenteilnehmern übernommen werden kann, gibt *Community-Music*-Aktivitäten ein Maß an Flexibilität, wie es auch in informellem Lernen oder *peer teaching* zu finden ist. Die unterschiedlichen Arten der Mitgliedschaft in einer Praxisgemeinschaft, die vom Novizen bis zum Experten reichen, sind dabei hilfreiche Anhaltspunkte. Angesichts dieser vielfältigen Lernmöglichkeiten und des klaren Bezugs zu neueren Lerntheorien hält Koopman es für wichtig, das pädagogische Potenzial von *Community Music* besser zu nutzen und die allzu kritische Haltung gegenüber Lernen zu überwinden. Dennoch sollte man die Probleme, die *Community Music* mit Lernen hat, ernstnehmen und auch die Bedeutung des Nicht-Lernens oder Nicht-Lernen-Wollens für *Community Music* und andere musikalische Tätigkeiten bedenken. Es gibt durchaus andere Zielsetzungen als musikalischen Kompetenzerwerb. Auch persönlichkeits- oder gruppenorientierte Ziele können in bestimmten Kontexten berechtigt sein. Man sollte sich aber vor allzu romantisierenden Zielsetzungen hüten, die die Heilung von Einzelnen, einer Gruppe oder einer Gesellschaft durch Musik suchen. Auf diese Problematik hat bereits Theodor W. Adorno (1903–1969) im Hinblick auf die Musische Erziehung hingewiesen, und seine Gedanken haben immer noch ein gewisses Maß an Aktualität (vgl. Kertz-Welzel, 2005). Hier wäre eine grundsätzliche und kritische internationale Diskussion über durch Musik unterstützte gesellschaftliche Veränderungsprozesse notwendig, wie sie *Community Music* anstrebt (vgl. Boeskow, 2017, 86).

Im internationalen Kontext werden musikalische Früherziehungsgruppen *(Early Childhood)*, musikalische Aktivitäten älterer Menschen, Gefängnischöre, Musikvermittlungsaktivitäten von Orchestern, Trommelgruppen für verhaltensauffällige Kinder, Orchester für musikalische Anfänger, volksmusikalische Ensembles und vieles mehr als *Community Music* verstanden. Die Pendants im deutschsprachigen Raum sehen ähnlich aus, werden bisher aber nicht unter einem Oberbegriff wie *Community Music* zusammengefasst. Auch im Bereich von Musikschulen, Laienmusik oder auch kultureller Bildung gibt es eine Vielzahl von musikalischen Aktivitäten, die als *Community Music* angesehen werden könnten. Durch die Positionierung an den Schnittstellen verschiedener deutscher Konzepte ermöglicht *Community Music* nicht nur eine Verbindung dieser Bereiche, sondern verweist zudem auf die Bedeutung von Kooperationen. Gerade der schulische Musikunterricht, aber auch der Unterricht in Musikschulen sieht sich mit immer mehr Freiräumen konfrontiert (z. B. Nachmittagsbereich von Ganztagsschulen) und soll oft Aufgaben erfüllen, die rein musikalische Zielsetzungen überschreiten (z. B. Inklusion, Integration von Geflüchteten). Hier bietet sich eine intensivere Zusammenarbeit von Schulen und außerschulischen Institutionen des Musiklernens an – unabhängig davon, ob sich die Angebote auf den Bereich kulturelle Bildung, Musikvermittlung von Orchestern oder Kulturzentren, oder die musikalische Zusammenarbeit von Grundschulen, Kindergärten und Altenheimen beziehen. Das Konzept *Community Music* kann eine verbindende Identität stiften und die Bedeutung einer Musik für alle in verschiedenen musikpädagogischen Kontexten hervorheben. Durch Kooperationen werden in Lehrplänen genannte Ziele wie Lebenswelt-, Handlungs- oder Schülerorientierung, die im schulischen Kontext nicht immer leicht umzusetzen sind, gefördert, auch das generationsübergreifende Lernen ermöglicht. Insbesondere die Förderung der Motivation zu lebenslangem Lernen kann hier bedeutsam sein, da die musikalischen Angebote von *Community Music* meist außerschulisch sind und Menschen jeden Alters ansprechen wollen. Vor allem projektorientierte Arbeit in Schulen kann dabei durch die Kooperation mit außerschulischen Institutionen bereichert werden. Durch die verstärkte Verbindung von schulischen und außerschulischen musikalischen Angeboten lernen Kinder und Jugendliche zudem, wo sie bestimmte Angebote kultureller Bildung oder spezielle musikalische Ensembles finden können, die ihren eigenen Interessen entsprechen. Dadurch entsteht eine sinnvolle Verbindung von Musikunterricht mit der Musikkultur eines Stadtteils, die auch durch individuelles Engagement mitgestaltet werden kann. Das mag sich auf die Musik verschiedener Migrantengruppen beziehen, die in einem bestimmten Stadtteil leben; einen Chor oder ein Blasorchester, das schon seit mehr als 100 Jahren Teil der örtlichen Musikkultur ist, vielleicht ursprünglich von einer bestimmten Berufsgruppe gegründet; es kann aber auch ein Trommelensemble sein, das Menschen, die in Kinder- oder Altenheimen, vielleicht auch in Betreuungseinrichtungen für Menschen mit Behinderung leben, mit den anderen Bewohnern eines Viertels zusammenbringt. *Community Music* wertet das örtliche Musikleben auf, versteht es als Ausdruck der Menschen, die dort leben, und will allen Zugang zu musikalischen Aktivitäten ihrer Wahl ermöglichen. Dadurch erfahren Kinder und Jugendliche, aber auch Erwachsene die Vielfalt kultureller Bildungslandschaften und der Möglichkeiten zu musikalischer und persönlicher Weiterentwicklung, die sie bieten. Durch musikalische Aktivitäten innerhalb und außerhalb der Schule kommen Kinder und Jugendliche mit verschiedenen Menschen und deren Anliegen in Berührung. Durch solche musikalischen Begegnungen kann Interesse an gesellschaftlichem oder politischem Engagement initiiert werden, etwas, was David Elliott und Marissa Silverman (2016) als „artistic citizenship" bezeichnen: Musikpädagogik soll gesellschaftliche Verantwortung übernehmen und sich durch Musik, aber auch durch politische Aktivitäten für bessere Lebensbedingungen und Zugang zu (musikalischer) Bildung für alle einsetzen. Dieses Ideal kann durch *Community Music* gefördert werden und könnte, als eine Folge der intensiveren Kooperation von Schulen mit außerschulischen Institutionen des Musiklebens, eine Veränderung der Ausrichtung von Musikunterricht und kultureller Bildung, aber auch von Musikvermittlung bewirken.

Ausblick

Auch wenn *Community Music* kein unproblematisches Konzept ist – insbesondere wegen der überschwänglichen Romantisierung der Wirkungen von Musik und einer möglichen Veränderung der Gesellschaft –, könnte sie der deutschsprachigen Musikpädagogik neue Perspektiven eröffnen. Das Hinterfragen von traditionellen Lernvorstellungen, die Offenheit für außermusikalische Ziele, auch die Integration von therapeutischen Intentionen in musikalische Aktivitäten kann für die Arbeit in immer komplexeren pädagogischen Kontexten hilfreich sein. Vielleicht liegt der Wert von *Community Music* für die musikpädagogische Theorie und Praxis in Deutschland, der Schweiz und Österreich vor allem in der Herausforderung, anders zu denken als bisher – denn die Ideen, die *Community Music* anbietet, sind nicht neu. Eine Neuinterpretation solcher Prinzipien wie Handlungs- und Lebensweltorientierung, die intensive Verbindung von Hochschulen und Musiklehrerbildung zum lokalen Musikleben, aber auch politisches Engagement und die Überwindung von kultureller bzw. gesellschaftlicher Ausgrenzung könnten hier wichtige Impulse sein. Brit Broske (2017, 80) verweist darauf, dass das Konzept *Community Music* beispielsweise für Norwegen vor allem eine Funktion als Katalysator für Veränderungen in verschiedenen musikpädagogischen Handlungsfeldern haben könne. Sie zeigt kritisch die Schwächen dieses Konzeptes auf (z. B. unflexibles Verständnis von *cultural democracy* und der Rolle des *facilitators*), verweist aber auch auf die neuen Möglichkeiten, die sich durch *Community Music* ergeben könnten. Diese Feststellung könnte sicher auch für Deutschland gelten. Es wäre wichtig, kritisch zu diskutieren, was das Konzept *Community Music* für Deutschland bedeuten könnte. Es ist nicht sinnvoll, entweder dieses Konzept als angloamerikanisches Konstrukt exakt zu übernehmen oder musikalische Aktivitäten, die in Deutschland schon lange stattfinden, nun einfach als *Community Music* zu bezeichnen. Es sollte vielmehr ein kritischer Diskurs stattfinden, der die hilfreichen Aspekte, die *Community Music* bietet, für die Situation in Deutschland nutzbar macht und dabei die Romantisierung und den Anti-Intellektualismus, der in der internationalen Diskussion über *Community Music* leider weitverbreitet ist, zu überwinden (vgl. Kertz-Welzel, 2016). Wenn Deutschland, die Schweiz und Österreich Teil des *Community-Music-Movement* sein wollen, darf dies nicht auf die unreflektierte Weise geschehen, wie es in der internationalen *Community Music* und auch in der beginnenden deutschen Diskussion zu beobachten ist (vgl. Hill & De Banffy-Hall, 2017). *Community Music* hat durch die Prinzipien und Visionen, die sie bündelt, eine hohe emotionale Wertigkeit für viele musikpädagogisch tätige Menschen weltweit und fasziniert durch ihre gesellschaftlichen Dimensionen auch viele Musiker, die so neuen Sinn in ihrem eigenen Tun finden. Gerade angesichts dieser emotionalen und oft unreflektierten Wertigkeit von *Community Music* ist es wichtig, im kritischen Diskurs Wege zu suchen, um die neuen Perspektiven, die *Community Music* für die deutschsprachige Musikpädagogik aufzeigen kann, zu nutzen – aber auch selbst einen Beitrag zur internationalen Diskussion zu leisten. *Community Music* hat sicherlich noch einen nicht unproblematischen Entwicklungsprozess vor sich, bei dem es darum geht, die heile musikalische Welt, die *Community Music* momentan repräsentiert und durch die sie viele im musikpädagogischen Kontext Tätige fasziniert, durch realistischere und reflektierte Vorstellungen zu ersetzen. Dann kann *Community Music* wirklich einen wichtigen musikpädagogischen Beitrag in den deutschsprachigen Ländern und international leisten – und auch die bisherigen Vorstellungen von musikalischem Lernen erweitern.

[1] Die verschiedenen *Commissions* innerhalb der *International Society for Music Education* (ISME) sind Forschungsgruppen, die sich mit bestimmten Themen beschäftigen (z. B. *Music Education Policy*). Vor den jeweiligen *World Conferences* von ISME werden von ihnen Tagungen veranstaltet, die sich, aus der Perspektive der jeweiligen *Commission*, mit dem Thema der *World Conference* beschäftigen. Die verschiedenen *Commissions* veröffentlichen die *Proceedings* anschließend auf ihrer Webseite. Allgemeine Informationen zu den verschiedenen Commissions gibt es online unter: https://www.isme.org/our-work/commissions, Stand: 26.06.2017.

[2] https://www.isme.org/our-work/commissions-forum/community-music-activity-commission-cma

[3] Ein Beispiel wäre hier das *Community-Music*-Orchester der Münchner Philharmoniker. URL: https://www.spielfeld-klassik.de/projekte/community-music/community-music-orchester.html (Stand: 26.06.2017).

[4] Allerdings ist es wichtig darauf hinzuweisen, dass sich Higgins bei seinen Beschreibungen von Community Music vor allem auf das kulturelle Leben in englischen Städten bezieht. Einige seiner Vorstellungen müssten an die Situation in Deutschland und anderen Ländern angepasst werden.

[5] Allerdings können auch musikalische Aktivitäten in Schulen (vgl. Wölfl, 2016) oder in Musikschulen, z. B. inklusive Ensembles, international durchaus als *Community Music* verstanden werden.

[6] Auf der Webseite der Facebook-Gruppe „Community Music Activity" gibt es regelmäßig Anfragen von *Community Musicians*, die nicht wissen, welche Methoden sie in ihrer Arbeit mit spezifischen Gruppen benutzen sollen und sich deshalb an Kollegen wenden. https://www.facebook.com/groups/Communitymusic (Stand: 26.06.2017).

[7] Unter *Crowd Singing* versteht man ein offenes Singen, bei dem der Spaß am Musikmachen und ein damit verbundenes Gemeinschaftserlebnis im Vordergrund stehen. Diese Events können professionell organisiert sein oder sich spontan ereignen, z. B. als Teil von Konzerten oder Gedenkveranstaltungen.

[8] Einen Master in *Community Music* kann man z. B. an der University of Limerick in Irland erwerben. http://www.ul.ie/graduateschool/course/community-music-ma (Stand: 26.06.2017). In Deutschland gibt es seit dem Wintersemester 2017/2018 einen Master-Studiengang „Inklusive Musikpädagogik/Community Music" an der Katholischen Universität Eichstätt-Ingolstadt: http://www.ku.de/ppf/musik/musikpaedagogik/studium-und-lehre/masterstudiengang-inklusive-musikpaedagogikcommunity-music/ (Stand: 30.03.2018).

[9] Ein Beispiel ist das Programm für Kulturelle Bildung der Stadt München. URL: https://www.muenchen.de/rathaus/Stadtverwaltung/Kulturreferat/Kulturelle_Bildung/Konzept.html (Stand: 26.06.2017).

[10] Greens musikpädagogisches Konzept ist in dem Projekt „Musical Futures" in Großbritannien exemplarisch umgesetzt worden. URL: https://www.musicalfutures.org (Stand: 26.06.2017).

[11] „Im Mittelpunkt steht hier nicht der Erwerb schulischer Qualifikationen, sondern vielmehr die Vermittlung von sozialen und personalen Kompetenzen sowie die Förderung und Bekräftigung von Beteiligungen an politischen und gesellschaftlichen Prozessen. Allerdings werden diese Lernziele keineswegs dezidiert in Form von Lehrplänen festgeschrieben und die erworbenen Kompetenzen in aller Regel nicht zertifiziert" (Harring et al., 2016, 17).

[12] Inzidentelles und implizit erworbenes Wissen unterscheiden sich laut Käser und Sendlmeier (2012, 15) wohl dadurch, dass inzidentell erworbenes Wissen oft über keine klare Struktur verfügt und sich deshalb eher auf die „Kenntnis einzelner Fakten als um das Wissen über Zusammenhänge und die damit verbundene Handlungskompetenz" bezieht.

Literatur

Ansdell, G. & DeNora, T. (2012): Musical flouris hing: community music therapy, controversy, and the cultivation of wellbeing. In: R. MacDonald, G. Kreutz & L. Mitchell (Hg.): *Music, health, and wellbeing* (pp. 97–112). New York: Oxford University Press.

Ardila-Mantilla, N. (2015): *Musiklernwelten erkennen und gestalten. Eine qualitative Studie über Musikschularbeit in Österreich.* Wien: LIT.

Barrett, M. (2005): Musical communication and children's communities of musical practice. In: D. Miell, R. MacDonald & D. J. Hargreaves (Hg.): *Musical communication* (pp. 261–280). Oxford: Oxford University Press.

Blacking, J. (1973): *How musical is man?* Seattle: University of Washington Press.

Boeskov, K. (2017): The community music practice as cultural performance: foundations for a community music theory of social transformation. *International Journal of Community Music* 10(1), 85–99.

Broske, B. A. (2017): The Norwegian Academy of Music and the Lebanon Project: the challenges of establishing a community music project when working with Palestinian refugees in South Lebanon. *International Journal of Community Music* 10(1), 71–83.

Bush, J. E. & Krikun, A. (2013): Community music in North America: historical foundations. In: K. Veblen, S. J. Messenger, M. Silverman & D. J. Elliott (Hg.): *Community music today* (pp. 13–24). Lanham: Rowman and Littlefield.

Coffman, D. & Barbosa, J. (2013): Instrumental ensembles. In: K. Veblen, S. J. Messenger, M. Silverman & D. J. Elliott (Hg.): *Community music today* (pp. 261–272). Lanham: Rowman and Littlefield.

Cohen, M. & Silverman, M. (2013): Personal growth through music. In: K. Veblen, S.J. Messenger, M. Silverman & D.J. Elliott (Hg.): *Community music today* (S. 199–215). Lanham: Rowman and Littlefield.

Community Music Activity Commission (CMA): https://www.isme.org/our-work/commissions-forum/community-music-activity-commission-cma (Stand: 07.09.2017).

Göllner, M. (2017): *Perspektiven von Lehrenden und SchülerInnen auf Bläserklassenunterricht. Eine qualitative Interviewstudie.* Münster: Waxmann.

Green, L. (2008): *Music, informal learning and the school: a new classroom pedagogy.* Farnham: Ashgate.

Green, L. (2001): *How popular musicians learn: a way ahead for music education.* Aldershot: Ashgate.

Grosse, T. (2016): Music-making and the master – pupil tradition in teaching: the current state of music education in Germany and community music. *International Journal of Community Music* 9(1), 83–98.

Hartogh, Th. (2016): Music geragogy, elemental music pedagogy and community music – didactic approaches for making music in old age. *International Journal of Community Music* 9(1), 35–48.

Harring, M., Witte, M. D. & Burger, T. (2016): Informelles Lernen – eine Einführung. In: M. Harring, M. D. Witte & T. Burger (Hg.): *Handbuch informelles Lernen* (S. 11–24). Weinheim: Beltz Juventa.

Higgins, L. & Willingham, L. (2017): *Engaging in community music.* New York: Routledge.

Higgins, L. & Campbell, P. S. (2010): *Free to be musical. Group improvisation in music,* Plymouth: Rowman & Littlefield.

Higgins, L. (2012): *Community music: in theory and in practice.* Oxford: Oxford University Press.

Hill, B. (2016): Sociocultural work and community music in Germany. *International Journal of Community Music* 9(1), 7–21.

Hill, B. & de Banffy-Hall, A. (Hg.) (2017): *Community music. Beiträge zur Theorie und Praxis aus internationaler und deutscher Perspektive.* Münster: Waxmann.

Josties, E. (2016): ‚Community music' in Germany? An attempt to untangle German and English concepts in the context of music and pedagogy. *International Journal of Community Music* 9(1), 23–33.

Käser, U. & Röhr-Sendlmeier, U. M. (2012): Das Lernen komplexer sprachlicher Strukturen – Wissenserwerb nach unterschiedlichen Lernmodi. In: U. M. Röhr-Sendlmeier (Hg.): *Inzidentelles Lernen* (S. 43–85). Berlin: Logos.

Kenny, A. (2016): *Communities of musical practice.* London: Routledge.

Kertz-Welzel, A. (2018): *Globalizing music education: a framework.* Bloomington: Indiana University Press.

Kertz-Welzel, A. (2016): Daring to question: a philosophical critique of community music. *Philosophy of Music Education Review* 24(2), 113–130.

Kertz-Welzel, A. (2014): Musikpädagogische Grundbegriffe und die Internationalisierung der Musikpädagogik: Ein unlösbares Dilemma? In: J. Vogt & F. Heß (Hg.): *(Grund-) Begriffe musikpädagogischen Nachdenkens – Entstehung, Bedeutung, Gebrauch: Sitzungsbericht 2013 der Wissenschaftlichen Sozietät Musikpädagogik* (= Wissenschaftliche Musikpädagogik, Band 6, S. 19–35). Münster: LIT.

Kertz-Welzel, A. (2013): Internationalizing and localizing: shaping community music in Germany. *International Journal of Community Music* 6(3), 263–272.

Kertz-Welzel, A. (2008a): Magic words? Community music und Musikvermittlung. In: M. Pfeffer, C. Rolle & J. Vogt (Hg.): *Musikpädagogik auf dem Wege zur Vermittlungswissenschaft? Sitzungsbericht 2007 der Wissenschaftlichen Sozietät Musikpädagogik* (= Wissenschaftliche Musikpädagogik, Band 2, S. 57–83). Münster: LIT.

Kertz-Welzel, A. (2008b): A matter of comparative music education? Community music in Germany. *International Journal of Community Music* 1(3), 401–409.

Kertz-Welzel, A. (2005): The pied piper of Hamelin: Adorno on music education. *Research Studies in Music Education* 25(1), 1–12.

Koopman, C. (2007): Community music as ‚music' education: on the educational potential of community music. *International Journal of Music Education* 25(2), 119–131.

Kuhn, G. (2006): Differences in the types of musical regularity learnt in incidental and intentional learning conditions. *The Quarterly Journal of Experimental Psychology* 59, 1725–1744.

Mak, P. (2009): Formal, non-formal and informal learning in music. In: P. Röbke & N. Ardila-Mantilla (Hg.): *Vom wilden Lernen* (S. 31–44). Mainz: Schott.

Marsh, K. (2008): *The musical playground; global tradition and change in children's songs and games,* New York: Oxford University Press.

Martens, D. (2012): Pflück' dir die Töne. Singen für Nichtsänger. *Der Tagessspiegel,* 4. Januar 2012. http://www.tagesspiegel.de/berlin/singen-fuer-nichtsaenger-pflueck-dir-die-toene/6016498.html (Stand: 26.06.2017).

Mullen, Ph. (2002): We don't teach, we explore: aspects of community music delivery. 2002 *CMA Proceedings: Community music in the modern metropolis. Community Music Activities (CMA) seminar in Rotterdam, Netherlands, August 5–10, 2002* (p. 1). http://issuu.com/official_isme/docs/2002_cma_proceedings/84 (Stand: 26.06.2017).

Murray, M. & Lamont, A. (2012): Community music and social/health psychology: linking theoretical and practical concerns. In: R. MacDonald, G. Kreutz & L. Mitchell (Hg.): *Music, health, and wellbeing* (S. 76–86). New York: Oxford University Press.

Phelan, H. (2008): Practice, ritual and community music: doing as identity. *International Journal of Community Music* 1(2), 143–158.

Röbke, P. & Ardila-Mantilla, N. (2009) (Hg.): *Vom wilden Lernen.* Schott: Mainz.

Röhr-Sendlmeier, U.M. & Käser, U. (2012): Inzidentelles Lernen von Faktenwissen. In: U.M. Röhr-Sendlmeier (Hg.): *Inzidentelles Lernen* (S. 11–41). Berlin: Logos.

Rohrmeier, M., Rebuschat, P. & Cross, I. (2011): Incidental and online learning of melodic structure. *Consciousness and Cognition,* 20(2), 214–222.

Silverman, M. (2012). Community music and social justice: reclaiming love. In: G.E. McPherson and G.F. Welsh (Hg.): *The Oxford handbook of music education,* Vol. 2 (pp. 155–167). New York: Oxford University Press.

Small, C. (1977): *Music, society, education.* Hanover: Wesleyan University Press.

Small, C. (1998): *Musicking.* Hanover: Wesleyan University Press.

Stoffer, T.H. (2000): Implizites Lernen von Reizstrukturen: Ist Erwerb impliziten Wissens allein durch Musikhören möglich? *Unterrichtswissenschaft* 28, 218–238.

Veblen, K. (2013): The tapestry: Introducing community music. In: K. Veblen, S.J. Messenger, M. Silverman, & D.J. Elliott (Hg.): *Community music today* (S. 1–9). Lanham: Rowman and Littlefield.

Wenger, E. (2015): What is a community of practice? http://wenger-trayner.com/wp-content/uploads/2015/04/07-Brief-introduction-to-communities-of-practice.pdf (Stand: 26.06.2017).

Wölfl, A. (2016): Drum power – music for a better community in the classroom. *International Journal of Community Music* 9(1), 65–75.

Forschung

6

Maria Spychiger

Themen, Methoden und Perspektiven musikpädagogischer Lernforschung

Maria Spychiger

Themen, Methoden und Perspektiven musikpädagogischer Lernforschung

Einführung und Überblick

Dieser die Publikation *Musiklernen* abschließende Beitrag greift wichtige Themen der musikpädagogischen Lernforschung nochmals auf, stellt Forschungsergebnisse zusammenfassend dar und beleuchtet die methodischen Ansätze. Mit Blick auf die Relevanz und Effizienz der Musikpädagogik als angewandte Disziplin ist diese Aufgabe vom Anliegen begleitet, einen Korpus von Untersuchungen zusammenzustellen, die sich dem Wissen über die Zusammenhänge zwischen Lehren und Lernen widmen und über Lernergebnisse Auskunft geben. Zusammen mit den Wirkungen pädagogischen Handelns und der dazugehörigen Prozesse rücken damit die Lernenden und deren Erfahrungsbereich als musizierende Menschen in den Fokus.

Musiklehren und Musiklernen

Die Initiierung, Förderung und Begleitung von Musiklernen ist der zentrale Gegenstand der Musikpädagogik. Das Vermitteln und Lehren von Musik ist ihre am stärksten in der Fachtradition verankerte Zielsetzung. Entsprechend hat sich die vergleichsweise noch junge empirische Forschung in der Musikpädagogik vorerst hauptsächlich den Formen und Gegenständen des Lehrens, dem Lehrerhandeln und den Prozessen im Unterricht zugewendet. Musikalische Lernprozesse erfolgen aber nicht nur in primär pädagogischen, sondern auch in gesellschaftlichen und entwicklungspsychologischen Kontexten.

Für musikpädagogische Milieus ist die Forschungsfrage zu erwarten, ob und inwieweit Lernergebnisse im Sinne von Lernzielen erreicht oder verfehlt werden. Tatsächlich aber befasst sich die facheigene Forschung insbesondere im deutschen Sprachraum nur selten mit den Ergebnissen von Lehr-Lernprozessen und den Personen – Kinder, Jugendliche, Erwachsene, auch Babys oder Seniorinnen und Senioren –, um die es dabei geht. Dies ruft Nachfragen auf den Plan: Welches sind die Ziele und Aufgaben musikpädagogischer Lernforschung? Weshalb interessiert sich die Fachdidaktik der Musik kaum für *learning outcomes* und deren Ursache-Wirkungsverhältnisse? Forschungsmethodisch gesprochen sind die Lernergebnisse die abhängigen Variablen des Faches, während Lehrmethoden, Lehrerhandeln und Unterrichtsprozesse die Einflüsse darauf sind – die unabhängigen oder die vermittelnden Variablen.

Für eine erste Strukturierung der Untersuchungen aus der musikpädagogischen Lernforschung wird zunächst der Versuch unternommen, in den forschungsmethodischen Anlagen die abhängigen und unabhängigen Variablen inhaltlich zu identifizieren. Wenn auch Lernergebnisforschung im musikalischen Bereich noch weitgehend als eigenartig abgetrennter Bereich dasteht – dies übrigens auch im angelsächsischen Raum, aus welchem die meisten Forschungsergebnisse kommen –, so sind deren Inhalte doch vielfältig. Gegenstand der Auseinandersetzung sind etwa das Singen und das Spielen von Instrumenten, die Hörfähigkeiten, die Audiation, die Musikrezeption und die Urteile über Musik, die Fähigkeiten des Schreibens und Lesens von Musik, darunter besonders das Blattlesen, oder umgekehrt das Spielen nach Gehör und die produktiven Tätigkeiten des Improvisierens und Komponierens, ferner auch das Dirigieren und weitere Kompetenzen zur Anleitung musikalischer Betätigung.

Gegenstände und Vorgehensweisen musikpädagogischer Lernforschung

Bisherige bzw. laufende Themen und Bereiche musikpädagogischer Lernforschung betreffen oft die Beschreibung, Erklärung und Begründung von musikalischen Lernprozessen; es sind dies Gegenstände wie Motivation, Konzentration, Lehrer-Schüler-Interaktionen, Kommunikation, das Lernen in der Gruppe und das gemeinschaftliche Lernen. Dazu werden zentrale normative erziehungswissenschaftliche und pädagogisch-psychologische Konstrukte wie „kulturelle Teilhabe", „Adaptivität" oder „Passung" und Variablen im Bereich des Selbst, „Selbstvertrauen", „Selbsteinschätzung", „Selbstwirksamkeit" oder „Selbstkonzept", im Kontext von Musikunterricht und musikalischem Lernen untersucht. Weiter ist die Thematik der Aneignungsprozesse und des Übens ein gewichtiger Bereich insbesondere der instrumentalpädagogischen Lernforschung. Er wird von vielen Bezugsdisziplinen bedient, darunter auch der Medizin, wenn es um Erkrankungen in der Folge von Musizieren und Singen geht.

Die Analyse und Überprüfung von Kompetenzmodellen ist ein noch neuer, aber klar umrissener Forschungsbereich der schulbezogenen Musikpädagogik (vgl. Knigge & Niessen, 2012). Solche Modelle werden seit der Kompetenzwende im Bildungswesen für die verschiedensten Fächer und Leistungsbereiche entwickelt. Es geht dabei in erster Linie um die Frage, was Kinder und Jugendliche im musikalischen Bereich können sollen und wie die Lernziele zu überprüfen sind. Kompetenzmodelle sind von bildungsphilosophischen Ansätzen der Musikpädagogik – *Philosophies of Music Education* – unterlegt, die als Plattformen der Reflexion musikpädagogischer Ziele und Aktivitäten fungieren. Auch sie treten kaum mehr ausschließlich normativ auf, sondern orientieren sich mit ihren Überlegungen zu Bildungszielen und didaktisch-methodischem Vorgehen am gesellschaftlichen Paradigma der Evidenzbasierung. Sie machen Angaben über die Möglichkeiten zur Zielerreichung und suchen Nachweise über deren Effizienz im Zielraum. Im Anschluss an die Entwicklung erster Kompetenzmodelle hat der Prozess eingesetzt, die für das Musiklernen relevanten Themen forschend zusammenzuführen und auf zusammenhängende Ursache-Wirkungsmodelle hinzuarbeiten.

Abseits von diesen Entwicklungen findet sich die sogenannte „Transferforschung", deren Weltbild in der antiken Ethoslehre wurzelt. Inhaltlich geht es um die Idee, dass die Kräfte der Musik auf den Zustand des Menschen einwirken, ihn in seiner kognitiven und moralischen Verfassung verändern und ihn insbesondere „verbessern" können. Musikbezogene Lernprozesse werden dann mit diesen metaphysischen Annahmen vermengt und Messergebnisse für psychologische Konstrukte – z. B. Kreativität, Intelligenz, Konzentration, Selbstvertrauen, prosoziale Einstellungen und ethische Verhaltensweisen wie Achtsamkeit, Hilfs- und Kooperationsbereitschaft – als *learning outcomes* von Musiklernen behandelt. Da solche Vorstellungen auch in der heutigen Zeit immer noch verbreitet sind und die Transferforschung einen Platz in der musikpädagogischen Forschung beansprucht und einnimmt, wird sie auch im vorliegenden Beitrag besprochen und reflektiert.

Das Repertoire des methodischen Vorgehens orientiert sich zunehmend an der empirischen Sozialforschung, da sich dieses für die Forschung am Menschen eignet und *Der musizierende Mensch* (Suppan, 1984) der grundsätzliche Bezug und Gegenstand musikpädagogischer Lernforschung ist. Mit der Musik und dem Musizieren bewegen wir uns in einem primär nicht-sprachlichen Zeichensystem, wodurch sich die Datenerhebung ebenso wie die Auswertung in eigener Weise gestaltet (vgl. dazu Gebauer, 2011). Weiter werden für die Musikpädagogik relevante Ergebnisse zum Musiklernen oft in den Bezugswissenschaften der Psychologie, Soziologie, Ethnologie oder den Neurowissenschaften hervorgebracht. Jedoch verfügt die musikpädagogische Forschung seit mehreren Jahrzehnten über eigene Fachzeitschriften, Buchreihen in Fachverlagen sowie über wissenschaftliche Gesellschaften mit ihren jeweiligen Publikationsreihen und Webseiten.

Der vorliegende Beitrag zur musikpädagogischen Lernforschung nähert sich seinem Gegenstand aus mehreren inhaltlichen Blickwinkeln an, ein Stück weit auch ihren paradigmatischen Grundlagen, den Forschungszugängen und der Kommunikation ihrer Ergebnisse. Dabei dürfen kritische Reflexion und Einbettung nicht fehlen, da für das bereits umrissene Problem des geringen Bezugs von Praxis und Forschung nur ein geringes Bewusstsein besteht. Die folgende Darstellung möchte dazu beitragen, dieses zu fördern.

Anlage des Beitrags

Der auf die Einleitung folgende Abschnitt behandelt die Identifizierung abhängiger und unabhängiger Variablen, d.h. die Unterscheidung zwischen den *Einflüssen* auf das Lernen und den Lern*ergebnissen*. Auf dieser Grundlage werden die Inhalte und Gegenstände der musikpädagogischen Lernforschung vertieft, ihre Frage- und Problemstellungen fokussiert und einige zentrale und/oder aktuelle Ergebnisse aus ausgewählten Studien vorgestellt.

Der anschließende Abschnitt geht auf die Teildisziplinen der Musikpädagogik ein und ordnet ihnen jeweils Forschungsstudien und deren Ergebnisse zu. Darauf bezogen fasst der nächste Abschnitt deren Methoden der Datenerhebung zusammen, einerseits die Grundverfahren Beobachtung, Befragung, Experiment und Dokumentensammlung, andererseits vor allem deren Verwendung in *mixed-designs*. An dieser Stelle werden auch Fragen und Probleme der Einhaltung von Gütekriterien aufgegriffen.

Als angewandte Disziplin ist die Musikpädagogik gefordert, nutzbare Ergebnisse hervorzubringen. Welchen Individuen, Gruppen und Institutionen sollen sie zugutekommen? In diesem Zusammenhang steht die Darstellung gesellschaftlicher Felder, in welchen musikalische Betätigung und Bildung erfolgen (siehe Abb. 3). Wichtige Studien und thematische Gruppen von Studien werden diesen Feldern zugeordnet. Die Darstellung der Forschungskommunikation mit ihren Plattformen und Publikationsorganen findet sich ebenfalls im letzten Abschnitt, weiter auch der Aufriss über die Teildisziplinen des

Faches mit ihren Forschungsaktivitäten. Abschließend wird die Situation der musikpädagogischen Lernforschung kritisch reflektiert.

Für die Musikpädagogik liegen die Herausforderungen und Chancen empirischer Lernforschung in den außerordentlich vielfältigen inhaltlichen Bezügen und interdisziplinären Kooperationsmöglichkeiten. Die Nähe ihres Gegenstandes zu menschlichen Ausdrucks- und Lernbedürfnissen zeichnet sich durch eine hohe ästhetische Aufladung aus und vertritt damit individuelle wie gesellschaftliche Wertesysteme in einem herausragend bedeutsamen und sinnstiftenden menschlichen Erfahrungsbereich.

Die Variablen in musikpädagogischen Untersuchungen

Studien, die Informationen und Erklärungswissen über musikalische Erfahrungen, Leistungen und Lernzuwächse, zum Beispiel im Bereich des Hörens oder der tonalen Fähigkeiten liefern – abhängige Variablen im Interessenbereich der Musikpädagogik –, befassen sich meistens *nicht* mit musikpädagogischen Einflüssen. So versuchen Paul Silvia, Karen Thomas et al. (2016) ihre Messergebnisse im Leistungsbereich des Hörens mit unabhängigen Variablen aus dem Persönlichkeitsbereich zu erklären und finden dabei etwa, dass „openness to experience" aus dem *Big-Five*-Persönlichkeitstest (nach Costa & McCrae, 2008) den höchsten Vorhersagewert aufweist. Teresa Lesiuk (2015) richtet ihren Blick auf die Funktionen des Gedächtnisses, um Unterschiede bei den Leistungen tonaler Fähigkeiten zu erklären, mit dem Ergebnis, dass das Arbeitsgedächtnis die entscheidende Einflussgröße ist.

Zuwendung zu den vermittelnden Variablen

Die eben erwähnten mehr oder weniger zufällig ausgewählten Studien sind musikpsychologischer Provenienz. Die Konstrukte der unabhängigen Variablen werden genau beschrieben und gemessen und für den Bereich der abhängigen Variablen in der Regel anhand einschlägiger Testleistungen operationalisiert. Oft sind die Untersuchungen experimentell oder zumindest vergleichend angelegt. So werden z. B. Leistungsdaten an unterschiedlichen Personengruppen erhoben, die Ergebnisse auf Unterschiede der beiden Gruppen geprüft und mit einer vermittelnden Variablen in Verbindung gebracht. Um möglichst viel Gewissheit über die Bedeutung der Ergebnisse zu erlangen, werden Gütekriterien abgearbeitet und die Befunde statistischen Tests unterzogen. Vermittelnde Variablen können psychologische Konstrukte sein; vermehrt werden zurzeit musikbezogene Selbstwirksamkeitserwartung (dazu Busch, 2013) und das musikalische Selbstkonzept (Spychiger, 2013; 2017a; Fiedler & Müllensiefen, 2016) beachtet und untersucht. Christian Harnischmacher und Ulrike Hörtzsch (2012) nehmen die Motivation in den Blick, bei Jörg Ortwein (2012) kommen noch Disziplin, Konzentration und Volition dazu. Daniel Müllensiefen, Peter Harrison et al. (2015) widmen sich der Musikalität, um musikalische Leistungen zu erklären. Ein immerwährender Gegenstand ist die Frage nach dem Verhältnis von Anlage und Umwelt zur Erklärung musikalischer Begabung und Leistung, wobei aber eher debattiert wird, als dass empirische Erhebungen durchgeführt würden. Hingegen befasst sich die Expertiseforschung empirisch mit vermittelnden Variablen. So hat etwa Ericsson (1993) für die Vermittlung von *deliberate practice* die drei Rahmenbedingungen – die sog. *constraints* – Motivation, Anstrengungsbereitschaft *(effort)* und Ressourcen herausgearbeitet.

Musikpädagogische Lernforschung fragt nach den Variablen, die Bestandteil von Unterrichtsprozessen sind. Die Interaktionen, Sozialformen des Unterrichts, Unterrichtsstörungen, Erziehungsstile, didaktischen Merkmale u. ä. m. sind Gegenstand empirischer Untersuchung. Sie figurieren in Abb. 1 entweder direkt als unabhängige Variable, oder sie nehmen den Platz zwischen dem Einfluss, also der unabhängigen Variable, und dem Ergebnis, der abhängigen Variable, ein.

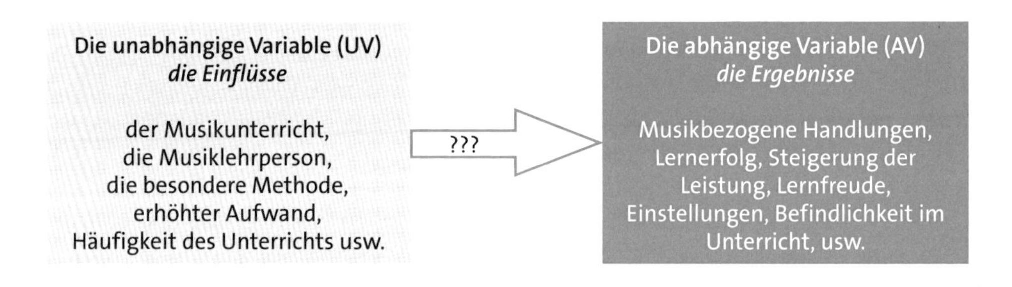

Abb. 1
Ziel und Anspruch, in musikpädagogischen Studien Zusammenhangswissen über musikalische Lernprozesse zu gewinnen.

Jedoch sind solche Untersuchungen oft nicht hypothesenprüfend im Sinne eines Forschens im „context of testing“ (nach Reichenbach, 1938), sondern sie erfolgen im „context of discovery“. Explorativ angelegte Designs wollen bestimmte Faktoren als Lernbedingungen aufspüren (in Abb. 1 mit „???“ symbolisiert) oder das Ausmaß und die Bedeutung der Rolle bestimmen, die sie für den Erwerb musikalischer Fähigkeiten spielen. Ein Beispiel für solche vermittelnden Variablen sind die handelnden Zugänge zu Materialien aus der Experimentellen Musik, wie Andreas Langbehn (2001) sie beschreibt und von denen er insbesondere für das elementare Musiklernen einen gewinnbringenden Einfluss erwartet. Der Autor erläutert, wie durch entdeckende und erfahrende Umgangsweisen mit geeigneten musikalischen Materialien (er verwendet dafür das Stück *Stones* von Christian Wolff aus dem Jahr 1969) musikalische Grunderfahrungen mit Parametern wie Klangfarbe, Tondauer, Melodieverlauf, Zusammenklang, Raum und Kommunikation gemacht werden können. Allerdings handelt es sich hier nicht um eine Forschungsstudie, sondern um eine didaktische Arbeit.

Anders ist dies bei „AdaptiMus“, einer empirischen Untersuchung der Forschungsgruppe von Ulrike Kranefeld (2015). Sie bewegt sich auch im *discovery*-Modus, indem sie anhand videografischer Aufnahmen Passungsprozesse im Unterricht aufspürt. Die Interaktionen zwischen den Lernenden und der Lehrperson werden vor dem Hintergrund des didaktischen Konstrukts der Adaptivität benannt und beschrieben.

Welches sind die unabhängigen Variablen in der musikpädagogischen Lernforschung?

Wenn ein wie auch immer geartetes Agens eingeführt wird, von dem eine bestimmte Wirkung erwartet oder erhofft wird, handelt es sich aus forschungsmethodischer Perspektive um eine unabhängige Variable. In musikpädagogischen Untersuchungen ist die *unabhängige Variable* etwa eine definierte Methode des Musik-, Instrumental- oder Vokallernens, eine bestimmte didaktische Vorgehensweise für eine ausgewählte Teilfähigkeit oder zeitlich vermehrter, intensivierter Musikunterricht. Als forschungsmethodische Bezeichnung verwendet man dafür gerne den Begriff „Treatment" aus dem medizinisch-psychologischen Bereich, eine didaktische Anlage entspricht dann einer „Behandlung" (vgl. dazu Spychiger, 2015a),[1] wogegen wir in der Unterrichtsforschung eher von „Intervention" sprechen.

Die unabhängige Variable ist in der oben erwähnten Arbeit von Langbehn ein spezifischer Ausschnitt aus der Neuen Musik, nämlich Experimentelle Musik. Rezipierende und Interpretierende sind eingeladen, sich selbst zu betätigen (im Gegensatz zu Musik, wo nur der Komponist oder die Komponistin experimentiert haben). Der Autor begründet und präsentiert seine didaktische Anlage präzise und genau. Für empirische Untersuchungen müssen die Konstrukte, welche Bestandteil einer Intervention sind, ebenfalls genau beschrieben werden und in die Erhebung mit einfließen. Fritz Oser und Jean-Luc Patry (1986) haben diesen Anspruch im Sinne eines Gütekriteriums für die Erziehungswissenschaften als „Treatment-Validität" beschrieben. Das Gütekriterium der Validität im üblichen Sinne bezieht sich demgegenüber meistens auf die Konstrukte in der abhängigen Variablen.

Die Fragen der Treatment-Validität lauten: Welches sind die Inhalte, Merkmale, Materialien und Zeiträume der Intervention? Wie wird vorgegangen? Was geschieht im Unterricht? Durch Beobachtung, Dokumentation, Gespräche, Inhaltsanalysen von Materialien usw. kann diese „Güte" und Gewissheit erlangt werden. Wenn zum Beispiel eine Schulklasse mit einer neuen Methode Französisch lernt und ihre Leistungen mit einer Klasse verglichen werden sollen, die noch mit der alten Methode lernt, ist die Studie dann treatment-valide, wenn sie gut dokumentiert, was je in den Unterrichtsstunden geschah und wenn sie diese Daten in die Interpretation der Ergebnisse einbezieht. In der Praxis werden Treatments nicht selten unterlaufen. Dies ist zum Beispiel der Fall, wenn die Lernenden nicht wirklich diejenige Intervention erhalten, welche vorgesehen war (vgl. Patry, 1982), wenn sich die Lehrenden nicht an das Lehrmittel oder die Methode halten, oder der Unterricht häufiger oder seltener erteilt wurde als vorgesehen. Wenn die Forscherin oder der Forscher darüber nicht Bescheid weiß und Abweichungen vom vorgesehenen Treatment in der Interpretation der Lernergebnisse unberücksichtigt bleiben, liefern die Forschungsresultate nicht das notwendige Zusammenhangswissen über die spezifische Sprachlernmethode und ihre Lernerfolge. Mangelnde Treatment-Validität liegt ebenfalls vor, wenn das Treatment nur vage umrissen ist oder sich von Gruppe zu Gruppe bzw. Klasse zu Klasse oder Mal zu Mal (z. B. im Einzelunterricht) unterscheidet. Es ist ein Qualitätsproblem musikpädagogischer Studien, dass sie oft die unabhängige Variable nicht oder nicht genügend genau beschreiben.

Learning Outcomes: Die abhängigen Variablen

Während zur Gewährleistung der Treatment-Validität Informationen über die unabhängigen Variablen notwendig und Messungen wünschenswert sind, ist es im Bereich der abhängigen Variablen geradezu unabdingbar, Nachweise über die Lerneffekte einzubringen.

In ihrer Studie zur Klangfarbenwahrnehmung von 4- bis 6-jährigen Kindern hat Gabriele Schellberg ihre abhängige Variable mit einem Klangfarbenmemory operationalisiert und getestet (Schellberg, 1997; 1998). Die Messungen bezogen sich lediglich auf die Leistung, der Fokus lag sogar auf der Entwicklung von Testmaterial. Es figurierten hier nicht eine bestimmte Lern- oder Übeanlage als unabhängige Variable, sondern Personenvariablen wie Alter, Geschlecht und die Zuweisung zu Gruppen mit und ohne musikalische Sonderförderung. Schellberg fand keine Unterschiede in der Fehleranzahl, jedoch lösten die Kinder der Musikschulgruppe die Aufgabe schneller als die Kinder in der Gruppe ohne Musikförderung.

Regina Bojack-Weber (2012) widmete sich in ähnlicher Weise dem Fähigkeitsbereich des Singens. Sie untersuchte 300 Grundschulkinder. Zur Einordnung der Leistungen entwickelte sie Kompetenzstufen und einen Sing-Test. Sie befragte die Kinder zu ihrem Singverhalten und ermittelte mögliche Einflussgrößen aus Familie und Schule. Sie folgerte aus den Ergebnissen, dass Singen eine komplexe Fähigkeit ist, die allmählich erworben wird, und dass die einzelnen Komponenten trainierbar sind und beim allmählichen Erlernen des Singens berücksichtigt werden müssen. Zusammenhänge mit spezifischen Vorgehensweisen sind jedoch nicht Bestandteil der Untersuchung. Zur Entwicklung des Singens sind auch die Arbeiten von Stefanie Stadler Elmer zu erwähnen. In ihrem Buch *Spiel und Nachahmung* (2000) hat die Autorin theoretische Grundlagen und Fallbeispiele zum Singenlernen vorgestellt. Es handelt sich um eine musikpsychologische Studie, aber es ist eine deutliche pädagogische Orientierung hin zur Vermittlung spürbar und das Werk wurde von musikpädagogischer Seite stark rezipiert. Singen lernen, Singen können und Singverhalten sind zentrale musikpädagogische abhängige Variablen.

Mit einer Fallstudie im Bereich des Improvisierens haben Snell und Azzara (2015) ein Beispiel für eine das Lernen erforschende musikpädagogische Untersuchung vorgelegt. Sie gingen dem Zusammenhang zwischen „Selbsteinschätzung" und „Leistung" nach und befragten vier Musikstudierende, die einen siebenwöchigen Improvisationskurs durchliefen und danach ihren Fortschritt beim Improvisieren beurteilen sollten. Die Untersuchung identifizierte Faktoren, welche den Lernprozess befördern, nämlich „the need to be less inhibited, less afraid of making mistakes, more willing to take musical chances, and more willing to immerse themselves in the improvisation process" (Snell & Azzara, 2015, 63).

Man sieht, die disziplinären Grenzen der Musikpädagogik sind unscharf. Wenn etwa Unterschiede in musikalischen Leistungen zu *erklären* sind, sind neben den angewandten Lehrmethoden Variablen wie Familie, Motivation, Anlage-Umwelt-Interaktionen, Selbstwirksamkeitsüberzeugungen, soziale Vergleichsprozesse, Musikgeschmack, Ausmaß der emotionalen Reaktionen auf Musik (Musikerleben) usw. in Betracht zu ziehen.

Für die Durchführung der Studien rücken dann weitere Disziplinen wie die Psychologie, die Neurowissenschaften, Soziologie, Ethnologie u. a. m. mit ihren Wissensgrundlagen ins Zentrum.

Aktuelle Aufgaben und Themen

Es kommen nun spezifische Themen zur Sprache, die für die musikpädagogische Lernforschung repräsentativ sind, zunächst die Einführung von Standards für den Musikunterricht im öffentlichen Bildungswesen, und weiter ein aktuelles Überblicksreferat zu Forschungsarbeiten zum gemeinschaftlichen Musiklernen.[2]

Entwicklung von Kompetenzmodellen und Testverfahren

Die Kompetenzwende im Bildungssystem ist mit vielen Kontroversen verbunden. Sie hat aber auch in der Musik Einzug gehalten, obwohl hier die Leistungsanforderungen nicht in gleicher Härte vom Selektionsprinzip betroffen sind, wie dies in andern Fächern der Fall ist. Damit verbunden ist die Einführung von Bildungsstandards im Anschluss an die großen Schulleistungsstudien, wie sie seit den Neunzigerjahren auf den verschiedensten Ebenen des Bildungssystems eingeführt wurden, oft mit dem Verweis auf die Arbeiten der Forschergruppe um Eckhard Klieme (vgl. 2003). Der Kompetenzbegriff findet sich seit der Jahrtausendwende zunehmend auch in musikdidaktischen Konzeptionen und Publikationen. Jens Knigge (2014) lehnt sich in seiner umfassenden Auseinandersetzung an den am häufigsten zitierten Kompetenzbegriff von Franz Weinert (2001) an. Er definiert Kompetenz pragmatisch als Konstrukt zwischen Leistung und Bildung, das sich gut mit demjenigen der „Leistungsdispositionen" und auch mit den „kognitiven Fähigkeiten und Fertigkeiten" verträgt, von denen in Eckhard Kliemes Expertise die Rede ist. Kritische Erziehungswissenschaftlerinnen und -wissenschaftler geben zu bedenken, dass mit der Kompetenzwende Bildung und Leistung nicht auf gleicher Ebene stehen und dass die beiden Zugänge nicht integriert sind, sondern das Leistungsprinzip dem Messzwang unterworfen und dem Bildungsgedanken übergeordnet wird (dazu Benner, 2012; Herzog, 2013; für die Musikpädagogik Vogt, 2008).

Die Musikpädagogik hat sich in den letzten Jahren keinesfalls auf die Kritik an der Kompetenzwende beschränkt; vielmehr erinnert Jens Knigge (2014) daran, dass sie über wenig Grundlagenforschung verfügt und – wie dies auch im vorliegenden Beitrag festgestellt und kritisch nachgefragt wird – nur wenige empirische Arbeiten zu Lernergebnissen und -kompetenzen verfügbar sind. Entsprechend fehlten bis vor kurzem auch noch weitgehend zweckdienliche Vorstellungen davon, was musikalische Kompetenzen sind bzw. welches Wissen und Können im Musikunterricht curricular zu setzen ist. Aus der Musikdidaktik kam aber schon früher etwa mit Johannes Bähr, Stefan Gies, Werner Jank und Ortwin Nimczik (2003) das Bekenntnis zur Verortung des Musiklernens als Kompetenzvermittlung.[3]

Zwischenzeitlich ist die Fachcommunity im deutschen Sprachraum aktiv geworden, fachspezifische Kompetenzmodelle zu entwickeln. In dem durch die Deutsche Forschungsgemeinschaft geförderten Projekt *Entwicklung von testbaren musikbezogenen Kompetenzmodellen als Grundlage für die Erstellung von Bildungsstandards im Schulfach Musik (KoMus)* konnten Ergebnisse gezeitigt werden. Die Forschergruppe Niessen, Lehmann-Wermser, Knigge & Lehmann (2008) erstellte ein theoretisches Kompetenzmodell, zu welchem im Rahmen zweier Dissertationen für den Teilbereich „Musik wahrnehmen und kontextualisieren" Testaufgaben entwickelt und validiert wurden (Knigge, 2011; Jordan, 2014). Ein weiteres Projekt, KOPRA-M, befasste sich mit einem Strukturmodell musikpraktischer Kompetenz bei Schülerinnen und Schülern (vgl. Hasselhorn & Lehmann, 2014; 2015). Es können nun für diese Bereiche tatsächlich Leistungen im Sinne abhängiger Variablen gemessen werden. Stärker auf die Praxis bezogene Fachpersonen wie die Musikpädagogin Mechtild Fuchs haben schon in den Neunzigerjahren begonnen, beobachtbare Standards in der Form von „Die Kinder können ..." (z. B.: „Grundtöne von Melodien in Dur und Moll erkennen") für den schulischen Musikunterricht einzubringen (Fuchs, 2006, 50). In Lehrplänen nach der Jahrtausendwende, die nun Kerncurricula genannt werden, erfolgt die Beschreibung musikalischer Leistungsziele und -anforderungen nicht mehr über zu erwerbende musikalische Inhalte, sondern als Darstellung der Kompetenzen der Lernenden. So finden sich zum Beispiel im Kerncurriculum des Bundeslandes Hessen die vier Bereiche „Musik hören", „Musik umsetzen", „Musik machen" und „Musikkulturen erschließen", in welchen dann die einzelnen Kompetenzen ausgeführt werden.

Collaborative Learning, gemeinsames Lernen, Zusammenspiel

Wenn Kompetenzmodelle weitgehend die Lernanforderungen an eine einzelne Person abbilden, darf dies nicht darüber hinwegtäuschen, dass der musikbezogene Lernprozess im Klassenunterricht der Schule zumeist in Gruppen erfolgt. Die Beleuchtung des Gemeinschaftlichen im Musiklernen und dessen Integration in eine *Philosophy of Music Education* hat in den Neunzigerjahren u. a. mit den Arbeiten von Estelle Jorgensen (1995) an Profil gewonnen und seither eine anhaltende Aufmerksamkeit und Vertiefung erfahren. Die vermehrten Unterrichtsbeobachtungen mit Blick auf die Interaktionen im Musikunterricht stehen durchaus auch in diesem Zeichen. Auch das Interesse an frühen musikalischen Interaktionen im Zusammenhang mit dem Konzept des *entrainments* (nach Merker, 1999/2000: „the capacity, to raise awareness of and tune into an external beat", Spychiger, 2017b, 282) kann in diesen Kontext gestellt werden. Solche Untersuchungen haben Jessica Phillips-Silver und Peter Keller (2012) durchgeführt.

Richard Cangro (2015) hat Forschungsarbeiten zur Thematik des *collaborative music learning* gesammelt. In einem Überblickspapier hat er darauf verwiesen, dass die noch junge, aber stark an Einfluss gewinnende musikpsychologische Forschung mit vielen Ergebnissen gezeigt hat, welch große Bedeutung musikalische Gruppenprozesse im menschlichen Leben haben. Die Musikpädagogik ist aufgerufen, diese zu ermöglichen und zu fördern. Cangro hat eine Reihe von Studien gefunden, welche in allen drei Bereichen der aktuellen nordamerikanischen *National Standards in Music Education – creating, performing, responding* – das Element der *collaboration* aufgreifen. Der Autor zeigt eine Reihe von Möglichkeiten auf, Interaktion und Zusammenarbeit der Schülerinnen und Schüler im Musikunterricht ins Zentrum zu rücken und zu fördern. Besonders das Musizieren in kleinen Ensembles bietet Gelegenheiten, wesentliche Ziele des Musiklernens zu erreichen. Es geht darum, die hergebrachte Lehrerzentrierung im Musiklernen zu überwinden und zu einem Verständnis des Musizierens und Musiklernens als *joint action* zu kommen (Keller, 2008).

Das lernpsychologische Konzept der interpersonalen Koordination (vgl. Spychiger, 2010; 2015b) bietet einen guten Hintergrund, Musiklernen als Gruppenprozess aufzufassen. Bianca Hellberg (2017) hat solche Gruppen-Koordinationsprozesse anhand von Unterrichtsbeobachtungen untersucht, um Merkmale, Dimensionen, Abläufe und Inhalte von musikalischen Handlungen des Lehrens und Lernens identifizieren und benennen zu können. Der Zusammenklang als Ablauf und Ergebnis gemeinsamer Bewegungen in der Zeit sind zentrales Merkmal der Musikausübung. Der Bedarf für solches Wissen ist offensichtlich. Es handelt sich um Lernprozesse in einem nicht-sprachlichen Bereich, weswegen sich für die Musikpädagogik, wie weiter vorne schon angedeutet, forschungsmethodische Herausforderungen ergeben. Anknüpfungspunkte liegen aus Forschungsfeldern vor, die ähnliche Aufgaben zu bewältigen haben (vgl. Mohn, 2010; Moritz, 2011).

Transferforschung und neurowissenschaftliche Beiträge in der Musikpädagogik

Es existiert eine große Anzahl von Forschungsarbeiten, die musikpädagogische Interventionen mit Blick auf nicht-musikalische abhängige Variablen zum Thema haben. Dieser Typus von Studien nimmt in der Musikpädagogik eine Sonderstellung ein. Zunächst beruht er – wie oben bereits angedeutet – auf einer jahrhundertealten Denktradition. Darüber hinaus entstammen die Akteure dieser Forschung meistens nicht der Musikpädagogik, sondern jenen Wissensgebieten, welche die abhängigen Variablen ihrer Studien repräsentieren. So befassen sich Forschende der Pädagogischen Psychologie gerne mit Unterrichtsklima, schulischen Selbstkonzepten oder lernrelevanten Persönlichkeitsvariablen wie Attributionsstilen, Selbstwirksamkeit, Kreativität oder Konzentration. Die zu prüfenden Hypothesen gehen dann etwa dahin, dass vermehrtes Musizieren und Singen einen messbaren Einfluss auf diese Variablen habe. Meistens sind die Effekte für die Zusammenhänge mit den musikalischen Treatments eher schwach (vgl. dazu die Untersuchungen im Rahmen von *Musik macht Schule*, der sog. Schweizer Studie, von Weber, Spychiger & Patry, 1993). Zu den Inhalten und Untersuchungsanlagen der transferforschenden Untersuchungen erfolgten in den letzten zwei Jahrzehnten wiederholt kritische Auseinandersetzungen (gesammelte Stellungnahmen finden sich bei Overy, 1998; Gembris, Kraemer & Maas, 2001 u. a. m.).[4]

Aktuell gibt es etwas weniger solcher Studien, aber es ist erstaunlich, wieviel Zeit und Geld immer noch in die Transferhypothese investiert wird und wie hartnäckig sich die Behauptung am Leben hält, die kognitive und soziale Entwicklung sei in einzigartiger Weise an musikalische Bildung gebunden. Zum Beispiel vertritt der Deutsche Musikrat auf seiner Homepage die zugespitzte Meinung, dass „eine qualifizierte und kontinuierliche Musikalische Bildung die Voraussetzung für eine differenzierte Wahrnehmung des Eigenen und des Anderen (ist)".[5] Es findet sich auch noch eine Transferstudie im Programm der vom BMBF geförderten JeKi-Studien (Bongard, Frankenberg, Kreutz & Roden, 2015).

Im Zuge des zunehmenden neurowissenschaftlichen Interesses an den Prozessen der Musikverarbeitung hat die musikpädagogische Lernforschung vom Blick ins Gehirn viel profitieren können (z. B. Gruhn & Rauscher, 2006). Er vermag Impulse zu geben oder bisherige Vorgehensweisen und Beobachtungen im Alltag zu bestätigen. Manchmal jedoch lassen sich Musikpädagoginnen und -pädagogen von den musikbezogenen neurowissenschaftlichen Studien blenden und orientieren sich dann, ähnlich wie bei der Transferforschung, vorschnell an deren Themen und Ergebnissen. Dies zeichnet sich ein Stück weit für das Gebiet der Neurodidaktik ab, die beansprucht, (Musik-)lernen auf neuronaler Ebene zu verstehen und daraus didaktische Hinweise oder Prinzipien für die Vermittlung abzuleiten.[6]

Life-span-Ansatz der Entwicklung

Der *life-span*-Ansatz, wie er sich in der Entwicklungspsychologie der vergangenen vier oder fünf Jahrzehnte durchsetzen konnte, hat auch die Musikpädagogik erreicht. Neue Populationen für die Untersuchung des Musiklernens sind insbesondere Babys, ältere und alte Menschen, Kinder und Erwachsene mit Lernbeeinträchtigungen u. a. m.

Es liegt hierin für das Fach ein großes praktisches Feld und Forschungspotenzial. Viele Studien zeigen die hohe Bedeutung musikalischer Zuwendung für die Kleinsten, ja sogar für die Ungeborenen, und am anderen Ende der Lebensspanne stellen die musikalische Betätigung und die dazu gehörenden Lernprozesse eine Kapazitätsreserve dar, wie sie Paul Balthes in seiner Psychologie der Lebensspanne für das Alter vorgestellt hat (Balthes, 1990, 9 f., für den Kontext des Musiklernens siehe Spychiger, 2009). Ähnliches gilt etwa für Personengruppen, die mit Beeinträchtigungen konfrontiert sind oder die mit musikalischer Betätigung und Musiklernen noch wenig in Berührung gekommen sind. Es eröffnen sich hier große Chancen, musikpädagogische Praxis einzubringen, durch begleitende Forschung einschlägiges Wissen voranzubringen und das Fach gesellschaftlich sicht- und nutzbar zu machen.

Der Einfluss körperlicher Bewegung auf kognitive Funktionen ist Gegenstand von Studien mit Kindern und älteren bzw. alten Menschen. Der Zusammenhang offenbart sich in vielen bewegungsbezogenen musikpädagogischen Interventionen, auch generationenverbindend, z. B. die Kita im Seniorenheim. Sie sind oft erfolgreich und dürften zunehmend begleitende Untersuchungen in Anspruch nehmen. In diesem Kontext ist auch das Singen zu erwähnen, welches mit Steigerungen der Gedächtnisleistungen und der Befindlichkeit bei Alzheimerpatienten einhergeht und medizinisches und klinisch-psychologisches Interesse hervorgerufen hat (vgl. Verghese et al., 2003; Jacobsen et al., 2015).

Musikalische Betätigung und musikalisches Lernen sind in allen Phasen des Lebens möglich. Zwar gelten für das Erreichen hoher Leistungen und fachlicher Expertise die bekannten Sätze der Frühförderung oder sogar des Volksmundes, „use it or lose it", oder „was Hänschen nicht lernt, lernt Hans nimmermehr". Normalere und niedrige Lernstände jedoch können auch in der Musik lebenslang bis ins hohe Alter erreicht werden; dies zeigt sich etwa bei Menschen, die nach einem Leben mit wenig musikalischer Praxis im Seniorenheim noch ein Instrument spielen lernen und damit noch viel an persönlichem Gewinn erleben können (vgl. dazu Spychiger, 2009). Die Vielfalt der Populationen und

Gegenstände musikpädagogischer Lernforschung werden auch im abschließenden Abschnitt dieses Beitrags noch angesprochen, wo die gesellschaftlichen Felder musikalischer Bildung mit deren institutionellen Entsprechungen ausgeleuchtet werden.

Forschungsmethodik in der Musikpädagogik

Im Folgenden kommen die großen Kategorien der Datenerhebung in der sozialwissenschaftlichen Forschung zur Sprache, wie sie im Wesentlichen auch in der Musikpädagogik verwendet werden. Studien der musikpädagogischen Lernforschung dienen dabei zur Illustration. Die Unterscheidung von „qualitativer" und „quantitativer" Methodik hat auch hier Tradition und wird in Forscherpersönlichkeiten und Lehrinhalten, Einteilungen der Forschungsliteratur usw. evident. Von einem Schulenstreit kann aber nicht die Rede sein. Da die Musikpädagogik zu einem späten Zeitpunkt eine empirische Wissenschaft geworden ist, tendiert sie deutlich zur Integration der verschiedenen Zugänge. Die Unterscheidung quantitativ/qualitativ verliert in den letzten zwei oder drei Jahrzehnten in den Sozialwissenschaften allgemein an Bedeutung, auch weil die Trennlinie oft nicht sinnvoll zu ziehen wäre bzw. künstlich und der Sache nicht angemessen ist.

Befragung

Wenn man es mit Menschen als Forschungsgegenstand zu tun hat, ist es naheliegend, sie zur Erhebung von Daten zu *befragen*. Es stehen die zwei Grundtypen *mündliche Befragung* bzw. die Interviewmethode und *schriftliche Befragung* bzw. die Fragebogenmethode zur Verfügung. Die schriftliche Befragung anhand von Fragebögen drängt sich dann auf, wenn große Stichproben im Spiel sind und die Forschungsinhalte bereits so klar sind, dass man sich als Forscherin oder Forscher kurzfassen und die Fragen präzise stellen kann. Die mündliche Befragung, d.h. das Befragen oder auch einfach das *Sprechen* mit einer Person, bietet viele weitere Möglichkeiten der Vertiefung oder überhaupt der Exploration und Erörterung gestellter Probleme und Fragen. Diese läuft auf ganz andere Methodenkenntnisse und Formen der Auswertung hinaus als die schriftliche Befragung. Dies liegt daran, dass Fragebogenverfahren meistens in quantitativer, Interviews fast immer mit qualitativer Methodik durchgeführt werden.

Die Computerunterstützung macht zwar laufend Fortschritte, nimmt aber den Forschenden die Entscheidungen darüber, welche Verfahrensweisen anzuwenden sind, und die Fragen, was die errechneten Werte bedeuten, nicht ab. Ercikan, Kadriye & Roth (2006) haben auf diesen Sachverhalt hingewiesen. Wenn zum Beispiel eine Faktorenanalyse über einen ausgewerteten Fragebogen fünf Komponenten hervorbringt, die Forschungsgruppe darüber diskutiert und ihnen je eine Bezeichnung verleiht – im Fall unserer eigenen Forschung zum musikalischen Selbstkonzept etwa die Komponenten „Fähigkeiten", „Idealselbst", „Emotionsregulation" u.a.m. (vgl. Spychiger, 2017b) –, dann ist dies ein hochgradig qualitativer Vorgang. Das Beispiel will das zum Beginn des Abschnitts Gesagte illustrieren, nämlich dass einerseits die Einteilung in qualitative und quantitative Forschung lange hochgehalten wurde, um geltend zu machen, dass die Sozialwissenschaften die traditionellen Gütekriterien wissenschaftlicher Forschung erfüllen können. Dies gilt insbesondere für das Kriterium der Objektivität. Wenn jedoch Menschen über Menschen forschen, die forschenden Subjekte es also wiederum mit Subjekten zu tun haben, ist Objektivität als Gütekriterium nicht zu erreichen. Anzustreben ist vielmehr das Ideal der intersubjektiven Nachvollziehbarkeit.

Beobachten und Dokumente sammeln

Das Beobachten ist die Basis aller Formen der empirisch-forschenden Wissensgenese: Es werden Fragen und Probleme gefunden, benannt, durch das „Systematische Beobachten" (vgl. Bortz & Döring, 2002, 263 ff.) konsolidiert und der wissenschaftlichen Erkenntnis zugeführt. Wollen Forschende der Musikpädagogik etwa wissen, wie Menschen – Kinder, Jugendliche, Studierende – sich musikalisch verhalten oder was sie können, wird ein Gespräch darüber nicht die genauesten Resultate hervorbringen. Eher ist hier die Methode der Beobachtung zu wählen, wobei zwischen teilnehmender und nicht-teilnehmender Beobachtung unterschieden wird. Nicht-teilnehmende Beobachtung ist die typische naturwissenschaftliche, objektivierende Vorgehensweise, die Verzerrungen durch Einflüsse der Person des Forschenden verhindern will. Wenn aber der Forschungsgegenstand ein denkendes, planendes, musizierendes, sprechendes, interagierendes Wesen ist, werden dem stumm verborgenen Forscher eine Menge Informationen entgehen, während die teilnehmende Forscherpersönlichkeit in der Interaktion zu sehr vielen Daten kommt, die nicht nur die Verlässlichkeit im Sinne der Messgenauigkeit der Untersuchung erhöhen (die Reliabilität), sondern insbesondere auch mehr Gewissheit für den tatsächlichen Forschungsgegenstand schaffen, d. h. die Validität der Untersuchung stärken (vgl. dazu schon Froehlich-Rainbow, 1984).

Die Unterrichtsbeobachtung hat sich in den letzten Jahren im Bereich der Musik im Anschluss an die Entwicklungen in den Erziehungswissenschaften nicht nur für den Einzelunterricht, sondern besonders auch für den Klassenunterricht stark weiterentwickelt (für aktuelle Ergebnisse vgl. Kranefeld, 2015). Der Unterricht wird, wenn möglich, visuell aufgezeichnet. Die Analysen sind vielschichtig und werden oft mit weiteren Datentypen kombiniert. Neben den bildlich-räumlichen, leiblichen und klanglichen Inhalten sind auch die sprachlichen Daten der Aufnahme wichtig (vgl. Tuma, Schnettler & Knoblauch, 2013; Dinkelaker & Herrle, 2009). Anja Rosenbrock (2008) hat auf die Bedeutung guter Audio-Daten bei Videoaufnahmen für die musikpädagogische Forschung hingewiesen.

Unterrichtsbeobachtungen finden oft im Rahmen spezifischer Interventionen statt (vgl. den Abschnitt über die Variablen in musikpädagogischen Untersuchungen, S. 383). In der musikpädagogischen Forschung der vergangenen Jahre war dies insbesondere in den Untersuchungen der Fall, die im Rahmen des Forschungsprogramms zur Initiative „Jedem Kind ein Instrument" durchgeführt wurden, das durch das Bundesministerium für Bildung und Forschung vermittelt und von 2009 bis 2013 gefördert wurde. Das videografische Vorgehen ist hervorragend geeignet, musikpädagogische Inhalte und die Qualität der Prozesse des Lernens und Lehrens zu untersuchen. Keinesfalls soll der hohe Anspruch an die Methode Forschende des Faches davon abhalten, sie anzuwenden.

In den Lehrbüchern der Sozialforschung wird meistens vergessen, dass neben der datenerhebenden Beobachtung auch bereits vorhandene Dokumente verwendet und den erhobenen Daten als weitere Quellen hinzugefügt werden können. Tatsächlich ist aber das Sammeln von Dokumenten nicht nur eine zentrale Methode der historischen, sondern auch der empirischen Forschung. In der Musikpädagogik hat sie einen prominenten Platz. Greifen wir etwa das Beispiel von Zoltán Kodálys musikpädagogischen Vorgehensweise auf, stoßen wir auf diesen Typus: Für seine Liedanalysen ist er zunächst den oral tradierten Liedern in der ungarischen bäuerlichen Welt nachgegangen, hat sie gesammelt, aufgeschrieben und geordnet, um sie dann genauer untersuchen zu können (dies noch zusammen mit Béla Bartók). Daraus hat Kodály dann seine musikpädagogischen Konzepte entwickelt. Das Beispiel zeigt auch, wie fließend der Übergang von der Liedforschung zur Kindheitsforschung für die Musikpädagogik ist. Disziplinär gesprochen ist es ein Weg, der von musikwissenschaftlichen Gegenständen und entsprechenden geisteswissenschaftlichen Forschungszugängen zu einer sozialwissenschaftlichen Thematik führt, bei welcher nun nach dem musikalischen Quellenmaterial die musiklernenden, singenden und spielenden Kinder im Zentrum stehen.

Viele andere Vorgänge können als Beispiel für Dokumentensammlungen genannt werden, etwa wenn im Rahmen eines Schulversuchs mit erweitertem Musikunterricht Videoaufnahmen von Aufführungen oder Fotos von Situationen und Ereignissen in einer Schule gesammelt werden, die dann in die empirischen Analysen miteinbezogen werden, oder wenn schriftliche Nachrichten von Eltern ausgewertet werden. Im Rahmen der zahlreichen Singprojekte, die seit einigen Jahren in mehreren Städten und Bundesländern Deutschlands an Schulen durchgeführt werden, kommen in wissenschaftlichen Begleituntersuchungen solche vielseitigen Vorgehensweisen zum Zuge (vgl. Stadt Neuss, 2010; Spychiger & Aktas, 2015; Buschmann & Jank, 2017).

Musikpädagogische Untersuchungen sind oft komplex und wollen Entwicklungen über längere Zeit verfolgen. So steht etwa die Untersuchung von drei musikalisch hochbegabten Kindern, wie Franziska Olbertz (2009) sie durchführte, für den Typus der längsschnittlich angelegten Fallstudie. Olbertz ging multiperspektivisch vor. Die Studie kann sehr gut auch als Beitrag zur Kindheitsforschung gesehen und zugleich als pädagogisch-psychologische Untersuchung eingeordnet werden; es liegt hier ein sprechendes Beispiel für den interdisziplinären Bezug musikpädagogischer Forschung vor. Die Studie trifft genuin Wesen, Gegenstand und Erkenntnisinteresse der Musikpädagogik (vgl. dazu auch Kleinen, 2003); sie erfüllt auch das Postulat der sorgfältigen Deskription, der gründlichen Auseinandersetzung in der Interaktion von Forscherin bzw. Forscher und Forschungsgegenstand und schließlich des Vorgehens der schrittweisen argumentativen Verallgemeinerung. Letzteres ist auch das Ziel des Theoretisierens in *Grounded-Theory*-Prozessen nach Glaser & Strauss (1998).[7] Aus dem Bereich der Lehrerforschung, einem konstitutiven Forschungsbereich der Musikpädagogik, liegt als Beispiel die Studie von Anne Niessen (2006) vor. Sie untersuchte Individualkonzepte von Musiklehrpersonen und verwendete als Methode die *Grounded Theory*, um sich in ein wenig erkundetes Feld zu begeben und den erforschten Gegenstand theoretisch zu fassen.

Mixed Designs: Experimentieren, Intervenieren, Evaluieren

Empirische Forschung soll Aussagen über das Ausmaß von eingetretenen Veränderungen und über den Zusammenhang von unabhängigen und abhängigen Variablen machen können. Wenn es etwa um die Lernerfolge von Schülerinnen und Schülern geht, kann die Aussagekraft der Ergebnisse dadurch erhöht werden, dass auch Lehrerperspektiven, Elternaussagen und ggf. weitere Umgebungsfaktoren miteinbezogen werden. Die Bezeichnung für solche Untersuchungsanlagen ist *Mixed Designs*. Sie umfassen mehrere Messperspektiven und Methoden der Datenerhebung und -analyse. Im Falle einer Unterrichtsforschung, in welcher etwa die Wirkung bzw. der Erfolg eines neuen Lehrmittels überprüft werden soll, würden zum Beispiel Schülerinnen und Schüler nicht nur schriftlich befragt, sondern auch im Unterricht videografiert und über die Beobachtung hinaus noch mündlich befragt. Damit wäre die Schülerperspektive anhand von qualitativen wie quantitativen Zugängen erhoben. Darüber hinaus könnte die Lehrerperspektive in die Untersuchung eingebracht werden, indem auch die Lehrpersonen befragt und systematisch beobachtet werden. Schließlich werden alle Messergebnisse miteinander verbunden (zur Methoden- und Perspektiventriangulation vgl. Flick, 2008, 315 f.; Amoretti, 2011). Untersuchungen mit triangulierten Daten wollen der Gefahr entgehen, der Komplexität eines Gegenstands nicht gerecht zu werden oder sich zu sehr von den Ausgangssituationen und -materialien zu entfernen (vgl. dazu Mayring, 2002, 25). Triangulation soll den Erkenntnisgewinn und die Sicherheit der Aussagen erhöhen.[8]

Schulversuche oder Gruppenexperimente mit einer neuen Methode des Musiklernens oder vermehrtem Musikunterricht sind die klassischen Beispiele für den Typus des Experiments in der Musikpädagogik. Es sind *Feldexperimente*. Wenn es gelingt, Kontrollgruppen mitzuführen, die ein anderes oder kein Treatment erhalten, sind der experimentelle Charakter und die Aussagekraft der Ergebnisse wesentlich erhöht. Die oben erwähnte „Schweizer Studie" (Weber, Spychiger & Patry, 1993) erhielt die Bezeichnung *Quasi-Experiment*, weil es sich zwar um eine Stichprobe von Experimentalklassen mit je vergleichbaren zugeordneten (sog. „gematchten") Kontrollklassen handelte, jedoch das Kriterium der Randomisierung nicht erfüllt war: am Experiment beteiligt waren nur Musiklehrpersonen mit Klassen, die auch wirklich erweiterten Musikunterricht erteilen bzw. erhalten wollten, und Kontrollklassen mit Lehrpersonen, welche die Bereitschaft zur Durchführung der entsprechenden Untersuchungen hatten.[9] Die Messungen erfolgten über einen Zeitraum von drei Jahren und waren somit längsschnittlich angelegt. Im Rahmen einer solchen Studie können mehrere Typen der Datenerhebung und -analyse zum Zuge kommen, etwa die Beobachtung, wenn Videoaufnahmen gemacht und ausgewertet werden, oder die Befragung, wenn Fragebogenuntersuchungen durchgeführt oder Beteiligte interviewt werden. Auch die Dokumentensammlung spielt bei solchen Studien eine wichtige Rolle, zum Beispiel wenn mit Fotos, Briefen oder Zeitungs- oder Internetartikeln gearbeitet wird.

Das Experiment gilt gemeinhin als der Königsweg der Wissensgenese. Das Vokabular des Experimentierens stammt aus den Naturwissenschaften: Es werden Versuchsanordnungen mit verschiedenen Bedingungen und Kontrollgruppen entworfen, *base-lines* erstellt, Variablen manipuliert, Versuchstiere (oder Studierende!) eingesetzt, technische

Mittel zur Messung und Maschinen zur Ausführung von Aktionen verwendet. Die abhängigen Variablen werden genau gemessen, u. a. anhand von spezifisch dafür ausgearbeiteten Tests. Auch die Begriffe „Stichprobe“ oder „Sample“ verweisen auf die hohe Spezialisierung der Methodik und der eingesetzten Instrumente. Im klassischen einfachen Fall ist dies ein Löffel oder eine Pipette, mit welcher aus einer Substanz eine solche Stichprobe entnommen oder gezogen wird und die dann für die Grundmenge repräsentativ ist.

Sind es Menschen, die untersucht werden, ist es meist sehr viel schwieriger, eine Anzahl aus einer Grundgesamtheit auszuwählen. Trotzdem werden in den Sozialwissenschaften ebenfalls viele Experimente entworfen und durchgeführt, oft mit viel Erfindergeist. Als einfallsreiches und gut durchgeführtes sozialwissenschaftliches Experiment, welches für die musikpädagogische Lernforschung interessant ist, sei die Studie von Sebastian Kirschner und Michael Tomasello (2010) genannt. Sie untersuchten das prosoziale Verhalten von Kindern (die abhängige Variable) in einer spezifischen und experimentell hergestellten Situation und variierten das gemeinsame Musizieren, in diesem Fall das gemeinsame Singen (die unabhängige Variable). Sie konnten für diese Situation überzeugend zeigen, dass die Kinder in der musikalisch gestalteten Situation hilfsbereiter waren als unter der nicht-musikalischen Bedingung. Der Anspruch auf die Gültigkeit des Ergebnisses bezieht sich dabei auf kurzfristiges situatives prosoziales Verhalten, nicht auf die Heranbildung eines Persönlichkeitsmerkmals wie dies bei der Annahme von Transferwirkungen der Fall ist.

Wissenschaftliche und gesellschaftliche Perspektiven

Zum Verständnis der Situation der musikpädagogischen Lernforschung ist es aufschlussreich, sich ihr mit Blick auf ihre Akteure anzunähern. Ebenso ist zu fragen, welche musiklernenden Personen und Gruppen untersucht werden. Die Musikpädagogik hatte lange das Selbstverständnis, ein angewandtes, praktisches Fach zu sein; erst seit wenigen Jahrzehnten ist sie auch eine forschende akademische Disziplin, und entsprechend haben die Musikpädagoginnen und -pädagogen noch keine lange Tradition für ein Selbstverständnis als Forschende entwickelt.

Akteure musikpädagogischer Lernforschung

Es gibt viele gesellschaftliche Institutionen der musikalischen Bildung. Unter diesen ist wahrscheinlich die Lehrerbildung hauptsächlicher Ort und wichtigste Geldgeberin für die Beschäftigung von wissenschaftlich ausgebildeten Fachpersonen, die musikpädagogische Lernforschung betreiben. Grundsätzlicher aber kann man davon ausgehen, dass alle Teildisziplinen der Musikpädagogik potenzieller Austragungsort musikpädagogischer Lernforschung sein können, auch wenn sie sich ihr unterschiedlich intensiv widmen werden.

Abb. 2 zeigt eine mögliche – keinesfalls definitive! – Systematik des Faches mit seinen Teildisziplinen. Die Bezeichnungen „historische" und „systematische" Musikpädagogik verweisen begrifflich auf die langjährige Orientierung des Faches an der Musikwissenschaft. Die „Fachdidaktik" ist die starke und traditionelle Disziplin, die sich aus der Lehrerbildung nährt, so wie die Instrumentalpädagogik es für die Musiklehrerbildung der Musikschulen ist. Demgegenüber ist die Konzertpädagogik eine neue Vermittlungsdisziplin, die sich gerade zunehmend etabliert. „Philosophy of Music Education" und „Kritische Musikpädagogik" sind die Reflexionsdisziplinen des Faches, „Komparative Musikpädagogik" ist eine neuere Teildisziplin, welche für die Entwicklung der Interkulturalität und die Auseinandersetzung mit den verschiedenen Musikkulturen eine wichtige Rolle spielt.

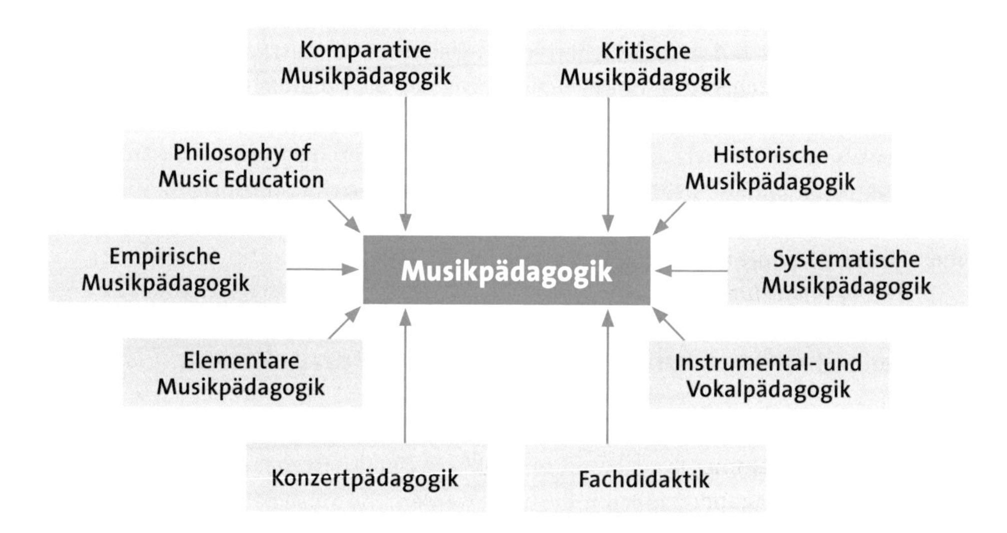

Abb. 2
Die Musikpädagogik als lernforschende Wissenschaft. Mögliche Systematik mit Teildisziplinen (Erweiterungen zu Spychiger, 2011).

Für die „empirische Musikpädagogik", zentrale Instanz empirischer Forschung in der Musikpädagogik, ist zu fragen, ob sie wirklich ein noch neuer Bestandteil des Faches im Sinn einer Teildisziplin ist. Das Verständnis soll eher dahin gehen, sie als Forschungs*orientierung* zu verstehen, wie sie von einer ganzen Reihe der Teildisziplinen angenommen worden ist. Die meisten jungen wissenschaftlich arbeitenden Musikpädagoginnen und -pädagogen pflegen einen freien Umgang mit den Paradigmen der Forschung; viele haben sich, den Ansprüchen aus dem weiteren sozialwissenschaftlichen Umfeld folgend, der empirischen Forschung zugewandt. Man kann sich gut vorstellen, dass unter einem gemeinsamen Dach mehrere Forschungsparadigmen beherbergt sind (vgl. dazu auch

Lothwesen, 2014). Die Vielfalt kann dabei sogar zur Quelle disziplinärer Identität werden und der musikpädagogischen Forschung weiterführende Fragestellungen eröffnen.

Plattformen des Wissensaustauschs

Die vorgeschlagene Systematik erhebt nicht den Anspruch auf Vollständigkeit, und sicher wären auch andere Gliederungen in Teildisziplinen möglich. Die Bewegungen im musikpädagogischen Feld manifestieren sich in den Ausbildungs- und Forschungsstätten mit neuen Professuren, Studiengängen, Fachzeitschriften und Forschungsprojekten. Es sind Strukturen und Aktivitäten entstanden, die in Anlehnung an Thomas Kuhns Darstellung der Wissenschaftsentwicklung (1962) vielleicht als diejenigen einer „Normalwissenschaft" bezeichnet werden dürfen. Das Stadium einer „Protowissenschaft" mit den Merkmalen der Individualforschung, nicht erkennbarem Forschungsparadigma und geringer gesellschaftlicher Wahrnehmung ist durchlaufen. Auf diese Weise ist der Blick in die Zukunft ein hoffnungsvoller, der Aufenthalt im Suchraum wissenschaftlichen Denkens und Arbeitens darf ein selbstgewisser sein.

Für den Austausch von Aktivitäten und Ergebnissen musikpädagogischer Lernforschung gibt es eine Reihe von Zeitschriften. In Tabelle 1 auf S. 398/399 sind die wichtigsten davon aufgeführt .

Ab der Jahrtausendwende hat die Entwicklung des Fachzeitschriftenwesens für die Musikpädagogik als forschende Disziplin im deutschsprachigen Raum Fahrt aufgenommen. Vordem war die von Sigrid Abel-Struth ins Leben gerufene Reihe *Musikpädagogik – Forschung und Lehre* eine erste Plattform für die Kommunikation; seit 1970 hatte die deutsche Pionierin der wissenschaftlichen Musikpädagogik 27 Bände herausgebracht, und von 1980 an hat der Arbeitskreis für musikpädagogische Forschung (AMPF) Tagungsbände über seine jährliche Tagung publiziert. Ab 1983 stand der Schott Verlag bereit, mit der Zeitschrift *Üben und Musizieren* Forschungsergebnisse der Musikpädagogik in einem eher zusammenfassenden und angewandten Format zugänglich zu machen. Demgegenüber entstanden wissenschaftlich-musikpädagogische Fachzeitschriften im englischsprachigen Raum schon früher.

Musikpädagogische Lernforschung im Fadenkreuz gesellschaftlicher Angebote musikalischer Bildung

Die musikpädagogische Lernforschung bezieht sich auf Individuen, die einzeln und in Gruppen lernen. Wer sind sie, in welchem Alter, wo leben sie? In welchen Kontexten lernen sie Musik, was haben sie für Lernvoraussetzungen, welche Lerngegenstände und -ergebnisse werden an ihnen untersucht? Kinder und Jugendliche, bereits Babys lernen Musik, ebenso sind alte Menschen dazu noch fähig und selbstverständlich auch Erwachsene in allen Altersstufen und Abstufungen von musikalischem Wissen und Können.

Gesellschaftliche Felder und ihre Institutionen des Musiklernens bieten ökologisch valide[10] Forschungskontexte. Die allgemeinbildende Schule nimmt dabei mit dem curricular verankerten Musikunterricht einen breiten Platz ein. Musikhochschule und Universität sind Institutionen im Feld des professionellen Musiklernens. Hier können die Prozesse des musikalischen Lernens auf hohem und sogar auf Expertise-Niveau unter-

	Zeitschrift	Land	Erste Ausgabe	Erscheint pro Jahr
1	Beiträge empirischer Musikpädagogik (bulletin of empirical music education research, b:em)	D	2012	Zweimal
2	British Journal of Music Education BJME	UK	1984	Dreimal
3	Bulletin of the Council of Research in Music Education	USA	1963	Viermal
4	Diskussion Musikpädagogik	D	1999	Viermal
5	General Music Today	USA	1991	Dreimal
6	International Journal of Community Music	USA	2008	Dreimal
7	International Journal of Music Education (IJME)	USA	1983	Viermal
8	Journal of Music Teacher Education	USA	1991	Zweimal
9	Journal of Research of Music Education	USA	1953	Viermal
10	Music Educators' Journal	USA	1914	Viermal
11	Music Education Research	UK	1999	Viermal
12	Research Studies in Music Education	USA UK	1993	Zweimal
13	Üben & Musizieren. Zeitschrift für Instrumentalpädagogik und musikalisches Lernen	D	1983	Sechsmal
14	UPDATE. Applications of Research of Music Education	USA	1989	Dreimal
15	Zeitschrift für Kritische Musikpädagogik (ZfKM)	D	2002	unregelmäßig

Tabelle 1 Überblick zu den wissenschaftlichen Zeitschriften, die musikpädagogische Lernforschung publiziere

Herausgegeben von	Beschreibung
Jens Knigge, Valerie Krupp-Schleußner, Andreas Lehmann-Wermser, Lina Oravec	Internationale, peer-reviewte zweisprachige Online-Zeitschrift, bes. für Forschung im deutschsprachigen Raum. Quantitative und qualitative Studien der empirischen musikpädagogischen Forschung, Musiklernen und -lehren.
Martin Fautley, Ally Daubney	Peer-reviewte Zeitschrift, aktuelle und internationale Forschung, Rezensionen. Will Verbindungen zwischen Forschung und der beruflichen musikpädagogischen Praxis stärken. Musiklehren und -lernen in formellen und informellen Kontexten.
Janet R. Barrett	Peer-reviewte Zeitschrift, eine gut etablierte, forschungsorientierte Fachzeitschrift. Rezensionen, Dissertationsbewertungen, Tagungsunterlagen.
Christoph Richter Hildegard Junker Verlag	Fachzeitschrift zur Auseinandersetzung mit aktuellen Fragen der Musikpädagogik. Forschungsergebnisse, Unterrichtsgegenstände, methodologische Ansätze und Vorschläge, neue Literatur.
Shelly Cooper National Association for Music Ed. (NAfME)	Peer-reviewte Online-Zeitschrift, publiziert neue Lehrmaterialien, -methoden, -analysen, frühe Kindheit bis High school.
Lee Higgins Intellect	Internationale peer-reviewte Zeitschrift, veröffentlicht Forschungsartikel, Diskussionen, Rezensionen, Leserkommentare und Sonderthemen.
Ruth Brittin, Beatriz Ilari, Scott Harrison, Bo Wah Leung	Internationale peer-reviewte Zeitschrift, Plattform für die Veröffentlichung empirischer Forschung für die internationale Musikpädagogik.
Janice Killian National Association for Music Ed. (NAfME)	Peer-reviewte Online-Zeitschrift, lehrerbildungsorientiert, thematisch vielseitig, nebst empirischer, philosophischer und historischer Beiträge. Diskurse in der Musikpädagogik.
Steven J. Morrison National Association for Music Ed. (NAfME)	Internationale peer-reviewte Zeitschrift, früheste Plattform für die Veröffentlichung empirischer Forschung für die internationale Musikpädagogik. Musiklernen frühe Kindheit bis Erwachsenenalter; breites Themenspektrum.
Patrick K. Freer National Association for Music Ed. (NAfME)	Peer-reviewte Zeitschrift, wissenschaftliche und praxisnahe Beiträge; Lehrmethoden und aktuelle Trends der Musikpädagogik in schulischen und außerschulischen Kontexten.
Sarah Hennessy	Internationale peer-reviewte Zeitschrift, deutlich forschungsorientiert, Diskussionsforum für soziologische, philosophische, psychologische Fragen, komparative Studien. Orientiert auf die Entwicklung der Musikpädagogik.
Margaret S. Barrett, Society for Education, Music and Psychology Research (SEMPRE)	Internationale peer-reviewte Zeitschrift, sehr deutlich forschungsorientiert, Ziel der Entwicklung von Theorie und Praxis; Diskussionsforum für methodologische Fragen.
Reinhart v. Gutzeit, Ulrich Mahlert Schott Music GmbH & Co KG	Die einzige deutschsprachige Fachzeitschrift speziell für Instrumentalpädagogen. Berichtet über aktuelle Themen und Forschungsergebnisse für die Unterrichtspraxis, Besprechungen aktueller Unterrichtsliteratur, Fragen der musikalischen Früherziehung.
Debbie Rohwer National Association for Music Ed. (NAfME)	Peer-reviewte Online-Zeitschrift. Musikpädagogische Lehr- und Lernforschung für die Anwendung und Praxis. Verzicht auf Forschungsfachterminologie. Rezensionen.
Jürgen Vogt	Online-Zeitschrift mit theoretischen und wissenschaftlichen Beiträgen, reflexionsorientiert, nicht-empirisch.

sucht werden. Interessant ist die Frage, ob auch an Orten der praktischen Musikausübung und in der Breitenförderung für Erwachsene musikpädagogische Lernforschung betrieben wird. Abb. 3 stellt einen Versuch dar, die gesellschaftlichen Orte und Angebote des musikalischen Lernens mit dem musiklernenden Individuum gemäß des *life-span* Ansatzes zu verbinden.

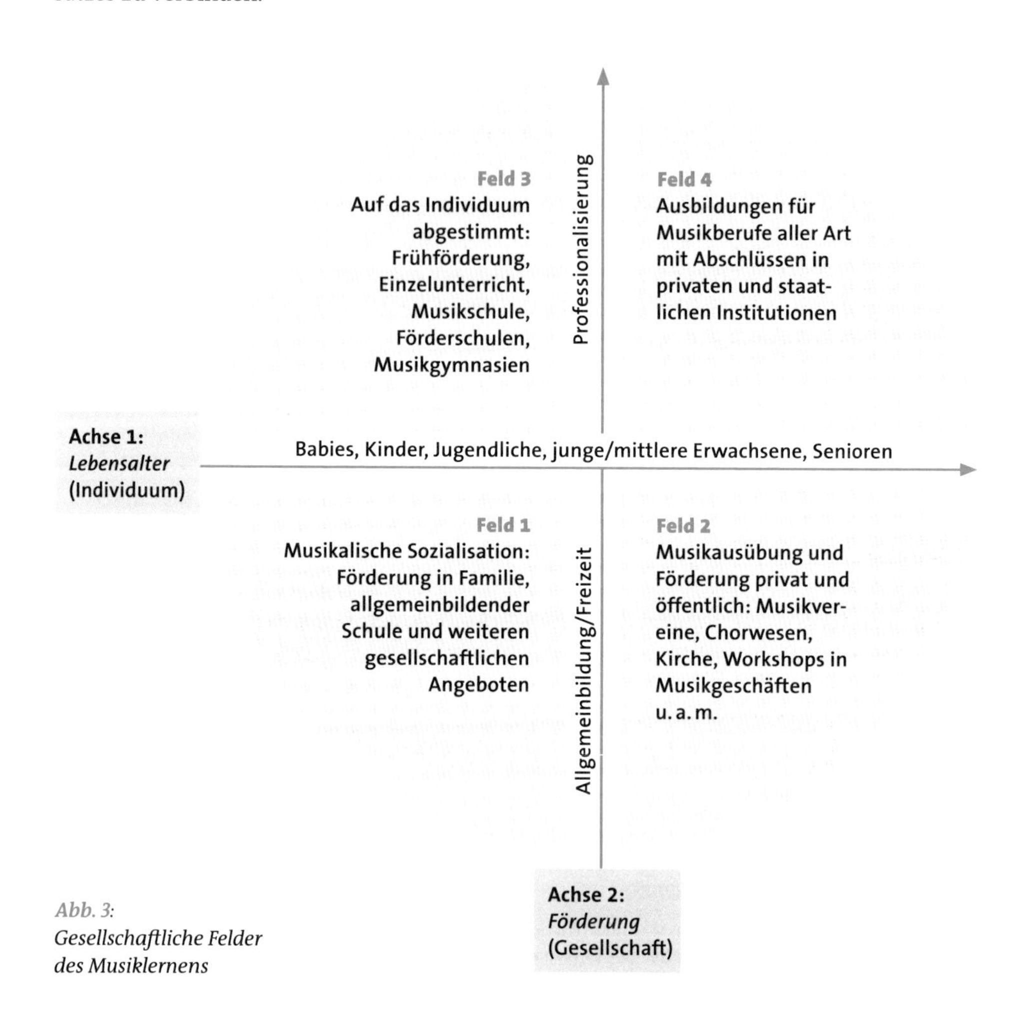

Abb. 3: Gesellschaftliche Felder des Musiklernens

Die horizontale Achse bildet die Person von der Geburt bis zum Tod ab, die vertikale die gesellschaftlichen Angebote zur musikalischen Betätigung und Bildung von der Breite bis zur Spitze. Den vier Feldern lassen sich sehr viele dieser Angebote zuordnen, etwa die allgemeinbildende Schule dem Feld 1, das Laienmusizieren in Musikvereinen dem Feld 2, der private Einzelinstrumentalunterricht für Kinder und Jugendliche dem Feld 3 oder die Ausbildung der Berufsmusikerinnen und Berufsmusiker dem Feld 4. Institutionen wie die allgemeinbildende Schule und die Musikschule sowie die universitären Lehrämter und die Studiengänge der Instrumentalpädagogik an Musikhochschulen sind gesellschaftlich fest verankert, während etwa das Chorwesen und die Musikvereine nicht in gleicher Art professionalisiert, aber trotzdem sehr bedeutsame gesellschaftliche Stätten musikalischer Betätigung und Garanten für die Kontinuität und Zugänglichkeit musikalischer Bildung sind.

Die Beforschung musikalischer Bildung und Förderung wird in den verschiedenen gesellschaftlichen Feldern von unterschiedlichen Institutionen und Einrichtungen gefördert. Seit mehreren Jahren unterstützen oft Stiftungen oder Banken die Begleitforschung zu musikpädagogischen Interventionen, z. B. die Bertelsmann Stiftung die Musikalischen Grundschulen, die Crespo Foundation das Singeprojekt „Primacanta", oder die Deutsche Bank das Education Project der Berliner Philharmoniker. Öffentliche Forschungseinrichtungen sprechen sich dagegen nur selten für musikpädagogische Forschungsprojekte aus. Spezielle Aufmerksamkeit gilt in Fachkreisen etwa der Kinderstimme und deren Pflege und Bildung (Feld 3).

Für das Üben und Lernen in der professionellen Musikausübung (Felder 3 und 4) wurde mit der Expertiseforschung viel Wissen gewonnen; auch dabei konnte die leidige Anlage-Umwelt-Debatte weitgehend überwunden werden. Allerdings haben das auch schon die großen Musikpädagogen früherer Jahrhunderte gewusst, Leopold Mozart sagte etwa: „Lernts was, so könnts was" – der Sohn zitierte ihn in einem Brief vom 7. März 1778 mit diesen Worten und pflichtete seinem Vater ausdrücklich bei.

Verbindungen schaffen

Ein besonderes Potenzial steckt im Schaffen von Verbindungen zwischen den Feldern und Institutionen musikalischer Betätigung und Bildung. Auf diese Weise sind in den letzten Jahren außerordentlich viele Projekte entstanden, um kulturelle Teilhabe, Inklusion, Förderung von ungenutzten Fähigkeiten wie etwa dem Singen usw. zu ermöglichen. Zum Beispiel wenden sich Berufsorchester (Feld 4) der allgemeinbildenden Schule (Feld 2) zu und laden zu pädagogisch aufbereiteten Orchesterproben ein; praktisch tätige Musikpädagoginnen und -pädagogen aus dem elementaren Bereich gehen mit ihren Kindermusikgruppen regelmäßig in ein Seniorenheim zum gemeinsamen Bewegen und Musizieren oder Musikschullehrpersonen bringen ihre Instrumente in die allgemeinbildende Schule.

Es sind Forschungsarbeiten entstanden, welche sich mit den Prozessen dieser Verbindungen und deren Ergebnissen befassen. So hat Peter Mall (2016) die Zusammenarbeit von Schule und Orchester untersucht. Selbstverständlich stehen auch die besprochenen BMBF-Studien zu „JeKi" im Kontext der Verbindung gesellschaftlicher Felder musikalischer Bildung, in diesem Fall von allgemeinbildender Schule und Musikschule. Schon etwas älter sind die Untersuchungen zur Publikumsentwicklung in der Folge pädagogischer Vermittlungsaktivitäten. Es ist dies eine Fragestellung, die nicht wirklich auf die Lernprozesse der Kinder und Jugendlichen abzielt.

Unabhängig von bereits bestehenden Institutionen und ihren Populationen ist mit der Frage nach Lernökologien *(music learning ecologies),* insbesondere mit Susan O'Neills Arbeiten, ein Zugang zu musikbezogenem Lernen entstanden, der auf flexible Weise Personen mit ihren unterschiedlichen Lebens- und Rahmenbedingungen an ihren jeweiligen Lernorten in den Blick nimmt. Die Orte mögen oft nicht festgelegt sein oder als Institutionen auftreten, sondern können auch medial, insbesondere im Internet verankert sein (im Überblick O'Neill, 2017).

Die Forschungsexpertisen werden mit zunehmender Forderung der Geldgeber, Vorhaben, laufende Projekte und auch bereits etablierte Institutionen zu begründen und zu evaluieren, immer mehr benötigt. Niels Knolle hat an der Schwelle zum 21. Jahrhundert im Vorwort zu einem Tagungsband des Arbeitskreises für musikpädagogische Forschung gefragt: „Musikpädagogik vor neuen Forschungsaufgaben?" (Knolle, 1999). Der Arbeitskreis hatte sich zur Diskussion dieses Themas getroffen, freilich ohne Fragezeichen. Knolles Fazit über den Austausch war etwas vage, wenn er bilanzierte: „Nun, vor uns liegen noch viele Aufgaben. Aber ich denke, dass wir mit den Beiträgen und den Diskussionen im Verlaufe dieser Tagung auch ein gutes und interessantes Stück dieses Weges haben gehen können" (Knolle, 1999, 8).

Inzwischen sind die Forschungsaufgaben der Musikpädagogik deutlicher geworden und haben sich konkretisiert. Die in den letzten Jahren entstandene kleine musikpädagogisch forschende *Scientific Community* des deutschen Sprachraums ist mit Methodensensibilität unterwegs, davon zeugen auch neu entstandene Zeitschriften und Publikationen. Es ist Aufgabe der Musikpädagogik, Menschen in der individuellen musikalischen Entwicklung, den Lern- und Interaktionsprozessen im musikalisch-pädagogischen Bezug und als soziale Wesen in musikalischen Kulturen zu erforschen und zu verstehen.

Rückblickend hat sich in wenigen Jahrzehnten auch die musikalische Betätigung in ihrer Art und gesellschaftlichen Breite verändert – und intensiviert: In der Jugendszene finden sich unzählige Bands, die Erwachsenen machen Hausmusik, die Chorlandschaft entwickelt sich in jedem Segment bis hin zum „Ich-kann-nicht-singen-Chor".[11] Menschen mit Behinderungen werden als gleichwertige Mitglieder in Bands aufgenommen, Kindern aus sozial benachteiligten Milieus wird Zugang zu musikalischer Bildung ermöglicht. Für musikpädagogische Projekte herrscht ein ausgesprochen gutes Klima. Die Großinitiative „Jedem Kind ein Instrument" hat das Bewusstsein für die Bedeutung des Instrumentallernens gesteigert, die Singeprojekte in den öffentlichen Schulen verschiedener Regionen Deutschlands erreichen zwischenzeitlich viele Kinder, und große Orchester übernehmen ebenso wie lokale Musikvereine mit erfolgreichen Konzepten Verantwortung für die gesellschaftliche Musikvermittlung im Kindes- und Jugendalter.

Dabei bleibt die Frage, was denn die Ergebnisse und greifbaren *learning outcomes* musikalischer Lernprozesse sind; man wünschte, dass Kinder und Jugendliche in der Schule in diesem Fach mehr lernen. Viele schließen die obligatorischen Schuljahre ab, ohne dass sie die grundlegenden musikalischen Fähigkeiten, Singen, Bewegung und einfaches Musizieren, weiterentwickeln konnten und die fachspezifische Literalität erworben hätten. Der Musikunterricht ist in seinen Realisierungen vielerorts eingeschränkt. Die Musikdidaktik, ihres Zeichens eine Erfahrungswissenschaft (vgl. dazu auch Vogt, 2002), beschreibt Unterrichtsprozesse gerne mit einem Vokabular, das nach Forschung klingt, etwa „Forschen im Unterricht", wenn Schülerinnen und Schüler selbst etwas tun, z. B. ausprobieren oder Informationen außerhalb des Klassenraums sammeln; auch der Begriff „Experimentieren" ist beliebt, wenn es um entdeckendes und erfahrendes Lernen geht. Sie wird sich zukünftig vermehrt auch der prüfenden Messung ihrer *learning outcomes* zuwenden müssen, um eine forschende Disziplin im wissenschaftlichen Sinn zu sein (vgl. dazu kritisch Herzog, 2013).

Kritische Reflexionen und zukünftige Forschungsaufgaben

Musikpädagogische Lernforschung soll es wagen, auch die Effizienz musikpädagogischen Handelns zu untersuchen. Im weiteren Sinne ist aber vor allem zu wünschen, dass sie sich vermehrt den Lernenden als Personen zuwendet und fragt, wer sie sind, diese Kinder, Jugendlichen, Erwachsenen, auch die Jüngsten und die Ältesten, wie das Musiklernen in ihr Leben eingebettet ist, welchen Arten der Musik und des Musizierens sie sich zuwenden, was Musik und Musizieren ihnen bedeutet, welche Bedingungen und Chancen des Lernens sie haben, wie sie diese gestalten usw. Es findet sich hier eine Schnittfläche von Musikpsychologie und Musikpädagogik, welche die Musikpädagogik in Zukunft viel mehr nutzen kann und wo der interdisziplinäre Bezug noch viele Potenziale bereithält.

Selbstkritisch ist schließlich festzuhalten, dass bei allem Bedarf nach Forschung das forschende Vorgehen nicht „empirizistisch" sein darf. Eine forschende Disziplin soll sich dieser Gefahr bewusst sein: Blindes Messen, Untersuchungen des Untersuchens wegen, Daten erheben des Auswertens wegen, große Stichproben nur der statistischen Tests und strategisch der signifikanten Ergebnisse wegen, solcherart selbstbezogene Empirie braucht die Musikpädagogik nicht. Empirisch gesicherte Schlüsse ziehen, wo diese theoretisch unbedeutend oder praktisch nutzlos sind, darf nie das Ziel empirischen Arbeitens sein. Empirische Musikpädagogik soll sich um Zusammenhangswissen bemühen, wie oben etwa zum Zusammenhang von musikunterrichtlichem Vorgehen und Lernergebnissen gefordert. Theorie- und konzeptgeleitet vorgehen und von dieser Warte her die Aufgabe einer empirisch-angewandten Musikpädagogik wahrzunehmen, Forschung zu Händen der Praxis zu betreiben und dabei innovative Ideen abzuwerfen, das kann ihre Funktion sein. Annedore Prengel (1997) hat diese Möglichkeiten und Aufgaben in einem Beitrag zur Bedeutung der Praxisforschung für die Erziehungswissenschaften schon allgemein ausgeführt.

Auch Anne Niessen und Andreas Lehmann-Wermser (2004) haben dem Fach eine reflektierte Forschung und „auf keinen Fall starre Regeln" anempfohlen. Überhaupt sei an dieser Stelle noch festgehalten, dass musikpädagogische Lernforschung die Produktion von Wissen und Erkenntnis mit anderen teilt. Auch handwerkliche Praxis, künstlerischer Prozess, spirituelle Erkenntnissysteme oder die Reflexion des tätigen Arbeitslebens, ja auch die ahnende und sehnende Zuwendung zu wichtigen Fragen des Lernens können zu Wissen und Erkenntnis führen (für einschlägige wissenschaftstheoretische Reflexionen vgl. Feyerabend, 1976; Hogrebe, 1996).

Die Musikpädagogik ist dabei, den grenzüberschreitenden Habitus wissenschaftlichen Arbeitens und insbesondere den an den Tatsachen orientierten Blick empirischen Denkens und die Überprüfung von Praxis durch methodengeleitete Untersuchungen des Musiklehrens und -lernens anzunehmen. Sie soll sich weder zu Vereinfachungen und Emotionalisierung verleiten noch durch fachfremde Anliegen vereinnahmen lassen. Musikbezogene Bildungsoffensiven, ebenso wie alltägliche und kleine Projekte, Aktivitäten und Erfahrungen, können für die Sicherung musikalischer Bildung über die Generationenwechsel und Institutionen hinweg stehen. Es soll um die einzelnen Menschen und Gruppen einer Gesellschaft in ihren unterschiedlichen Lebensaltern, -welten und -lagen gehen, und dabei immer wieder besonders um die Kinder und Jugendlichen.

Dank

Meinen wissenschaftlichen Mitarbeitenden Dr. Peter Mall und Dipl.-päd. Jana Hahn danke ich an dieser Stelle für die starke Unterstützung in der Erstellung dieses Beitrags. Außerdem ging Abb. 3, die Klassifikation musikalischer Betätigung und Bildung in gesellschaftlichen Feldern als Vierfeldertafel, aus der Arbeit mit den Lehramts- und Master-Studierenden im Seminar „Philosophy of Music Education" im Wintersemester 2014/15 hervor. Die Herausarbeitung von Verbindungen zwischen den Feldern anhand von Projektbeispielen, die wir musikalische Lernökologien nannten, leisteten die Studierenden im Seminar im Sommersemester 2016 (beides Seminare an der Hochschule für Musik und Darstellende Kunst Frankfurt am Main). Ich danke an dieser Stelle auch diesen beiden Studierendengruppen ausdrücklich für diese hervorragenden Beiträge.

---

[1] Die Vorstellung, dass Kinder und Jugendliche im Unterricht mit einer bestimmten Lernmethode, Sozialform, erhöhten Stundenzahl oder didaktischen Maßnahme „behandelt" werden, widerstrebt und widerspricht zwar dem Lernverständnis unserer Zeit, insbesondere wenn den Lernenden eine aktive Rolle zugedacht ist und eingeräumt wird, dass Lernprozesse nur begrenzt plan- und lenkbar sind. Im Forschungskontext soll jedoch Forschungsqualität nicht mit theoretisch-lernpsychologischer und didaktischer Inhaltlichkeit verwechselt werden: Dass die Lernprozesse und ihre Ergebnisse ihrem Wesen nach unsicher sind, bedeutet nicht, dass auch die Methode oder Intervention unsicher ist oder nicht präzise beschrieben werden könnte.

[2] Überblicksreferate gibt es auch für die musikpädagogisch relevanten Themen Blattspiel und Blattsingen (Gudmundsdottir, 2010; Kuehne, 2010).

[3] Überhaupt sollte man nicht denken, die Kompetenzorientierung sei etwas herausragend Neues. Musikalische Bildung hat eine sehr lange Geschichte und viele Traditionen des Lernens. Schon Konfuzius (551–478 v. Chr.) und nach ihm Platon (428–348 v. Chr.) haben sich kompetenzorientiert für ein Musiklernen mit ausübender Praxis ausgesprochen. Platon forderte etwa, dass jemand in der Lage sein muss, seinen Platz im Chor einzunehmen (s. Ehrenforth, 2005, 44 ff.), und Konfuzius als entlegenerer Vertreter der antiken Ethoslehre vertrat die Auffassung, dass der Kaiser des Reiches über eine Musikpraxis verfügen muss, die ihn befähigt, an der kaiserlichen Akademie zu unterrichten.

[4] An dieser Stelle ist auf die sehr bedeutende Methodik der Meta-Analyse zu verweisen, wie Robert Rosenthal sie in den Achtzigerjahren in die Sozialforschung eingeführt hat (aktualisiert s. Rosenthal, 1991), um die Ergebnisse mehrerer Studien in einem Bereich zusammenzuführen. Meta-Analysen bringen exponenziellen Wissensgewinn, berühmte Beispiele sind etwa diejenigen über die Wirksamkeit von Bildungsinstitutionen oder von Psychotherapie. Für die Musikpädagogik könnte die große Zahl von Transferstudien einmal in einer Fleißarbeit gebündelt und einer Meta-Analyse unterzogen werden; dies wäre hilfreich, um in der nicht zur Ruhe kommenden Diskussion voranzukommen. Immerhin hat Lutz Jäncke (2008) einen weitgehenden Forschungsüberblick zur Musik-macht-schlau-These geleistet, sie aus neurowissenschaftlicher Sicht differenziert beleuchtet und viele der auf langfristige Effekte musikalischer Betätigung angelegten Studien in Frage gestellt. Vordem hat schon Spychiger (2001) die typischen Fehler in den Transferstudien benannt und die forschungsmethodischen Probleme und Mängel aufgezeigt.

[5] https://www.musikrat.de/fileadmin/files/musikrat/musikrat/Presse/Newsletter/2012/12_Dezember/DMR_Newsletter_46_191212.pdf (Stand: 10.09.2016).

[6] Problematisch ist daran, dass die Physiologie des Gehirns und Bilder von Observationen dessen Aktivitäten kaum direkte Antworten auf Fragen der Unterrichtsgestaltung und -steuerung geben können, etwa wie mit Kindern und Jugendlichen umzugehen sei, wenn diese den Unterricht stören, Fehler machen oder müde sind. Zwar sind Beiträge von musikinteressierten Vertreterinnen und Vertretern wie Oliver Sacks, um den vielleicht berühmtesten unter ihnen zu nennen, höchst interessant und aufschlussreich (Sacks, 2008). Andere, stärker als lernpsychologisch auftretende Studien bringen jedoch in aller Regel vor allem die Neurowissenschaften voran, ihre abhängigen Variablen sind die Plastizität des Gehirns, Funktionen an den Synapsen, Verschaltungen von Hirnregionen usw., nicht musikpädagogische Variablen wie Rhythmuslernen, Erwerb von Singefähigkeiten, Audiation, Rhythmuslernen, Übedisziplin usw. Auch die neurodidaktischen Ableitungen aus den Einblicken in die Gehirnfunktionen für das Lehren berichten zumeist nur von Einsichten, die in eigenen Forschungsgebieten (wie z. B. Erziehungsstilforschung, Emotionen im Unterricht, dialogisches Prinzip etc.) bereits seit Jahrzehnten disziplinär untersucht werden. Der Musikpädagogik wie auch der Pädagogik allgemein kann man vielleicht raten, nebst der Offenheit für interdisziplinäre Einblicke auch Autonomie im Erkenntnisgewinn zu wahren.

[7] Für die *Grounded-Theory*-Methodik ist so anerkennend wie kritisch anzumerken, dass es sich um eine aufwendige und anspruchsvolle qualitative Vorgehensweise handelt. Sie geht offen und explorativ an den Forschungsgegenstand heran. Oft wird jedoch oder gerade deswegen – und fälschlicherweise – angenommen, sie eigne sich insbesondere für wenig erfahrende Forscherinnen und Forscher, bzw. fühlen sich solche von ihr angezogen. Es gilt aber auch für diese Art des Forschens, dass die Kenntnis von und der Umgang mit bereits vorhandenem Wissen, auf welchem Niveau dies auch immer ist, immer die Grundlage forschender Tätigkeit sein muss. Udo Kelle und Susann Kluge (2010) haben dafür den Terminus der „Theoretischen Sensibilität“ vorgeschlagen, der die „Fähigkeit des Forschers dar(stellt), über empirisch gegebenes Material *in theoretischen Begriffen* zu reflektieren“ (ebd., 20; Hervorhebung durch M. S.).

[8] Man darf sich dies nicht zu einfach vorstellen. Es gibt beim Forschen mit mehreren Perspektiven und Methoden große Gefahren; allzu schnell ist ein Sammelsurium hergestellt, welches Dinge miteinander vergleicht und zusammenführt, die nicht wirklich miteinander zu vergleichen sind, weil sie etwa unterschiedliche Inhalte oder Messbedingungen aufweisen. Aussagen auf solcher Grundlage sind dann nicht besser, sondern ganz gewiss schlechter, der Untersuchungsplan einer solchen Studie nicht differenzierter, sondern dilettantisch. Fachpersonen, die auf solche Probleme hingewiesen haben, schlagen vor, Daten und ihre Quellen in solchen Untersuchungssettings auf Konsistenz zu testen (vgl. dazu Boeije, 2010, 176 f.).

[9] Jedoch war es mit Erhebungen in 35 Klassen und gleich vielen Kontrollklassen, aus denen zum Vergleich je Klassenpaare gebildet wurden, ein wirklich großes Experiment mit über 1200 beteiligten Kindern und Jugendlichen, an welchen über einen Zeitraum von drei Jahren aufwendige Messungen über mehrere abhängige und vermittelnde Variablen durchgeführt wurden.

[10] Die Bezeichnung „ökologisch“ ist der Forschungsliteratur entnommen und bedeutet in diesem Zusammenhang nicht etwa Umweltschutz oder umweltbewusstes Verhalten, sondern dass die Untersuchungen im tatsächlichen Lebensraum (und nicht im Labor) durchgeführt wurden.

[11] Vgl. etwa Siemens in „Die Zeit“ vom 9. Dez. 2010: „Das Volk singt wieder“.

Literatur

Amoretti, M. Ch. (2011): *Triangulation from an epistemological point of view.* Frankfurt a.M.: Ontos-Verlag.

Bähr, J., Gies, S., Jank, W. & Nimczik, O. (2003): Kompetenz vermitteln – Kultur erschließen. Musiklernen in der Schule. *Diskussion Musikpädagogik,* Nr. 19, 26–39.

Balthes, P. (1990): Entwicklungspsychologie der Lebensspanne: Theoretische Leitsätze. *Psychologische Rundschau,* 41, 1–24.

Benner, D. (2012): *Bildung und Kompetenz. Studien zur Bildungstheorie, systematischen Didaktik und Bildungsforschung.* Paderborn: Ferdinand Schöningh.

Boeije, H. (2010): *Analysis in Qualitative Research.* Los Angeles: Sage.

Bojack-Weber, R. (2012): *Singen in der Grundschule. Eine Untersuchung zur Singfähigkeit und zum Singverhalten von Grundschulkindern* (Forum Musikpädagogik, 104. Augsburger Schriften). Augsburg: Wißner.

Bongard, S., Frankenberg, E., Friedrich, K.E., Kreutz, G. & Roden, I. (2015): MEKKA – Musikerziehung, kindliche Kognition und Affekt. In U. Kranefeld (Hg.): *Instrumentalunterricht in der Grundschule. Prozess- und Wirkungsanalysen zum Programm Jedem Kind ein Instrument.* Bildungsforschung, Bd. 41 (S. 167–194). Berlin: Bundesministerium für Bildung und Forschung (BMBF).

Bortz, J. & Döring, N. (2002): *Forschungsmethoden und Evaluation.* Berlin: Springer.

Busch, Th. (2013): *Was glaubst du, kannst du in Musik? Musikalische Selbstwirksamkeitserwartungen und ihre Entwicklung zu Beginn der Sekundarstufe I.* Münster: LIT.

Buschmann, J. & Jank, B. (Hg.) (2017): *Belcantare Brandenburg – Jedes Kind kann singen.* Potsdam: Wissenschaftliche Edition, Potsdamer Schriftenreihe für Musikpädagogik.

Cangro, R. (2015): Student collaboration and standards-based music learning: A literature review. *Update: Applications of Research in Music Education,* doi: 10.1177/8755123314568794 (Stand: 10.09. 2016).

Costa, P.T. & McCrae, R.R. (2008): Empirical and theoretical status of the five-factor-model of personality traits. In: G.J. Boyle, M.G. Saklofske & H. Donald (Eds.): *The Sage Handbook of Personal Theory and Assessment* (vol. 1, pp. 273–294): London: Sage.

Dinkelaker, J. & Herrle, M. (2009): *Erziehungswissenschaftliche Videographie. Eine Einführung.* Wiesbaden: Springer VS.

Ehrenforth, K.H. (2005): *Geschichte der musikalischen Bildung. Eine Kultur-, Sozial- und Ideengeschichte in 40 Stationen.* Mainz: Schott.

Ercikan, K. & Roth, W.-M. (2006): What good is polarizing research into qualitative and quantitative? *Educational Researcher,* 35, No. 5, 14–23.

Ericsson, K.A., Krampe, R.Th. & Tesch-Römer, C. (1993): The role of deliberate practice in the acquisition of expert performance. *Psychological Review,* 100, 363–406.

Feyerabend, P. (1976): *Wider den Methodenzwang.* Frankfurt a.M.: Suhrkamp.

Fiedler, D. & Müllensiefen, D. (2016): Struktur und Entwicklung von Musikalischem Selbstkonzept, Musikalischer Erfahrenheit und Interesse am Schulfach Musik. Eine empirische Längsschnittuntersuchung von Schülerinnen und Schülern (9 bis 17 Jahre) an Haupt-, Gemeinschafts- und Realschulen sowie Gymnasien in Baden-Württemberg. In: J. Knigge & A. Niessen (Hg.): Musikpädagogik und Erziehungswissenschaft (S. 209–230). Musikpädagogische Forschung: Bd. 37. Münster: Waxmann.

Flick, U. (2008): *Triangulation: Eine Einführung.* Wiesbaden: Verlag für Sozialwissenschaften.

Froehlich-Rainbow, H. (1984): *Systematische Beobachtung als Methode musikpädagogischer Unterrichtsforschung. Eine Darstellung anhand amerikanischer Materialien.* (Musikpädagogik: Forschung und Lehre, Bd. 21). Mainz: Schott.

Fuchs, M. (2006): Was soll Musikunterricht in der Grundschule leisten? In: M. Fuchs & G. Brunner (Hg.): *Welchen Musikunterricht braucht die Grundschule? Konzeptionelle und unterrichtsspezifische Beiträge zu einem nachhaltigen Musikunterricht* (S. 43–56). Essen: Die Blaue Eule.

Gebauer, H. (2011): *„Es sind Kamera-Themen."* Potenziale und Herausforderungen videobasierter Lehr-Lernforschung in der Musikpädagogik. *Beiträge empirischer Musikpädagogik* 2(2). http://www.bem.info/index.php?journal=ojs&page=article&op=view&path%5B%5D=57&path%5B%5D=147 (Stand: 06.08.2016).

Gembris, H., Kraemer, R.-D. & Maas, G. (Hg.) (2001): Macht Musik wirklich klüger? *Musikpädagogische Forschungsberichte,* Bd. 8. 2. Auflage 2006. Augsburg: Wissner.

Glaser, B.G. & Strauss, A.L. (1998): *Grounded Theory. Strategien qualitativer Forschung.* Bern: Huber.

Gruhn, W. & Rauscher, F. (2006): The neurobiology of music cognition and learning. In: R. Colwell (Ed.): MENC Handbook of musical cognition and development (pp. 40–71). Oxford: Oxford University Press.

Gudmundsdottir, H.R. (2010): Advances in music-reading research. *Music Education Research* 12(4), 331–338.

Harnischmacher, Ch. & Hörtzsch, U. (2012): Motivation und Musikunterricht. Eine empirische Studie zum Vorhersagewert des Motivationsmodells Musikalischen Handelns auf die Einstellung zum Musikunterricht aus Schülersicht. In: J. Knigge & A. Niessen (Hg.) (2012): *Musikpädagogisches Handeln. Begriffe, Erscheinungsformen, politisches Handeln* (Musikpädagogische Forschung, Bd. 33, S. 56–69). Essen: Die Blaue Eule.

Hasselhorn, J. & Lehmann, A.C. (2014): Entwicklung eines empirisch überprüfbaren Modells musikpraktischer Kompetenz (KOPRA-M). In: B. Clausen (Hg.): *Teilhabe und Gerechtigkeit* (S. 77–94). Münster: Waxmann.

Hasselhorn, J. & Lehmann, A.C. (2015): Leistungsheterogenität im Musikunterricht. Eine empirische Untersuchung zu Leistungsunterschieden im Bereich der Musikpraxis in Jahrgangsstufe 9. In: A. Niessen & J. Knigge (Hg.): *Theoretische Rahmung und Theoriebildung in der musikpädagogischen Forschung* (S. 163–176), Münster: Waxmann.

Hellberg, B. (2017): *„Jetzt greift es wirklich ineinander". Der mehrstufige Analyseprozess bei der Untersuchung gemeinsamen Musizierens im Gruppenunterricht.* Diss. phil. Hochschule für Musik und Darstellende Kunst Frankfurt.

Herzog, W. (2013): *Bildungsstandards. Eine kritische Einführung.* Stuttgart: Kohlhammer.

Hogrebe, W. (1996): *Ahnung und Erkenntnis.* Frankfurt a.M.: Suhrkamp.

Jacobsen, J.-H., Stelzer, J., Fritz, Th.H., Chételat, G., La Joie, R. & Turner, R. (2015): Why musical memory can be preserved in advanced Alzheimer's disease. *Brain,* 138(8), 2438–2450. https://doi.org/10.1093/brain/awv135 (Stand: 30.04.2018).

Jäncke, L. (2008): *Macht Musik schlau? Neue Erkenntnisse aus den Neurowissenschaften und der kognitiven Psychologie.* Bern: Huber.

Jordan, A.-K. (2014): *Empirische Validierung eines Kompetenzmodells für das Fach Musik. Teilkompetenz „Musik wahrnehmen und kontextualisieren".* Münster: Waxmann.

Jordan, A.-K., Knigge, J., Lehmann, A.C., Niessen, A. & Lehmann-Wermser, A. (2012): Entwicklung und Validierung eines Kompetenzmodells im Fach Musik. Wahrnehmen und Kontextualisieren von Musik. *Zeitschrift für Pädagogik* 58 (4), 500–521.

Jorgensen, E. (1995): Music education as community. *The Journal of Aesthetic Education,* vol. 29, No. 3, 71–84.

Kelle, U. & Kluge, S. (2010): *Vom Einzelfall zum Typus: Fallvergleich und Fallkontrastierung in der qualitativen Sozialforschung.* Wiesbaden: Springer VS.

Keller, P.E. (2008): Joint action in music performance. In F. Morganti, A. Carassa & G. Riva (Eds.): *Enacting intersubjectivity. A cognitive and social perspective on the study of interactions* (pp. 205–221). Amsterdam: IOS Press.

Kirschner, S. & Tomasello, M. (2010): Joint music making promotes prosocial behavior in 4-year-old children. *Evolution and Human Behavior* 31, 354–364.

Kleinen, G. (Hg.) (2003): *Musik und Kind.* Laaber: Laaber-Verlag.

Klieme, E., Avenarius, H., Blum, W., Döbrich, P., Gruber, H., Prenzel, M. et al. (Hg.) (2003): *Zur Entwicklung nationaler Bildungsstandards: Eine Expertise.* Bildungsforschung: Bd. 1., Berlin: BMBF.

Knigge, J. & Niessen, A. (Hg.) (2012): *Musikpädagogisches Handeln. Begriffe, Erscheinungsformen, politisches Handeln.* (Musikpädagogische Forschung, Bd. 33). Essen: Die Blaue Eule.

Knigge, J. (2011): *Modellbasierte Entwicklung und Analyse von Testaufgaben zur Erfassung der Kompetenz „Musik wahrnehmen und kontextualisieren".* Berlin: LIT.

Knigge, J. (2014): Der Kompetenzbegriff in der Musikpädagogik: Verwendung, Kritik, Perspektiven. In: J. Vogt, M. Brenk & F. Heß (Hg.): *(Grund-)Begriffe musikpädagogischen Nachdenkens – Entstehung, Bedeutung, Gebrauch* (S. 105–135), Münster: LIT.

Knolle, N. (1999) (Hg.): *Musikpädagogik vor neuen Forschungsaufgaben.* (Musikpädagogische Forschung des Arbeitskreises Musikpädagogische Forschung, Bd. 20). Essen: Die Blaue Eule.

Kranefeld, U. (2015): Lernaufgaben im Prozess. Zum Potenzial qualitativer Zugänge bei der Erforschung von (Musik-)Unterrichtsqualität. *Diskussion Musikpädagogik,* Nr. 68, 39–44.

Kranefeld, U., Heberle, K. & Pankoke, C. (2015): „AdaptiMus" Zur videographischen Erfassung von Passungsprozessen im Musikunterricht – Methodologische Überlegungen und fallanalytische Perspektiven. *Beiträge Empirischer Musikpädagogik* 6(2), 2–20.

Kuehne, J. M. (2010): Sight-singing: ten years of published research. Update: *Applications of Research in Music Education,* vol. 29, 7–14.

Kuhn, Th. S. (1962): *The structure of scientific revolutions.* Chicago: University of Chicago Press, 1962.

Langbehn, A. (2001): *Experimentelle Musik als Ausgangspunkt für Elementares Musiklernen.* Saarbrücken: Pfau Verlag.

Lehmann-Wermser, A. & Nießen, A. (2004): „Deshalb weisen wir nochmals darauf hin, dass die von uns vorgeschlagenen Methoden auf keinen Fall als starre Regeln zu verstehen sind ..." Über die Individualität methodologisch reflektierter Forschung. In: B. Hofmann (Hg.): *Was heißt methodisches Arbeiten in der Musikpädagogik?* (Musikpädagogische Forschung, Bd. 25, S. 31–49). Essen: Die Blaue Eule.

Lesiuk, T. (2015): Music perception ability of children with executive function deficits. *Psychology of Music* 43(4), 530–544.

Lothwesen, K. (2014): *Erleben, Handeln und Denken in Musik. Perspektiven integrativer Musikforschung.* Universität Siegen: Kumulative Habilitationsschrift.

Mall, P. (2016): *Schule und Orchester. Aspekte des Zusammenspiels schulischer und außerschulischer Musikvermittlung in kooperativer Projektarbeit.* Augsburg: Wißner.

Mayring, Ph. (2002): Einführung in die Qualitative Sozialforschung. 5. Auflage. Weinheim: Beltz.

Merker, B. (1999/2000): Synchronous chorusing and the origins of music. *Musicae Scientiae* Special Issue 1999–2000, 59–73.

Mohn, B. E. (2010): Zwischen Blicken und Worten: Kamera-ethnographische Studien. In: G. E. Schäfer & R. Staege (Hg.): *Frühkindliche Lernprozesse verstehen. Ethnographische und phänomenologische Beiträge zur Bildungsforschung.* (S. 207–231). Weinheim: Juventa.

Moritz, Ch. (2011): *Die Feldpartitur. Multimodale Transkription von Videodaten in der Qualitativen Sozialforschung.* (Die Reihe Qualitative Sozialforschung. Praktiken – Methodologien – Anwendungsfelder). Wiesbaden: VS-Verlag.

Müllensiefen, D., Harrison, P., Caprini, F. & Fancourt, A. (2015): Investigating the importance of self-theories of intelligence and musicality for students' academic and musical achievement. *Frontiers in Psychology,* 6, 1702. doi:10.3389/fpsyg.2015.01702. (Stand: 04.09.2016).

Nießen, A. (2006): Individualkonzepte von Musiklehrern. *(Theorie und Praxis der Musikvermittlung, Bd.6).* Münster: LIT.

Niessen, A., Lehmann-Wermser, A., Knigge, J. & Lehmann, A. C. (2008): Entwurf eines Kompetenzmodells „Musik wahrnehmen und kontextualisieren". *Zeitschrift für Kritische Musikpädagogik,* Sonderedition „Bildungsstandards und Kompetenzmodelle für das Fach Musik?", 3–33. http://www.zfkm.org/sonder08-niessenetal.pdf (Stand: 05.09.2016).

Olbertz, F. (2009): *Musikalische Hochbegabung: Frühe Erscheinungsformen und Einflussfaktoren anhand von drei Fallstudien.* Münster: LIT.

O´Neill, S. (2017): Young people's life. Learning ecologies, identities, and connectedness. In: D.J. Hargreaves, R. MacDonald & D. Miell (Eds.): *The Oxford handbook on musical identity* (pp. 79–104). Oxford: Oxford University Press.

Ortwein, J. M. (2012): Üben zwischen Lust und Frust – Empirische Überprüfung der Volitionalen Transferunterstützung im Kontext des Musikstudiums. *Beiträge empirischer Musikpädagogik,* vol. 3, Nr. 1, 2–20.

Oser, F. & Patry, J.-L. (1986): Interventionsstudien für sozial-kognitive Kompetenz: Beispiele und theoretische Überlegungen zur Transformations-Validität. *Unterrichtswissenschaft,* 14, 254–268.

Patry, J.-L. (1982): *Feldforschung. Methoden und Probleme sozialwissenschaftlicher Forschung unter natürlichen Bedingungen.* Bern: Huber.

Phillips-Silver, J. & Keller, P.E. (2012): Searching for roots of entrainment and joint action in early musical interactions. *Frontiers in Human Neuroscience*, doi: 10.3389/fnhum.2012.00026

Prengel, A. (1997): Perspektivität anerkennen – Zur Bedeutung von Praxisforschung in Erziehung und Erziehungswissenschaft. In: B. Friebertshäuser & A. Prengel (Hg.): *Handbuch Qualitative Forschungsmethoden in der Erziehungswissenschaft* (S. 599–627): Weinheim und München: Beltz/Juventa.

Rauscher, F., Spychiger, M., Lamont, A., Mills, J., Waters, A. J. & Gruhn, W. (1998): Responses to Katie Overy's paper "Can Music Really ‚Improve' the Mind?" (Psychology of Music, 26, 97–99), *Psychology of Music,* 26, No. 2, 197-210.

Reichenbach, H. (1938): *Experience and prediction: an analysis of the foundations and the structure of knowledge.* Chicago: University of Chicago Press.

Rosenbrock, A. (2008): Videomitschnitte als Methode der Unterrichtsforschung in der Musikpädagogik am Beispiel eines Vergleichs zwischen bilingualem und monolingualem Musikunterricht. In: A.C. Lehmann & M. Weber (Hg.): *Musizieren innerhalb und außerhalb der Schule* (Musikpädagogische Forschung, Bd. 29, 261–281). Essen: Die Blaue Eule.

Rosenthal, R. (1991): Meta-analytic procedures for social research. *Applied social research methods series,* vol. 6. (Revised edition of 1984). Newbury Park, CA: Sage

Sacks, O. (2008): *Musicophilia. Tales of music and the brain.* New York, Toronto: Alfred A. Knopf.

Schellberg, G. (1997): Untersuchungsmethoden zur Klangfarbenwahrnehmung bei Vorschulkindern. In: R.-D. Kraemer (Hg.): *Musikpädagogische Biographieforschung. Fachgeschichte, Zeitgeschichte, Lebensgeschichte* (S. 313–328). Essen: Die Blaue Eule.

Schellberg, G. (1998): Ergebnisse einer empirischen Untersuchung zur Klangfarbenwahrnehmung von Vorschulkindern mit einem Klangmemory. In: M. v. Schoenebeck (Hg.): *Musikpädagogische Forschung. Entwicklung und Sozialisation aus musikpädagogischer Perspektive* (S. 75–89). Essen: Die Blaue Eule.

Silvia, P.J., Thomas, K.S., Nusbaum, E.C., Beaty, R.E. & Hodges, D.A. (2016): How does music training predict cognitive abilities? A bifactor approach to musical expertise and intelligence. *Psychology of Aesthetics, Creativity, and the Arts* 10, 184–190. http://dx.doi.org/10.1037/aca0000058 (Stand: 10. 09.2016).

Snell, A.H. & Azzara, Ch.D. (2015): Collegiate musicians learning to improvise. *Bulletin of the Council of Research in Music Education,* No. 204, 63-84. http://www.jstor.org/stable/10.5406/bulcouresmusedu.204.0063?seq=1#page_scan_tab_contents (Stand: 03.07.2017).

Spychiger, M. (2017a): Das musikalische Selbstkonzept als vermittelnde Variable musikalischer Lern- und Entwicklungsprozesse. Erläuterungen und Implikationen für Unterricht und Forschung. In: J. Buschmann & B. Jank (Hg.): *Belcantare Brandenburg – Jedes Kind kann singen* (S. 45–67). Potsdam: Wissenschaftliche Edition, Potsdamer Schriftenreihe für Musikpädagogik.

Spychiger, M. & Aktas, U. (2015): *Primacanta – Jedem Kind seine Stimme. Eine Intervention in 3. und 4. Klassen. Schlussbericht über die wissenschaftliche Begleitung* (nicht veröffentlicht). Frankfurt a. M.: Hochschule für Musik und Darstellende Kunst.

Spychiger, M. (2001): Was bewirkt Musik? Probleme der Validität, der Präsentation und der Interpretation bei Studien über außermusikalische Wirkungen musikalischer Aktivität. In: H. Gembris, R.-D. Kraemer & G. Maas (Hg.): *Macht Musik wirklich klüger?* (Musikpädagogische Forschungsberichte, Bd. 8 , S. 13–37). Augsburg: Wissner.

Spychiger, M. (2009): „Man kann nur aus dem Ärmel schütteln, was vorher da hineingesteckt wurde". Strukturen und Entwicklungen im Forschungsfeld des musikalischen Lernens. *Jahrbuch der Deutschen Gesellschaft für Musikpsychologie* (S. 7–39). Göttingen: Hogrefe.

Spychiger, M. (2011): Entwicklungsperspektiven einer aufgeklärten Musikpädagogik. *Diskussion Musikpädagogik,* Nr. 49, 17–27.

Spychiger, Maria (2013): Das musikalische Selbstkonzept: Wer ich bin und was ich kann in der Musik. *Üben & Musizieren,* 30(6), 18–21.

Spychiger, M. (2015a): Evaluation oder wissenschaftliche Begleitung für musikpädagogische Interventionsprojekte? Forschungsmethodische Herleitung und weitere Gedanken zu einem wenig diskutierten *Unterschied. Diskussion Musikpädagogik,* Nr. 68, 44–49.

Spychiger, M. (2015b): Lernpsychologische Perspektiven für eine grundschulspezifische Musikdidaktik. In: M. Fuchs (Hg.): Musikdidaktik Grundschule (S. 50–71). Esslingen: Helbling.

Spychiger, M. (2017b): Musical self-concept as a mediating psychological structure. From musical experience to musical identity. In: D. J. Hargreaves, R. MacDonald & D. Miell (Eds.): *The Oxford handbook of musical identity* (pp. 267–287). Oxford: Oxford University Press.

Stadler Elmer, S. (2000): *Spiel und Nachahmung. Über die Entwicklung der elementaren musikalischen Aktivitäten.* Aarau: Schneider.

Suppan, W. (1984): *Der musizierende Mensch. Eine Anthropologie der Musik.* Mainz: Schott.

Tuma, R., Schnettler, B. & Knoblauch, H. (2013): *Videographie. Einführung in die interpretative Videoanalyse sozialer Situationen.* Wiesbaden: Springer VS.

Verghese, J., Lipton, R., Katz, M. J., Hall, C. B., Derby, C. A., Kuslansky, G., Ambrose, A. F., Sliwinski, M. & Buschke, H. (2003): Leisure activities and the risk of dementia in the elderly. *New England Journal of Medicine,* 348(25), 2508–2516.

Vogt, J. (2008): Musikbezogene Bildungskompetenz – ein hölzernes Eisen? Anmerkungen zu den ‚Theoretischen Überlegungen zu einem Kompetenzmodell für das Fach Musik'. *Zeitschrift für kritische Musikpädagogik,* (Sonderedition 2), 34–41. http://www.zfkm.org/sonder08-vogt.pdf. (04.09.2016).

Vogt, J. (2002): Praxisbezug als Problem. Zur Professionalisierung der Musiklehrerausbildung. *Zeitschrift für Kritische Musikpädagogik,* 1–18. http://home.arcor.de/zf/zfkm/vogt4.pdf. (Stand: 04.02.2011).

Vogt, J. (2012): Wo ist eigentlich die kritische Theorie geblieben? Eine Art Vermisstenanzeige. In: J. Knigge & A. Niessen (Hg.): *Musikpädagogisches Handeln. Begriffe, Erscheinungsformen, politisches Handeln.* (Musikpädagogische Forschung, Bd. 33, S.345–358). Essen: Die Blaue Eule.

Weber, E. W., Spychiger, M. & Patry, J.-L. (1993): *Musik macht Schule. Biografie und Ergebnisse eines Schulversuchs mit erweitertem Musikunterricht.* Essen: Die Blaue Eule.

Weinert, F. E. (Hg.) (2001): *Leistungsmessungen in Schulen.* Weinheim: Beltz.

Anhang

7

Sachregister

Die Autorinnen und Autoren

Sachregister

A

B

C

D

E

F

G

K

L

M

N

O

P

R

S

T

U

V

W

Z

Die Autorinnen und Autoren

Peter Alheit
Prof. em. Dr. Dr., Pädagoge und Soziologe und ehemaliger Inhaber des Lehrstuhls für Allgemeine Pädagogik an der Georg-August-Universität Göttingen. Aktuelle Forschungsschwerpunkte: Biografieforschung, Mentalitätsforschung, qualitative Gesundheitsforschung, Analyse von zivilgesellschaftlichen Entwicklungen in Transformationsgesellschaften.

Eckart Altenmüller
Dr. med. Dipl. mus., Professor für Musikphysiologie und Musiker-Medizin und Direktor des Instituts für Musikphysiologie und Musiker-Medizin an der Hochschule für Musik, Theater und Medien in Hannover. Er ist ausgebildet als Neurologe und Flötist und befasst sich wissenschaftlich mit den hirnphysiologischen Grundlagen des Musizierens und der Musikwahrnehmung.
www.immm.hmtm-hannover.de

Natalia Ardila-Mantilla
PhD, Professorin für Instrumental-/Vokalpädagogik an der Hochschule für Musik und Tanz, Köln. Künstlerisches Studium mit Hauptfach Klavier an der Universidad Javeriana in Bogotá und Studium der Instrumentalpädagogik an der Universität für Musik und darstellende Kunst Wien. Langjährige Unterrichtstätigkeit in Musikschulen in Kolumbien und Österreich. Promotion in Musikpädagogik. Forschungsschwerpunkte in der empirischen Forschung mit qualitativen Verfahren im Musikschulbereich, im pädagogischen Umgang mit informellem Musiklernen sowie in der Musikschulentwicklung.

Ivo Ignaz Berg
Dr. phil., Professor für Musikpädagogik an der Universität der Künste Berlin und Leiter des Studiengangs Künstlerisch-Pädagogische Ausbildung. Studium der Instrumentalpädagogik, früher modaler Ensemblemusik und Philosophie an den Musikhochschulen in Bremen und Tilburg sowie an der Universität Bremen. Promotion in Musikpädagogik an der Universität der Künste, Berlin. Forschungsschwerpunkte in der Phänomenologie des Musizierens, in der Aufführungspraxis früher und zeitgenössisch experimenteller Musik sowie im instrumentalen Anfangsunterricht.

Thomas Busch
Dr. phil., Studienrat für Musik und Geschichte, derzeit Professurvertretung für Musikunterricht in Grundschule und Sekundarstufe 1 an der Universität zu Köln. Forschungsschwerpunkte in empirischer Musikpädagogik zu Selbstkonstrukten und Teilhabe an Musik.
www.thomasbusch.eu

Michael Göllner
Dr. phil, Professor für Instrumentalpädagogik an der Staatlichen Hochschule für Musik und Darstellende Kunst, Stuttgart. Studium der Instrumentalpädagogik und des Lehramts Musik, langjährige Unterrichtstätigkeiten an Musikschulen und weiterführenden Schulen. Promotion in Musikpädagogik an der Hochschule für Musik und Tanz Köln, dort außerdem Mitarbeit im Forschungsverbundprojekt *AdaptiMus*. Zuletzt Vertretungsprofessor für Musikpädagogik an der Universität Koblenz-Landau. Forschungsschwerpunkte: musikpädagogische Unterrichtsforschung mit qualitativ-empirischen Verfahren, Klassenmusizieren, Umgang mit Heterogenität im Musik(schul)unterricht, instrumentales Lernen und Forschendes Lernen in der Musik(schul)lehrerbildung.

Wilfried Gruhn
Dr. phil., emeritierter Professor für Musikpädagogik an der Musikhochschule Freiburg. Studium der Schulmusik mit Musikwissenschaft, Germanistik und Psychologie, 1996 Gründung des Gordon-Instituts für frühkindliches Musiklernen, Freiburg; Gründungsmitglied der Internationalen Leo-Kestenberg-Gesellschaft, Berlin. Forschungsschwerpunkte in historischer und systematischer Musikpädagogik, insbesondere in Kognitionspsychologie und Neurobiologie des Lernens.
www.wgruhn.de

Theo Hartogh
Dr. phil. habil., Professor für Musikpädagogik an der Universität Vechta. Referent in hochschulzertifizierten Weiterbildungen zu den Themen Kultur- und Musikgeragogik; Forschungen und Publikationen zur Musikpädagogik und Musiktherapie, Schwerpunkt: Musik in der Altenarbeit, Demenz und Musik, Musik in der Sozialen Arbeit; 2. Vorsitzender der Deutschen Gesellschaft für Musikgeragogik.

Alexandra Kertz-Welzel
Dr. phil., Professorin für Musikpädagogik an der Ludwig-Maximilians-Universität in München. Forschungsschwerpunkte in den Bereichen internationale Musikpädagogik, Community Music, Music Education Policy, Philosophy of Music Education und Kindermusikkulturen.
www.alexandrakertzwelzel.com

Martina Krause-Benz

Dr. phil., Professorin für Musikpädagogik und Leiterin des Studiengangs Schulmusik an der Staatlichen Hochschule für Musik und Darstellende Kunst, Mannheim. Studium: Schulmusik, Englisch und Klavier in Essen, Promotion 2005, mehrjährige Lehrtätigkeit im Schul- und Hochschuldienst, Berufung 2010. Arbeits- und Forschungsschwerpunkte: Bildungsphilosophische Grundfragen und Forschendes Lernen.

Wolfgang Lessing

Dr. phil., Professor für Allgemeine Instrumentaldidaktik und Musikpädagogik an der Hochschule für Musik Carl Maria von Weber, Dresden, leitet dort das Institut für Musikalisches Lehren und Lernen. Zu seinen Forschungsschwerpunkten zählen u. a. die soziologischen Dimensionen musikalischen Lernens sowie Fragen des instrumentalen Übens. Als Cellist des „Ensemble Phorminx" konzertiert er im In- und Ausland.

Hendrikje Mautner-Obst

Dr. phil., Professorin für Kulturvermittlung an der Staatlichen Hochschule für Musik und Darstellende Kunst, Stuttgart. Studium der Schulmusik mit Germanistik und Musikwissenschaft an der Hochschule für Musik, Theater und Medien in Hannover, 1999 Promotion in Musikwissenschaft, 1999–2006 Dramaturgin am Nationaltheater Mannheim und an der Oper Frankfurt. Arbeitsschwerpunkte: Musikvermittlung, (Populäre) Wissensvermittlung, Kulturelles Gedächtnis.

Peter Röbke

Dr. phil., Professor für Instrumentalpädagogik an der Universität für Musik und darstellende Kunst, Wien. Studium der Schulmusik mit Musikwissenschaften und Germanistik in Essen und Bochum; Promotion in Musikpädagogik; Leiter einer Musikschule in Berlin, seit 2010 Leiter des Instituts für musikpädagogische Forschung, Musikdidaktik und Elementares Musizieren an der Universität für Musik und Darstellende Kunst, Wien. Forschungsschwerpunkte: anthropologische und bildungstheoretische Fundierung der Instrumentalpädagogik, Phänomenologie des Musizierens, soziale Bedingungen des Musiklernens sowie Theorie der Musikschule.

Wolfgang Rüdiger

Dr. phil., Professor für Instrumental-/Vokalpädagogik an der Robert Schumann Hochschule, Düsseldorf; Studium der Schulmusik und Philosophie in Essen; künstlerisches Aufbaustudium Fagott und Promotion Musikwissenschaft in Freiburg; Gründungsmitglied, Fagottist und künstlerischer Leiter des „Ensemble Aventure" mit internationaler Konzerttätigkeit, zahlreichen Uraufführungen und CD-Produktionen; ständiger Mitarbeiter der Zeitschrift *Üben & Musizieren* und Autor musikwissenschaftlicher und -pädagogischer Aufsätze und Bücher zu Themen wie Musik und Körper, Ensemble, Interpretation, Improvisation, Neue Musik und Musikvermittlung.

Monika Smetana

PhD, Univ.-Ass. am Institut für Musiktherapie und Wiener Zentrum für Musiktherapie-Forschung, Universität für Musik und darstellende Kunst, Wien. Seit 2002 tätig als Musiktherapeutin im Bereich der Kinder- und Jugendpsychiatrie. Forschungsschwerpunkte: Musiktherapie mit Jugendlichen, intersubjektive Wirkfaktoren des musiktherapeutischen Dialoges in der Improvisation. Mitglied des Wiener Instituts für Musiktherapie (WIM), Redaktionsmitglied der Zeitschrift „Musiktherapeutische Umschau".

Rineke Smilde

Dr. disc. pol., Professorin für Lebenslanges Lernen in der Musik an der Hanze University of Applied Sciences (Prins Claus Conservatorium) in Groningen und an der Universität für Musik und darstellende Kunst in Wien. Forschungsschwerpunkte: Biografische Forschung in der Musik und qualitative Bildungsforschung in Lernfeldern mit „neuen Auditorien".

Maria Spychiger

Dr. phil., Professorin für empirische Musikpädagogik an der Hochschule für Musik und Darstellende Kunst, Frankfurt am Main. Fünfjährige Tätigkeit als Volksschullehrerin, Studium der Psychologie und Pädagogik (Universität Fribourg, Schweiz), Promotionsstipendium des Schweizerischen Nationalfonds zur Förderung der Wissenschaften, Habilitation mit doppelter Venia Legendi für Musikpsychologie und Musikpädagogik. Schwerpunkte in Forschung und Lehre: musikalisches Lernen, musikalisches Selbstkonzept und musikbezogene Bildungsphilosophie.

Anne Steinbach

geb. Weber-Krüger, Dr. phil., Professorin für Elementare Musikpädagogik an der Hochschule für Musik/Johannes Gutenberg-Universität, Mainz, zuvor Professorin für musikalische Bildung in der Pädagogik der Kindheit an der Fachhochschule Bielefeld. Promotion in Musikpädagogik an der Musikhochschule Köln. Ihre Forschungsschwerpunkte liegen auf der qualitativ-empirischen Interviewforschung mit Kindern zu Themen musikalischer Bildung sowie auf der videografischen Analyse musikbezogener Unterrichtssituationen. Sie konzertiert als Fagottistin mit dem „Ensemble Corrélatif" und arbeitet als Konzertpädagogin.

Christine Stöger

Dr. phil., Professorin für Musikpädagogik an der Hochschule für Musik und Tanz, Köln, sowie Leiterin des Studiengangs Lehramt Musik. Schwerpunkte in Forschung und Lehre: Musiklehrerbildung vom Studium bis in den Beruf, Lebenslanges Lernen, Entwicklung von Konzepten zur Musikvermittlung, Musiklernen in informellen Kontexten, kulturwissenschaftlich orientierte Musikpädagogik.

Impressum

Redaktion: Nele Fischer
Umschlag, Layout und Satz: rsrdesign, Wiesbaden
Notensatz: Silke Wittenberg, Musiknotensatz Bautzen
Druck: Gorenjski tisk storitve d. o. o., Kranj

HI-S8693
ISBN 978-3-86227-378-2
ISMN 979-0-50276-146-2

1. Auflage A1[1]/2018